V. S. RAMACHANDRAN, M. D., PH. D.,
UND SANDRA BLAKESLEE

DIE BLINDE FRAU, DIE SEHEN KANN

Rätselhafte Phänomene unseres
Bewusstseins

Vorwort von Oliver Sacks
Deutsch von Hainer Kober

ROWOHLT

Die Originalausgabe erschien 1998 unter dem Titel
«Phantoms in the Brain. Probing the Mysteries of the Human Mind»
im Verlag William Morrow and Company, Inc., New York
Umschlaggestaltung Guido Klütsch

2. Auflage Februar 2001
Copyright © 2001 by Rowohlt Verlag GmbH,
Reinbek bei Hamburg
«Phantoms in the Brain» Copyright © 1998 by
V. S. Ramachandran und Sandra Blakeslee
Einleitung Copyright © 1998 by Oliver Sacks
Alle deutschen Rechte vorbehalten
Satz aus der Sabon PostScript PageOne
Gesamtherstellung Clausen & Bosse, Leck
Printed in Germany
ISBN 3 498 057502

Die Schreibweise entspricht den Regeln
der neuen Rechtschreibung.

Meiner Mutter Meenakshi
Meinem Vater Subramanian
Meinem Bruder Ravi
Daine, Mani und Jayakrishna
Allen meinen ehemaligen Lehrern in Indien
und England
Saraswathy, der Göttin des Lernens,
der Musik und der Weisheit

INHALT

EINLEITUNG

Die bedeutenden Neurologen und Psychiater des 19. und frühen 20. Jahrhunderts waren Meister der Beschreibung. Einige ihrer Fallgeschichten wiesen eine fast romanhafte Fülle von Einzelheiten auf. Silas Weir Mitchell – der Romancier und Neurologe zugleich war – lieferte unvergessliche Beschreibungen der Phantomglieder (oder «sensorischen Geister», wie er sie zuerst nannte) von Soldaten, die auf den Schlachtfeldern des amerikanischen Bürgerkriegs verwundet worden waren. Der große französische Neurologe Joseph Babinski beschrieb ein noch außergewöhnlicheres Syndrom – Anosognosie, die Unfähigkeit, die einseitige Lähmung des eigenen Körpers wahrzunehmen, und die seltsame Neigung, die gelähmte Seite einem *anderen Menschen* zuzuschreiben. (Häufig sagt ein solcher Patient von seiner linken Seite: «Sie gehört meinem Bruder.» Oder: «Sie gehört Ihnen.»)

V. S. Ramachandran, einer der interessantesten Neurowissenschaftler unserer Zeit, hat eine bahnbrechende Arbeit über die Natur und Behandlung von Phantomgliedern geleistet – diese hartnäckigen und quälenden Geister in Armen und Beinen, die die Betroffenen oft schon Jahre oder Jahrzehnte zuvor verloren haben, die das Gehirn aber nicht vergessen hat. Zunächst mag sich ein Phantomglied wie eine normale Extremität anfühlen, wie ein normaler Teil des Körperbildes. Doch von den normalen Sinneswahrnehmungen oder Handlungen abgeschnitten, nimmt es oft einen pathologischen Charakter an, wird störend, «gelähmt», missgestalt oder qualvoll schmerzhaft – so können sich Phantomfinger in eine Phantomhandfläche mit unvorstellbarer, jeder Einflussnahme entzogenen Heftigkeit bohren. Dass Schmerz und Phantom «unwirklich» sind, bedeutet keine Hilfe, ganz im Gegenteil, es kann die Behandlung erschweren, denn der Arzt ist unter Umständen nicht in der Lage, die scheinbar gelähmte Phantomfaust zu öffnen. In dem Bemühen, solche Phantomschmerzen zu lindern, sehen sich Ärzte und Patienten manchmal zu extremen und verzweifelten Maßnahmen gezwungen: Man macht den Amputationsstumpf kürzer und kürzer, durchtrennt Empfindungs- und Schmerzbahnen im Rückenmark oder zerstört die Schmerzzentren im Gehirn selbst. Doch viel zu häufig bleiben all diese Maßnahmen erfolglos. Fast unvermeidlich kehren Phantom und Phantomschmerz zurück.

Diesen scheinbar unbehandelbaren Problemen begegnet Ramachandran mit einer neuen und ganz anderen Methode, die er aus seinen Erkenntnissen über das *Wesen* von Phantomgliedern und ihre Entstehung im Nervensystem entwickelt hat. Traditionell ging man von der Annahme aus, Repräsentationen im Gehirn, auch die von Körperbild und Phantomgliedern, seien ein für alle Mal festgelegt. Doch Ramachandran (und nach ihm andere) hat nachgewiesen, dass nach der Amputation einer Gliedmaße sehr rasch – in achtundvierzig Stunden und möglicherweise noch kürzerer Zeit – erstaunliche Reorganisationen des Körperbildes stattfinden. Nach Ramachandrans Auffassung werden diese Umgestaltungen des Körperbildes im sensorischen Kortex organisiert und anschließend beibehalten durch das, was er eine «erlernte» Lähmung nennt. Doch wenn die Entstehung eines Phantoms auf so raschen Veränderungen beruht, wenn der Kortex über eine derartige Plastizität verfügt, lässt sich der Prozess dann nicht umkehren? Können wir das Gehirn dazu bringen, ein Phantom zu *verlernen*?

Manchmal gelingt Abhilfe durch ein sinnreiches Gerät aus der Welt der «virtuellen Realität», einen einfachen Kasten mit geeigneter Spiegelvorrichtung; mit ihm vermittelte Ramachandran solchen Patienten den Anblick einer normalen Gliedmaße. Beispielsweise sieht ein Patient anstelle des Phantoms seinen normalen rechten Arm auf der linken Körperseite. Die Wirkung kann unmittelbar und magisch sein: Der normale Anblick des Arms konkurriert mit der Empfindung im Phantomglied. Möglicherweise ist der erste Effekt, dass sich ein verkrümmtes Phantomglied streckt oder ein gelähmtes Phantom bewegt. Vielleicht gibt es auch überhaupt kein Phantom mehr. Mit dem ihm eigenen Humor spricht Ramachandran hier von «der ersten erfolgreichen Amputation eines Phantomglieds». Wenn das Phantom beseitigt ist, fährt er fort, muss auch der Schmerz verschwinden – denn wenn es nichts mehr gibt, in dem er Gestalt annehmen kann, so kann er auch nicht überleben. (Mrs. Gradgrind erwiderte in *Schwere Zeiten* auf die Frage, ob sie Schmerzen habe: «Irgendwo im Zimmer ist ein Schmerz, aber ich bin nicht sicher, dass ich ihn habe.» Doch das war ihre Verwirrung oder ein Scherz von Dickens, denn einen Schmerz kann man nur an sich selbst empfinden.)

Können ähnlich einfache «Tricks» Patienten helfen, die unter Anosognosie leiden, Patienten, die eine ihrer Körperseiten nicht als ihre eigene erkennen können? Auch hier hat Ramachandran festgestellt, dass Spiegel solche Patienten in vielen Fällen dazu bewegen können, die zuvor verleugnete Seite ihrer selbst wieder für sich zu reklamieren. Allerdings ist bei anderen der Verlust der «Linksheit», die Zweiteilung des eigenen Körpers und der Welt, so tief gehend, dass Spiegel unter Umständen nur eine noch gründlichere Verwirrung stiften, ein alicehaftes Hinter-den-Spiegeln-Gefühl, das tastende Bemühen, festzustellen, ob noch etwas «hinter» oder «in» dem Spiegel ist. (Ramachandran hat diese «Spiegelagnosie» als Erster beschrieben.) Es spricht nicht nur für Ramachandrans Gründlichkeit, sondern auch für die Sensibilität und Menschlichkeit der Beziehungen, die er zu seinen Patienten unterhält, dass er diese Syndrome so eingehend untersuchen konnte.

Das höchst eigenartige Phänomen der Spiegelagnosie und das nicht minder merkwürdige Bestreben, eigene Gliedmaßen anderen zuzuschreiben, wird von Ärzten häufig als irrational abgetan. Doch auch mit diesen Problemen setzt sich Ramachandran einfühlsam auseinander und sieht in ihnen keine grundlosen oder verrückten Verhaltensweisen, sondern Abwehrmaßnahmen, die das Unbewusste in höchster Not aufbietet, um mit unverhofften und zutiefst verstörenden Aspekten des eigenen Körpers und seiner Umgebung fertig zu werden. Sie sind nach seiner Ansicht ganz normale Abwehrmechanismen (Verleugnung, Verdrängung, Projektion, Konfabulation und so fort), also jene universellen Strategien, die, wie Freud geschildert hat, das Unbewusste aufbietet, um mit unerträglichen oder unbegreiflichen Ereignissen leben zu können. Durch diesen Ansatz werden die Patienten vom Makel der Verrücktheit oder Absonderlichkeit befreit und wieder dem Bereich der Logik und Vernunft zugerechnet – wenn auch der Logik und Vernunft des Unbewussten.

Ein weiteres Problem der Fehlidentifizierung, mit dem sich Ramachandran beschäftigt, ist das Capgras-Syndrom, das den Patienten veranlasst, Angehörige und Freunde als Betrüger wahrzunehmen. Auch hier ist er in der Lage, eindeutige neurologische Ursachen für das Syndrom anzugeben – den Fortfall der üblichen und notwendigen affektiven Hinweisreize für das Erkennen gepaart mit einer nicht unnatürlichen Interpretation der nun affektlosen Wahrnehmungen («Er kann nicht mein Vater sein, weil ich nichts *fühle* – er muss eine Art Doppelgänger sein»).

Ramachandran interessiert sich noch für zahllose andere Erscheinungen: das Wesen der religiösen Erfahrung und die bemerkenswerten «mystischen» Syndrome, die mit Funktionsstörungen der Schläfenlappen einhergehen, für die Neurologie des Gelächters und des Kitzels und – ein weites Feld – für die Neurologie der Suggestion und der Placebos. Wie der Wahrnehmungspsychologe Richard Gregory (mit dem er eine faszinierende Arbeit über eine Vielzahl von Gegenständen veröffentlicht hat, vom Ausfüllen des blinden Flecks über optische Täuschungen bis hin zu Schutzfärbungen) hat Ramachandran einen Blick für die wirklich wichtigen Dinge und ist jederzeit in der Lage, sich fast jedem Gegenstand völlig unvoreingenommen und mit einem Höchstmaß an Phantasie zuzuwenden. In seinen Händen gewähren uns all diese Themen tiefe Einblicke in die Beschaffenheit unseres Nervensystems, unserer Welt und unseres innersten Selbst, sodass seine Arbeit zu einer, wie er sagt, Form «experimenteller Erkenntnistheorie» wird. Auf seine Weise ist er ein Naturforscher nach Art des 18. Jahrhunderts, wenn auch ausgestattet mit dem ganzen Wissen und Know-how des späten 20. Jahrhunderts.

In seinem Vorwort berichtet uns Ramachandran, welche Wissenschaftsbücher des 19. Jahrhunderts ihm als Kind besonders gefielen: Michael Faradays *Naturgeschichte einer Kerze*, die Werke von Charles Darwin, Humphry Davy und Thomas Huxley. Damals machte man keinen Unterschied zwischen wissenschaftlichen und populärwissenschaftlichen Schriften, weil man der Überzeugung war, man könne seinen Gegenstand gründlich und ernsthaft behandeln, ohne an Verständlichkeit zu verlieren. Später, so hören wir, hat Ramachandran Gefallen gefunden an den Büchern von George Gamow, Lewis Thomas und Peter Medawar. In jüngerer Zeit kamen Carl Sagan und Stephen Jay Gould hinzu. Mit seinem sehr genau beobachteten, wissenschaftlich höchst ernsthaften, aber wunderbar lesbaren Buch *Phantoms in the Brain (Die blinde Frau, die sehen kann)* reiht sich Ramachandran nun ein in die Phalanx dieser großen Wissenschaftsautoren. Es ist eines der eigenwilligsten und verständlichsten neurologischen Bücher unserer Generation.

Oliver Sacks

VORWORT

Suche auf jedem Gebiet die merkwürdigste Sache und dann erforsche sie.

JOHN ARCHIBALD WHEELER

Den Plan zu diesem Buch trage ich seit vielen Jahren mit mir herum, bin aber nie dazu gekommen, es wirklich zu schreiben. Mitte der neunziger Jahre habe ich dann beim Jahrestreffen der Society of Neuroscience vor einer Zuhörerschaft von mehr als viertausend Wissenschaftlern den Vortrag zum Jahrzehnt des Gehirns gehalten und dabei viele meiner wissenschaftlichen Ergebnisse erörtert, unter anderem meine Untersuchungen über Phantomglieder, Körperbild und den Scheincharakter des Selbst. Im Anschluss an den Vortrag bombardierten mich meine Zuhörer mit einer Fülle von Fragen: Wie beeinflusst der Geist den Körper in Gesundheit und Krankheit? Wie kann ich meine rechte Hirnhälfte aktivieren, um kreativer zu sein? Kann die seelisch-geistige Einstellung wirklich zur Heilung von Asthma und Krebs beitragen? Ist Hypnose ein reales Phänomen? Ergeben sich aus Ihrer Arbeit neue Methoden zur Behandlung von Lähmungen nach Schlaganfällen? Verschiedentlich bin ich auch von Studenten, Kollegen und sogar einigen Verlagen gebeten worden, ein Lehrbuch zu schreiben. Ein Lehrbuch zu verfassen liegt mir nicht, doch ein populärwissenschaftliches Buch über das Gehirn, in dem es um meine eigenen Erfahrungen und meine Arbeit mit neurologischen Patienten geht, schien mir eine verlockende Aufgabe zu sein. In den letzten zehn Jahren habe ich bei der Untersuchung solcher Fälle viele neue Erkenntnisse über die Arbeitsweise des menschlichen Gehirns gewonnen. Der Wunsch, diese Ideen weiterzugeben, ist sehr stark. Wenn der

Mensch einer so interessanten Tätigkeit wie der meinen nachgeht, liegt es in seiner Natur, dass er den Wunsch verspürt, anderen seine Ideen mitzuteilen. Außerdem stehe ich in der Schuld der Steuerzahler, die meine Arbeit letztlich durch die Forschungsmittel der National Institutes of Health finanzieren.

Populärwissenschaftliche Bücher haben eine lange, ehrwürdige Tradition, die bis zu Galilei ins 17. Jahrhundert zurückreicht. Tatsächlich waren sie für Galilei das wichtigste Mittel zur Verbreitung seiner Gedanken. Häufig machte er dort einen imaginären Gesprächspartner – Simplicio, einen Verschnitt aus seinen Professoren – zur Zielscheibe seines Spottes. Charles Darwin hat fast all seine berühmten Bücher, unter anderem *Über die Entstehung der Arten*, *Die Abstammung des Menschen*, *Der Ausdruck der Gemütsbewegungen bei den Menschen und den Thieren*, *Insektenfressende Pflanzen* – allerdings nicht seine zweibändige Monographie über Rankenfußkrebse! –, auf Verlangen seines Verlegers John Murray für Laien geschrieben. Gleiches gilt für viele Werke von Thomas Huxley, Michael Faraday, Humphrey Davy und zahlreichen anderen viktorianischen Schriftstellern. Faradays *Naturgeschichte einer Kerze*, die aus Weihnachtsvorträgen für Kinder hervorgegangen ist, gehört bis auf den heutigen Tag zu den Klassikern dieser Gattung.

Ich muss gestehen, dass ich nicht alle diese Werke gelesen habe, stehe aber trotzdem tief in der Schuld populärwissenschaftlicher Bücher, ein Gefühl, das ich mit vielen meiner Kollegen teile. Francis Crick vom Salk Institute hat mir erzählt, Erwin Schrödingers populärwissenschaftliches Buch *Was ist Leben?* enthalte ein paar spekulative Bemerkungen über die Möglichkeit, dass die Vererbung auf einer chemischen Substanz beruhen könnte. Diese Überlegungen hätten sich nachhaltig auf seine geistige Entwicklung ausgewirkt und schließlich dazu geführt, dass er zusammen mit James Watson den genetischen Code entschlüsselt habe. Manch ein Mediziner, der später einen Nobelpreis bekam, hat sich der Forschung verschrieben, nachdem er

Paul de Kruifs 1926 erschienenes Buch *Mikrobenjäger* gelesen hatte. Mein eigenes Interesse an der wissenschaftlichen Forschung wurde geweckt, als ich, gerade Teenager geworden, die Bücher von George Gamow, Lewis Thomas und Peter Medawar las. Eine neue Generation von Autoren sorgt dafür, dass die Flamme nicht erlischt: Oliver Sacks, Stephen Jay Gould, Carl Sagan, Dan Dennett, Richard Gregory, Richard Dawkins, Paul Davies, Colin Blakemore und Steven Pinker.

Vor etwa sechs Jahren rief mich Francis Crick an, der Mitentdecker der Struktur der Desoxyribonukleinsäure (DNA), und sagte, er sitze gerade an einem populärwissenschaftlichen Buch über das Gehirn. Es heiße *The Astonishing Hyopthesis* (deutsch: *Was die Seele wirklich ist*). In seiner stark britisch gefärbten Sprechweise erklärte Crick, er habe eine erste Fassung abgeschlossen und sie seiner Lektorin geschickt, die finde, dass das Manuskript außerordentlich gut geschrieben sei, aber noch zu viele fachsprachliche Ausdrücke enthalte, die nur für Experten verständlich seien. Sie habe vorgeschlagen, er solle es einigen Laien zu lesen geben. «Weißt du, Rama», sagte Crick ärgerlich, «das Fatale ist, dass ich keine Laien *kenne*. Kennst du welche, denen ich das Buch zeigen könnte?» Zuerst dachte ich, er scherze, aber dann wurde mir klar, dass er es vollkommen ernst meinte. Ich kann persönlich nicht von mir behaupten, keine Laien zu kennen, aber ich hatte schon Verständnis für Cricks Dilemma. Wenn gestandene Wissenschaftler ein populärwissenschaftliches Buch schreiben, ist es immer eine Gratwanderung: Einerseits müssen sie dafür sorgen, dass der nicht vorgebildete Leser das Buch versteht, andererseits müssen sie sich vor allzu groben Vereinfachungen hüten, um ihre Fachkollegen nicht vor den Kopf zu stoßen. Ich habe mich für längere Anmerkungen entschieden, die drei unterschiedlichen Zwecken dienen: Erstens, immer wenn es notwendig war, eine Idee zu vereinfachen, haben meine Koautorin und ich die Anmerkungen dazu benutzt, die Äußerungen im Haupttext zu ergänzen, auf Ausnahmen zu verweisen und zu erläutern, dass die Ergebnisse in manchen Fällen lediglich vorläufig oder kontrovers sind. Zweitens, wir gehen in den Anmerkungen auf Punkte ein, die im Text zu kurz kommen – sodass sich der Leser etwas eingehender mit dem Thema auseinander setzen kann. Drittens, der Leser wird in den Anmerkungen auch auf Originalveröffentlichungen verwiesen und erfährt, welche Forscher auf dem gleichen Gebiet gearbeitet haben oder arbeiten. Ich muss Abbitte bei all jenen leisten, deren Arbeiten nicht erwähnt werden. Meine einzige Entschuldigung ist, dass der Mut zur Lücke bei einem Buch wie diesem unvermeidlich ist (eine Zeit lang drohten die Anmerkungen den Haupttext an Länge zu übertreffen). Doch ich habe versucht, so viele einschlägige Literaturhinweise wie möglich in die Bibliographie am Ende aufzunehmen, auch wenn sie nicht alle ausdrücklich im Text erwähnt werden.

Diesem Buch liegen die Lebensgeschichten vieler neurologischer Patienten zugrunde. Um ihre Identität zu schützen, habe ich mich an die übliche Praxis gehalten und in allen Kapiteln Namen, Lebensumstände und besondere Merkmale verändert. Einige «Fälle», die ich beschreibe, sind in Wirklichkeit aus dem Schicksal mehrerer Patienten zusammengesetzt, darunter auch Klassikern der Medizinliteratur, da es meine Absicht war, die wichtigen Aspekte der Störungen zu schildern, etwa des Neglect-Syndroms oder der Temporallappenepilepsie. Wenn ich klassische Fälle beschreibe (so den amnestischen Patienten, der als H. M. bezeichnet wird), verweise ich den näher interessierten Leser auf die Originalveröffentlichungen. Andere Berichte beruhen auf so genannten Einzelfallstudien, in denen es um einzelne Patienten mit einem seltenen oder ungewöhnlichen Syndrom geht.

In der Neurologie herrscht Meinungsverschiedenheit zwischen jenen Vertretern der Zunft, die die Auffassung vertreten, die wertvollsten Erkenntnisse über das Gehirn ließen sich aus statistischen Analysen großer Zahlen von Patienten gewinnen, und anderen, die glauben, man müsse nur die richtigen Experimente an den richtigen Patienten – und sei es nur ein einziger – durchführen, um weit wichtigere Informationen zu erhalten. Tatsächlich ist das eine recht törichte Debatte, da ihre Lösung auf der Hand liegt: Man beginnt seine Experimente mit Einzelfällen und überprüft seine Ergebnisse dann durch die Untersuchung weiterer Patienten. Stellen Sie sich beispielsweise vor, ich führte ein Schwein in Ihr Wohnzimmer und teilte Ihnen mit, es könne sprechen. Sie würden vielleicht antworten: «Ach, wirklich? Zeigen Sie mal!» Daraufhin fahre ich mit meinem Zauberstab durch die Luft, und das Schwein beginnt zu sprechen. Wahrscheinlich würden Sie doch ausrufen: «Himmel, das ist verblüffend!» und nicht sagen: «Schön und gut, aber das ist nur *ein* Schwein! Sie müssen mir schon mehr Schweine zeigen, die sprechen können, damit ich Ihnen glaube.» Doch genau das ist die Einstellung vieler Wissenschaftler auf diesem Gebiet.

Ich glaube, man darf sagen, dass in der Neurologie die meisten wichtigen Entdeckungen, die Bestand hatten, ursprünglich aus Einzelfallstudien und Demonstrationen gewonnen worden sind. Über das Gedächtnis sind in einigen Tagen der Beschäftigung mit einem Patienten namens H. M. mehr Erkenntnisse gewonnen worden als in Jahrzehnten der Forschung, in denen man die Durchschnittswerte vieler Versuchspersonen ermittelt hat. Gleiches lässt sich feststellen zur Hemisphärenspezialisierung (der Organisation des Gehirns in eine rechte und eine linke Hälfte, die sich auf verschiedene Funktionen spezialisiert haben) und zu den Experimenten, die an zwei so genannten Split-Brain-Patienten durchgeführt worden sind (bei denen die Verbindung zwischen linker und rechter Hemisphäre unterbrochen war, nachdem man die entsprechenden Nervenstränge durchtrennt hatte). Die Untersuchung dieser beiden Patienten brachte mehr als die fünfzig vorhergehenden Jahre, in denen man sich mit normalen Menschen beschäftigt hatte.

In einer Wissenschaft, die (wie die Neurowissenschaft und

Psychologie) noch in den Kinderschuhen steckt, spielen Demonstrationen eine besondere Rolle. Ein klassisches Beispiel ist die Art und Weise, wie Galilei die frühen Teleskope verwendet hat. Häufig wird angenommen, Galilei habe das Teleskop erfunden. Das stimmt nicht. Tatsächlich war es der holländische Brillenmacher Hans Lippershey, der 1607 zwei Linsen in eine Papprolle einfügte und feststellte, dass man auf diese Weise ferne Gegenstände näher an das Auge heranholen kann. Das Instrument machte zunächst Karriere als Kinderspielzeug und war bald auf allen Jahrmärkten Europas anzutreffen. Als Galilei 1609 von dem Spielzeug hörte, erkannte er sofort die Möglichkeiten, die in ihm schlummerten. Statt damit Menschen oder andere auf der Erdoberfläche befindliche Objekte zu betrachten, richtete er das Rohr einfach auf den Himmel – etwas, was noch niemand vor ihm getan hatte. Zunächst nahm er den Mond in Augenschein und stellte fest, dass er mit Kratern, Rissen und Bergen bedeckt ist – woraus er schloss, dass die so genannten Himmelskörper beileibe nicht so vollkommen sind, wie man damals allgemein annahm: Sie sind voller Mängel und Unvollkommenheiten und den Blicken Sterblicher ebenso preisgegeben wie irdische Objekte. Dann richtete er sein Teleskop auf die Milchstraße und bemerkte augenblicklich, dass sie keineswegs eine homogene Wolke ist (wie die Menschen damals ebenfalls glaubten), sondern aus Millionen von Sternen besteht. Doch die verblüffendste Entdeckung machte er, als er den Jupiter ins Auge fasste, von dem man wusste, dass er ein Planet oder Wandelstern ist. Stellen Sie sich sein Erstaunen vor, als er drei winzige Punkte neben Jupiter erblickte (die er ursprünglich für neue Sterne hielt) und nach einigen Tagen bemerkte, dass einer verschwand. Nun wartete er ein paar Tage, bevor er das Fernrohr wieder auf Jupiter richtete: Nicht nur der fehlende Punkt war wieder erschienen, sondern mit ihm noch ein weiterer Punkt – sodass dort nun vier Punkte anstelle von dreien vorhanden waren. Augenblicklich wurde ihm klar, dass es sich bei den vier Punkten um Jupitersa-

telliten handelte – um Monde wie den unseren –, die den Planeten umkreisten. Die Bedeutung war immens. Mit einem Schlag
hatte Galilei bewiesen, dass nicht alle Himmelskörper die Erde
umkreisen, denn mindestens vier gab es, die sich in Umlaufbah-
nen um einen anderen Planeten befanden. Damit entthronte er
die geozentrische Theorie des Universums und ersetzte sie durch
die kopernikanische Auffassung, nach der die Sonne und nicht
die Erde der Mittelpunkt des bekannten Universums ist. Den
unwiderleglichen Beweis fand er, als er sein Teleskop auf Venus
richtete und bemerkte, dass sie wie eine Mondsichel aussieht
und alle Phasen des Erdmondes durchläuft, nur dass sie dafür
ein Jahr und nicht einen Monat braucht. Daraus schloss Galilei, dass alle Planeten die Sonne umkreisen und dass sich Venus
zwischen Erde und Sonne befindet. Und all das dank einer einfachen Papp röhre mit zwei Linsen. Keine Gleichungen, keine
Kurven, keine quantitativen Messungen: «nur» eine Demonstration.

Wenn ich meinen Medizinstudenten dieses Beispiel erzähle,
erwidern sie gewöhnlich: Okay, das ging zu Galileis Zeiten, aber
heute, im 20. oder 21. Jahrhundert, sind alle wichtigen Entdeckungen schon gemacht worden; da ist Forschung nur noch mit
kostspieligen Geräten und raffinierten quantitativen Methoden
möglich. Unsinn! Auch heute warten noch verblüffende Entdeckungen auf uns, direkt vor unserer Nase. Die Schwierigkeit
liegt darin, sie wahrzunehmen. Beispielsweise haben in den letzten Jahrzehnten alle Medizinstudenten gelernt, dass Magen- und
Zwölffingerdarmgeschwüre durch Stress verursacht werden.
Dadurch kommt es zu einer übermäßigen Säureproduktion, die
die Schleimhaut von Magen und Zwölffingerdarm angreift und
die typischen Krater oder Wunden hervorruft, die wir Geschwüre nennen. Jahrzehntelang behandelte man sie entweder
mit Antazida, Histaminrezpetorenblockern, Vagotomie (Durchtrennung des Säure absondernden Nervs, der den Magen innerviert) oder auch Gastrektomie (operative Entfernung eines Teils

20

des Magens). Doch dann betrachtete Bill Marshall, ein junger australischer Arzt im Praktikum, den gefärbten Schnitt eines menschlichen Magengeschwürs unter dem Mikroskop und bemerkte, dass es in ihm von *Helicobacter pylori* wimmelte – einem häufigen Bakterium, das in gewissen Mengen auch bei gesunden Menschen vorkommt. Da er diese Bakterien regelmäßig in Magengeschwüren fand, fragte er sich, ob sie die Geschwüre nicht möglicherweise *verursachten*. Als er diese Vermutung gegenüber seinen Professoren erwähnte, bekam er zu hören: «Unmöglich. Das kann nicht stimmen. Wir wissen, dass Magengeschwüre durch Stress verursacht werden. Es handelt sich einfach um eine Sekundärinfektion eines bereits vorhandenen Geschwürs.»

Doch Dr. Marshall ließ sich nicht entmutigen und schickte sich an, die etablierte Lehrmeinung infrage zu stellen. Zunächst führte er eine epidemiologische Studie durch, die eine hohe Korrelation zwischen der Verteilung von *Helicobacter* bei Patienten und dem Vorkommen von Zwölffingerdarmgeschwüren zeigte. Doch mit diesem Ergebnis konnte er seine Kollegen noch nicht überzeugen, da schluckte er in seiner Verzweiflung eine Bakterienkultur hinunter, nahm einige Wochen später eine endoskopische Untersuchung an sich selbst vor und konnte zeigen, dass sein Magen-Darm-Kanal mit Geschwüren übersät war! Daraufhin führte er einen methodisch strengen klinischen Versuch durch, der bewies, dass Ulkuspatienten, die mit einer Kombination aus Antibiotika, Wismut und Metronidazol (einem Bakterizid) behandelt wurden, in weit größerer Zahl – und mit weniger Rückfällen – genasen als die Patienten einer Kontrollgruppe, die nur Magensäure bindende Mittel erhielten.

Ich halte diese Episode für erwähnenswert, weil sie zeigt, dass ein einzelner Medizinstudent oder Arzt am Anfang seiner Ausbildung die medizinische Praxis auch ohne High-Tech-Geräte revolutionieren kann, wenn er offen ist für neue Ideen. Mit dieser Geisteshaltung sollten wir alle an unsere Arbeit herangehen, denn wir können nie wissen, was die Natur noch für Überraschungen für uns bereithält.

Ich möchte auch kurz auf die «Spekulation» zu sprechen kommen, einen Begriff, der bei manchen Wissenschaftlern eine negative Bedeutung angenommen hat. Wenn man die Idee eines Kollegen als «bloße Spekulation» bezeichnet, so gilt das oft als Beleidigung. Das ist sehr misslich. Der englische Biologe Peter Medawar hat in diesem Zusammenhang einmal geschrieben: «Ein phantasievoller Entwurf dessen, was wahr sein *könnte*, bildet den Ausgangspunkt für alle großen Entdeckungen in der Wissenschaft.» Ironischerweise gilt dies manchmal auch für den Fall, dass sich die Spekulationen als falsch erweisen. Hören wir Charles Darwin: «Falsche Tatsachen können dem Fortschritt der Wissenschaft sehr abträglich sein, weil ihnen oft eine lange Dauer beschieden ist; doch falsche Hypothesen richten wenig Schaden an, weil jedermann ein heilsames Vergnügen daran findet, sie zu widerlegen. Wenn das geschehen ist, so hat man einen Irrweg verbaut und damit nicht selten den Weg zur Wahrheit eröffnet.»

Jeder Wissenschaftler weiß, dass sich die besten Forschungsansätze aus der Dialektik zwischen Spekulation und gesunder Skepsis ergeben. Im Idealfall sollten die beiden im selben Gehirn wohnen, doch das muss nicht sein. Da es genügend Menschen gibt, die diese beiden Extreme verkörpern, werden alle Ideen am Ende einer gnadenlosen Prüfung unterzogen. Viele fallen durch (wie die kalte Fusion), während andere unsere Ansichten auf den Kopf stellen (wie die Hypothese, dass Magengeschwüre durch Bakterien verursacht werden).

Einige der Forschungsergebnisse, von denen Sie auf den folgenden Seiten lesen werden, waren ursprünglich nur Ahnungen und wurden später von anderen Forschungsgruppen bestätigt (das betrifft die Kapitel über Phantomschmerz, Neglect-Syndrom, Blindsehen [blindsight] und Capgras-Syndrom). In anderen Kapiteln ist die Rede von Arbeiten in einem früheren Sta-

22

dium, die großenteils spekulativ sind (das Kapitel über Verleugnen und Temporallappenepilepsie). Gelegentlich werde ich Sie sogar bis an die äußersten Grenzen der wissenschaftlichen Forschung führen.

Ich glaube allerdings, dass jeder Wissenschaftsautor die Pflicht hat, genau zu sagen, wann er sich auf Spekulationen einlässt und wann er sich auf dem gesicherten Boden seiner Beobachtungen bewegt. Ich habe mich sehr bemüht, diese Unterscheidung überall in dem vorliegenden Buch deutlich zu machen, indem ich des Öfteren Erläuterungen, Dementis und Einsprüche in den Text und vor allem die Anmerkungen eingestreut habe. Durch diese Gratwanderung zwischen Fakt und Phantasie hoffe ich, Ihre intellektuelle Neugier zu wecken und Ihren Horizont zu erweitern, statt Ihnen auf jede Frage eine eindeutige und schnelle Antwort zu liefern.

Die englische Redewendung *May you live in interesting times* (Mögest du in interessanten Zeiten leben) gewinnt eine besondere Bedeutung für uns alle, die wir heute das Gehirn und das menschliche Verhalten erforschen. Zum einen sind trotz zweihundertjähriger Forschung die grundlegenden Fragen, die der menschliche Geist aufwirft – Wie erkennen wir Gesichter? Warum weinen wir? Warum lachen wir? Warum träumen wir? Warum finden wir Gefallen an Musik und Kunst? –, noch immer genauso unbeantwortet wie die wirklich zentrale Frage: Was ist Bewusstsein? Andererseits wird die Entwicklung neuer experimenteller und bildgebender Verfahren unser Verständnis des menschlichen Gehirns mit Sicherheit verwandeln. Was für ein einzigartiges Privileg wird es für unsere Generation – und die unserer Kinder – bedeuten, die, wie ich glaube, größte Revolution in der Geschichte der Menschheit erleben zu dürfen: uns selbst zu verstehen. Eine Aussicht, die zugleich beflügelt und beunruhigt.

Er ist schon ein seltsames Ding, dieser felllose, neotene Primat, der sich zu einer Art entwickelt hat, die über die Schulter zurückblicken und nach ihrem Ursprung fragen kann. Noch seltsamer ist der Umstand, dass das Gehirn nicht nur entdecken kann, wie andere Gehirne arbeiten, sondern dass es auch Fragen nach der eigenen Existenz stellen kann: Wer bin ich? Was geschieht nach dem Tod? Ist mein Geist ausschließlich das Produkt der Neuronen in meinem Gehirn? Und wenn dem so ist, wie viel Spielraum bleibt dann für den freien Willen? Der besondere, grundsätzliche Charakter dieser Fragen – dem Bemühen des Gehirns entsprungen, sich selbst zu verstehen – macht die Neurologie so faszinierend.

Durch Mängel können wir Vorzüge erkennen, durch Ausnahmen auf Regeln schließen, durch die Untersuchung der Krankheit ein Modell der Gesundheit entwickeln. Und wir können – was am wichtigsten ist – aus diesem Modell die Einsichten und Werkzeuge gewinnen, die wir brauchen, um unser Leben zu gestalten, unser Schicksal in die Hand zu nehmen und uns und unsere Gesellschaft in einer Weise zu verändern, die wir bis jetzt nur erahnen.

LAWRENCE MILLER

Nicht an einem Mangel an Wundern, sondern an unserem Mangel, uns zu wundern, wird die Welt zugrunde gehen.

J. B. S. HALDANE

1 DAS PHANTOM IM INNEREN

Was man für innen, außen, oben, unten hält,
ist eine Zauberlampe in der Schachtel:
die Sonne ist als Kerze aufgestellt,
um die wir kreisen, Schatten einer Welt.

DIE RUBAIJAT DES OMAR KHAIJAM *

Ich weiß, mein lieber Watson, dass Sie wie ich alles zu
schätzen wissen, was merkwürdig ist und sich von der
Gewohnheit und der faden Routine des Alltags wohltuend
abhebt.

SHERLOCK HOLMES

Ein Mann, der an einer Goldkette ein enormes, mit Juwelen besetztes Kreuz trägt, sitzt in meinem Sprechzimmer und erzählt
mir von seinen Unterhaltungen mit Gott, vom «wirklichen
Sinn» des Kosmos und von der tieferen Wahrheit, die sich hinter
den Erscheinungen verbirgt. Das Universum sei erfüllt von einer
Flut spiritueller Botschaften, sagt er, die man hören könne, sobald man sich auf sie einstimme. Ich werfe einen Blick auf seine
Krankenakte und sehe, dass er seit früher Adoleszenz unter
Temporallappenepilepsie leidet und dass «Gott» damals anfing,
«zu ihm zu sprechen». Haben seine religiösen Erfahrungen irgendetwas mit seinen Temporallappenanfällen zu tun?

Ein Hobbysportler hat seinen Arm bei einem Motorradunfall
verloren, spürt aber weiterhin einen «Phantomarm» mit lebhaften Bewegungsempfindungen. Er kann den fehlenden Arm
durch die Luft schwenken, Dinge «berühren» und ihn sogar

---

* Deutsch von Max Barth, Frankfurt am Main: Europäische Verlagsanstalt,
  Nr. 123.

ausstrecken, um eine Kaffeetasse zu ergreifen. Plötzlich entziehe ich ihm die Tasse, und er stößt einen Schmerzensschrei aus. «Au! Ich kann spüren, wie sie mir aus den Fingern gerissen wird», sagt er mit schmerzverzerrtem Gesicht.

Eine Krankenschwester begann eines Tages einen großen blinden Fleck in ihrem Gesichtsfeld zu bemerken, was schon an sich lästig genug ist. Doch zu ihrem Entsetzen sieht sie häufig Comic-Figuren in diesem blinden Fleck ihr Unwesen treiben. Wenn ich ihr gegenübersitze, erblickt sie Bugs Bunny in meinem Schoß oder Elmar Fudd oder den Road Runner. Manchmal sieht sie auch Comic-Versionen wirklicher Menschen, die sie kennt.

Eine Lehrerin hat einen Schlaganfall erlitten, der ihre linke Körperseite lähmt, doch sie behauptet steif und fest, ihr linker Arm sei *nicht* gelähmt. Als ich sie einmal fragte, wem denn der Arm gehöre, der neben ihr im Bett liege, erklärte sie, der gehöre ihrem Bruder.

Eine Bibliothekarin aus Philadelphia hatte einen Schlaganfall anderer Art und begann unkontrollierbar zu lachen. Das hielt einen ganzen Tag an, bis sie buchstäblich lachend starb.

Und dann ist da noch Arthur, ein junger Mann, der bei einem Autounfall eine schreckliche Kopfverletzung erlitt und bald darauf behauptete, sein Vater und seine Mutter seien durch Doppelgänger ersetzt worden, die haargenau so aussähen wie seine Eltern. Zwar erkannte er ihre Gesichter, aber sie erschienen ihm merkwürdig und unvertraut. Die einzige Möglichkeit für Arthur, die Situation zu verstehen, war die Annahme, seine Eltern seien Hochstapler.

Keiner dieser Menschen ist «verrückt». Sie zu Psychiatern zu schicken wäre reine Zeitverschwendung. Vielmehr leidet jeder von ihnen unter der Schädigung eines bestimmten Hirngebiets, was bizarre, aber höchst typische Verhaltensveränderungen bewirkt. Diese Menschen hören Stimmen, spüren fehlende Gliedmaßen, sehen Dinge, die niemand anders sieht, verleugnen das Offenkundige, äußern abenteuerliche und ungewöhnliche Behauptungen über andere Menschen und die Welt, in der wir alle leben. Doch überwiegend sind sie bei klarem Verstand, vernünftig und nicht irrsinniger als Sie oder ich.

Obwohl solche rätselhaften Störungen die Ärzte seit ewigen Zeiten faszinieren und verwirren, kommen sie doch meist als Kuriositäten zur Sprache – Fallstudien, die in einer Schublade mit der Aufschrift «Ablegen und vergessen» landen. Die meisten Neurologen, die solche Patienten behandeln, haben kein sonderliches Interesse daran, diese merkwürdigen Verhaltensweisen zu erklären. Sie wollen die Symptome lindern und das Wohlbefinden ihrer Patienten wiederherstellen, aber der Sache nicht auf den Grund gehen, um herauszufinden, wie das Gehirn arbeitet. Mit ungewöhnlichen Syndromen konfrontiert, erfinden Psychiater häufig Ad-hoc-Theorien, als wären für seltsame Leiden ebenso seltsame Erklärungen erforderlich. Merkwürdige Symptome werden auf die Entwicklung des Patienten (schlechte Gedanken aus der Kindheit) oder auch seine Mutter (mangelnde Fürsorge) zurückgeführt. Das vorliegende Buch nimmt den entgegengesetzten Standpunkt ein. Diese Patienten, deren Geschichte Sie später eingehender kennen lernen werden, sind Wegweiser zu den inneren Prozessen des menschlichen Gehirns – Ihrem und meinem. Diese Syndrome sind keineswegs Kuriositäten, sondern Belege für grundlegende Arbeitsweisen des normalen menschlichen Geistes und Gehirns und lassen Rückschlüsse zu auf das Wesen von Körperbild, Sprache, Lachen, Traum, Depression und andere Kennzeichen der menschlichen Natur. Haben Sie sich jemals gefragt, warum Sie über manche Witze lachen müssen und über andere nicht, warum Sie beim Lachen einen derart explosiven Laut ausstoßen, warum sie geneigt sind, an Gott zu glauben oder nicht, und warum Sie erotische Empfindungen haben, wenn Ihnen jemand an den Zehen saugt? Überraschenderweise können wir jetzt damit anfangen, zumindest auf einige dieser Fragen wissenschaftliche Antworten zu geben. Tatsächlich ermöglicht uns die Untersuchung dieser

Patienten sogar, anspruchsvolle «philosophische» Fragen über das Wesen des Selbst zu stellen: Warum überdauern Sie als Person in Raum und Zeit, und wie kommt die bruchlose Einheit subjektiver Erfahrung zustande? Was bedeutet es, eine Entscheidung zu treffen oder eine Handlung zu wollen? Und noch allgemeiner: Wie führt die Aktivität winziger Protoplasmasträhnen im Gehirn zu bewusster Erfahrung?

Philosophen ereifern sich mit Vorliebe über Fragen wie diese, doch erst jetzt zeigt sich, dass sich solche Fragen auch experimentell angehen lassen. Indem wir Patienten der beschriebenen Art aus der Klinik ins Labor bringen, können wir Experimente durchführen, die uns genaueren Aufschluss über die Architektur unseres Gehirns liefern. So können wir dort fortfahren, wo Freud aufgehört hat, und eine Epoche einleiten, die man bezeichnen könnte als das Zeitalter der experimentellen Erkenntnistheorie (der Untersuchung von Prozessen, durch die das Gehirn Wissen und Glauben repräsentiert) und der kognitiven Neuropsychiatrie (der Schnittstelle zwischen geistigen und physischen Störungen des Gehirns). Wir können mit Experimenten über Glaubenssysteme, Bewusstsein, Geist-Körper-Interaktionen und andere Merkmale menschlichen Verhaltens beginnen.

Ich glaube, die Arbeit in der wissenschaftlichen Forschung hat große Ähnlichkeit mit der eines Detektivs. In diesem Buch versuche ich einen Eindruck von der rätselhaften und geheimnisvollen Atmosphäre zu vermitteln, die alle wissenschaftliche Tätigkeit umgibt und die besonders charakteristisch ist für unsere Versuche, den menschlichen Geist zu verstehen. Jede Geschichte beginnt entweder mit der Schilderung eines Patienten, der scheinbar unerklärliche Symptome zeigt, oder einer allgemeinen Frage über die menschliche Natur – etwa, warum wir lachen oder warum wir zu Selbsttäuschungen neigen. In einigen Fällen, so bei den Phantomgliedern, darf ich behaupten, das Rätsel wirklich gelöst zu haben. In anderen – beispielsweise in dem Kapitel über Gott – entzieht sich die endgültige Antwort unserem

Zugriff, auch wenn wir das Gefühl haben, ihr ganz nahe zu sein. Ich hoffe, dass es mir gelingt – egal, ob der Fall im Einzelnen gelöst wird oder nicht –, einen Eindruck von der Spannung und dem geistigen Abenteuer zu vermitteln, die die Neurologie zu einer so faszinierenden Disziplin machen. Wie Sherlock Holmes zu Watson sagte: «Das Spiel ist in Gang!»

Betrachten wir den Fall von Arthur, der glaubte, seine Eltern seien Hochstapler. Die meisten Ärzte würden wohl zu dem Schluss neigen, er sei einfach verrückt. Tatsächlich ist das die häufigste Erklärung, die man in Lehrbüchern für Störungen dieser Art findet. Ich habe ihm einfach Fotos verschiedener Menschen gezeigt und gemessen, wie stark er schwitzte (mit einem ähnlichen Gerät wie dem Lügendetektor); auf diese Weise konnte ich mir eine genaue Vorstellung von der Funktionsstörung in seinem Gehirn machen. Das ist ein immer wiederkehrendes Thema dieses Buches: Wir beginnen mit einer Reihe von Symptomen, die höchst merkwürdig und unverständlich erscheinen, und enden – zumindest in einigen Fällen – mit einer logisch zufrieden stellenden Erklärung, die die neuronalen Schaltkreise im Gehirn des Patienten heranzieht. Dabei gewinnen wir nicht nur neue Erkenntnisse über die Arbeitsweise des Gehirns, sondern stoßen manchmal auch auf eine völlig neue Forschungsrichtung.

*

Doch bevor wir anfangen, sollten Sie, denke ich, wissen, was die wissenschaftliche Tätigkeit für mich bedeutet und warum mein besonderes Interesse diesen seltsamen Fällen gilt. Auf meinen populärwissenschaftlichen Vortragsreisen wird mir immer wieder die gleiche Frage gestellt: «Wann wird die Neurowissenschaft endlich eine einheitliche Theorie über die Arbeitsweise des menschlichen Geistes vorlegen? In der Physik gibt es Einsteins allgemeine Relativitätstheorie und Newtons allgemeines

Gravitationsgesetz. Warum haben wir so etwas noch nicht für das Gehirn?»

Meine Antwort lautet, dass unser Erkenntnisstand noch nicht ausreicht, um große vereinheitlichte Theorien von Geist und Gehirn zu formulieren. Jede wissenschaftliche Disziplin muss zunächst eine Anfangsphase durchlaufen, in der ihre Arbeit von «Experimenten» oder Phänomenen bestimmt ist – ihre Adepten sind noch damit beschäftigt, die fundamentalen Gesetze zu entdecken –, bevor sie in ein anspruchsvolleres, theoriegeleitetes Stadium eintritt. Betrachten wir, wie sich die Ideen über Elektrizität und Magnetismus entwickelt haben. Zwar hatte die Menschheit schon seit Jahrhunderten eine vage Vorstellung von Magnetsteinen und Magneten und benutzte beide zur Herstellung von Kompassen, doch erst der viktorianische Physiker Michael Faraday begann mit der systematischen Untersuchung von Magneten. Er führte zwei sehr einfache Experimente durch und erzielte erstaunliche Ergebnisse. In dem einen Experiment – das jedes Schulkind wiederholen kann – verdeckte er einen Stabmagneten mit einem Stück Papier und streute dann Eisenfeilspäne auf das Papier, woraufhin sich die die Späne sofort entlang der magnetischen Kraftlinien anordneten (damit war zum ersten Mal die Existenz von Feldern in der Physik bewiesen worden). In einem zweiten Experiment bewegte Faraday einen Stabmagneten in einer Drahtspule hin und her, und – siehe da! – diese Bewegung erzeugte einen elektrischen Strom in dem Draht. Die einfachen Demonstrationen – für die der Leser auch in dem vorliegenden Buch viele Beispiele finden wird – hatten weitreichende Folgen:[1] Damit war zum ersten Mal die Beziehung zwischen Magnetismus und Elektrizität nachgewiesen worden. Faradays eigene Interpretation dieser Effekte blieb qualitativ, doch seine Experimente schufen die Grundlage, auf der James Clerk Maxwell einige Jahrzehnte später seine berühmten elektromagnetischen Wellengleichungen entwickelte – den mathematischen Formalismus, auf dem die gesamte moderne Physik aufbaut.

Ich meine einfach, dass sich die Neurowissenschaft heute im Faraday-Stadium und noch nicht im Maxwell-Stadium befindet und dass es keinen Zweck hat, den Fortschritt mit Gewalt erzwingen zu wollen. Natürlich wäre ich glücklich, wenn ich widerlegt würde; es schadet auch nichts, wenn man versucht, formale Theorien über das Gehirn zu entwickeln, auch auf die Gefahr hin zu scheitern (und es gibt genügend Leute, die es versuchen). Doch meine Forschungsstrategie lässt sich wohl am besten als «Basteln» beschreiben. Wenn ich dieses Wort benutze, schauen viele Leute ziemlich schockiert drein, als ginge es nicht an, dass seriöse Wissenschaft betrieben wird, indem man einfach Ideen ausprobiert, ohne eine übergreifende Theorie zu haben, an der man seine Ahnungen überprüft. Doch das ist genau das, was ich meine (obwohl diese Ahnungen keineswegs zufällig sind, sondern immer von der Intuition geleitet werden).

Solange ich zurückdenken kann, interessiere ich mich schon für die Naturwissenschaften. Mit acht oder neun Jahren begann ich Fossilien und Muscheln zu sammeln und entwickelte ein leidenschaftliches Interesse für Taxonomie und Evolution. Später richtete ich mir unter der Treppe unseres Hauses ein kleines Chemielabor ein und beobachtete fasziniert, wie Eisenspäne in Salzsäure «verzischten» und der Wasserstoff «verpuffte», wenn ich ihn anzündete. (Das Eisen verdrängt den Wasserstoff in der Salzsäure, sodass sich Eisenchlorid und Wasserstoff bildet.) Der Gedanke, dass sich aus einem einfachen Experiment so viel lernen ließ und dass alle Vorgänge im Universum auf derartigen Wechselwirkungen beruhen, hat mich fasziniert. Als mir ein Lehrer von Faradays einfachen Experimenten erzählte, begeisterte mich die Vorstellung, dass sich so viel mit so wenig erreichen lässt. Diese Erfahrungen haben in mir eine lebenslange Abneigung gegen High-Tech-Ausrüstungen geweckt und mich zu der Überzeugung gebracht, dass man nicht unbedingt komplizierte Geräte braucht, um wissenschaftliche Revolutionen in Gang zu setzen. Alles, was erforderlich ist, sind ein paar gute Einfälle.[2]

Eine weitere merkwürdige Neigung treibt mich in jeder wissenschaftlichen Disziplin, mit der ich mich bisher beschäftigt habe, zur Ausnahme und nicht der Regel. In der High School habe ich mich gefragt, warum Jod das einzige Element ist, das sich bei Erwärmung aus dem festen Zustand direkt in Dampf verwandelt, ohne zuvor zu schmelzen und das flüssige Stadium zu durchlaufen. Warum hat der Saturn Ringe und die anderen Planeten nicht? Warum dehnt sich nur Wasser aus, wenn es zu Eis wird, während jede andere Flüssigkeit beim Erstarren schrumpft? Warum haben einige Tiere kein Geschlecht? Warum wachsen bei Kaulquappen verlorene Gliedmaßen nach, bei ausgewachsenen Fröschen dagegen nicht? Liegt es daran, dass die Kaulquappe jünger ist oder dass sie eine Kaulquappe ist? Was würde geschehen, wenn man die Wirkung der Schilddrüsenhormone unterbinden würde (man könnte einige Tropfen Thiouracil ins Aquarium geben) und dadurch sehr alte Kaulquappen erhielte? Wäre die vergreiste Kaulquappe in der Lage, ihre fehlenden Gliedmaße zu regenerieren? (Als Schüler habe ich einige ungeschickte Versuche unternommen, diese Frage zu beantworten; meines Wissens ist sie noch heute offen.)[3]

Natürlich ist die Untersuchung solch merkwürdiger Fälle nicht die einzige Möglichkeit – und noch nicht einmal die beste –, Wissenschaft zu betreiben. Sie macht viel Spaß, ist aber nicht jedermanns Sache. Doch ich bin dieser exzentrischen Vorliebe seit meiner Kindheit treu geblieben, und glücklicherweise hat sie sich als Vorteil erwiesen. In der klinischen Neurologie gibt es eine besondere Fülle von Fällen, die von der «Schulmedizin» vernachlässigt worden sind, weil sie nicht in ihren Wissenskanon passen. Zu meiner großen Freude habe ich entdeckt, dass viele von ihnen echte Rohdiamanten sind.

Beispielsweise kann ich all denen, die den Behauptungen der Geist-Körper-Medizin mit Skepsis begegnen, nur empfehlen, sich mit den Phänomenen der multiplen Persönlichkeit zu beschäftigen. Einige Kliniker sagen, die Patienten könnten buch-

DAS PHANTOM IM INNEREN

stäblich ihre Augenbeschaffenheit «verändern», wenn sie andere Persönlichkeiten annähmen – ein Kurzsichtiger werde weitsichtig, jemand mit blauen Augen bekomme braune Augen. Sogar die Blutwerte des Patienten könnten sich mit seiner Persönlichkeit verändern (bei der einen ein hoher Blutzuckerspiegel, bei der anderen ein niedriger). Es gibt auch Fallbeschreibungen von Menschen, deren Haar nach einem schweren seelischen Schock buchstäblich über Nacht weiß geworden ist, und von frommen Nonnen, die in ekstatischer Vereinigung mit Jesus Stigmen an ihren Handflächen bekamen. Ich finde es überraschend, dass wir nach dreißig Jahren Forschung noch immer nicht wissen, ob diese Phänomene echt oder falsch sind. Warum werden diese Behauptungen angesichts all der Hinweise, dass dort etwas Interessantes vor sich geht, nicht eingehender untersucht? Handelt es sich um Hirngespinste und Schwindeleien – wie Entführungen durch Außerirdische und verbogene Löffel – oder um wirkliche Anomalien – wie Röntgenstrahlen und bakterielle Transformation[4] –, die eines Tages zum Motor von Paradigmenwechseln und wissenschaftlichen Revolutionen werden könnten?

Für die Medizin, eine Disziplin voller Mehrdeutigkeiten, habe ich mich letztlich entschieden, weil es mir sehr gefiel, dass ihre Art der Untersuchung so große Ähnlichkeit mit der Methode von Sherlock Holmes hat. Die Beschwerden eines Patienten zu diagnostizieren ist nicht nur eine Wissenschaft, sondern auch eine Kunst, die von uns ein hohes Maß an Beobachtungsgabe, Denkvermögen und Sinnesschärfe verlangt. Ich erinnere mich, dass uns einer unserer Professoren, K. V. Thiruvengadam, darin unterwies, Krankheiten am Geruch des Patienten zu erkennen – der unverkennbar süßliche, an Nagellack erinnernde Atem bei diabetischer Ketose, der Duft von frischem Brot bei Typhus, der Gestank von abgestandenem Bier bei Skrofulose, der Duft von frisch gerupften Hühnchen bei Röteln, der faule Geruch eines Lungenabszesses und der ammoniakartige Geruch eines Patienten mit Leberversagen. (Heute könnte ein Kinderarzt den Grapefruitduft einer Pseudomonas-Infektion und den Schweiß-fußgeruch einer Isovalerianazidanämie hinzufügen.) Achtet sorgfältig auf die Finger, ermahnte uns Professor Thiruvenga-dam, weil kleine Veränderungen des Winkels zwischen Nagel-bett und Finger den Beginn eines bösartigen Lungentumors an-zeigen können, lange bevor sich die unheilvollen klinischen Anzeichen bemerkbar machen. Bemerkenswerterweise ver-schwindet dieses aufschlussreiche Anzeichen – Trommelschlä-gelfinger – noch auf dem Operationstisch, sobald der Chirurg den Tumor entfernt hat, doch bis auf den heutigen Tag wissen wir nicht, warum es auftritt. Ein anderer Lehrer von mir, ein Neurologieprofessor, bestand darauf, dass wir die Parkinson-Krankheit mit geschlossenen Augen diagnostizierten – indem wir einfach den Fußtritten der Patienten lauschten (Patienten, die unter dieser Krankheit leiden, haben einen charakteristi-schen schlurfenden Gang). Dieser detektivische Aspekt der kli-nischen Praxis ist zwar eine aussterbende Kunst im Zeitalter der High-Tech-Medizin, hat aber unauslöschliche Spuren in meinem Denken hinterlassen. Indem man den Patienten sorgfältig beob-achtet, berührt, auf ihn hört und, ja, seinen Geruch aufnimmt, kann man zu einer vernünftigen Diagnose gelangen und braucht die Labortests nur noch zur Bestätigung dessen, was man bereits weiß.

Schließlich muss sich der Arzt bei der Untersuchung und Be-handlung eines Patienten stets fragen: «Wie würde ich mich in der Situation des Patienten *fühlen*?» Bei diesem Gedanken habe ich immer wieder gestaunt über den Mut und die Kraft vieler meiner Patienten und darüber, dass die Tragödie selbst manch-mal paradoxerweise in der Lage ist, das Leben eines Patienten zu bereichern und ihm einen neuen Sinn zu geben. Wenn auch viele der klinischen Geschichten, die Sie auf den folgenden Seiten hö-ren werden, traurig und erschütternd sind, so künden sie doch ebenso oft von dem Triumph des menschlichen Geistes über alle

Widrigkeiten und von einem verborgenen, aber starken Quell des Optimismus. Beispielsweise begann einer meiner Patienten – ein Neurologe aus New York – mit sechzig Jahren plötzlich unter epileptischen Anfällen zu leiden, die von seinem rechten Temporallappen ausgingen. Die Anfälle waren natürlich beängstigend, aber zu seiner Verblüffung und Freude entwickelte er plötzlich und zum ersten Mal in seinem Leben eine leidenschaftliche Liebe zur Poesie. Tatsächlich begann er in Versen zu denken und produzierte Reime in Hülle und Fülle. Er sagte, diese poetische Sensibilisierung habe ihm einen ganz neuen Zugang zum Leben eröffnet, gerade als ihm alles ein bisschen fad vorkommen wollte. Folgt daraus, dass wir alle Dichter sind, die ihre Berufung noch nicht entdeckt haben, wie viele New-Age-Gurus und Mystiker behaupten? Haben wir alle unerschlossene Quellen schöner Verse und Reime in fernen Winkeln unserer rechten Hemisphäre? Falls ja, gibt es eine Möglichkeit, diese latente Fähigkeit freizusetzen, ohne auf epileptische Anfälle hoffen zu müssen?

*

Bevor wir die Patienten kennen lernen, Geheimnisse lösen und über die Organisation unseres Gehirns spekulieren, möchte ich Sie zu einer kurzen Besichtigung des menschlichen Gehirns einladen. Diese anatomischen Wegweiser – ich verspreche Ihnen, dass ich mich auf die einfachsten beschränken werde –, sollen Ihnen beim Verständnis der vielen neuen Erklärungen für das Verhalten neurologischer Patienten helfen.

Die Behauptung, das menschliche Gehirn sei im ganzen Universum die Materieform mit der komplexesten Organisation, ist schon fast ein Klischee, aber trotzdem nicht ganz unwahr. Wenn Sie einen kleinen Schnitt des Gehirns, sagen wir aus der äußeren gewundenen Schicht, dem Neokortex, unter einem Mikroskop betrachten, erkennen Sie, dass sie aus Neuronen oder Nerven-

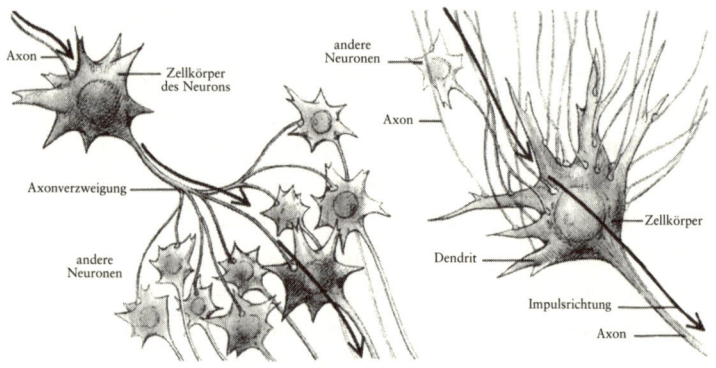

Abbildung 1.1

zellen besteht – den fundamentalen Funktionseinheiten des Nervensystems, das für den Informationsaustausch zuständig ist. Bei der Geburt enthält ein durchschnittliches Gehirn mehr als hundert Milliarden Neuronen, eine Zahl, die im Laufe der Jahre langsam abnimmt.

Jedes Neuron besitzt einen Zellkörper und Tausende von winzigen Verzweigungen, so genannte Dendriten, die Informationen von anderen Neuronen empfangen. Außerdem verfügt jedes Neuron auch über ein primäres Axon (einen Fortsatz, der über weite Entfernungen des Gehirns reichen kann), das die Aufgabe hat, Daten aus der Zelle zu senden, und über Axonendigungen, die für die Kommunikation mit anderen Zellen sorgen.

Ein Blick auf Abbildung 1.1 zeigt Ihnen, dass Neuronen an Punkten, die Synapsen heißen, den Kontakt zu anderen Neuronen herstellen. Jedes Neuron bildet zwischen tausend und zehntausend Synapsen mit anderen Neuronen. Sie können entweder an oder aus, exzitatorisch oder inhibitorisch sein. Das heißt, entweder drehen sie den Strom auf, damit alles ein bisschen flotter geht, oder sie drosseln den Strom, damit sich die Dinge beruhi-

DAS PHANTOM IM INNEREN

gen – wobei sich das Ganze in einem Wechselspiel von sinnver-
wirrender Komplexität vollzieht. Ein Klümpchen Ihres Gehirns
von der Größe eines Sandkorns enthält etwa hunderttausend
Neuronen, zwei Millionen Axonen und eine Milliarde Synapsen, die sich alle miteinander «unterhalten». Angesichts dieser
Größenordnung hat man errechnet, dass die Zahl denkbarer
Gehirnzustände – die Zahl der theoretisch möglichen Aktivitäts-
permutationen und -kombinationen – die Zahl der Elementar-
teilchen im Universum übertrifft. Wie sollen wir bei solcher
Komplexität einen Ansatz zum Verständnis unserer Hirnfunktionen finden? Natürlich ist das Verständnis der *Struktur* des
Nervensystems eine entscheidende Voraussetzung zum Verständnis seiner Funktionen.[5] Daher wollen wir zunächst einen
kurzen Blick auf die Anatomie des Gehirns werfen, das wir aus
Gründen der Zweckmäßigkeit am Ende des Rückenmarks beginnen lassen. Diese Region, die *Medulla oblongata* oder das
verlängerte Mark, verbindet das Rückenmark mit dem Gehirn
und enthält Zellhaufen oder Kerne, die lebenswichtige Funktionen wie Blutdruck, Herzfrequenz oder Atmung steuern. Das
verlängerte Mark geht in den *Pons* oder die Brücke, eine Art
Wulst, über, der Fasern in das Kleinhirn (*Cerebellum*) schickt.
Diese faustgroße Struktur im hinteren Teil des Gehirns hilft
Ihnen bei der Ausführung koordinierter Bewegungen. Darüber
liegen die beiden riesigen Großhirnhemisphären – die bekannten
walnussförmigen Hirnhälften. Jede Hälfte ist in vier Lappen unterteilt – Frontal-, Temporal-, Parietal- und Okziptiallappen
oder Stirn-, Schläfen-, Scheitel- und Hinterhauptslappen –, über
die Sie in den folgenden Kapiteln Näheres erfahren werden (Abbildung 1.2).

Jede Hemisphäre steuert die Bewegungen der Muskeln (beispielsweise in Arm und Bein) auf der entgegengesetzten
Körperseite. Ihre rechte Gehirnhälfte bringt Ihren linken Arm
zum Schlenkern, und Ihr linkes Gehirn ermöglicht Ihrem rechten Bein, einen Ball zu kicken. Die beiden Gehirnhälften sind

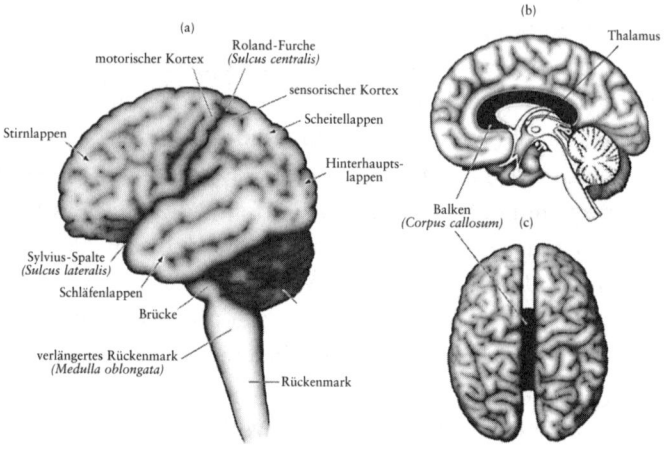

Abbildung 1.2:
Grobanatomie des menschlichen Gehirns. (a) zeigt die linke Seite der linken Hirnhälfte. Beachten Sie die vier Lappen: Stirn-, Scheitel-, Schläfen- und Hinterhauptslappen. Der Stirnlappen ist vom Scheitellappen durch die Roland-Furche (*Sulcus centralis*) getrennt, der Schläfen- vom Scheitellappen durch die Sylvius-Spalte (*Sulcus lateralis*). (b) zeigt die Innenfläche der linken Hemisphäre. Beachten Sie in der Mitte den auffallenden Balken, *Corpus callosum* (schwarz), und den Thalamus (weiß). Der Balken verbindet die beiden Hemisphären. (c) zeigt die beiden Großhirnsphären in Aufsicht. *(a) Ramachandran; (b) und (c) nach Zeki, 1993.*

durch einen dicken Faserstrang verbunden, den Balken oder das *Corpus callosum*. Wenn dieser Strang durchtrennt wird, können die beiden Seiten nicht mehr miteinander kommunizieren. Das resultierende Syndrom vermittelt wichtige Erkenntnisse über die kognitiven Funktionen der beiden Hemisphären. Der äußere Teil jeder Hälfte besteht aus der Großhirnrinde oder dem Kortex: einem dünnen, vielfach gewundenen Mantel, der sechs Zellschichten besitzt, wie ein Blumenkohl von

DAS PHANTOM IM INNEREN

Graten und Furchen durchzogen und kompakt im Schädel verstaut ist.

Im Zentrum des Gehirns liegt der Thalamus. Evolutionär betrachtet ist er wohl primitiver als die Großhirnrinde. Oft wird er als «Relaisstation» bezeichnet, weil alle sensorischen Informationen, außer dem Geruch, den Thalamus passieren, bevor sie in den Kortex gelangen. Zwischen Thalamus und Kortex liegen noch eine Reihe Kerne, die Basalganglien (mit Bezeichnungen wie Putamen und *Nucleus caudatus* oder Schweifkern). Unterhalb des Thalamus schließt der Hypothalamus an, der die Stoffwechselfunktionen, die Hormonproduktion und verschiedene Grundtriebe wie Aggression, Angst und Sexualität reguliert.

Diese anatomischen Fakten sind schon lange bekannt, trotzdem haben wir noch immer keine klare Vorstellung, wie das Gehirn arbeitet.[6] Viele ältere Theorien gehören zwei widerstreitenden Lagern an – Baukastenprinzip und Holismus. Seit dreihundert Jahren schwingt das Pendel zwischen diesen beiden extremen Auffassungen hin und her. An dem einen Ende des Spektrums befinden sich die Vertreter des Baukastenprinzips, die glauben, dass verschiedene Teile des Gehirns (Module) hoch spezialisiert für bestimmte geistige Fähigkeiten sind. Demnach gibt es ein Modul für Sprache, eines für das Gedächtnis, eines für die mathematische Fähigkeit, eines für Gesichtererkennung und vielleicht sogar eines für die Entlarvung von Menschen, die betrügen. Weiterhin sind nach dieser Auffassung die Module oder Regionen weitgehend autonom. Jedes erledigt seine Aufgabe, seine Rechenprozeduren oder was auch immer und übermittelt dann seinen Output – wie in einer Löschkette, in der Eimer für Eimer weitergereicht wird – an das nächste Modul in der Kette, ohne sich allzu viel mit anderen Regionen zu «unterhalten».

Am anderen Ende des Spektrums haben wir den «Holismus», einen theoretischen Ansatz, der sich mit der Auffassung überschneidet, die man heutzutage «Konnektionismus» nennt. Die

Vertreter dieser Denkschule sind der Meinung, das Gehirn funktioniere als Ganzes und jeder seiner Teile sei gleich gut wie irgendein anderer Teil. Für die ganzheitliche Auffassung spricht der Umstand, dass viele Hirngebiete, besonders die Kortexregionen, für eine Reihe von Aufgaben eingespannt werden können. Alles sei mit allem verknüpft, sagen die Holisten, und daher sei die Suche nach bestimmten Modulen reine Zeitverschwendung.

Nach der Erfahrung, die ich bei der Arbeit mit meinen Patienten gewonnen habe, würde ich sagen, dass sich die beiden Standpunkte nicht ausschließen: Das Gehirn ist eine dynamische Struktur, die beide «Modalitäten» in wunderbar komplexer Weise miteinander verbindet. Wie enorm die Möglichkeiten des Menschen sind, zeigt sich erst, wenn wir sie alle berücksichtigen und nicht der Versuchung erliegen, uns einem der polarisierten Lager anzuschließen und zu fragen, ob eine gegebene Funktion lokalisiert ist oder nicht.[7] Wie wir sehen werden, ist es sehr viel sinnvoller, jedes Problem so anzugehen, wie es kommt, und sich nicht dadurch Fesseln anzulegen, dass man sich von vornherein für die eine oder andere Partei entscheidet.

In ihrer extremen Form ist jede Auffassung nämlich ziemlich absurd. Um ein einfaches Beispiel zu wählen: Stellen Sie sich vor, Sie schauten sich im Fernsehen die Serie *Baywatch* an. Wo ist *Baywatch* lokalisiert? Befindet es sich im phosphoreszierenden Leuchten des Fernsehschirms oder im Elektronentanz innerhalb der Kathodenstrahlröhre? Weilt es in den elektromagnetischen Wellen, die durch die Luft übertragen werden? Oder auf dem Zelluloidfilm beziehungsweise dem Videoband im Fernsehstudio, von dem die Folge der Serie abgespielt wird? Oder gar in der Kamera, die auf die Schauspieler am Set gerichtet ist?

Es dürfte auf der Hand liegen, dass das sinnlose Fragen sind. Sollen wir also zu dem Schluss gelangen, dass *Baywatch* an keinem bestimmten Ort lokalisiert ist (es gibt kein *Baywatch*-Modul) und folglich das gesamte Universum durchdringt? Auch diese Annahme ist absurd. Denn wir wissen, dass es nicht auf

DAS PHANTOM IM INNEREN

dem Mond lokalisiert ist oder in meiner Katze oder in dem Sessel, auf dem ich sitze (obwohl einige der elektromagnetischen Wellen durchaus an all diese Orte gelangen können). Natürlich sind der Phosphor, die Kathodenstrahlröhre, die elektromagnetischen Wellen und das Zelluloid oder das Magnetband alle weit unmittelbarer an dem Szenario beteiligt, das wir *Baywatch* nennen, als der Mond, ein Sessel oder meine Katze.

Sobald Sie wissen, was es mit einer Fernsehsendung wirklich auf sich hat, tritt die Frage: «Ist sie lokalisiert oder nicht?», wie das obige Beispiel zeigt, in den Hintergrund und wird von der Frage verdrängt: «Wie funktioniert sie?» Klar ist aber auch, dass Sie durch eine Untersuchung der Kathodenstrahlröhre und der Elektronenkanone Aufschluss gewinnen können, wie der Fernsehapparat arbeitet und die *Baywatch*-Folge empfängt, während die Untersuchung des Sessels, in dem Sie sitzen, Sie wohl kaum weiterbringen dürfte. Die Frage nach der Lokalisierung ist also kein schlechter Ausgangspunkt, solange wir nicht dem Irrglauben verfallen, sie führe uns zu allen Antworten.

Entsprechend verhält es sich mit vielen augenblicklich diskutierten Aspekten der Gehirnfunktion. Ist die Sprache lokalisiert? Das Farbensehen? Lachen? Sobald wir diese Funktionen besser verstehen, dürfte die Frage nach dem «Wo» nicht mehr so wichtig sein wie die Frage nach dem «Wie». Nach dem gegenwärtigen Forschungsstand spricht eine Fülle von empirischen Ergebnissen dafür, dass es tatsächlich spezialisierte Teile oder Module des Gehirns gibt, die für verschiedene geistige Fähigkeiten zuständig sind. Doch der wahre Schlüssel zum Verständnis des Gehirns liegt nicht darin, dass wir jede Struktur und Funktion eines jeden Moduls enträtseln, sondern entdecken, wie sie miteinander interagieren, um das ganze Spektrum von Fähigkeiten hervorzubringen, das wir die Natur des Menschen nennen.

Hier kommen die Patienten mit seltsamen neurologischen Leiden ins Bild. Wie das ungewöhnliche Verhalten des Hundes, der nicht bellte, als das Verbrechen begangen wurde, Sherlock

Holmes den entscheidenden Hinweis lieferte, der ihm sagte, wer das Haus in der Nacht des Mordes betreten haben könnte, kann uns das seltsame Verhalten dieser Patienten dabei helfen, die Frage zu beantworten, wie verschiedene Teile des Gehirns eine brauchbare Repräsentation der Außenwelt zustande bringen und die Illusion eines «Selbst» erzeugen, das in Raum und Zeit überdauert.

*

Einen Eindruck von dieser Art wissenschaftlicher Tätigkeit können Sie vielleicht gewinnen, wenn Sie die folgenden, höchst ungewöhnlichen Fälle betrachten – nebst den Schlüssen, die man aus ihnen gezogen hat. Sie stammen übrigens alle aus der älteren neurologischen Literatur.

Vor mehr als fünfzig Jahren betrat eine Frau mittleren Alters die Praxis von Kurt Goldstein, einem weltbekannten Neurologen mit ungewöhnlichen diagnostischen Fähigkeiten. Die Frau wirkte völlig normal und konnte sich mühelos unterhalten. Allem Anschein nach fehlte ihr nichts. Doch sie klagte über ein ganz außergewöhnliches Symptom – von Zeit zu Zeit fuhr ihr die linke Hand an die Kehle und versuchte sie zu erdrosseln. Oft musste sie die rechte Hand zu Hilfe nehmen, um die Linke unter Kontrolle zu bringen, zu überwältigen und wieder an die Körperseite zu zwingen – ganz ähnlich, wie Peter Sellers den Dr. Strangelove dargestellt hat. Manchmal musste sie sich sogar auf die mörderische Hand setzen, so sehr brannte diese darauf, ihrem Leben ein Ende zu setzen.

Wie nicht anders zu erwarten, war der Hausarzt der Frau zu dem Ergebnis gekommen, sie leide an einer Geisteskrankheit oder sei hysterisch, und hatte sie zu verschiedenen Psychiatern geschickt. Als auch die nicht helfen konnten, wurde sie an Dr. Goldstein überwiesen, der in dem Ruf stand, selbst schwierigste Fälle diagnostizieren zu können. Nachdem Dr. Goldstein sie untersucht hatte, kam er zu ihrer Erleichterung zu dem Ergebnis, dass sie nicht psychotisch, psychisch gestört oder hysterisch war. Sie wies keine offenkundigen neurologischen Beeinträchtigungen wie Lähmungen oder übermäßige Reflexe auf. Trotzdem fand Goldstein rasch eine Erklärung für ihr Verhalten: Die Frau hatte, wie Sie und ich, zwei Großhirnhemisphären, deren jede auf unterschiedliche geistige Fähigkeiten spezialisiert ist und die Bewegungen der entgegengesetzten Körperseite steuert. Die beiden Hemisphären sind durch einen dicken Faserstrang verbunden, den Balken, der für die Verbindung und Abstimmung der beiden Seiten sorgt. Doch die rechte Hirnhälfte dieser Frau zeigte, im Unterschied zu Ihrer und meiner, latente Selbstmordneigungen – den unwiderstehlichen Drang, sich selbst zu töten. Ursprünglich waren diese Impulse wohl durch «Bremsen» gebändigt worden – inhibitorische Botschaften, die die vernünftigere linke Hemisphäre an die rechte geschickt hatte. Doch wenn, wie Goldstein vermutete, ihr Balken infolge eines Schlaganfalls geschädigt worden war, dann war diese Hemmung aufgehoben. Die rechte Seite ihres Gehirns und ihre mörderische linke Hand konnten nun ungehindert ihre finsteren Absichten ausleben.

Diese Erklärung ist nicht so weit hergeholt, wie es den Anschein hat, denn wir wissen seit geraumer Zeit, dass die rechte Hemisphäre in der Regel emotional weit unbeständiger ist als die linke. Patienten mit einem Schlaganfall in der linken Hirnhälfte sind häufig ängstlich, depressiv und besorgt, was ihre Heilungsaussichten angeht. Offenbar übernimmt bei einer Schädigung der linken Hemisphäre die rechte die Kontrolle und macht sich über alles Sorgen. Dagegen scheinen Menschen, die eine Schädigung der rechten Hemisphäre erlitten haben, von einer seligen Unbekümmertheit gegenüber dem eigenen Schicksal erfüllt zu sein. Die linke Hemisphäre regt sich nicht so leicht auf. (Mehr dazu in Kapitel 7.)

Goldsteins Diagnose dürfte vielen sehr abenteuerlich erschienen sein. Doch nicht lange nach dem Besuch in Goldsteins Praxis verstarb die Frau plötzlich, vermutlich an einem Schlaganfall (nein, nicht weil sie sich erdrosselt hatte). Eine Autopsie bestätigte Goldsteins Verdacht: Bevor sie ihr strangelovesches Verhalten an den Tag legte, hatte sie einen massiven Schlaganfall im Balken erlitten, sodass die linke Hirnhälfte sich nicht mehr mit der rechten «unterhalten» und damit auch nicht mehr ihre übliche Kontrolle ausüben konnte. Damit hatte Goldstein die duale Natur der Hirnfunktion bewiesen, indem er nämlich gezeigt hatte, dass die beiden Hemisphären tatsächlich auf verschiedene Aufgaben spezialisiert sind.

Betrachten wir nun den einfachen Akt des Lächelns, etwas, was wir alle täglich in sozialen Situationen tun. Sie sehen einen guten Freund und lächeln über das ganze Gesicht. Doch was geschieht, wenn dieser Freund eine Kamera auf Sie richtet und Sie auffordert, auf Kommando zu lächeln? Statt eines natürlichen Gesichtsausdrucks bekommen Sie nur eine scheußliche Grimasse zustande. Paradoxerweise erweist sich ein Akt, den sie im Laufe des Tages mühelos Dutzende von Malen ausführen, als außerordentlich schwierig, wenn jemand sie darum bittet. Vielleicht meinen Sie, die Verlegenheit könne schuld daran sein. Das kann nicht der Grund sein, denn wenn Sie zu einem Spiegel gehen und zu lächeln versuchen, produzieren Sie die gleiche Grimasse, das kann ich Ihnen versichern.

Diese beiden Arten von Lächeln unterscheiden sich ganz einfach deshalb, weil verschiedene Hirnregionen für sie zuständig sind und nur eine von ihnen einen spezialisierten «Schaltkreis Lächeln» enthält. Ein spontanes Lächeln wird von den Basalganglien hervorgerufen, Zellhaufen, die zwischen dem höheren Kortex (wo Denken und Planen stattfinden) und dem evolutionär älteren Thalamus liegen. Wenn Sie das Gesicht eines Freundes sehen, erreicht die visuelle Nachricht, die von diesem Gesicht ausgeht, nach kurzer Zeit das emotionale Hirnzentrum oder das limbische System und wird anschließend an die Basalganglien weitergegeben. Dort wird die Sequenz von Gesichts-

muskelaktivitäten organisiert, die erforderlich ist, um ein natürliches Lächeln zustande zu bringen. Wenn dieser Schaltkreis aktiviert wird, ist Ihr Lächeln echt. Die ganze Ereignisfolge vollzieht sich, einmal in Bewegung gesetzt, in Sekundenbruchteilen,
ohne dass die denkenden Teile Ihres Kortex im Mindesten davon
berührt sind.

Doch was geschieht, wenn jemand Sie fotografiert und zum
Lächeln auffordert? Die sprachliche Anweisung des Fotografen
wird von den höheren Denkzentren im Gehirn, unter anderem
den Hör- und den Sprachzentren, empfangen und verstanden.
Von dort wird sie an die motorische Rindenregion im vorderen
Teil des Gehirns übertragen, deren Aufgabe es ist, willkürliche
und erlernte Bewegungen auszuführen – zum Beispiel Klavier-
spielen oder Haarekämmen. Trotz seiner scheinbaren Einfach-
heit setzt das Lächeln die sorgfältige Organisation Dutzender
von winzigen Muskeln und ihre angemessene Sequenzierung
voraus. Soweit es den motorischen Kortex angeht (der nicht für
natürliches Lächeln zuständig ist), ist das eine komplexe Bewe-
gungssequenz, ebenso schwierig, als sollte er Rachmaninow
spielen, ohne je Klavierstunden gehabt zu haben. Das Scheitern
ist vorprogrammiert. Ihr Lächeln ist gezwungen, verkrampft,
unnatürlich.

Die Befunde für zwei verschiedene «Lächel-Schaltkreise»
stammen von hirngeschädigten Patienten. Wenn jemand einen
Schlaganfall im rechten motorischen Kortex erleidet – dem
Hirngebiet, das auf die Organisation komplexer Bewegungen in
der linken Körperhälfte spezialisiert ist –, stellen sich linksseitig
Probleme ein. Wenn man den Patienten zum Lächeln auffordert,
dann produziert er das gezwungene, unnatürliche Grinsen, dass
bei ihm allerdings noch scheußlicher ist: Es ist ein halbes Lächeln, lediglich auf die rechte Gesichtsseite beschränkt. Doch
wenn der gleiche Patient einen guten Freund oder Angehörigen
zur Tür hereinkommen sieht, geht ein breites Lächeln über seine
beiden Gesichtshälften. Das liegt daran, dass der Schlaganfall

seine Basalganglien nicht in Mitleidenschaft gezogen hat, daher ist sein Spezialschaltkreis zur Erzeugung eines symmetrischen Lächelns noch intakt.[8]

In seltenen Fällen gibt es Patienten, die einen kleinen Schlaganfall haben, den weder sie selbst noch sonst jemand bemerkt, bis sie zu lächeln versuchen. Plötzlich sehen ihre erstaunten Angehörigen und Freunde, dass nur eine Gesichtshälfte lächelt. Wird ein solcher Patient hingegen vom Neurologen zum Lächeln aufgefordert, bringt er ein symmetrisches, wenn auch unnatürliches Lächeln zustande. Bei ihm verhält es sich also genau umgekehrt wie bei dem oben beschriebenen Patienten. Dieser Mann hatte, wie sich herausstellt, einen winzigen Schlaganfall, der nur seine Basalganglien in einer Hirnhälfte schädigte.

Ein weiterer Beleg für spezialisierte Schaltkreise ist das Gähnen. Wie erwähnt, sind viele Schlaganfallpatienten rechtsseitig oder linksseitig gelähmt, je nachdem, wo die Hirnschädigung vorliegt. Auf der entgegengesetzten Körperseite sind die Willkürbewegungen dauerhaft ausgefallen. Und doch streckt ein solcher Patient spontan beide Arme aus, wenn er gähnt. Zu seiner großen Verblüffung erwacht sein gelähmter Arm plötzlich zum Leben! Das gelingt ihm, weil beim Gähnen eine andere Hirnbahn die Kontrolle des Arms übernimmt – eine Bahn, die eng verknüpft ist mit den Atmungszentren im Hirnstamm.

Manchmal kann eine winzige Hirnläsion – die Schädigung eines winzigen Zellklümpchens unter vielen Milliarden anderer Neurone – höchst folgenreiche Probleme hervorrufen, die in keinerlei Verhältnis zur Größe der Schädigung zu stehen scheinen. So könnte man beispielsweise meinen, das ganze Gehirn sei am Gedächtnis beteiligt. Wenn ich das Wort «Rose» ausspreche, ruft es eine Vielzahl von Assoziationen hervor: vielleicht Vorstellungsbilder von einem Rosengarten, das erste Mal, als Sie eine Rose geschenkt bekamen, den Geruch, die samtige Weichheit der Blütenblätter, eine Frau namens Rosie und so fort. Also, ein so einfacher Begriff wie «Rose» hat eine Fülle von Assoziationen, was darauf schließen lässt, dass das ganze Gehirn an der Herstellung der Gedächtnisspuren beteiligt ist.

Doch die traurige Geschichte des Patienten H. M. legt einen anderen Schluss nahe.[9] Da H. M. an einer besonders schweren Form von Epilepsie litt, beschlossen seine Ärzte, das «kranke» Gewebe auf beiden Seiten seines Gehirns zu entfernen, unter anderem auch eine winzige, seepferdchenförmige Struktur (eine an jeder Seite), den Hippocampus, eine Struktur, die die Einspeicherung neuer Erinnerungen kontrolliert. Das wissen wir nur, weil H. M. nach dem Eingriff keine neuen Erinnerungen mehr anlegen konnte, obwohl er sich an alles erinnerte, was vor der Operation geschehen war. Heute begegnen Ärzte dem Hippocampus mit größerem Respekt und werden ihn sicherlich nicht mehr wissentlich in beiden Gehirnhälften entfernen (Abbildung 1.3).

Zwar habe ich nie direkt mit H. M. gearbeitet, aber häufig Patienten mit ähnlichen Amnesieformen behandelt, die auf chronischen Alkoholismus oder Hypoxie (Sauerstoffmangel nach einer Operation) zurückgingen. Die Unterhaltung mit ihnen ist unheimlich. Bei der Begrüßung äußert sich der Patient beispielsweise intelligent und geläufig. Er gibt normale Antworten und kann sich vielleicht sogar über philosophische Themen unterhalten. Wenn ich ihn bitte, Additions- oder Subtraktionsaufgaben auszuführen, gelingt ihm das ohne Mühe. Er weist keine emotionalen oder psychischen Störungen auf und gibt über seine Familie und ihre Verhältnisse unbefangen Auskunft.

Nun entschuldige ich mich mit dem Hinweis, dass ich zur Toilette müsse. Als ich zurückkomme, gibt es nicht das kleinste Anzeichen eines Wiedererkennens, keinen Hinweis, dass er mich je gesehen hat.

«Erinnern Sie sich, wer ich bin?»

«Nein.»

Ich zeige ihm einen Füller. «Was ist das?»

«Ein Füllfederhalter.»

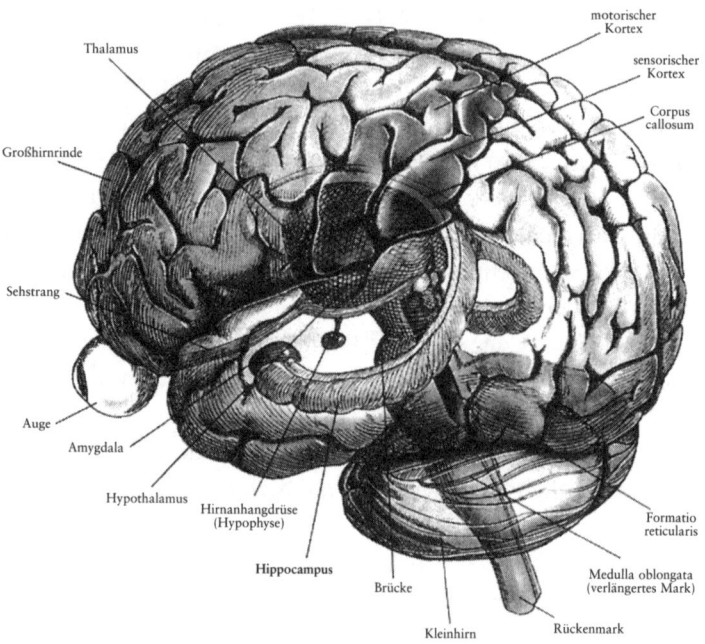

Thalamus

Großhirnrinde

Sehstrang

Auge

Amygdala

Hypothalamus

Hirnanhangdrüse
(Hypophyse)

Hippocampus

Brücke

Kleinhirn

motorischer
Kortex

sensorischer
Kortex

Corpus
callosum

Formatio
reticularis

Medulla oblongata
(verlängertes Mark)

Rückenmark

Abbildung 1.3:
Künstlerische Wiedergabe eines Gehirns, bei der die außen liegende ge-
wundene Großhirnrinde teilweise durchsichtig dargestellt ist, damit die
inneren Strukturen erkennbar werden. Der Thalamus (dunkel) ist in der
Mitte zu sehen. Zwischen ihm und dem Kortex liegen die Zellhaufen der
Basalganglien (nicht abgebildet). Eingebettet in den vorderen Teil des
Stirnlappens erkennen Sie die dunkle, mandelförmige Amygdala, das
«Tor» zum limbischen System. Im Schläfenlappen liegt der Hippocampus (der wichtige Gedächtnisfunktionen wahrnimmt). Außer der Amygdala sind auch andere Teile des limbischen Systems zu erkennen, bei-
spielsweise der Hypothalamus (unter dem Thalamus). Die limbischen
Bahnen sind für emotionale Erregung zuständig. Die Hemisphären sind
über den Hirnstamm (bestehend aus verlängertem Mark, Brücke und
Mittelhirn) mit dem Rückenmark verbunden. Unter den Hinterhauptslappen befindet sich das Kleinhirn, das vor allem für Koordinierung und
zeitliche Abstimmung von Bewegungsabläufen verantwortlich ist. Aus:
Bloom und Laserson (1988), *Brain, Mind and Behavior*, Educational
Broadcasting Corporation. Mit freundlicher Genehmigung von W. H.
Freeman and Company.

DAS PHANTOM IM INNEREN

«Was für eine Farbe hat er?»

«Rot.»

Ich lege den Füller unter ein Kissen auf einem Stuhl neben mir und frage ihn: «Was habe ich gerade getan?»

Die Antwort kommt prompt: «Sie haben den Füller unter das Kissen gelegt.»

Dann plaudern wir ein bisschen über seine Familie. Nach einer Minute frage ich: «Ich habe Ihnen gerade etwas gezeigt. Wissen Sie noch, was das war?»

Er schaut mich verwirrt an. «Nein.»

«Erinnern Sie sich, dass ich Ihnen einen Gegenstand gezeigt habe? Erinnern Sie sich, wohin ich ihn gelegt habe?»

«Nein.» Er hat absolut keine Erinnerung daran, dass ich den Füller vor einer Minute versteckt habe.

Solche Patienten werden gewissermaßen zu einem bestimmten Zeitpunkt eingefroren, das heißt, sie erinnern nur noch Ereignisse, die vor ihrer neurologischen Schädigung stattgefunden haben. Unter Umständen erinnern sie sich in allen Einzelheiten an ihr erstes Baseballspiel, das erste Rendezvous oder die Abschlussfeier auf dem College, aber nach der Hirnschädigung scheint nichts mehr gespeichert zu werden. Wenn ihnen nach dem Unfall beispielsweise die Zeitung der letzten Woche in die Hände fällt, lesen sie sie jeden Tag, als wäre sie hochaktuell. Eine Kriminalgeschichte können sie wieder und wieder lesen und jedes Mal aufs Neue Spaß an der Verwicklung und dem überraschenden Ende haben. Ich kann ihnen den gleichen Witz ein halbes Dutzend Mal erzählen, und jedes Mal, wenn ich zur Pointe komme, lachen sie herzlich (was ich übrigens auch bei meinen Doktoranden feststellen kann).

Diese Patienten übermitteln uns eine sehr wichtige Information – dass eine winzige Hirnstruktur namens Hippocampus von entscheidender Bedeutung für die Niederlegung neuer Gedächtnisspuren im Gehirn ist (auch wenn die tatsächlichen Gedächtnisspuren nicht im Hippocampus gespeichert werden). Sie belegen die Leistungsfähigkeit des Baukasten-Ansatzes: Wenn wir das Gedächtnis verstehen wollen, können wir den Horizont unserer Untersuchung auf den Hippocampus einengen. Trotzdem wird uns die Beschäftigung mit dem Hippocampus allein niemals Aufschluss über alle Aspekte des Gedächtnisses geben können. Um zu verstehen, wie Erinnerungen blitzschnell abgerufen, bearbeitet, klassifiziert (manchmal sogar zensiert!) werden, müssen wir uns anschauen, wie der Hippocampus mit anderen Hirnstrukturen interagiert – etwa mit den Stirnlappen, mit dem limbischen System (für Gefühle verantwortlich) und mit den Strukturen im Hirnstamm (die Ihnen ermöglichen, sich selektiv bestimmten Erinnerungen zuzuwenden).

Welche Rolle der Hippocampus bei der Bildung von Erinnerungen spielt, ist gründlich untersucht worden. Doch gibt es auch Hirnregionen, die auf ausgefallenere Fähigkeiten wie den «Zahlensinn» spezialisiert sind, der eine besondere Eigenschaft des Menschen ist? Unlängst wurde Bill Marshall mein Patient, ein Mann, der eine Woche zuvor einen Schlaganfall erlitten hatte. Optimistisch und auf dem Wege der Besserung, war er gern bereit, über sein Leben und seine Krankheit zu sprechen. Als ich ihn bat, mir von seiner Familie zu erzählen, nannte er die Namen seiner Kinder, zählte ihre Berufe auf und wusste viele Einzelheiten über seine Enkel zu berichten. Er sprach geläufig, intelligent und wohlgesetzt – was leider nicht für alle Schlaganfallpatienten gilt.

«Was haben Sie für einen Beruf gehabt?», fragte ich Bill.

Er erwiderte: «Pilot bei der Air Force.»

«Was für eine Maschine haben Sie geflogen?»

Er nannte das Flugzeug und sagte: «Das war damals das schnellste von Menschenhand hergestellte Gerät auf der Erde.» Dann sagte er, wie schnell es flog, und erläuterte, dass die Maschine vor der Einführung von Düsenjägern gebaut worden sei.

Irgendwann meinte ich: «Okay, Bill, können Sie sieben von hundert abziehen? Wie viel ist hundert minus sieben?»

Er sagte: «Oh, hundert minus sieben?»

«Ja.»

«Hm, hundert minus sieben.»

«Ja, einhundert minus sieben.»

«Also gut», sagte Bill. «Einhundert. Sie möchten, dass ich sieben von einhundert abziehe. Einhundert minus sieben.»

«Ja.»

«Sechsundneunzig?»

«Nein.»

«Oh», sagte er.

«Versuchen wir eine andere Aufgabe. Wie viel ist siebzehn minus drei?»

«Siebzehn minus drei? Sie müssen wissen, das ist nicht gerade meine Stärke», sagte Bill.

«Ist das Ergebnis eine kleinere oder eine größere Zahl?», fragte ich.

«Oh, eine kleinere Zahl», sagte er und zeigte damit, dass er wusste, was eine Subtraktion ist.

«Genau. Also, wie viel ist siebzehn minus drei?»

«Ist es zwölf?», fragte er schließlich.

Ich fragte mich, ob Bill vielleicht nicht verstand, was eine Zahl ist. Vielleicht hatte er keine Zahlenvorstellung. Die Frage nach dem Wesen von Zahlen ist uralt und kompliziert. Sie reicht bis zu Pythagoras zurück.

Ich fragte ihn: «Was ist unendlich?»

«Oh, das ist die größte Zahl, die es gibt.»

«Welche Zahl ist größer: einhundertundeins oder siebenundneunzig?»

Seine Antwort kam wie aus der Pistole geschossen: «Einhundertundeins ist größer.»

«Warum?»

«Weil sie mehr Ziffern besitzt.»

Daraus schloss ich, dass Bill immer noch, zumindest implizit, höhere Zahlenkonzepte wie den Stellenwert verstand. Zwar konnte er drei nicht von siebzehn abziehen, aber seine Antwort war trotzdem nicht vollkommen absurd. Er sagte «zwölf» und nicht fünfundsiebzig oder zweihundert, woraus hervorging, dass er immer noch in der Lage war, vernünftige Schätzungen abzugeben.

Nun beschloss ich, ihm eine kleine Geschichte zu erzählen: «Neulich besuchte ein Mann die neue Dinosaurierausstellung im American Museum of Natural History in New York und betrachtete ein riesiges Skelett. Ihn interessierte, wie alt es war, daher ging er zu einem alten Museumswärter, der in einer Ecke saß, und fragte: ‹Wie alt sind diese Dinosaurierknochen?›

Der Museumswärter sah auf und erwiderte: ‹Sie sind sechzig Millionen und drei Jahre alt.›

‹Oh, sechzig Millionen und drei Jahre? Ich wusste gar nicht, dass man das Alter von Dinosaurierknochen so genau bestimmen kann. Wie kommen Sie auf diese Zahl?›

‹Na ja›, sagte der alte Mann, ‹vor drei Jahren habe ich hier angefangen, und da hat man mir gesagt, dass die Knochen sechzig Millionen Jahre alt sind.›»

Bei der Pointe lachte Bill laut auf. Offenbar hatte er ein weit besseres Zahlenverständnis, als angesichts seiner unzulänglichen Rechenleistung anzunehmen war. Um diesen Witz zu verstehen, der auf dem «Fehlschluss der unangebrachten Konkretheit» beruht, wie die Philosophen sagen, bedarf es eines relativ komplizierten Denkvorgangs.

Ich fragte Bill: «Warum finden Sie das komisch?»

«Na ja», sagte er, «die Genauigkeit der Angabe ist unangebracht.»

Bill versteht den Witz und den Begriff der Unendlichkeit, aber er kann drei nicht von siebzehn abziehen. Haben wir also ein Zahlenzentrum im Bereich des linken *Gyrus angularis* (wo Bills Schlaganfall eine Läsion verursacht hatte), mit dessen Hilfe wir addieren, subtrahieren, multiplizieren und dividieren? Ich glaube nicht. Doch offensichtlich ist dieses Gebiet – der *Gyrus*

angularis – in irgendeiner Weise erforderlich für solche Rechenoperationen, nicht aber für andere Fähigkeiten wie Kurzzeitgedächtnis, Sprache oder Humor. Paradoxerweise brauchen wir
ihn auch nicht zum Verständnis der Zahlenbegriffe, die diesen
Rechenoperationen zugrunde liegen. Wir wissen noch nicht, wie
dieser «arithmetische» Schaltkreis im *Gyrus angularis* arbeitet,
aber immerhin wissen wir, wo wir zu suchen haben.[10]

Viele Patienten, die wie Bill unter Dyskalkulie leiden, haben
gleichzeitig eine Hirnstörung, die Fingeragnosie heißt: Sie können nicht angeben, auf welchen Finger der Neurologe zeigt oder
welchen er berührt. Ist es einfach ein Zufall, dass Rechenoperationen und Fingerbezeichnungen in angrenzenden Hirnregionen
untergebracht sind, oder hat es damit zu tun, dass wir in der
Kindheit alle mit Hilfe unserer Finger zählen lernen? Die Beobachtung, dass bei einigen dieser Patienten eine Funktion (Finger
benennen) erhalten bleiben kann, während die andere (Addieren
und Subtrahieren) ausfällt, bedeutet keine Widerlegung der Behauptung, dass die beiden eng miteinander verknüpft sind und
sich daher in der gleichen Nische des Gehirns befinden. Beispielsweise wäre denkbar, dass die beiden Funktionen in unmittelbarer Nähe untergebracht und während der Lernphase voneinander abhängig sind, beim Erwachsenen aber jede Funktion
ohne die andere erhalten bleiben kann. Mit anderen Worten, ein
Kind muss vielleicht unbewusst die Finger zu Hilfe nehmen,
wenn es zählt, während Sie und ich darauf verzichten können.

Diese Fälle aus der klassischen Literatur und meiner Praxis
belegen die Auffassung, dass es spezialisierte Schaltkreise oder
Module gibt. Im vorliegenden Buch werden wir noch weitere
Beispiele kennen lernen. Doch damit stellen sich andere, ebenso
interessante Fragen, auf die wir ebenfalls eingehen werden. Wie
arbeiten die Module, und wie «unterhalten» sie sich miteinander, um die bewusste Erfahrung hervorzubringen? Wie weit
werden all diese komplizierten Schaltkreise des Gehirns durch
unsere angeborenen Gene festgelegt, und wie weit werden sie

durch frühe Erfahrungen, durch die Interaktion des Säuglings mit der Welt, erworben? (Damit sind wir bei der alten Debatte «Natur versus Kultur», die seit vielen hundert Jahren geführt wird, ohne dass wir bisher mehr als erste Ansätze einer Antwort zustande gebracht hätten.) Selbst wenn bestimmte Schaltkreise von Geburt an fest verdrahtet sind, folgt daraus, dass sie sich nicht verändern lassen? Wie viel des erwachsenen Gehirns ist veränderbar? Um das herauszufinden, möchte ich Sie mit Tom bekannt machen, einem der ersten Menschen, die mir geholfen haben, diese Fragen von allgemeinerer Art zu klären.

2 «ICH WEISS, WO ICH MICH KRATZEN MUSS»

Singen heißt mich das Herz von Gestalten, verwandelt in neue
Leiber. Ihr Götter, gebt, habt ihr doch auch sie einst verwandelt,
Gunst dem Beginnen und leitet mein stetig fließendes Lied
vom ersten Ursprung der Welt bis herab zu unseren Tagen.
    OVID, Metamorphosen, Erstes Buch

Tom Sorenson sind die schrecklichen Umstände, die zum Verlust
seines Arms führten, lebhaft im Gedächtnis geblieben. Auf dem
Heimweg vom Fußballtraining saß er müde und hungrig in seinem Auto, als plötzlich ein Fahrzeug auf der Gegenfahrbahn
ausscherte. Bremsen quietschten, Tom verlor die Kontrolle über
den Wagen und wurde vom Fahrersitz auf den Grünstreifen
neben dem Freeway geschleudert. Als Tom durch die Luft wir-
belte, blickte er zurück und sah, dass sich seine Hand noch im
Auto befand und sich in das Polster des Sitzes «krallte» – von
seinem Körper abgetrennt wie ein Requisit in einem Freddy-
Krueger-Horrorfilm.

Infolge dieses schrecklichen Unfalls verlor Tom den linken
Arm unmittelbar über dem Ellbogen. Er war siebzehn Jahre alt
und stand drei Monate vor dem High-School-Abschluss.

In den Wochen danach konnte Tom immer noch die geisterhafte Anwesenheit des Arms unterhalb des Ellbogens spüren,
obwohl er wusste, dass er ihn verloren hatte. Er konnte jeden
«Finger» krümmen, den «Arm» ausstrecken und Dinge in
Reichweite «ergreifen». Tatsächlich schien sein Phantomarm in
der Lage zu sein, alles zu tun, was der richtige Arm automatisch
verrichtet hätte – Schläge abwehren, Stürze abfangen oder dem
kleinen Bruder auf die Schulter klopfen. Da Tom Linkshänder

gewesen war, griff seine linke Hand – die Phantomhand – jedes Mal zum Hörer, wenn das Telefon klingelte.

Tom war nicht verrückt. Der Eindruck, dass der fehlende Arm noch vorhanden sei, ist ein klassisches Beispiel für ein Phantomglied – ein Arm oder ein Bein, das auf unbestimmte Zeit im Geist eines Patienten erhalten bleibt, nachdem er es durch Unfall oder Amputation verloren hat. Einige Patienten wachen aus der Narkose auf und wollen nicht glauben, dass ihnen der Arm abgenommen werden musste, da sie sein Vorhandensein doch noch so lebhaft *fühlen*.[1] Erst wenn sie unter die Bettdecke schauen, wird ihnen mit Schrecken klar, dass sie die Gliedmaße tatsächlich verloren haben. Einige dieser Patienten haben sogar entsetzliche Schmerzen im Unterarm, der Hand oder den Fingern des Phantomglieds – so schlimm, dass sie an Selbstmord denken. Die Schmerzen sind nicht nur hartnäckig, sondern lassen sich auch nicht behandeln. Niemand hat die leiseste Ahnung, wie sie entstehen und was man gegen sie unternehmen kann.

Als Arzt war mir klar, dass der Phantomschmerz ein schwerwiegendes klinisches Problem darstellt. Chronischer Schmerz in einem echten Körperteil, etwa Gelenkschmerzen bei Arthritis oder Kreuzschmerzen, sind schon schwer genug zu behandeln, doch was soll man mit dem Schmerz in einer nicht existenten Gliedmaße anfangen? Als Wissenschaftler war ich auch neugierig, warum das Phänomen überhaupt auftritt: Wie kommt es, dass ein Arm im Geist eines Patienten erhalten bleibt, obwohl er in der Wirklichkeit schon längst amputiert worden ist? Warum akzeptiert der Geist den Verlust nicht einfach und führt eine «Umgestaltung» des Körperbildes durch? Natürlich geschieht das bei einigen Patienten, aber es dauert gewöhnlich Jahre oder Jahrzehnte. Warum Jahrzehnte? Warum nicht nur eine Woche oder einen Tag? Eine Untersuchung dieses Phänomens, so erkannte ich, könnte nicht nur zur Beantwortung der Frage beitragen, wie das Gehirn einen plötzlichen und massiven Verlust bewältigt, sondern auch etwas Licht in die viel grundsätzlichere

«ICH WEISS, WO ICH MICH KRATZEN MUSS»

Natur-Kultur-Debatte bringen – die Frage, wie weit unser Körperbild und andere Aspekte unseres Geistes von den Genen festgelegt und wie weit sie von der Erfahrung verändert werden.

Dass noch lange nach Amputationen Empfindungen in den nicht mehr vorhandenen Gliedmaßen wahrgenommen werden, hat der französische Chirurg Ambroise Paré bereits im 16. Jahrhundert beobachtet. Kein Wunder, dass sich viele volkstümliche Geschichten und Legenden um dieses Phänomen ranken. Nachdem Lord Nelson bei einem erfolglosen Angriff auf Santa Cruz de Tenerife seinen rechten Arm verloren hatte, verspürte er heftigen Phantomschmerz; unter anderem hatte er das Empfinden, dass sich seine Finger tief in seine Phantomhandfläche bohrten. Diese geisterhaften Empfindungen in seiner fehlenden Gliedmaße veranlassten den Seelord zu der Erklärung, der Phantomschmerz sei ein «unmittelbarer Beweis für die Existenz der Seele». Denn wenn ein Arm nach seiner Amputation noch weiter bestehen könne, warum solle dann nicht der ganze Mensch die physische Vernichtung seines Körpers überleben? Das beweise eindeutig, so Lord Nelson, dass der Geist noch existiere, nachdem er seine sterbliche Hülle längst abgeworfen habe.

*

Der bedeutende Arzt Silas Weir Mitchell[2] aus Philadelphia hat nach dem amerikanischen Bürgerkrieg die Bezeichnung «Phantomglied» geprägt. Damals gab es noch keine Antibiotika, daher kam es nach Verwundungen häufig zu Wundbrand, sodass die Chirurgen Tausenden von verwundeten Soldaten infizierte Gliedmaßen absägen mussten. Als diese mit ihren Phantomgliedern nach Hause zurückkehrten, lösten sie natürlich viele neue Spekulationen über die möglichen Ursachen aus. Weir Mitchell selbst war so überrascht von dem Phänomen, dass er seinen ersten Artikel zu diesem Thema unter Pseudonym in der Publikumszeitschrift *Lippincott's Journal* und nicht in einem Fachblatt veröffentlichte, weil er den Spott seiner Kollegen fürchtete. Im Grunde sind Phantome nämlich ziemliche Spukgebilde.

Seit Weir Mitchells Zeiten hat es vielerlei Spekulationen über Phantomglieder gegeben – erhabene und lächerliche. Noch vor fünfzehn Jahren wurde in einem Artikel des *Canadian Journal of Psychiatry* die Auffassung vertreten, Phantomglieder seien lediglich das Ergebnis von Wunschdenken. Die Autoren meinten, der Patient wünsche sich seinen Arm so sehnlich zurück, dass er das Phantom spüre – genau so, wie manche Menschen wiederkehrende Träume hätten oder auch den «Geist» eines gerade verstorbenen Elternteils erblickten. Wie wir sehen werden, ist dieses Argument blanker Unsinn.

Eine zweite, häufigere Erklärung der Phantome betrifft die verschlissenen und aufgewickelten Nervenenden im Stumpf (Neuromata), die ursprünglich die Hand versorgt haben. Sie seien entzündet und gereizt, so diese Hypothese, und brächten auf diese Weise die höheren Gehirnzentren zu der Annahme, das fehlende Glied sei noch vorhanden. Obwohl die Nervenreizungstheorie viel zu viele Unstimmigkeiten aufweist, halten die meisten Ärzte weiterhin an ihr fest, denn sie liefert ihnen eine einfache und bequeme Erklärung.

In älteren medizinischen Fachzeitschriften gibt es buchstäblich Hunderte von faszinierenden Fallstudien. Einige der beschriebenen Phänomene sind wiederholt bestätigt worden und schreien geradezu nach einer Erklärung, während andere eher der Phantasie des Verfassers als der Wirklichkeit entsprungen zu sein scheinen. Eine meiner Lieblingsgeschichten handelt von einem Patienten, der kurz nach der Amputation lebhafte Empfindungen in einem Phantomarm verspürte – an sich nichts Besonderes. Doch nach einigen Wochen entwickelte sich ein merkwürdiges, nagendes Gefühl in seinem Phantom. Natürlich war er sehr verwirrt über das plötzliche Auftreten dieser neuen Empfindungen, doch als er seinen Arzt fragte, wie es dazu komme, wusste dieser weder Antwort noch Rat. Schließlich fragte der

Patient aus reiner Neugier: «Was ist mit meinem Arm geschehen, nachdem er mir abgenommen wurde?» «Gute Frage», antwortete der Arzt. «Da müssen Sie den Chirurgen fragen.» Also rief der Patient den Chirurgen an, der erklärte: «Oh, wir schicken diese Gliedmaßen meistens ins Leichenschauhaus.» Der Mann rief im Leichenschauhaus an und fragte: «Was machen Sie mit amputierten Armen?» Man antwortete ihm: «Wir schicken sie entweder in die Verbrennungsanlage oder in die Pathologie. Meistens verbrennen wir sie.»

«Und was haben Sie mit diesem besonderen Arm getan? Mit *meinem* Arm?» Der Angestellte schaute in den Akten nach und meinte: «Wissen Sie, das ist merkwürdig. Wir haben ihn nicht verbrannt. Wir haben ihn in die Pathologie geschickt.»

Der Mann rief in der Pathologie an. «Wo ist mein Arm?», fragte er wieder. Man teilte ihm mit: «Ach, wir hatten zu viele Arme, da haben wir ihn vor dem Krankenhaus im Garten vergraben.»

Man führte ihn in den Garten und zeigte ihm, wo der Arm vergraben lag. Als er ihn exhumierte, sah er, dass er voller Maden war, und rief aus: «Vielleicht ist das der Grund, warum ich dieses merkwürdige Gefühl in meinem Arm habe.» Daher nahm er seine Gliedmaße und verbrannte sie. Von diesem Tag an war sein Phantomschmerz verschwunden.

Solche Geschichten lassen sich gut erzählen, besonders nachts an einem Lagerfeuer, aber sie tragen wenig dazu bei, das Rätsel der Phantomglieder wirklich zu lösen. Obwohl man Patienten mit diesem Syndrom seit Jahrhunderten eingehend untersucht hat, sind die Ärzte immer noch geneigt, sie als klinische Kuriositäten abzutun. Jedenfalls sind sie so gut wie nie zum Gegenstand experimenteller Arbeiten gemacht worden. Ein Grund liegt darin, dass die klinische Neurologie historisch eine deskriptive und keine experimentelle Wissenschaft ist. Die Neurologen des 19. und beginnenden 20. Jahrhunderts sind scharfe klinische Beobachter gewesen. Wer ihre Fallberichte liest, kann viel daraus lernen. Merkwürdigerweise haben sie aber nicht den nächsten Schritt getan, das heißt, Experimente durchgeführt, um festzustellen, was in den Gehirnen dieser Patienten vor sich ging. Sie waren einem aristotelischen und nicht galileischen Wissenschaftsverständnis verpflichtet.[3] Wenn man bedenkt, wie ungeheuer erfolgreich die experimentelle Methode in fast jeder Naturwissenschaft war, ist es da nicht höchste Zeit, dass wir sie auch in der Neurologie heimisch machen?

Wie die meisten Ärzte war ich von den Phantomen fasziniert, als ich ihnen zum ersten Mal begegnet bin, und das hat sich seither nicht geändert. Neben Phantomarmen und -beinen – die bei Amputierten nichts Ungewöhnliches sind – habe ich auch Frauen erlebt, die nach radikaler Brustamputation Phantombrüste spürten, und sogar einen Patienten mit Phantomblinddarm: Die typischen krampfartigen Schmerzen legten sich nicht nach der Operation, daher wollte der Patient nicht glauben, dass der Chirurg ihn wirklich entfernt hatte! Als Medizinstudent war ich genauso verblüfft wie die Patienten selbst, und die Lehrbücher, die ich zurate zog, verstärkten meine Ratlosigkeit noch. Ich las von einem Patienten, der Phantomerektionen spürte, nachdem ihm der Penis amputiert worden war, von einer Frau mit Phantommenstruationskrämpfen nach einer Hysterektomie und von einem Mann, der eine Phantomnase und ein Phantomgesicht hatte, nachdem ihm bei einem Unfall der Trigeminusnerv durchtrennt worden war, der das Gesicht innerviert.

All diese klinischen Erfahrungen lagen vergessen in einem fernen Winkel meines Gehirns, als mein Interesse durch einen wissenschaftlichen Artikel neu geweckt wurde, den Tim Pons von den National Institutes of Health 1991 veröffentlicht hatte, einen Artikel, der mich eine ganz neue Forschungsrichtung einschlagen ließ und Tim am Ende in mein Institut führte. Doch bevor ich mit diesem Teil der Geschichte fortfahre, müssen wir noch einen etwas genaueren Blick auf die Anatomie des Gehirns werfen – besonders auf die Region, wo verschiedene Kör-

«ICH WEISS, WO ICH MICH KRATZEN MUSS»

perteile, unter anderem auch die Gliedmaßen, auf der Großhirnrinde, der großen, gewundenen Außenschicht des Gehirns,
kartiert sind. Dann werden Sie besser verstehen, was Dr. Pons
entdeckt hat und wie die Empfindung von Phantomgliedern
entsteht.

Von den vielen merkwürdigen Erinnerungsbildern, die ich aus
den Tagen meines Studiums im Gedächtnis behalten habe, ist
wohl keines lebendiger geblieben als das des missgestalteten kleinen Mannes, den Sie in Abbildung 2.1, verteilt über die Oberfläche der Großhirnrinde, erkennen. Es handelt sich um den so genannten Penfield-Homunkulus. Durch den Homunkulus wird
künstlerisch und humorvoll wiedergegeben, wie verschiedene
Punkte der Körperoberfläche auf der Oberfläche des Gehirns
kartiert sind. Die grotesk verformte Gestalt des Homunkulus
soll zum Ausdruck bringen, dass bestimmte Körperteile wie Lippen und Zunge extrem überrepräsentiert sind.

Die Karte entstand nach Daten, die man an echten menschlichen Gehirnen sammelte. In den vierziger und fünfziger Jahren
führte der hervorragende Neurochirurg Wilder Penfield umfangreiche Gehirnoperationen unter örtlicher Betäubung durch.
(Obwohl im Gehirn Nervengewebe in Hülle und Fülle vorhanden ist, gibt es dort keine Schmerzrezeptoren.) Häufig lagen
während des Eingriffs große Teile des Gehirns frei. Diese Gelegenheit nutzte Penfield zu Experimenten, die noch nie durchgeführt worden waren. Er reizte bestimmte Regionen der Gehirne
seiner Patienten mit einer Elektrode und fragte sie einfach, was
sie dabei empfanden. Alle möglichen Empfindungen, Vorstellungen und sogar Erinnerungen wurden durch die Elektrode
ausgelöst, sodass sich die verantwortlichen Gehirngebiete kartieren ließen.

Unter anderem entdeckte Penfield, dass seine Elektrode in
einem schmalen Streifen, der zu beiden Seiten des Gehirns von
oben nach unten verläuft, Empfindungen hervorrief, die in verschiedenen Teilen des Körpers lokalisiert waren. Ganz oben, in

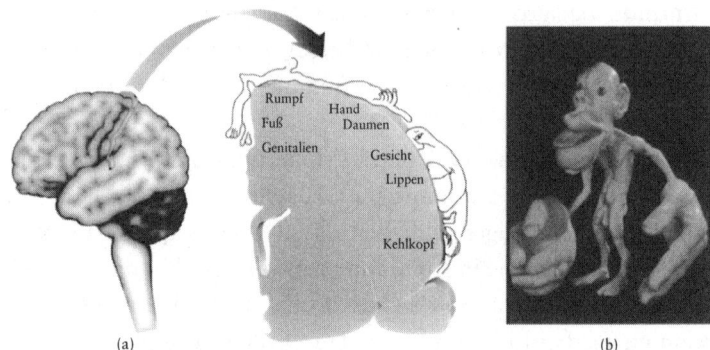

(a)   (b)

Abbildung 2.1:
(a) (Von Wilder Penfield entdeckte) Repräsentation der Körperoberfläche auf der Oberfläche des menschlichen Gehirns hinter der Querfurche (*Sulcus centralis cerebri*). Es gibt viele solche Karten, doch aus Gründen der Übersichtlichkeit ist hier nur eine abgebildet. Der Homunkulus (das «Menschlein») steht größtenteils auf dem Kopf. Seine Füße sind Teil der medialen Fläche (inneren Fläche) des Scheitellappens fast an der Spitze, während sich das Gesicht ganz unten auf der äußeren Fläche befindet. Gesicht und Hand beanspruchen einen unverhältnismäßig großen Teil der Karte. Interessant ist auch, dass die Gesichtsregion unterhalb der Handregion liegt statt dort, wo sie eigentlich hingehört – in die Nähe des Halses –, und dass die Genitalien unter dem Fuß repräsentiert sind. Ob das eine anatomische Erklärung für den Fußfetischismus ist? (b) Ein nicht ganz ernst gemeintes dreidimensionales Modell des Penfield-Homunkulus – des Menschleins im Gehirn –, das die Repräsentation der Körperteile wiedergibt. Beachten Sie die extreme Überrepräsentation von Mund und Hand.

der Furche, die die beiden Hirnhälften trennt, rief die elektrische Stimulation Empfindungen in den Genitalien hervor. Eine Reizung ganz in der Nähe löste Sinneserlebnisse in den Füßen aus. Als Penfield diesem Streifen abwärts folgte, entdeckte er Felder, die Sinneswahrnehmungen aus den Beinen und dem Rumpf empfingen, aus der Hand (ein großes Gebiet mit einer sehr ausgeprägten Repräsentation des Daumens), dem Gesicht, den Lippen und schließlich Brustkorb und Kehlkopf. Dieser «sensorische Homunkulus», wie er heute heißt, ist eine stark verzerrte Repräsentation des Körpers auf der Oberfläche des Gehirns, in der die besonders wichtigen Körperteile unverhältnismäßig große Flächen beanspruchen. Beispielsweise nehmen die Felder, die für die Lippen oder Finger zuständig sind, ebenso viel Raum ein wie das Feld, das dem gesamten Rumpf zugeordnet ist. Der Grund ist vermutlich, dass Ihre Lippen und Finger sehr berührungsempfindlich sind und feine Unterscheidungen vornehmen können, während Ihr Rumpf lange nicht so empfindlich ist und daher mit weniger Kortexfläche auskommt. Der Fuß ist oben repräsentiert und die ausgestreckten Arme unten. Doch bei näherer Betrachtung werden Sie sehen, dass die Karte kein vollkommen kontinuierliches Bild vermittelt. Das Gesicht ist nicht, wie es sein sollte, in der Nähe des Halses, sondern unter der Hand. Und die Genitalien befinden sich unter dem Fuß statt zwischen den Schenkeln.[4]

Diese Felder lassen sich mit noch größerer Genauigkeit bei anderen Tieren, besonders bei Affen, kartieren. Der Forscher führt eine lange, dünne Nadel aus Stahl oder Wolfram in den somatosensiblen Kortex ein – das ist der oben beschriebene Streifen Gehirngewebe. Wenn sich die Nadelspitze neben dem Zellkörper eines Neurons befindet und wenn dieses Neuron aktiv ist, dann erzeugt es winzige elektrische Stromstöße, die von der Nadel registriert und verstärkt werden. Das Signal lässt sich auf einem Oszilloskop sichtbar machen, sodass man die Aktivität dieses Neurons aufzeichnen kann.

Wenn Sie beispielsweise eine Elektrode in den somatosensiblen Kortex des Affen einführen und das Tier an einer bestimmten Körperstelle berühren, dann feuert die Zelle. Jede Zelle hat ihren Bereich auf der Körperoberfläche – gewissermaßen ihren eigenen kleinen Hautfleck –, auf den sie reagiert. Wir bezeichnen ihn als ihr rezeptives Feld. So existiert im Gehirn eine Karte der gesamten Körperoberfläche, wobei jede Körperhälfte auf der entgegengesetzten Seite des Gehirns kartiert ist.

Zwar bieten sich Tiere für Experimente an, in denen wir die Struktur und Funktion der sensorischen Hirnregionen eingehend ermitteln möchten, doch haben sie einen offenkundigen Nachteil: Affen können nicht sprechen. Im Gegensatz zu Penfields Patienten können sie dem Versuchsleiter also nicht mitteilen, was sie empfinden. Daher geht eine umfangreiche und wichtige Dimension verloren, wenn man sich für Tierexperimente entscheidet.

Trotz dieser unumgänglichen Einschränkung können gut durchdachte Experimente sehr aufschlussreich sein. So ist, wie erwähnt, die Frage nach dem relativen Einfluss von Natur und Kultur von großer Bedeutung: Sind diese Körperkarten auf der Oberfläche des Gehirns ein für alle Mal festgelegt, oder werden sie durch die Erfahrungen verändert, die uns im Zuge der Entwicklung vom Neugeborenen zum Kleinkind und vom Jugendlichen zum alten Menschen zuteil werden? Und selbst wenn die Karten schon bei der Geburt angelegt sind, stellt sich die Frage, ob sie sich im Erwachsenenalter nicht noch verändern lassen.[5]

Diese Fragen bildeten den Ausgangspunkt für die Forschungsarbeit von Tim Pons und seinen Kollegen. Dabei zeichneten sie die Signale aus den Gehirnen von Affen auf, die einer dorsalen Radikulotomie unterzogen worden waren – der vollständigen Durchtrennung aller Nervenfasern, die sensorische Informationen aus einem Arm an das Rückenmark übermitteln.[6] Elf Jahre nach der Operation setzten sie die Tiere unter Narkose, öffneten ihre Schädel und vermaßen die somatosensible Karte. Da der gelähmte Arm des Affen keine Nachrichten ans Gehirn schickte, erwarteten die Forscher keine Signale, als sie die nutzlose Hand des Affen berührten und die elektrische Aktivität in der «Handregion» des Gehirns aufzeichneten. Der beeinträchtigten Hand hätte ein großer Fleck stummer Kortex entsprechen müssen.

Tatsächlich zeigte sich bei der Berührung der unbrauchbaren

«ICH WEISS, WO ICH MICH KRATZEN MUSS»

Hand keine Aktivität in dieser Hirnregion. Als sie jedoch das Gesicht des Affen berührten, stellten sie zu ihrer Überraschung fest, dass die Gehirnzellen, die eigentlich für die «tote» Hand zuständig waren, heftig feuerten. (Das taten auch die dem Gesicht zugeordneten Zellen, aber von denen wurde es auch erwartet.) Offenbar ging die sensorische Information vom Affengesicht nicht nur zur Gesichtsregion des Kortex, wie bei einem normalen Tier, sondern war auch in das Territorium der gelähmten Hand eingedrungen! Aus diesem Resultat ergeben sich erstaunliche Schlussfolgerungen: Es bedeutet, dass man die Karte verändern *kann*. Man kann die Schaltkreise im Gehirn eines erwachsenen Tieres modifizieren, sodass sich die Verbindungen über Entfernungen bis zu einem Zentimeter und mehr ändern.

Als ich Pons' Bericht las, dachte ich: «Himmel! Könnte das eine Erklärung für Phantomglieder sein?» Was hat der Affe tatsächlich «gefühlt», als sein Gesicht berührt wurde? Hat er, da auch sein «Handkortex» aktiviert wurde, Empfindungen gespürt, die nicht nur vom Gesicht, sondern auch von der unbrauchbaren Hand ausgingen? Oder hat er die Sinneswahrnehmungen mit Hilfe seiner höheren Hirnzentren zutreffend umgedeutet als Empfindungen, die ihren Ursprung nur im Gesicht hatten? Der Affe äußerte sich natürlich nicht zu dieser Frage.

Man braucht Jahre, um einem Affen einfachste Aufgaben beizubringen. Wie soll man ihn also dazu veranlassen, deutlich zu machen, welcher Körperteil berührt worden ist. Dann wurde mir klar, dass ich gar nicht auf Affen zurückgreifen musste. Warum sollte ich diese Frage nicht beantworten, indem ich das Gesicht eines menschlichen Patienten berührte, der einen Arm verloren hatte? Ich rief meine Kollegen Mark Johnson und Rita Finkelstein von der Orthopädie an und fragte: «Habt ihr Patienten, die kürzlich einen Arm verloren haben?»

Auf diese Weise erfuhr ich von Tom. Ich rief ihn sofort an und fragte ihn, ob er bereit sei, an einer Studie teilzunehmen. Nach anfänglicher Scheu und Zurückhaltung beteiligte Tom sich bald mit großem Interesse an unserem Experiment. Ich teilte ihm natürlich nicht mit, welches Ergebnis wir erwarteten, um seine Reaktionen nicht zu beeinflussen. Obwohl ihn seine Phantomfinger «juckten» und schmerzten, war er guter Dinge und offenbar glücklich, den Unfall überlebt zu haben.

Ich bat Tom, auf einem bequemen Stuhl in meinem Kellerlabor Platz zu nehmen, und verband ihm die Augen, weil er nicht sehen sollte, wo ich ihn berührte. Dann nahm ich ein gewöhnliches Wattestäbchen, strich damit über verschiedene Bereiche seiner Körperoberfläche und bat ihn, mir zu sagen, wo er die Berührung spürte. (Mein Doktorand, der das Ganze beobachtete, hielt mich für verrückt.)

Ich tupfte auf seine Wange. «Was spüren Sie?»

«Sie berühren meine Wange.»

«Noch etwas?»

«He, das ist komisch», sagte Tom. «Sie berühren meinen fehlenden Daumen, meinen Phantomdaumen.»

Ich bewegte das Wattestäbchen zu seiner Oberlippe. «Und hier?»

«Sie berühren meinen Zeigefinger. Und meine Oberlippe.»

«Wirklich? Sind Sie sicher?»

«Ja. Ich spüre es an beiden Stellen.»

«Und was ist hier?» Ich fuhr mit dem Stäbchen über seinen Unterkiefer.

«Das ist mein fehlender kleiner Finger.»

Bald hatte ich eine vollständige Karte von Toms Phantomhand ermittelt – auf seinem Gesicht! Mir wurde klar, dass ich hier unter Umständen eine direkte perzeptive Entsprechung zu jener Umkartierung vor Augen hatte, die Tim Pons an seinen Affen beobachtet hatte. Denn der Umstand, dass die Berührung eines Gebiets, das so weit vom Stumpf entfernt liegt – des Gesichts nämlich –, Empfindungen in der Phantomhand hervor-

«ICH WEISS, WO ICH MICH KRATZEN MUSS»

ruft, lässt sich anders nicht erklären. Des Rätsels Lösung liegt in der sonderbaren Kartierung der Körperteile im Gehirn, wo sich das Gesicht eben neben der Hand befindet.[7]

Ich fuhr in dieser Weise fort, bis ich Toms gesamte Körperoberfläche erkundet hatte. Wenn ich die Brust, die rechte Schulter, das rechte Bein oder das Kreuz berührte, verspürte er entsprechende Empfindungen nur an diesen Stellen und nicht im Phantomglied. Doch ich fand noch eine zweite, sehr sorgfältig ausgeführte «Karte» seiner fehlenden Hand – auf seinem linken Oberarm, einige Zentimeter über der Amputationsnarbe (Abbildung 2.2). Wenn ich die Hautfläche dieser zweiten Karte berührte, löste ich ebenfalls genau lokalisierte Empfindungen auf einzelnen Fingern aus: Eine Berührung hier, und er sagte: «Oh, das ist mein Daumen», und so fort.

Warum waren es zwei Karten statt einer? Wenn Sie sich die Penfield-Karte noch einmal ansehen, erkennen Sie, dass die Handregion im Gehirn unten von der Gesichtsregion und oben von Oberarm- und Schulterregion begrenzt wird. Der Input in Toms Handregion ging nach der Amputation verloren, daher infiltrierten die sensiblen Nervenfasern, die in Toms Gesicht entspringen – und früher nur die Gesichtsregion seines Kortex aktivierten –, nun auch das vakante Territorium der Hand und fingen an, die dort befindlichen Nervenzellen zu aktivieren. So kam es, dass Tom, als ich sein Gesicht berührte, auch Empfindungen in seiner Phantomhand verspürte. Doch an der Invasion des Handkortex sind auch sensible Nervenfasern beteiligt, die normalerweise die Hirnregion über dem Handkortex innervieren (das heißt Fasern, die in Oberarm und Schulter entspringen). Daher war zu erwarten, dass auch die Berührung von Punkten auf dem Oberarm Empfindungen in der Phantomhand auslöste. Und tatsächlich konnte ich diese Punkte auf dem Arm über Toms Stumpf kartieren. Die vorgefundene Situation entspricht also genau den Erwartungen: Punkte, die Empfindungen im Phantomglied hervorrufen, bilden eine Häufung im Gesicht und

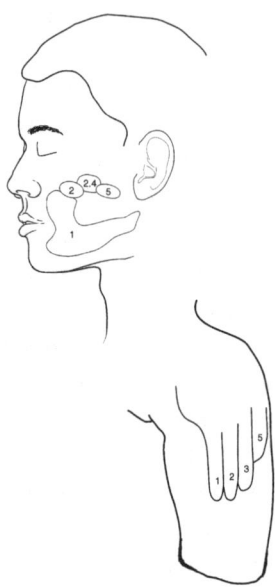

Abbildung 2.2:
Punkte auf der Körperoberfläche, die indirekte Empfindungen in der Phantomhand auslösten (der linke Arm dieses Patienten war zehn Jahre vor unserem Test amputiert worden). Wie Sie sehen, gibt es eine vollständige Karte aller Finger (mit 1 bis 5 bezeichnet) auf dem Gesicht und eine zweite Karte auf dem Oberarm. Der sensorische Input von diesen beiden Hautflächen aktiviert offenbar die Handgebiete im Gehirn (entweder im Thalamus oder im Kortex). Wenn also diese Punkte berührt werden, hat der Patient den Eindruck, dass die Empfindungen auch in der fehlenden Hand hervorgerufen werden.

eine zweite auf dem Oberarm – also auf den Körperteilen, die zu beiden Seiten (oberhalb und unterhalb) der Handrepräsentation im Gehirn repräsentiert werden.[8]

Es kommt in den Naturwissenschaften (vor allem der Neurologie) nicht häufig vor, dass man eine so klare Vorhersage

«ICH WEISS, WO ICH MICH KRATZEN MUSS»

macht und sie schon wenige Minuten später mit einem Wattestäbchen bestätigen kann. Die Existenz der beiden Punkthäufungen ließ nachdrücklich darauf schließen, dass eine Umkartierung, wie Pons sie bei seinen Affen beobachtet hatte, auch im menschlichen Gehirn vorkommt. Doch es blieb ein nagender Zweifel: Wie können wir sicher sein, dass solche Veränderungen tatsächlich stattfinden – dass sich die Karte bei Menschen wie Tom wirklich wandelt? Um einen direkteren Beweis zu bekommen, bedienten wir uns eines modernen bildgebenden Verfahrens, der Magnetoenzephalographie (MEG). Dabei lässt sich die lokalisierte elektrische Aktivität, die bei Berührung verschiedener Körperteile in der Penfield-Karte hervorgerufen wird, durch Veränderungen der Magnetfelder auf der Kopfhaut messen. Diese Technik hat den entscheidenden Vorteil, dass sie nicht invasiv ist, das heißt, man braucht die Kopfhaut des Patienten nicht zu öffnen, um Einblick in das Gehirn zu erhalten.

Mit Hilfe der MEG lässt sich ohne große Schwierigkeit in einer Sitzung von lediglich zwei Stunden die Repräsentation der gesamten Körperoberfläche auf der Gehirnoberfläche jedes Menschen kartieren, der bereit ist, sich unter den Magneten zu setzen. Wie nicht anders zu erwarten, weist die resultierende Karte große Ähnlichkeit mit dem ursprünglichen Penfield-Homunkulus auf. In den groben Umrissen der Karte gibt es kaum Unterschiede von Versuchsperson zu Versuchsperson. Doch als wir MEGs an vier Armamputierten vornahmen, wiesen die Karten, wie vorhergesagt, erhebliche Veränderungen auf. So zeigt ein Blick auf Abbildung 2.3 beispielsweise, dass die Handregion (schraffiert) in der rechten Hemisphäre fehlt und vom sensorischen Input des Gesichts (schwarz) und Oberarms (weiß) übernommen worden ist. Diese Beobachtungen, die ich zusammen mit dem Medizinstudenten Tony Yang sowie den Neurologen Chris Gallen und Floyd Bloom gemacht habe, waren der erste direkte Beweis dafür, dass solche großräumigen Veränderungen

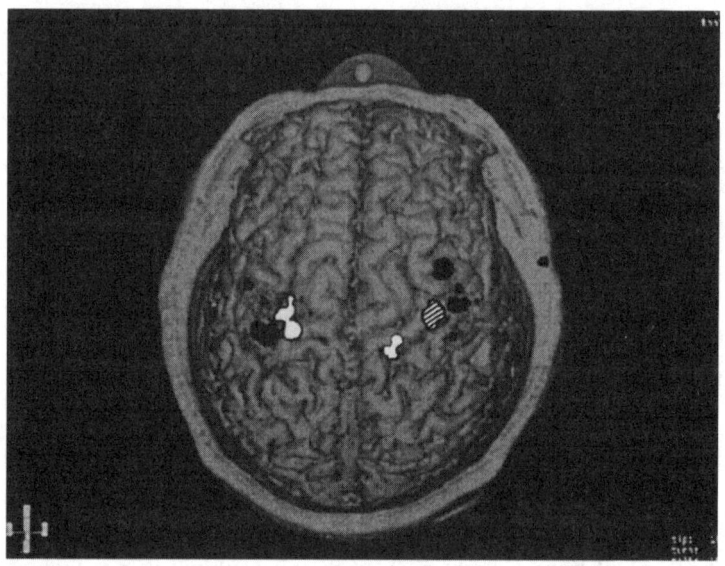

Abbildung 2.3:
Das Bild einer Kernspinresonanztomographie (MRT) überlagert mit dem Bild einer Magnetoenzephalographie (MEG) vom Gehirn eines Patienten, dessen rechter Arm unterhalb des Ellbogens amputiert wurde. Das Gehirn wird von oben gezeigt. Die rechte Hemisphäre zeigt eine normale Aktivierung der Hand- (schraffiert), Gesichts- (schwarz) und Oberarmregion (weiß) des Kortex, wobei diese Felder der Penfield-Karte entsprechen. In der linken Hemisphäre gibt es keine Aktivierung, die der fehlenden rechten Hand zugeordnet ist, doch die Aktivitäten von Gesicht und Oberarm haben sich jetzt in dieser Region «ausgebreitet».

der Hirnorganisation beim erwachsenen Menschen auftreten können.

Das hat verblüffende Konsequenzen. Erstens und vor allem folgt daraus, dass sich Hirnkarten verändern können, und zwar mit erstaunlicher Geschwindigkeit. Dieses Ergebnis steht in direktem Widerspruch zu einem fast einhellig anerkannten Dogma der Neurologie – dass die Verbindungen im menschlichen Gehirn fest verdrahtet sind. Man hat immer angenom-

«ICH WEISS, WO ICH MICH KRATZEN MUSS»

men, dass diese Schaltkreise, einschließlich der Penfield-Karte, im Mutterleib oder in der frühen Kindheit angelegt werden und im Erwachsenenalter kaum noch verändert werden können. Tatsächlich wird diese mangelnde Plastizität des menschlichen Gehirns häufig bemüht, um zu erklären, warum Funktionen nach Hirnverletzungen in so geringem Umfang wiederhergestellt werden und warum sich neurologische Erkrankungen so schwer behandeln lassen. Doch die Ergebnisse der an Tom durchgeführten Experimente zeigen – im Gegensatz zu der Auffassung, die in Lehrbüchern vertreten wird –, dass im erwachsenen Gehirn bereits vier Wochen nach einer Verletzung neue, sehr genaue und funktional leistungsfähige Bahnen auftreten können. Das bedeutet sicherlich nicht, dass sich dank dieser Entdeckung revolutionäre neue Behandlungen für neurologische Syndrome entwickeln lassen, aber sie ist doch Anlass zu einem gewissen Optimismus.

Zweitens, die Ergebnisse können zur Erklärung der Existenz von Phantomgliedern beitragen. Wie erwähnt, lautet die häufigste medizinische Erklärung, dass Nerven, die einst die Hand versorgt hätten, nun den Stumpf innervieren würden. Außerdem würden diese beschädigten Nervenenden kleine Verdickungen aus Narbengewebe bilden, so genannte Neuromata, die sehr schmerzhaft sein könnten. Wenn die Neuromata gereizt würden, so die Theorie, würden sie Impulse zur ursprünglichen Handregion im Gehirn schicken, wo sie die «irrige» Annahme hervorriefen, die Hand sei noch vorhanden. Also gehe der Schmerz in Phantomgliedern auf eine Reizung der Neuromata zurück.

Diese hartnäckige Auffassung bildet die Grundlage für verschiedene chirurgische Behandlungsmethoden des Phantomschmerzes, bei denen es um die Beschneidung und Entfernung von Neuromata geht. Einige Patienten verspüren vorübergehende Erleichterung, doch überraschenderweise kehren das Phantomglied und der mit ihm verbundene Schmerz in der Regel verstärkt zurück. Manchmal führen die Chirurgen dann noch eine zweite oder sogar dritte Operation durch (das heißt, der Stumpf wird kürzer und kürzer). Doch wenn Sie darüber nachdenken, entbehrt dieses Vorgehen jeder Logik. Warum sollte eine zweite Amputation helfen? Dann ist doch nur mit einem zweiten Phantomglied zu rechnen, und genau das stellt sich in der Regel ein. Es ist ein unendlicher Regress.

Zur Behandlung des Phantomschmerzes werden sogar dorsale Radikulotomien durchgeführt, das heißt, man durchtrennt die zum Rückenmark führenden sensorischen Nerven. Manchmal hilft es, manchmal nicht. Andere Chirurgen greifen zu einem noch drastischeren Mittel: Sie durchtrennen die Schmerzbahnen im Rückenmark selbst – man spricht dann von einer Chordotomie –, damit die Impulse das Gehirn nicht mehr erreichen können, doch auch das bleibt häufig wirkungslos. Manchmal hält man sich gleich an den Thalamus, eine Relaisstation, die die Signale verarbeitet, bevor sie sie an den Kortex weitergibt. Doch auch damit kann man dem Patienten nicht helfen. So suchen die Chirurgen das Phantom in immer größeren Tiefen des Gehirns, aber finden es natürlich nicht.

Warum? Ein Grund ist sicherlich, dass das Phantom in keiner dieser Regionen existiert; es ist in den zentraleren Teilen des Gehirns zu Hause, wo die Umkartierung stattgefunden hat. Grob gesagt, das Phantom entsteht nicht aus dem Stumpf, sondern aus Gesicht und Kiefer, denn jedes Mal, wenn Tom lächelt oder Gesicht und Lippen bewegt, aktivieren die Nervenimpulse die «Handregion» seines Kortex und rufen die Illusion hervor, die Hand sei noch vorhanden. Unter dem Einfluss all dieser falschen Signale wird Toms Arm von seinem Gehirn buchstäblich halluziniert. Vielleicht ist das der entscheidende Grund für die Entstehung von Phantomgliedern. Wenn dem so wäre, dann könnte man das Phantomglied nur beseitigen, indem man den Kiefer entfernt. (Doch bei genauerem Nachdenken wird klar, dass auch das nichts hilft. Der Patient würde wahrscheinlich einen Phantomkiefer bekommen. Wir stünden wieder vor einem unendlichen Regress.)

Allerdings kann Umkartierung nicht die ganze Erklärung sein. Erstens bleibt unklar, warum Tom oder andere Patienten das Gefühl haben, ihre Phantomglieder willkürlich bewegen zu können, oder warum ein solches Phantom seine Stellung verändern kann. Welchen Ursprung haben diese Bewegungsempfindungen? Zweitens erklärt die Umkartierung nicht jenes Phänomen, das dem Arzt und dem Patienten die größten Probleme bereitet – die Entstehung des Phantomschmerzes. Mit diesen beiden Themen wollen wir uns im nächsten Kapitel beschäftigen.

Wenn wir an Sinneswahrnehmungen in der Haut denken, fällt uns gewöhnlich nur der Tastsinn ein. Tatsächlich entspringen an der Hautoberfläche aber auch verschiedene Nervenbahnen, die Wärme-, Kälte- und Schmerzempfindungen übertragen. Diese Sinneswahrnehmungen haben ihre eigenen Zielgebiete oder Karten im Gehirn, doch die von ihnen verwendeten Bahnen sind manchmal auf komplizierte Weise miteinander verflochten. Könnten solche Umkartierungen nicht auch in diesen evolutionär älteren Bahnen erfolgen, und zwar unabhängig von der Umkartierung des Tastsinns? Mit anderen Worten, ist die Umkartierung, die wir bei Tom und bei Pons' Affen erlebt haben, eine Besonderheit des Tastsinns, oder manifestiert sich in ihr ein viel allgemeineres Prinzip, das auch für Wahrnehmungen wie Kälte, Wärme oder Vibration gilt? Falls ja, existieren dann möglicherweise auch zufällige «Querverbindungen», die dafür sorgen, dass ein Tasterlebnis Wärme oder Schmerz hervorruft? Oder bleiben sie getrennt? Die Frage, wie Millionen von Nervenverbindungen während der Entwicklung so exakt verschaltet werden – und wie diese Exaktheit erhalten bleibt, wenn sie nach einer Schädigung umorganisiert werden –, ist für jeden Wissenschaftler von großem Interesse, der versucht, die Entwicklung der Nervenbahnen im Gehirn zu verstehen.

Um diese Frage zu untersuchen, ließ ich einen Tropfen warmes Wasser auf Toms Gesicht fallen. Er spürte ihn augenblicklich an dieser Stelle, sagte aber auch, seine Phantomhand fühle sich erkennbar warm an. Einmal lief der Wassertropfen zufällig sein Gesicht hinab. Ziemlich überrascht rief er aus, er könne deutlich spüren, wie das warme Wasser an seinem Phantomarm entlanglaufe. Mit der normalen Hand zeigte er mir den Weg, den das Wasser auf seinem Phantomglied beschrieb. In all den Jahren meiner klinischen Praxis als Neurologe ist mir noch nie etwas so Erstaunliches begegnet – ein Patient, der eine so komplexe Empfindung wie ein «Tröpfeln» systematisch von seinem Gesicht auf seine Phantomhand verlagert.

Diese Experimente legen den Schluss nahe, dass im erwachsenen Gehirn äußerst präzise und sehr umsichtig organisierte neue Verbindungen in wenigen Tagen angelegt werden können. Allerdings können wir ihnen nicht entnehmen, wie diese neuen Bahnen tatsächlich entstehen und welche Mechanismen dem Umbau auf Zellebene zugrunde liegen.

Ich könnte mir zwei Möglichkeiten vorstellen. Erstens könnte die Reorganisation auf Ramifikation beruhen: Nervenfasern, die normalerweise die Gesichtsregion innervieren, wachsen mit neuen Verzweigungen in die Handregion des Kortex hinüber. Wenn das zuträfe, so wäre das höchst bemerkenswert, denn es ist schwer vorstellbar, dass eine hoch organisierte Ramifikation über relativ weite Entfernungen (im Gehirn sind ein paar Millimeter wie Kilometer) in so kurzer Zeit stattfinden kann. Mehr noch, wenn es sich tatsächlich um Ramifikation handelt, woher «wissen» die neuen Fasern dann, wohin sie sich zu wenden haben? Denkbar wäre vielleicht ein wildes Durcheinander von Verbindungen, aber keine exakt organisierten Bahnen.

Die zweite Möglichkeit wäre, dass es eine enorme Redundanz von Verbindungen im normalen Erwachsenengehirn gibt und dass die meisten von ihnen ohne Funktion oder ohne erkennbare Funktion sind. Wie Reservisten werden sie nur aktiviert, wenn man sie braucht. Also auch im normalen Gehirn des gesunden

Erwachsenen könnte es einen sensorischen Input vom Gesicht zur Region der Gesichtskarte *und* der Handkarte im Gehirn geben. In diesem Fall müssen wir annehmen, dass der okkulte oder versteckte Input normalerweise von den sensorischen Fasern aus der realen Hand unterdrückt wird. Doch durch die Amputation der Hand wird dieser stumme, von der Gesichtshaut stammende Input freigegeben und kann ungehindert zum Ausdruck kommen, sodass nun eine Berührung des Gesichts die Handregion aktiviert und entsprechende Empfindungen in der Phantomhand hervorruft. So könnte Tom jedes Mal, wenn er pfeift, ein Prickeln im Phantomarm spüren.

Gegenwärtig haben wir keine Möglichkeit, eine klare Entscheidung zwischen diesen beiden Theorien zu treffen, obwohl ich vermute, dass beide Mechanismen beteiligt sind. Schließlich haben wir gesehen, dass sich bei Tom der Effekt in weniger als vier Wochen eingestellt hat, und das ist ein Zeitraum, der für die Ramifikation zu kurz erscheint. David Borsook, ein Kollege am Massachusetts General Hospital,[9] hat an seinen Patienten ähnliche Effekte bereits vierundzwanzig Stunden nach der Amputation beobachtet. Angesichts eines so kurzen Zeitraums ist jede Ramifikation auszuschließen. Endgültig wird sich die Frage nur klären lassen, wenn man bei einem Patienten mehrere Tage lang gleichzeitig die Wahrnehmungsveränderungen und die Gehirnveränderungen (mit bildgebenden Techniken) beobachtet. Wenn Borsook und ich Recht haben, ist das vollkommen statische Bild dieser Karten, das Lehrbuchdiagramme vermitteln, höchst irreführend, sodass wir die Bedeutung von Hirnkarten gründlich überdenken müssen. Statt ein für alle Mal für einen bestimmten Ort auf der Haut zuständig zu sein, befindet sich jedes Neuron der Karte in einem dynamischen Gleichgewicht mit angrenzenden Neuronen. Die Bedeutung seiner Aktivität hängt weitgehend von der Aktivität (oder Nichtaktivität) anderer Neuronen in seiner Nachbarschaft ab.

Angesichts dieser Ergebnisse fragt man sich natürlich sofort:

Was geschieht, wenn ein Patient nicht die Hand, sondern einen anderen Körperteil verliert? Findet dann eine Umkartierung gleicher Art statt? Als meine Untersuchungen an Tom erstmals veröffentlicht wurden, erhielt ich viele Briefe und Anrufe von Amputierten, die Genaueres wissen wollten. Einigen von ihnen hatte man gesagt, Phantomempfindungen seien reine Einbildung. Sie vernahmen mit Erleichterung, dass das nicht stimmt. (Patienten finden es immer tröstlich, wenn sie erfahren, dass es eine logische Erklärung für scheinbar unerklärliche Symptome gibt. Nichts kränkt einen Patienten mehr als die Mitteilung, seinen Schmerz gebe es nur «in der Einbildung».)

Eines Tages erhielt ich einen Anruf von einer jungen Frau aus Boston. «Dr. Ramachandran», sagte sie, «ich bin Doktorandin am Beth Israel Hospital, und mein Thema war seit einigen Jahren die Parkinson-Krankheit. Doch vor kurzem habe ich beschlossen, mich mit Phantomgliedern zu beschäftigen.»

«Wunderbar», sagte ich. «Das Thema wird schon viel zu lange vernachlässigt. Erzählen Sie mir, was Sie interessiert.»

«Im letzten Jahr hatte ich einen schlimmen Unfall auf der Farm meines Onkels. Ich habe mein linkes Bein unterhalb des Knies verloren und habe seither ein Phantomglied. Aber ich rufe Sie an, um Ihnen zu danken, weil Ihr Artikel mir die Augen geöffnet hat.» Sie räusperte sich verlegen. «Denn nach der Amputation passierte etwas wirklich Seltsames, was ich mir überhaupt nicht erklären konnte. Jedes Mal, wenn ich Sex hatte, spürte ich seltsame Empfindungen in meinem Phantomfuß. Ich mochte es niemandem erzählen, weil es so verrückt ist. Doch als ich auf Ihren Diagrammen gesehen habe, dass der Fuß im Gehirn neben den Genitalien liegt, war mir sofort alles klar.»

In einer Weise, die nur wenigen Menschen möglich ist, hatte sie das Phänomen der Umkartierung erlebt und verstanden. Erinnern wir uns, dass sich auf der Penfield-Karte der Fuß neben den Genitalien befindet. Wenn jemand also einen Fuß verliert, spürt er bei Stimulation der Genitalien Empfindungen im Phan-

«ICH WEISS, WO ICH MICH KRATZEN MUSS»

tombein. Jedenfalls ist das zu erwarten, wenn der Input aus dem Genitalbereich die verwaiste Fußregion infiltriert.

Am nächsten Tag läutete das Telefon erneut. Dieses Mal war es ein Ingenieur aus Arkansas.

«Dr. Ramachandran?»

«Ja.»

«Ich habe einen Zeitungsartikel über Ihre Arbeit gelesen und fand ihn hochinteressant. Vor ungefähr zwei Monaten habe ich mein Bein unterhalb des Knies verloren, aber da ist noch etwas, was ich nicht verstehe und wozu ich gern Ihre Meinung hören würde.»

«Was ist es?»

«Na ja, es ist ein bisschen peinlich, darüber zu sprechen.»

Ich wusste, was kommen würde, doch im Gegensatz zu der Medizinstudentin wusste er nichts von der Penfield-Karte.

«Jedes Mal, wenn ich Geschlechtsverkehr habe, sind da merkwürdige Empfindungen in meinem Phantomfuß. Wie erklären Sie sich das? Mein Hausarzt sagt, es ergebe keinen Sinn.»

«Hören Sie», sagte ich. «Ein Grund könnte sein, dass die Genitalien in den Hirnkarten des Körpers direkt neben dem Fuß liegen. Machen Sie sich deshalb keine Sorgen.»

Er lachte nervös. «Schön und gut, Doktor. Aber Sie haben mich nicht ganz verstanden. Ich erlebe meinen Orgasmus im Fuß. Daher ist er viel gewaltiger, denn er ist nicht mehr auf meine Genitalien beschränkt.»

Solche Geschichten sind nicht erfunden. In neunundneunzig Prozent der Fälle sagen Patienten die Wahrheit. Wenn uns etwas unbegreiflich erscheint, dann gewöhnlich deshalb, weil wir uns nicht vorstellen können, was in ihrem Gehirn vor sich geht. Dieser Mann berichtete mir also, dass sich seine sexuelle Empfindungsfähigkeit nach der Amputation *verstärkt* habe. Daraus ergibt sich der merkwürdige Schluss, dass sich nicht nur seine taktile Sinneswahrnehmung, sondern auch die erotische Empfindung der sexuellen Lust auf sein Phantomglied verlagert hatte.

(Ein Kollege hat mir deshalb als Titel für das Buch vorgeschlagen: «Der Mann, der seinen Fuß mit einem Penis verwechselte».)

Das bringt mich zu der Frage, welche Grundlage der Fußfetischismus normaler Menschen hat, ein Thema, das vielleicht nicht zu den dringlichsten Problemen unserer Zeit gehört, aber doch viele Menschen interessiert. (In Madonnas Buch *Sex* ist ein ganzes Kapitel dem Fuß gewidmet.) Die traditionelle Erklärung des Fußfetischismus stammt – wie sollte es anders sein? – von Freud. Der Penis ähnle dem Fuß, meint er, daher werde er zum Fetisch. Wenn das der Fall ist, warum dann nicht andere längliche Körperteile? Warum kein Hand- oder Nasenfetischismus? Ich vermute, der Grund liegt einfach darin, dass im Gehirn der Fuß unmittelbar neben den Genitalien liegt. Vielleicht gibt es auch bei vielen der so genannten normalen Menschen ein paar Querverbindungen, die erklären, warum es uns so viel Vergnügen bereitet, wenn man an unseren Zehen lutscht. Die Wissenschaft geht oft verschlungene Wege mit vielen unerwarteten Wendungen und Schleifen, aber ich hätte nie erwartet, dass ich mich auf die Suche nach einer Erklärung der Phantomglieder begeben und bei einer Hypothese über den Ursprung von Fußfetischismus enden würde.

Ausgehend von diesen Annahmen, gelangen wir zu weiteren Vorhersagen.[10] Was geschieht, wenn der Penis amputiert wird? Peniskrebs wird manchmal durch Amputation behandelt, und viele dieser Patienten empfinden einen Phantompenis – und haben manchmal sogar Phantomerektionen! In diesem Fall müsste eine Reizung der Füße im Phantompenis zu spüren sein! Ist für solche Patienten ein Stepptanz ein besonders angenehmes Erlebnis?

Und wie steht es mit der Mastektomie? Der italienische Neurologe Salvatore Aglioti hat vor kurzem festgestellt, dass ein gewisser Prozentsatz von Frauen nach radikaler Mastektomie eine lebhafte Empfindung von Phantombrüsten hat. Daher fragte er sich, welche Körperteile neben der Brust kartiert sind. Durch

Reizung angrenzender Regionen auf der Brust entdeckte er, dass sich durch Berührung von Teilen des Brust- und Schlüsselbeins Empfindungen in der Phantombrustwarze hervorrufen ließen. Was noch wichtiger ist, diese Umkartierung zeigte sich bereits zwei Tage nach der Operation.

Zu seiner Überraschung stellte Aglioti weiterhin fest, dass ein Drittel der untersuchten Frauen mit radikaler Mastektomie bei Reizung ihrer Ohrläppchen von einem Prickeln und erotischen Empfindungen in ihren Brustwarzen berichtete. Das passierte aber nur in der Phantombrust und nicht in der realen auf der anderen Seite. Aglioti vermutete, dass in einer der Körperkarten (Penfields Karte ist nur eine unter anderen) Brustwarze und Ohrläppchen benachbart sind. Da stellt sich natürlich die Frage, warum so viele Frauen über erotische Empfindungen berichten, wenn der Partner während des sexuellen Vorspiels an ihren Ohrläppchen knabbert. Ist es ein Zufall, oder hat es etwas mit der Hirnanatomie zu tun? (Sogar in der ursprünglichen Penfield-Karte ist die Genitalregion der Frau gleich neben den Brustwarzen verzeichnet.)

Ein nicht ganz so lustvolles Beispiel für Umkartierung, das ebenfalls mit dem Ohr zu tun hat, habe ich von Dr. A. T. Caccace, einem Neurologen, der mir von einer recht ungewöhnlichen Erscheinung berichtete, dem Blick-Tinnitus.

Menschen mit diesem Leiden haben ein recht eigenartiges Problem. Wenn sie nach links (oder rechts) blicken, klingen ihnen die Ohren. Wenn sie geradeaus blicken, geschieht gar nichts. Ärzte wissen seit langem von diesem Problem, hatten aber bisher keine Erklärung dafür. Warum tritt es auf, wenn der Blick abschweift? Warum tritt es überhaupt auf?

Als Dr. Caccace von Toms Fall las, fiel ihm die Ähnlichkeit zwischen Phantomgliedern und Blick-Tinnitus auf, denn er wusste, dass seine Patienten eine Schädigung des Hörnervs erlitten hatten – der wichtigsten Leitungsbahn zwischen Innenohr und Hirnstamm. Sobald der Hörnerv in den Hirnstamm eingetreten ist, erreicht er einen Kern der Hörbahn, der in unmittelbarer Nachbarschaft eines anderen Kerns liegt, des *Nucleus oculomotorius*. Diese zweite angrenzende Struktur steuert die Augenbewegungen. Heureka! Das Rätsel ist gelöst.[11] Durch die Schädigung des Patienten erhält der Hörkern keinen Input mehr vom Ohr. Axonen vom Bewegungszentrum des Auges im Kortex infiltrieren den Hörkern, sodass jedes Mal, wenn das Gehirn des Patienten einen Befehl an die Augen schickt, dieser Befehl unbeabsichtigt auch an den Kern der Hörbahn geht und in ein Ohrenklingen übersetzt wird.

Die Untersuchung von Phantomgliedern bietet faszinierende Einblicke in die Architektur des Gehirns, vermittelt uns einen Eindruck von seiner erstaunlichen Fähigkeit zu Entwicklung und Erneuerung und liefert unter Umständen sogar eine Erklärung dafür, warum die Beschäftigung mit Füßen so lustvoll sein kann. Doch ungefähr die Hälfte der Menschen mit Phantomgliedern erlebt auch die unangenehmste Manifestation des Phänomens – den Phantomschmerz. Echter Schmerz, beispielsweise Krebsschmerz, ist schwer genug zu behandeln. Da können Sie sich vielleicht ausmalen, wie schwierig es ist, wenn der Schmerz in einer Gliedmaße empfunden wird, die es gar nicht gibt! Im Augenblick lässt sich wenig tun, um solche Schmerzen zu lindern, doch vielleicht kann man mit der Umkartierung, die wir an Tom beobachtet haben, erklären, wie es zu diesen Schmerzen kommt. Beispielsweise wissen wir, dass unerträgliche Phantomschmerzen sich manchmal Wochen oder Monate nach der Amputation entwickeln. Vielleicht kommt es, während sich das Gehirn an die neue Situation anpasst und die Zellen langsam ihre neuen Verbindungen herstellen, zu einer gewissen Fehlerquote bei der Umkartierung,[12] sodass ein Teil des sensorischen Inputs der Tastrezeptoren versehentlich mit den Schmerzzentren des Gehirns verbunden wird. Wenn das der Fall wäre, würde der Patient jedes Mal, wenn er lächelt oder zufällig seine Wange berührt, die Tastempfindungen als quälenden Schmerz erleben.

«ICH WEISS, WO ICH MICH KRATZEN MUSS»

Das ist mit einiger Sicherheit nicht die vollständige Erklärung des Phantomschmerzes (wie wir im folgenden Kapitel sehen werden), aber doch ein guter Ausgangspunkt.

Eines Tages, als Tom mein Sprechzimmer verließ, musste ich ihm einfach eine Frage stellen, die mich schon lange beschäftigte: Ob er während der letzten vier Wochen bei Berührung seines Gesichts – etwa wenn er sich morgens rasiere – eine dieser seltsamen indirekten Empfindungen in seiner Phantomhand gespürt habe?

«Nein», erwiderte er, «aber wissen Sie, meine Phantomhand juckt manchmal wie verrückt, und ich wusste nie, was ich dagegen tun sollte. Doch jetzt», und bei diesen Worten zeigte er auf seine Wange und zwinkerte mir zu, «ist es anders: Ich weiß genau, wo ich mich kratzen muss!»

3 AUF DER JAGD NACH DEM PHANTOM

> Du identifizierst dich nie mit dem Schatten, den dein
> Körper wirft, oder mit seinem Spiegelbild oder mit dem
> Körper, den du im Traum oder in deiner Vorstellung siehst.
> Deshalb solltest du dich auch nicht mit diesem lebendigen Körper
> identifizieren.
>
> *SHANKARA (788–820 n. Chr.), Viveka Chudamani (Veden)*

Als der berühmte Biologe J. B. S. Haldane von einem Journalisten gefragt wurde, was ihn seine biologischen Studien über Gott gelehrt hätten, antwortete Haldane: «Der Schöpfer, wenn es ihn denn gibt, muss eine maßlose Vorliebe für Käfer haben.» Es gibt bei den Käfern nämlich mehr Arten als in irgendeiner anderen Gruppe von Lebewesen. Mit dem gleichen Recht könnte ein Neurologe zu dem Schluss kommen, dass Gott ein Kartograph ist. Er muss eine maßlose Vorliebe für Karten haben, denn wo man hinblickt im Gehirn, da gibt es Karten in Hülle und Fülle. Beispielsweise verfügt allein das Sehen über mehr als dreißig verschiedene Karten. Das Gleiche gilt für taktile oder somatosensible Sinneswahrnehmungen – die Empfindungen in den Tastorganen, Gelenken und Muskeln: Auch hier gibt es mehrere Karten, unter anderem, wie wir im vorangehenden Kapitel gesehen haben, den berühmten Penfield-Homunkulus, eine Karte, die auf einem senkrechten Kortexstreifen zu beiden Seiten des Gehirns verläuft. Diese Karten bleiben während des Lebens weitgehend unverändert, was dazu beiträgt, dass unsere Wahrnehmungen in der Regel genau und zuverlässig sind. Doch wie gezeigt, werden sie in Reaktion auf die Wechselfälle des sensorischen Inputs ständig aktualisiert und abgestimmt. Erinnern wir uns: Als Tom seinen Arm verlor, wurde das große Kortexgebiet, das seiner fehlenden Hand zugeordnet war, vom sensorischen Input aus seinem Gesicht «übernommen». Wenn ich Toms Gesicht berühre, geht die sensorische Nachricht jetzt an zwei Kortexfelder – an die ursprüngliche Gesichtsregion (wie es sich gehört), aber auch an die ursprüngliche «Handregion». Solche Modifikationen von Hirnkarten könnten zu einer Erklärung für das Auftreten von Toms Phantomglied kurz nach der Amputation beitragen. Jedes Mal, wenn er lächelt oder eine spontane Aktivität seiner Gesichtsnerven stattfindet, wird seine «Handregion» gereizt, wodurch er die täuschende Empfindung hat, seine Hand sei noch vorhanden.

Doch das kann noch nicht die ganze Erklärung sein. Erstens, dadurch wird nicht verständlich, warum so viele Menschen mit Phantomgliedern behaupten, sie könnten ihre «eingebildeten» Gliedmaßen willkürlich bewegen. Welche Ursache haben diese illusionären Bewegungen? Zweitens, es bleibt unklar, warum diese Patienten manchmal so heftige Beschwerden in ihrer fehlenden Gliedmaße spüren – den so genannten Phantomschmerz. Drittens, was ist mit jemandem, der ohne Arme geboren wird? Findet auch in seinem Gehirn eine Umkartierung statt, oder entwickelt sich die Handregion des Kortex einfach nicht, weil er nie Arme hatte? Könnte er ein Phantom empfinden? Kann jemand mit Phantomgliedern *geboren* werden?

Die Idee erscheint absurd, doch wenn ich eines im Laufe der Jahre gelernt habe, dann, dass die Neurologie voller Überraschungen ist. Einige Monate nachdem unser erster Bericht über Phantomglieder erschienen war, lernte ich Mirabelle Kumar kennen, eine fünfundzwanzigjährige indische Studentin, die Dr. Sathyajit, der mein Interesse für Phantomglieder kannte, an mich überwiesen hatte. Mirabelle ist ohne Arme geboren worden. Sie besitzt nur zwei kurze Stümpfe, die von ihren Schultern herabhängen. Das Röntgenbild zeigt, dass diese Stümpfe den Kopf des Oberarmknochens enthalten, aber keine Spur von Elle und Speiche. Selbst die winzigen Handknochen fehlen, obwohl die Stümpfe eine Andeutung der Fingernägel aufweisen.

Mirabelle kam an einem heißen Sommertag in mein Büro, das Gesicht gerötet von den drei Treppen, eine attraktive, fröhliche junge Frau, die sehr direkt war und der die Bemitleide-mich-bloß-nicht-Einstellung deutlich ins Gesicht geschrieben stand. Sobald Mirabelle sich gesetzt hatte, begann ich einfache Fragen zu stellen: Woher sie kam, wo sie zur Schule gegangen war, wofür sie sich interessierte und so fort. Doch sie verlor rasch die Geduld und sagte: «Wir wissen doch, was Sie wirklich wollen. Sie wollen wissen, ob ich ein Phantomglied habe, richtig? Also machen wir's kurz.»

Ich sagte: «Nun ja, in der Tat, wir experimentieren mit Phantomgliedern und interessieren uns für ...»

Sie unterbrach mich: «Genau. Vollkommen richtig. Ich hatte nie Arme. Alles, was ich jemals hatte, ist das.» Mit einer geübten Bewegung legte sie unter Zuhilfenahme des Kinns ihre Armprothesen ab, ließ sie klappernd auf den Tisch fallen und reckte ihre Stümpfe empor. «Und doch habe ich, solange ich mich erinnern kann, höchst lebendige Phantomglieder gespürt.»

Ich war skeptisch. War es möglich, dass Mirabelle einfach einem Wunschdenken aufsaß? Vielleicht hatte sie den tief verwurzelten Wunsch, wie die anderen auszusehen, normal zu sein. Das Ganze klang sehr nach Freud. Wie konnte ich sicher sein, dass sie sich das Ganze nicht ausdachte?

Ich fragte sie: «Woher wissen Sie, dass Sie Phantomglieder haben?»

«Nun, während ich mit Ihnen spreche, gestikulieren sie. Sie zeigen auf die Dinge, von denen ich spreche, genau wie Ihre Arme und Hände.»

Interessiert beugte ich mich vor.

«Merkwürdig ist auch, dass sie nicht so lang sind, wie sie sein sollten. Sie sind ungefähr fünfzehn bis zwanzig Zentimeter zu kurz.»

«Woher wissen Sie das?»

«Weil meine Phantomarme viel kürzer als meine Prothesen sind», sagte Mirabelle und blickte mich offen an. «Meine Phantomfinger müssten in die künstlichen Finger hineinpassen wie in einen Handschuh, aber meine Arme sind rund fünfzehn Zentimeter zu kurz. Das ist unglaublich lästig, weil es sich unnatürlich anfühlt. Ich habe meinen Prothetiker immer wieder gebeten, meine künstlichen Arme zu verkürzen, aber er sagt, das würde plump und komisch aussehen. Schließlich haben wir uns auf einen Kompromiss geeinigt. Er fertigt Prothesen an, die kürzer als üblich sind, aber nicht so kurz, dass sie befremdend aussehen.» Erläuternd deutete sie auf die Armprothesen, die auf dem Tisch lagen. «Sie sind ein bisschen kürzer als normale Arme, aber den meisten fällt es nicht auf.»

Für mich war das der Beweis, dass Mirabelles Phantomglieder nicht dem Wunschdenken entsprangen. Wenn sie den Wunsch gehabt hätte, wie andere Menschen zu sein, warum hätte sie sich dann Arme wünschen sollen, die kürzer als normal wären? Irgendetwas musste in ihrem Gehirn vor sich gehen, was dieses lebhafte Phantomerlebnis auslöste.

Mirabelle wies noch auf einen weiteren Aspekt hin. «Wenn ich gehe, dann schwingen meine Arme nicht wie normale Arme, Ihre zum Beispiel, hin und her. Sie bleiben starr an meiner Seite. So.» Sie stand auf und ließ ihre Stümpfe zu beiden Seiten gerade herunterhängen. «Doch wenn ich spreche», sagte sie, «dann gestikulieren meine Phantomglieder. Tatsächlich bewegen sie sich auch jetzt, während ich spreche.»

Das ist gar nicht so rätselhaft, wie es sich anhört. Das Hirngebiet, das für das gleichmäßige, koordinierte Schwingen der Arme beim Gehen zuständig ist, ist ein ganz anderes als das, welches für die Gestik verantwortlich ist. Vielleicht bleibt der neuronale Schaltkreis für das Schwingen der Arme ohne das ständige Feedback der Gliedmaßen nicht sehr lange erhalten. Wenn die Arme fehlen, fällt er einfach aus oder entwickelt sich erst gar nicht. Hingegen könnte der neuronale Schaltkreis für die Gestikulation – während des Sprechens aktiviert – im Zuge der Entwicklung durch Gene festgelegt werden. (Wobei der entsprechende Schaltkreis wahrscheinlich schon vor dem Sprechen vorhanden ist.) Bemerkenswerterweise scheint der neuronale Schaltkreis, der diese Befehle in Mirabelles Gehirn hervorbringt, unbeschadet überlebt zu haben, obwohl sie zu keinem Zeitpunkt ihres Lebens irgendwelche visuellen oder kinästhetischen Rückmeldungen von ihren «Armen» empfangen hat. Ihr Körper teilt ihr fortwährend mit: «Da sind keine Arme, da sind keine Arme», und trotzdem spürt sie auch weiterhin, wie sie gestikulieren.

Daraus ergibt sich der Schluss, dass der neuronale Schaltkreis für Mirabelles Körperbild zumindest teilweise durch Gene angelegt worden sein muss und nicht vollkommen von ihrer motorischen und taktilen Erfahrung bestimmt sein kann. In einigen medizinischen Berichten wird behauptet, dass Patienten, die ohne bestimmte Gliedmaßen geboren werden, auch keine Phantomglieder spüren. Die Erkenntnisse, die mir Mirabelle vermittelt hat, legen jedoch eher den Schluss nahe, dass jeder Mensch bei der Geburt ein fest verdrahtetes inneres Bild von seinem Körper und seinen Gliedmaßen hat, das unbegrenzt überleben kann, selbst wenn die Sinne anders lautende Informationen liefern.[1]

Außer dieser spontanen Gestikulation kann Mirabelle auch willkürliche Bewegungen ihrer Phantomarme hervorrufen, was auch für Patienten gilt, die ihre Arme im Erwachsenenalter verlieren. Wie Mirabelle können die meisten dieser Patienten mit dem Phantomglied Dinge «ergreifen», zeigen, Lebewohl winken, Hände schütteln oder komplexe erlernte Fertigkeiten ausführen. Sie wissen, dass es sich verrückt anhört, da ihnen der Verlust des Arms sehr wohl bewusst ist, trotzdem sind diese sensorischen Erfahrungen für sie sehr real.

Mir war nicht klar, wie unwiderstehlich diese empfundenen Bewegungen sein können, bis ich John McGrath kennen lernte, einen Armamputierten, der mich anrief, nachdem er im Fernsehen einen Bericht über Phantomglieder gesehen hatte. Der begeisterte Hobbysportler hatte seinen linken Arm vor drei Jahren unmittelbar unter dem linken Ellbogen verloren. «Wenn ich Tennis spiele», sagte er, «führt mein Phantomarm genau die Bewegungen aus, die in der betreffenden Situation von ihm erwartet werden. Er wirft den Ball hoch, wenn ich aufschlage, oder versucht für mein Gleichgewicht zu sorgen, wenn ich einen stark überrissenen Ball spiele. Ständig greift er nach dem Telefonhörer. Im Restaurant winkt er sogar nach dem Kellner», meinte er lachend.

John hat eine so genannte teleskopische Phantomhand. Sie fühlt sich an, als säße sie direkt am Stumpf, ohne den Unterarm dazwischen. Doch wenn sich ein Gegenstand, etwa eine Teetasse, vierzig bis fünfzig Zentimeter von dem Stumpf entfernt befindet, versucht John, danach zu greifen. Dabei bleibt sein Phantomglied nicht an dem Stumpf haften, sondern wird gewissermaßen ausgefahren, um die Tasse zu erreichen.

Bei einer meiner Sitzungen mit John hatte ich plötzlich einen Einfall: Was ist, wenn ich John auffordere, nach der Tasse zu greifen, sie ihm aber entziehe, bevor er sie mit seiner Phantomhand «berührt»? Wird sich das Phantom in die Länge ziehen wie der Gummiarm einer Comic-Figur, oder wird dieser Vorgang zum Stillstand kommen, wenn die natürliche Armlänge erreicht ist? Wie weit kann ich die Tasse wegziehen, bevor John sagt, er könne sie nicht mehr erreichen? Könnte er den Mond ergreifen? Oder gelten die physischen Beschränkungen, denen ein realer Arm unterworfen ist, auch für das Phantomglied?

Ich stellte eine Tasse Kaffee vor John auf den Tisch und forderte ihn auf, sie zu ergreifen. Während er sagte, dass er nach ihr greife, zog ich sie mit einem Ruck fort.

«Au!», schrie er auf. «Das dürfen Sie nicht!»

«Was ist los?»

«Das dürfen Sie nicht», wiederholte er. «Ich hatte gerade

meine Finger um den Griff der Tasse gelegt, als sie sie weggezogen haben. Das tut richtig weh!»

Halten wir einen Augenblick inne. Ich entreiße Phantomfingern eine reale Tasse, und der Besitzer der Finger stößt einen Schmerzensschrei aus! Die Finger waren natürlich illusorisch, die Schmerzen hingegen real – sogar so heftig, dass ich das Experiment nicht zu wiederholen wagte.

Nach der Erfahrung mit John fragte ich mich, inwieweit das Sehen dafür verantwortlich ist, dass Phantomglieder oft so hartnäckig fortbestehen. Wie konnte der bloße Anblick einer Tasse, die weggezogen wurde, Schmerz hervorrufen? Doch bevor wir diese Frage beantworten, müssen wir untersuchen, warum Bewegungen in Phantomgliedern empfunden werden. Wenn Sie die Augen schließen und den Arm bewegen, können Sie seine Lage und Bewegung natürlich ziemlich deutlich spüren, was zum Teil an Gelenk- und Muskelrezeptoren liegt. Doch weder John noch Mirabelle besitzen solche Rezeptoren. Ja, sie haben überhaupt keinen Arm. Also, wo entstehen diese Empfindungen?

Merkwürdigerweise bekam ich den ersten Hinweis auf die Lösung dieses Rätsels, als ich feststellte, dass viele Patienten mit Phantomgliedern – vielleicht ein Drittel von ihnen – *nicht* in der Lage sind, ihre Phantome zu bewegen. Wenn man sie fragt, erklären sie: «Mein Arm ist in Zement gegossen, Herr Doktor.» Oder: «Er wird in einem Eisblock festgehalten.» «Ich versuche mein Phantom zu bewegen, aber es geht nicht», sagte Irene, eine unserer Patientinnen. «Er gehorcht meinen Gedanken nicht. Er hört nicht auf meinen Befehl.» Mit dem gesunden Arm zeigte mir Irene, in was für einer merkwürdig verdrehten Stellung der Arm fixiert war. Seit einem ganzen Jahr verhielt sich das so. Sie hatte immer Angst, sie würde ihn sich stoßen, wenn sie durch Türen ging, und die Schmerzen würden dann noch heftiger.

Wie kann ein Phantom – eine nicht existierende Gliedmaße – gelähmt sein? Das hört sich nach einem Oxymoron an.

Ich sah die Krankenakten durch und stellte fest, dass viele dieser Patienten vorher an einer Erkrankung der Nerven litten, die vom Rückenmark in den Arm treten. Ihre Arme waren tatsächlich gelähmt, ruhten in einer Schlinge oder wurden monatelang in Gips getragen. Später wurden sie amputiert, weil sie ihre Besitzer nur behinderten. Manchmal rieten die Ärzte auch zur Amputation, weil sie der irrigen Meinung waren, dadurch ließen sich die Schmerzen im Arm lindern oder Haltungsanomalien beheben, die durch die gelähmte Gliedmaße hervorgerufen wurde. Wie nicht anders zu erwarten, haben diese Patienten oft lebhafte Phantomempfindungen, doch zu ihrem Entsetzen bleibt das Phantomglied in der Stellung, die es vor der Operation einnahm, als würde die Erinnerung an die Lähmung in das Phantomglied übertragen.

Hier stehen wir also vor einem Paradoxon. Mirabelle hatte nie in ihrem Leben Arme, und doch kann sie ihre Phantome bewegen. Irene hat ihren Arm erst ein Jahr zuvor verloren, und doch kann sie nicht den Ansatz einer Bewegung ausführen. Wie kommt das?

Um diese Frage zu beantworten, müssen wir uns die Anatomie und Physiologie des motorischen und sensorischen Systems im menschlichen Gehirn etwas genauer ansehen. Vergegenwärtigen Sie sich, was geschieht, wenn Sie oder ich die Augen schließen und gestikulieren. Wir haben eine lebhafte Vorstellung von unserem Körper, der Stellung unserer Gliedmaßen und ihren Bewegungen. Zwei bedeutende englische Neurologen, Lord Russell Brain und Henry Head (sie heißen wirklich so), haben die Bezeichnung *body image*, «Körperbild», für diese lebendige, innere Ganzheit von Erfahrungen geprägt – die innere Vorstellung von und Erinnerung an unseren Körper in Raum und Zeit. Um dieses Körperbild fortwährend zu erzeugen und aufrechtzuerhalten, integrieren Ihre Scheitellappen Informationen aus vielen Quellen – den Muskeln, Gelenken, Augen und motorischen Steuerzentren.

Wenn Sie beschließen, Ihre Hand zu bewegen, beginnt die Ereigniskette, die zu der Bewegung führt, in den Stirnlappen – besonders in dem senkrechten Streifen, der als motorischer Kortex bezeichnet wird. Dieser Streifen liegt unmittelbar vor der Furche, die den Stirnlappen vom Scheitellappen trennt. Wie der sensorische Homunkulus, der die Region unmittelbar hinter dieser Furche mit Beschlag belegt, enthält auch der motorische Kortex eine auf dem Kopf stehende «Karte» des ganzen Körpers – allerdings dient sie dazu, Signale an die Muskeln zu schicken, statt Signale von der Haut zu empfangen.

Aus Experimenten wissen wir, dass der primäre motorische Kortex in erster Linie mit einfachen Bewegungen befasst ist, etwa mit dem Finger zu wackeln oder mit den Lippen zu schmatzen. Ein unmittelbar davor liegendes Feld, das supplementärmotorische Areal, scheint für komplexe motorische Fertigkeiten verantwortlich zu sein, beispielsweise dafür, Lebewohl zu winken oder sich an einem Geländer festzuhalten. Das supplementärmotorische Feld ist eine Art Zeremonienmeister, das heißt, es versorgt den motorischen Kortex mit detaillierten Anweisungen über die richtige Reihenfolge der erforderlichen Bewegungen. Nervenimpulse, die die Steuerung dieser Bewegungen übernehmen, wandern dann vom motorischen Kortex das Rückenmark hinab zu den Muskeln auf der gegenüberliegenden Körperseite und ermöglichen Ihnen, Lebewohl zu winken oder Lippenstift aufzulegen.

Jedes Mal, wenn ein «Befehl» vom supplementärmotorischen Feld an den motorischen Kortex geschickt wird, gelangt er zu den Muskeln und bewegt sie.[2] Gleichzeitig werden identische Kopien des Befehlssignals an zwei andere wichtige «Verarbeitungs»-Regionen geschickt – das Kleinhirn und die Scheitellappen –, sodass diese über die beabsichtigte Handlung informiert sind.

Sobald die Befehlssignale an die Muskeln geschickt werden, setzt sich eine Rückkopplungsschleife in Gang. Kaum haben die Muskeln den Befehl erhalten, führen sie die betreffende Bewegung aus. Nun gehen Signale von den Muskelspindeln und Gelenken über das Rückenmark zurück zum Gehirn und informieren Kleinhirn und Scheitellappen: «Ja, der Befehl ist korrekt ausgeführt worden.» Diese beiden Strukturen helfen Ihnen, Planung und Ausführung zu vergleichen, und wirken damit wie ein Thermostat in einem Regelkreis: Sie verändern die motorischen Befehle nach Bedarf (drosseln den motorischen Output, wenn die Bewegungen zu heftig sind, oder erhöhen ihn, wenn sie zu schwach sind). So werden Absichten in fein abgestimmte Bewegungen umgesetzt.

Kehren wir nun zu unseren Patienten zurück und überlegen, was all das mit der Phantomerfahrung zu tun hat. Wenn John beschließt, seinen Phantomarm zu bewegen, sendet sein Stirnhirn nach wie vor eine Befehlsnachricht aus, weil dieser Teil von Johns Gehirn noch nicht «weiß», dass der Arm nicht mehr vorhanden ist – obwohl John, «die Person», sich dieser Tatsache natürlich bewusst ist. Die Befehle werden wie immer vom Scheitellappen registriert und als Bewegungen empfunden. Doch es handelt sich um Phantombewegungen, die von einem Phantomarm ausgeführt werden.

Die Phantomerfahrung scheint also durch Signale aus mindestens zwei Quellen hervorgerufen zu werden. Die erste ist die Umkartierung; wir erinnern uns, dass der sensorische Input vom Gesicht und Oberarm Hirnregionen aktiviert, die der «Hand» entsprechen. Zweitens, jedes Mal, wenn das motorische Befehlszentrum Signale an den fehlenden Arm schickt, gehen Informationen über die Befehle auch an den Scheitellappen, der unser Körperbild enthält. Das Zusammenlaufen dieser beiden Informationsströme aus zwei verschiedenen Quellen führt zu einem dynamischen, lebendigen Vorstellungsbild des Phantomarms von Augenblick zu Augenblick – einem Bild, das ständig aktualisiert wird, während sich der Arm «bewegt».

Bei einem tatsächlich vorhandenen Arm gibt es noch eine dritte Informationsquelle, nämlich die Impulse aus den Gelenken, Bändern und Muskelspindeln des Arms. Der Phantomarm verfügt natürlich nicht über diese Gewebe und ihre Signale, doch merkwürdigerweise scheint dieser Umstand das Gehirn nicht daran zu hindern, sich einzubilden, die Gliedmaße bewege sich – zumindest nicht in den ersten Monaten oder Jahren nach der Amputation.

Das führt uns zurück zu einer früheren Frage. Wie kann ein Phantomglied gelähmt sein? Warum bleibt es auch nach der Amputation noch «steif»? Wenn die reale Gliedmaße in einer Schlinge oder Schiene liegt, dann könnte es sein, dass das Gehirn seine üblichen Befehle sendet – bewege den Arm, schüttle das Bein. Der Befehl wird vom Scheitellappen registriert, doch diesmal erhält er nicht die entsprechende visuelle Rückmeldung. Das Sehsystem sagt: «Nein, der Arm bewegt sich nicht.» Daraufhin geht der Befehl abermals hinaus – beweg dich, Arm! Doch die visuelle Rückmeldung teilt dem Gehirn immer wieder mit, dass sich der Arm nicht bewegt. Schließlich begreift das Gehirn, dass sich der Arm nicht bewegt, woraufhin in die neuronalen Schaltkreise eine Art «erlernter Lähmung» eingeschrieben wird. Wo das im Einzelnen geschieht, wissen wir nicht, doch es könnte teilweise in den motorischen Zentren und teilweise in den für das Körperbild zuständigen Regionen des Scheitellappens stattfinden. Egal, wie die physiologische Erklärung aussieht, wenn der Arm später amputiert wird, bleibt der Patient auf das revidierte Körperbild festgelegt: ein gelähmtes Phantomglied.

Wenn man Lähmung lernen kann, müsste es dann nicht auch möglich sein, sie zu verlernen? Was wäre, wenn Irene eine «Beweg-dich»-Nachricht an ihren Phantomarm schickte und jedes Mal die visuelle Mitteilung erhielte, dass er sich tatsächlich bewegt, dass er ihrem Befehl wirklich gehorcht? Doch wie soll sie ein visuelles Feedback erhalten, wenn sie keinen Arm hat? Können wir ihre Augen so hinters Licht führen, dass sie tatsächlich ein Phantom sieht?

Ich dachte an Virtuelle Realität (VR). Vielleicht ließ sich mit

Hilfe dieser Technologie die visuelle Illusion erzeugen, dass der Arm wiederhergestellt sei und ihren Befehlen gehorche. Doch eine solche Ausrüstung kostete mehr als eine halbe Million Dollar und hätte meinen gesamten Forschungsetat aufgefressen. Zum Glück fiel mir eine billigere Versuchsanordnung ein. Dazu brauchte ich nur einen gewöhnlichen Spiegel, wie man ihn in jedem Warenhaus bekommt.

Um Patienten wie Irene die Möglichkeit zu geben, reale Bewegungen in ihren nicht existenten Armen wahrzunehmen, konstruierten wir einen VR-Kasten. Dazu brachten wir in einem Pappkarton, dessen Deckel entfernt worden war, einen senkrechten Spiegel an. Die Vorderseite des Kastens weist zwei Löcher auf, durch die der Patient seine «gute Hand» (sagen wir die rechte) und seine Phantomhand (also die linke) steckt. Da der Spiegel in der Mitte des Kastens befestigt ist, befindet sich jetzt die rechte Hand auf der rechten Seite des Spiegels und die Phantomhand auf der linken Seite. Der Patient wird aufgefordert, das Spiegelbild der normalen Hand zu betrachten und sie ein wenig hin und her zu bewegen, bis ihr Spiegelbild die empfundene Position der Phantomhand überlagert. So hat der Patient die Illusion, zwei Hände zu beobachten, während er in Wirklichkeit nur das Spiegelbild der unversehrten Hand erblickt. Wenn er nun an beide Arme motorische Befehle zur Ausführung spiegelsymmetrischer Bewegungen schickt, als dirigierte er ein Orchester oder klatschte in die Hände, «sieht» er natürlich, wie sich auch sein Phantomglied bewegt. Sein Gehirn empfängt eine visuelle Rückmeldung, die bestätigt, dass sich die Phantomhand genauso bewegt, wie seine Befehle es von ihr verlangen. Kann er dadurch die Willkürkontrolle über sein gelähmtes Phantomglied zurückgewinnen?

Der erste Patient, der diese neue Welt erkundete, war Philip Martinez. 1984 wurde Philip auf dem San Diego Freeway in Südkalifornien bei 70 Stundenkilometern von seinem Motorrad geschleudert. Er schlitterte über den Mittelstreifen und landete am Fuß einer Betonbrücke. Als er sich benommen erhob, besaß er die Geistesgegenwart, sich selbst auf Verletzungen zu untersuchen. Helm und Lederjacke hatten das Schlimmste verhindert, aber Philips rechter Arm war an der Schulter böse eingerissen. Wie Dr. Pons' Affen hatte er eine Distorsionsfraktur des Arms erlitten – die Nerven, die den Arm versorgten, waren vom Rückenmark abgetrennt worden. Sein linker Arm war vollkommen gelähmt und lag ein Jahr lang bewegungslos in einer Schlinge. Schließlich empfahlen die Ärzte eine Amputation. Der Arm war nur im Weg und würde seine Funktion nie wiedererlangen.

Zehn Jahre später betrat Philip mein Sprechzimmer. Er war inzwischen Mitte dreißig, bezog eine Unfallrente und hatte sich zum gefürchteten Poolspieler entwickelt, was ihm bei Freunden den Namen «einarmiger Bandit» eingetragen hatte.

Philip hatte von meinen Experimenten mit Phantomgliedern in seiner Tageszeitung gelesen. Er war verzweifelt. «Herr Dr. Ramachandran», sagte er, «ich hoffe, Sie können mir helfen.» Er blickte auf seinen fehlenden Arm hinab. «Ich habe ihn vor zehn Jahren verloren. Doch seither habe ich schreckliche Schmerzen im Ellbogen, dem Handgelenk und den Fingern des Phantomglieds.» Als ich mich eingehender mit ihm unterhielt, erfuhr ich, dass Philip in diesen zehn Jahren nie in der Lage gewesen war, seinen Phantomarm zu bewegen. Er war ständig in einer störenden Position fixiert. Litt Philip unter einer erlernten Lähmung? Wenn ja, konnten wir dann das Phantom mit unserem VR-Kasten zu visuellem Leben erwecken und ihm auf diese Weise seine Beweglichkeit zurückgeben?

Ich forderte Philip auf, seine rechte Hand auf der rechten Seite des Spiegels in die Schachtel zu stecken und sich vorzustellen, seine linke Hand (das Phantomglied) befände sich auf der linken Seite. «Nun möchte ich, dass Sie den linken und den rechten Arm gleichzeitig bewegen», wies ich ihn an.

«Das geht nicht», sagte Philip. «Den rechten Arm kann ich bewegen, aber der linke ist steif. Jeden Morgen, wenn ich aufstehe, versuche ich ihn zu bewegen, weil er sich in einer blöden Stellung befindet und weil ich glaube, dass es die Schmerzen lindern könnte, wenn ich ihn bewegen würde. Aber», sagte er und warf dem unsichtbaren Arm einen bösen Blick zu, «ich hab es nie geschafft, ihn auch nur einen Millimeter zu bewegen.»

«Ich weiß, Philip. Versuchen Sie es trotzdem!»

Philip drehte Körper und Schulter so, dass er sein lebloses Phantomglied in den Kasten «einführen» konnte. Dann steckte er die rechte Hand auf der anderen Seite des Spiegels durch die Pappwand und versuchte synchrone Bewegungen auszuführen. Als er in den Spiegel blickte, stieß er einen Laut des Erschreckens aus und rief: «Oh, mein Gott! Oh, mein Gott! Das ist unglaublich. Das haut mich um.» Wie ein Kind hüpfte er auf und ab. «Mein linker Arm funktioniert wieder. Als wenn ich in die Vergangenheit zurückversetzt wäre. All die Erinnerungen, all die alten Sachen fallen mir wieder ein. Ich kann spüren, wie sich mein Ellbogen bewegt, mein Handgelenk. Alles bewegt sich wieder.»

Nachdem er sich ein bisschen beruhigt hatte, sagte ich: «Okay, Philip, schließen Sie jetzt die Augen.» Er tat es.

«O nein», sagte er nun, offenkundig enttäuscht. «Er ist wieder steif. Ich spüre, wie sich meine rechte Hand bewegt, habe aber keine Bewegung im Phantom.»

«Öffnen Sie die Augen.»

«O ja, jetzt bewegt er sich wieder.»

Es war, als hätte Philip eine vorübergehende Hemmung oder Blockierung der neuralen Schaltkreise, die das Phantomglied normalerweise bewegen, und als wäre dieser Block durch das visuelle Feedback überwunden worden. Noch erstaunlicher, diese Körperempfindungen der Armbewegungen wurden sofort empfangen,[3] obwohl Philip sie in den zurückliegenden Jahren nie gespürt hatte!

So verblüffend Philips Reaktion auch war und so sehr sie für meine Hypothese von der erlernten Lähmung sprach, fragte ich mich an diesem Abend auf dem Heimweg trotzdem: «Na schön, der Junge bewegt also sein Phantomglied wieder. Und was bringt das? Bei näherem Nachdenken ist es eine vollkommen nutzlose Fähigkeit – genau jene Art von unverständlichem Zeug, die der medizinischen Forschung so gerne nachgesagt wird.» Niemand würde mir einen Preis verleihen, weil ich ein Phantomglied veranlasst hatte, sich wieder zu bewegen.

Doch vielleicht ist die erlernte Lähmung ein viel häufigeres Phänomen, als wir annehmen.[4] Beispielsweise könnten Menschen mit vorhandenen Gliedern betroffen sein, die, sagen wir, nach einem Schlaganfall gelähmt sind. Warum können manche Schlaganfallpatienten ihren Arm nicht mehr bewegen? Beim Verschluss eines Blutgefäßes, welches das Gehirn versorgt, werden die Fasern, die sich vom vorderen Teil des Gehirns das Rückenmark hinabziehen, nicht mehr mit Sauerstoff versorgt und erleiden eine Schädigung, mit dem Ergebnis, dass der Arm gelähmt ist. Doch in der Anfangsphase eines Schlaganfalls schwillt das Gehirn an, wodurch einige Nerven absterben, andere aber nur betäubt, gewissermaßen «vom Netz genommen» werden. Während dieser Zeit ist der Arm unbrauchbar, und das Gehirn erhält die visuelle Rückmeldung: «Nein, der Arm bewegt sich nicht.» Sobald die Schwellung zurückgegangen ist, verharrt das Gehirn möglicherweise in einer Art erlernter Lähmung. Ließ sich mit unserer Spiegelvorrichtung die Lähmungskomponente beseitigen, die auf einem Lernprozess beruht? (Gegen eine Lähmung, die durch die tatsächliche Zerstörung von Nervengewebe verursacht wird, lässt sich mit Spiegeln natürlich nichts ausrichten.)

Doch bevor wir diese neue Behandlungsform bei Schlaganfallpatienten erproben konnten, mussten wir uns davon überzeugen, dass der Effekt mehr war als nur eine vorübergehende Bewegungsillusion im Phantomglied. (Erinnern wir uns, dass das Bewegungsempfinden im Phantom verschwand, wenn Philip die Augen schloss.) Was würde sein, wenn ein Patient mit dem Kasten trainierte und mehrere Tage lang ein ständiges visuelles

Feedback erhielte? War es denkbar, dass das Gehirn die Wahrnehmung der Schädigung «verlernte» und dass die Beweglichkeit auf Dauer zurückkehrte?

Am nächsten Tag ging ich zurück und fragte Philip: «Haben Sie Lust, das Gerät mit nach Hause zu nehmen und damit zu üben?»

«Klar», sagte Philip. «Das nehm ich gern mit. Ich find es toll, meinen Arm wieder bewegen zu können, auch wenn es nur vorübergehend ist.»

Also nahm Philip den Spiegel mit nach Hause. Eine Woche später rief ich ihn an. «Was ist passiert?»

«Das ist merkwürdig, Herr Doktor. Ich benutze die Vorrichtung jeden Tag zehn Minuten lang. Ich stecke meine Hand hinein, bewege sie umher und probiere aus, wie das ist. Meine Freundin und ich spielen damit. Es macht viel Spaß. Aber wenn ich die Augen schließe, klappt es immer noch nicht. Und ohne Spiegel erst recht nicht. Ich weiß, Sie möchten, dass sich mein Phantomarm wieder bewegt, aber ohne Spiegel geht das nicht.»

Drei weitere Wochen verstrichen, bis mich Philip eines Tages sehr aufgeregt anrief. «Herr Doktor», rief er, «es ist weg!»

«Was ist weg?» (Ich dachte, er hätte den Spiegelkasten verloren.)

«Mein Phantom ist weg.»

«Wovon reden Sie?»

«Na, Sie wissen doch, mein Phantomarm, den ich zehn Jahre lang hatte. Es gibt ihn nicht mehr. Ich hab nur noch die Phantomfinger und die Handfläche, und die hängen jetzt von meiner Schulter herab!»

Meine erste Reaktion war: O nein! Mit dem Spiegel hatte ich allem Anschein nach das Körperbild eines Patienten dauerhaft verändert. Wie wirkte sich das auf seinen Gemütszustand und sein Wohlbefinden aus? «Und? Stört Sie das, Philip?»

«Aber nein, nein, überhaupt nicht», sagte er. «Ganz im Gegenteil. Wissen Sie noch, was für scheußliche Schmerzen ich immer in meinem Ellbogen gehabt habe? Die Schmerzen, die mich ein paar Mal in der Woche gequält haben? Jetzt hab ich keinen Ellbogen und keine Schmerzen mehr. Allerdings habe ich immer noch meine Finger, die von der Schulter herabhängen, und die tun noch weh.» Er hielt inne, offenbar um mir Gelegenheit zu geben, das alles zu verdauen. «Leider ist Ihr Spiegelkasten jetzt wirkungslos», fügte er dann hinzu, «weil meine Finger zu weit oben sitzen. Können Sie die Anordnung so verändern, dass ich auch meine Finger loswerde?» Philip hielt mich offenbar für eine Art Zauberkünstler.

Ich war mir nicht sicher, ob ich Philips Bitte erfüllen konnte, aber mir war klar, dass es sich hier wahrscheinlich um das erste Beispiel für die erfolgreiche «Amputation» eines Phantomglieds in der Medizingeschichte handelte! Aus dem Experiment ergab sich folgender Schluss: Wenn Philips rechter Scheitellappen widersprüchliche Signale empfing – die visuelle Rückmeldung sagte ihm, sein Arm bewege sich wieder, während ihm seine Muskeln mitteilten, der Arm sei nicht vorhanden –, dann nahm sein Geist Zuflucht zu einer Art von Verleugnung. Sein gemartertes Hirn vermochte mit dem bizarren sensorischen Konflikt nur fertig zu werden, indem es sagte: «Verdammt nochmal, es gibt keinen Arm!» Als schöne Zugabe verlor Philip mit dem Arm auch den Schmerz im Ellbogen, denn es dürfte unmöglich sein, einen entkörperlichten Schmerz in einem nicht existenten Phantomglied zu empfinden. Unklar ist, warum seine Finger nicht auch verschwanden. Ein Grund könnte sein, dass sie im somatosensiblen Kortex überrepräsentiert sind – wie die riesigen Lippen auf der Penfield-Karte – und daher schwieriger zu verleugnen sind.

*

AUF DER JAGD NACH DEM PHANTOM

Bewegung und Lähmung von Phantomgliedern sind schon schwer genug zu erklären, noch verwirrender ist jedoch der quälende Schmerz, den viele Patienten kurz nach der Amputation empfinden. Mit diesem Problem hatte mich Philip konfrontiert. Welches Zusammenwirken biologischer Umstände können dazu führen, dass der Schmerz in einer nicht vorhandenen Gliedmaße zum Ausbruch kommt? Es gibt mehrere Möglichkeiten.

Der Schmerz könnte durch Narbengewebe oder Neuromata verursacht werden – kleine, zusammengerollte Büschel und Klümpchen von Narbengewebe im Stumpf. Reizungen dieser Klümpchen und zerfaserten Nervenendungen könnten vom Gehirn als Schmerzen im fehlenden Glied interpretiert werden. Wenn man Neuromata chirurgisch entfernt, verschwindet er, zumindest zeitweilig, kehrt aber heimtückischerweise nicht selten zurück.

Teilweise könnte der Schmerz auch auf Umkartierung zurückgehen. Halten wir fest, dass die Umkartierung gewöhnlich modalitätsspezifisch ist: Das heißt einfach, dass Tastempfindungen durch Tastbahnen übertragen werden, Wärmeempfindungen durch Wärmebahnen und so fort. (Wenn ich Toms Gesicht mit einem Wattestäbchen berühre, empfindet er die Berührung, wie erwähnt, in seinem Phantomglied. Wenn ich Eiswasser auf seine Wange tröpfle, fühlt sich seine Phantomhand kalt an, und wenn ich das Wasser erwärme, spürt er die Wärme auf dem Gesicht und im Phantomglied.) Das bedeutet wahrscheinlich, dass die Umkartierung nicht zufällig erfolgt. Die für die verschiedenen Sinnesmodalitäten zuständigen Nervenfasern müssen «wissen», wohin sie sich zu wenden haben, um die passenden Zielregionen zu finden. Daher kommt es bei den meisten Menschen – Ihnen, mir und Amputierten – nicht zu unerwünschten Querverbindungen.

Doch stellen Sie sich vor, was geschehen könnte, wenn sich während der Umkartierung ein kleiner Fehler einschleichen würde – ein kleines Versehen im Schaltplan –, mit dem Ergebnis, dass ein Teil des Tast-Inputs zufällig mit Schmerzzentren verknüpft wäre. Der Patient empfände jedes Mal heftige Schmerzen, wenn Regionen im Gesicht oder auf dem Oberarm (keine Neuromata) berührt würden, und wäre es noch so leicht. Solche harmlosen Berührungen würden unerträgliche Pein hervorrufen, und das nur, weil ein paar Fasern sich am falschen Platz befänden und das Falsche täten.

Fehlerhafte Umkartierung könnte noch auf zwei andere Arten Schmerzen verursachen. Wenn wir Schmerz empfinden, werden spezielle Bahnen aktiviert, die einerseits die Aufgabe haben, den Schmerz zu leiten, und andererseits, ihn je nach Bedarf zu verstärken oder abzuschwächen. Diese «Stärkeregulierung» (manchmal auch Gate-Control genannt) gestattet uns, unsere Schmerzreaktionen auf unterschiedliche Situationen abzustimmen (was erklären könnte, warum Akupunktur wirkt oder warum Frauen in einigen Kulturen keine Schmerzen bei der Niederkunft empfinden). Nun ließe sich durchaus vorstellen, dass dieser schmerzmodulierende Mechanismus infolge der Umkartierung gestört ist – mit dem Ergebnis, dass es zu einer echoartigen, «reverberierenden», Verstärkung des Schmerzes kommt. Zweitens, Umkartierung ist ein prinzipiell pathologischer oder abnormer Prozess, zumindest wenn er in so großem Maßstab stattfindet wie nach dem Verlust einer Gliedmaße. Möglicherweise sind die Tastsynapsen nicht ganz korrekt verdrahtet und ihre Aktivitäten chaotisch. Höhere Gehirnzentren würden die abnormen Input-Muster als Rauschen interpretieren, welches als Schmerz wahrgenommen werden könnte. Tatsächlich wissen wir nicht, wie das Gehirn die Impulsmuster der Nerven in bewusste Erfahrung übersetzt – egal, ob es sich um Schmerz, Lust oder Farbe handelt.

Schließlich erklären einige Patienten, der Schmerz, den sie unmittelbar vor der Amputation in ihren Gliedmaßen empfunden hätten, überdaure als eine Art Schmerzerinnerung. Soldaten, denen eine Handgranate in der Hand explodiert ist, berichten beispielsweise häufig, ihre Phantomhand sei in der Stellung fixiert, in der sie sich im Moment des schrecklichen Geschehens befunden habe: die Finger um die Granate geschlossen und die Hand in Wurfposition. Der Schmerz in der Hand ist unerträglich: Es ist der Schmerz, den sie empfanden, als die Granate explodierte – auf immer in ihr Gehirn gebrannt. In London lernte ich eine Frau kennen, die mir erzählte, sie habe als Kind an ihrem Daumen mehrere Monate hindurch Frostbeulen gehabt – die ähnliche Schmerzen wie Erfrierungen verursachten. Später sei der Daumen gangränös geworden und habe amputiert werden müssen. Nun habe sie einen lebhaft empfundenen Phantomdaumen, in dem sie jedes Mal, wenn es kalt werde, Frostbeulen verspüre. Eine andere Frau berichtete von arthritischen Schmerzen in ihren Phantomgelenken. Sie hatte unter diesen Beschwerden gelitten, bevor der Arm amputiert wurde, und musste feststellen, dass sie auch in Abwesenheit der realen Gelenke anhielten, wobei die Schmerzen immer dann schlimmer wurden, wenn es feucht und kalt wurde, ganz so, wie es vor der Amputation in den realen Gelenken zu spüren gewesen war.

Während meiner Studienzeit hat mir einer meiner Medizinprofessoren einmal eine Geschichte erzählt, deren Wahrhaftigkeit er beschwor. Es ging um einen anderen Arzt, einen bedeutenden Kardiologen, der heftige Krämpfe im Bein bekam, verursacht durch die Winiwarter-Buerger-Krankheit – ein Leiden, das zu Arterienverengung und heftigen, pulsierenden Schmerzen in der Wadenmuskulatur führt.

Trotz vieler Behandlungsversuche vermochte nichts die Schmerzen zu lindern. In seiner Verzweiflung beschloss der Arzt schließlich, das Bein amputieren zu lassen. Er konnte die Schmerzen einfach nicht mehr ertragen. Er konsultierte einen Chirurgen und legte mit ihm den Operationstermin fest, stellte aber zur Überraschung des Chirurgen eine besondere Bedingung: «Könnten Sie mein Bein nach der Amputation bitte in ein Glasgefäß mit Formaldehyd legen und es mir überlassen?» Das war, vorsichtig ausgedrückt, ein etwas ungewöhnlicher Wunsch, aber der Chirurg erklärte sich einverstanden, amputierte das Bein, legte es in ein Glasgefäß mit Konservierungsflüssigkeit und übergab es seinem Patienten, der es in sein Sprechzimmer stellte und sagte: «Ha, nun schaue ich mir das Bein an, lache es aus und sage: ‹Endlich bin ich dich los!›» Leider lachte sein Bein zuletzt. Der pulsierende Schmerz kehrte mit Macht in das Phantombein zurück. Der arme Kerl starrte auf sein schwimmendes Bein, und das starrte zurück, als machte es sich lustig über sein vergebliches Bemühen, es loszuwerden.

Viele solche Geschichten sind im Umlauf; sie belegen, dass Schmerzerinnerungen sehr spezifisch sein können und dazu neigen, auch nach der Amputation einer Gliedmaße zurückzukehren. Unter diesen Umständen ließe sich die Häufigkeit solcher Schmerzen vielleicht dadurch verringern, dass man dem betroffenen Glied vor der Amputation einfach ein Lokalanästhetikum injiziert (was auch schon mit einigem Erfolg versucht wurde).

*

Der Schmerz gehört zu den Sinneserfahrungen, die wir am schlechtesten verstehen. Er kann für Patienten und Ärzte äußerst belastend sein und in mancherlei Verkleidung auftreten. Besonders rätselhaft ist die häufig geäußerte Beschwerde, dass sich die Phantomhand von Zeit zu Zeit zur Faust ballt und sich die Finger in den Handballen bohren, als bereitete sich ein Preisboxer auf einen vernichtenden Schlag vor.

Robert Townsend ist ein intelligenter fünfundfünfzigjähriger Ingenieur, den eine Krebserkrankung zwang, sich den linken Arm fünfzehn Zentimeter über dem Ellbogen abnehmen zu lassen. Als ich ihm sieben Monate nach der Amputation begegnete, hatte er das lebhafte Empfinden eines Phantomglieds, das sich häufig ohne sein Zutun zusammenkrampfte. «Als würden sich

AUF DER JAGD NACH DEM PHANTOM

die Fingernägel in meine Phantomhand graben», sagte Robert. «Der Schmerz ist unerträglich.» Selbst wenn er es mit aller Macht versuchte, vermochte er es nicht, den Krampf zu lösen und seine unsichtbare Hand zu öffnen.

Wir fragten uns, ob es Robert vielleicht mit Hilfe des Spiegelkastens gelingen könnte, seine Krämpfe zu überwinden. Wie Philip blickte Robert in den Kasten, brachte seine gesunde Hand so in Stellung, dass ihr Spiegelbild die Phantomhand überlagerte, ballte die normale Hand zur Faust und versuchte dann, beide Fäuste gleichzeitig zu öffnen. Schon beim ersten Mal rief Robert aus, dass er spüre, wie sich die Phantomfaust zusammen mit der realen Faust öffne. Es war einfach ein Resultat der visuellen Rückmeldung. Noch besser: Der Schmerz war verschwunden. Daraufhin blieb das Phantomglied mehrere Stunden ganz entspannt, bis aus heiterem Himmel ein neuer Krampf auftrat. Ohne Spiegel hielt der pochende Schmerz vierzig Minuten und länger an. Robert nahm den Kasten mit nach Hause und versuchte den gleichen Trick jedes Mal, wenn der krampfartige Schmerz wiederkehrte. Wenn er den Kasten nicht verwendete, konnte er die Faust trotz größter Mühe nicht öffnen. Unter Zuhilfenahme des Spiegels entspannte sich die Hand hingegen augenblicklich.

Wir haben diese Behandlung an mehr als einem Dutzend Patienten erprobt, und sie hat sich bei etwa der Hälfte von ihnen bewährt. Sie nehmen den Spiegelkasten mit nach Hause und stecken die gesunde Hand hinein, sobald sie einen Krampf spüren. Kaum dass sie die gesunde Hand geöffnet haben, ist von dem Krampf nichts mehr zu spüren. Doch ist das eine Heilmethode? Das lässt sich schwer sagen. Schmerz spricht bekanntermaßen auf den Placeboeffekt an (den Einfluss von Suggestion). Vielleicht braucht man einfach eine komplizierte Laboreinrichtung und einen charismatischen Fachmann für Phantomglieder, um den Schmerz zu beseitigen; vielleicht kommt man ganz ohne Spiegel aus. Um diese Möglichkeit zu überprüfen, gaben wir einem Patienten eine Schachtel mit harmlosen Batterien, die einen elektrischen Strom erzeugten. Immer wenn die Krämpfe und unnatürlichen Haltungen einsetzten, wurde er aufgefordert, die Wählscheibe auf seinem «transkutanen elektrischen Stimulator» so lange zu betätigen, bis er ein Prickeln in seinem linken (dem gesunden) Arm fühlte. Wir teilten ihm mit, dadurch werde die Fähigkeit zu Willkürbewegungen im Phantomglied augenblicklich wiederhergestellt und die Krämpfe würden beseitigt. Außerdem sagten wir ihm, das Gerät habe sich bei anderen Patienten mit seinen Beschwerden hervorragend bewährt.

Er sagte: «Tatsächlich? Mann, ich kann gar nicht abwarten, es auszuprobieren.»

Zwei Tage später war er wieder da, offenbar verärgert. «Das Ding ist völlig nutzlos», rief er. «Fünfmal habe ich es ausprobiert, aber es funktioniert nicht. Ich habe es bis zur höchsten Stufe hochgedreht, obwohl Sie mir gesagt haben, dass ich das nicht sollte.»

Als ich ihn am gleichen Nachmittag einen Versuch mit dem Spiegel machen ließ, war er augenblicklich in der Lage, seine Phantomhand zu öffnen. Die Krämpfe waren vorbei, genauso wie das «bohrende Empfinden» von Fingernägeln, die sich in die Handfläche gruben. Wie können sich nicht vorhandene Nägel in eine nicht vorhandene Handfläche bohren und heftige Schmerzen hervorrufen? Wie kann ein Spiegel Phantomkrämpfe beheben?

Betrachten wir, was geschieht, wenn aus dem prämotorischen und motorischen Kortex motorische Befehle ausgesendet werden, eine Faust zu ballen. Sobald Ihre Hand zur Faust geschlossen ist, gehen von den Muskeln und Gelenken Ihrer Hand Feedback-Signale über das Rückenmark zurück ans Gehirn und sagen: Langsam, es reicht. Noch ein bisschen mehr Druck, und es tut weh. Dieses propriozeptive Feedback führt zu einer automatischen Zügelung des Kraftaufwands, erstaunlich rasch und erstaunlich genau.

Wenn die Gliedmaße jedoch fehlt, ist diese dämpfende Rückkopplung nicht möglich. Daher sendet das Gehirn laufend die Nachricht: Balle die Faust fester! Balle die Faust fester! Der motorische Output wird unaufhörlich verstärkt (bis zu einem Niveau, das bei weitem alles übertrifft, was Sie oder ich je erlebt haben). Möglicherweise wird das Übermaß an «Anstrengungsempfinden» selbst als Schmerz erlebt. Die Wirkung des Spiegels könnte darauf beruhen, dass er die visuelle Rückmeldung von der Entspannung der Hand vermittelt, wodurch der Krampf aufgehoben wird.

Doch woher kommt das Empfinden, dass sich die Fingernägel in die Handfläche bohren? Denken Sie nur an die zahlreichen Gelegenheiten, wo Sie tatsächlich die Fäuste geballt und die Fingernägel in der Handfläche gespürt haben. Bei diesen Anlässen muss eine Gedächtnisverknüpfung in ihrem Gehirn angelegt worden sein (Psychologen sprechen in diesem Zusammenhang vom Hebb'schen Modell) – eine Verbindung zwischen dem motorischen Befehl, die Faust zu ballen, und der typischen Empfindung von «bohrenden Fingernägeln», daher können Sie diese Vorstellung rasch abrufen. Doch obwohl Sie sich das Bild lebhaft vorstellen können, spüren Sie das Empfinden nicht tatsächlich. Sie sagen nicht: «Au, das tut weh.» Warum nicht? Ich denke, das hat einen einfachen Grund: Sie haben eine echte Handfläche, und die Haut auf dieser Handfläche teilt Ihnen mit, dass dort kein Schmerz vorhanden ist. Sie können ihn sich vorstellen, aber Sie spüren ihn nicht, weil Sie eine normale Hand besitzen, die eine reale Rückmeldung sendet, und bei dem Zusammenprall zwischen Wirklichkeit und Illusion trägt die Wirklichkeit in der Regel den Sieg davon.

Doch der Amputierte hat keine Handfläche. Es gibt keine anders lautenden Signale von der Handfläche, die das Auftreten dieser gespeicherten Schmerzerinnerungen verbieten. Wenn Robert sich vorstellt, dass sich die Fingernägel in seine Handfläche bohren, erhält er keine entgegengesetzten Signale von der Hautoberfläche, die sagen: «Robert, du Narr, hier unten ist gar kein Schmerz.» Wenn die motorischen Befehle tatsächlich mit dem Empfinden von sich eingrabenden Fingernägeln verknüpft sind, dann ist vorstellbar, dass die Verstärkung dieser Befehle zu einer entsprechenden Verstärkung der assoziierten Schmerzsignale führt. Das könnte erklären, warum der Schmerz so maßlos ist.

Diese Idee hat weitreichende Konsequenzen. Selbst flüchtige sensorische Assoziationen wie diejenige zwischen dem Ballen einer Faust und Fingernägeln, die sich in die Handfläche bohren, werden als überdauernde Spuren im Gehirn angelegt und nur unter bestimmten Umständen abgerufen – in diesem Fall als Phantomschmerz empfunden. Weiter folgt aus diesen Überlegungen, dass Schmerz nur eine *Meinung* über den Gesundheitszustand des Organismus und keine reflexhafte Reaktion auf eine Verletzung ist. Es gibt keine direkte Hotline von den Schmerzrezeptoren zu den «Schmerzzentren» im Gehirn. Vielmehr ist die Interaktion zwischen verschiedenen Gehirnzentren, etwa denen, die für das Sehen und Tasten zuständig sind, so intensiv, dass das bloße visuelle Erscheinungsbild einer Faust, die sich öffnet, als Rückmeldung bis in die motorischen und taktilen Bahnen des Patienten zurückgelangen kann, sodass er das Empfinden hat, seine Faust öffne sich, was ausreicht, um einen illusorischen Schmerz in einer nicht vorhandenen Hand zu beseitigen.

Wenn der Schmerz eine Illusion ist, wie viel Einfluss haben dann Sinnesmodalitäten wie das Sehen auf unsere subjektive Erfahrung? Um das herauszufinden, habe ich ein etwas diabolisches Experiment an zwei meiner Patienten erprobt. Als Mary das Labor betrat, forderte ich sie auf, ihre Phantomhand (die rechte) mit der Handfläche nach unten in den Spiegelkasten zu legen. Dann bat ich sie, einen grauen Handschuh über ihre gesunde linke Hand zu ziehen und sie auf der anderen Seite des Kastens in eine spiegelbildliche Position zu bringen. Nachdem ich mich davon überzeugt hatte, dass sie bequem saß, wies ich einen meiner Doktoranden an, sich unter dem mit einem Vorhang verhängten Tisch zu verbergen und seine behandschuhte Hand auf der gleichen Seite in den Kasten zu führen, auf der auch Marys gesunde Hand ruhte – und zwar so, dass sie sich auf einer falschen Plattform über Marys Hand befand. Als Mary in den Kasten blickte, nahm sie nicht nur die behandschuhte Hand des Studenten wahr (die genau wie ihre eigene linke Hand aussah), sondern auch deren Spiegelbild, als erblickte sie ihre eigene rechte Phantomhand in einem Handschuh. Wenn der Student dann die Hand zur Faust ballte oder mit der Kuppe des Zeigefingers den Daumenballen berührte, empfand Mary lebhaft, wie sich ihr Phantomglied bewegte. Wie bei den beiden oben beschriebenen Patienten reichte das Sehen, um ihrem Gehirn einzureden, es empfinde Bewegungen in dem Phantomglied.

Was würde geschehen, wenn wir Mary den Eindruck vermittelten, ihre Finger befänden sich in anatomisch unmöglichen Stellungen? Abermals steckte Mary ihre rechte Phantomhand mit der Handfläche nach unten in den Kasten. Doch jetzt tat der Student etwas ganz anderes. Statt seine linke Hand auf die andere Seite des Kastens zu legen, als exaktes Spiegelbild der Phantomhand, führte er seine rechte Hand mit der Handfläche nach oben ein. Da die Hand behandschuht war, sah sie genau wie Marys rechte Phantomhand mit der Handfläche nach unten aus. Nun beugte der Student seinen Zeigefinger und berührte die Handfläche. Für Mary, die in den Kasten starrte, sah es so aus, als beugte sich ihr Phantomzeigefinger nach hinten und berührte den Handrücken. Er krümmte sich also in die falsche Richtung![5] Wie würde sie reagieren?

Als Mary sah, wie sich ihr Finger nach hinten krümmte, sagte sie: «Man sollte meinen, es würde sich eigenartig anfühlen, Herr Doktor, aber das ist nicht der Fall. Es fühlt sich genauso an, als würde sich der Finger nach hinten biegen, wie er es eigentlich nicht kann. Aber es fühlt sich nicht merkwürdig oder schmerzhaft oder ähnlich an.»

Karen, eine andere Versuchsperson, zuckte zusammen und

sagte, der deformierte Phantomfinger tue weh. «Als hätte jemand meinen Finger ergriffen und verdreht. Ich habe einen stechenden Schmerz empfunden», sagte sie.

Diese Experimente sind wichtig, weil sie in direktem Widerspruch zu der Theorie stehen, der zufolge das Gehirn aus einer Anzahl autonomer Module besteht, die wie eine Eimerkette beim Löschen arbeiten. Populärwissenschaftlich aufbereitet durch Forscher auf dem Gebiet der künstlichen Intelligenz, hat sich die Vorstellung, das Gehirn verhalte sich wie ein Computer, in dem jedes Modul eine hoch spezialisierte Aufgabe verrichte und seinen Output an das nächste Modul weitergebe, weithin durchgesetzt. Nach dieser Auffassung beruht die sensorische Verarbeitung auf einer nur in eine Richtung verlaufenden Informationskaskade von den Rezeptoren in der Haut und anderen Sinnesorganen zu höheren Gehirnzentren.

Doch meine Experimente mit diesen Patienten haben mir gezeigt, dass das Gehirn ganz anders arbeitet. Seine Verbindungen sind außerordentlich labil und dynamisch. Wahrnehmung kommt zustande durch Signale, die zwischen verschiedenen Ebenen der sensorischen Hierarchie und sogar zwischen verschiedenen Sinnesmodalitäten «reverberieren» (zurück- oder nachhallen). Die Tatsache, dass visueller Input den Krampf in einem nicht vorhandenen Arm aufheben und die mit ihm assoziierte Schmerzerinnerung beseitigen kann, führt uns überzeugend vor Augen, wie vielfältig und weitreichend diese Wechselwirkungen sein können.

*

Die weitere Untersuchung von Patienten mit Phantomgliedern hat mir genauere Einblicke in die Arbeitsweise des Gehirns gegeben, sodass ich heute weit über die einfachen Fragen hinausgelangt bin, mit denen ich begann, als Tom vor vier Jahren zum ersten Mal mein Sprechzimmer betrat. Wir haben (direkt und

indirekt) miterlebt, wie neue Verbindungen im Erwachsenengehirn entstehen, wie Informationen verschiedener Sinnesmodalitäten interagieren, in welcher Beziehung die Aktivität sensorischer Karten zur Sinneserfahrung steht und, allgemeiner, wie
das Gehirn sein Wirklichkeitsmodell anhand neuer sensorischer
Input-Daten ständig aktualisiert.

Diese letzte Beobachtung lässt die Debatte um den Primat von
Natur oder Kultur (*nature versus nurture*) in neuem Licht erscheinen, da sich die Frage stellt: Entstehen Phantomglieder in
erster Linie durch nicht genetische Faktoren wie Umkartierung
und Amputationsneuromata, oder bezeugen sie die geisterhafte
Fortdauer eines angeborenen, genetisch festgelegten «Körperbildes»? Offenbar verhält es sich so, dass das Phantom aus der
komplexen Interaktion zwischen beiden erwächst. Ich möchte
Ihnen das an fünf Beispielen illustrieren.

Bei Amputationen unterhalb des Ellbogens spalten die Chirurgen den Stumpf manchmal in der Mitte, sodass das Anhangs-
gebilde wie eine Hummerschere aussieht. Das ist als Alternative zum üblichen Metallhaken gedacht. Nach der Operation
lernen die Patienten, mit der Schere am Stumpf Gegenstände zu
ergreifen, sie umzudrehen und die materielle Welt in anderer
Weise zu manipulieren. Interessanterweise fühlt sich ihre Phantomhand (einige Zentimeter vom echten Fleisch entfernt) ebenfalls gespalten an. Jeder Scherenhälfte sind ein oder zwei Finger
zugeordnet, die die Bewegungen des Anhangsgebildes lebhaft
nachahmen. Ich kenne Fälle, in denen sich ein Patient die
Schere abnehmen ließ, aber trotzdem ein dauerhaft gespaltenes
Phantomglied zurückbehielt – ein schlagender Beweis dafür,
dass das Skalpell eines Chirurgen auch Phantomglieder zer-
schneiden kann. Nach der ursprünglichen Operation, bei der
der Stumpf gespalten wurde, muss das Gehirn des Patienten
sein Körperbild so umgestaltet haben, dass es fortan auch die
Schere umfasste. Wie sonst hätte er eine Phantomschere spüren
können?

Die nächsten beiden Geschichten haben neben ihrem Informations- auch einen gewissen Unterhaltungswert. Ein Mädchen, das ohne Unterarme geboren worden war und die Phantomhände fünfzehn Zentimeter unterhalb ihrer Stümpfe spürte, benutzte ihre *Phantomfinger* des Öfteren, um Rechenaufgaben zu lösen. Ein sechzehnjähriges Mädchen, dessen rechtes Bein bei der Geburt fünf Zentimeter kürzer als das linke Bein gewesen war und dem mit sechs Jahren das Bein unterhalb des Knies abgenommen worden war, hatte das eigenartige Empfinden, vier Füße zu besitzen! Neben dem gesunden Fuß und dem erwarteten Phantomfuß entwickelte sie noch zwei überzählige Phantomfüße, einen genau auf der Höhe der Amputation und einen zweiten, der, vollständig mit Wade, bis zum Fußboden reichte, wo er sich befunden hätte, wenn die Gliedmaße nicht von Geburt an kürzer gewesen wäre.[6] Obwohl diese Beispiele im Allgemeinen herangezogen werden, um die Bedeutung genetischer Faktoren für die Festlegung des Körperbildes zu beweisen, könnte man mit ihrer Hilfe genauso gut die nicht genetischen Einflüsse belegen, denn warum sollten die Gene drei verschiedene Bilder eines Beins festlegen?

Ein viertes Beispiel, welches die komplexe Wechselbeziehung zwischen Genen und Umwelt belegt, geht zurück auf unsere Beobachtung, dass viele Amputierte lebhafte Phantombewegungen spüren – willkürlicher und unwillkürlicher Art –, dass aber die meisten dieser Bewegungen schließlich verschwinden. Solche Bewegungen werden erstens empfunden, weil das Gehirn auch nach der Amputation damit fortfährt, motorische Befehle an die fehlende Gliedmaße zu schicken (und sie registriert). Doch früher oder später sieht sich das Gehirn des Patienten durch die fehlende visuelle Bestätigung (Himmel, da ist ja gar kein Arm!) dazu veranlasst, diese Signale auszublenden. Dann werden keine Bewegungen mehr empfunden. Doch wenn diese Erklärung richtig ist, wie sollen wir dann die überdauernden Phantombewegungen bei Menschen wie Mirabelle verstehen, die ohne

Arme zur Welt gekommen sind? Ich bin auf Vermutungen ange-
wiesen: Ein normaler Erwachsener empfängt sein Leben lang visuelle und kinästhetische Rückmeldungen, ein Prozess, der das
Gehirn veranlasst, derartige Rückmeldungen auch nach der Amputation zu erwarten. Das Gehirn ist «enttäuscht», wenn diese
Erwartung nicht in Erfüllung geht – was schließlich zu einem
Verlust der Willkürbewegungen oder sogar einem vollständigen
Verlust des Phantomglieds selbst führt. Doch die sensorischen
Regionen in Mirabelles Gehirn haben derartige Rückmeldungen
nie erhalten. Folglich gibt es keine erlernte Abhängigkeit von der
sensorischen Rückkopplung. Das könnte erklären, warum die
Bewegungsempfindungen fünfundzwanzig Jahre lang unverän-
dert erhalten geblieben sind.

Das letzte Beispiel stammt aus meinem Heimatland Indien,
das ich jedes Jahr besuche. Dort grassiert noch immer die ge-
fürchtete Lepra, die häufig zu fortschreitender Verstümmelung
und Verlust von Gliedmaßen führt. Auf der Leprastation in Vel-
lore sagte man mir, dass Leprapatienten, die ihren Arm verlieren, kein Phantomglied spüren. Ich habe persönlich mehrere
Patienten untersucht und fand die Behauptung bestätigt. Die übliche Erklärung lautet, dass der Patient allmählich «lernt», den
Stumpf mit Hilfe von visuellen Rückmeldungen seinem Körperbild anzupassen. Aber wenn das stimmt, wie erklärt sich dann
die Langlebigkeit der Phantomglieder bei Amputierten? Vielleicht spielt der *allmähliche* Verlust der Gliedmaße oder die
gleichzeitige progressive Nervenschädigung durch das Lepra-
bakterium eine entscheidende Rolle. Dadurch bleibt dem Gehirn
vielleicht mehr Zeit, das Körperbild auf die Wirklichkeit abzustimmen. Wenn ein solcher Patient Brand in seinem Stumpf bekommt und das erkrankte Gewebe amputiert werden muss, entwickelt er *doch* ein Phantomglied, merkwürdigerweise aber
nicht eines des alten Stumpfes, sondern der ganzen Hand! Es ist,
als verfügte das Gehirn über eine doppelte Repräsentation, eine
genetisch fixierte des ursprünglichen Körperbildes und ein ver-

änderliches, ständig aktualisiertes Bild, das spätere Veränderungen berücksichtigen kann. Aus irgendeinem rätselhaften Grund stört die Amputation das Gleichgewicht und stellt das ursprüngliche Körperbild wieder her, das ständig um die Aufmerksamkeit konkurriert.[7] Ich erwähne diese seltsamen Beispiele nur, weil sie zeigen, dass Phantomglieder aus einem komplexen Wechselspiel von genetischen und erfahrungsbedingten Variablen entstehen, deren jeweilige Beiträge sich nur durch systematische empirische Untersuchungen bestimmen lassen. Wie meist in der Kultur-Natur-Debatte ist die Frage nach der wichtigeren Variablen sinnlos – trotz kühner anders lautender Behauptungen in der IQ-Literatur. (Tatsächlich ist die Frage nicht sinnvoller als die Überlegung, ob die Nässe des Wassers in erster Linie durch die Wasserstoffmoleküle oder durch die Sauerstoffmoleküle verursacht wird, aus denen H_2O besteht!) Doch die gute Nachricht lautet, dass wir sie durch geeignete Experimente voneinander unterscheiden und ihre Wechselbeziehung untersuchen können, sodass sich am Ende vielleicht neue Behandlungen für den Phantomschmerz ergeben. Es erscheint ungewöhnlich, dass sich Schmerz durch eine optische Illusion beseitigen lassen soll, aber wir müssen bedenken, dass auch der Schmerz eine Illusion ist – ganz und gar eine Konstruktion unseres Gehirns wie jede andere Sinneserfahrung. Dass sich eine Illusion durch eine andere beseitigen lässt, ist weniger überraschend.

*

Die bisher erörterten Experimente haben uns andeutungsweise gezeigt, was im Gehirn von Patienten mit Phantomgliedern vorgeht und was sich tun lässt, um ihre Schmerzen zu lindern. Die Botschaft ist jedoch viel weitreichender: *Ihr eigener Körper* ist ein Phantom, ein Phantom, das Ihr Gehirn aus rein praktischen Gründen vorübergehend konstruiert hat. Ich weiß, es klingt unglaublich, daher werde ich Ihnen beweisen, wie formbar Ihr Körperbild ist und in welch kurzer Zeit Sie es tief greifend verändern können. Zwei dieser Experimente können Sie sofort ausführen, während das dritte verlangt, dass Sie ein Geschäft für Scherzartikel aufsuchen.

Für die erste Illusion brauchen Sie zwei Helfer. (Ich nenne sie Julia und Mina.) Setzen Sie sich auf einen Stuhl, lassen Sie sich die Augen verbinden und bitten Sie Julia, Ihnen zugewandt auf einem vor Ihnen stehenden Stuhl Platz zu nehmen. Fordern Sie Mina auf, sich an Ihre rechte Seite zu stellen, und geben Sie ihr folgende Anweisung: «Nimm meine rechte Hand und führe meinen Zeigefinger auf Julias Nase. Bewege meine Hand rhythmisch hin und her, sodass mein Zeigefinger ihre Nase wiederholt berührt, und zwar in zufälligen Intervallen, ähnlich einem Morsecode. Berühre gleichzeitig meine Nase mit deiner linken Hand im gleichen Rhythmus und mit gleichen Zeitabständen. Die Berührungen von meiner Nase und Julias Nase müssen vollkommen synchron erfolgen.»

Mit ein bisschen Glück haben Sie nach dreißig oder vierzig Sekunden die unheimliche Illusion, dass Sie Ihre Nase irgendwo außerhalb Ihrer selbst berühren oder dass sich Ihre Nase verformt hat und nun einen halben Meter lang ist. Je zufälliger und unvorhersagbarer die Berührungssequenz, desto verblüffender die Illusion. Es handelt sich um eine höchst ungewöhnliche Illusion. Warum tritt sie auf? Ich nehme an, Ihr Gehirn «bemerkt», dass die Berührungsempfindungen Ihres rechten Zeigefingers vollkommen synchron mit den Berührungen sind, die Sie auf Ihrer Nase spüren. Also sagt es: «Die Berührungen auf meiner Nase sind identisch mit den Empfindungen auf meinem rechten Zeigefinger. Warum sind die beiden Sequenzen identisch? Die Wahrscheinlichkeit eines zufälligen Zusammentreffens ist gleich null, daher ist die wahrscheinlichste Erklärung, dass mein Finger meine Nase berührt. Ich weiß aber auch, dass meine Hand einen halben Meter von meinem Gesicht entfernt ist. Daraus folgt, dass meine Nasenspitze sich ebenfalls dort befinden muss, einen halben Meter entfernt.»[8]

Dieses Experiment habe ich an zwanzig Versuchspersonen erprobt, und es hat bei ungefähr der Hälfte geklappt (ich hoffe, bei Ihnen ist es auch der Fall). Doch für mich ist das wirklich Erstaunliche, dass es überhaupt klappt – dass Ihre absolute Gewissheit, eine normale Nase zu besitzen, das Bild von Ihrem Körper und Ihrem Gesicht, das Sie im Laufe ihres Lebens konstruiert haben, in wenigen Sekunden durch eine geeignete sensorische Reizung zunichte gemacht werden kann. Dieses einfache Experiment zeigt nicht nur, wie formbar Ihr Körperbild ist, sondern ist auch ein Beleg für das wichtigste Prinzip der Wahrnehmung – dass die Wahrnehmungsmechanismen in erster Linie damit beschäftigt sind, der Welt statistische Korrelationen zu entnehmen, mit deren Hilfe sie ein Modell von zeitweiligem Nutzen konstruieren.

Die zweite Illusion, für die Sie einen Helfer brauchen, ist noch gespenstischer.[9] Dazu müssen Sie in einem Scherzartikelladen eine Gummihand kaufen. Dann bauen Sie sich eine «Pappwand» von sechzig mal sechzig Zentimetern und stellen sie auf einem Tisch vor sich auf. Legen Sie Ihre rechte Hand hinter die Pappwand, sodass Sie sie nicht sehen können, und legen Sie die künstliche Hand vor die Pappwand, sodass Sie sie deutlich sehen. Bitten Sie nun Ihren Freund, beide Hände – Ihre und das Kunstprodukt – an der gleichen Stelle und im gleichen Rhythmus zu berühren, während Sie die Gummihand betrachten. Schon nach wenigen Sekunden werden Sie den Eindruck haben, dass die Berührungsempfindung von der Gummihand ausgeht. Das Erlebnis ist unheimlich, weil Sie genau wissen, dass Sie auf eine körperlose Gummihand blicken. Doch das hindert Ihr Gehirn nicht daran, die Sinneswahrnehmung dem Scherzartikel zuzuschreiben. Die Täuschung beweist abermals, wie ephemer unser Körperbild ist und wie leicht es sich manipulieren lässt.

Wenn wir unsere Empfindungen auf eine Gummihand projizieren, ist das überraschend genug, doch noch erstaunlicher ist, was mein Student Rick Stoddard und ich dann entdeckt haben: Wir können sogar das Gefühl haben, dass Tastempfindungen von Tischen und Stühlen ausgehen, die nicht die geringste Ähnlichkeit mit menschlichen Körperteilen haben. Das Experiment ist besonders leicht durchzuführen, weil Sie nur einen Freund dazu brauchen, der Ihnen assistiert. Setzen Sie sich an Ihren Schreibtisch und verbergen Sie die linke Hand unter der Schreibtischplatte. Bitten Sie Ihren Freund, (vor Ihren Augen) die Oberfläche des Tisches mit der rechten Hand in gewohnter Weise zu berühren und mit der linken Hand simultane, Ihrem Blick entzogene Berührungen an Ihrer verborgenen Hand vorzunehmen. Von entscheidender Bedeutung ist, dass Sie die Bewegungen seiner linken Hand nicht sehen, denn das würde die Wirkung verderben (wenn nötig, nehmen Sie eine Pappe oder einen Vorhang als Sichtschutz zu Hilfe). Nach etwa einer Minute stellt sich der Eindruck ein, dass die Berührungsempfindungen von der Tischoberfläche ausgehen, obwohl Ihr Bewusstsein zweifelsfrei weiß, dass das logisch absurd ist. Abermals sieht sich Ihr Gehirn durch die rein statistische Unwahrscheinlichkeit der beiden Berührungssequenzen – die eine, die Sie auf der Tischoberfläche sehen, und die andere, die Sie auf der Hand spüren – zu dem Schluss veranlasst, dass der Tisch nun ein Teil Ihres Körpers sei. Die Illusion ist außerordentlich stark. Hin und wieder ist es vorgekommen, dass ich auf der Tischplatte über eine Fläche strich, die größer als die unter dem Tisch verborgene Hand war, dann rief die Versuchsperson aus, die Hand fühle sich «gedehnt» oder «gestreckt» an, als hätte sie sich zu absurden Proportionen verlängert.

Beide Täuschungen sind weit mehr als amüsante Partyvorführungen. Die Vorstellung, dass wir unsere Empfindungen tatsächlich auf äußere Objekte projizieren können, ist vollkommen überraschend und erinnert mich an Phänomene wie Out-of-Body-Erlebnisse oder sogar Praktiken des Voodoo-Kults (ich durchbohre die Puppe, und du spürst den Schmerz). Doch woher können wir wissen, dass die Versuchsperson nicht einfach eine Metapher benutzt, wenn sie sagt: «Ich spüre meine Nase dort draußen.» Oder: «Der Tisch fühlt sich wie meine Hand an.» Schließlich habe ich des Öfteren das «Gefühl», dass mein Auto ein Teil meines erweiterten Körperbildes ist, so sehr, dass ich in rasende Wut gerate, wenn ihm jemand eine kleine Beule verpasst. Doch würde ich daraus den Schluss ziehen, das Auto sei ein Teil meines Körpers geworden?

Das sind schwierige Fragen, doch um herauszufinden, ob sich die Studenten, die uns als Versuchspersonen dienten, tatsächlich mit der Tischplatte identifizierten, entwickelten wir ein einfaches Experiment, in dem wir uns die galvanische Hautreaktion oder GSR (englisch: *galvanic skin response*) zunutze machten. Wenn ich Sie mit einem Hammer schlage oder einen schweren Stein über Ihren Fuß halte und drohe, ihn fallen zu lassen, schicken die Sehregionen Ihres Gehirns Nachrichten an das limbische System (das Gefühlszentrum), das wiederum den Körper veranlasst, Notmaßnahmen zu ergreifen (im Prinzip, vor der Gefahr davonzulaufen). Ihr Herz beginnt mehr Blut durch den Körper zu pumpen, und Sie fangen an zu schwitzen, um Wärme abzuleiten. Diese Alarmreaktion lässt sich registrieren, indem man den durch den Schweiß verursachten Hautwiderstand – die so genannte GSR – misst. Wenn Sie ein Schwein, eine Zeitung oder einen Kugelschreiber betrachten, erfolgt keine GSR, aber wenn Sie etwas vor Augen haben, was Ihr Gefühl stärker anspricht – ein Foto von Mapplethorpe, das Playgirl der Woche oder einen schweren Felsbrocken, der über Ihrem Fuß schwebt –, dann wird man eine starke GSR bei Ihnen verzeichnen.

Also schloss ich meine studentischen Versuchspersonen an ein GSR-Gerät an, während sie auf den Tisch blickten. Dann berührte ich die verborgene Hand und die Tischplatte einige Sekunden lang gleichzeitig, bis der Student den Tisch als seine Hand zu empfinden begann. Daraufhin schlug ich unter den

AUF DER JAGD NACH DEM PHANTOM

Augen des Studenten mit einem Hammer auf die Tischplatte. Augenblicklich zeigte sich eine enorme GSR-Veränderung, als hätte ich dem Studenten die Finger zerschmettert. (In einem Kontrollexperiment berührte ich Tisch und Hand asynchron, woraufhin die Illusion ausblieb und keine GSR zu registrieren war.) Es war, als wäre der Tisch nun mit dem limbischen System des Studenten verknüpft und in sein Körperbild integriert. Das war jedenfalls der Schluss, den die GSR nahe legte. Wenn die Überlegung stimmt, ist die Frage, ob Sie sich mit Ihrem Auto identifizieren, vielleicht gar nicht so töricht. Schlagen Sie es doch mal und stellen Sie fest, ob sich Ihre GSR verändert. Mit dieser Technik könnten wir vielleicht so schwer fassbaren psychologischen Phänomenen auf die Spur kommen wie der Empathie und der Liebe zu einem Kind oder Ehepartner. Werden Sie möglicherweise wirklich ein Teil des anderen, wenn Sie ihn sehr lieben? Vielleicht vereinigen sich nicht nur Ihre Körper, sondern auch Ihre Seelen.

Überlegen wir nun, was das alles bedeutet. Zeit Ihres Lebens sind Sie von der Annahme ausgegangen, Ihr «Selbst» sei in einem einzigen Körper verankert, der zumindest bis zu Ihrem Tod verlässlich und dauerhaft sei. Tatsächlich ist die «Loyalität» Ihres Selbst gegenüber Ihrem Körper so selbstverständlich, dass Sie sie keines Gedankens würdigen, geschweige denn infrage stellen. Und doch lassen diese Experimente auf das genaue Gegenteil schließen – dass Ihr Körperbild, trotz seiner scheinbaren Dauerhaftigkeit, ein höchst vergängliches inneres Konstrukt ist, das sich durch ein paar einfache Tricks tief greifend verändern lässt. Es ist nichts als eine Hülle, die Sie vorübergehend erschaffen, um Ihre Gene erfolgreich an Ihre Nachkommenschaft weiterzugeben.

4 DER ZOMBIE IM GEHIRN

> Er lehnte es ab, sich auf eine Untersuchung einzulassen,
> der nichts Ungewöhnliches oder sogar Phantastisches eigen
> war.
>
> JAMES WATSON

David Milner, ein Neuropsychologe an der University of St. Andrews in Schottland, hatte es so eilig, ins Krankenhaus zu kommen und seine neu eingetroffene Patientin zu untersuchen, dass er fast ihre Krankenakte vergessen hätte. So musste er noch einmal durch den kalten Winterregen zurück ins Haus, um den Ordner zu holen, in dem der Fall der Diane Fletcher beschrieben wurde. Die Fakten waren einfach, aber tragisch: Diane war vor kurzem nach Norditalien gezogen, um dort als selbständige Wirtschaftsübersetzerin zu arbeiten. Sie war mit ihrem Mann in eine dieser wunderschönen Wohnungen in der Nähe eines mittelalterlichen Stadtkerns gezogen. Alles war renoviert, die Wohnräume, die Küche, das Badezimmer. Sie hatten fast den gleichen Komfort wie in ihrem Haus in Kanada. Als Diane eines Morgens das Badezimmer betrat, um eine Dusche zu nehmen, wusste sie nicht, dass der Gasboiler unzulänglich belüftet war. Während sich das Propangas entzündete und das Wasser an den rot glühenden Brennern vorbeifloss, sammelte sich das Kohlenmonoxid in dem kleinen Badezimmer. Diane wusch sich gerade die Haare, als die geruchlosen Gase ihr das Bewusstsein raubten, sodass sie auf den Fliesenboden fiel, das Gesicht hellrosa von der irreversiblen Bindung des Kohlenmonoxids an das Hämoglobin in ihrem Blut. So hatte sie vielleicht zwanzig Minuten gelegen, während das Wasser über ihren leblosen Körper strömte, als ihr Mann noch einmal nach Hause kam, weil er etwas vergessen hatte. Wäre er nicht zurückgekehrt, wäre sie spätestens nach einer Stunde gestorben. Doch obwohl Diane überlebte und sich erstaunlich erholte, bemerkten ihre Angehörigen und Freunde rasch, dass ein Teil von ihr für immer verloren war, untergegangen mit den Partien dauerhaft atrophierten Hirngewebes.

Als Diane aus dem Koma erwachte, war sie vollkommen blind. Nach zwei Tagen konnte sie wieder Farben und Texturen erkennen, aber nicht die Formen von Gegenständen oder Gesichtern – noch nicht einmal das Gesicht ihres Mannes oder das Spiegelbild ihres eigenen Gesichts. Andererseits hatte sie keine Schwierigkeiten, Menschen anhand ihrer Stimmen zu identifizieren oder Gegenstände zu benennen, wenn man sie ihr in die Hand gab.

Dr. Milner wurde konsultiert, weil er sich seit langem mit visuellen Problemen nach Schlaganfällen und anderen Hirnschädigungen beschäftigte. Man sagte ihm, Diane sei nach Schottland gekommen, wo ihre Eltern lebten, um festzustellen, ob hier etwas für sie getan werden könne. Als Dr. Milner die üblichen Sehtests durchführte, zeigte sich deutlich, dass Diane in jeder herkömmlichen Bedeutung des Wortes blind war. Sie konnte auch die größten Buchstaben auf der Testwand nicht lesen, und wenn er ihr zwei oder drei Finger zeigte, vermochte sie nicht zu erkennen, wie viele es waren.

Einmal hielt Dr. Milner einen Bleistift empor. «Was ist das?», fragte er.

Wie gewöhnlich machte Diane ein verwirrtes Gesicht. Dann tat sie etwas Unerwartetes. «Zeigen Sie mal her», sagte sie und nahm ihm mit einer raschen Bewegung den Stift aus der Hand. Dr. Milner war verblüfft, nicht über ihre Fähigkeit, den Gegenstand zu identifizieren, als sie ihn in der Hand fühlte, sondern über die Geschicklichkeit, mit der sie ihm den Stift aus der Hand genommen hatte. Als Diane nach dem Schreibgerät griff, bewegten sich ihre Finger schnell und genau auf den Bleistift zu, ergrif-

-fen ihn und beförderten ihn auf ihren Schoß. Man wäre nie auf die Idee gekommen, dass sie blind war. Es war, als hätte eine andere Person – ein Zombie in ihrem Inneren – ihre Handlungen geleitet. (Wenn ich von Zombie spreche, dann meine ich ein vollkommen unbewusstes Wesen, aber natürlich keines, das schläft. Es ist vollkommen wach und zu komplexen, erlernten Bewegungen in der Lage, wie die Wesen in dem Kultfilm *Die Nacht der lebenden Toten*.) Fasziniert beschloss Dr. Milner, Dianes verborgene Fähigkeit in einigen Experimenten genauer zu untersuchen. Er zeigte ihr eine gerade Linie und fragte: «Ist diese Linie senkrecht, waagerecht oder schräg?»

«Ich weiß nicht», antwortete sie.

Dann zeigte er ihr einen vertikalen Spalt (einen Briefschlitz) und bat sie, seine Ausrichtung zu beschreiben. Wieder sagte sie: «Ich weiß nicht.»

Als er ihr einen Brief gab und sie aufforderte, ihn durch den Schlitz einzuwerfen, protestierte sie: «Oh, das kann ich nicht.»

«Kommen Sie, versuchen Sie es», sagte er. «Tun Sie so, als wenn Sie einen Brief einwerfen würden.»

Diane zögerte. «Versuchen Sie es!», drängte er.

Diane nahm den Brief von dem Arzt entgegen und führte ihn zum Schlitz, wobei sie die Hand so drehte, dass der Brief die gleiche Ausrichtung aufwies wie der Schlitz. Genauso geschickt schob Diane nun den Brief durch die Öffnung, obwohl sie Dr. Milner nicht sagen konnte, ob der Schlitz senkrecht, waagerecht oder schräg war. Sie führte diese Anweisung ohne Beteiligung des Bewusstseins aus, als ob der bereits erwähnte Zombie sich der Aufgabe angenommen und ihre Hand zum Ziel geführt hätte.[1]

Dianes Handlungen erscheinen uns deshalb so verblüffend, weil wir uns das Sehen gewöhnlich als einen ungeteilten Prozess vorstellen. Wenn jemand, der offenkundig blind ist, einen Brief ergreift, ihn in die richtige Position bringt und durch eine Öffnung wirft, die er nicht «sehen» kann, scheint diese Fähigkeit fast übernatürlich zu sein.

Um zu verstehen, was Diane erlebt, müssen wir all unsere herkömmlichen Vorstellungen vom Sehen über Bord werfen. Auf den nächsten Seiten werden Sie feststellen, dass weit mehr zur Wahrnehmung gehört, als das Auge erfasst. Wie die meisten Menschen nehmen Sie das Sehen wahrscheinlich als selbstverständlich hin. Sie wachen morgens auf, öffnen die Augen, und, voilà, alles ist da. Sehen scheint sich so mühelos und automatisch zu vollziehen, dass wir einfach nicht bemerken, um was für einen unglaublich komplexen – und immer noch zutiefst rätselhaften – Prozess es sich handelt. Doch vergegenwärtigen wir uns einen Augenblick, was geschieht, wenn Sie eine höchst einfache Szene betrachten. Wie mein Kollege Richard Gregory dargelegt hat, verfügen Sie lediglich über zwei winzige, zweidimensionale und auf dem Kopf stehende Bilder in Ihren Augäpfeln, während das, was Sie wahrnehmen, eine einzige umfassende Welt ist, richtig herum und dreidimensional. Wie kommt diese wundersame Verwandlung zustande?[2]

Viele Menschen halten hartnäckig an der irrigen Vorstellung fest, Sehen heiße einfach, dass man irgendein mentales Bild abscanne. Beispielsweise wurde ich vor kurzem auf einer Cocktailparty von einem jüngeren Zeitgenossen gefragt, womit ich meinen Lebensunterhalt verdiente. Als ich ihm sagte, ich würde mich dafür interessieren, wie Menschen Dinge sähen –, und in welcher Weise das Gehirn an der Wahrnehmung beteiligt sei –, sah er mich verblüfft an. «Was gibt's denn da zu untersuchen?», fragte er.

«Nun», sagte ich, «was geschieht denn Ihrer Meinung nach im Gehirn, wenn Sie einen Gegenstand betrachten?»

Er blickte auf das Glas Champagner hinunter, das er in der Hand hielt. «Na ja, da fällt ein umgekehrtes Bild von diesem Glas in meinen Augapfel. Das Wechselspiel von hellen und dunklen Bildern aktiviert Photorezeptoren in meiner Netzhaut, und diese Muster werden Bildpunkt für Bildpunkt durch ein Kabel – meinen Sehnerv – übertragen und auf einem Bildschirm in meinem Gehirn sichtbar gemacht. So sehe ich doch dieses Glas Champagner, oder? Natürlich muss mein Gehirn das Bild wieder richtig herumdrehen.»

So beeindruckend seine Kenntnisse der Photorezeptoren und Optik auch waren, seine Erklärung – dass sich irgendwo im Gehirn ein Display befinde, auf dem Bilder gezeigt würden – enthält einen gravierenden logischen Fehlschluss. Denn wenn Sie das Bild eines Champagnerglases auf einem inneren neuronalen Bildschirm zeigen würden, dann brauchten Sie im Gehirn noch eine kleine Person, die das Bild sehen könnte. Und auch damit wäre das Problem nicht gelöst, weil Sie in deren Kopf eine weitere, noch winzigere Person brauchten, die das Bild dort sähe, und so ginge es unabsehbar fort. Sie hätten also einen endlosen Regress von Augen, Bildern und kleinen Männchen, ohne das Problem der Wahrnehmung wirklich zu lösen.

Der erste Schritt zum Verständnis der Wahrnehmung besteht demnach darin, dass wir die Vorstellung von Bildern im Gehirn fallen lassen und anfangen, über symbolische Beschreibungen von Objekten und Ereignissen in der Außenwelt nachzudenken. Ein gutes Beispiel für eine symbolische Beschreibung ist ein geschriebener Absatz wie der, den Sie gerade lesen. Wenn Sie einem Freund in China mitteilen möchten, wie Ihre Wohnung aussieht, müssen Sie sie nicht nach China befördern, sondern können sie in einem Brief beschreiben. Doch die tatsächlichen Tintenzeichen – die Wörter und Absätze des Briefs – weisen keinerlei physische Ähnlichkeit mit Ihrem Schlafzimmer auf. Der Brief ist eine symbolische Beschreibung Ihres Schlafzimmers.

Was ist gemeint mit einer symbolischen Beschreibung im Gehirn? Natürlich keine Tintenzeichen, sondern die Sprache der Nervenimpulse. Das menschliche Gehirn enthält viele Regionen für die Bildverarbeitung. Jede besteht aus einem Neuronennetz, das darauf spezialisiert ist, bestimmte Informationsarten aus dem Bild zu gewinnen. Jedes Objekt ruft in einem Teil dieser Felder ein spezifisches Aktivitätsmuster hervor. Wenn Sie beispielsweise einen Bleistift, ein Buch oder ein Gesicht betrachten, wird jeweils ein anderes Muster von Nervenaktivität ausgelöst, welches höhere Gehirnzentren darüber «informiert», was Sie gerade betrachten. Das Aktivitätsmuster symbolisiert oder repräsentiert visuelle Objekte auf ganz ähnliche Weise wie die Tintenzeichen auf dem Papier Ihr Schlafzimmer symbolisieren oder repräsentieren. Als Wissenschaftler, die bemüht sind, visuelle Prozesse zu verstehen, haben wir das Ziel, den Code zu entschlüsseln, den das Gehirn verwendet, um diese symbolischen Beschreibungen zu liefern, ganz so, wie ein Kryptographiker versucht, eine unbekannte Schrift zu decodieren.

Zur Wahrnehmung gehört also viel mehr als die Reproduktion eines Bildes im Gehirn. Wenn Sehen nur ein getreues Abbild der Wirklichkeit wäre, eine Art Fotografie, dann müsste Ihre Wahrnehmung so lange konstant bleiben, wie das Netzhautbild unverändert wäre. Doch das ist nicht der Fall. Ihre Wahrnehmungen können sich grundlegend verändern, obwohl das Bild auf Ihrer Netzhaut gleich bleibt. Ein verblüffendes Beispiel entdeckte 1832 der Schweizer Kristallograph Louis Albert Necker de Saussure (1786–1861). Eines Tages blickte er durch das Mikroskop auf einen quaderförmigen Kristall, und plötzlich schnellte er auf ihn zu. Jedes Mal, wenn er hinblickte, veränderte der Kristall sein Aussehen – eine physikalische Unmöglichkeit. Necker war verwirrt und fragte sich, ob möglicherweise etwas in seinem Kopf und nicht der Kristall umspränge. Um diese merkwürdige Vorstellung zu überprüfen, fertigte er eine Strichzeichnung des Kristalls an, und siehe da, auch sie sprang hin und her (Abbildung 4.1). Sie sehen sie entweder nach oben oder nach unten zeigend, je nachdem, wie Ihr Gehirn das Bild interpretiert, obwohl Ihr Netzhautbild konstant bleibt und sich nicht im Mindesten verändert. Folglich beruht jeder Wahrnehmungsakt, selbst ein so einfacher Vor-

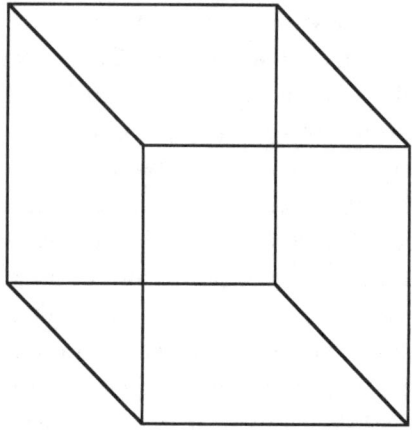

Abbildung 4.1:
Ein Necker-Würfel. Beachten Sie, dass diese Strichzeichnung eines Würfels auf zwei verschiedene Arten gesehen werden kann – entweder nach oben links oder nach unten rechts zeigend. Die Wahrnehmung kann sich verändern, obwohl das Bild auf Ihrer Netzhaut gleich bleibt.

gang wie das Sehen einer Würfelzeichnung, auf einem Urteilsakt des Gehirns.

Bei Urteilen dieser Art macht sich das Gehirn den Umstand zunutze, dass die Welt, in der wir leben, nicht chaotisch und amorph ist. Sie hat dauerhafte physikalische Eigenschaften. Während der Evolution – und teilweise auch während der Lernprozesse in der Kindheit – sind diese dauerhaften Eigenschaften den visuellen Regionen des Gehirns einverleibt worden. Sie sind zuverlässige «Annahmen» oder verborgenes Wissen über die Welt, mit deren Hilfe wir Mehrdeutigkeiten in der Wahrnehmung beseitigen können. Wenn sich beispielsweise eine Punktmenge synchron bewegt – etwa die Flecken im Fell eines Leoparden –, dann gehören sie gewöhnlich zu einem einzigen Objekt. Jedes Mal, wenn Sie sehen, dass sich eine Punktmenge gemeinsam bewegt, zieht Ihr Sehsystem also den vernünftigen Schluss, dass sie sich nicht einfach zufällig so bewegt, sondern wahrscheinlich zu einem einzigen Objekt gehört. Und daher sehen Sie es auch. Kein Wunder, dass der deutsche Physiker Hermann von Helmholtz (der Begründer der visuellen Wahrnehmungsforschung) die Wahrnehmung als «unbewussten Schluss» bezeichnete.[3]

Schauen Sie sich Abbildung 4.2 an. Das sind nur flache, schattierte Scheiben, doch Sie werden feststellen, dass ungefähr die Hälfte von ihnen wie Eier aussehen, die sich Ihnen entgegenwölben, während die anderen, zufällig eingestreuten Scheiben wie hohle Vertiefungen aussehen. Bei genauerem Hinsehen können Sie feststellen, dass sich Ihnen diejenigen, die oben hell sind, entgegenwölben, während diejenigen, die oben dunkel sind, wie Hohlräume aussehen. Wenn Sie das Buch auf den Kopf stellen, sehen Sie alles genau umgekehrt: Die Erhöhungen werden Vertiefungen und umgekehrt. Bei der Interpretation der Formen von schattierten Bildern geht Ihr Sehsystem nämlich von der eingebauten, «fest verdrahteten» Annahme aus, dass die Sonne von oben scheint und dass deshalb in der wirklichen Welt ein konvexer Gegenstand, der sich Ihnen entgegenwölbt, oben beleuchtet wird, während das Licht unten auf eine Vertiefung trifft. Da sich die Menschheit auf einem Planeten mit einer einzigen Sonne entwickelt hat, die gewöhnlich von oben scheint, ist das eine vernünftige Annahme.[4] Natürlich steht die Sonne manchmal auch am Horizont, doch statistisch betrachtet kommt das Sonnenlicht gewöhnlich von oben und ganz gewiss nie von unten.

Unlängst habe ich voller Vergnügen festgestellt, dass schon Charles Darwin dieses Prinzip gekannt hat. Die Schwanzfedern des Argusfasans (Abbildung 4.3) besitzen eine auffällige graue, scheibenförmige Zeichnung, die eine unverkennbare Ähnlichkeit mit den Scheiben in Abbildung 4.2 aufweisen. Sie sind allerdings von links nach rechts statt von oben nach unten schattiert.

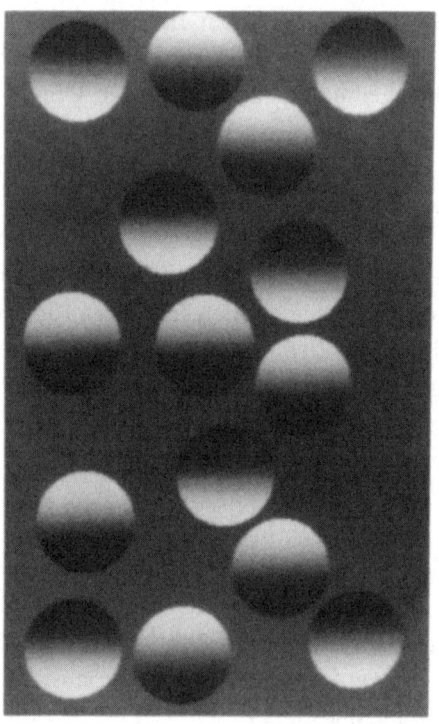

Abbildung 4.2:
Eine Mischung aus Erhöhungen und Vertiefungen. Die schattierten Scheiben sind alle identisch, nur dass die Hälfte von ihnen oben hell ist und die anderen oben dunkel sind. Diejenigen, die oben hell sind, werden stets als Erhöhungen wahrgenommen, die sich aus dem Papier herauswölben, während die Scheiben, die oben dunkel sind, als Vertiefungen gesehen werden. Die visuellen Regionen in Ihrem Gehirn haben nämlich das fest verdrahtete Empfinden, dass die Sonne immer von oben scheint. Unter dieser Voraussetzung müssen die Erhöhungen oben hell und die Vertiefungen unten hell sein. Wenn Sie die Seite auf den Kopf stellen, verwandeln sich die Erhöhungen in Vertiefungen und umgekehrt. *Nach Ramachandran, 1988a.*

DER ZOMBIE IM GEHIRN

Abbildung 4.3:
Die Schwanzfedern des Argusfasans haben auffällige scheibenförmige Zeichnungen, die gewöhnlich von rechts nach links statt von oben nach unten schattiert sind. Charles Darwin hat darauf hingewiesen, dass der Schwanz beim Balzritual aufgerichtet wird. Dann sind die Scheiben oben hell – sodass sie sich wie die Eier in Abbildung 4.2 vorwölben. Sie dürften in der Vogelwelt der Wirkung von Juwelen am nächsten kommen. Aus: Charles Darwin (1871), *Descent of Man*, London: John Murray.

Darwin erkannte, dass der Vogel diese Zeichnung unter Umständen als ein sexuelles «Lockmittel» in seinem Balzritual verwendet, wobei die metallisch aussehenden Scheiben im Federkleid gewissermaßen die Juwelen der Vogelwelt darstellen. Aber warum verläuft die Schattierung dann von links nach rechts statt von oben nach unten? Darwin vermutete, dass sich die Federn während der Balz aufstellen, und tatsächlich ist genau das der Fall. Hier zeigt sich also im Sehsystem des Vogels eine vollkommene Harmonie zwischen dem Balzritual und dem Einfall des Sonnenlichts.

Noch überzeugendere Belege für die Rolle, die all diese raffinierten Prozesse beim Sehen spielen, liefert die Neurologie – durch die Beobachtung von Patienten wie Diane, die unter sehr selektiven visuellen Defiziten leiden. Wenn Sehen nur daraus bestünde, ein Bild auf einem neuronalen Bildschirm hervorzurufen, dann würde man erwarten, dass Teile des Bildes – oder das ganze Bild – fehlen würden, je nach Ausmaß der Schädigung. Doch die Beeinträchtigungen sind gewöhnlich weit unauffälliger. Um zu verstehen, was tatsächlich im Gehirn dieser Patienten geschieht und warum sie unter so eigenartigen Problemen leiden, müssen wir uns die anatomischen Leitungsbahnen, die am Sehen beteiligt sind, etwas genauer ansehen.

Als Student habe ich gelernt, dass die Nachrichten von meinen Augäpfeln über den Sehnerv zur Sehrinde – dem visuellen Kortex – im hinteren Bereich meines Gehirns gelangen (in ein Feld, das primäres Sehzentrum – primärer visueller Kortex – heißt) und dass dort das Sehen stattfindet. An dieser Stelle des Gehirns gibt es eine Punkt-für-Punkt-Karte der Netzhaut – jedem Punkt, den das Auge im Raum sieht, entspricht ein Punkt auf dieser Karte. Auf die Vermutung eines solchen Kartierungsprozesses ist man ursprünglich gekommen, weil Patienten bei einer Schädigung der primären Sehrinde – sagen wir, der Zerstörung eines kleinen Bereichs durch eine Gewehrkugel – einen entsprechenden blinden Fleck in ihrem Gesichtsfeld hatten. Durch irgendeine Laune unserer Stammesgeschichte sieht jede Hälfte unseres Gehirns die entgegengesetzte Hälfte der Welt (Abbildung 4.4). Wenn Sie geradeaus blicken, wird die ganze Welt auf der linken Seite in Ihrer rechten Sehrinde kartiert und die Welt rechts von Ihrem Blickzentrum in Ihrer linken Sehrinde.[5]

Doch die bloße Existenz dieser Karte erklärt noch nicht das Sehen, denn, wie oben erwähnt, befindet sich ja kein kleiner Mensch in Ihrem Kopf, der betrachtet, was in der primären Sehrinde abgebildet wird. Vielmehr ist diese erste Karte eine Sichtungs- und Ausleseinstanz – alle redundante oder überflüssige Information wird sofort aussortiert, während bestimmte cha-

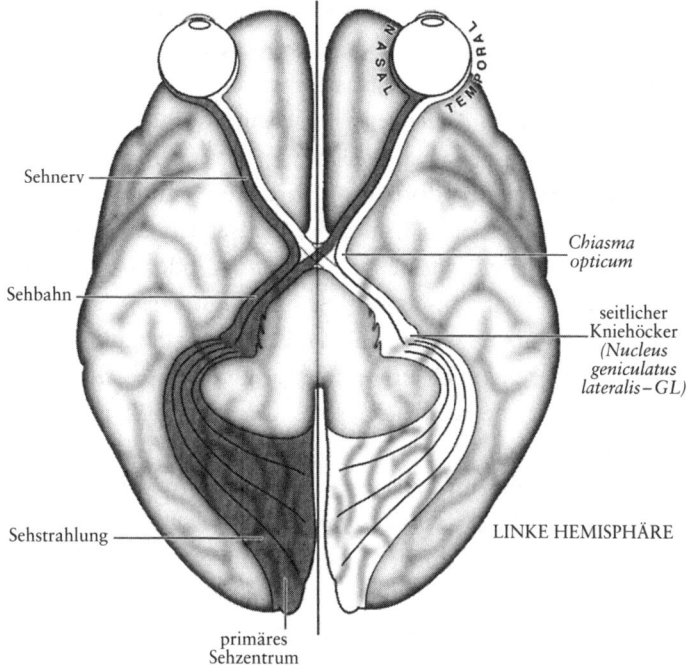

Abbildung 4.4:
Unterseite des menschlichen Gehirns. Beachten Sie die merkwürdige Anordnung der Fasern, die von der Netzhaut zur Sehrinde führen. Ein visuelles Bild im linken Gesichtsfeld (dunkelgrau) fällt auf die rechte Seite der Netzhaut im rechten Auge und auf die rechte Seite der Netzhaut im linken Auge. Die äußeren (temporalen) Fasern vom rechten Auge (dunkelgrau) führen dann zur gleichen (rechten) Kortexregion, ohne an der Sehnervkreuzung (*Chiasma opticum*) die Seite zu wechseln. Die inneren (nasalen) Fasern vom linken Auge (dunkelgrau) wechseln an der Kreuzung die Seite und gehen ebenfalls zur rechten Sehrinde. Auf diese Weise «sieht» die rechte Sehrinde die linke Seite der Welt.

Da es in der Sehrinde eine systematische Karte der Netzhaut gibt, ruft ein «Loch» in der Sehrinde einen entsprechenden blinden Fleck (Skotom) im Gesichtsfeld hervor. Wenn die rechte Sehrinde vollkommen entfernt wird, ist der Patient vollkommen blind für die linke Seite der Welt. Nach S. Zeki (1993), *A Vision of the Brain*, mit freundlicher Genehmigung von Blackwell (Oxford).

rakteristische Eigenschaften des visuellen Bildes – Kanten zum Beispiel – stark hervorgehoben werden. (Deshalb kann ein Karikaturist mit wenigen Bleistiftstrichen einen so lebhaften Eindruck hervorrufen: Indem er nur die Umrisse oder Kanten zu Papier bringt, ahmt er nach, was die Spezialität Ihres Sehsystems ist.) Die bearbeitete Information wird dann auf die etwa dreißig verschiedenen visuellen Felder des menschlichen Gehirns übertragen, von denen jedes eine vollständige oder partielle Karte der visuellen Welt empfängt. (Die Bezeichnungen «Sichtungsinstanz» und «übertragen» treffen die Sache nicht ganz, weil diese frühen Felder ziemlich komplizierte Bildanalysen durchführen und umfangreiche Feedback-Projektionen aus höheren visuellen Feldern enthalten. Davon wird später die Rede sein.) Das wirft eine interessante Frage auf. Wozu brauchen wir dreißig Felder?[6] Das wissen wir nicht, sie scheinen aber hoch spezialisiert für verschiedene Eigenschaften des visuellen Bildes zu sein – Farbe, Tiefe, Bewegung und Ähnliches. Wenn ein oder mehr Felder selektiv geschädigt werden, stellen sich paradoxe Geisteszustände ein, wie wir sie bei zahlreichen neurologischen Patienten beobachten. Eines der bekanntesten Beispiele in unserer Wissenschaft ist der Fall einer Schweizer Frau (nennen wir sie Ingrid), die unter «Bewegungsblindheit» litt. Bei Ingrid war beidseitig ein Hirngebiet geschädigt, das als mittleres temporales (MT) Feld bezeichnet wird. In fast jeder Hinsicht konnte sie normal sehen. Sie bezeichnete die Formen von Gegenständen, erkannte Menschen und hatte keine Mühe, Bücher zu lesen. Doch wenn sie jemanden betrachtete, der lief, oder wenn sie ein Auto beobachtete, das auf einer Schnellstraße fuhr, sah sie eine Folge von statischen, stroboskopischen Schnappschüssen, statt den zusammenhängenden Eindruck einer kontinuierlichen Bewegung zu empfangen. Große Angst hatte sie, die Straße zu überqueren, weil sie die Geschwindigkeit näher kommender Autos nicht einschätzen konnte, obwohl sie Bauart, Farbe und sogar Nummernschild jedes Fahrzeugs genau erkannte. Sie sagte, sich

DER ZOMBIE IM GEHIRN

mit jemandem direkt zu unterhalten sei für sie das Gleiche wie
ein Telefongespräch, weil sie die Bewegungen des Mienenspiels,
die zu einem solchen Gespräch gehörten, nicht sehen könne.
Selbst das Eingießen einer Tasse Kaffee wurde zur Qual, weil die
Tasse stets überlief und der Kaffee auf den Teppich tropfte. Nie
wusste sie, wann sie abbremsen, das heißt, den Neigungswinkel
der Kanne verändern musste, weil sie nicht erkannte, wie schnell
die Flüssigkeit in der Tasse stieg. All diese Fähigkeiten bereiten
Ihnen und mir im Normalfall so wenig Mühe, dass wir sie als
selbstverständlich hinnehmen. Erst wenn etwas nicht stimmt,
wenn beispielsweise dieses Bewegungsfeld geschädigt ist, wird
uns klar, was für ein hoch entwickelter Prozess das Sehen wirklich ist.

Ein weiteres Beispiel hat mit dem Farbensehen zu tun. Wenn
Patienten beidseitig eine Schädigung von Feld V4 erleiden, werden sie vollkommen farbenblind (anders als bei der häufigeren
Form der angeborenen Farbenblindheit, die zustande kommt,
weil farbempfindliche Pigmente im Auge fehlen). In seinem
Buch *Eine Anthropologin auf dem Mars* berichtet Oliver Sacks
von einem Maler, der eines Abends auf dem Heimweg war und
einen so geringfügigen Schlaganfall erlitten hatte, dass er ihn zunächst gar nicht bemerkt hatte. Doch als er sein Haus betrat, sahen all seine farbigen Leinwände aus, als wären sie in Schwarzweiß gemalt. Tatsächlich war die ganze Welt schwarzweiß, und
bald wurde ihm klar, dass die Bilder sich nicht verändert hatten,
sondern dass ihm etwas zugestoßen war. Als er seine Frau anblickte, war ihr Gesicht schmutzig grau – er behauptete, sie sehe
wie eine Ratte aus.

Damit haben wir zwei der dreißig Felder betrachtet – MT und
V4 –, doch was ist mit all den anderen? Zweifellos erfüllen sie
genauso wichtige Aufgaben, aber wir wissen nicht genau, um
was für Funktionen es sich handeln könnte. Doch trotz all der
verwirrenden Komplexität dieser Felder scheint das Sehsystem
eine relativ einfache übergreifende Organisation zu besitzen.

Nachrichten von den Augäpfeln gelangen in den Sehnerv und verteilen sich dann sofort auf zwei Bahnen – eine phylogenetisch ältere und eine zweite, neuere Bahn, die bei den Primaten, einschließlich des Menschen, am höchsten entwickelt ist. Offenbar gibt es zwischen diesen Systemen eine klare Arbeitsteilung.

Die «ältere» Bahn führt vom Auge direkt hinab zu einer im Hirnstamm gelegenen Struktur namens *Colliculus superior*, von wo aus sie schließlich in höhere Kortexfelder vor allem des Scheitellappens gelangt. Die «neuere» Bahn zieht von den Augen zum seitlichen Kniehöcker (*Nucleus geniculatus lateralis*), einer Zellanhäufung, die eine Umschaltstation auf dem Weg zum primären Sehzentrum ist (Abbildung 4.5). Von dort wird die visuelle Information zur weiteren Verarbeitung auf die etwa dreißig visuellen Felder übertragen.

Warum gibt es eine alte und eine neue Bahn?

Eine Möglichkeit könnte sein, dass die ältere Bahn als eine Art Frühwarnsystem beibehalten worden ist und für das so genannte «Orientierungsverhalten» zuständig ist. Wenn sich mir beispielsweise ein großes bedrohliches Objekt von links nähert, teilt mir diese ältere Bahn mit, wo sich das Objekt befindet, und ermöglicht mir, meine Augäpfel so zu drehen und Kopf und Körper so zu wenden, dass ich es anblicken kann. Das ist ein primitiver Reflex, der potenziell wichtige Ereignisse in meine Fovea bringt, in die zentrale Netzhautregion größter Sehschärfe.

In diesem Stadium beginne ich das phylogenetisch neuere System einzuschalten, um zu bestimmen, um was für ein Objekt es sich handelt, denn nur dann kann ich entscheiden, wie ich darauf zu reagieren habe. Soll ich es ergreifen oder meiden, es fliehen oder fressen, niederschlagen oder lieben? Eine Schädigung dieser zweiten Bahn – vor allem im primären Sehzentrum – führt zu Blindheit im herkömmlichen Sinne. In den meisten Fällen ist ein Schlaganfall dafür verantwortlich – ein Leck oder ein Blutgerinnsel in einem der großen Blutgefäße, die das Gehirn versorgen. Wenn es sich bei diesem Gefäß um eine der Großhirnarterien im

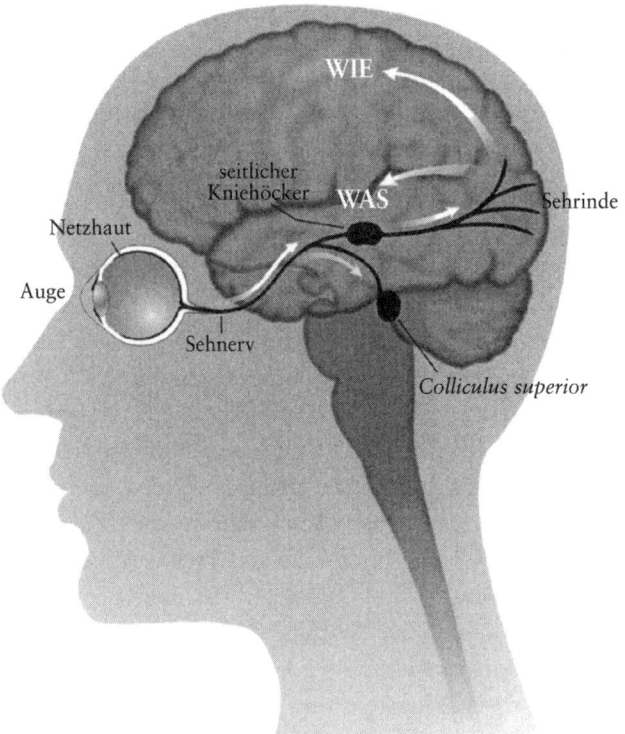

Abbildung 4.5:
Die anatomische Organisation der Sehbahnen. Schematische Darstellung
der linken Hemisphäre, von der linken Seite gesehen. Die Fasern vom Augapfel teilen sich in zwei parallele «Ströme»: eine
neue Bahn, die zum seitlichen Kniehöcker führt (der hier aus Gründen
der Sichtbarkeit an der Oberfläche dargestellt ist, obwohl er tatsächlich
im Thalamus und nicht im Schläfenlappen liegt), und eine alte Bahn, die
zum seitlichen Kniehöcker (GL) im Hirnstamm zieht.

Die «neue» Bahn geht dann zur Sehrinde und teilt sich erneut (nach
zwei Umschaltungen) in zwei Bahnen auf (weiße Pfeile) – eine
«Wie»-Bahn in den Scheitellappen, die für Greifen, Orientierung und an-
dere räumliche Funktionen zuständig ist, und eine «Was»-Bahn in den
Schläfenlappen, die mit der Objekterkennung befasst ist. Diese beiden
Bahnen wurden von Leslie Ungerleider und Mortimer Mishkin von den
National Institutes of Health entdeckt. Die beiden Bahnen sind durch
weiße Pfeile dargestellt.

hinteren Bereich handelt, kann die Schädigung in der rechten oder linken primären Sehrinde liegen. Wenn der rechte primäre Kortex geschädigt ist, erblindet der Patient im linken Gesichtsfeld, ist der linke primäre Kortex betroffen, wird das rechte Gesichtsfeld gelöscht. Diese Art von Blindheit – Hemianopsie oder Halbseitenblindheit – ist schon seit langem bekannt.

Doch auch sie hält noch Überraschungen für uns bereit. Dr. Larry Weiskrantz, ein Wissenschaftler an der Oxford University in England, führte ein sehr einfaches Experiment durch, das die Fachwelt verblüffte.[7] Seinem Patienten (D. B., den ich Drew nennen werde) war ein abnormer Klumpen von Blutgefäßen zusammen mit etwas gesundem Hirngewebe in der Umgebung des Klumpens entfernt worden. Da die missgebildeten Blutgefäße in der rechten primären Sehrinde lagen, war Drew nach dem Eingriff für die linke Hälfte der Welt vollkommen blind. Es spielte keine Rolle, ob er das linke oder das rechte Auge benutzte – wenn er geradeaus blickte, sah er auf der linken Seite der Welt gar nichts. Mit anderen Worten, er konnte zwar auf beiden Augen sehen, aber keines seiner Augen nahm im eigenen linken Gesichtsfeld das Geringste wahr.

Nach der Operation forderte der Augenarzt Dr. Mike Sanders Drew auf, geradeaus auf einen kleinen Fixationspunkt in der Mitte eines Geräts zu blicken, das wie ein riesiger, durchsichtiger Tischtennisball aussah. Drews gesamtes Gesichtsfeld war mit einem homogenen Hintergrund gefüllt. Dann warf Dr. Sanders Lichtflecken auf verschiedene Teile der gekrümmten Leinwand im Inneren der Kugel und fragte Drew, ob er sie sehen könne. Jedes Mal, wenn ein Fleck in sein intaktes Gesichtsfeld fiel, sagte er: «Ja, ja, ja.» Doch befand sich der Fleck in seiner blinden Region, dann sagte er nichts. Er sah ihn nicht.

So weit, so gut. Dann fiel Sanders und Weiskrantz etwas sehr Merkwürdiges auf. Drew war zwar offenkundig blind im linken Gesichtsfeld, doch wenn der Versuchsleiter seine Hand in diese Region streckte, ergriff Drew sie ohne die geringsten Probleme!

DER ZOMBIE IM GEHIRN

Die beiden Forscher forderten Drew auf, geradeaus zu blicken, und befestigten bewegliche Markierungszeichen an der Wand, auf die er blickte, und abermals konnte er auf die Markierungszeichen zeigen, obwohl er dabei blieb, dass er sie nicht wirklich «sehe». Sie hielten in seinem blinden Feld einen Stock entweder in senkrechter oder waagerechter Lage in die Höhe und forderten ihn auf, ihnen zu sagen, wie der Stock ausgerichtet sei. Auch diese Aufgabe machte Drew keine Mühe, obwohl er angab, er könne den Stock nicht sehen. Nach einer langen Sequenz solcher «Vermutungen», bei denen ihm praktisch kein Fehler unterlaufen war, wurde er gefragt: «Wissen Sie, wie gut Sie abgeschnitten haben?»

«Nein», erwiderte er. «Keine Ahnung – ich habe ja nichts gesehen. Nicht das Geringste.»

«Können Sie sagen, wie Sie zu Ihren Vermutungen gekommen sind – was Ihnen ermöglichte zu sagen, ob er senkrecht oder waagerecht war.»

«Nein, kann ich nicht, weil ich nichts gesehen habe. Ich weiß es nicht.»

Schließlich wurde er gefragt: «Also, Sie haben wirklich nicht gewusst, dass Sie alles richtig beantwortet haben?»

«Nein», antwortete Drew mit ungläubiger Miene.

Dr. Weiskrantz und seine Kollegen bezeichneten dieses Phänomen mit einem Oxymoron – Blindsehen (*blindsight*) – und konnten es dann auch an anderen Patienten dokumentieren. Die Entdeckung ist jedoch so überraschend, dass viele Leute das Phänomen noch immer für unmöglich halten.

Wiederholt befragte Dr. Weiskrantz Drew zu seiner «Sehfähigkeit» im linken, blinden Gesichtsfeld. Fast immer erklärte Drew, nichts zu sehen. Bei näherem Nachfragen räumte er gelegentlich ein, er habe das «Gefühl», ein Reiz nähere oder entferne sich, sei «glatt» oder «gezackt». Stets aber betonte Drew, dass er nichts sehe in der herkömmlichen Bedeutung des Wortes, dass er in der Regel rate und dass sich dieser Vorgang mit den

Worten für bewusste Wahrnehmung nicht beschreiben lasse. Die Forscher waren davon überzeugt, dass auf Drews Auskünfte Verlass war. Sobald Testobjekte sich seinem gesunden Gesichtsfeld näherten, teilte er es sofort mit.

Wenn wir keine außersinnliche Wahrnehmung annehmen, wie lässt sich dann das Blindsehen erklären – die Tatsache, dass jemand auf einen Gegenstand zeigen oder ihn benennen kann, ohne dass er ihn bewusst wahrnimmt? Weiskrantz meinte, das Paradox lasse sich auflösen, wenn man die Arbeitsteilung zwischen den beiden oben erwähnten Sehbahnen berücksichtige. Obwohl Drew sein primäres Sehzentrum verloren hatte – wodurch er blind war –, war seine stammesgeschichtlich primitive «Orientierungs»-Bahn noch immer intakt und möglicherweise für das Blindsehen verantwortlich. Mit anderen Worten, der Lichtfleck in der blinden Region ist zwar nicht in der Lage, die neuere – geschädigte – Bahn zu aktivieren, wird aber über den *Colliculus superior* an höhere Gehirnzentren, etwa auf den Scheitellappen, übertragen, die Drews Arm auf den «unsichtbaren» Fleck richten. Aus dieser kühnen Interpretation ergibt sich ein ungewöhnlicher Schluss – dass nur die neue Bahn zu bewusster Wahrnehmung fähig ist («Ich sehe das»), während die alte Bahn den visuellen Input für alle Arten von Verhalten verwenden kann, auch wenn die Person sich der Vorgänge nicht bewusst ist. Folgt daraus, dass das Bewusstsein eine besondere Eigenschaft der stammesgeschichtlich jüngeren Sehbahn des Kortex ist? Wenn ja, warum hat diese Bahn einen privilegierten Zugang zu unserem Geist? Das sind Fragen, mit denen wir uns im letzten Kapitel auseinander setzen wollen.

*

Was wir bisher betrachtet haben, ist die einfache Version des Wahrnehmungsprozesses, tatsächlich ist die Situation jedoch ein bisschen komplizierter. Es erweist sich nämlich, dass sich Informationen, die in die «neue» Bahn gelangen – diejenige, die das primäre Sehzentrum enthält, das angeblich für die bewusste Erfahrung verantwortlich (und bei Drew vollkommen zerstört) ist –, abermals in zwei verschiedene Ströme aufteilen. Der eine ist die «Wo»-Bahn, die im Scheitellappen endet (an den Seiten Ihres Gehirns über den Ohren); die andere, manchmal die «Was»-Bahn genannt, führt in die Schläfenlappen (unterhalb der Schläfen gelegen). Und es hat ganz den Anschein, als ob diese beiden Systeme ebenfalls auf ganz bestimmte Sehfunktionen spezialisiert wären. In Wahrheit ist der Begriff «Wo»-Bahn ein bisschen irreführend, weil dieses System nicht nur auf das «Wo» spezialisiert ist – darauf, Objekte räumlich zu lokalisieren –, sondern auf alle Aspekte des räumlichen Sehens: die Fähigkeit des Organismus, in der Welt umherzugehen, unebenes Gelände zu bewältigen und den Sturz in tiefe Gruben zu vermeiden. Wahrscheinlich ermöglicht es einem Tier auch, die Richtung eines bewegten Zieles zu bestimmen, die Entfernung von näher kommenden und sich entfernenden Objekten einzuschätzen und einem Geschoss auszuweichen. Wenn Sie ein Primat sind, hilft es Ihnen, die Hand auszustrecken und ein Objekt mit Fingern und Daumen zu ergreifen. Aus diesem Grund hat der kanadische Psychologe Mel Goodale vorgeschlagen, dieses System besser «Sehbahn für das Handeln» oder «Wie-Bahn» zu nennen, weil es in erster Linie für visuell gesteuerte Bewegungen zuständig zu sein scheint. (Fortan werde ich sie deshalb «Wie»-Bahn nennen.)

Vielleicht kratzen Sie sich jetzt am Kopf und fragen sich: Himmel, was fehlt denn noch? Es fehlt noch Ihre Fähigkeit, das Objekt zu identifizieren; daher heißt die zweite Bahn die «Was»-Bahn. Der Umstand, dass die dreißig visuellen Felder tatsächlich überwiegend in diesem System lokalisiert sind, kann Ihnen einen Eindruck von seiner Bedeutung vermitteln. Ist das, was Sie betrachten, ein Fuchs, eine Birne oder eine Rose? Gehört dieses Gesicht einem Feind, einem Freund oder Partner? Drew oder Diane? Was sind die semantischen oder emotionalen Attribute dieser Dinge? Liegt mir daran? Habe ich Angst davor? Die drei Forscher Ed Rolls, Charlie Gross und David Perrett haben die Zellaktivität dieses Systems im Affengehirn untersucht und festgestellt, dass sich in einer bestimmten Region die so genannten Gesichtszellen befinden – jedes Neuron feuert nur in Reaktion auf das Foto eines bestimmten Gesichts. So reagiert eine Zelle etwa auf das dominante Männchen der Affenhorde, eine andere auf den Partner des Affen, eine weitere auf das Ersatz-Alphatier – das heißt auf den menschlichen Versuchsleiter. Daraus folgt nicht, dass eine einzige Zelle für den gesamten Prozess der Gesichtserkennung verantwortlich ist. Dieser Prozess stützt sich wahrscheinlich auf ein Netz, an dem Tausende von Synapsen beteiligt sind. Trotzdem bilden Gesichtszellen einen entscheidenden Teil des Zellnetzes, das für die Erkennung von Gesichtern und anderen Objekten verantwortlich ist. Sobald diese Zellen aktiviert werden, wird ihre Nachricht an die höheren Gebiete in den Schläfenlappen übermittelt, die mit «Semantik» befasst sind – mit all dem, was Sie von diesem Menschen erinnern und wissen. Wo sind wir uns begegnet? Wie heißt er? Wann habe ich diesen Menschen zuletzt gesehen? Was tat er? Zu all diesen Dingen kommen schließlich die Gefühle hinzu, die das Gesicht dieses Menschen auslöst.

Um Ihnen weiter zu erläutern, was diese beiden Ströme – die Was- und die Wie-Bahn – im Gehirn leisten, möchte ich Ihnen ein Gedankenexperiment vorschlagen. Im wirklichen Leben haben Menschen Schlaganfälle, Kopfverletzungen oder andere Hirnschädigungen, durch die ihnen verschiedene Teile der Wie- und Was-Ströme verloren gehen können. Doch die Natur ist selten so wählerisch, dass die Verluste ausschließlich auf einen Impulsstrom beschränkt sind. Nehmen wir also an, Sie wachten eines Tages auf und Ihre Was-Bahn wäre selektiv ausgelöscht worden (vielleicht durch einen böswilligen Arzt, der sich des Nachts bei Ihnen Zutritt verschafft, Sie ins Reich der Träume geschickt und Ihnen beide Schläfenlappen entfernt hat). Ich wage die Behauptung, dass Ihnen beim Aufwachen die ganze Welt wie eine Galerie voll abstrakter Skulpturen vorkäme, wie eine Kunstgalerie auf dem Mars vielleicht. Kein Objekt, das Sie vor Augen hätten, wäre erkennbar oder würde Gefühle und Assoziationen irgendwelcher Art auslösen. Sie würden diese Objekte «sehen», ihre Grenzen und Formen erkennen, Sie könnten sie anfassen und ergreifen, ihren Umrissen mit dem Finger nachfahren und sie fangen, wenn ich sie Ihnen zuwürfe. Mit anderen Worten, Ihre Wie-Bahn würde normal arbeiten. Aber Sie hätten keine Ahnung, was es mit diesen Gegenständen auf sich hätte. Es ist strittig, ob Sie sich dieser Objekte «bewusst» wären, denn man könnte die Auffassung vertreten, dass der Begriff «Bewusstsein» bedeutungslos ist, wenn Sie die emotionale Bedeutung und semantischen Assoziationen dessen, was Sie betrachten, nicht erkennen.

Die beiden Wissenschaftler Heinrich Klüver und Paul Bucy von der University of Chicago haben tatsächlich ein solches Experiment an Affen durchgeführt: Sie haben ihnen die Schläfenlappen entfernt, die die Was-Bahn enthalten. Die Tiere können umhergehen, ohne gegen die Käfigwände zu laufen – weil ihre Wie-Bahn intakt ist –, doch wenn man ihnen eine brennende Zigarette oder eine Rasierklinge gibt, stopfen sie sie ins Maul und beginnen zu kauen. Männliche Affen versuchen sich mit jedem anderen Tier zu paaren – Hühnern, Katzen und sogar menschlichen Versuchsleitern. Dabei sind sie nicht hypersexuell, sondern lediglich zu keiner Unterscheidung mehr fähig.

Gibt es menschliche Patienten mit ähnlichen Defiziten? In seltenen Fällen erleidet jemand eine massive Schädigung beider Schläfenlappen und entwickelt eine Reihe von Symptomen, die wir unter der Bezeichnung Klüver-Bucy-Syndrom zusammenfassen. Manchmal stecken diese Patienten (wie die operierten Affen und wie Babys) alles und jedes in den Mund und legen ein wahlloses Sexualverhalten an den Tag, indem sie bei Ärzten wie bei

Patienten in benachbarten Rollstühlen lüsterne Annäherungsversuche unternehmen.

Solche extremen Verhaltensweisen sind seit langem bekannt und sprechen für die Annahme, dass es eine klare Arbeitsteilung zwischen diesen beiden Systemen gibt – und das bringt uns zurück zu Diane. Obwohl ihr Defizit nicht ganz so extrem ist, kam es auch bei ihr zu einer Spaltung zwischen dem Was- und dem Wie-Sehsystem. Den Unterschied zwischen einem waagerechten und einem senkrechten Bleistift oder Briefschlitz konnte sie nicht angeben, weil ihre Was-Bahn selektiv zerstört war. Doch da ihre Wie-Bahn noch intakt war (wie auch ihre stammesgeschichtlich ältere Bahn für das «Orientierungsverhalten»), war sie in der Lage, die Hand auszustrecken und einen Bleistift exakt zu ergreifen oder einen Brief so zu drehen, dass sie ihn in einen Schlitz einwerfen konnte, den sie nicht sah.

Um diesen Unterschied noch deutlicher herauszuarbeiten, führte Dr. Milner ein weiteres einfallsreiches Experiment durch. Schließlich ist Briefe einwerfen eine relativ einfache, gewohnheitsmäßige Handlung, er aber wollte wissen, wie komplex die manipulativen Fähigkeiten des Zombies tatsächlich waren. Dr. Milner legte zwei Holzblöcke, einen großen und einen kleinen, vor Diane auf den Tisch und fragte sie, welcher größer sei. Wie erwartet, stellte er fest, dass ihre Antworten einem Zufallsergebnis glichen. Doch als er sie aufforderte, einen der beiden Blöcke zu ergreifen, bewegte sich ihr Arm wieder zielstrebig auf das Objekt zu, und Daumen und Zeigefinger wichen exakt auf den Abstand auseinander, der der Größe des Blocks entsprach. All das wurde dadurch belegt, dass man die Armbewegung auf Video festhielt und das Band Bild für Bild analysierte. Wieder hatte es den Anschein, als gäbe es in Dianes Innerem einen unbewussten «Zombie», der ihr dank komplizierter Berechnungen ermöglichte, Hand und Finger korrekt zu bewegen, egal ob sie einen Brief einwarf oder einfach Objekte verschiedener Größe ergriff. Der «Zombie» entspricht der Wie-Bahn, die noch weitgehend intakt ist, und der «Mensch» entspricht der Was-Bahn, die massiv geschädigt ist. Diane kann räumlich mit der Welt interagieren, ist sich aber der Formen, Positionen und Größen der meisten Objekte um sich herum nicht bewusst. Sie lebt jetzt auf dem Lande, wo sie sich um einen großen Kräutergarten kümmert, Freunde bewirtet und ein aktives, aber behütetes Leben führt. Doch Dianes Geschichte weist noch eine weitere Besonderheit auf, denn selbst Dianes Was-Bahn war nicht vollkommen zerstört. Zwar konnte sie die Formen von Gegenständen nicht erkennen – die Strichzeichnung einer Banane sah für sie genauso aus wie die Zeichnung eines Kürbisses –, doch konnte sie, wie zu Anfang des Kapitels erwähnt, problemlos Farben oder optische Texturen unterscheiden. Sie verstand sich auf «Beschaffenheit» und nicht auf «Dinge». Eine gelbe Zucchini und eine Banane hielt sie anhand ihrer optischen Texturen auseinander. Der Grund könnte sein, dass es in den Hirngebieten, die zur Was-Bahn gehören, feinere Unterteilungen gibt, die für Textur und Farbe zuständig sind. Vielleicht sind ja die «Farb»- und «Textur»-Zellen widerstandsfähiger gegen Kohlenmonoxidvergiftung als die «Form»-Zellen. Die Daten, die für solche Zellen im Primatengehirn sprechen, sind bei Physiologen sehr umstritten, doch Dianes hoch selektive Beeinträchtigungen und die Fähigkeiten, die ihr erhalten geblieben sind, liefern weitere Belege dafür, dass es im menschlichen Gehirn tatsächlich außerordentlich spezialisierte Regionen dieser Art gibt. Wenn Sie nach Beweisen für das Baukastenprinzip des Gehirns (und nach Munition gegen die ganzheitliche Auffassung) suchen, dann bieten Ihnen die visuellen Felder die größten Aussichten, fündig zu werden.

Kehren wir nun zu dem Gedankenexperiment zurück, von dem oben die Rede war, und verändern wir es. Was würde geschehen, wenn der böse Arzt Ihre Wie-Bahn entfernen würde (die Bahn, die ihre Handlungen leitet) und ihr Was-System unangetastet ließe? Wahrscheinlich würden Sie sich dann nicht mehr zurechtfinden. Sie hätten große Schwierigkeiten, Gegenstände, für die Sie sich interessierten, in den Blick zu fassen, den Arm auszustrecken und Dinge zu ergreifen oder auf interessante Zielobjekte in Ihrem Gesichtsfeld zu zeigen. So etwas Ähnliches geschieht beim Balint-Syndrom, einer merkwürdigen Störung, bei der die Scheitellappen beidseitig geschädigt sind. Das Gesichtsfeld des Patienten verengt sich röhrenförmig, weil seine Augen auf jedem kleinen Objekt haften bleiben, das zufällig auf seine Fovea fällt (die Region höchster Sehschärfe auf der Netzhaut), während er alle Objekte in der Nachbarschaft dieses Bereichs vollkommen ignoriert. Wenn Sie ihn auffordern, auf ein kleines Ziel in seinem Gesichtsfeld zu zeigen, wird er es wahrscheinlich weit verfehlen – manchmal bis zu einem halben Meter. Doch sobald er das Ziel mit den beiden Foveae erfasst, kann er es mühelos erkennen, weil dann seine intakte Bahn zum Einsatz kommt.

*

Die Entdeckung der verschiedenen visuellen Felder und der Arbeitsteilung zwischen ihnen in Gestalt zweier Bahnen ist eine epochale Leistung der Neurowissenschaft, aber sie hat bisher kaum an der Oberfläche des Problems gekratzt – wir sind noch weit von einem wirklichen Verständnis des Sehens entfernt. Wenn ich Ihnen einen roten Ball zuwerfe, werden in Ihrem Gehirn mehrere weit auseinander liegende visuelle Felder aktiviert, doch was Sie sehen, ist ein einziges einheitliches Bild des Balls. Kommt es zu dieser Vereinheitlichung, weil diesen Feldern ein Ort im Gehirn nachgeschaltet ist, wo all diese Informationen zusammengefügt werden – das, was der Philosoph Dan Dennett abschätzig «kartesisches Theater» nennt?[8] Oder bestehen Verbindungen zwischen diesen Feldern, sodass ihre gleichzeitige Aktivierung unmittelbar zu einer Art synchronisiertem Impulsmuster führt, das seinerseits eine Wahrnehmungseinheit hervorruft? Diese Frage, das so genannte Bindungsproblem (*binding problem*), ist eines der vielen ungelösten Rätsel in der Neurowissenschaft. Tatsächlich ist das Problem so rätselhaft, dass einige Philosophen die Auffassung vertreten, es sei noch nicht einmal eine legitime wissenschaftliche Frage. Das Problem erwachse, so meinen sie, aus Besonderheiten unseres Sprachgebrauchs oder aus fehlerhaften logischen Annahmen über den visuellen Prozess.

Trotz dieser Vorbehalte hat die Entdeckung der Wie- und Was-Bahnen und der Vielzahl der visuellen Felder beträchtliche Aufregung hervorgerufen, vor allem bei den jüngeren Vertretern der Zunft, die am Anfang ihrer Forschungskarriere stehen.[9] Heute können wir nicht nur die Aktivität einzelner Zellen aufzeichnen, sondern auch beobachten, wie einige dieser Felder im lebenden menschlichen Gehirn aufleuchten, während die Versuchsperson eine Szene betrachtet – egal, ob es etwas ganz Einfaches wie ein weißes Quadrat auf einem schwarzen Hintergrund ist oder etwas so Komplexes wie ein lächelndes Gesicht. Im Übrigen haben wir mit der Existenz von Regionen, die hoch spezialisiert sind auf eine bestimmte Aufgabe, einen Ansatzpunkt für Experimente, mit denen wir die zu Anfang dieses Kapitels gestellte Frage angehen können: Auf welche Weise bringt die Aktivität von Neuronen das Wahrnehmungserlebnis hervor? Wie wir heute beispielsweise wissen, geht der Output der Zapfen in der Netzhaut zunächst zu Anhäufungen farbempfindlicher Zellen in der primären Sehrinde – mit dem phantasievollen Namen *blobs* (Tropfen) – sowie zu dünnen Streifen (in dem angrenzenden Areal 18) und von dort zu V4. (Erinnern Sie sich an den Mann, der seine Frau mit einem Hut verwechselte?) Je weiter wir dieser Sequenz folgen, desto komplizierter wird die Farbverarbeitung. Wenn wir uns die Sequenz und all dieses detaillierte anatomische Wissen zunutze machen, können wir fragen: Wie führt diese besondere Ereigniskette zu unseren Farberlebnissen? Oder wenn wir uns an Ingrid erinnern, die Frau, die bewegungsblind war, so können wir fragen: Wie ermöglicht uns der Schaltkreis im mittleren temporalen Feld, Bewegung zu sehen?

Wenn richtig ist, dass die Wissenschaft die «Kunst des Lösbaren» ist, wie der englische Immunologe Peter Medawar gesagt hat, dann bedeutet die Entdeckung der Vielzahl spezialisierter Sehfelder möglicherweise, dass das Problem des Sehens lösbar ist, zumindest in absehbarer Zukunft. Seinen berühmten Ausspruch möchte ich durch die Feststellung ergänzen, dass wir in der Wissenschaft oft wählen müssen zwischen genauen Antworten auf unwichtige Fragen (Wie viele Zapfen gibt es im menschlichen Auge?) oder ungenauen Antworten auf wichtige Fragen (Was ist das Selbst?). Doch hin und wieder zieht jemand das große Los und findet eine genaue Antwort auf eine große Frage (zum Beispiel die Verbindung zwischen der Desoxyribonukleinsäure [DNA] und der Vererbung). Allem Anschein nach gehört das Sehen zu den Bereichen der Neurowissenschaft, die uns früher oder später genaue Antworten auf wichtige Fragen liefern werden. Die Zeit wird es zeigen.

Bis dahin können wir von Patienten wie Diane, Drew und Ingrid viel über die Struktur und Funktion der Sehbahnen erfahren. Beispielsweise mochten uns Dianes Symptome anfangs merkwürdig erscheinen, doch heute können wir sie – zumindest ansatzweise – anhand der Erkenntnisse erklären, die wir über die beiden Sehbahnen gewonnen haben – die Was-Bahn und die Wie-Bahn. Wir dürfen allerdings nie vergessen, dass der Zombie nicht nur in Diane wohnt, sondern in uns allen. Tatsächlich ist der Zweck unserer Ausführungen nicht nur, Dianes Beeinträchtigung zu erklären, sondern auch zu verstehen, wie Ihr Gehirn und wie mein Gehirn funktioniert. Da die beiden Bahnen normalerweise in Einklang arbeiten, das heißt, reibungslos und koordiniert zusammenwirken, lassen sich ihre einzelnen Beiträge schwer unterscheiden. Aber man kann durchaus Experimente entwickeln, die zeigen, dass sie sogar bei Ihnen und mir bis zu

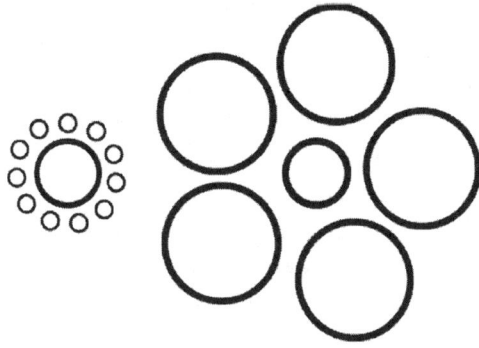

Abbildung 4.6:
Die optische Täuschung des Größenkontrastes. Die beiden zentralen mittelgroßen Scheiben sind gleich groß. Trotzdem sieht diejenige, die von großen Scheiben umgeben ist, kleiner aus als diejenige, die von kleinen umgeben ist. Wenn eine normale Versuchsperson nach einer der zentralen Scheiben greift, öffnet sie in beiden Fällen die Finger gleich weit – obwohl doch die Größe beider sehr unterschiedlich wirkt. Offenkundig lässt sich der Zombie – oder die «Wie»-Bahn in den Scheitellappen – von der optischen Täuschung nicht hinters Licht führen.

einem gewissen Grade unabhängig sind. Um das zu verdeutlichen, möchte ich ein letztes Experiment beschreiben.

Durchgeführt wurde es von Salvatore Aglioti,[10] der sich einer bekannten optischen Täuschung (Abbildung 4.6) bediente. Dabei sieht man nebeneinander zwei Scheiben von gleicher Größe. Eine ist von winzigen Scheiben und die andere von riesigen Scheiben umgeben. Für die meisten Betrachter scheinen die beiden mittleren Scheiben nicht die gleiche Größe zu haben. Diejenige, die von großen Scheiben umgeben ist, sieht rund 30 Prozent kleiner aus als diejenige, die sich inmitten kleiner Scheiben befindet – eine Täuschung, die Größenkontrast heißt. Sie ist eine der vielen Illusionen, mit deren Hilfe die Gestaltpsychologen nachgewiesen haben, dass Wahrnehmung immer relativ – nie absolut – ist und immer vom Kontext abhängt.

Statt eine Strichzeichnung zu verwenden, legte Aglioti zwei

Dominosteine mittlerer Größe auf einen Tisch. Den einen umgab er – analog zur Anordnung der Scheiben – mit größeren Dominosteinen, den zweiten mit kleineren. Betrachtete nun seine studentische Versuchsperson die beiden zentralen Dominosteine, dann sah einer kleiner aus als der andere – genau wie es bei den Scheiben der Fall ist. Erstaunlich aber war, dass die Finger der Versuchsperson, wenn man sie aufforderte, einen der beiden zentralen Dominosteine zu ergreifen, bei Annäherung an den Dominostein genau den richtigen Abstand aufwiesen. Eine Einzelbildanalyse von Videoaufnahmen der Hände zeigte, dass die Finger bei den beiden zentralen Dominosteinen exakt um den gleichen Betrag auseinander wichen, obwohl der eine für die Augen der Versuchsperson (und die Ihren) um 30 Prozent größer aussah als der andere. Offenbar wussten die Hände mehr als die Augen, woraus folgt, dass die Täuschung nur von dem Objekt-Strom im Gehirn «gesehen» wird. Der Wie-Strom – der Zombie – lässt sich nicht eine Sekunde lang an der Nase herumführen, daher war «er» (oder es) in der Lage, den Dominostein mit genau dem richtigen Fingerabstand zu ergreifen.

Das kleine Experiment könnte einige Bedeutung für alltägliche und sportliche Tätigkeiten haben. Scharfschützen sagen, man dürfe sich nicht zu sehr auf das Ziel konzentrieren. Um zu treffen, müsse man es kurz vor dem Schuss «loslassen». In den meisten Sportarten spielt die räumliche Orientierung eine große Rolle. Beim Football wirft ein Quarterback den Ball zu einem leeren Fleck im Feld, weil er sich ausrechnet, dass der Mitspieler dort genau zum richtigen Zeitpunkt eintreffen wird, wenn er nicht zu Fall gebracht wird. Beim Baseball startet ein Außenfeldspieler in dem Augenblick, wo er den scharfen Laut hört, der ihm die Berührung von Ball und Schläger anzeigt, während die Wie-Bahn in seinem Scheitellappen den zu erwartenden Zielort des Balls anhand des akustischen Inputs errechnet. Basketballer können sogar mit geschlossenen Augen Körbe werfen, wenn sie bei jedem Wurf an der gleichen Stelle des Feldes stehen. Tatsächlich dürfte es sich im Sport wie in vielen anderen Lebensbereichen auszahlen, wenn Sie «Ihrem Zombie die Zügel freigeben» und ihm das Handeln überlassen. Es gibt keinen direkten Beweis, dass Ihr Zombie – Ihre Wie-Bahn – tatsächlich für diese Dinge zuständig ist, doch die Idee lässt sich mit bildgebenden neurowissenschaftlichen Techniken überprüfen.

Mein achtjähriger Sohn Mani hat mich einmal gefragt, ob der Zombie vielleicht klüger sei, als wir meinten. Dieses Prinzip beschwören sowohl die alten Kampfsportarten als auch moderne Filme, etwa *Der Krieg der Sterne*. Als der junge Luke Skywalker mit seinem Bewusstsein ringt, weist ihn Yoda an: «Nutz die Kraft. Fühle sie, ja.» Und: «Nein. Mühe dich nicht! Tu es oder tu es nicht. Erzwingen kannst du es nicht.» Wendet er sich mit diesen Worten an einen Zombie?

Ich habe meinem Sohn damals mit Nein geantwortet, dann aber ernsthafte Zweifel an meiner Antwort bekommen. Denn in Wahrheit wissen wir so wenig über das Gehirn, dass wir Kinderfragen ernsthaft in Betracht ziehen sollten.

Die offenkundigste Tatsache des Daseins ist Ihr Empfinden, ein individuelles, einheitliches Selbst zu sein, das für sein Schicksal verantwortlich ist. Sie ist so offenkundig, dass Sie kaum jemals darüber nachdenken. Und doch lassen Agliotis Experimente und Beobachtungen an Patienten wie Diane darauf schließen, dass es in Ihrem Inneren noch ein anderes Wesen gibt, das seinen Geschäften ohne Ihr Wissen und Bewusstsein nachgeht. Mehr noch, wie sich herausstellt, haust nicht nur *ein* solcher Zombie in Ihrem Gehirn, sondern eine ganze Vielzahl von ihnen. Unter diesen Umständen ist Ihre Vorstellung, Ihr Gehirn würde nur von einem einzigen «Ich» oder «Selbst» bewohnt, möglicherweise eine Illusion[11] – wenn auch eine, die es Ihnen ermöglicht, Ihr Leben besser zu organisieren, sich klare Ziele zu stecken und mit anderen Menschen zu interagieren. Dieser Gedanke wird uns im Fortgang des Buches immer wieder beschäftigen.

5 DAS GEHEIME LEBEN DES JAMES THURBER

Ist das ein Dolch, was ich vor mir erblicke,
Der Griff mir zugekehrt? Komm, lass dich packen –
Ich fass' dich nicht, und doch seh' ich dich immer.
Bist du, Unglücksgebild, so fühlbar nicht
Der Hand, gleich wie dem Aug'? Oder bist du nur
Ein Dolch der Einbildung, ein nichtig Blendwerk,
Das aus dem heiß gequälten Hirn erwächst?

SHAKESPEARE, Macbeth, II 1

Im Alter von sechs Jahren schoss ihm sein Bruder unabsichtlich einen Spielzeugpfeil ins rechte Auge, mit dem er später nie wieder sehen konnte. So schlimm der Verlust auch war, eine Katastrophe war er nicht, denn wie die meisten einäugigen Menschen war er in der Lage, sich mühelos in der Welt zurechtzufinden. Doch zu seinem großen Entsetzen musste er Jahre nach dem Unfall feststellen, dass sich auch die Sehkraft seines linken Auges permanent verschlechterte, sodass er mit fünfunddreißig völlig erblindet war. Doch merkwürdigerweise erwies sich die Blindheit für Thurber keineswegs als Behinderung, sondern als Kraftquelle seiner Vorstellungskraft, sodass sein Gesichtsfeld, statt leer und trist zu sein, mit Halluzinationen gefüllt war, die eine phantastische Welt voll surrealistischer Bilder heraufbeschworen. Thurber-Fans lieben *Das geheime Leben des Walter Mitty*, wo Mitty, ein rechter Angsthase, zwischen den Aufschwüngen seiner Phantasie und der Wirklichkeit hin und her gerissen ist und damit offensichtlich Thurbers seltsames Schicksal teilt. Sogar die komischen Zeichnungen, die ihn berühmt gemacht haben, verdankte er wahrscheinlich seinem visuellen Handikap (Abbildung 5.1).[1]

« You said a moment ago that everybody you look at seems to be a rabbit. Now just what do you mean by that, Mrs. Sprague?»

Abbildung 5.1:
Eine der bekannten Witzzeichnungen von James Thurber im *New Yorker*. Waren seine visuellen Halluzinationen vielleicht eine Inspirationsquelle für einige dieser Zeichnungen? James Thurber, 1937, mit freundlicher Genehmigung aus *The New Yorker Collection*.

Insofern war Thurber nicht blind, wie Sie oder ich uns das vorstellen – eine totale Dunkelheit wie schwärzester Nachthimmel, mond- und sternenlos, ohne jede Sicht, eine unerträgliche Leere. Thurbers Dunkelheit leuchtete, war mit Sternen übersät und von wundersamem Staub erfüllt. Seinem Augenarzt schrieb er einmal:

«Vor Jahren haben Sie mir einmal von einer mittelalterlichen Nonne erzählt, die ihre Netzhautstörungen mit himmlischen Erscheinungen verwechselte, obwohl sie nur ungefähr ein Zehntel der heiligen Symbole erblickte, die ich sehe. Zu meinen zählen ein blauer Staubsauger, goldene Funken, miteinander verschmelzende purpurfarbene Blasen, Spuckefäden, ein tanzender brauner Fleck, Schneeflocken, Safran und hellblaue Wellen, zwei Achterkugeln, nicht zu reden von der Korona, die früher Straßenlampen umgab und heute zu erkennen ist, wenn sich ein Lichtstrahl in einem Kristallpokal oder an einer glänzenden Metallkante bricht. Diese Korona ist gewöhnlich dreifach und wie eine Chrysantheme aus Tausenden von strahlenden Blütenblättern zusammengesetzt, jedes zehnmal so schlank und jedes mit den richtig geordneten Farben des Spektrums versehen. Keine Lichtshow vermag es mit diesem wunderbaren Farbenspiel, dieser himmlischen Erscheinung aufzunehmen.»

Als Thurber einmal die Brille in Scherben ging, sagte er: «Ich sah eine kubanische Flagge über die Nationalbank fliegen, ich sah eine fröhliche alte Dame mit einem grauen Sonnenschirm durch einen Lastwagen marschieren, ich sah eine Katze die Straße in einem kleinen, gestreiften Fässchen die Straße entlangrollen. Ich sah Brücken wie Luftballons aufsteigen.»

Thurber wusste seine Visionen kreativ zu nutzen. «Der Tagträumer», sagte er, «muss sich den Traum so lebhaft und nachdrücklich vor Augen führen, dass er praktisch zur Wirklichkeit wird.»

Als ich seine komischen Zeichnungen sah und seine Texte las, wurde mir klar, dass Thurber wahrscheinlich unter einer höchst interessanten neurologischen Störung gelitten hat, dem Charles-Bonnet-Syndrom. In der Regel liegt bei Patienten mit dieser eigenartigen Störung eine Schädigung irgendwo in der Sehbahn vor – im Auge oder im Gehirn –, die zu einer partiellen oder vollständigen Erblindung führt. Doch paradoxerweise haben diese Patienten äußerst lebendige visuelle Halluzinationen, als wollten sie die optische Wirklichkeit, die ihrem Leben fehlt, «ersetzen». Im Gegensatz zu vielen anderen Störungen, die Sie in diesem Buch kennen lernen, ist das Charles-Bonnet-Syndrom außerordentlich häufig. Weltweit sind Millionen Menschen betroffen, die unter grünem und grauem Star, unter Makula-Degeneration und diabetischer Retinopathie leiden. Viele von ihnen haben thurbereske Halluzinationen, doch merkwürdigerweise haben die meisten Ärzte noch nie etwas von dieser Störung gehört.[2] Ein Grund könnte schlicht und einfach sein, dass Menschen, die diese Symptome haben, nicht gerne über sie sprechen, aus Angst, für verrückt erklärt zu werden. Wer würde einem Blinden glauben, der behauptet, er sehe Clowns und Zirkustiere in seinem Schlafzimmer herumtollen? Wenn Omi in ihrem Rollstuhl im Altenpflegeheim sitzt und sagt: «Was machen all die Wasserrosen da auf dem Fußboden?», dann denken ihre Angehörigen natürlich, dass sie den Verstand verloren hat.

Wenn ich Thurbers Störung richtig diagnostiziert habe, dann ergibt sich der Schluss, dass es nicht metaphorisch gemeint war, als er von der Steigerung seiner Kreativität durch Träume und Halluzinationen sprach. Er hat all diese betörenden Visionen *tatsächlich* erlebt – wirklich und wahrhaftig hat er gesehen, wie eine Katze in einem gestreiften Fass durch sein Gesichtsfeld rollte, wie Schneeflocken tanzten und eine alte Dame durch die Wand eines Lastwagens ging.

Doch die Bilder, die Thurber und andere Charles-Bonnet-Patienten erleben, sind ganz anders als diejenigen, die Sie oder ich in unserer Vorstellung heraufbeschwören können. Wenn ich Sie bäte, die amerikanische Flagge zu beschreiben oder anzugeben, wie viele Seiten ein Würfel hat, würden Sie vielleicht die Augen schließen, um Ablenkung zu vermeiden und ein schwaches Vorstellungsbild zu erzeugen, das Sie dann betrachten und beschreiben würden. (Diese Fähigkeit ist sehr unterschiedlich ausgeprägt; viele Studienanfänger sagen, dass sie sich nur vier Seiten eines Würfels vorstellen können.) Die Charles-Bonnet-Halluzinationen sind jedoch sehr viel lebendiger und entziehen sich der bewussten Kontrolle des Patienten – sie stellen sich vollkommen unaufgefordert ein, obwohl sie manchmal wie reale Dinge verschwinden, wenn der Patient die Augen schließt.

Ich war von diesen Halluzinationen fasziniert, weil in ihnen innere Widersprüche zum Ausdruck kamen. Dem Patienten erscheinen sie außerordentlich wirklichkeitsnah – so berichten einige, die Bilder seien «wirklicher als wirklich» oder die Farben «mehr als leuchtend» –, und doch wissen wir, dass sie bloße Phantasieprodukte sind. Die Untersuchung dieses Syndroms könnte uns also ermöglichen, das geheimnisvolle Niemandsland zwischen Sehen und Erkennen zu erkunden und zu ergründen, wie das Licht unserer Phantasie die nüchternen Bilder der Welt erhellt. Sie könnte uns auch helfen, die grundlegendere Frage zu erforschen, wie und wo das Gehirn tatsächlich Dinge «sieht» – wie die komplexe Ereignissequenz in den etwa dreißig visuellen Feldern meines Kortex mir ermöglichen, die Welt wahrzunehmen und zu verstehen.

*

Was ist visuelle Vorstellung? Sind die gleichen Gebiete Ihres Gehirns aktiv, wenn Sie sich ein Objekt – sagen wir eine Katze – vorstellen, wie wenn Sie sich das tatsächlich vor Ihnen sitzende Tier ansehen? Noch vor zehn Jahren hätte man das wohl als eine rein philosophische Frage angesehen. Doch seit einiger Zeit untersuchen Kognitionswissenschaftler diese Prozesse auf der Ebene des Gehirns selbst und sind dabei auf einige überraschende Antworten gestoßen. Wie sich herausgestellt hat, besitzt das menschliche Sehsystem eine ganz erstaunliche Fähigkeit, aus den fragmentarischen und flüchtigen Bildern in den Augäpfeln zuverlässige Hypothesen über den Zustand der Welt abzuleiten. Tatsächlich werde ich im letzten Kapitel zeigen, dass das Sehen beileibe nicht nur die einfache Übertragung eines Bildes auf eine Leinwand im Gehirn ist, sondern dass es sich um einen aktiven, konstruktiven Prozess handelt. Eine besondere Manifestation dieses Prozesses ist die bemerkenswerte Fähigkeit des Gehirns, unerklärliche Lücken im visuellen Bild zu überbrücken – ein Prozess, der gelegentlich etwas umgangssprachlich als «Ausfüllen» (*filling in*) bezeichnet wird. So wird beispielsweise ein Kaninchen hinter einem Lattenzaun nicht als eine Folge von Kaninchenschnitten gesehen, sondern als ein Kaninchen, das hinter den senkrechten Latten des Zaunes steht. Offenbar füllt Ihr Geist die «Kaninchenlücken» aus. Sogar ein flüchtiger Blick auf den Schwanz Ihrer Katze, der unter dem Sofa hervorragt, ruft das Bild der ganzen Katze hervor. Mit Sicherheit fühlen Sie sich nicht vom Anblick eines körperlosen Schwanzes in Angst und Schrecken versetzt oder fragen sich wie Lewis Carrolls Alice, wo der Rest der Katze ist. Tatsächlich findet das «Ausfüllen» in verschiedenen Phasen des visuellen Prozesses statt, sodass es etwas irreführend ist, wenn man all diese Vorgänge in einem einzigen Ausdruck zusammenfasst. Trotzdem ist klar, dass der Geist, wie die Natur, das Vakuum verabscheut und offenbar die Informationen liefert, die erforderlich sind, um die Szene zu vervollständigen.

Migränepatienten kennen dieses außergewöhnliche Phänomen nur allzu gut. Wenn sich ein Blutgefäß verkrampft, fällt vorübergehend ein Teil ihrer Sehrinde aus, wodurch ein entsprechender Gesichtsfelddefekt (ein Skotom) hervorgerufen wird. (Wir erinnern uns, dass es eine Punkt-für-Punkt-Karte der visuellen Welt im Gesichtsfeld gibt.) Wenn jemand einen Migräneanfall hat, sich im Zimmer umblickt und sein Skotom zufällig auf eine große Uhr oder ein Bild an der Wand «fällt», verschwindet das Objekt vollständig. Doch statt dort einfach Leere zu sehen, erblickt er eine völlig normal aussehende Wand mit Farbanstrich oder Tapete. Das Gebiet, das dem fehlenden Objekt entspricht, wird einfach mit der gleichen Farbe oder Tapete zugedeckt.

Was ist es eigentlich für ein Gefühl, ein Skotom zu haben? Bei den meisten Hirnstörungen müssen Sie sich mit einer klinischen Beschreibung zufrieden geben. In diesem Fall können Sie sich jedoch eine genaue Vorstellung von den Eindrücken der Migränepatienten verschaffen, indem Sie einfach Ihren eigenen blinden Fleck untersuchen. Die Existenz dieses natürlichen blinden Flecks im Auge hat schon im 17. Jahrhundert der französische Naturforscher Edme Mariotte vorhergesagt. Bei der Sektion eines menschlichen Auges bemerkte Mariotte die Papille – die Region der Netzhaut, wo der Sehnerv den Augapfel verlässt. Er bemerkte, dass die Papille im Gegensatz zu anderen Teilen der Netzhaut lichtunempfindlich ist. Aus seiner Kenntnis der optischen Gesetze und der Augenanatomie schloss er, dass jedes Auge in einem kleinen Bereich seines Gesichtsfeldes blind sein müsse.

Wie Recht Mariotti mit seiner Schlussfolgerung hatte, können Sie leicht überprüfen, indem Sie die Zeichnung einer schraffierten Scheibe vor hellgrauem Hintergrund (Abbildung 5.2) betrachten. Schließen Sie das rechte Auge und richten Sie den Blick des linken aus einer Entfernung von rund dreißig Zentimetern auf den kleinen schwarzen Punkt der Abbildung. Konzentrieren Sie sich auf diesen Punkt, während Sie die Buchseite langsam auf Ihr linkes Auge zubewegen. Bei einem bestimmten Abstand müsste die schraffierte Scheibe in Ihrem natürlichen blinden Fleck liegen und vollständig verschwinden![3] Beachten Sie, dass Sie beim Verschwinden der Scheibe an ihrer Stelle kein großes schwarzes Loch, keine Leere, wahrnehmen. Sie sehen diese Region mit der gleichen hellgrauen Hintergrundfarbe bedeckt wie den Rest der Abbildung – ein weiteres verblüffendes Beispiel für das Phänomen des Ausfüllens.[4]

Sie fragen sich vielleicht, warum Sie Ihren blinden Fleck noch nie zuvor bemerkt haben. Ein Grund hat mit dem beidäugigen Sehen zu tun, wovon Sie sich selbst überzeugen können. Öffnen Sie, sobald die schraffierte Scheibe verschwunden ist, das andere Auge, und Sie werden die Scheibe augenblicklich auftauchen sehen. Das hat seinen Grund darin, dass die beiden blinden Flecken sich nicht überschneiden, wenn beide Augen geöffnet sind. Die normale Sehfähigkeit des linken Auges gleicht den blinden Fleck des rechten Auges aus und umgekehrt. Überraschenderweise werden Sie sich aber auch, wenn Sie ein Auge schließen und sich im Zimmer umblicken, des blinden Flecks nicht bewusst, falls Sie sich nicht große Mühe geben, ihn zu entdecken.

DAS GEHEIME LEBEN DES JAMES THURBER

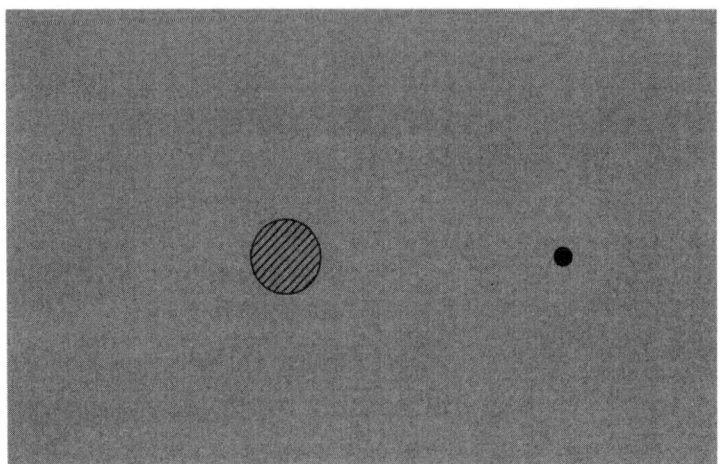

Abbildung 5.2:
Nachweis des blinden Flecks. Schließen Sie das rechte Auge und betrachten Sie mit dem linken Auge den schwarzen Punkt auf der rechten Seite. Beginnen Sie mit einem Abstand von etwa fünfzig Zentimetern und bewegen Sie das Buch langsam auf sich zu. In einer kritischen Entfernung wird die schraffierte Scheibe auf der linken Seite ganz und gar mit Ihrem blinden Fleck zusammenfallen und vollständig verschwinden. Wenn Sie das Buch noch näher heranführen, taucht die Scheibe wieder auf. Vielleicht müssen Sie sich auf die «Jagd» nach dem blinden Fleck begeben, indem Sie das Buch mehrfach hin- und herbewegen, bis die Scheibe verschwindet.
Beachten Sie, dass Sie nach dem Verschwinden der Scheibe an ihrer Stelle kein dunkles Loch, keine Leere sehen. Vielmehr erblicken Sie jetzt in dieser Region die gleiche hellgraue Farbe, die auch der Hintergrund aufweist. Dieses Phänomen beschreibt man umgangssprachlich als «Ausfüllen».

Auch hier bemerken Sie die Lücke nicht, weil Ihr Sehsystem die fehlenden Informationen von sich aus ergänzt.[5]
Wie kompliziert ist der Prozess des Ausfüllens? Gibt es klare Grenzen, die festlegen, was ausgefüllt werden kann und was nicht? Und können wir der Antwort auf diese Frage Hinweise

darauf entnehmen, welche neuronalen Mechanismen an diesem Prozess beteiligt sind?

Machen wir uns klar, dass das Ausfüllen nicht irgendein seltsamer Trick des Sehsystems ist, der nur für den Umgang mit dem blinden Fleck entwickelt worden ist, sondern dass es sich offenbar um die Manifestation einer sehr allgemeinen Fähigkeit zur Konstruktion von Flächen und zur Überbrückung von potenziell störenden Lücken handelt – übrigens der gleichen Fähigkeit, die es Ihnen ermöglicht, ein *ganzes* Kaninchen hinter einem Lattenzaun zu sehen und keines in Scheiben. Mit unserem natürlichen blinden Fleck steht uns ein besonders offenkundiges Beispiel für das Ausfüllen zur Verfügung. Hier ergibt sich die Gelegenheit, die «Gesetze», die diesen Prozess bestimmen, empirisch zu untersuchen. Tatsächlich können Sie durch das Spiel mit Ihrem eigenen blinden Fleck diese Gesetze entdecken und die Grenzen des Ausfüllens erkunden. (Für mich ist das einer der Gründe, die die Erforschung des Sehens so spannend machen. Nur mit einem Blatt Papier, einem Bleistift und etwas Neugier ausgerüstet, kann sich jeder einen Einblick in die Arbeitsweise seines Gehirns verschaffen.)

Erstens, mit Hilfe Ihres blinden Flecks können Sie Freund und Feind enthaupten. Stellen Sie sich ungefähr drei Meter von Ihrem Gegenüber entfernt auf und schauen Sie seinen Kopf mit Ihrem linken Auge an. Drehen Sie nun Ihr linkes Auge waagerecht nach rechts, bis Ihr blinder Fleck direkt auf seinen Kopf fällt. In dieser kritischen Entfernung müsste sein Kopf verschwinden. Als der britische König Charles II., der «Wissenschaftskönig», der die Royal Society gegründet hat, von dem blinden Fleck erfuhr, machte es ihm großes Vergnügen, seine Hofdamen kopflos zu machen oder zum Tode verurteilte Missetäter mit dem blinden Fleck zu enthaupten, bevor sie tatsächlich geköpft wurden. Ich muss gestehen, dass ich mich manchmal in öden Fachschaftssitzungen damit unterhalte, den Direktor des Fachbereichs kopflos zu machen.

Als Nächstes können wir uns fragen, was geschieht, wenn Sie eine senkrechte schwarze Linie durch Ihren blinden Fleck ziehen. Schließen Sie erneut Ihr rechtes Auge und schauen Sie den schwarzen Punkt auf der rechten Seite des Bildes mit dem linken Auge an (Abbildung 5.3). Bewegen Sie dann die Buchseite allmählich hin und her, bis das kleine, schraffierte Quadrat in der Mitte der senkrechten Linie genau in den blinden Fleck Ihres linken Auges fällt. (Das schraffierte Quadrat müsste jetzt verschwinden.) Was meinen Sie? Sehen Sie, da dem Auge und dem Gehirn über den Mittelteil dieser Linie – der mit dem blinden Fleck zusammenfällt – keine Information vorliegt, zwei kurze senkrechte Linien mit einer Lücke in der Mitte, oder «füllen» Sie die Lücke «aus» und sehen eine durchgehende Linie? Die Antwort ist klar. Sie werden unter allen Umständen eine durchgehende senkrechte Linie sehen. Vielleicht nehmen die Neuronen in Ihrem Sehsystem eine statistische Schätzung vor. Es ist nämlich extrem unwahrscheinlich, dass zwei verschiedene Linien durch reinen Zufall zu beiden Seiten des blinden Flecks auf genau die gleiche Weise ausgerichtet sind. Daher «signalisieren» sie den höheren Gehirnzentren, dass es sich wahrscheinlich um eine einzige durchgehende Linie handelt. Das ganze Verhalten des Sehsystems gründet sich auf solch wohl überlegte Vermutungen.

Doch was ist, wenn Sie versuchen, das Sehsystem zu verwirren, indem Sie ihm Informationen liefern, die einen inneren Widerspruch aufweisen – indem Sie beispielsweise zwei Linienstücke vorgeben, die sich in irgendeiner Weise unterscheiden? Was ist beispielsweise, wenn eine Linie schwarz und die andere weiß ist (vor einem grauen Hintergrund)? Hält Ihr Sehsystem diese beiden unähnlichen Abschnitte auch weiterhin für Teile einer einzigen Linie, die es zu vervollständigen gilt? Überraschenderweise lautet die Antwort ja. Sie werden eine durchgehende Linie sehen, oben schwarz, unten weiß und in der Mitte zu einem metallisch glänzenden Grau vermischt (Abbildung 5.4). Solche Kompromisse scheint das Sehsystem zu lieben.

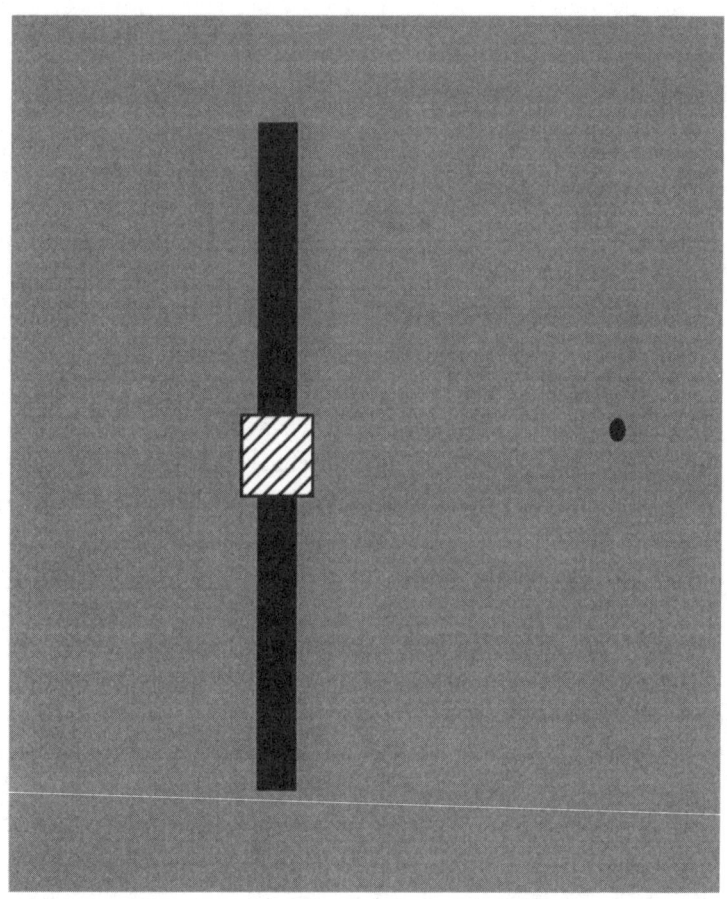

Abbildung 5.3:
Schließen Sie das rechte Auge, schauen Sie den kleinen schwarzen Punkt auf der rechten Seite mit dem linken Auge an und bewegen Sie die Seite hin und her, bis das schraffierte Quadrat auf der linken Seite auf Ihren blinden Fleck fällt und verschwindet. Sieht die senkrechte Linie durchgehend aus, oder weist sie eine Lücke in der Mitte auf? Die meisten «vervollständigen» die Linie. Wenn die Täuschung bei Ihnen nicht klappt, versuchen Sie, Ihren blinden Fleck auf eine einzige schwarzweiße Kante zu verlegen, und Sie werden sie vollständig sehen.

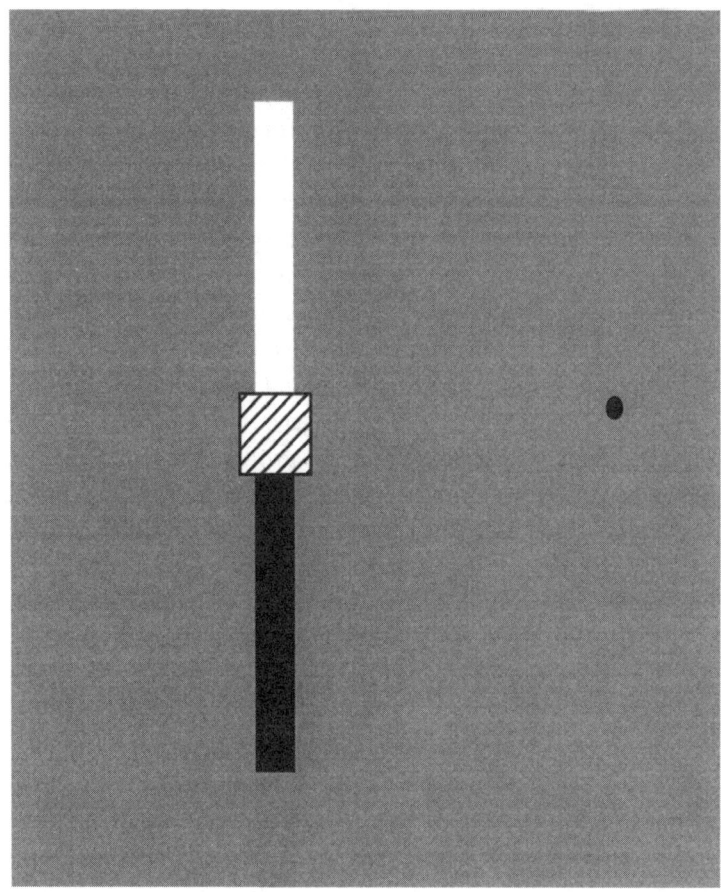

Abbildung 5.4:
Die obere Hälfte der Linie ist weiß und die untere schwarz. Vervollständigt Ihr Gehirn die senkrechte Linie trotz dieses inneren Widerspruchs?

Häufig wird angenommen, dass die wissenschaftliche Forschung eine sehr ernsthafte Angelegenheit sei, dass sie stets «theoriegeleitet» sei, dass man anhand des vorhandenen Wissens hochfliegende Annahmen entwickele und dann spezielle Experimente plane, um diese Annahmen zu überprüfen. Tatsächlich ähnelt die wirkliche Forschung mehr einem Angelausflug, was die meisten meiner Kollegen wohl kaum zugeben würden. (Auch ich würde das natürlich niemals sagen, wenn es um einen Antrag auf Forschungsmittel der National Institutes of Health [NIH] ginge, weil die meisten Institutionen, die solche Gelder vergeben, noch immer an der naiven Vorstellung festhalten, in der wissenschaftlichen Forschung gehe es nur darum, Hypothesen zu testen und die Ergebnisse in die vorgesehenen Spalten einzutragen. Wehe Ihnen, wenn Sie zugeben würden, dass Sie einer bloßen Ahnung folgen und etwas vollkommen Neues versuchen!)

Fahren wir nun, nur so zum Spaß, mit unseren Experimenten fort, die Ihren blinden Fleck zum Gegenstand haben. Was geschieht, wenn Sie Ihr Sehsystem vor größere Aufgaben stellen, indem Sie die Ausrichtung der beiden Linienhälften absichtlich verändern – indem Sie etwa das obere Liniensegment nach links und das untere nach rechts verlagern? Sehen Sie trotzdem eine vollständige Linie, nur mit einem Knick in der Mitte? Verbinden Sie die beiden Linien mit einer Diagonalen, die durch den blinden Fleck verläuft? Oder sehen Sie einfach eine große Lücke (Abbildung 5.5)?[6]

Die meisten Menschen vervollständigen den fehlenden Linienabschnitt, doch erstaunlicherweise erscheinen die beiden Segmente nun kollinear – sie richten sich bruchlos zu einer senkrechten Linie aus! Doch wenn Sie das gleiche Experiment mit den beiden waagerechten Linien versuchen – zu beiden Seiten des blinden Flecks –, kommt es nicht zu diesem «Ausrichtungs»-Effekt. Sie erblicken entweder eine Lücke oder einen großen Knick – die beiden Linien verschmelzen nicht zu einer geraden waagerechten Linie. Woher dieser Unterschied kommt – dass sich senkrechte Linien ausrichten, waagerechte aber nicht –, ist nicht klar, aber ich nehme an, dass es etwas mit dem stereoskopischen Sehen zu tun hat, also mit unserer Fähigkeit, aus den winzigen Unterschieden zwischen den Bildern beider Augen Tiefe zu konstruieren.[7]

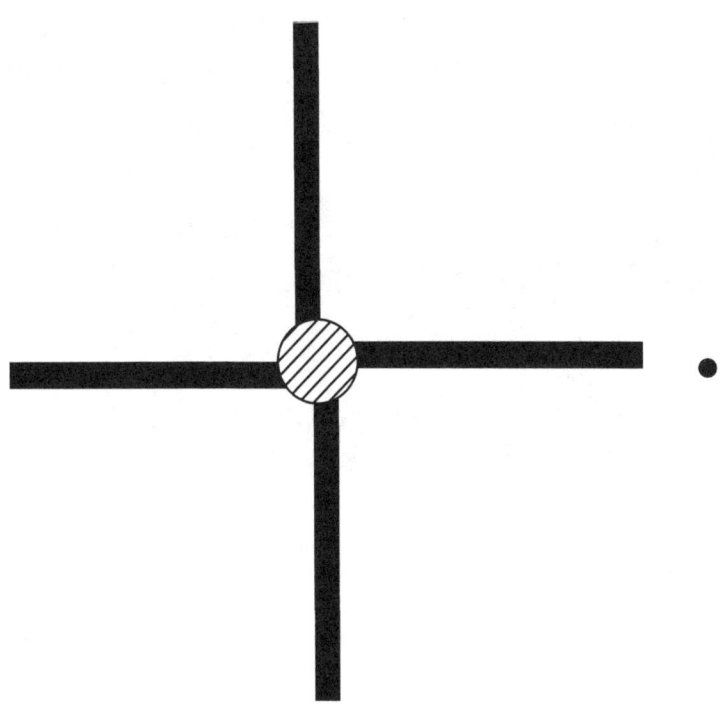

Abbildung 5.5:
Wiederholen Sie das Experiment, indem Sie diesmal mit Ihrem blinden Fleck auf ein Muster «zielen», das einer Swastika ähnelt – einem alten indogermanischen Friedenssymbol. Die Linien sind zu beiden Seiten des blinden Flecks absichtlich gegeneinander verschoben.

Viele Menschen haben den Eindruck, dass die schraffierte Scheibe in der Mitte verschwindet und die senkrechten Linien sich in einer Flucht «ausrichten» und kollinear werden, während sich die beiden waagerechten Linien nicht ausrichten – sie weisen einen kleinen Knick in der Mitte auf.

Wie «intelligent» ist der Mechanismus, der Bilder im Bereich des blinden Flecks vervollständigt? Wenn Sie Ihren blinden Fleck auf den Kopf Ihres Gegenübers verlegen (sodass er verschwindet), dann ersetzt Ihr Gehirn, wie erwähnt, den fehlenden

Abbildung 5.6:
Bewegen Sie die Seite auf sich zu, bis die schraffierte Scheibe auf den blinden Fleck fällt. Wird die Ecke des Quadrats vervollständigt? Die meisten Menschen sehen die Ecke als «fehlend» oder «verwischt»; sie wird nicht ausgefüllt. Diese einfache Demonstration zeigt, dass der Prozess des Ausfüllens nicht auf Vermutungen beruht; es handelt sich nicht um einen kognitiven Prozess höherer Gehirnzentren.

Kopf nicht; er bleibt abgeschnitten, bis Sie den Blick zur Seite wenden und das Bild des Kopfes wieder auf lichtempfindliche Netzhautbereiche fällt. Doch was ist, wenn Sie viel einfachere Formen als Köpfe verwenden? Beispielsweise könnten Sie versuchen, Ihren blinden Fleck auf die Ecke eines Quadrats zu richten (Abbildung 5.6). Füllt Ihr Sehsystem beim Anblick der anderen drei Ecken die fehlende aus? Wenn Sie sich diesem Experiment unterziehen, stellen Sie fest, dass die Ecke tatsächlich verschwindet. Sie sieht «abgebissen» oder verschmiert aus. Offenbar kann der neuronale Mechanismus, der für die Bildergänzung im blinden Fleck zuständig ist, keine Ecken verarbeiten; es gibt Grenzen für das, was ausgefüllt werden kann.[8]

Eine Ecke zu vervollständigen ist offenbar zu schwierig für

DAS GEHEIME LEBEN DES JAMES THURBER

Abbildung 5.7:
Wenn der blinde Fleck auf den Mittelpunkt dieses Rades gerichtet wird, ist erstaunlicherweise keine Lücke zu sehen. In der Regel wird berichtet, dass die Speichen sich im Mittelpunkt schneiden.

das Sehsystem. Vielleicht kann es nur sehr einfache Muster bewältigen, wie homogene Farben und gerade Linien. Trotzdem ist es immer für eine Überraschung gut. Versuchen Sie Ihren blinden Fleck auf den Mittelpunkt eines Rades mit radial verlaufenden Speichen einzustellen (Abbildung 5.7). Wie Sie feststellen werden, sehen Sie im Unterschied zur Ecke des Quadrats keine Lücke oder verschwommene Stelle. Tatsächlich «vervollständigen» Sie die Lücke – Sie sehen die Speichen in einem Schnittpunkt in der Mitte Ihres blinden Flecks zusammenlaufen.

Es hat also den Anschein, als könnten Sie einige Dinge im Bereich des blinden Flecks ergänzen und andere nicht. Diese Prinzipien können Sie relativ leicht entdecken, indem Sie einfach mit Ihrem eigenen blinden Fleck oder dem eines Freundes experimentieren.

Vor einigen Jahren hat mich Jonathan Piel, der ehemalige Chefredakteur des *Scientific American*, gebeten, einen Artikel über den blinden Fleck für seine Zeitschrift zu schreiben. Bald nach Erscheinen des Artikels erhielt ich Briefe von Hunderten von Lesern, die die verschiedenen von mir durchgeführten Experimente ausprobiert oder sich neue ausgedacht hatten. Diese Briefe machten mir klar, mit welch außergewöhnlicher Neugier die Menschen den Funktionen ihrer Sehbahnen begegnen. Ein Leser entwickelte unter dem Einfluss dieser Experimente sogar einen völlig neuen Malstil und hatte seine Bilder in einer Kunstgalerie ausgestellt. Er hatte verschiedene komplexe geometrische Formen geschaffen, die der Betrachter mit einem Auge anschauen musste, wobei er aufgefordert wurde, den blinden Fleck auf einen bestimmten Abschnitt des Bildes zu richten. Wie James Thurber hatte dieser Mann seinen blinden Fleck als künstlerische Inspirationsquelle verwendet.

*

Ich hoffe, diese Beispiele haben Ihnen einen Eindruck davon vermittelt, was es heißt, Lücken des Gesichtsfeldes «auszufüllen». Sie müssen sich allerdings klar machen, dass Sie den blinden Fleck schon Ihr ganzes Leben lang haben und dass Sie außerordentlich geschickt im Ausfüllen sind. Doch was ist, wenn Sie einen Flecken der Sehrinde infolge von Krankheit oder Unfall verlieren? Was ist, wenn sich plötzlich ein sehr viel größeres Loch – ein Skotom – in Ihrem Gesichtsfeld auftut? An solchen Patienten lässt sich sehr genau beobachten, inwieweit das Gehirn in der Lage ist, «fehlende Informationen» zu ergänzen. Migränepatienten haben vorübergehende Skotome, doch ich war der Meinung, es wäre am besten, jemanden zu untersuchen, der einen großen und überdauernden Gesichtsfelddefekt hätte. So lernte ich Josh kennen.[9]

Josh war ein großer Mann mit Augenbrauen wie Breschnew, einem gewaltigen Brustkasten und riesigen Händen. Seine überwältigende Physis hätte vielleicht bedrohlich gewirkt, wäre da nicht sein verschmitzter Humor gewesen, der ihm den Charme eines riesigen Teddybärs verlieh. Joshs Lachen konnte sich niemand entziehen, der mit ihm im gleichen Zimmer war. Als ich ihn traf, war er Anfang dreißig. Einige Jahre zuvor hatte ihm bei einem Arbeitsunfall ein Stahlrohr den Hinterkopf durchbohrt und im Bereich der primären Sehrinde ein Loch in den rechten Hinterhauptslappen gerissen. Wenn Josh geradeaus sieht, hat er links von dem Punkt, den er fixiert, einen blinden Fleck von der Größe einer Handfläche. Kein anderes Hirngebiet ist geschädigt. Als Josh mich aufsuchte, sagte er, er wisse genau, dass er einen großen blinden Fleck habe.

«Woran merken Sie das?», fragte ich.

«Zum Beispiel daran, dass ich oft auf die Damentoilette gehe.»

«Warum das?»

«Wenn ich das Schild WOMEN direkt anblicke, sehe ich das W und das O auf der linken Seite nicht, sodass nur MEN übrig bleibt.» Josh erklärte jedoch nachdrücklich, abgesehen von solchen gelegentlichen Hinweisen, dass etwas nicht stimme, sei seine Sehfähigkeit überraschend normal. Angesichts seiner schweren Verletzung war er verblüfft, wie geschlossen sich seine visuelle Welt präsentierte. «Wenn ich Sie betrachte», sagte er, «dann fehlt nichts. Alles vorhanden.» Er hielt inne, zog die Augenbrauen zusammen und betrachtete prüfend meinen Kopf. Dann ging ein breites Lächeln über sein Gesicht. «Das heißt, wenn ich genau hinschaue, Herr Dr. Ramachandran, dann stelle ich fest, dass Ihnen ein Auge und ein Ohr fehlen! Fühlen Sie sich wohl?»

Wenn Josh sein Gesichtsfeld nicht genau untersuchte, schien er die fehlende Information ohne Schwierigkeiten zu ergänzen. Zwar ist seit langem bekannt, dass es Patienten wie Josh gibt (die vollkommen normal leben, wenn sie nicht gerade Frauen auf der Damentoilette erschrecken), doch begegnen heute noch viele Psychologen und Ärzte dem Phänomen des Ausfüllens mit großer Skepsis. Beispielsweise meint die kanadische Psychologin Justine Sergent, dass ein Patient wie Josh konfabuliere oder sich auf unbewusste Vermutungen verlasse, wenn er sage, er sehe normal. (Er vermute, dass sich Tapete in seinem Skotom befinde, weil überall Tapete sei.) Solche Vermutungen, so sagt Sergent, seien etwas ganz anderes als echte Wahrnehmungsergänzungen, die beispielsweise stattfänden, wenn eine Linie durch unseren blinden Fleck verlaufe.[10] Doch mir war klar, dass Josh uns Gelegenheit bot, herauszufinden, was wirklich in einem Skotom vor sich ging. Wozu sollten wir wilde Hypothesen über die Mechanismen des Sehens anstellen, wenn wir Josh fragen konnten?

An einem regnerischen, kalten Nachmittag kam Josh ins Labor gestürmt, stellte seinen Regenschirm in einer Ecke ab und steckte uns alle mit seiner Fröhlichkeit an. Er trug ein kariertes Hemd, weite Jeans und verschlissene Turnschuhe, die von dem Weg in unser Büro mit Schlamm bedeckt waren. Unsere Forschungsstrategie war einfach. Wir wiederholten all die Experimente, die Sie gerade mit Ihrem eigenen blinden Fleck durchgeführt haben. Zunächst beschlossen wir festzustellen, was geschehen würde, wenn wir eine Linie durch sein Skotom laufen ließen, in dem ein großes Stück seines Gesichtsfeldes ausfiel. Würde er eine Lücke in der Linie sehen, oder würde er den fehlenden Abschnitt ergänzen?

Doch bevor wir das Experiment durchführten, mussten wir ein kleines technisches Problem bewältigen. Wenn wir Josh eine richtige Linie darboten und ihn aufforderten, geradeaus zu blicken und uns zu sagen, ob er eine vollständige oder lückenhafte

Linie sehe, war nicht auszuschließen, dass er ungewollt «schummelte». Durch eine winzige Zufallsbewegung seiner Augen konnte er die Linie in sein normales Gesichtsfeld bringen und erkennen, dass die Linie vollständig war. Um das zu vermeiden, boten wir Josh einfach zwei halbe Linien zu beiden Seiten seines Skotoms dar und fragten ihn, was er sehe. Würde er eine durchgehende Linie oder zwei halbe sehen? Wie Sie sich sicherlich erinnern, haben Sie selbst bei diesem kleinen Experiment vollständige Linien erblickt.

Er überlegte einen Augenblick und sagte dann: «Nun, ich sehe zwei Linien, eine oben, eine unten, und dazwischen ist eine große Lücke.»

«Okay», sagte ich. Offenbar brachte das Experiment nichts.

«Einen Augenblick!», sagte Josh und kniff die Augen zusammen. «Warten Sie. Wissen Sie was? Sie wachsen aufeinander zu.»

«Was?»

Er hielt den rechten Zeigefinger nach oben, um die untere Linie anzudeuten, und den linken Zeigefinger nach unten, um die obere Linie darzustellen. Zunächst waren die beiden Fingerspitzen fünf Zentimeter auseinander, dann bewegte Josh sie langsam aufeinander zu. «Okay», sagte er aufgeregt. «Sie wachsen, wachsen, wachsen, wachsen, und jetzt ist da nur noch eine vollständige Linie.» Bei diesen Worten berührten sich seine Zeigefinger.

Josh füllte nicht nur aus, sondern das Ausfüllen vollzog sich auch in Echtzeit. Er konnte es beobachten und beschreiben. Damit widerlegte er die Behauptung, dass das Phänomen bei Patienten mit Skotomen nicht vorkomme.

Offenbar werteten einige neuronale Schaltkreise in Joshs Gehirn die Existenz der zwei halben Linien zu beiden Seiten des Skotoms als ausreichendes Indiz dafür, dass es dort eine vollständige Linie gab. Diese Nachricht schickten sie an höhere Zentren in Joshs Gehirn. Sein Hirn war also in der Lage, im gesamten Bereich des riesigen Lochs, das rechts vom Mittelpunkt seines Gesichtsfeldes klaffte, fehlende Informationen genauso zu ergänzen, wie Sie es im Bereich Ihres natürlichen blinden Flecks tun.

Nun fragten wir uns, was wohl geschähe, wenn wir die beiden Linien gegeneinander verschöben. Würde er eine diagonale Verbindung konstruieren? Oder würde sein Sehsystem einfach die Waffen strecken? Als Josh diese Darbietung sah, sagte er: «Da läuft nichts! Sie werden nicht ergänzt. Ich sehe eine Lücke. Tut mir Leid.»

«Ich weiß. Erzählen Sie mir einfach, was geschieht.»

Einige Sekunden später rief Josh aus: «Du liebe Güte, schau sich das einer an!»

«Was denn?»

«Zuerst sahen sie *so* aus, und nun bewegen sie sich aufeinander zu, etwa *so*.» Wieder benutzte er seine Finger, um zu zeigen, wie die beiden Linien sich seitwärts bewegten. «Jetzt sind sie vollkommen ausgerichtet und füllen die Lücke aus. Okay, nun sind sie vollständig.» Der ganze Prozess dauerte fünf Sekunden, eine Ewigkeit, gemessen an den Zeitverhältnissen des Sehsystems. Wir haben das Experiment mehrfach wiederholt und immer wieder das gleiche Ergebnis erzielt.

Es schien ziemlich klar zu sein, dass wir es hier mit einer echten Wahrnehmungsergänzung zu tun hatten, denn warum sollte der Vorgang sonst so viele Sekunden dauern? Wenn Josh sich aufs Raten verlassen hätte, dann hätte er es sofort getan. Doch wie weit ließ sich das fortsetzen? Wie ausgeprägt war die Fähigkeit seines Sehsystems, die fehlenden Informationen «einzusetzen»? Was war beispielsweise, wenn wir eine senkrechte Spalte von X-Zeichen verwendeten statt einer glatten Linie? Würde er wirklich die fehlenden X-Zeichen halluzinieren? Und was, wenn wir eine Spalte von Smileys verwendeten? Würde er dann das Skotom mit Smileys ausfüllen?

Also ließen wir die senkrechte Säule mit X-Zeichen auf dem

Bildschirm erscheinen und forderten Josh auf, einen Fleck unmittelbar rechts von der Säule zu fixieren, und zwar so, dass die drei X-Zeichen in der Mitte genau auf sein Skotom fielen.

«Was sehen Sie?», fragte ich.

«Ich sehe X oben, X unten und in der Mitte eine Riesenlücke.»

Ich forderte ihn auf, den Blick weiter auf den Bildschirm gerichtet zu halten, da wir ja bereits wussten, dass das Ausfüllen Zeit brauchte.

«Also, Herr Doktor, ich starre dahin, und ich weiß, dass Sie möchten, dass ich da ein X sehe, aber ich sehe keins. Nicht ein einziges, tut mir Leid.» Drei Minuten starrte er den Bildschirm an, vier Minuten, fünf Minuten, dann gaben wir beide auf.

Nun versuchte ich es mit einer langen vertikalen Reihe von kleinen x-Zeichen, eine Gruppe lag oberhalb des Skotoms, eine andere darunter. «Nun, was sehen Sie jetzt?»

«O ja, da ist eine durchgehende Spalte von Ixen, von kleinen Ixen.» Josh wandte sich mir zu und sagte: «Ich weiß, dass Sie mich austricksen wollen. In Wirklichkeit gibt es da keine Ixe, nicht wahr?»

«Das sage ich Ihnen nicht. Aber ich möchte noch etwas wissen. Sehen die Ixe links von Ihrer Blickrichtung [wo sich, wie ich wusste, sein Skotom befand] irgendwie anders aus als diejenigen darüber oder darunter?»

Josh erwiderte: «Das sieht aus wie eine durchgehende Säule von Ixen. Ich erkenne keinen Unterschied.»

Josh füllte die kleinen x-Zeichen aus, die großen jedoch nicht. Dieser Unterschied ist aus zwei Gründen bedeutsam. Erstens schließt er die Möglichkeit einer Konfabulation aus. In neurologischen Tests denken sich viele Patienten dem Arzt zu Gefallen Geschichten aus. In der Gewissheit, dass sich oben und unten kleine x-Zeichen befanden, hätte Josh vermuten können, dass er sie auch dazwischen «sah», obwohl er sie in Wirklichkeit nicht erblickte. Doch warum hätte er solche Vermutungen nur für die kleinen x-Zeichen und nicht auch für die großen anstellen sollen? Da er die fehlenden großen X-Zeichen nicht ausgefüllt hat, dürfen wir davon ausgehen, dass es sich im Fall der kleinen x-Zeichen um einen echten perzeptiven Ergänzungsprozess handelt, nicht um Vermutungen oder Konfabulation.

Warum fand die echte Wahrnehmungsergänzung nur bei den kleinen x-Zeichen und nicht bei den großen statt? Vielleicht interpretiert das Gehirn die kleinen x-Zeichen als kontinuierliche Textur und ergänzt sie deshalb, schaltet aber angesichts der großen X-Zeichen auf eine andere Arbeitsweise um und «sieht» nun, dass einige der großen X-Zeichen fehlen. Ich nehme an, dass die winzigen Buchstaben einen anderen Teil von Joshs Sehbahn aktiviert haben, einen Teil, der für die Kontinuität von Texturen und Flächen zuständig ist, während die großen Buchstaben in jener Bahn seiner Schläfenlappen verarbeitet wurden, die sich (wie im vorangehenden Kapitel erörtert) mit Objekten und nicht mit Flächen befasst. Es leuchtet durchaus ein, dass das Gehirn, wenn es Lücken ausfüllt, bei kontinuierlichen Flächentexturen und -farben unter Umständen mehr Geschicklichkeit entwickelt als bei Objekten. In der wirklichen Welt sind Oberflächen in der Regel von gleichmäßiger «Beschaffenheit» oder Textur – denken wir etwa an einen Klotz aus gemasertem Holz oder eine Sandsteinklippe. Doch eine Fläche, die aus großen Buchstaben oder Smilys besteht, gibt es in der Natur nicht. (Natürlich können künstliche Flächen, wie etwa Tapeten, aus Smilys bestehen, doch die Evolution unseres Gehirns hat sich nicht in künstlichen Welten vollzogen.)

Um die Hypothese zu überprüfen, ob sich Textur oder «Beschaffenheit» im Bereich einer Lücke leichter ergänzen lässt als Objekte oder Buchstaben, entschloss ich mich zu einem etwas ungewöhnlichen Versuch. Ich setzte die Ziffern 1, 2 und 3 über das Skotom und die Ziffern 7, 8 und 9 darunter. Würde Joshs Wahrnehmung die Folge vervollständigen? Was würde er in der

Mitte sehen? Natürlich verwendete ich winzige Zifferzeichen, damit das Gehirn sie als «Textur» behandelte.

«Hmm», sagte Josh, «ich sehe eine durchgehende Zahlenspalte, senkrecht aufgereihte Zahlen.»

«Können Sie eine Lücke in der Mitte sehen?»

«Nein.»

«Können Sie sie vorlesen?»

«Hm, eins, zwei, drei, hm, sieben, acht, neun. Wissen Sie, das ist sehr merkwürdig. Ich kann die Zahlen in der Mitte sehen, aber nicht lesen. Sie sehen wie Zahlen aus, aber ich kann sie nicht erkennen.»

«Sind sie verschwommen?»

«Nein, sie sind nicht verschwommen. Sie sehen einfach merkwürdig aus. Ich kann sie nicht entziffern – wie Hieroglyphen oder dergleichen.»

Wir hatten eine seltsame Form von Dyslexie (Lesestörung) in Josh hervorgerufen. Diese mittleren Zahlenzeichen gab es nicht, sie wurden nicht gezeigt, trotzdem erzeugte sein Gehirn die Textureigenschaften der Zahlenkette und vervollständigte sie. Das ist ein weiterer verblüffender Beleg für die Arbeitsteilung der Sehbahnen. Das System in seinem Gehirn, das für Flächen und Kanten zuständig ist, sagt: «Es liegt eine zahlenartige Beschaffenheit in dieser Region vor – die müsstest du in der Mitte sehen.» Doch da es dort keine wirklichen Zahlen gibt, bleibt seine Objekt-Bahn stumm, sodass am Ende nur unleserliche «Hieroglyphen» herauskommen!

Seit über zwanzig Jahren weiß man, dass sich das, was wir das Sehsystem nennen, in Wirklichkeit aus mehreren Systemen zusammensetzt. Es gibt eine Vielzahl spezialisierter Kortexbereiche, die mit verschiedenen visuellen Eigenschaften wie Bewegung, Farbe und anderen Dimensionen beschäftigt sind. Findet das Ausfüllen gesondert in jedem dieser Felder statt, oder ist dafür nur ein einziges Feld verantwortlich? Um das herauszufinden, haben wir Josh aufgefordert, seinen Blick auf den Mittelpunkt eines leeren Bildschirms zu richten, und haben dann plötzlich ein Muster blinkender schwarzer Punkte vor rotem Hintergrund auf dem Bildschirm erzeugt.

Josh stieß einen leisen Pfiff aus, offenbar, weil ihm der Anblick genauso zusagte wie mir. «Mann, Herr Doktor!», sagte er. «Zum ersten Mal kann ich mein Skotom sehen.» Er nahm mir einen Filzstift aus der Hand und malte zu meinem Leidwesen eine Linie auf den sauberen Bildschirm, allem Anschein nach die unregelmäßigen Grenzen seines Skotoms. (Joshs Augenärztin Lilian Levinson hatte zuvor mit einer komplizierten Technik, der Perimetrie, die Ausmaße und Form des Skotoms bestimmt, daher konnte ich Joshs Zeichnung mit ihrer Karte vergleichen. Sie waren identisch.)

«Aber was sehen Sie in dem Skotom, Josh?», fragte ich.

«Tja, das ist sehr merkwürdig, Herr Doktor. In den ersten Sekunden habe ich nur die rote Farbe in diesen Teil des Bildschirms hineinlaufen sehen, während die blinkenden schwarzen Punkte die Lücke nicht ausgefüllt haben. Nach ein paar Sekunden tauchten auch die schwarzen Punkte auf, aber blinkten nicht. Und dann zuletzt wurde auch das Blinken – die Bewegungswahrnehmung – ergänzt.» Er wandte sich mir zu, rieb sich die Augen, sah mich an und fragte: «Was bedeutet das alles?» [11]

Offenbar vollzieht sich das Ausfüllen bei verschiedenen Wahrnehmungseigenschaften wie Farbe, Bewegung (Blinken) und Textur mit unterschiedlichen Geschwindigkeiten. Bewegung braucht länger als Farbe und so fort. Tatsächlich sind diese unterschiedlichen Ausfüllprozesse ein weiterer Beleg dafür, dass es solche spezialisierten Felder im menschlichen Gehirn gibt. Denn wäre die Wahrnehmung ein Prozess, der nur an einem einzigen Ort im Gehirn stattfände, müssten all diese Vorgänge gleichzeitig ablaufen, nicht nacheinander.

Schließlich testeten wir Joshs Fähigkeit, komplizierte Formen auszufüllen, etwa die Ecken von Quadraten. Sie erinnern sich vielleicht – als Sie versuchten, Ihren blinden Fleck auf eine Ecke zu richten, wurde sie abgeschnitten. Ihr Gehirn ist offenbar nicht in der Lage, sie zu ergänzen. Als wir Josh dem gleichen Experiment unterzogen, erhielten wir ein ganz anderes Ergebnis. Er sah die fehlende Ecke ohne Mühe, was zeigte, dass in seinem Gehirn äußerst komplizierte Formen der Wahrnehmungsergänzung stattfanden.

Mittlerweile war Josh etwas erschöpft, aber es war uns gelungen, in ihm das gleiche Interesse für den Prozess des Ausfüllens zu wecken, das auch uns beflügelte. Nachdem ich ihm die Geschichte von King Charles erzählt hatte, beschloss er, sein Skotom auf den Kopf meiner Assistentin zu richten. Würde sein Gehirn (anders als bei dem Geschehen in Ihrem blinden Fleck) den Kopf der Studentin ergänzen, um ein so entsetzliches Schauspiel zu vermeiden? Die Antwort lautet Nein. Bei jedem Versuch sah Josh eine kopflose Person. Er konnte also Teile von einfachen geometrischen Formen ergänzen, jedoch keine komplexen Objekte wie Gesichter oder ähnliche Dinge. Auch dieses Experiment zeigt also, dass das Ausfüllen nicht einfach auf Vermutungen beruht, denn es gab für Josh keinen Grund zu der «Vermutung», dass meine Studentin den Kopf verloren hatte.

Eine wichtige Unterscheidung ist zu machen zwischen Wahrnehmungsergänzung und begrifflicher Ergänzung. Zum Verständnis dieses Unterschieds brauchen Sie sich nur den Raum hinter Ihrem Kopf vorzustellen, während Sie in Ihrem Stuhl sitzen und dieses Buch lesen. Sie können Ihre Gedanken wandern lassen und sich die Dinge vorstellen, die sich hinter Ihrem Kopf oder Körper befinden. Ist da ein Fenster? Ein Marsmensch? Eine Gänseherde? Mit Hilfe Ihrer Phantasie können sie diese Leerstelle fast beliebig «ausfüllen», doch da Sie in Bezug auf den Inhalt auch Ihre Meinung ändern können, bezeichne ich diesen Prozess als begriffliches Ausfüllen.

Wahrnehmungsausfüllen ist dagegen ganz anders. Wenn Sie Ihren blinden Fleck mit einem Teppichmuster ausfüllen, ist es nicht Ihre Entscheidung, womit der Fleck gefüllt wird. Die

Wahrnehmungsergänzung wird von Neuronen des Sehsystems besorgt. Deren Entscheidung ist, einmal getroffen, unwiderruflich. Sobald sie höheren Gehirnzentren signalisieren: «Ja, es handelt sich um eine repetitive Textur», oder: «Ja, das ist eine gerade Linie», ist Ihre Wahrnehmung irreversibel festgelegt. Wir werden auf diese Unterscheidung zwischen Wahrnehmungsergänzung und begrifflichem Ausfüllen, die für Philosophen von großem Interesse ist, noch zurückkommen, wenn es um das Bewusstsein geht und um die Frage, ob Marsmenschen Rot sehen (Kapitel 12). Hier genügt die Feststellung, dass wir es mit echter Wahrnehmungsergänzung im Bereich von Skotomen zu tun haben und nicht mit Vermutungen oder Schlussfolgerungen.

Das Phänomen ist weit wichtiger, als die eben beschriebenen Gesellschaftsspiele erkennen lassen. Die Enthauptung von Fachbereichsleitern ist amüsant, aber was für einen Grund hat das Gehirn, Wahrnehmungsergänzungen vorzunehmen? Die Antwort liefert uns die darwinistische Erklärung für die stammesgeschichtliche Entwicklung des Sehsystems. Zu den wichtigsten Prinzipien des Sehens gehört das Bemühen, alle Aufgaben mit möglichst geringem Verarbeitungsaufwand zu erledigen. Um die visuelle Verarbeitung denkbar sparsam abzuwickeln, macht sich das Gehirn statistische Regelmäßigkeiten in der Welt zunutze – etwa den Umstand, dass Umrisse im Allgemeinen kontinuierlich und Tischplatten generell glatt sind. Diese Regelmäßigkeiten werden festgehalten und zu einem frühen Zeitpunkt des Verarbeitungsprozesses in den Sehbahnen verdrahtet. Wenn Sie beispielsweise Ihren Schreibtisch betrachten, dann sammelt Ihr Sehsystem wahrscheinlich Informationen über die Kanten und konstruiert eine mentale Repräsentation, die einer Strichzeichnung des Tisches gleicht. (Es sei noch einmal gesagt: Diese frühe Bestimmung der Kanten findet statt, weil Ihr Gehirn vor allem an Regionen interessiert ist, wo Veränderungen eintreten, wo sich plötzliche Unstetigkeiten zeigen, also zum Beispiel an den Kanten Ihres Schreibtisches, denn dort sind die interessanten Informationen zu finden.) Möglicherweise nimmt das Sehsystem dann eine Art Flächeninterpolation vor, um die Zwischenräume mit der Farbe und Textur der Schreibtischplatte «auszufüllen». Es sagt gewissermaßen: «Wenn an dieser Stelle diese gemaserte Oberflächenbeschaffenheit anzutreffen ist, dann wird sie auch überall sein.» Dieser Interpolationsakt erspart dem Gehirn einen gewaltigen Rechenaufwand. Ihr Gehirn muss sich nicht der Mühe unterziehen, jeden kleinen Abschnitt des Schreibtisches zu untersuchen und zu prüfen, und kann sich stattdessen mit einer summarischen Vermutung zufrieden geben (wobei wir die Unterscheidung zwischen Begriffs- und Wahrnehmungsvermutungen nicht aus den Augen verlieren dürfen).

*

Was hat all das mit James Thurber und anderen Patienten zu tun, die unter dem Charles-Bonnet-Syndrom leiden? Könnten die erörterten Ergebnisse, die die Fähigkeit des Gehirns betreffen, blinde Flecken und Skotome «auszufüllen», auch zum Verständnis der außerordentlichen visuellen Halluzinationen dieser Patienten beitragen?

Medizinische Syndrome werden nach ihren Entdeckern benannt, nicht nach den Patienten, die daran leiden. In diesem Fall handelt es sich um den Schweizer Naturforscher Charles Bonnet, der von 1720 bis 1793 gelebt hat. Obwohl selbst von zarter Gesundheit und immer in Gefahr, das Augenlicht und das Gehör zu verlieren, war Bonnet ein scharfsinniger Beobachter der natürlichen Welt. Er hat die Parthenogenese entdeckt – die Fortpflanzung aus unbefruchteten Eizellen –, was ihn veranlasste, eine absurde Lehre vorzuschlagen, die so genannte Präformationstheorie, also die Vorstellung, dass jede Eizelle, die von einem Tier oder einer Pflanze entwickelt werde, das fertig vorgebildete Individuum enthalte, wahrscheinlich schon mit eigenen winzigen Eizellen, die ihrerseits noch winzigere Individuen mit Eizellen entsprechender Größe enthielten, und so geht es endlos fort. Daher fällt heute vielen Ärzten bei dem Namen Charles Bonnet nur der naive Bursche ein, der winzige Menschen in Eizellen imaginierte, und nicht der scharfsinnige Biologe, der die Parthenogenese entdeckte.

Glücklicherweise ging Bonnet wesentlich umsichtiger zu Werke, als er ein ungewöhnliches medizinisches Problem in der eigenen Familie beobachtete und beschrieb. Charles Lullin, sein Großvater mütterlicherseits, hatte sich im Alter von siebenundsiebzig Jahren mit Erfolg einer Operation unterzogen, die damals ein gefährlicher und schmerzhafter Eingriff war – der Entfernung eines grauen Stars. Elf Jahre nach der Operation begann der Großvater unter lebhaften Halluzinationen zu leiden. Ohne Vorwarnung tauchten in seinem Gesichtsfeld Menschen und Dinge auf und verschwanden, wurden größer und wichen zurück. Wenn er die Wandteppiche in seiner Wohnung anblickte, sah er höchst seltsame Verwandlungen von Menschen und Tieren, die, wie er sofort merkte, ihren Ursprung in seinem Gehirn und nicht auf dem Webstuhl hatten.

Wie erwähnt, ist dieses Phänomen sehr häufig bei älteren Menschen mit Beeinträchtigungen des Sehsystems – Makula-Degeneration, diabetischer Retinopathie, Hornhautschädigung und grauem Star. Wie aus einer jüngeren Untersuchung in *Lancet*, einer englischen Medizinzeitschrift, hervorgeht, berichten viele ältere Menschen mit beeinträchtigter Sehfähigkeit, sie würden die Tatsache verschweigen, dass «sie Dinge sehen, die nicht wirklich vorhanden sind». Von fünfhundert visuell beeinträchtigten Menschen gaben sechzig zu, dass sie Halluzinationen hatten, manchmal nur ein- oder zweimal im Jahr, während andere ihre visuellen Phantasien mindestens zweimal am Tag erlebten. Meistens sind die Inhalte ihrer imaginären Welten recht trivial – ein fremder Mensch, eine Flasche oder ein Hut. Doch die Halluzinationen können auch sehr komisch sein. Eine Frau sah zwei Miniaturpolizisten, die einen zwergenhaften Bösewicht zu einem winzigen Polizeiwagen führten. Andere erblickten geisterhaft durchsichtige Figuren auf der Diele – Drachen, Menschen mit Blumen im Haar und sogar überirdisch leuchtende Engel, kleine Zirkustiere, Clowns und Elfen. Eine überraschende Anzahl von diesen Patienten gab an, Kinder zu sehen. Peter Halligan, John Marshall und ich haben einmal in Oxford eine Patientin untersucht, die in ihrem linken Gesichtsfeld nicht nur Kinder «gesehen», sondern auch ihr Lachen gehört hat. Erst wenn sie den Kopf wendete, stellte sie fest, dass dort nichts war. Die Bilder können schwarzweiß oder in Farbe sein, ruhend oder bewegt, so deutlich wie die Wirklichkeit, weniger deutlich oder noch deutlicher. Gelegentlich vermischen sie sich mit der realen Umgebung, sodass eine imaginäre Person auf einem wirklichen Stuhl sitzt und Anstalten macht zu sprechen. Die Bilder sind selten bedrohlich – keine geifernden Monster oder blutrünstigen Szenen.

Die Patienten lassen sich beim Halluzinieren ohne Widerspruch von anderen berichtigen. Eine Frau erzählte, sie habe einmal am Fenster gesessen und Kühe auf einer benachbarten Weide beobachtet. Da es tiefer Winter und sehr kalt war, beklagte sie sich bei ihrem Dienstmädchen über die Grausamkeit des Bauern. Das erstaunte Dienstmädchen blickte zum Fenster hinaus, sah keine Kühe und sagte: «Wovon sprechen Sie? Was für Kühe?» Die Frau errötete und antwortete verlegen: «Meine Augen haben mir einen Streich gespielt. Ich kann mich nicht mehr auf sie verlassen.»

Eine andere Frau berichtete: «In meinen Träumen erlebe ich Dinge, die mich etwas angehen, die mit meinem Leben verflochten sind. Doch diese Halluzinationen haben nichts mit mir zu tun.» Andere sind sich da nicht so sicher. Ein älterer, kinderloser Mann war sehr gerührt von wiederkehrenden Halluzinationen, die ein kleines Mädchen und einen kleinen Jungen zeigten. Er fragte sich, ob in diesen Halluzinationen sein unerfüllter Kinderwunsch zum Ausdruck komme. Es gibt sogar einen Bericht über eine Frau, die ihren kürzlich verstorbenen Ehemann dreimal in der Woche sah.

Angesichts der Häufigkeit dieses Syndroms frage ich mich, ob die gelegentlichen Berichte darüber, dass ansonsten gesunde und intelligente Menschen Geister, UFOs und Engel «wirklich» gesehen hätten, möglicherweise auf Charles-Bonnet-Halluzinationen zurückgehen. Ist es nicht merkwürdig, dass rund ein Drittel der Amerikaner angibt, schon einmal Engel gesehen zu haben? Ich will damit nicht behaupten, dass es keine Engel gibt (ich habe keine Ahnung, ob es sie gibt oder nicht), sondern nur darauf hinweisen, dass viele dieser Erlebnisse durch Störungen des Sehvermögens verursacht sein könnten. Schlechte Lichtverhältnisse und veränderte Farben bei Anbruch der Dämmerung begünstigen solche Halluzinationen. Wenn die Patienten blinzeln, den Kopf bewegen oder das Licht anknipsen, sind die Visionen oft verschwunden. Trotzdem haben sie keinen Einfluss auf die Erscheinungen, die gewöhnlich ohne Vorankündigung auftreten. Die meisten von uns können sich die Szenen vorstellen, die diese Menschen beschreiben – einen Miniaturstreifenwagen auf der Jagd nach Miniaturstraftätern –, doch wir können solche Vorstellungen bewusst beeinflussen. Beim Charles-Bonnet-Syndrom dagegen erscheinen die Bilder vollkommen ungebeten, als wären sie reale Objekte.

*

Dieses plötzliche Auftreten von Bildern, gegen die sich der Betroffene nicht wehren kann, kennzeichnete auch die Situation von Larry MacDonald, einem siebenundzwanzigjährigen Agrarwissenschaftler, der einen schlimmen Autounfall gehabt hatte. Sein Kopf war gegen die Windschutzscheibe geprallt; dabei waren das Stirnbein über den Augen und die für den Schutz des Sehnervs zuständigen Orbitaldächer gebrochen. Als er aus einem zweiwöchigen Koma erwachte, konnte er weder gehen noch sprechen, aber das war nicht das Schlimmste. Larry erinnert sich: «Die Welt war voller Halluzinationen, optischen und akustischen. Ich konnte nicht mehr zwischen Schein und Wirklichkeit unterscheiden. Ärzte und Krankenschwestern, die an meinem Bett standen, waren umgeben von Football-Spielern und hawaiischen Tänzerinnen. Von überall her drangen Stimmen auf mich ein, und ich konnte nicht erkennen, wer sprach.» Larry war verängstigt und verstört.

Allmählich besserte sich sein Zustand. Sein Gehirn bemühte sich, das Trauma zu beheben. Er konnte seine Körperfunktionen wieder steuern und gehen. Auch sprechen konnte er wieder, wenn auch mit Schwierigkeiten, und er lernte, reale von eingebildeten Stimmen zu unterscheiden – eine Fähigkeit, die ihm half, die akustischen Halluzinationen zu unterdrücken.

Fünf Jahre nach dem Unfall lernte ich Larry kennen, weil er gehört hatte, dass ich mich für Gesichtshalluzinationen interessierte. Er sprach langsam und mühsam, war aber sonst unbeeinträchtigt in Intelligenz und Wahrnehmung. Sein Leben war vollkommen normal, bis auf ein verblüffendes Problem. Seine Gesichtshalluzinationen, die früher mit intensiven Farben und wirbelnden Bewegungen überall in seinem Gesichtsfeld auftraten, hatten sich in die untere Hälfte seines Gesichtsfeldes zurückgezogen, wo er vollständig blind war. Imaginäre Objekte sah er also nur unterhalb einer Mittellinie auf Höhe seiner Nase. Alles oberhalb der Linie war vollkommen normal; dort sah er die Dinge, die wirklich vorhanden waren. Unterhalb dieser Linie hatte er intermittierende Halluzinationen.

«Im Krankenhaus waren die Farben intensiver», sagte Larry.

«Was haben Sie gesehen?», fragte ich.

«Tiere, Autos, Boote, aber ich habe auch Hunde und Elefanten erblickt, alle möglichen Dinge.»

«Können Sie sie noch immer sehen?»

«O ja, ich sehe sie auch jetzt, hier im Raum.»

«Sie sehen sie, während wir uns unterhalten?»

«Aber ja!», sagte Larry.

Ich war verblüfft. «Sie haben gesagt, Larry, dass diese Bilder im Normalfall andere Dinge im Zimmer verdecken. Im Augenblick schauen Sie mich direkt an. Es ist doch nicht so, dass ich jetzt durch irgendetwas verdeckt werde?»

«Während ich Sie anblicke, sitzt ein Affe auf Ihrem Schoß», erklärte Larry.

«Ein Affe?»

«Ja, direkt auf Ihrem Schoß.»

Ich dachte, er scherze. «Woher wissen Sie, dass es eine Halluzination ist?»

«Ich weiß es nicht. Aber da es unwahrscheinlich ist, dass ein Professor einen Affen auf dem Schoß hält, nehme ich an, dass da in Wirklichkeit keiner ist.» Er lächelte fröhlich. «Aber er sieht verdammt lebendig und wirklich aus.» Ich sah wohl ziemlich verblüfft aus, denn Larry fuhr fort: «Zum einen verblassen sie nach einigen Sekunden oder Minuten, daher weiß ich, dass sie nicht wirklich sind. Und selbst wenn das Bild sich manchmal vollkommen mit dem Rest der Szene verbindet, wie der Affe auf Ihrem Schoß, so weiß ich doch, dass es äußerst unwahrscheinlich ist, und erzähle den Leuten meistens nichts davon.» Sprachlos blickte ich auf meinen Schoß hinab, während Larry mich lächelnd beobachtete. «Etwas ist doch merkwürdig an diesen Bildern», sagte er dann. «Häufig scheinen sie zu schön, um wahr zu sein. Die Farben sind kraftvoll und außerordentlich lebendig, und die Bilder sehen wirklicher aus als wirkliche Dinge, wenn Sie verstehen, was ich meine.»

Ich war mir nicht sicher. Was meinte er mit «wirklicher als wirklich»? Es gibt eine Kunstrichtung, die als Fotorealismus oder als Überrealismus (*superrealism*) bezeichnet wird. Da werden etwa Suppendosen mit einer Detailtreue abgebildet, die sonst nur mit einer Lupe zu erzielen ist, was ihnen eine eigenartige Aura verleiht. Vielleicht war das der Eindruck, den die Bilder in Larrys Skotom hervorriefen.

«Stört Sie das, Larry?»

«Manchmal schon, weil ich mich frage, warum ich diese Visionen habe, aber sie behindern mich nicht. Dass ich in der unteren Hälfte blind bin, macht mir viel mehr aus als die Halluzinationen. Manchmal machen sie mir richtig Spaß, weil ich nie weiß, was kommt.»

«Sind die Bilder, die Sie sehen, beispielsweise dieser Affe in meinem Schoß, Dinge, die Sie schon einmal gesehen haben, oder kann es sich bei den Halluzinationen auch um etwas vollkommen Neues handeln?»

Larry dachte einen Augenblick nach und sagte dann: «Ich glaube, es können vollkommen neue Bilder sein. Wie ist das eigentlich möglich? Ich dachte immer, Halluzinationen beschränkten sich auf Dinge, die man schon mal in seinem Leben gesehen hätte. Dann wieder sind es ganz alltägliche Gegenstände. Manchmal, wenn ich morgens nach meinen Schuhen suche, ist plötzlich der ganze Fußboden mit Schuhen bedeckt. Dann habe ich Schwierigkeiten, die richtigen zu finden! Meistens kommen und gehen die Visionen, als hätten sie ein Eigenleben. Sie haben keine Verbindung mit dem, was ich gerade tue oder denke.»

Nicht lange nach meinen Gesprächen mit Larry lernte ich eine andere Charles-Bonnet-Patientin kennen, deren Welt noch seltsamer war. Sie wurde von Comic-Figuren heimgesucht! Nancy war eine Krankenschwester aus Colorado, die unter einer arteriovenösen Missbildung litt – im Prinzip einem Knäuel geschwollener und verwachsener Arterien und Venen im hinteren Teil des Gehirns. Wenn die Missbildung platzte, lief Nancy Gefahr, an Gehirnblutung zu sterben, daher rückten ihre Ärzte dem Gebilde mit einem Laser zu Leibe, reduzierten seine Größe und «versiegelten» es. Der Eingriff hinterließ Narbengewebe in Teilen ihrer Sehrinde. Dadurch hatte sie wie Josh ein kleines Skotom, und zwar lag ihres unmittelbar links von ihrer Blickrichtung und umfasste ungefähr zehn Prozent des Gesichtsfeldes. (Wenn sie den Arm nach vorne streckte und ihre Hand betrachtete, war ihr Skotom ungefähr doppelt so groß wie ihre Handfläche.)

«Am ungewöhnlichsten ist die Tatsache, dass ich in diesem Skotom Bilder sehe», sagte Nancy und setzte sich in den gleichen Sessel, in dem schon Larry gesessen hatte. «An einem Tag sehe ich Dutzende von ihnen, nicht ständig, aber immer wieder, jeweils für einige Sekunden.»

«Was sehen Sie?»

«Comic-Figuren.»

«Was?»

«Comic-Figuren.»

«Was meinen Sie damit? Mickymaus?»

«Manchmal auch Disney-Figuren. Doch meistens nicht. Meistens sehe ich einfach Menschen, Tiere und Gegenstände. Aber immer sind es Strichzeichnungen mit einfarbig gefärbten Flächen, wie bei Comics. Sehr lustig. Sie erinnern mich an Bilder von Roy Lichtenstein.»

«Was können Sie mir noch erzählen. Bewegen sie sich?»

«Nein, sie sind absolut starr. Außerdem haben meine Comic-Figuren keine Tiefe, keine Schatten, keine Wölbungen.»

Das also meinte sie, wenn sie sagte, ihre Figuren seien wie Comics. «Sind es Leute, die Sie kennen, oder sind es Leute, die Sie noch nie gesehen haben?», fragte ich.

«Beides», sagte Nancy. «Ich weiß nie, was als Nächstes kommt.»

Diese Frau produziert also Disney-Figuren ohne Rücksicht auf Urheberrechte. Was geschieht da? Und wie kann ein vernünftiger Mensch einen Affen auf meinem Schoß sehen, ohne an seinem Verstand zu zweifeln?

Um diese höchst merkwürdigen Symptome zu verstehen, müssen wir die Modelle revidieren, mit denen die normale Arbeitsweise unseres Sehsystems erklärt werden. In nicht allzu ferner Vergangenheit haben Physiologen Diagramme mit aufwärts gerichteten Pfeilen gezeichnet. Man meinte, ein Bild werde auf einer Ebene verarbeitet, dann auf die nächste übertragen und so fort, bis schließlich auf irgendeine geheimnisvolle Weise die «Gestalt» entstehe. Das ist die so genannte *Bottom-up*-Theorie des Sehens – die Theorie also, die von unten nach oben vorgeht. Sie wurde in den letzten dreißig Jahren vor allem von den Forschern auf dem Gebiet der künstlichen Intelligenz bevorzugt, obwohl viele Anatomen schon seit langem die Auffassung vertreten, dass es massive Feedback-Bahnen geben muss, die von den so genannten höheren Regionen auf die tieferen visuellen Felder projizieren. Um diese Anatomen zu beschwichtigen, tauchten in den Lehrbuchabbildungen deshalb auch Pfeile auf, die nach hinten gerichtet waren, doch im Großen und Ganzen blieb es in Bezug auf diese rückwärts gerichteten Projektionen bei Lippenbekenntnissen, funktionale Bedeutung schrieb man ihnen nicht zu.

Ein neueres Wahrnehmungskonzept, das Gerald Edelman vom Neurosciences Institute in La Jolla, Kalifornien, vertritt, geht davon aus, dass der Informationsfluss im Gehirn eher den Bildern in einer Jahrmarktsbude voller Zerrspiegel ähnelt – also ständig hin- und hergeworfen wird und dabei ständig seine Gestalt verändert.[12] Wie einzelne Lichtstrahlen in einem solchen Spiegelkabinett können visuelle Informationen viele verschiedene Wege einschlagen, dabei voneinander abweichen, sich vielleicht auch verstärken oder in ganz entgegengesetzte Richtungen auseinander laufen.

Wenn sich das verwirrend anhören sollte, kehren wir doch einfach zu der Unterscheidung zurück, die ich oben zwischen dem Sehen und dem Vorstellen einer Katze getroffen habe. Wenn wir eine Katze sehen, wirken ihre Form, Farbe, Textur und ihre vielen anderen sichtbaren Eigenschaften auf unsere Netzhaut ein, von wo aus sie über den Thalamus (eine Umschaltstation im Stammhirn) zur primären Sehrinde und zur Verarbeitung in zwei Informationsströmen oder Bahnen weitergeleitet werden. Wie im vorangehenden Kapitel dargelegt, führt eine Bahn zu Regionen, die für Tiefe und Bewegung verantwortlich sind – die Ihnen ermöglichen, Gegenstände zu ergreifen und ihnen auszuweichen –, und die andere in Regionen, die mit Form, Farbe und Objekterkennung zu tun haben (die «Wie»- und «Was»-Bahnen des Sehens). Schließlich werden all diese Informationen zu der Mitteilung zusammengefasst, dass es sich um eine Katze – sagen wir Felix – handelt, sodass wir in der Lage sind, alles aus dem Gedächtnis abzurufen, was wir jemals über Katzen im Allgemeinen und diesen Kater Felix im Besonderen in Erfahrung gebracht oder empfunden haben. Zumindest lesen wir es so in den Lehrbüchern.

Überlegen Sie sich nun, was in Ihrem Gehirn vor sich geht, wenn Sie sich eine Katze vorstellen.[13] Es spricht einiges dafür, dass wir unseren visuellen Apparat einfach rückwärts ablaufen lassen! Unsere Erinnerungen an alle Katzen und an diese besondere Katze fließen von oben nach unten – von den höheren Regionen zur primären Sehrinde –, und die gemeinsame Aktivität all dieser Hirngebiete führt zur Wahrnehmung einer vorgestellten Katze durch das geistige Auge. Tatsächlich kann die Aktivität in der primären Sehrinde fast genauso intensiv sein, als wenn Sie wirklich eine Katze sähen, obwohl natürlich keine vorhanden ist. Die primäre Sehrinde ist also keineswegs eine reine Sichtungsinstanz für Informationen, die von der Netzhaut eintreffen, sondern viel eher eine Kommandozentrale, die ständig Informationen von Kundschaftern empfängt, alle möglichen Szenarien durchspielt und dann ihrerseits Informationen an die höheren Felder schickt, in denen die Kundschafter tätig sind. Zwischen den so genannten frühen visuellen Feldern und den höheren visuellen Zentren des Gehirns findet eine dynamische Wechselwirkung statt, die eine Art Virtuelle Realität, eine Simulation der Katze, hervorbringt. (All das wissen wir im Wesentlichen aus tierexperimentellen Studien und aus Untersuchungen des menschlichen Gehirns mit bildgebenden Verfahren.)

Noch ist nicht ganz klar, wie diese «Wechselwirkung» statt-

DAS GEHEIME LEBEN DES JAMES THURBER

findet und welche Funktion sie haben könnte. Doch vielleicht könnte sie erklären, was bei Charles-Bonnet-Patienten wie Larry und Nancy geschieht oder bei vielen älteren Menschen, die in abgedunkelten Zimmern von Altenheimen sitzen. Ich vermute, dass sie Informationslücken auf ganz ähnliche Weise wie Josh ausfüllen, nur dass sie dazu Informationen verwenden, die in höheren Hirngebieten gespeichert sind.[14] Beim Bonnet-Syndrom erwachsen die Bilder aus einer Art «begrifflichen Ergänzung» und nicht aus einer Wahrnehmungsergänzung. Die Bilder, mit denen «ausgefüllt» wird, stammen aus dem Gedächtnis (*top down* – von oben nach unten) und nicht von außen (*bottom up* – von unten nach oben). Clowns, Seerosen, Affen und Comic-Figuren bevölkern den blinden Fleck und nicht die Informationen, die das Skotom unmittelbar umgeben – etwa Linien oder kleine Ixe. Natürlich fällt Larry nicht auf den Affen herein, den er in meinem Schoß sieht. Ihm ist durchaus klar, dass das Tier nicht echt sein kann, weil es höchst unwahrscheinlich ist, dass es einen Affen in meinem Sprechzimmer gibt.

Doch falls dieses Argument richtig ist – falls die frühen visuellen Felder jedes Mal aktiviert werden, wenn Sie sich etwas vorstellen –, warum halluzinieren dann nicht auch Sie und ich fortwährend, oder warum verwechseln wir nicht zumindest gelegentlich unsere Vorstellungsbilder mit realen Objekten? Warum sehen Sie nicht einen Affen im Stuhl, sobald Sie an einen denken? Das hat einen einfachen Grund: Selbst wenn Sie Ihre Augen schließen, sind einige Zellen in Ihrer Netzhaut und in den frühen sensorischen Bahnen ständig aktiv und produzieren ein gleichmäßiges Grundsignal. Dieses Signal teilt Ihren höheren Sehzentren mit, dass kein Objekt (Affe) auf Ihre Netzhaut einwirkt – und widerlegt damit die Aktivität, die von den *Topdown*-Vorstellungen hervorgerufen wird. Doch wenn die frühen Sehbahnen geschädigt sind, wird dieses Grundsignal unterdrückt, mit dem Erfolg, dass Sie halluzinieren.[15]

Aus evolutionärer Sicht leuchtet durchaus ein, dass Ihre Vorstellungsbilder, so realistisch sie auch sein mögen, die Wirklichkeit nicht ersetzen können. Sie können nicht, wie Shakespeare sagte, «des Hungers gier'gen Stachel dämpfen/Durch bloße Einbildung von einem Mahl» (*König Richard II.*, I 1). Und das ist gut so, denn könnten wir unseren Hunger stillen, indem wir an ein Festmahl denken, würden wir uns nicht die Mühe machen zu essen und wären rasch vom Erdboden verschwunden. Genauso würde wohl kein Geschöpf, das sich den Orgasmus vorstellen könnte, seine Gene an die nächste Generation weiterreichen. (Natürlich sind wir dazu in begrenztem Umfang in der Lage, etwa wenn wir bei der Vorstellung einer Liebesumarmung Herzklopfen bekommen – die Grundlage dessen, was gelegentlich als Visualisierungstherapie bezeichnet wird.)

Weitere Belege für diese Interaktion zwischen *Top-down*-Vorstellungen und sensorischen *Bottom-up*-Signalen in der Wahrnehmung liefern die Patienten mit Phantomgliedern, die, wie wir uns erinnern, den höchst lebhaften Eindruck haben, dass sich ihre nicht vorhandene Hand zusammenballt, die imaginären Fingernägel sich in die Phantomhandfläche bohren und dort unerträgliche Schmerzen hervorrufen. Warum *spüren* diese Patienten konkret, wie sich die Hand zusammenballt, die Nägel ins Fleisch bohren und der Schmerz sich meldet, während Sie und ich uns die gleiche Fingerposition vorstellen können, ohne etwas zu spüren? Die Antwort lautet, dass Sie und ich von unseren Händen einen realen Input erhalten, der uns mitteilt, dass kein Schmerz vorliegt, selbst wenn in unserem Gehirn Erinnerungsspuren vorhanden sind, die das Zusammenballen der Hand mit ins Fleisch gebohrten Fingernägeln verknüpfen (besonders wenn Sie sich die Fingernägel nicht häufig schneiden). Bei einem Amputierten können sich diese flüchtigen Assoziationen und präexistierenden Schmerzerinnerungen jedoch zu Wort melden, ohne dass ihnen der kontinuierliche sensorische Input widerspricht. Das Gleiche könnte beim Charles-Bonnet-Syndrom passieren.

Doch warum sieht Nancy ausschließlich Comic-Figuren in ihrem Skotom? Eine Möglichkeit könnte sein, dass ihr Gehirn die Rückmeldung vorwiegend von der Was-Bahn im Schläfenlappen erhält, die, wie Sie sich vielleicht erinnern, Zellen enthält, die auf Farben und Formen spezialisiert sind, nicht aber auf Bewegung und Tiefe, für die die Wie-Bahn zuständig ist. Daher ist ihr Skotom gefüllt mit Bildern, die keine Tiefe und Bewegung haben, sondern nur Umrisse und Formen und daher Comic-Figuren gleichen.

Wenn meine Vermutung richtig ist, dann sind diese bizarren Gesichtshalluzinationen einfach übertriebene Spielarten jener Prozesse, die jedes Mal in Ihrem und meinem Gehirn stattfinden, wenn wir unserem Vorstellungsvermögen freien Lauf lassen. Irgendwo in dieser verwirrenden Vielfalt von vorwärts und rückwärts verlaufenden Bahnen liegt die Schnittstelle zwischen Sehen und Vorstellen. Noch wissen wir wenig über diese Schnittstelle und ihre Arbeitsweise (wir wissen nicht einmal, ob es sich um eine einzige Schnittstelle handelt), doch diese Patienten liefern einige hochinteressante Hinweise auf das tatsächliche Geschehen. Die Erkenntnisse, die wir ihnen verdanken, lassen darauf schließen, dass der Vorgang, den wir Wahrnehmung nennen, in Wirklichkeit das Endergebnis einer dynamischen Wechselbeziehung ist zwischen sensorischen Signalen und Informationen über visuelle Bilder aus der Vergangenheit, die in höheren Hirngebieten gespeichert sind. Jedes Mal, wenn uns in der realen Welt ein Objekt begegnet, beginnt das Sehsystem einen längeren Befragungsprozess. Bruchstückhafte Anhaltspunkte treffen ein, und die höheren Zentren sagen: «Hm, vielleicht ist das da ein Tier.» Unser Gehirn stellt daraufhin eine Reihe von visuellen Fragen. Wie in einem Fragespiel im Fernsehen heißt es: Ist es ein Säugetier? Eine Katze? Was für eine Katze? Zahm? Wild? Groß? Klein? Schwarz, weiß oder gestreift? Daraufhin projizieren die höheren Sehzentren Teilantworten, die nach dem jeweiligen Stand der Dinge am besten passen, auf die unteren visuellen Felder, unter anderem auch auf die primäre Sehrinde. Auf diese Weise wird das zunächst sehr provisorische Bild allmählich herausgearbeitet und verbessert (wobei immer neue Lücken «ausgefüllt» werden, wenn sich die Möglichkeit ergibt). Ich denke, dass diese massiven Projektionen im Dienste der Vorwärtsregelung und Rückmeldung dazu dienen, uns die weitestgehende Annäherung an die Wahrheit zu ermöglichen.[16] Überspitzt ließe sich sagen, dass wir ständig halluzinieren und dass wir das, was wir Wahrnehmung nennen, herstellen, indem wir einfach bestimmen, welche Halluzination sich am ehesten mit dem aktuellen sensorischen Input deckt. Doch wenn das Gehirn, wie es beim Charles-Bonnet-Syndrom der Fall ist, keine Rückmeldung in Form visueller Reize empfängt, hat es freie Hand, sich seine eigene Realität zu erschaffen. Wie James Thurber wusste, sind seiner Kreativität dann offenbar keine Grenzen gesetzt.

6 HINTER DEN SPIEGELN

Die Welt ist nicht nur seltsamer, als wir sie uns vorstellen,
sondern auch seltsamer, als wir sie uns vorstellen können.
J. B. S. HALDANE

Wer war die Person, die dort im Rollstuhl das Schlafzimmer verließ? Sam mochte seinen Augen nicht trauen. Seine Mutter Ellen
war am Abend zuvor aus dem Krankenhaus entlassen worden,
wo sie zwei Wochen verbracht hatte, um sich von einem Schlaganfall zu erholen. Mom war immer eine sehr gepflegte Erscheinung gewesen: Kleidung und Make-up stets makellos, die Frisur
sorgfältig gelegt, die Fingernägel in geschmackvollem Rosa oder
Rot lackiert. Doch heute stimmte etwas ganz und gar nicht mit
ihr. Die Naturlocken auf der linken Seite waren ungekämmt und
standen von Ellens Kopf in kleinen, verklumpten Nestern ab,
während die rechte Seite ordentlich frisiert war. Das grüne Um-
hängetuch lag nur auf der rechten Seite und schleifte auf dem
Fußboden. Einen ziemlich roten Lippenstift hatte sie auf die
rechte Ober- und die rechte Unterlippe aufgetragen, während
der Rest des Mundes ungeschminkt blieb. Entsprechend befand
sich eine Spur Eyeliner und Wimperntusche auf dem rechten,
aber nicht auf dem linken Auge. Sogar etwas Rouge hatte sie
aufgetragen, sehr sorgfältig, als wollte sie verbergen, dass sie
krank war, und unter Beweis stellen, dass sie sich nicht vernachlässigte – allerdings lediglich auf der rechten Wange. Es sah fast
so aus, als hätte ihr jemand mit einem nassen Handtuch auf der
linken Gesichtshälfte das gesamte Make-up abgerieben!

«Um Gottes willen!», rief Sam. «Was hast du mit deinem
Make-up angestellt?»

Ellen hob erstaunt die Augenbrauen. Wovon redete ihr Sohn?

Sie hatte an diesem Morgen eine halbe Stunde auf ihr Aussehen verwandt und fand, dass sie so gut aussah, wie es unter den gegebenen Umständen möglich war.

Zehn Minuten später, als sie am Frühstückstisch saßen, ignorierte Ellen alles Essen, das sich auf der linken Seite ihres Tellers befand, einschließlich des frisch gepressten Orangensaftes, den sie so gern mochte.

Sam stürzte zum Telefon und rief mich an, da ich einer der Ärzte war, die sich im Krankenhaus um seine Mutter gekümmert hatten. Sam und ich hatten einander kennen gelernt, als ich eine Schlaganfallpatientin untersucht hatte, die im gleichen Zimmer gelegen hatte wie seine Mutter. «Machen Sie sich keine Sorgen», sagte ich, «das ist nichts Schlimmes. Ihre Mutter leidet unter einem häufigen neurologischen Syndrom, dem so genannten Hemineglect, einem Problem, das sich häufig im Anschluss an einen Schlaganfall in der rechten Hirnhälfte, besonders im rechten Schläfenlappen einstellt. Neglect-Patienten sind vollkommen gleichgültig gegenüber Objekten und Ereignissen auf der linken Seite der Welt, wozu manchmal auch die linke Seite ihres Körpers gehört.»

«Sie meinen, sie ist blind auf der linken Seite?»

«Nein, nicht blind. Sie achtet nur nicht auf das, was links ist. Deshalb bezeichnen wir es als Neglect (Vernachlässigung).»

Am folgenden Tag konnte ich Sam davon überzeugen, indem ich Ellen einem einfachen klinischen Test unterzog. Ich setzte mich direkt vor sie hin und sagte: «Schauen Sie unverwandt auf meine Nase und versuchen Sie, Ihre Augen nicht zu bewegen.» Als sie den Blick auf meine Nase fixiert hatte, hielt ich meinen Zeigefinger neben ihrem Gesicht in die Höhe, unmittelbar links von ihrer Nase, und wackelte ihn kräftig hin und her.

«Was sehen Sie, Ellen?»

«Ich sehe einen wackelnden Finger», erwiderte sie.

«Okay», sagte ich. «Bleiben Sie mit den Augen auf meiner Nasenspitze.» Nun bewegte ich denselben Finger in die gleiche

HINTER DEN SPIEGELN

Position, unmittelbar links von ihrer Nase, doch diesmal vermied ich jede plötzliche Bewegung. «Was sehen Sie jetzt?» Ellens Gesicht blieb völlig ausdruckslos. Ohne dass der Finger ihre Aufmerksamkeit auf sich zog – durch Bewegung oder andere auffällige Reize –, bemerkte sie ihn nicht. Sam begann zu verstehen, wo das Problem seiner Mutter lag – ihm wurde der wichtige Unterschied zwischen Blindheit und Neglect klar. Seine Mutter nahm ihren Sohn überhaupt nicht zur Kenntnis, wenn er links von ihr stand und nichts tat. Hüpfte er dagegen hoch und runter und schwenkte die Arme, dann wandte sie manchmal den Kopf und blickte ihn an.

Aus dem gleichen Grund schenkt Ellen im Spiegel der linken Seite ihres Gesichts keine Beachtung, vergisst, dort Make-up aufzulegen, kämmt sich nicht und putzt sich nicht die Zähne auf dieser Seite. Natürlich ist das auch der Grund, warum sie das Essen auf der linken Seite des Tellers nicht beachtet. Doch wenn ihr Sohn auf Dinge im vernachlässigten Bereich ihres Gesichtsfeldes zeigt und sie zwingt, auf sie zu achten, dann sagt Ellen unter Umständen: «Oh, wie schön. Frisch gepresster Orangensaft!» Oder: «Wie peinlich. Mein Lippenstift ist verwischt und mein Haar ungekämmt.»

Sam war bestürzt. Würde er Ellen den Rest ihres Lebens bei so alltäglichen Verrichtungen wie Schminken helfen müssen? Würde seine Mutter ewig in diesem Zustand bleiben, oder konnte ich etwas dagegen tun?

Ich versicherte Sam, dass ich versuchen würde, ihr zu helfen. Neglect ist ein ziemlich häufiges Problem,[1] ein Problem, das mich schon lange interessiert. Abgesehen von seiner konkreten Bedeutung – der beeinträchtigten Fähigkeit des Patienten, selbst für sich zu sorgen –, liefert es bedeutsame Hinweise darauf, wie das Gehirn eine räumliche Repräsentation der Welt herstellt, wie es links und rechts behandelt und wie es fähig ist, seine Aufmerksamkeit in rascher Folge auf verschiedene Ausschnitte der visuellen Szene zu richten. Der Philosoph Immanuel Kant hat sich so in unsere «angeborenen» Begriffe von Raum und Zeit vertieft, dass er dreißig Jahre lang über das Problem nachgedacht hat. (Einige seiner Ideen sind später von Mach und Einstein aufgegriffen worden.) Wenn wir Ellen mit einer Zeitmaschine in Kants Zeit zurückbefördern könnten, dann wäre er sicherlich von ihren Symptomen genauso fasziniert wie Sie und ich. Vermutlich würde er uns fragen, ob wir, als moderne Wissenschaftler, irgendeine Ahnung hätten, was ihr seltsames Leiden verursache.

Wenn Sie eine visuelle Szene betrachten, wirkt das Bild auf Rezeptoren in Ihrer Netzhaut ein und löst eine komplexe Ereignisfolge aus, deren Ergebnis Ihre Wahrnehmung der Welt ist. Wie in früheren Kapiteln erwähnt, wird die Nachricht vom Auge zunächst auf einem Gebiet im hinteren Teil des Gehirns abgebildet, das man als primäre Sehrinde bezeichnet. Von dort wird sie auf zwei Bahnen weitergegeben, der Wie-Bahn, die zum Scheitellappen führt, und der Was-Bahn, die im Schläfenlappen endet (vgl. Abbildung 4.5, Kapitel 4). Die Schläfenlappen haben die Aufgabe, einzelne Objekte zu erkennen und zu benennen und ihnen mit den passenden Gefühlen zu begegnen. Die Scheitellappen dagegen sind dafür verantwortlich, die räumliche Anordnung der Außenwelt zu bestimmen, damit Sie sich im Raum orientieren, Gegenstände ergreifen, Wurfgeschossen ausweichen und erkennen können, wo Sie sich befinden. Diese Arbeitsteilung zwischen Schläfen- und Scheitellappen kann fast all die eigenartigen Symptome von Neglect-Patienten erklären, bei denen ein Scheitellappen – meist der rechte – geschädigt ist, wie es bei Ellen der Fall ist. Wenn sie unbeaufsichtigt umhergeht, schenkt sie der linken Seite des Raumes und allen Ereignissen in ihr keine Aufmerksamkeit. Unter Umständen läuft sie in Gegenstände auf der linken Seite hinein oder stößt sich den linken Zeh an Hindernissen auf dem Fußboden. (Später werde ich erklären, warum das bei Schädigung des linken Scheitellappens nicht geschieht.) Doch da Ellens Schläfenlappen noch intakt sind, hat

HINTER DEN SPIEGELN

sie keine Schwierigkeiten, Objekte und Ereignisse zu erkennen, sobald ihre Aufmerksamkeit von ihnen angezogen wird.

Nun ist «Aufmerksamkeit» aber ein Wort mit vielen Bedeutungen, und wir wissen über sie noch weniger als über das Phänomen des Neglect. Daher können wir mit der Aussage, Neglect erwachse aus «mangelnder Aufmerksamkeit», nicht viel anfangen, wenn wir keine klare Vorstellung von den zugrunde liegenden neuronalen Mechanismen haben. (Es ist etwa so, als würden wir sagen, dass Krankheit durch mangelnde Gesundheit hervorgerufen wird.) Vor allem würden wir gern wissen, wie ein normaler Mensch – Sie oder ich – in der Lage ist, seine Aufmerksamkeit selektiv auf einen einzigen sensorischen Input zu richten, egal, ob Sie versuchen, im Stimmgewirr einer Cocktailparty auf eine einzige Stimme zu lauschen oder ein bekanntes Gesicht in einem Baseball-Stadion auszumachen. Warum haben wir dieses lebhafte Empfinden, über einen inneren Suchscheinwerfer zu verfügen, den wir auf verschiedene Objekte und Ereignisse in unserer Umgebung richten können?[2]

Heute wissen wir, dass selbst so grundlegende Funktionen wie die Aufmerksamkeit auf die Mitwirkung weit auseinander liegender Hirngebiete angewiesen sind. Über das Seh-, Hör- und Körperempfindungssystem haben wir bereits gesprochen, doch andere spezielle Hirnregionen führen genauso wichtige Aufgaben durch. Das retikuläre Aktivierungssystem – eine Neuronenhäufung im Hirnstamm, die auf viele Gebiete des Hirns projiziert – aktiviert die gesamte Großhirnrinde und bewirkt Erregung und Wachheit. Das System kann aber auch, wenn erforderlich, nur einen kleinen Teil des Kortex aktivieren und selektive Aufmerksamkeit hervorrufen. Das limbische System ist zuständig für das emotionale Verhalten und die Einschätzung der emotionalen Bedeutung sowie des potentiellen Wertes von Ereignissen in der Außenwelt. Die Stirnlappen sind mit abstrakteren Prozessen wie Urteil, Voraussicht und Planung befasst. All diese Bereiche sind in einer positiven Rückkopplungsschleife zusammengeschlossen – einem rekursiven, echoartigen Widerhall. Dabei wird aus der Außenwelt ein Reiz aufgenommen, sein besonderes Merkmalsprofil herausgefiltert und dann zwischen den verschiedenen zuständigen Hirngebieten so lange hin- und hergeschickt, bis sich schließlich herauskristallisiert, worum es sich handelt und wie ich zu reagieren habe.[3] Soll ich gegen das Objekt kämpfen, vor ihm fliehen, es fressen oder küssen? Die gleichzeitige Aktivierung all dieser Mechanismen mündet in Wahrnehmung.

Wenn ein großer, bedrohlicher Reiz – sagen wir das Bild einer gefährlichen Gestalt, vielleicht die eines Räubers, der mir auf den Straßen von Boston auflauert – erstmals in meinem Gehirn auftaucht, habe ich nicht die mindeste Ahnung, worum es sich handelt. Bevor ich entscheiden kann: Aha, das ist also ein gefährlicher Mensch, wird die visuelle Information von den Stirnlappen und dem limbischen System auf ihre Relevanz hin geprüft und dann in ein kleines Gebiet des Scheitellappens geschickt, das mich im Zusammenwirken mit entsprechenden neuronalen Verbindungen zur *Formatio reticularis* in die Lage versetzt, meine Aufmerksamkeit auf die bedrohliche Figur zu lenken. Dadurch wird mein Gehirn gezwungen, meine Augäpfel dem beunruhigenden Objekt in der Außenwelt zuzuwenden, ihm seine selektive Aufmerksamkeit zu schenken und «Aha» zu sagen.

Doch stellen Sie sich vor, was geschähe, wenn irgendein Teil dieser positiven Rückkopplungsschleife ausfiele und der ganze Prozess zum Stillstand käme. Sie würden nicht mehr bemerken, was auf der einen Seite der Welt vor sich ginge. Sie wären ein Neglect-Patient.

Aber wir haben noch zu erklären, warum Neglect in erster Linie nach Schädigungen des rechten Scheitellappens auftritt. Was hat diese Asymmetrie für eine Ursache? Zwar haben wir noch immer keine Gewissheit über den wirklichen Grund, doch Marcel Mesulam von der Harvard University hat eine scharfsinnige

HINTER DEN SPIEGELN

Theorie vorgeschlagen. Wir wissen, dass die linke Hemisphäre auf viele Aspekte der Sprache spezialisiert ist, die rechte auf Gefühle und «globale» oder ganzheitliche Aspekte der Verarbeitung sensorischer Daten. Mesulam meint aber, es gebe noch einen anderen fundamentalen Unterschied. Da die rechte Hälfte für die ganzheitlichen Aspekte des Sehens zuständig sei, verfüge sie auch über einen breiten «Aufmerksamkeitsscheinwerfer», der sowohl das vollständige linke wie das vollständige rechte Gesichtsfeld umfasse. Die linke Hemisphäre besitze dagegen nur einen sehr viel kleineren Scheinwerfer, der auf die rechte Seite der Welt beschränkt sei (vielleicht, weil diese Hirnhälfte mit anderen Dingen, wie zum Beispiel der Sprache, beschäftigt ist). Wenn nun die linke Hemisphäre geschädigt wird, so Mesulam, und ihren Scheinwerfer verliert, kann die rechte ihn infolge dieser eigenartigen Regelung ersetzen, denn ihr Scheinwerfer deckt die ganze Welt ab. Ist dagegen die rechte Hirnhälfte geschädigt, fällt der globale Scheinwerfer aus, und dessen Verlust lässt sich nicht vollständig ersetzen, weil der Scheinwerfer der linken Hemisphäre nur die rechte Seite erfasst. Das würde erklären, warum Neglect nur bei Patienten mit rechtshemisphärischen Läsionen zu beobachten ist.

Neglect ist also keine Blindheit, sondern eine allgemeine Gleichgültigkeit gegenüber Objekten und Ereignissen in der linken Hälfte des Gesichtsfeldes. Doch wie tief reicht diese Gleichgültigkeit? Schließlich geht es Ihnen und mir ja auch so, dass wir bei der täglichen Heimfahrt die vertrauten Straßen kaum beachten, aber sofort aufmerken, wenn wir einen Unfall sehen. Daraus folgt, dass auf irgendeiner Ebene die unbeachtete visuelle Information von der Straße durchaus registriert wird. Ist Ellens Gleichgültigkeit eine extreme Spielart des gleichen Phänomens? Ist es möglich, dass die Informationen, obwohl sie von Ellen nicht bewusst zur Kenntnis genommen werden, teilweise «durchsickern»? Ist es so, dass diese Patienten auf einer bestimmten Ebene «sehen», was sie nicht sehen? Das ist keine leichte Frage, doch 1988 haben sich Peter Halligan und John Marshall,[4] zwei Forscher an der Oxford University, dem Problem gestellt. Sie entwickelten eine intelligente Methode, mit der sie nachweisen konnten, dass Neglect-Patienten einige der Dinge, die auf ihrer linken Seite vor sich gehen, unbewusst zur Kenntnis nehmen, obwohl es nicht den Anschein hat. So zeigten die Forscher ihren Patienten die Zeichnungen zweier Häuser, eines unter dem anderen, die vollkommen gleich waren, ausgenommen ein charakteristisches Merkmal – beim oberen Haus drangen aus den Fenstern der linken Seite Flammen und Qualm. Nun musste der Patient angeben, ob die Häuser gleich oder verschieden aussahen. Der erste Neglect-Patient antwortete, wie sie erwartet hatten, die Häuser sähen gleich aus, da er in beiden Zeichnungen die linke Seite vernachlässigte. Doch als der Versuchsleiter nachfasste – «Sagen Sie doch, in welchem Haus würden Sie lieber leben?» –, entschied sich der Patient für das untere Haus, dasjenige, das nicht brannte. Aus Gründen, die er nicht angeben konnte, sagte er, ihm sei dieses Haus «lieber». Vielleicht eine Form des Blindsehens? Ist es möglich, dass einige Informationen über die Flammen und den Qualm mittels einer alternativen Bahn in seine rechte Hemisphäre sickern und die Vorstellung von Gefahr auslösen, obwohl er nicht auf die linke Seite des Hauses achtet? Das Experiment zeigt abermals, dass im linken Gesichtsfeld keine Blindheit vorliegt. Sonst hätte der Patient auf keinen Fall die Möglichkeit, diese Einzelheit der linken Haushälfte zu verarbeiten.

Neglect-Anekdoten erfreuen sich großer Beliebtheit bei Medizinstudenten. Oliver Sacks[5] erzählt uns die seltsame Geschichte einer Frau, die, wie viele linksseitige Hemineglect-Patienten, nur das Essen von der rechten Seite des Tellers nahm. Aber sie war sich über ihren Zustand im Klaren und wusste, dass sie, wenn sie alles Essen haben wollte, den Kopf drehen musste, um auch das Essen auf der linken Seite zu sehen. Doch angesichts ihrer allgemeinen Gleichgültigkeit gegenüber der linken Welthälfte und ihrem Widerstreben, auch nur nach links zu blicken, war sie auf eine komisch einfallsreiche Lösung gekommen. Sie beschrieb mit ihrem Rollstuhl einen weiten Kreis nach rechts, bis sie etwa 340 Grad zurückgelegt hatte und ihr Blick auf das unberührte Essen fiel. Nachdem sie es aufgegessen hatte, führte sie eine weitere Drehung aus, um die verbleibende Hälfte des Essens auf ihrem Teller zu essen, und so fort. So beschrieb sie einen Kreis nach dem anderen, bis alles Essen verspeist war. Sie kam nie auf die Idee, sich einfach nach links zu wenden, weil – für sie – die linke Seite einfach nicht existierte.

*

Eines Morgens vor nicht allzu langer Zeit war ich damit beschäftigt, die Sprinkleranlage in unserem Garten zu reparieren, als meine Frau mir einen interessant aussehenden Brief brachte. Ich bekomme jede Woche viele Briefe, aber dieser war in Panama aufgegeben worden, trug eine exotische Briefmarke und eine ungewöhnliche Beschriftung. Ich trocknete mir die Hände an einem Handtuch ab und vertiefte mich in eine sehr anschauliche Beschreibung des Hemineglect aus der Sicht eines Betroffenen.

«Als ich wieder zu mir kam, spürte ich, von starken Kopfschmerzen abgesehen, absolut keine nachteiligen Folgen meines Missgeschicks», schrieb Steve, ein ehemaliger Navy Captain, der von meinem Interesse für Neglect gehört hatte und nach San Diego kommen wollte, um sich von mir untersuchen zu lassen. «Tatsächlich fühlte ich mich, von den Kopfschmerzen abgesehen, ausgesprochen gut. Da ich wusste, dass ich einen Herzinfarkt gehabt hatte und dass die Kopfschmerzen im Abklingen waren, wollte ich meine Frau nicht weiter beunruhigen und sagte ihr, dass es mir ausgezeichnet gehe.

‹Geht es dir nicht, Steve›, antwortete sie. ‹Du hast einen Schlaganfall gehabt!›

Einen Schlaganfall? Eine Behauptung, die bei mir Überraschung und leichte Belustigung hervorrief. Schlaganfallpatienten hatte ich schon oft gesehen, im Fernsehen und im wirklichen Leben. Das waren Menschen, die entweder mit stumpfem Blick ins Leere starrten oder deutliche Anzeichen von Lähmungen in ihren Gliedmaßen oder im Gesicht zeigten. Da ich keines dieser Symptome an mir feststellte, konnte ich meiner Frau beim besten Willen keinen Glauben schenken.

Tatsächlich aber war meine linke Körperhälfte vollkommen gelähmt. Mein linker Arm und mein linkes Bein waren genauso betroffen wie mein Gesicht. So begann meine Odyssee durch eine merkwürdig verzerrte Welt.

Ich war mir all meiner Körperteile auf der rechten Seite vollkommen bewusst, während die linke Seite einfach nicht existierte! Sie glauben vielleicht, dass ich übertreibe. Jemand, der mich betrachtete, sah einen Menschen mit Gliedmaßen, die, wenn auch gelähmt, zweifellos vorhanden und mit meinem Körper verbunden waren.

Wenn ich mich rasierte, vernachlässigte ich die linke Gesichtshälfte. Beim Anziehen ließ ich den linken Arm unweigerlich außerhalb des Ärmels. Die auf der rechten Seite meiner Kleidungsstücke befindlichen Knöpfe führte ich in die falschen Knopflöcher, obwohl ich die rechte Hand dazu benutzte.

Sie können sich nicht vorstellen», schloss Steve, «was im Wunderland geschieht, wenn Sie es sich nicht von einem Eingeborenen beschreiben lassen.»

Neglect ist aus zwei Gründen klinisch bedeutsam. Erstens, obwohl sich die Mehrheit der Patienten nach einigen Wochen vollkommen erholt, gibt es eine gewisse Anzahl, bei der die Störung unbegrenzt fortdauern kann. Für sie bleibt das Neglect-Syndrom eine große Plage, auch wenn es nicht lebensbedrohlich ist. Zweitens, selbst die Patienten, die sich rasch vom Neglect zu erholen scheinen, können stark beeinträchtigt sein, weil ihre Gleichgültigkeit gegenüber der linken Seite während der ersten

HINTER DEN SPIEGELN

Tage die Rehabilitation beeinträchtigt. Wenn sie von einer Krankengymnastin aufgefordert werden, den linken Arm zu trainieren, sehen sie den Sinn nicht ein, weil sie nicht bemerken, dass er überhaupt beeinträchtigt ist. Das ist insofern ein Problem, als bei der Schlaganfallrehabilitation die Besserung von Lähmungserscheinungen meist nur in den ersten Wochen nach der Erkrankung zu erreichen ist. Sobald sich dieses «Fenster der Bildsamkeit» geschlossen hat, gewinnt die linke Hand ihre Funktion in der Regel nicht zurück. Deshalb versucht man die Patienten mit allen Mitteln dazu zu bringen, ihre linke Hand und ihr linkes Bein in den ersten Wochen nach dem Schlaganfall zu gebrauchen – ein Bemühen, das durch das Neglect-Syndrom häufig durchkreuzt wird.

Lässt sich durch irgendeinen Trick erreichen, dass der Patient die linke Seite der Welt akzeptiert und die Unbeweglichkeit seines Arms zur Kenntnis nimmt? Was geschieht, wenn Sie auf der linken Seite des Patienten einen Spiegel aufstellen würden, im rechten Winkel zu seiner Schulter? (Säße er in einer Telefonzelle, entspräche das der rechten Wand der Zelle.) Wenn er nun in den Spiegel blickte, sähe er das *Spiegelbild* von allem, was auf der linken Seite wäre – von Menschen, Ereignissen und Objekten, einschließlich seines linken Arms. Würde er nun, da sich das Spiegelbild auf der rechten Seite – der nicht vernachlässigten Hälfte seines Gesichtsfeldes – befände, diesen Dingen plötzlich Bedeutung zumessen? Ein Trick dieser Art käme, wenn er denn klappen würde, einem Wunder gleich. Bisher sind alle Versuche, das Neglect-Syndrom zu behandeln, zum großen Kummer von Patienten und Ärzten gescheitert, seit das Leiden erstmals vor sechzig Jahren beschrieben wurde.

Ich rief Sam an und fragte ihn, ob seine Mutter Ellen wohl daran interessiert wäre, einen Versuch mit einem solchen Spiegel zu machen. Vielleicht könne Ellen sich dann rascher erholen, und die Sache selbst sei leicht durchzuführen.

Schon seit langem interessieren sich Psychologen, Philosophen und Zauberkünstler für den Umgang unseres Gehirns mit Spiegelbildern. Viele Kinder fragen: «Warum vertauscht ein Spiegel links und rechts, aber nicht oben und unten? Woher ‹weiß› der Spiegel, in welcher Weise er die Seiten vertauschen muss?» Eine Frage, mit der viele Eltern große Schwierigkeiten haben. Die richtige Antwort hat der Physiker Richard Feynman geschrieben (er wird von Richard Gregory zitiert, der ein wunderbares Buch über dieses Thema geschrieben hat).[6] Normale Erwachsene verwechseln selten ein Spiegelbild mit einem realen Objekt. Wenn Sie in Ihrem Rückspiegel einen Wagen rasch auf sich zukommen sehen, werden Sie kaum auf die Bremse treten, sondern vorwärts beschleunigen, obwohl sich das Spiegelbild des Wagens von vorne nähert. Würde ein Einbrecher die Tür hinter Ihnen öffnen, während Sie sich im Badezimmer rasierten, würden Sie entsprechend herumwirbeln, um ihn zu stellen – und nicht sein Bild im Spiegel angreifen. Irgendein Teil Ihres Gehirns nimmt offenbar die erforderliche Korrektur vor. Das wirkliche Objekt befindet sich hinter mir, obwohl das Bild vor mir ist.[7]

Doch wie Alice im Wunderland scheinen Patienten wie Ellen und Steve ein merkwürdiges Niemandsland zwischen Illusion und Wirklichkeit zu bewohnen – eine «verzerrte Welt», wie Steve gesagt hat –, daher lässt sich nicht leicht vorhersagen, wie sie auf einen Spiegel reagieren. Obwohl wir alle, Neglect-Patienten und gesunde Menschen, mit Spiegeln vertraut sind und sie als selbstverständlich hinnehmen, haben Spiegelbilder einen ganz eigenen surrealistischen Charakter. Der optische Sachverhalt ist sehr einfach, aber wir haben keine Ahnung, was für Hirnmechanismen aktiviert werden, wenn wir ein Spiegelbild betrachten. Was für Gehirnprozesse sind an unserer Fähigkeit beteiligt, die paradoxe Gegenüberstellung eines wirklichen Objekts und seines optischen «Zwillings» zu verstehen? War davon auszugehen, dass ein Neglect-Patient besondere Schwierigkeiten im Umgang mit Spiegelbildern hat, weil ja der rechte

HINTER DEN SPIEGELN

Schläfenlappen große Bedeutung für die Behandlung von räumlichen Beziehungen und «ganzheitlichen» Aspekte des Sehens besitzt?

Als Ellen mein Labor aufsuchte, führte ich zunächst eine Reihe einfacher klinischer Tests durch, um die Diagnose des Hemineglect zu bestätigen. Die bewahrheitete sich in überzeugender Weise. Nun bat ich sie, auf einem Stuhl mir gegenüber Platz zu nehmen und auf meine Nase zu blicken. Dann nahm ich einen Stift, hielt ihn an ihr rechtes Ohr, begann, ihn in weitem Bogen um sie herum zu bewegen, und forderte Ellen auf, ihm mit den Augen zu folgen. Das tat sie ohne Probleme, bis ich ihre Nase erreichte. Dort glitten ihre Augen ab und waren bald wieder auf mich gerichtet. Sie hatte den Stift in der Nähe ihrer Nase «aus dem Blick» verloren. Merkwürdigerweise würde jemand, der in seinem linken Gesichtsfeld wirklich blind wäre, niemals ein solches Verhalten zeigen. Eher noch würde er in dem Bemühen, seine Blindheit zu kompensieren, den Stift mit den Augen überholen.

Dann zeigte ich Ellen eine waagerechte Linie, die auf ein Stück Papier gezeichnet war, und forderte sie auf, sie mit einem senkrechten Strich zu halbieren. Sie schob ihre Lippen vor, nahm den Stift und zog dann, ohne zu zögern, den Strich weit auf der rechten Seite der Linie, weil für sie nur die Hälfte der Linie – die rechte Hälfte – existierte. Vermutlich markierte sie den Mittelpunkt dieser Hälfte.[8]

Als ich sie bat, eine Uhr zu zeichnen, zog Ellen einen ganzen Kreis und nicht nur einen halben. Das war normal, denn das Zeichnen eines Kreises ist eine stark überlernte motorische Fertigkeit, die von dem Schlaganfall nicht beeinträchtigt worden war. Doch als Ellen die Zahlen einfügen sollte, hielt sie inne, starrte den Kreis angestrengt an und schrieb dann die Zahlen von eins bis zwölf – aber quetschte sie alle auf die rechte Seite des Kreises!

Schließlich nahm ich ein Blatt Papier, legte es vor Ellen auf den Tisch und forderte sie auf, eine Blume zu zeichnen.

Abbildung 6.1:
Zeichnung eines Neglect-Patienten. Beachten Sie, dass die linke Hälfte der Blume fehlt.

Viele Neglect-Patienten zeichnen auch nur die Hälfte der Blume, wenn sie aus dem Gedächtnis arbeiten – sogar mit geschlossenen Augen. Daraus folgt, dass der Patient auch die Fähigkeit eingebüßt hat, die linke Seite seines Vorstellungsbildes von der Blume «abzutasten».

«Was für eine Blume?», fragte sie.
«Egal. Eine ganz gewöhnliche Blume.»
Abermals hielt sie inne, als handelte es sich um eine außergewöhnlich schwierige Aufgabe, und zeichnete erneut einen Kreis. So weit, so gut. Dann versah sie ihn sorgfältig mit einer Reihe von kleinen Blütenblättern – es handelte sich um ein Gänseblümchen –, aber sie drängten sich alle auf der rechten Seite der Blume (Abbildung 6.1).
«Sehr schön, Ellen», sagte ich. «Jetzt versuchen Sie einmal etwas ganz anderes. Schließen Sie die Augen und zeichnen Sie dann eine Blume.»
Ellens Unfähigkeit, die linke Hälfte von Objekten zu zeich-

nen, war keine Überraschung, weil sie die linke Seite nicht zur Kenntnis nahm, wenn sie die Augen offen hatte. Doch was würde geschehen, wenn sie sie schlösse? Würde das Vorstellungsbild einer Blume – das Gänseblümchen vor ihrem geistigen Auge – eine ganze Blume oder nur eine halbe sein? Mit anderen Worten, wie tief wirkte das Neglect-Syndrom in ihr Gehirn hinein?

Ellen schloss die Augen und zeichnete erneut einen Kreis. Dann zog sie die Stirn kraus, konzentrierte sich und malte fünf zierliche Blütenblätter – alle auf der rechten Seite des Gänseblümchens! Es war, als wäre die innere Schablone, die sie zur Herstellung der Zeichnung benutzte, nur zur Hälfte erhalten und als fiele deshalb die linke Seite der Blume einfach fort – auch dann, wenn sie sie nur in ihrer Vorstellung beschwor.

Nach einer halbstündigen Pause kehrten wir in das Labor zurück, um einige Tests mit dem Spiegel durchzuführen. Sie saß in ihrem Rollstuhl, korrigierte den Sitz ihres Haares mit der gesunden Hand und lächelte liebenswürdig. Ich stand an ihrer rechten Seite und hielt einen Spiegel vor meiner Brust, und zwar so, dass der Spiegel, wenn Ellen gerade in ihrem Rollstuhl saß, parallel zur Armlehne des Rollstuhls (und ihrem Profil) ausgerichtet und rund dreißig Zentimeter von ihrer Nase entfernt war. Nun forderte ich sie auf, den Kopf um ungefähr sechzig Grad zu drehen und in den Spiegel zu blicken.

Aus diesem Blickwinkel kann Ellen die vernachlässigte Seite der Welt deutlich im Spiegel erkennen. Sie blickt nach rechts, zur «guten» Seite hin, und sie weiß genau, was ein Spiegel ist. Folglich weiß sie auch, dass er ihr die Objekte auf ihrer linken Seite zeigt. Da die Informationen über die linke Seite der Welt nun von rechts kommen – von der nicht vernachlässigten Seite –, stellt sich die Frage, ob ihr der Spiegel helfen kann, ihr Neglect-Syndrom zu «überwinden», sodass sie jetzt wie ein gesunder Mensch nach den Objekten auf der linken Seite greifen kann.

Oder würde sie zu sich selbst sagen: «Oh, diese Gegenstände befinden sich in Wirklichkeit auf der vernachlässigten Seite meines Gesichtsfeldes, also ignoriere ich sie.» Tatsächlich passierte, wie so häufig in der Wissenschaft, etwas ganz anderes. Sie tat etwas vollkommen Unerwartetes.

Ellen blickte in den Spiegel und blinzelte, neugierig, was wir mit ihr vorhatten. Ihr musste klar sein, dass es sich um einen Spiegel handelte, denn er hatte einen Holzrahmen und Staub auf der Oberfläche. Doch um absolut sicher zu gehen, fragte ich: «Was halte ich hier?» (Wie gesagt, ich stand hinter dem Spiegel und hielt ihn.)

Ohne zu zögern, erwiderte sie: «Einen Spiegel.»

Ich forderte sie auf, ihre Brille, ihren Lippenstift und ihre Kleidung zu beschreiben, während sie in den Spiegel blickte. Das bereitete ihr keine Schwierigkeit. Auf ein Zeichen von mir stellte sich einer meiner Studenten an Ellens linke Seite und hielt ihr einen Stift hin, sodass er sich in Reichweite ihrer gesunden rechten Hand, aber vollkommen in ihrem vernachlässigten linken Gesichtsfeld befand (einem Ort, der ungefähr zwanzig Zentimeter unten links von ihrer Nase lag). Ellen konnte den Arm meines Studenten und den Stift deutlich im Spiegel erkennen, und wir machten keinerlei Anstalten, ihr das Vorhandensein des Spiegels zu verheimlichen.

«Sehen Sie den Stift?»

«Ja.»

«Okay, bitte strecken Sie den Arm aus, nehmen Sie ihn in die Hand und schreiben Sie Ihren Namen auf den Block, den ich Ihnen in den Schoß gelegt habe.»

Stellen Sie sich mein Erstaunen vor, als Ellen ihre rechte Hand hob, sie, ohne zu zögern, auf den Spiegel zubewegte und mit ihr mehrfach gegen die Spiegeloberfläche stieß. Ungefähr zwanzig Sekunden kratzte sie buchstäblich daran, bis sie, offensichtlich frustriert, erklärte: «Ich kann ihn nicht erreichen.»

Als ich die gleiche Prozedur zehn Minuten später wiederholte, sagte sie: «Er ist hinter dem Spiegel», griff um ihn herum und begann meine Gürtelschnalle zu betasten. Später versuchte sie auf der Suche nach dem Stift sogar, über den Spiegelrand zu blicken.

Ellen verhielt sich also, als wäre das Spiegelbild ein reales Objekt, das sie ergreifen könnte. In den fünfzehn Jahren meiner Berufstätigkeit hatte ich so etwas noch nie erlebt – eine intelligente, vollkommen vernünftige Frau, die absurderweise annahm, ein gespiegelter Gegenstand befinde sich tatsächlich hinter dem Spiegel.

Um ganz sicher zu gehen, dass Ellens Verhalten nicht auf die Ungeschicklichkeit ihrer Armbewegungen oder ein Missverständnis über die wahre Natur von Spiegeln zurückzuführen war, stellten wir den Spiegel jetzt auf Armeslänge vor ihr auf, wie einen normalen Badezimmerspiegel. Dieses Mal tauchte der Stift unmittelbar hinter und über ihrer rechten Schulter auf (gerade noch außerhalb ihres Gesichtsfeldes). Sie erblickte ihn im Spiegel und griff mit der Hand sofort nach hinten, um ihn zu fassen. Ihr Versagen in der vorangegangenen Aufgabe ließ sich also nicht durch die Behauptung erklären, sie sei infolge ihres Schlaganfalls desorientiert, ungeschickt oder verwirrt gewesen.

Wir beschlossen, Ellens Störung «Spiegelagnosie» oder «Alice-Syndrom» (zu Ehren von Lewis Carroll) zu nennen. Von Lewis Carroll weiß man übrigens, dass er an Migräneanfällen gelitten hat, die durch Arterienspasmen verursacht wurden. Wenn sie seinen rechten Scheitellappen beeinträchtigt haben, könnte er vorübergehende Verwirrungszustände angesichts von Spiegeln erlebt haben, ein Umstand, der ihn nicht nur veranlasst haben könnte, *Hinter den Spiegeln* zu schreiben, sondern möglicherweise auch erklärt, warum er überhaupt so fasziniert war von Spiegeln, Spiegelschriften und seitenverkehrten Verhältnissen. Es stellt sich die Frage, ob Leonardo da Vincis übermäßiges Interesse für seitenverkehrte Schriften ähnliche Ursprünge hatte.

Das Alice-Syndrom war zwar interessant zu beobachten, aber aus medizinischer Sicht sehr frustrierend, weil ich ursprünglich auf die genau entgegengesetzte Reaktion gehofft hatte – dass der Spiegel Ellen die linke Seite ihrer Welt stärker zu Bewusstsein brächte und ihr bei der Rehabilitation hülfe. Als Nächstes galt es festzustellen, wie verbreitet dieses Syndrom ist. Verhalten sich alle Neglect-Patienten wie Ellen? Bei der Untersuchung von zwanzig weiteren Patienten stellte ich fest, dass viele unter der gleichen Art von Spiegelagnosie litten. Sie griffen in den Spiegel, wenn man ihnen einen Stift oder ein Bonbon in der vernachlässigten Hälfte des Gesichtsfeldes hinhielt. Obwohl sie genau wussten, dass sie in einen Spiegel blickten, begingen sie den gleichen Fehler wie Ellen.

Allerdings machten nicht alle Patienten diesen Fehler. Einige von ihnen sahen anfangs verblüfft aus, doch nachdem sie das Bild des Stiftes oder Bonbons im Spiegel gesehen hatten, lachten sie leise in sich hinein und griffen mit verschwörerischer Miene ganz korrekt nach dem Objekt auf der linken Seite – genau so, wie Sie oder ich es täten. Ein Patient drehte sogar seinen Kopf nach links – wozu er normalerweise nicht bereit war – und strahlte triumphierend, als er sich die Belohnung griff. Diese – in der Minderzahl befindlichen – Patienten richteten offenkundig ihre Aufmerksamkeit auf Objekte, die sie vorher nicht zur Kenntnis genommen hatten, woraus sich eine sehr interessante therapeutische Möglichkeit ergibt. Kann die wiederholte Darbietung im Spiegel einigen dieser Patienten helfen, ihr Neglect-Syndrom zu überwinden und sich die linke Seite der Welt wieder stärker bewusst zu machen?[9] Wir hoffen, das eines Tages in der klinischen Praxis erproben zu können.

Doch wenn wir die Therapie beiseite lassen, so muss ich bekennen, dass der Wissenschaftler in mir von der Spiegelagnosie genauso fasziniert ist – von der *Unfähigkeit* des Patienten, in geeigneter Weise nach dem realen Gegenstand zu greifen. Selbst mein zweijähriger Sohn kicherte, als ich ihm ein Bonbon im

HINTER DEN SPIEGELN

Spiegel zeigte, drehte sich um und schnappte sich das Objekt der Begierde. Aber Ellen, die viel älter und klüger war, zeigte sich dazu außerstande.

Mir fallen mindestens zwei Interpretationen ein, die erklären könnten, warum ihr diese Fähigkeit fehlt. Erstens ist denkbar, dass das Syndrom durch ihr Neglect-Syndrom verursacht wird. Die Patientin sagt sich gewissermaßen unbewusst: «Da es sich um ein Spiegelbild handelt, muss sich das Objekt links von mir befinden. Nun gibt es in meiner Welt aber keine linke Seite – also muss sich das Objekt im Inneren des Spiegels befinden.» So absurd diese Interpretation uns, die wir über ein intaktes Gehirn verfügen, auch erscheinen mag, sie ist die einzige, die Ellen angesichts ihrer «Wirklichkeit» einleuchten würde.

Zweitens, das Spiegelsyndrom ist keine direkte Konsequenz von Neglect, obwohl es gewöhnlich in Verbindung mit ihm auftritt. Wir wissen, Patienten bei einer Schädigung des rechten Scheitellappens alle möglichen Schwierigkeiten mit räumlichen Aufgaben haben. Vielleicht ist das Spiegelsyndrom einfach ein besonders auffälliger Ausdruck solcher Defizite. Um richtig auf ein Spiegelbild zu reagieren, müssen Sie sich klar machen, dass es neben dem Spiegelbild auch noch das reale Objekt gibt, und dann die noch schwierigere geistige Leistung vollbringen, das reale Objekt im Raum zu lokalisieren. Diese komplizierte Fähigkeit kann durch Läsionen im rechten Scheitellappen beeinträchtigt werden, da diese Hirnstruktur, wie gesagt, für die räumlichen Eigenschaften der Welt zuständig ist. Wenn es sich so verhält, könnte die Spiegelagnosie eine Methode liefern, Schädigungen des rechten Scheitellappens durch Untersuchungen am Krankenbett zu ermitteln.[10] In einer Zeit, wo die Kosten für Gehirnscans ständig steigen, bedeutet jeder neue einfache Test eine wertvolle Ergänzung für das Diagnoserepertoire des Neurologen.

Zu den merkwürdigsten Aspekten des Alice-Syndroms gehören jedoch die sprachlichen Reaktionen des Patienten.

«Warum kann ich den Stift nicht ergreifen, Herr Doktor?»

«Der verdammte Spiegel ist im Weg.»

«Der Stift ist im Inneren des Spiegels, deshalb kann ich ihn nicht ergreifen!»

«Hören Sie, Ellen, Sie sollen den echten Gegenstand, nicht sein Spiegelbild ergreifen. Wo ist der echte Gegenstand?» Sie erwiderte: «Der echte Gegenstand ist dort, hinter dem Spiegel.»

Es ist schon erstaunlich, dass die bloße Konfrontation mit einem Spiegel diese Patienten in einen Grenzbereich versetzt, sodass sie nicht in der Lage – oder nicht willens – sind, den einfachen logischen Schluss zu ziehen, dass der wirkliche Gegenstand auf der linken Seite sein muss, da sich das Spiegelbild rechts befindet. Es ist, als hätten sich für diese Patienten sogar die optischen Gesetze verändert, zumindest in diesem kleinen Ausschnitt ihres Universums. Gewöhnlich sind wir der Meinung, dass unser Verstand und unser Wissen «höherer Ordnung» – zum Beispiel die Gesetze der geometrischen Optik – unabhängig von den Zufällen des sensorischen Inputs sind. Doch diese Patienten lehren uns, dass es sich durchaus nicht immer so verhält. Bei ihnen ist es genau umgekehrt. Nicht nur die Welt ihrer Sinneswahrnehmungen zeigt Verwerfungen, sondern auch ihre Wissensbasis ist verzerrt, um sich dieser seltsamen neuen Welt anzupassen.[11] Die Aufmerksamkeitsstörung scheint ihre gesamte Wahrnehmung zu durchdringen. Sie können nicht angeben, ob ein Spiegelbild ein wirklicher Gegenstand ist oder nicht, obwohl sie sich über andere Themen – Politik, Sport oder Schach – so normal unterhalten können wie Sie oder ich. Fragt man diese Patienten, wo der «eigentliche Aufenthaltsort» des Objekts ist, das sie im Spiegel sehen, dann machen sie eine Miene, als hätte man sie gefragt, wo nördlich vom Nordpol ist. Oder ob es eine irrationale Zahl (zum Beispiel die Quadratwurzel von 2 oder π – also eine Zahl mit einer endlosen Folge von Dezimalstellen) *wirklich* gibt oder nicht. Das wirft weit reichende philosophische Fragen nach der Zuverlässigkeit unserer

Wirklichkeitserfahrung auf. Einem vierdimensionalen außerirdischen Wesen, das uns aus seiner vierdimensionalen Welt beobachtet, würden wir vielleicht ebenso wunderlich, unbeholfen und komisch vorkommen, wie uns die Neglect-Patienten erscheinen, die hilflos gegen die Wände ihrer Spiegelwelt anrennen.

7 DAS GERÄUSCH EINER HAND, DIE KLATSCHT

Der Mensch besteht aus seinem Glauben. Wie er glaubt, so ist er.

BHAGAVADGITA, 500 v. Chr.

Die Sozialwissenschaftler hinken zwar noch weit zurück,
aber möglicherweise warten auf sie die wichtigsten
wissenschaftlichen Aufgaben überhaupt, falls und wenn sie
schließlich auf die richtigen Fragen stoßen. Unser
Verhalten untereinander ist das merkwürdigste, unvorhersag-
barste und unerklärlichste der Phänomene, mit
denen wir leben müssen.

LEWIS THOMAS

Mrs. Dodds verlor allmählich die Geduld. Warum hatten sich
nur alle Leute in ihrer Umgebung – Ärzte, Therapeuten, sogar
ihr Sohn – in den Kopf gesetzt, ihr linker Arm sei gelähmt, wo
sie doch ganz genau wusste, dass er ihr tadellos gehorchte?
Schließlich hatte sie sich noch vor zehn Minuten seiner bedient,
um sich das Gesicht zu waschen.

Natürlich wusste sie, dass sie vor zwei Wochen einen Schlaganfall erlitten hatte und dass sie sich deshalb im Universitäts-
krankenhaus der University of California in Hillcrest befand.
Von geringfügigen Kopfschmerzen abgesehen, fühlte sie sich
schon viel besser und hatte nur den einen Wunsch, endlich nach
Hause zu kommen, ihre Rosen zu schneiden und wieder ihre
Morgenspaziergänge am Strand von Point Loma aufzunehmen,
wo sie wohnte. Erst gestern war ihre Enkelin Becky zu Besuch
gekommen, und sie hatte gedacht, wie schön es sein müsste, dem
Kind den Garten zu zeigen, jetzt, da er in voller Blüte stand.

Tatsächlich war Mrs. Dodds seit dem Schlaganfall, der die

rechte Hälfte ihres Gehirns geschädigt hatte, linksseitig vollkommen gelähmt. Monat für Monat untersuche ich eine große Anzahl solcher Patienten. Gewöhnlich haben sie viele Fragen zu ihrer Lähmung. Wann kann ich wieder gehen, Herr Doktor? Werde ich wieder in der Lage sein, meine Finger zu bewegen? Als ich heute Morgen gegähnt habe, hat sich mein linker Arm etwas bewegt – heißt das, dass ich mich langsam wieder erhole?

Doch es gibt eine kleine Gruppe von Patienten mit rechtshemisphärischer Schädigung, die von beneidenswerter Gleichgültigkeit gegenüber ihrer bedauernswerten Situation zu sein scheinen – anscheinend in völliger Unkenntnis der Tatsache, dass die ganze linke Seite ihres Körpers gelähmt ist –, obwohl sie in jeder anderen Hinsicht geistig völlig klar sind. Diese merkwürdige Störung – die Tendenz, den Umstand zu missachten oder manchmal sogar zu leugnen, dass der linke Arm oder das linke Bein gelähmt ist – bezeichnete der französische Neurologe Joseph François Babinski, der sie 1908 zum ersten Mal klinisch beobachtete, als Anosognosie («mangelnde Krankheitserkenntnis»).

«Wie geht es Ihnen heute, Mrs. Dodds?»

«Ach, wissen Sie, Herr Doktor, ich habe Kopfschmerzen. Deshalb bin ich ins Krankenhaus gekommen.»

«Warum sind Sie ins Krankenhaus gekommen, Mrs. Dodds?»

«Na ja», sagte sie, «ich hatte einen Schlaganfall.»

«Woher wissen Sie das?»

«Vor zwei Wochen bin ich im Badezimmer umgefallen, und meine Tochter hat mich hergebracht. Sie haben ein paar Gehirnscans und Röntgenaufnahmen gemacht und mir gesagt, dass ich einen Schlaganfall hatte.» Offenkundig wusste Mrs. Dodds, was ihr zugestoßen war, und war sich ihrer Umgebung bewusst.

«Okay», sagte ich. «Und wie fühlen Sie sich jetzt?»

«Gut.»

«Können Sie gehen?»

«Natürlich kann ich gehen.» Seit zwei Wochen lag Mrs.

Dodds hilflos im Bett oder saß im Rollstuhl. Sie hatte nicht einen einzigen Schritt getan, seit sie im Badezimmer hingefallen war. «Was ist mit Ihren Händen? Strecken Sie die Hände aus! Können Sie sie bewegen?»

Mrs. Dodds schien etwas ungehalten über meine Fragen zu sein. «Selbstverständlich kann ich meine Hände bewegen», sagte sie.

«Können Sie Ihre rechte Hand gebrauchen?»

«Ja.»

«Können Sie Ihre linke Hand gebrauchen?»

«Ja, ich kann meine linke Hand gebrauchen.»

«Haben Sie in beiden Händen die gleiche Kraft?»

«Ja, ich habe in beiden die gleiche Kraft.»

Das wirft eine interessante Frage auf: Wie weit darf dieses Frage- und Antwortspiel bei solchen Patienten gehen? Im Allgemeinen vermeiden Ärzte, weiter nachzuhaken, weil sie fürchten, sie könnten auslösen, was der Neurologe Kurt Goldstein eine «Katastrophenreaktion» genannt hat. Das ist die medizinische Bezeichnung für den einfachen Tatbestand, dass die Patientin in Tränen ausbricht, weil ihre Abwehrmechanismen versagen. Doch ich dachte, wenn ich sie vorsichtig, Schritt für Schritt, zur Erkenntnis ihrer Lähmung brächte, könnte ich vielleicht eine solche Reaktion vermeiden.[1]

«Können Sie mit der rechten Hand meine Nase berühren, Mrs. Dodds?»

Sie folgte meiner Aufforderung ohne Schwierigkeiten.

«Können Sie meine Nase auch mit der linken Hand berühren?»

Die Hand lag gelähmt vor ihr auf der Bettdecke.

«Berühren Sie meine Nase, Mrs. Dodds?»

«Natürlich berühre ich Ihre Nase.»

«Können Sie wirklich sehen, wie Sie meine Nase berühren?»

«Ja, ich kann es sehen. Sie ist keine zwei Zentimeter von Ihrem Gesicht entfernt.»

Mit der Behauptung, ihr Finger berühre fast meine Nase, produzierte Mrs. Dodds eine offenkundige Konfabulation, fast eine Halluzination. Ihr Gesichtssinn war völlig unbeeinträchtigt. Sie konnte ihren Arm klar erkennen, trotzdem behauptete sie, sie sehe, wie er sich bewege.

Ich beschloss, ihr noch eine weitere Frage zu stellen: «Können Sie in die Hände klatschen, Mrs. Dodds?»

Mit demonstrativem Langmut erklärte sie: «Natürlich kann ich in die Hände klatschen.»

«Würden Sie es einmal für mich tun?»

Mrs. Dodds blickte mich fragend an und führte dann mit der rechten Hand Bewegungen aus, als klatschte sie nahe der Körpermitte in eine imaginäre Hand.

«Sie klatschen in die Hände?»

«Ja, ich klatsche in die Hände», erwiderte sie.

Ich brachte es nicht übers Herz, sie zu fragen, ob sie das Klatschen auch wirklich höre, aber hätte ich es getan, dann hätte sie vielleicht die Antwort auf das uralte Zen-Koan gefunden – welchen Klang erzeugt eine einzelne Hand, die klatscht?

Doch wir müssen keine Zen-Koans bemühen, um zu erkennen, dass Mrs. Dodds uns ein Rätsel aufgibt, das in jeder Hinsicht genauso schwierig ist wie das Bemühen, das nicht duale Wesen der Wirklichkeit zu begreifen. Wie kommt diese Frau, die offensichtlich vernünftig, intelligent und der Sprache mächtig ist, dazu, ihre Lähmung zu leugnen? Immerhin ist sie seit zwei Wochen auf einen Rollstuhl angewiesen. Es muss zahllose Situationen gegeben haben, in denen sie etwas mit der linken Hand ergreifen wollte, jedoch erleben musste, dass diese leblos in ihrem Schoß liegen blieb. Wie kann sie allen Ernstes behaupten, sie «sehe», wie sie meine Nase berühre?

Tatsächlich stellt Mrs. Dodds Konfabulation einen Extremfall dar. Die Leugnung dieser Patienten besteht meistens in grotesken Entschuldigungen und Rationalisierungen, die erklären sollen, warum ihr linker Arm sich nicht bewegt, wenn sie aufgefordert werden, den Gebrauch dieser Gliedmaße unter Beweis zu stellen. Doch die meisten versteigen sich nicht zu der Behauptung, sie könnten tatsächlich sehen, wie sich der erschlaffte Arm bewege.

Als ich beispielsweise eine Frau namens Celia fragte, warum sie meine Nase nicht berühre, erwiderte sie mit einem Anflug von Ungeduld: «Ach, wissen Sie, Herr Doktor, diese Medizinstudenten haben den ganzen Tag an mir herumgedrückt und gezerrt. Ich bin es leid. Ich möchte meinen Arm nicht mehr bewegen.»

Esmeralda, auch eine solche Patientin, wählte eine andere Taktik.

«Wie geht es Ihnen, Esmeralda?»

«Gut.»

«Können Sie gehen?»

«Ja.»

«Können Sie Ihre Arme bewegen?»

«Ja.»

«Können Sie Ihren rechten Arm bewegen?»

«Ja.»

«Können Sie Ihren linken Arm bewegen?»

«Ja, ich kann meinen linken Arm bewegen.»

«Können Sie mit der rechten Hand auf mich zeigen?»

Sie zeigte mit der gesunden rechten Hand auf mich.

«Können Sie mit der linken Hand auf mich zeigen?»

Ihr linker Arm lag bewegungslos vor ihr.

«Zeigen Sie auf mich, Esmeralda?»

«Ich habe eine schlimme Arthritis in der Schulter. Das wissen Sie doch, Herr Doktor. Das tut weh. Ich kann meinen Arm jetzt nicht bewegen.»

Bei anderen Gelegenheiten griff sie zu anderen Entschuldigungen: «Wissen Sie, Herr Doktor, ich bin mit der linken Hand noch nie so geschickt gewesen wie mit der rechten.»

Wenn ich diese Patienten beobachte, ist mir, als würde ich die

menschliche Natur durch ein Vergrößerungsglas betrachten. Ich
bin an alle Spielarten der menschlichen Torheit erinnert und
muss daran denken, wie wir alle zur Selbsttäuschung neigen.
Denn hier finden sich bei einer älteren Frau, die im Rollstuhl
sitzt, in komischer Übertreibung all jene psychologischen Abwehrmechanismen, die Sigmund und Anna Freud zu Beginn des
20. Jahrhunderts beschrieben haben – Mechanismen, zu denen
Sie und ich und jeder andere greift, wenn wir mit höchst unangenehmen Tatsachen konfrontiert werden, die uns selbst
betreffen. Freud hat behauptet, unsere Psyche verwende diese
verschiedenen psychologischen Tricks, um «das Ich zu verteidi-
gen». Seine Ideen besaßen so viel intuitive Überzeugungskraft,
dass viele der Begriffe, die er verwendet hat, in den allgemeinen
Sprachgebrauch Eingang gefunden haben, obwohl ihnen kein
wissenschaftlicher Wert beigemessen wird, da Freud keine Experimente durchgeführt hat. (Wir werden an späterer Stelle dieses
Kapitels auf Freud zurückkommen und untersuchen, inwiefern
die Anosognosie einen experimentellen Zugriff auf diese schwer
zugänglichen Aspekte des menschlichen Geistes erlaubt.)

Im extremsten Fall leugnet der Patient nicht nur, dass die
Gliedmaße, die neben ihm im Bett liegt, gelähmt ist, sondern
auch, dass sie zu ihm gehört! Die Bereitschaft, sich absurde Vorstellungen zu Eigen zu machen, ist fast unbeschränkt.

Vor nicht allzu langer Zeit ergriff ich im Rivermead Rehabilitation Center im englischen Oxford die leblose Hand einer Frau,
hob sie hoch und hielt sie ihrer Besitzerin vor Augen. «Wessen
Arm ist das?»

Sie blickte mich zornig an und fragte: «Was tut der Arm in
meinem Bett?»

«Also, wessen Arm ist es?»

«Das ist der Arm meines Bruders», erklärte sie kategorisch.
Doch ihr Bruder befand sich gar nicht im Krankenhaus. Er lebte
irgendwo in Texas. Die Frau litt unter einer Störung, die wir als
Somatoparaphrenie bezeichnen – der Patient leugnet, dass be-

stimmte Körperteile zu ihm gehören – und die gelegentlich im Zusammenhang mit Anosognosie auftritt. Natürlich treten beide Störungen nur sehr selten auf.

«Warum glauben Sie, dass es sich um den Arm Ihres Bruders handelt?»

«Weil er dick und behaart ist, Herr Doktor, und meine Arme sind nicht behaart.»

*

Die Anosognosie ist ein außergewöhnliches Syndrom, über das fast nichts bekannt ist. Der Patient ist in fast jeder Hinsicht offenbar normal, behauptet aber, dass sich seine gelähmte Gliedmaße bewegt – sich am Händeklatschen beteiligt oder meine Nase berührt –, und bemerkt nicht, wie absurd seine Aussagen sind. Welche Ursache hat diese merkwürdige Störung? Wie nicht anders zu erwarten, sind Dutzende von Theorien[2] zur Erklärung der Anosognosie vorgeschlagen worden. Die meisten lassen sich zwei großen Kategorien zuordnen. Die eine ist Freuds Auffassung, dass der Patient einfach nicht der misslichen Tatsache seiner Lähmung ins Auge sehen möchte. Die zweite ist die neurologische Ansicht, dass das Leugnen eine direkte Folge des Neglect-Syndroms ist, von dem im vorangehenden Kapitel die Rede war – der allgemeinen Gleichgültigkeit gegenüber allem, was auf der linken Seite der Welt vorhanden ist oder geschieht. Beide Erklärungskategorien werfen viele Probleme auf, enthalten aber auch beide einen Kern von Wahrheit, aus dem wir eine neue Theorie des Verleugnens entwickeln können.

Eine Schwäche der Freud'schen Ansicht liegt darin, dass sie nicht die unterschiedliche Stärke der psychologischen Abwehrmechanismen bei Patienten mit Anosognosie auf der einen Seite und bei normalen Menschen auf der anderen erklärt – warum sie bei Ihnen und mir im Allgemeinen unauffällig sind, dagegen bei Verleugnungspatienten in extrem übertriebener Form auftreten. Nehmen wir beispielsweise an, ich hätte mir den Arm gebrochen und bestimmte Nerven verletzt. Nun fragen Sie mich, ob ich Sie im Tennis schlagen könne. Dann wäre ich vielleicht geneigt, meine Verletzung ein bisschen herunterzuspielen und zu erklären: «O ja, ich kann Sie schlagen. Mein Arm wird jetzt schon sehr viel besser, wissen Sie.» Aber ich würde sicherlich nicht mit Ihnen wetten, dass ich gegen Sie im Armdrücken gewinnen kann. Hinge meine Hand vollständig gelähmt an meiner Seite herab, würde ich nicht behaupten: «Oh, ich kann sehen, wie sie Ihre Nase berührt.» Oder: «Der Arm gehört zu meinem Bruder.»

Die zweite Schwäche der Freud'schen Auffassung liegt darin, dass sie nicht die Asymmetrie des Syndroms erklärt. Ein Verleugnen der Art, wie wir es bei Mrs. Dodds und ähnlichen Patienten beobachten, ist fast immer mit einer Schädigung der rechten Hirnhälfte verbunden, die zu einer Lähmung der linken Körperseite führt. Bei einer Läsion der linken Hemisphäre mit Lähmungserscheinungen in der rechten Körperseite kommt es bei den Patienten fast nie zur Verleugnung. Warum nicht? Sie sind genauso beeinträchtigt und entsetzt wie die Patienten mit rechtshemisphärischen Läsionen. Folglich müsste das «Bedürfnis» nach psychologischen Abwehrmechanismen genauso groß sein, tatsächlich sind sie sich der Lähmung aber nicht nur bewusst, sondern sprechen auch unablässig über sie. Diese Asymmetrie lässt darauf schließen, dass wir die Antwort nicht von der Psychologie, sondern von der Neurologie zu erwarten haben, insbesondere auf die Frage, wie die beiden Hemisphären im Einzelnen auf verschiedene Aufgaben spezialisiert sind. Tatsächlich scheint das Syndrom die Grenze zwischen den beiden Disziplinen zu überschreiten, was einer der Gründe dafür ist, dass es uns so fasziniert.

Neurologische Theorien des Verleugnens stehen in völligem Widerspruch zu Freuds Auffassung. In ihnen kommt stattdessen die Ansicht zum Ausdruck, dass das Verleugnen eine direkte

Folge des Neglect-Syndroms ist, das ebenfalls nach rechtshemisphärischer Schädigung auftritt und bewirkt, dass die Patienten allem, was ihnen auf der linken Seite der Welt begegnet, einschließlich ihrer eigenen linken Körperhälfte, mit tiefer Gleichgültigkeit begegnen. Vielleicht bemerkt der Patient mit Anosognosie einfach nicht, dass sich sein linker Arm nicht in Reaktion auf seine Befehle bewegt, und kommt so zu seinen Wahnvorstellungen. Dieser Ansatz weist meiner Meinung nach zwei Haken auf. Der eine liegt darin, dass Neglect und Verleugnung unabhängig voneinander auftreten können – einige Patienten mit Neglect empfinden kein Verleugnen und umgekehrt. Zweitens, Neglect erklärt nicht, warum das Leugnen auch dann noch fortgesetzt wird, wenn man die Aufmerksamkeit des Patienten auf die Lähmung lenkt. Würde ich beispielsweise einen Patienten zwingen, seinen Kopf zu wenden und seinen linken Arm anzublicken, um ihm zu beweisen, dass dieser ihm nicht gehorcht, würde er unter Umständen hartnäckig bei seiner Behauptung bleiben, der Arm sei nicht gelähmt – oder gehöre ihm nicht. Es ist diese Hartnäckigkeit des Verleugnens – nicht die bloße Gleichgültigkeit gegenüber der Lähmung –, die nach einer Erklärung verlangt. Tatsächlich erscheint uns die Anosognosie so verwirrend, weil wir dem Verstand heute in erster Linie einen aussagenlogischen Charakter zuschreiben – das heißt, aus bestimmten Prämissen folgen bestimmte unstrittige Schlussfolgerungen –, und von der Aussagenlogik erwarten wir im Allgemeinen, dass sie keine inneren Widersprüche aufweist. Zu hören, wie ein Patient die Zugehörigkeit eines Arms leugnet, aber im gleichen Atemzug zugibt, dass der Arm an seiner Schulter hängt, gehört zu den verblüffendsten Phänomenen, denen man als Neurologe begegnen kann.

Folglich bietet weder die Freud'sche Ansicht noch die Neglect-Theorie eine angemessene Erklärung für das Spektrum von Beeinträchtigungen, das bei Anosognosie zutage tritt. Wie mir klar wurde, lässt sich das Problem nur angehen, wenn man zwei Fragen stellt: Erstens, warum nehmen normale Menschen Zuflucht zu all diesen psychologischen Abwehrmechanismen? Zweitens, warum prägen sich die gleichen Mechanismen bei diesen Erkrankungen so übertrieben aus? Psychische Abwehrmechanismen erscheinen bei normalen Menschen besonders verwirrend, weil sie auf den ersten Blick für das Überleben nicht notwendig zu sein scheinen.[3] Warum sollte es meinem Überleben förderlich sein, so hartnäckig an falschen Meinungen über mich und die Welt festzuhalten? Wäre ich ein winziger Schwächling, würde mir aber einbilden, ich wäre ein wahrer Herkules, würde ich sehr rasch in ernsthafte Schwierigkeiten mit dem «Alpha-Männchen» in meiner sozialen Gruppe geraten – dem Vorstandsvorsitzenden, dem Präsidenten meines Unternehmens oder auch meinem Nachbarn. Doch halten wir uns an den Vorschlag von Charles Darwin: Wenn ein biologisches Phänomen anscheinend auf eine Fehlanpassung hindeutet, dann müssen wir genauer hinsehen, weil es meistens einen verborgenen Vorteil gibt.

Ich denke, der Schlüssel zu diesem Rätsel liegt in der Arbeitsteilung zwischen den beiden Gehirnhälften und in dem Bedürfnis, in unserem Leben das Gefühl von Zusammenhang und Kontinuität herzustellen. Die meisten Menschen wissen, dass das menschliche Gehirn aus zwei spiegelbildlichen Hälften besteht – wie die beiden Hälften einer Walnuss –, wobei jede Gehirnhälfte oder Hemisphäre die Bewegungen der gegenüberliegenden Körperseite steuert. Hundert Jahre klinischer Neurologie haben deutlich gezeigt, dass die beiden Hemisphären auf verschiedene geistige Funktionen spezialisiert sind und dass die erstaunlichste Asymmetrie mit dem Sprechen verknüpft ist. Die linke Hemisphäre ist nicht nur zuständig für die Erzeugung der konkreten Sprachlaute, sondern auch für ihre Anordnung in syntaktischen Strukturen und für einen Großteil dessen, was Semantik genannt wird – das Verstehen von Bedeutung. Dagegen scheint die rechte Hemisphäre nicht mit gesprochenen Wörtern befasst zu sein, sondern eher mit ihren feinsinnigeren Aspekten wie Metapher, Allegorie und Mehrdeutigkeit – Fertigkeiten, auf die in unseren Schulen wenig Wert gelegt wird, die aber für den Fortschritt unserer Kulturen durch Poesie, Mythos und Drama von entscheidender Bedeutung sind. Die linke Hemisphäre wird häufig «dominant» genannt, weil sie nach guter Chauvinistenart ständig das Wort (und weit gehend auch das Denken) an sich reißt und sich anheischig macht, der Sitz des höchsten menschlichen Vermögens, der Sprache, zu sein. Leider kann die stumme rechte Hemisphäre keinen Protest dagegen erheben. Andere offenkundige Spezialisierungen betreffen Sehen und Gefühl. Die rechte Hemisphäre ist zuständig für ganzheitliche Aspekte des Sehens – indem sie beispielsweise dafür sorgt, dass wir den Wald und nicht die Bäume sehen – und reagiert mit dem passenden Gefühl auf emotional besetzte Situationen. Infolgedessen sind Patienten nach rechtshemisphärischen Schlaganfällen häufig von beneidenswerter Unbekümmertheit, ja leichter Euphorie hinsichtlich ihrer Erkrankung, weil sie ohne die «emotionale rechte Hemisphäre» einfach nicht das Ausmaß ihres Verlusts begreifen. (Das gilt sogar für jene Patienten, die sich ihrer Lähmung bewusst sind.)

Neben dieser unstrittigen Arbeitsteilung gibt es, denke ich, noch einen grundlegenderen Unterschied zwischen den kognitiven Stilen der beiden Hemisphären,[4] einen Unterschied, der nicht nur zum Verständnis der verstärkten Abwehrmechanismen bei Anosognosie beitragen, sondern auch die gemäßigteren Formen des Verleugnens erklären könnte, die Menschen im Alltag verwenden – etwa wenn ein Alkoholiker sein Alkoholproblem abstreitet oder Sie nicht wahrhaben wollen, dass Sie eine verheiratete Kollegin ausgesprochen attraktiv finden.

*

DAS GERÄUSCH EINER HAND, DIE KLATSCHT

In jedem Augenblick des Wachseins wird unser Gehirn mit einer erdrückenden Fülle von sensorischen Input-Daten überschwemmt, die alle einer kohärenten Perspektive eingegliedert werden müssen. Wir verdanken sie unseren gespeicherten Erinnerungen und dem, was sie uns als wahr im Hinblick auf uns selbst und die Welt mitteilen. Um kohärente Handlungen hervorzubringen, muss das Gehirn dieses Übermaß an Einzelheiten sichten und es zu einem verlässlichen und in sich schlüssigen «Überzeugungssystem» ordnen – zu einer Geschichte, die angesichts der zur Verfügung stehenden Indizien einen Sinn ergibt. Jedes Mal, wenn eine neue Information eintrifft, fügen wir sie bruchlos in unsere bereits vorhandene Weltansicht ein. Ich bin der Auffassung, dass dies in erster Linie von der linken Hemisphäre geleistet wird.

Doch nun stellen Sie sich vor, dass Ihnen etwas begegnet, was nicht recht in die Geschichte passt. Was tun Sie? Eine Möglichkeit wäre, das ganze Drehbuch zu zerreißen und wieder ganz von vorne anzufangen: die Geschichte vollkommen umzuschreiben, sodass ein neues Modell von der Welt und von Ihnen entstünde. Doch würden Sie bei jeder bedrohlichen Information dergestalt verfahren, würde Ihr Verhalten rasch chaotisch und instabil werden. Sie würden verrückt werden.

Stattdessen nimmt Ihre linke Hemisphäre die Anomalie überhaupt nicht zur Kenntnis oder verändert sie so, dass sie in das vorhandene Bezugssystem passt und die Stabilität erhalten bleibt. Das ist, denke ich, der wesentliche Grund für die so genannten Freud'schen Abwehrmechanismen – die Verleugnungen, Verdrängungen, Konfabulationen und anderen Formen der Selbsttäuschung, die unseren Alltag bestimmen. Diese alltäglichen Abwehrmechanismen sind keineswegs das Ergebnis einer Fehlanpassung, sondern verhindern, dass das Gehirn angesichts der «kombinatorischen Explosion» möglicher Geschichten, die sich aus dem den Sinnen dargebotenen Stoff konstruieren ließen, in hoffnungslose Unentschlossenheit verfällt. Der Nachteil liegt natürlich darin, dass Sie sich selbst «belügen», doch das ist ein vertretbarer Preis, den Sie für die Kohärenz und Stabilität des Gesamtsystems bezahlen.

Stellen Sie sich zum Beispiel einen General vor, der sich anschickt, einen Krieg vom Zaun zu brechen. Es ist spätabends, er befindet sich in der Kommandozentrale und plant die Strategien des nächsten Tages. Kundschafter treffen ein und versorgen ihn mit Informationen über Topographie, Geländebeschaffenheit, Lichtverhältnisse und so fort. Außerdem teilen sie ihm mit, dass der Feind fünfhundert Panzer hat, er, der General, dagegen sechshundert, was den General endgültig dazu bewegt, in die Schlacht zu ziehen. Er bringt all seine Truppen in Stellung und beschließt, die Kriegshandlungen genau um sechs Uhr bei Sonnenaufgang zu eröffnen.

Stellen Sie sich weiter vor, dass um fünf Uhr fünfundfünfzig ein einsamer kleiner Kundschafter ins Hauptquartier gestürmt kommt und ausruft: «Herr General, ich habe schlechte Nachrichten.» Wenige Minuten vor der Schlacht fragt der General: «Was ist los?», und der Kundschafter antwortet: «Ich habe eben durchs Fernrohr geblickt und festgestellt, dass der Feind siebenhundert und nicht fünfhundert Panzer hat!»

Was macht der General – die linke Hemisphäre – nun? Die Zeit ist von entscheidender Bedeutung, daher kann er sich einfach nicht den Luxus leisten, alle Schlachtpläne abzuändern. So befiehlt er dem Kundschafter, den Mund zu halten und niemandem ein Sterbenswörtchen von dem zu erzählen, was er gesehen hat. Verleugnen! Vielleicht erschießt er den Kundschafter sogar und versteckt den Bericht in einer Schublade mit der Aufschrift «Streng geheim» (Verdrängung). Dabei verlässt er sich auf die hohe Wahrscheinlichkeit, dass die Mehrheitsmeinung – die vorangegangenen Informationen der Kundschafter – richtig ist und dass die neue Information, die aus einer einzigen Quelle stammt, falsch ist. Daher bleibt der General bei seiner ursprünglichen Meinung. Und nicht nur das, sondern aus Angst

DAS GERÄUSCH EINER HAND, DIE KLATSCHT

vor Meuterei befiehlt er dem Kundschafter vielleicht, die anderen Generale anzulügen und ihnen zu sagen, er habe nur fünfhundert Panzer gesehen (Konfabulation). Der Zweck all dieser Maßnahmen besteht darin, dem Verhalten Stabilität zu verleihen und Unschlüssigkeit zu vermeiden, weil mit Wankelmut niemandem gedient ist. Jede Entscheidung ist, solange eine gewisse *Wahrscheinlichkeit* für sie spricht, besser als keine Entscheidung. Ein ständig wankelmütiger General wird keinen Krieg gewinnen!

In diesem Vergleich ist der General die linke Hemisphäre[5] (vielleicht Freuds «Ich»?), und sein Verhalten ähnelt den Verleugnungen und Verdrängungen, die bei gesunden Menschen sowie Anosognosiepatienten zu beobachten sind. Doch warum sind diese Abwehrmechanismen so plump übertrieben bei diesen Patienten? Damit kommt die rechte Gehirnhälfte ins Spiel, die ich den Advocatus Diaboli nennen möchte. Um ihre Wirkung zu begreifen, müssen wir noch einmal zu unserem Vergleich zurückkehren. Nehmen wir an, der verspätete Kundschafter käme hereingestürzt und brächte nicht die Nachricht, dass der Feind mehr Panzer als die eigenen Truppen hätte, sondern riefe: «Herr General, ich habe eben durch mein Fernrohr geblickt und gesehen, dass der Feind über Kernwaffen verfügt!» Unter diesen Umständen wäre der General ziemlich töricht, wenn er an seinem ursprünglichen Plan festhielte. Er müsste rasch einen neuen entwickeln, denn hätte der Kundschafter Recht, wären die Folgen verheerend.

Beide Hemisphären besitzen also fundamental verschiedene Bewältigungsstrategien. Die linke Hemisphäre hat die Aufgabe, ein Überzeugungssystem oder Modell herzustellen und neue Erfahrungen in dieses System einzugliedern. Wenn sich die linke Hirnhälfte einer Information gegenübersieht, die nicht in das Modell passt, nimmt sie ihre Zuflucht zu Freud'schen Abwehrmechanismen, das heißt, sie verleugnet, verdrängt oder konfabuliert – sie unternimmt jede Anstrengung, um den Status quo zu erhalten. Die Strategie der rechten Hemisphäre dagegen besteht darin, den «Advocatus Diaboli» zu spielen. Wenn die aus dem Rahmen fallende Information einen bestimmten Schwellenwert erreicht, entscheidet die rechte Hemisphäre, dass es an der Zeit ist, eine grundsätzliche Revision des gesamten Modells zu erzwingen und ganz von vorne anzufangen. Die rechte Hirnhälfte veranlasst also beim Auftreten entsprechender Anomalien einen «Kuhn'schen Paradigmenwechsel», während die linke Hemisphäre unter allen Umständen versucht, an den gegebenen Verhältnissen festzuhalten.

Überlegen wir nun, was geschieht, wenn die rechte Hemisphäre geschädigt ist.[6] Dann hat die linke Hemisphäre freie Hand, ihre Verleugnungen, Konfabulationen und anderen Strategien auszuleben, die ihrer normalen Verhaltenstendenz entsprechen. Sie sagt: «Ich bin Mrs. Dodds und habe zwei normale Arme, die ich nach Belieben bewegen kann.» Mrs. Dodds Gehirn ist völlig unempfänglich für das konträre visuelle Feedback, welches ihr unter normalen Umständen mitteilen würde, dass ihr Arm gelähmt ist und dass sie im Rollstuhl sitzt. So steckt Mrs. Dodds in einer wahnhaften Sackgasse. Sie kann ihr Wirklichkeitsmodell nicht revidieren, weil die rechte Hemisphäre mit ihren Mechanismen zur Entdeckung von Unstimmigkeiten außer Gefecht gesetzt ist. Ohne das Gegengewicht – die «Realitätsprüfung» – der rechten Hemisphäre kann sich Mrs. Dodds buchstäblich grenzenlos in der Wahnwelt verlieren. Der Patient sagt: «Ja, ich berühre Ihre Nase, Dr. Ramachandran.» Oder: «All diese Medizinstudenten haben an mir herumgezerrt, und deshalb möchte ich meinen Arm jetzt nicht mehr bewegen.» Oder sogar: «Was macht die Hand meines Bruders in meinem Bett, Herr Doktor?»

Die Vorstellung, die rechte Hemisphäre sei eine linksradikale Revolutionärin, die Paradigmenwechsel erzwinge, während die linke Hemisphäre eine hartgesottene Konservative sei, die hartnäckig am Status quo festhalte, dürfte mit einiger Sicherheit stark übertrieben sein, doch selbst wenn sie sich als falsch herausstellt, veranlasst sie uns, neue Experimente zu entwerfen und neue Fragen zum Verleugnungssyndrom zu stellen. Wie tief geht die Verleugnung? Glaubt der Patient tatsächlich, er sei nicht gelähmt? Was ist, wenn man die Patienten mit der Wirklichkeit konfrontiert: Kann man sie dazu bringen, die Lähmung zuzugeben? Würden sie unter diesen Umständen nur ihre Lähmung leugnen oder auch andere Aspekte ihrer Krankheit? Angesichts der Tatsache, dass viele Menschen ihr Auto ihrem erweiterten «Körperbild» zurechnen (vor allem bei uns in Kalifornien), stellt sich die Frage, was geschehen würde, wenn ihr vorderer linker Kotflügel eine Beule bekäme? Würden sie es verleugnen?

Die Anosognosie ist seit fast hundert Jahren bekannt, doch bisher gab es kaum Versuche, diese Fragen zu beantworten. Jeder Beitrag zur Erklärung dieses seltsamen Phänomens wäre natürlich von großem klinischen Interesse, weil die Gleichgültigkeit des Patienten gegenüber seiner Erkrankung nicht nur die Rehabilitation des betroffenen Arms oder Beins beeinträchtigt, sondern ihn auch häufig veranlasst, sich völlig unrealistische Zukunftsziele zu stecken. (Als ich beispielsweise einen Patienten fragte, ob er seinem alten Beruf wieder nachgehen könne – er reparierte Telefonleitungen, eine Aufgabe, für die man zwei gesunde Hände braucht, um Masten zu erklettern und Kabel zu spleißen –, antwortete er: «Aber natürlich, darin sehe ich kein Problem.») Als ich mit diesen Experimenten begann, war ich mir jedoch nicht bewusst, dass sie mich mitten in die menschliche Natur führen würden. Denn Verleugnen ist etwas, was wir alle unser ganzes Leben lang tun – egal, ob wir vorübergehend die Rechnungen ignorieren, die sich in dem Kasten mit der Aufschrift «Unerledigt» ansammeln, oder ob wir hartnäckig die Endgültigkeit und Unausweichlichkeit des Todes verleugnen.

*

Das Gespräch mit Verleugnungs-Patienten kann ausgesprochen unheimlich sein. Sie konfrontieren uns unter Umständen mit einigen der grundsätzlichsten Fragen, die wir als bewusste Menschen stellen können. Was ist das Selbst? Was sorgt für die Einheit meiner bewussten Erfahrung? Was heißt es, eine Handlung zu wollen? In der Regel gehen Neurowissenschaftler solchen Fragen tunlichst aus dem Weg. Doch Anosognosie-Patienten bieten eine einzigartige Gelegenheit, diese scheinbar unlösbaren philosophischen Rätsel anzugehen.

Häufig sind Angehörige bestürzt über das Verhalten des Patienten. «Glaubt Mom wirklich, dass sie nicht gelähmt ist?», fragte mich ein junger Mann. «Bestimmt weiß sie irgendwo im Hinterkopf, was passiert ist. Oder ist sie vollkommen durchgeknallt?»

Folglich lautet die erste und einleuchtendste Frage: Wie tief ist der Glaube des Patienten an seine eigenen Verleugnungen und Konfabulationen? Könnte es sich um eine Art Fassade oder sogar eine Simulation handeln? Um diese Frage zu beantworten, entwickelte ich ein einfaches Experiment. Statt den Patienten direkt auf sein Leiden anzusprechen («Können Sie mit Ihrer linken Hand meine Nase berühren?»), beschloss ich, es mit einem «Trick» zu probieren – etwa indem ich ihn aufforderte, eine spontane motorische Aufgabe auszuführen, für die zwei Hände erforderlich waren, ohne dass er vorher die Möglichkeit hatte, darüber nachzudenken. Wie würde er reagieren?

Dazu stellte ich ein großes Cocktailtablett vor Patienten mit dem Verleugnungssyndrom hin, setzte sechs Plastikgläser darauf und füllte sie zur Hälfte mit Wasser. Wenn ich Sie nun auffordern würde, ein solches Tablett zu ergreifen, würden Sie mit den Händen zu beiden Seiten unter das Tablett greifen und es anheben. Würde ich Ihnen jedoch eine Hand auf dem Rücken festbinden, würden Sie natürlich nach der Mitte des Tabletts greifen – seinem Schwerpunkt – und es so anheben. Als ich Schlaganfallpatienten testete, die einseitig gelähmt waren, aber nicht unter Verleugnung litten, führten sie ihre nicht gelähmte Hand, wie erwartet, direkt zur Mitte des Tabletts.

Bei der Wiederholung des gleichen Experiments an Verleugnungs-Patienten ging die rechte Hand schnurstracks zur rechten Seite des Tabletts, während die linke Seite des Tabletts ungestützt blieb. Als die rechte Hand nun nur die rechte Seite des Tabletts anhob, fielen die Gläser natürlich um. Doch die Patienten führten dies häufig auf eine momentane Ungeschicklichkeit zurück und nicht auf die Tatsache, dass sie die linke Seite des Tabletts überhaupt nicht angehoben hatten. («Hoppla! Wie dumm von mir!») Eine Patientin bestritt sogar, dass es ihr nicht gelungen sei, das Tablett anzuheben. Als ich sie fragte, ob sie das Tablett angehoben habe, war sie sehr erstaunt. «Aber natürlich», erwiderte sie, den Schoß vollkommen durchnässt.

Die Logik des zweiten Experiments war etwas anders. Was würde sein, wenn man den Patienten für Ehrlichkeit belohnte? Dazu ließen wir unseren Patienten die Wahl zwischen einer einfachen Aufgabe, die mit einer Hand zu bewältigen war, und einer ähnlich einfachen Aufgabe, für die man zwei Hände brauchte. So erklärten wir den Patienten, sie könnten sich fünf Dollar verdienen, indem sie eine Glühbirne in eine schwere Tischlampe eindrehten, oder zehn Dollar, wenn es ihnen gelänge, ein Schuhband zuzubinden. Sie und ich würden uns natürlich für das Schuhband entscheiden, doch die meisten gelähmten Schlaganfallpatienten – die nicht unter Verleugnung leiden – wählen in Erkenntnis ihrer Einschränkung die Glühlampe. Offenbar gehen sie von der plausiblen Überlegung aus, dass fünf Dollar besser als gar nichts sind. Als wir vier Schlaganfallpatienten testeten, die unter Verleugnung litten, entschieden sie sich interessanterweise für die Schuhbandaufgabe und mühten sich minutenlang erfolglos mit dem Band ab, ohne irgendwelche Anzeichen von Frustration erkennen zu lassen. Selbst als wir sie fünf Minuten später vor die gleiche Wahl stellten, entschieden sie sich wieder, ohne zu zögern, für die beidhändige Aufgabe. Eine Patientin wiederholte das hoffnungslose Unterfangen fünfmal hintereinander, als hätte sie keine Erinnerung an die vorausgegangenen Fehlversuche. Vielleicht eine Freud'sche Verdrängung? Einmal fummelte Mrs. Dodds endlos mit dem Schuhband herum, blind für ihre Behinderung, sodass ich es ihr schließlich wegnehmen musste. Am nächsten Tag fragte mein Student sie: «Erinnern Sie sich noch an Dr. Ramachandran?»

Sie reagierte sehr freundlich: «Aber natürlich. Das ist der indische Arzt.»

«Was hat er getan?»

«Er hat mir einen Kinderschuh mit blauen Punkten gegeben und mich gebeten, das Schuhband zuzubinden.»

«Haben Sie es getan?»

«Aber ja. Ich habe es mit beiden Händen zusammengebunden», erwiderte sie.

Da ging etwas Seltsames vor. Welcher normale Mensch würde sagen: «Ich habe das Schuhband *mit beiden Händen* zugebunden»? Es war fast so, als verbärge sich im Inneren von Mrs. Dodds noch eine zweite Person – ein Phantom, das genau wusste, dass sie gelähmt war, und das mit dieser Antwort den Versuch unternahm, dieses Wissen zu tarnen. Ein weiteres schlagendes Beispiel lieferte ein anderer Patient, der, während ich ihn untersuchte, unaufgefordert erklärte: «Ich kann es gar nicht abwarten, endlich mal wieder einen *two-fisted* (wörtlich: beidhändigen; sinngemäß: ordentlichen) Schluck Bier zu nehmen.» Diese eigenartigen Bemerkungen sind auffällige Beispiele für ein Phänomen, das Freud als «Reaktionsbildung» bezeichnet hat – den unbewussten Versuch, etwas, was die Selbstachtung gefährdet, dadurch zu verbergen, dass man das Gegenteil behauptet. Das klassische Beispiel für eine Reaktionsbildung liefert natürlich der *Hamlet*: «Die Dame, wie mich dünkt, gelobt zu viel.» Verrät sie ihre Schuld nicht gerade durch die Heftigkeit ihrer Beteuerungen?

*

Kehren wir nun zu der mehrheitlich anerkannten neurologischen Erklärung des Verleugnens zurück – der Vermutung, dass es etwas mit dem Neglect zu tun hat, der allgemeinen Gleichgültigkeit, die diese Patienten häufig gegenüber Ereignissen und Objekten auf der linken Seite der Welt an den Tag legen. Wenn Mrs. Dodds aufgefordert wird, eine Handlung mit der linken Hand auszuführen, schickt sie, so diese Theorie, motorische Befehle an den gelähmten Arm. Gleichzeitig gehen Kopien dieser Befehle an die für das Körperbild zuständigen Zentren (in den Scheitellappen), wo sie registriert und als spürbare Bewegungen erlebt werden. Auf diese Weise werden die Scheitellappen über die beabsichtigten Handlungen informiert. Doch da Mrs. Dodds die Ereignisse in der linken Körperseite nicht zur Kenntnis nimmt, bemerkt sie, nach dieser Auffassung, nicht, dass der Arm ihrem Befehl nicht gehorcht. Obwohl diese Erklärung, wie oben erwähnt, nicht überzeugend ist, haben wir zwei einfache Experimente entworfen, um die Neglect-Theorie der Verleugnung direkt zu überprüfen.[7]

Im ersten Experiment haben wir die Annahme getestet, dass der Patient einfach motorische Signale registriert, die an den Arm geschickt werden. Larry Cooper ist ein intelligenter sechsundfünfzigjähriger Verleugnungs-Patient, der, eine Woche bevor ich ihn im Krankenhaus aufsuchte, einen Schlaganfall erlitten hatte. Er lag unter einer blauroten Bettdecke, die seine Frau ihm ins Krankenhaus mitgebracht hatte. Die Arme hatte er über der Decke – der eine gelähmt, der andere gesund. Zehn Minuten lang plauderten wir, dann verließ ich das Krankenzimmer, um fünf Minuten später zurückzukehren. «Mr. Cooper!», rief ich aus. «Warum haben Sie eben Ihren linken Arm bewegt?» Beide Arme ruhten vollkommen still auf der Decke, genau so, wie sie gelegen hatten, als ich das Zimmer verlassen hatte. Wenn ich diesen Versuch mit normalen Patienten anstelle, ernte ich höchste Verblüffung: «Was soll das heißen? Ich habe nicht die geringste Bewegung mit dem linken Arm gemacht.» Oder: «Wieso? Habe ich den linken Arm bewegt?» Mr. Cooper dagegen blickte mich gelassen an und sagte: «Ich habe gestikuliert, um eine Äußerung zu unterstreichen.» Als ich das Experiment am folgenden Tag wiederholte, sagte er: «Er hat mir wehgetan, daher habe ich ihn bewegt, um mir Erleichterung zu verschaffen.» Da auszuschließen ist, dass Mr. Cooper in dem gleichen Augenblick, wo ich ihn fragte, einen motorischen Befehl an seinen linken Arm geschickt hat, ist aus diesem Experiment zu schließen, dass Verleugnungssysteme nicht nur von einem sensorisch-motorischen Defizit herrühren. Im Gegenteil, das ganze System der den Patienten selbst betreffenden Überzeugungen ist so gründlich aus den Fugen geraten, dass seinen Bemühungen, diese Überzeugungen zu schützen, offenbar keine Grenzen gesetzt sind. Statt verwirrt zu reagieren, wie es bei einem normalen Menschen der Fall wäre, geht er sofort auf meine Täuschung ein, weil das angesichts seiner Weltsicht der einzig mögliche Weg ist.

Das zweite Experiment hatte schon fast diabolischen Charakter. Was würde geschehen, so fragte ich mich, wenn man vorübergehend den rechten Arm eines Verleugnungs-Patienten «lähmte», dessen linker Arm natürlich sowieso gelähmt war. Würde die Verleugnung nun auch seinen rechten Arm einschließen? Die Neglect-Theorie macht hier eine eindeutige Vorhersage – da der Patient nur die linke Seite seines Körpers und nicht die rechte Seite vernachlässigt, müsste er bemerken, dass sich der rechte Arm nicht bewegt, und sagen: «Das ist sehr merkwürdig, Herr Doktor. Mein Arm bewegt sich nicht.» (Aus meiner Theorie ergibt sich dagegen die umgekehrte Vorhersage: Er müsste für diese «Anomalie» unempfänglich sein, weil der Diskrepanzdetektor in seiner rechten Hemisphäre geschädigt ist.)

Zwecks «Lähmung» des rechten Arms eines Verleugnungs-Patienten nahm ich wieder Zuflucht zur Virtuellen Realität

(VR) – ich entwickelte eine neue Spielart des VR-Kastens, den wir in unseren Experimenten mit Phantomgliedern verwendet hatten. Abermals handelte es sich um einen einfachen Pappkarton mit Löchern und Spiegeln, die aber anders angeordnet waren. Unsere erste Versuchsperson war Betty Ward, eine einundsiebzigjährige pensionierte Lehrerin, die geistig sehr regsam war und sich freute, an dem Experiment teilnehmen zu können. Als Betty bequem saß, bat ich sie, sich einen langen grauen Handschuh über die rechte (gesunde) Hand zu ziehen und sie durch ein Loch in der Vorderseite des Kastens zu stecken. Dann forderte ich sie auf, sich vorzubeugen und durch ein Loch oben in dem Kasten auf ihre behandschuhte Hand zu blicken.

Nun setzte ich ein Metronom in Gang und bat Betty, die Hand im Takt mit den tickenden Lauten auf und ab zu bewegen.

«Können Sie sehen, wie sich Ihre Hand bewegt, Betty?»

«Na klar», sagte sie. «Sie ist im Takt.»

Ich forderte Betty auf, die Augen zu schließen. Von ihr unbemerkt, wurde im Kasten ein Spiegel in Position gebracht, während ein studentischer Helfer, der sich unter dem Tisch versteckte, seine in einem grauen Handschuh steckende Hand von hinten in den Kasten führte. Betty dachte, sie blicke wieder auf ihre eigene rechte Hand, sah aber aufgrund des Spiegels nur die Hand des Studenten. Zuvor hatte ich dem Helfer gesagt, die Hand absolut ruhig zu halten.

«Okay, Betty. Schauen Sie wieder hin. Ich setze das Metronom erneut in Gang und möchte, dass Sie Ihre Hand im Takt mit ihm bewegen.»

Tick, tack, tick, tack. Betty bewegte ihre Hand, erblickte in dem Kasten aber eine vollkommen bewegungslose, eine «gelähmte» Hand. Wenn Sie nun dieses Experiment mit normalen Versuchspersonen durchführen, springen sie vom Stuhl auf und rufen: «Mein Gott! Was geht hier vor?» In ihren kühnsten Träumen würden sie nicht darauf kommen, dass sich ein Student unter dem Tisch verbirgt.

«Was sehen Sie, Betty?»

«Wieso? Ich sehe wie vorhin, dass sich meine rechte Hand auf und ab bewegt», erwiderte sie.[8]

Daraus schließe ich, dass Bettys Verleugnung auf ihre rechte Körperseite übergriff – auf die normale Seite, die nicht von dem Neglect betroffen war –, denn warum sonst sollte sie behaupten, sie könne eine bewegungslose Hand in Bewegung sehen? Dieses einfache Experiment widerlegt die Neglect-Theorie der Anosognosie und liefert uns zugleich einen Hinweis zum Verständnis der wirklichen Ursachen des Syndroms. Die Schädigung dieser Patienten betrifft die Art und Weise, wie ihr Gehirn mit einer Diskrepanz der das Körperbild betreffenden sensorischen Input-Daten umgeht. Dabei spielt es keine Rolle, ob sich die Diskrepanz aus den Daten von der linken oder der rechten Körperseite ergibt.

Was wir bei Betty und den anderen bislang erörterten Patienten beobachtet haben, spricht für die Hypothese, dass die linke Hemisphäre eine Konformistin ist, die auf Diskrepanzen mit Gleichgültigkeit reagiert, während die rechte Hemisphäre ihr genaues Gegenteil ist: Sie spricht auf Störungen sehr empfindlich an. Doch unsere Experimente haben nur Indizien für diese Theorie geliefert. Wir brauchen klare Beweise.

Noch vor zehn Jahren hätte man eine solche Hypothese beim besten Willen nicht überprüfen können. Doch mit der Entwicklung der modernen bildgebenden Verfahren – etwa der funktionalen Kernspintomographie (fMRI englisch: *functional magnetic resonance*) und der Positronenemissionstomographie (PET) – haben sich die Forschungsmöglichkeiten beträchtlich erweitert, denn wir können heute das lebendige Gehirn bei seiner Arbeit beobachten. Unlängst haben Ray Dolan, Chris Frith und ihre Kollegen am Queen Square Neurological Hospital für neurologische Erkrankungen in London ein sehr schönes Experiment durchgeführt, und zwar mit dem VR-Kasten, den wir für unsere Patienten mit Phantomgliedern entwickelt hatten. (Wir

DAS GERÄUSCH EINER HAND, DIE KLATSCHT

erinnern uns, es handelt sich um einen einfachen, vertikalen Spiegel, der senkrecht zur Brust des Patienten in einem Pappkarton angebracht ist.) Jede Versuchsperson führte ihren linken Arm in den Kasten ein und schaute auf die linke Seite des Spiegels, sodass sie das Spiegelbild ihres linken Arms erblickte, das die gefühlte Position des rechten Arms überlagerte. Dann wurde die Versuchsperson aufgefordert, beide Hände synchron auf und ab zu bewegen, sodass es keine Diskrepanz gab zwischen dem optischen Erscheinungsbild der bewegten rechten Hand (tatsächlich dem Spiegelbild der linken) und den kinästhetischen Bewegungsempfindungen – in den Gelenken und Muskeln –, die von seiner rechten Hand ausgingen. Wenn sie jetzt jedoch die beiden Hände nicht synchron bewegte – wie es zum Beispiel beim Hundepaddeln geschieht –, ergab sich eine krasse Diskrepanz zwischen dem, was die Hand dem visuellen Eindruck nach tat, und dem, was sie nach dem *Empfinden* der Versuchsperson tat. Durch einen PET-Scan während dieser Tests konnte Chris Frith das Gehirnzentrum lokalisieren, das solche Diskrepanzen registriert. Es handelt sich um ein kleines Gebiet in der rechten Hemisphäre, das Informationen vom rechten Scheitellappen empfängt. Frith nahm daraufhin einen zweiten PET-Scan vor, bei dem die Versuchsperson in der rechten Seite des Spiegels das Bild ihrer rechten Hand erblickte (während sie ihre linke Hand nicht synchron bewegte), sodass die Diskrepanz des Körperbildes nun von der *linken* und nicht der rechten Körperseite zu kommen schien. Sie können sich sicherlich meine Freude vorstellen, als ich von Chris Frith erfuhr, dass im Scanner abermals die rechte Hemisphäre «aufleuchtete». Es scheint also keine Rolle zu spielen, auf welcher Körperseite die Diskrepanz entsteht – der rechten oder der linken –, stets wird die rechte Hemisphäre aktiviert. Das ist ein willkommener Beweis dafür, dass meine «spekulativen» Ideen über Hemisphärenspezialisierung auf dem richtigen Weg sind.

*

Wenn ich meinen Medizinstudenten während der Visite einen Verleugnungs-Patienten präsentiere, lautet eine der häufigsten Fragen, die mir gestellt werden: «Verleugnen die Patienten nur die Lähmung von Körperteilen, oder verleugnen sie auch andere Beeinträchtigungen? Wenn sich der Patient beispielsweise seinen Zeh stößt, leugnet er dann auch den Schmerz und die Schwellung in seinem Zeh? Verleugnet er, dass er ernsthaft krank ist? Wenn er plötzlich einen Migräneanfall hätte, würde er auch den verleugnen?» Viele Neurologen sind diesen Fragen nachgegangen und haben festgestellt, dass ihre Patienten andere Probleme nicht verleugnen – wie meine Patientin Grace, der ich ein Bonbon versprach, falls es ihr gelänge, die Schuhbänder zu binden, vorwurfsvoll erwiderte: «Sie wissen doch genau, dass ich Diabetikerin bin, Herr Doktor. Ich vertrage keine Süßigkeiten.»[9]

Fast alle Patienten, die ich untersucht habe, wissen sehr genau, dass sie einen Schlaganfall gehabt haben, und keiner von ihnen leidet unter dem, was man als «globales Verleugnen» bezeichnen könnte. Es gibt Abstufungen in ihren Überzeugungssystemen – und den mit ihnen einhergehenden Verleugnungen –, die mit dem Ort ihrer Hirnläsionen korrelieren. Wenn die Schädigung auf den rechten Scheitellappen eingegrenzt ist, beschränken sich Konfabulationen und Verleugnungen in der Regel auf das Körperbild. Doch wenn die Schädigung weiter vorne in der rechten Hemisphäre liegt (in einem Gebiet, das als ventromedialer Stirnlappen bezeichnet wird), hat das Verleugnen allgemeineren Charakter. Es ist vielfältiger und dient dem Selbstschutz auf eigenartige Weise. Ich erinnere mich an ein besonders auffälliges Beispiel – einen Patienten namens Bill, der, sechs Monate nachdem man bei ihm einen bösartigen Gehirntumor festgestellt hatte, zu mir in die Sprechstunde kam. Der Tumor war rasch gewachsen und hatte auf seinen rechten Stirnlappen gedrückt, bis er schließlich vom Neurochirurgen entfernt worden war. Leider hatte er sich zu diesem Zeitpunkt bereits ausgebreitet, und man hatte Bill gesagt, dass er wahrscheinlich kein Jahr mehr zu leben habe. Nun war Bill ein sehr gebildeter Mann und hätte eigentlich den Ernst seiner Situation begreifen müssen, doch er zeigte sich völlig unbeeindruckt von ihr und lenkte meine Aufmerksamkeit stattdessen ständig auf eine kleine Pustel auf seiner Wange. Er beklagte sich bitterlich darüber, dass die anderen Ärzte nichts gegen diese Pustel unternommen hätten, und fragte mich, ob ich ihn von ihr befreien könne. Das konnte ich. Als ich dann versuchte, das Gespräch auf den Gehirntumor zu bringen, wich er mir aus und sagte Dinge wie: «Ach, Sie wissen ja, wie sich die Ärzte bei solchen Diagnosen manchmal irren.» Dieser intelligente Mensch fegte einfach alle Beweise vom Tisch, die ihm seine Ärzte geliefert hatten, und tat den Umstand, dass er unter einem Gehirntumor im Endstadium litt, mit ein paar Redensarten ab. Um zu vermeiden, dass er von einer frei flottierenden Angst heimgesucht wurde, wählte er die bequeme Strategie, seine Angst etwas *Greifbarem* zuzuschreiben – und da kam ihm die Pustel gerade recht. Tatsächlich ist dieses übermäßige Interesse für die Pustel das, was Freud als Verschiebung bezeichnet hat, ein versteckter Versuch, die Aufmerksamkeit vom bevorstehenden Tod abzulenken.[10]

Die extremste Wahnvorstellung, die mir jemals zu Ohren gekommen ist, hat Oliver Sacks beschrieben. Es ging um einen Mann, der nachts ständig aus dem Bett fiel. Jedes Mal, wenn er auf den Fußboden krachte, hievten ihn Schwestern und Pfleger wieder ins Bett, worauf sie wenige Augenblicke später erneut einen dumpfen Aufschlag hörten. Nachdem dies mehrfach passiert war, fragte Dr. Sacks den Mann, warum er fortwährend aus dem Bett rolle. Der Mann blickte ihn mit schreckgeweiteten Augen an und sagte: «Diese Medizinstudenten haben mir einen Leichenarm ins Bett gelegt, Herr Doktor, und nun versuche ich ihn Nacht für Nacht loszuwerden!» Weil er nicht zugeben

wollte, dass die gelähmte Gliedmaße zu ihm gehörte, fiel der
Mann jedes Mal auf den Fußboden, wenn er versuchte, sie fort-
zuschieben.

*

Aus den oben erörterten Experimenten geht hervor, dass ein
Verleugnungs-Patient nicht nur versucht, sein Gesicht zu wahren, sondern dass der Prozess des Verleugnens tief in seiner Psyche verankert ist.[11] Doch folgt daraus, dass die Information über
seine Lähmung irgendwo verborgen ist – verdrängt? Oder bedeutet es einfach, dass die Information nicht im Gehirn vorhanden ist? Letztere Annahme erscheint unwahrscheinlich. Wenn
das Wissen nicht vorhanden wäre, warum sagt der Patient dann
Dinge wie: «Ich habe das Schuhband *mit beiden Händen* zugebunden.» Oder: «Ich kann es gar nicht abwarten, endlich mal
wieder einen *two-fisted* Schluck Bier zu nehmen?» Und warum
so ausweichende Bemerkungen wie: «Ich bin mit der linken
Hand noch nie so geschickt gewesen wie mit der rechten»? Äußerungen wie diese verraten, dass «irgendjemand» im Inneren
des Patienten weiß, dass er gelähmt ist, dass aber diese Information dem Bewusstsein entzogen ist. Wenn das stimmt, gibt es
dann irgendeine Möglichkeit, das verbotene Wissen zu erschlie-
ßen?

Um das herauszufinden, griffen wir auf ein einfallsreiches Experiment zurück, das 1987 von dem italienischen Neurologen
Edoardo Bisiach für eine Patientin mit Neglect und Verleugnung
entwickelt wurde. Mit einer Spritze, die mit eiskaltem Wasser
gefüllt war, spülte Bisiach den linken Gehörgang der Patientin –
eine Methode, mit der man die Funktion des Gleichgewichts-
nervs testet. Nach wenigen Sekunden bewegten sich die Augen
der Patientin zitternd hin und her, ein Prozess, der Nystagmus
heißt. Das kalte Wasser löst im Gehörgang einen Konvektions-
strom aus und veranlasst dadurch das Gehirn zu der irrigen

Annahme, der Kopf bewege sich hin und her. Die daraus resultierenden unwillkürlichen Korrekturbewegungen des Auges nennen wir, wie gesagt, Nystagmus. Als Bisiach die Verleugnungs-Patientin dann fragte, ob sie ihre Arme bewegen könne, erwiderte sie ruhig, sie sei nicht imstande, ihren linken Arm zu bewegen! Erstaunlicherweise hatte die Kaltwasserspülung des linken Ohrs ein vollständiges (wenn auch nur vorübergehendes) Abklingen der Anosognosie bewirkt. Als ich von diesem Experiment las, bin ich buchstäblich von meinem Stuhl aufgesprungen. Hier war ein neurologisches Syndrom, das durch eine Läsion des rechten Scheitellappens verursacht wurde, einfach dadurch beseitigt worden, dass man das Ohr mit Wasser ausgespült hatte. Warum hatte dieses erstaunliche Experiment keine Schlagzeile in der *New York Times* bekommen? Tatsächlich stellte ich fest, dass die meisten meiner Zunftkollegen noch nicht einmal von dem Experiment gehört hatten. Daher beschloss ich, die Methode an dem nächsten Anosognosie-Patienten zu erproben, der zu mir in die Praxis kam.

Wie sich herausstellte, war dies Mrs. Macken, eine ältere Frau, die drei Wochen zuvor einen Schlaganfall im rechten Scheitellappen erlitten hatte und seither linksseitig gelähmt war. Ich wollte nicht nur Bisiachs Beobachtung bestätigen, sondern auch das Gedächtnis der Patientin testen – etwas, was bis dahin noch niemand systematisch versucht hatte. Wenn die Patientin plötzlich zugab, dass sie gelähmt war, was würde sie über das frühere Verleugnen sagen? Würde sie die Verleugnung verleugnen? Und wenn sie sie zugab, würde sie sie erklären? Würde sie uns vielleicht erklären können, *warum* sie ihre Behinderung verleugnet hatte? (Oder war das eine absurde Frage?)

Zwei Wochen lang sah ich Mrs. Macken alle drei oder vier Tage, und jedes Mal war unser Gespräch nach dem gleichen Schema verlaufen.

«Können Sie gehen, Mrs. Macken?»

«Ja.»

«Können Sie beide Arme bewegen?»
«Ja.»
«Haben Sie in beiden die gleiche Kraft?»
«Ja.»
«Können Sie Ihre linke Hand bewegen?»
«Ja.»
«Können Sie Ihre rechte Hand bewegen?»
«Ja.»
«Haben Sie in beiden die gleiche Kraft?»
«Ja.»

Nachdem wir diesen Fragenkatalog abgehakt hatten, füllte ich eine Spritze mit eiskaltem Wasser und spritzte es in ihren Gehörgang. Wie erwartet, begannen ihre Augen die charakteristischen ruckartigen Bewegungen zu zeigen. Nach ungefähr einer Minute fragte ich sie:

«Wie fühlen Sie sich, Mrs. Macken?»
«Nun, mein Ohr tut weh. Es ist kalt.»
«Sonst noch etwas? Was ist mit Ihren Armen? Können Sie Ihre Arme bewegen?»
«Natürlich», sagte sie.
«Können Sie gehen?»
«Ja, ich kann gehen.»
«Können Sie beide Arme bewegen? Haben Sie in beiden die gleiche Kraft?»
«Ja, ich habe in beiden die gleiche Kraft.»

Ich begann mich zu fragen, was uns diese italienischen Wissenschaftler da erzählen wollten. Doch auf dem Heimweg wurde mir klar, dass ich die Spülung am falschen Ohr vorgenommen hatte! (Kaltes Wasser im linken Ohr oder warmes Wasser im rechten bewirkt, dass die Augen immer wieder langsam nach links wandern und nach rechts springen. Das Phänomen gehört zu den Dingen, die Ärzte, oder zumindest ich, häufig verwechseln. Ich hatte also unabsichtlich das Kontrollexperiment zuerst durchgeführt!)

Am folgenden Tag wiederholten wir das Experiment mit dem anderen Ohr.

«Wie fühlen Sie sich, Mrs. Macken?»

«Gut.»

«Können Sie gehen?»

«Natürlich.»

«Können Sie die rechte Hand bewegen?»

«Ja.»

«Können Sie die linke Hand bewegen?»

«Ja.»

«Haben Sie in beiden die gleiche Kraft?»

«Ja.»

Nach dem Nystagmus fragte ich erneut: «Wie fühlen Sie sich?»

«Mein Ohr ist kalt.»

«Was ist mit Ihren Armen? Können Sie die Arme bewegen?»

«Nein», erwiderte sie. «Mein linker Arm ist gelähmt.»

Damit hatte sie dieses Wort in den drei Wochen, die seit dem Schlaganfall vergangen waren, zum ersten Mal verwendet.

«Wie lange sind Sie schon gelähmt, Mrs. Macken?»

Sie sagte: «Oh, ständig. Schon die ganze Zeit.»

Das war eine außerordentliche Feststellung, bedeutete sie doch, dass Mrs. Macken, obwohl sie ihre Lähmung während dieser letzten Wochen bei jedem meiner Besuche verleugnet hatte, die Erinnerung an ihre misslungenen Versuche irgendwo im Gehirn abgespeichert hatte. Nur der Zugang zu diesen Erinnerungen war blockiert. Das kalte Wasser wirkte als «Wahrheitsserum», das die verdrängten Erinnerungen an ihre Lähmung wieder zutage förderte.

Eine halbe Stunde später ging ich zu ihr und fragte: «Können Sie Ihre Arme bewegen?»

«Nein, mein linker Arm ist gelähmt.» Obwohl der Nystagmus schon lange abgeklungen war, gab sie die Lähmung noch immer zu.

Zwölf Stunden später suchte einer meiner Studenten sie auf und fragte: «Erinnern Sie sich an Dr. Ramachandran?»
«Aber ja, das ist der indische Arzt.»
«Was hat er mit Ihnen gemacht?»
«Er hat mein linkes Ohr mit Eiswasser gespült, und das hat wehgetan.»
«Sonst noch etwas?»
«Nun ja, er hat einen braunen Schlips mit einem Hirnscan getragen.» Richtig, ich hatte einen Schlips getragen, der als Muster einen PET-Scan hatte. Ihr Gedächtnis arbeitete detailliert und exakt.
«Was hat er Sie gefragt?»
«Er hat mich gefragt, ob ich beide Arme bewegen könne.»
«Und was haben Sie ihm gesagt?»
«Ich habe ihm gesagt, dass ich keine Schwierigkeiten hätte.»
Jetzt verleugnete sie also das frühere Eingeständnis der Lähmung, als ob sie ihr «Drehbuch» vollkommen umgeschrieben hätte. Es war fast so, als hätte sie zwei getrennte bewusste Menschen geschaffen, die wechselseitig amnestisch füreinander waren: die Kaltwasser-Mrs.-Macken, die ehrlich war, die ihre Lähmung eingestand, und die andere Mrs. Macken, die unter dem Verleugnungssyndrom litt und ihre Lähmung hartnäckig abstritt!
Wenn ich die beiden Mrs. Mackens betrachtete, war ich an das kontroverse klinische Syndrom der multiplen Persönlichkeit erinnert, das seine unsterbliche literarische Verkörperung in Dr. Jekyll und Mr. Hyde gefunden hat. Ich sage kontrovers, weil die Mehrzahl meiner nüchternen Kollegen bezweifelt, dass es das Syndrom überhaupt gibt, und wohl eher zu der Auffassung neigt, es handle sich um eine krasse Form des «Rollenspiels». Doch was wir bei Mrs. Macken gesehen haben, lässt darauf schließen, dass es durchaus zu einer weitgehenden Abschottung des einen Persönlichkeitsanteils von dem anderen kommen kann, obwohl beide in einem Körper wohnen.

Um zu verstehen, was hier vor sich geht, wollen wir noch einmal zu unserem General in der Kommandozentrale zurückkehren. Ich habe diesen Vergleich verwendet, um darzulegen, dass es eine Art Kohärenz produzierenden Mechanismus in der linken Hemisphäre gibt – den General –, der Anomalien unterbindet, die Entstehung eines einheitlichen Überzeugungssystems fördert und weit gehend verantwortlich ist für die Unversehrtheit und Stabilität des Selbst. Doch was ist, wenn jemand mit mehreren Anomalien konfrontiert wird, die im Widerspruch zu seinem ursprünglichen Überzeugungssystem stehen, aber trotzdem in sich schlüssig sind? Wie Seifenblasen wachsen sie zu einem neuen Überzeugungssystem zusammen, das mit dem bisherigen Drehbuch gar nichts zu tun hat – der Beginn einer multiplen Persönlichkeit. Vielleicht ist Balkanisierung besser als Bürgerkrieg. Den Widerstand der kognitiven Psychologen gegen dieses Phänomen finde ich einigermaßen erstaunlich angesichts der Tatsache, dass sogar normale Menschen von Zeit zu Zeit solche Erlebnisse haben. Ich erinnere mich an einen Traum, in dem mir jemand einen sehr komischen Witz erzählt hatte. Ich hatte lauthals lachen müssen, was zu dem Schluss führt, dass während des Traumes zumindest zwei wechselseitig amnestische Persönlichkeiten in mir existiert haben müssen. Nach meiner Ansicht ist das ein «Beweis» für die Plausibilität der multiplen Persönlichkeit.[12]

Bleibt die Frage: Warum hat das kalte Wasser einen scheinbar so wundersamen Effekt in Mrs. Macken ausgelöst? Eine Möglichkeit wäre, dass es die rechte Hemisphäre «erregt». Vom Gleichgewichtsnerv (*Nervus vestibularis*) gibt es Verbindungen, die auf den vestibulären Kortex im rechten Scheitellappen und auf andere Gebiete der rechten Hemisphäre projizieren. Eine Aktivierung dieser Schaltkreise in der rechten Hemisphäre lenkt die Aufmerksamkeit des Patienten auf die linke Seite und lässt ihn bemerken, dass sein linker Arm leblos ist. So erkennt der Patient zum ersten Mal, dass er gelähmt ist.

Diese Deutung dürfte zumindest teilweise richtig sein, doch ich möchte noch eine andere, etwas spekulativere Hypothese ins Spiel bringen: die Idee, dass dieses Phänomen in irgendeiner Weise mit der Phase der raschen Augenbewegungen (REM) oder der Traumphase (paradoxer Schlaf) zu tun hat. Ein Drittel seines Lebens verschläft der Mensch, und fünfundzwanzig Prozent dieser Zeit bewegt er die Augen, während er lebhafte, emotionale Träume erlebt. In diesen Träumen werden wir häufig mit unangenehmen, bestürzenden Aspekten unserer selbst konfrontiert. Sowohl in der Kaltwasserphase wie in der REM-Phase kommt es zu raschen Augenbewegungen und zu unangenehmen, normalerweise der Zensur unterliegenden Erinnerungen, was möglicherweise keine zufällige Übereinstimmung ist. Freud glaubte, dass wir in Träumen psychische Inhalte heraufholen, die wir normalerweise nicht zulassen. Es stellt sich die Frage, ob Gleiches geschieht, wenn das Ohr mit kaltem Wasser gereizt wird. Auch auf die Gefahr hin, dass wir den Vergleich überziehen, wollen wir wieder unseren General aufsuchen, den wir am folgenden Abend in seinem Schlafzimmer antreffen, ein Glas Kognac in der Hand. Jetzt hat er Zeit, um sich in Muße den Bericht des Kundschafters anzusehen, der ihm um 5 Uhr 55 überbracht wurde. Vielleicht entspricht diese Sichtung und Deutung dem, was wir Traum nennen. Wenn ihm der Bericht sinnvoll erscheint, entschließt er sich möglicherweise, ihn im Schlachtplan des nächsten Tages zu berücksichtigen. Wenn der Bericht keinen Sinn ergibt oder zu beunruhigend ist, legt er ihn in die Nachttischschublade und versucht ihn zu vergessen. Das ist wahrscheinlich der Grund, warum wir uns nur an die wenigsten Träume erinnern können. Ich glaube, dass die vestibuläre Reizung durch die Kaltwasser-Ohrspülung denselben Schaltkreis aktiviert, der den REM-Schlaf hervorruft. Das ermöglicht dem Patienten, unangenehme, beunruhigende Aspekte seines Selbst – einschließlich der Lähmung – zu entdecken, die er im Wachzustand gewöhnlich verdrängt.

Das ist natürlich eine sehr spekulative Annahme, die kaum mehr als zehn Prozent Wahrscheinlichkeit für sich beanspruchen dürfte. (Meine Kollegen würden ihr wohl nur ein Prozent zubilligen!) Aber sie führt zu einer einfachen, überprüfbaren Vorhersage. Patienten mit dem Verleugnungssyndrom müssten *träumen, dass sie gelähmt sind.* Wenn man sie während einer REM-Phase aufweckte, würden sie ihre Lähmung unter Umständen noch eine Zeit lang zugeben, bevor das Verleugnungssyndrom wieder von ihnen Besitz ergriffe. Erinnern wir uns, dass die Wirkung des durch Temperaturreize hervorgerufenen Nystagmus – Mrs. Mackens Eingeständnis der Lähmung – das Abklingen des Nystagmus um mindestens dreißig Minuten überdauerte.[13]

Kannst nichts ersinnen für ein krank Gemüt?
Tief wurzelnd Leid aus dem Gedächtnis reuten?
Die Qualen löschen, die ins Gehirn geschrieben?
Und mit Vergessens süßem Gegengift
Die Brust entled'gen jener gift'gen Last,
Die schwer das Herz bedrückt?
SHAKESPEARE, Macbeth, V 3

Zu Recht hat man das Gedächtnis als den Heiligen Gral der Neurowissenschaft bezeichnet. Obwohl schon viele dicke Bände mit diesem Thema gefüllt worden sind, wissen wir in Wirklichkeit herzlich wenig darüber. Der größte Teil der Arbeiten, die sich in den letzten Jahrzehnten mit diesem Thema beschäftigt haben, lässt sich in zwei Kategorien unterteilen. Die eine befasst sich mit der Entstehung der Gedächtnisspuren, die man auf konkrete Veränderungen der Synapsen und chemische Prozesse in den Nervenzellen zurückführt. Die zweite gründet sich auf Untersuchungen an Patienten wie H. M. (von dem in Kapitel 1 die Rede war). Bei ihm wurde aufgrund einer schweren Epilepsie der Hippocampus entfernt, mit dem Erfolg, dass er nach dem Eingriff keine neuen Erinnerungen mehr anlegen konnte, obwohl er sich nach wie vor an die meisten Ereignisse vor der Operation erinnern konnte.

Experimente an Zellen und an Patienten wie H. M. vermitteln uns gewisse Erkenntnisse über die Anlage neuer Gedächtnisspuren, sind aber überhaupt nicht in der Lage, die ebenso wichtigen narrativen oder konstruktiven Aspekte des Gedächtnisses zu erfassen. Wie wird der einzelne Inhalt bearbeitet und zensiert (wenn erforderlich), bevor er entsprechend dem Wann und Wo seines Auftretens katalogisiert wird? Wie werden diese Erinnerungen nach und nach unserem «autobiographischen Selbst» eingegliedert, sodass sie ein Teil dessen werden, der wir sind? Diese eher unauffälligen Aspekte des Gedächtnisses sind bei normalen Menschen natürlich schwierig zu untersuchen, doch ich dachte, dass sie bei Patienten wie Mrs. Macken, die «verdrängen», was nur wenige Minuten zuvor passiert ist, durchaus zu untersuchen sein müssten.

Um dieses neue Gelände zu erkunden, braucht man noch nicht einmal Eiswasser. Wie ich feststellte, konnte ich einige Patienten einfach durch freundlichen Nachdruck zu dem Einverständnis bewegen, dass der linke Arm «seinen Dienst versage», «schwach» oder sogar «gelähmt» sei (obwohl sie dieses Eingeständnis nicht zu beunruhigen schien). Wenn ich es schaffte, einem Verleugnungs-Patienten eine solche Feststellung zu entlocken, das Krankenzimmer verließ und zehn Minuten später zurückkehrte, hatte der Patient keinerlei Erinnerung an sein «Bekenntnis», als litte er unter einer Art selektiven Amnesie für Angelegenheiten, die seinen linken Arm betrafen. Eine Frau, die zehn Minuten lang weinte, als ihr klar wurde, dass sie gelähmt war (eine «Katastrophenreaktion»), konnte sich einige Stunden später nicht an dieses Ereignis erinnern, obwohl es ein emotional besetztes und einprägsames Geschehen gewesen sein dürfte. Damit kam sie der Freud'schen Verdrängung sehr nahe.

Der natürliche Verlauf des Verleugnungssyndroms liefert uns

DAS GERÄUSCH EINER HAND, DIE KLATSCHT

eine weitere Methode zur Untersuchung der Gedächtnisfunktionen. Aus Gründen, die wir noch nicht kennen, klingt bei den meisten Patienten das Verleugnungssyndrom nach zwei oder drei Wochen vollständig ab, obwohl ihre Gliedmaßen fast noch immer gelähmt oder extrem schwach sind. (Wäre es nicht wunderbar, wenn Alkoholiker oder Magersüchtige, die die schreckliche Wahrheit über ihre Trunksucht oder ihr gestörtes Körperbild so vehement bestreiten, das Verleugnen derart rasch überwinden würden? Ich frage mich, ob das nicht vielleicht durch eine Eiswasserspülung im linken Gehörgang zu bewerkstelligen wäre.) Was wäre, wenn ich zu einem Patienten ginge, der seine Verleugnungsphase «hinter» sich hätte, und ihn fragte: «Was haben Sie gesagt, als ich Sie letzte Woche besucht und Sie nach Ihrem linken Arm gefragt habe?» Würde er zugeben, dass er seine Lähmung verleugnet hatte?

Die erste Patientin, die ich danach befragte, war Mumtaz Shah, die ihre Lähmung nach ihrem Schlaganfall fast einen Monat lang geleugnet hatte, bevor sie sich vollständig von dem Verleugnungssyndrom erholte (wenn auch nicht von der Lähmung). Ich begann mit der üblichen Frage: «Mrs. Shah, erinnern Sie sich an mich?»

«Ja, Sie haben mich im Mercy Hospital untersucht. Sie sind immer mit den beiden Schwesternschülerinnen Becky und Susan gekommen.» (Das stimmte alles. Bis zu diesem Punkt arbeitete ihr Gedächtnis zuverlässig.)

«Erinnern Sie sich, dass ich Sie nach Ihren Armen gefragt habe? Was haben Sie dazu gesagt?»

«Ich habe Ihnen gesagt, dass mein linker Arm gelähmt ist.»

«Erinnern Sie sich, dass ich Sie mehrere Male aufgesucht habe? Was haben Sie jedes Mal, wenn ich kam, gesagt?»

«Mehrere Male, mehrere Male – ja, ich habe immer das Gleiche gesagt, dass ich gelähmt bin.»

(Tatsächlich hatte sie mir jedes Mal gesagt, dass mit ihrem Arm alles in Ordnung sei.)

«Denken Sie nach, Mumtaz. Wissen Sie nicht mehr, dass Sie mir gesagt haben, Ihr linker Arm sei in Ordnung, er sei nicht gelähmt?»

«Aber, Herr Doktor, wenn ich das gesagt hätte, würde das ja bedeuten, dass ich lüge, und ich bin keine Lügnerin.»

Offenbar hatte Mumtaz die vielen Verleugnungsepisoden verdrängt, zu denen es bei meinen häufigen Visiten im Krankenhaus gekommen war.

Genauso erging es mir mit Jean, einer anderen Patientin, die ich im San Diego Rehabilitation Center aufsuchte. Wir gingen den üblichen Fragenkatalog durch.

«Können Sie den rechten Arm bewegen?»

«Aber ja.»

«Können Sie den linken Arm bewegen?»

«Ja.»

Doch als ich zur Frage kam: «Haben Sie in beiden Armen die gleiche Kraft?», sagte Jean: «Nein, mein linker Arm ist kräftiger.»

Ich bemühte mich, meine Überraschung zu verbergen, und zeigte auf einen Mahagonitisch und fragte sie, ob sie ihn mit der rechten Hand anheben könne.

«Ich denke, ja», sagte sie.

«Wie hoch könnten Sie ihn heben?»

Sie schätzte den Tisch ab, der an die vierzig Kilo wiegen mochte, schob nachdenklich die Lippen vor und sagte: «Na, ich denke, ich könnte ihn einen Zentimeter hoch heben.»

«Können Sie den Tisch mit der linken Hand anheben?»

«Aber natürlich», erwiderte Jean. «Ich könnte ihn anderthalb Zentimeter hoch heben.»

Sie hob die rechte Hand und zeigte mir mit Daumen und Zeigefinger, wie hoch sie den Tisch mit ihrer leblosen linken Hand heben könnte. Auch hier handelte es sich um eine «Reaktionsbildung».

Doch am folgenden Tag war Jeans Verleugnungssyndrom abgeklungen, woraufhin sie ihre Worte nicht mehr wahrhaben wollte.

«Erinnern Sie sich noch, Jean, dass ich Sie gestern etwas gefragt habe?»

«Ja», sagte sie und nahm die Brille mit der rechten Hand ab.

«Sie haben mich gefragt, ob ich den Tisch mit der rechten Hand anheben könne, und ich habe gesagt, ich könne ihn ungefähr einen Zentimeter anheben.»

«Was haben Sie von Ihrer linken Hand gesagt?»

«Ich habe gesagt, ich könne meine linke Hand nicht bewegen.» Sie warf mir einen verwirrten Blick zu.[14]

*

Das «Verleugnungsmodell», das wir oben betrachtet haben, liefert eine Teilerklärung sowohl für die unauffälligen Formen des Verleugnens, die wir alle praktizieren, als auch für die vehementen Proteste der Verleugnungs-Patienten. Das Modell beruht auf dem Gedanken, dass die linke Hemisphäre versucht, um jeden Preis für ein in sich schlüssiges Weltverständnis zu sorgen, und dazu von Zeit zu Zeit Informationen ausblenden muss, die eine potenzielle «Gefahr» für die Stabilität des Selbst darstellen.

Doch was würde sein, wenn es uns gelänge, diese «unerfreuliche» Tatsache etwas akzeptabler zu machen – weniger bedrohlich für das Überzeugungssystem des Patienten? Würde er dann bereit sein, die Lähmung seines linken Arms anzuerkennen? Mit anderen Worten, war es möglich, sein Verleugnungssyndrom einfach dadurch zu heilen, dass man die Struktur seines Überzeugungssystems veränderte?

Ich begann mit einer flüchtigen Untersuchung der Patientin Nancy. Dann zeigte ich ihr eine Spritze mit einer Salzlösung und sagte: «Im Rahmen Ihrer neurologischen Untersuchung möchte ich Ihnen ein Betäubungsmittel in den linken Arm injizieren. Danach wird Ihr linker Arm *einige Minuten lang* gelähmt sein.»

Nachdem ich mich vergewissert hatte, dass Nancy meine Ankündigung verstanden hatte, «injizierte» ich ihrem Arm das Salzwasser.

Es ging mir um die Frage: Würde sie plötzlich zugeben, dass sie gelähmt war, nachdem ihr diese Tatsache akzeptabler gemacht worden war, oder würde sie sagen: «Ihre Injektion wirkt nicht; ich kann meinen linken Arm noch immer wunderbar bewegen»? Das ist ein hübsches Experiment zum Überzeugungssystem eines Menschen, ein Forschungsfeld, das ich, um die Philosophen ein bisschen zu ärgern, *experimentelle Erkenntnistheorie* getauft habe.

Nancy blieb einen Augenblick still sitzen und wartete auf die «Wirkung» der «Injektion», während ihre Augen in meinem Sprechzimmer umherwanderten und die alten Mikroskope betrachteten, die ich dort aufgestellt habe. Schließlich fragte ich sie: «Nun, können Sie Ihren linken Arm bewegen?» «Nein», erwiderte sie, «er scheint mir den Dienst vollkommen zu verweigern. Er bewegt sich nicht.» Offenbar hatte meine Placebo-Injektion gewirkt, denn nun konnte sie die Tatsache akzeptieren, dass ihr linker Arm gelähmt war.

Doch wie konnte ich ausschließen, dass dafür nicht nur mein unwiderstehlicher Charme verantwortlich war? Vielleicht hatte ich Nancy durch «Hypnose» dazu gebracht, die Lähmung ihres Arms zu akzeptieren. Daher führte ich das nahe liegende Kontrollexperiment durch: Ich wiederholte die gleiche Prozedur mit ihrem rechten Arm. Nach zehn Minuten erschien ich wieder in ihrem Zimmer. Nachdem wir kurz über verschiedene Dinge geplaudert hatten, erklärte ich: «Im Rahmen der neurologischen Untersuchung werde ich Ihnen dieses örtliche Betäubungsmittel in den rechten Arm injizieren. Nach der Spritze wird Ihr rechter Arm einige Minuten lang gelähmt sein.» Ich verabreichte ihr die Injektion mit derselben Spritze, die die gleiche Salzlösung enthielt, wartete ein bisschen und fragte: «Können Sie Ihren rechten Arm bewegen?» Nancy blickte hinab, hob die rechte Hand ans Kinn und sagte: «Ja, sie bewegt sich. Sehen Sie selbst.» Ich

DAS GERÄUSCH EINER HAND, DIE KLATSCHT

heuchelte Überraschung: «Wie ist das möglich? Ich habe Ihnen das gleiche Betäubungsmittel injiziert, das wir für den linken Arm genommen haben!» Ungläubig schüttelte sie den Kopf und erwiderte: «Ich weiß nicht, Herr Doktor. Ich nehme an, der Geist ist stärker als die Materie. Davon war ich schon immer überzeugt.»[15]

> Was wir vernünftige Gründe für unsere Überzeugungen
> nennen, sind oft äußerst unvernünftige Versuche, unsere
> Instinkte zu rechtfertigen.
> *THOMAS HENRY HUXLEY*

Als ich vor ungefähr fünf Jahren mit diesen Forschungsarbeiten anfing, hatte ich nicht das geringste Interesse an Sigmund Freud. (Er hätte es vielleicht als Verleugnen bezeichnet.) Wie die meisten meiner Kollegen begegnete ich seinen Ideen mit großer Skepsis. Die gesamte neurowissenschaftliche Gemeinschaft misstraut ihm zutiefst, weil er ausschließlich Aspekte der menschlichen Natur beschrieben hat, die zwar plausibel klingen, sich aber einer empirischen Überprüfung entziehen. Doch nachdem ich mit diesen Patienten gearbeitet hatte, wurde mir rasch klar, dass Freud, auch wenn er viel Unsinn geschrieben haben mag, zweifellos ein Genie war, zumal wenn wir das gesellschaftliche und geistige Klima im Wien der Jahrhundertwende berücksichtigen. Als einer der Ersten hat Freud die Auffassung vertreten, dass die menschliche Natur einer systematischen wissenschaftlichen Untersuchung zugänglich gemacht werden könne, dass man die Gesetze des geistigen Lebens auf die gleiche Weise erforschen könne, wie ein Kardiologe die Herzfrequenz oder ein Astronom die Planetenbewegung ermittele. Heute halten wir das alles für selbstverständlich, doch damals war es eine revolutionäre Erkenntnis. Kein Wunder, dass sein Name zu einem geläufigen Begriff geworden ist.

Besondere Bedeutung hat Freuds Entdeckung, dass unser Bewusstsein nur eine Fassade ist und dass uns neunzig Prozent dessen, was in unserem Gehirn geschieht, verborgen bleibt. (Ein schlagendes Beispiel dafür ist der Zombie aus Kapitel 4.) Und im Hinblick auf die psychologischen Abwehrmechanismen hat Freud vollkommen richtig gelegen. Kann irgendjemand die Realität von «nervösem Lachen» oder «Rationalisierungen» bestreiten? Interessanterweise verwenden wir diese geistigen Tricks unablässig. Dabei sind wir uns ihrer nicht bewusst und würden sie wahrscheinlich vehement verleugnen, wenn man uns mit der Nase darauf stieße. Doch wenn wir jemand anders dabei beobachten, fallen sie geradezu lächerlich deutlich ins Auge – oft sogar in peinlicher Weise. Natürlich ist das jedem guten Dramatiker oder Romancier bewusst (lesen Sie nur Shakespeare oder Jane Austen), aber Freud darf für sich beanspruchen, dass er als Erster auf die Bedeutung dieser psychologischen Abwehrmechanismen für die Organisation unseres psychischen Lebens hingewiesen hat. Leider sind die theoretischen Konstrukte, die er entworfen hat, um die Abwehrmechanismen zu erklären, nebulös und unüberprüfbar. Häufig ist er unklar in seiner Terminologie und geradezu zwanghaft in seiner Bereitschaft, der Sexualität zentrale Bedeutung für die Erklärung menschlichen Verhaltens einzuräumen. Außerdem hat er nie ein Experiment durchgeführt, um seine Theorien zu bestätigen.

Doch diese Verleugnungs-Patienten führen uns deutlich vor Augen, wie diese Mechanismen funktionieren – wir erwischen sie gewissermaßen auf frischer Tat. Man kann eine Liste der vielen Selbsttäuschungen aufstellen, die Sigmund und Anna Freud beschrieben haben, und für jede einzelne deutliche, überzeichnete Beispiele an unseren Patienten beobachten. Der Anblick dieser Liste überzeugte mich zum ersten Mal von der Realität der psychologischen Abwehrmechanismen und der zentralen Rolle, die sie im psychischen Haushalt des Menschen spielen.

o *Verleugnen:* Am auffälligsten ist natürlich glattes Leugnen. «Mein Arm ist vollkommen in Ordnung. Ich kann meinen linken Arm bewegen – er ist nicht gelähmt.»

o *Verdrängen:* Wie gesehen, gibt der Patient nach wiederholten Fragen zu, dass er tatsächlich gelähmt ist, um gleich darauf wieder ins Verleugnen zu verfallen. Anscheinend «verdrängt» er die Erinnerung an das Eingeständnis, das er nur wenige Minuten zuvor gemacht hat. Viele kognitive Psychologen vertreten die Auffassung, dass verdrängte Erinnerungen, zum Beispiel die plötzliche Erinnerung an sexuellen Missbrauch in der Kindheit, prinzipiell falsch sind – die Ernte psychologischer Samen, die der Therapeut eingepflanzt und der Patient zum Blühen gebracht hat. Doch wir haben hier den Beweis, dass in den geschilderten Fällen ein ähnlicher Vorgang wie Verdrängung stattfindet, wenn auch auf kürzerer Zeitskala, und zwar, ohne dass das Verhalten des Patienten in unzulässiger Weise von dem Versuchsleiter beeinflusst worden wäre.

o *Reaktionsbildung:* Das ist die Neigung, von sich selbst das Gegenteil der geahnten Wahrheit zu behaupten. So könnte ein latenter Homosexueller in dem unbewussten Versuch, seine angebliche Virilität zu unterstreichen, literweise Bier trinken, in Cowboystiefeln herumlaufen und den Macho herauskehren. Tatsächlich geht aus einer kürzlich durchgeführten Studie hervor, dass bei der Darbietung von pornographischen Filmen für männliche Homosexuelle Männer, die erklärte Schwulenhasser waren, paradoxerweise größere Erektionen bekamen als Männer, die keine solchen Vorurteile erkennen ließen. (Wenn Sie sich fragen, wie die Erektionen gemessen wurden – die Forscher verwendeten dazu ein Gerät, das sie penilen Plethysmographen nennen.)

Das erinnert mich an Jean – die Frau, die sagte, sie könne einen schweren Tisch mit ihrem rechten Arm einen Zentimeter vom Boden anheben, und dann auf eine entsprechende Frage hin erklärte, dass ihre gelähmte linke Hand kräftiger sei als die rechte und dass sie daher den Tisch mit der Linken anderthalb Zentimeter anheben könne. Auch Mrs. Dodds kommt mir dabei ins Gedächtnis, die auf die Frage, ob sie ihren Schnürsenkel zugebunden habe, antwortete: «Ja, ich habe den Schnürsenkel mit *beiden* Händen zugebunden.» Das sind schlagende Beispiele für Reaktionsbildung.

○ *Rationalisierung:* Dafür haben wir viele Beispiele in diesem Kapitel gesehen. «Ach, Herr Doktor, ich habe meinen Arm nicht bewegt, weil ich Arthritis in der Schulter habe und er mir wehtut.» Oder die Äußerung einer anderen Patientin: «Ach, wissen Sie, Herr Doktor, diese Medizinstudenten haben den ganzen Tag an mir herumgedrückt und gezerrt. Ich möchte meinen Arm jetzt wirklich nicht mehr bewegen.»

Auf die Aufforderung, beide Hände zu heben, hob ein Mann die rechte Hand hoch in die Luft und sagte, als er bemerkte, dass mein Blick unverwandt auf seine bewegungslose linke Hand gerichtet war: «Hm, wie Sie sehen, stütze ich meinen rechten Arm mit der linken Hand ab.»

In selteneren Fällen haben wir es mit unverhohlener Konfabulation zu tun.

«Ich berühre Ihre Nase mit der linken Hand.»

«Natürlich klatsche ich in die Hände.»

○ *Humor:* Sogar Humor kann Entlastung bringen – nicht nur für diese Patienten, sondern für uns alle –, wie Freud sehr wohl wusste. Denken Sie nur an das so genannte nervöse Lachen und die vielen Male, wo Sie eine heikle Situation mit Humor gerettet haben. Ist es im Übrigen Zufall, dass viele Witze potenziell bedrohliche Themen wie Tod und Sexualität behandeln? Nachdem ich mich mit diesen Patienten beschäftigt habe, bin ich davon überzeugt, dass die wirksamste Waffe gegen die Absurdität der menschlichen Situation wohl der Humor ist und nicht die Kunst.

Ich erinnere mich an einen Patienten, der Professor für englische Literatur war und den ich aufforderte, seinen gelähmten linken Arm zu bewegen. «Können Sic meine Nase mit der linken Hand berühren, Mr. Sinclair?»

«Ja.»

«Gut, dann beweisen Sie es mir. Berühren Sie sie.»

«Ich bin nicht daran gewöhnt, Befehle entgegenzunehmen, Doktor.»

Verblüfft fragte ich ihn, ob das scherzhaft oder sarkastisch gemeint sei.

«Nein, es ist mir vollkommen ernst. Mir ist nicht nach Scherzen zumute. Warum fragen Sie?»

Obwohl in den Antworten der Patienten oft eine Art Galgenhumor zum Ausdruck kommt, scheinen sie sich dieser Tatsache nicht bewusst zu sein.

Ein anderes Beispiel: «Können Sie meine Nase mit der linken Hand berühren, Mrs. Franco?»

«Ja, aber sehen Sie sich vor, ich könnte Ihnen ein Auge ausstechen.»

O *Projektion:* Bei dieser Taktik umgeht der Patient das Eingeständnis einer Krankheit oder Behinderung, indem er sie jemand anders zuschreibt. «Dieser gelähmte Arm gehört nicht mir, sondern meinem Bruder, denn ich weiß genau, dass mein Arm völlig in Ordnung ist.» Ich überlasse den Psychoanalytikern die Entscheidung, ob dies wirklich ein Fall von Projektion ist. Ich für meinen Teil finde, dass dieses Verhalten der Sache ziemlich nahe kommt.

*

Diese Patienten verwenden also die gleichen Freud'schen Abwehrmechanismen – Verleugnung, Rationalisierung, Konfabulation, Verdrängung, Reaktionsbildung und so fort –, deren wir uns alle täglich bedienen. Mir ist klar geworden, dass sich damit eine ideale Möglichkeit bietet, die Freud'schen Theorien zum ersten Mal wissenschaftlich zu überprüfen. Ein solcher Patient ist ein Mikrokosmos der menschlichen Natur, aber insofern «besser», als seine Abwehrmechanismen auf einer verkürzten Zeitskala und zehnfach verstärkt auftreten. Damit können wir Experimente durchführen, von denen die Psychoanalytiker bisher nur geträumt haben. Beispielsweise können wir die Frage untersuchen, wodurch der besondere Abwehrmechanismus bestimmt wird, der in einer gegebenen Situation zur Anwendung kommt. Warum entscheidet man sich in der einen Situation zu einer glatten Verleugnung und in einer anderen zu einer Rationalisierung oder Reaktionsbildung? Wird durch unseren (oder des Patienten) Persönlichkeitstyp entschieden, welcher Abwehrmechanismus eingesetzt wird? Oder ist das soziale Umfeld der entscheidende Faktor? Verwenden wir eine Strategie mit sozial besser Gestellten und eine andere mit sozial schlechter Gestellten? Mit anderen Worten, welchen «Gesetzen» gehorchen die psychologischen Abwehrmechanismen? Wir sind noch weit davon entfernt, diese Fragen beantworten zu können,[16] doch ich finde den Gedanken aufregend, dass wir uns jetzt als Wissenschaftler auf Gebiete wagen können, die bislang nur Schriftstellern und Philosophen vorbehalten waren.

Können wir diese Entdeckungen in der Zwischenzeit vielleicht für die klinische Praxis nutzen? Die Wahnvorstellungen eines Patienten durch eine Kaltwasserspülung zurechtzurücken mag faszinierend sein, aber hat das irgendwelchen Nutzen für die Patienten? Könnte eine wiederholte Spülung Mrs. Macken vom Verleugnungssyndrom «heilen» und in ihr die Bereitschaft wecken, an der Rehabilitation mitzuarbeiten? Ich fragte mich auch, ob sich damit etwas bei *Anexoria nervosa* (Pubertätsmagersucht) ausrichten lasse. Diese Patienten haben Essstörungen, aber auch Wahnvorstellungen in Bezug auf ihr Körperbild. Sie behaupten, sie könnten bei einem Blick in den Spiegel das Fett «sehen», obwohl sie bemitleidenswert abgemagert sind. Ist die Essstörung (die mit dem Ernährungs- und Sättigungszentrum im Hypothalamus verknüpft ist) primär, oder wird sie durch die Verzerrung des Körperbildes verursacht? Wie wir im letzten Kapitel gesehen haben, waren einige der Neglect-Patienten tatsächlich der Meinung, das Objekt im Spiegel sei «wirklich» – ihre sensorischen Störungen führten zu Veränderungen in ihrem Überzeugungssystem. Bei Verleugnungs- oder Anosognosie-Patienten ist häufig eine ähnliche Verzerrung ihrer Überzeugungen zu beobachten, die der Anpassung an ihr verzerrtes Körperbild dienen. Könnten solche Mechanismen an der Anexorie beteiligt sein? Wir wissen, dass bestimmte Teile des limbischen Systems, etwa der insuläre Kortex, mit den hypothalamischen «Appetitzentren» verknüpft sind und dass Teile der Schläfenlappen für das Körperbild zuständig sind. Es ist durchaus denkbar, dass die Mengen, die Sie über einen längeren Zeitraum essen, Ihre Überzeugung, dass Sie zu dick oder zu dünn seien, die Wahrnehmung Ihres Körperbildes und Ihr Appetit – dass all diese Dinge in Ihrem Gehirn viel enger zusammenhängen, als Ihnen klar ist. Ist also denkbar, dass eine Verzerrung in einem dieser Systeme auf alle anderen übergreift? Diese Hypothese lässt sich unmittelbar überprüfen, indem man an einer Anorexie-Patientin eine Kaltwasserspülung des Gehörgangs vornimmt (um zu sehen, ob dadurch ihre Wahnvorstellung in Bezug auf ihr Körperbild vorübergehend aufgehoben werden kann). Der Vorschlag mag zwar ein bisschen weit hergeholt erscheinen, ist aber durchaus einen Versuch wert, wenn man bedenkt, wie mühelos die Methode ist und wie wenig sich gegen die Anexorie ausrichten lässt. Immerhin verläuft die Störung in rund zehn Prozent der Fälle tödlich.

*

Heute ist es ein beliebter intellektueller Zeitvertreib, Freud niederzumachen (obwohl er in New York und London durchaus noch seine Fan-Gemeinde hat). Doch wie wir in diesem Kapitel gesehen haben, verdanken wir ihm durchaus einige scharfsinnige Erkenntnisse über die menschliche Natur. Seine Ausführungen über die psychologischen Abwehrmechanismen treffen direkt ins Schwarze, wenn wir auch keine Ahnung haben, warum sie sich entwickeln oder durch welche neuronalen Mechanismen sie vermittelt werden. Weniger bekannt, aber ebenso interessant ist die Idee, die Freud vorgebracht hat, als er behauptete, er habe den wichtigsten gemeinsamen Nenner aller großen wissenschaftlichen Revolutionen entdeckt: Überraschenderweise tragen sie alle zur Demütigung des «Menschen» bei, Stück um Stück demontieren sie ihn als Mittelpunkt des Kosmos. Die erste sei, so Freud, die kopernikanische Revolution gewesen. Da sei das geozentrische Weltbild durch die Vorstellung ersetzt worden, dass die Erde nur ein Staubkorn im Kosmos ist.

Die zweite sei die darwinistische Revolution gewesen, nach der wir mickrige, haarlose, in der embryonalen Entwicklung stecken gebliebene Affen sind. Zufällig haben wir ein paar Merkmale entwickelt, die, zumindest vorübergehend, für den Erfolg unserer Art gesorgt haben.

Die dritte große wissenschaftliche Revolution sei, so Freuds (bescheidene) Behauptung, die eigene Entdeckung des Unbewussten und die damit verbundene Einsicht, dass die Überzeugung des Menschen, die «Kontrolle» zu haben, eine Illusion sei. Freud meinte, all unser Tun werde von einem Hexenkessel unbewusster Gefühle, Triebe und Motive gesteuert, während das, was wir Bewusstsein nennten, nur die Spitze eines Eisbergs sei, eine nachgeschobene Rationalisierung all unseres Handelns.

Ich denke, Freud hat damit den gemeinsamen Nenner der großen wissenschaftlichen Revolutionen sehr richtig erkannt. Allerdings erklärt er nicht, warum das so ist – warum sollte der Mensch Gefallen daran finden, sich selbst zu «demütigen» oder zu entthronen? Was bringt es ihm, wenn er das neue Weltbild akzeptiert, das ihn in ein schlechteres Licht setzt?

An dieser Stelle können wir selbst eine Freud'sche Interpretation versuchen und nach dem Grund fragen, warum Kosmologie, Evolution und Neurowissenschaft so attraktiv sind, nicht nur für die Fachleute, sondern auch für das breite Publikum. Im Gegensatz zu anderen Tieren sind sich die Menschen der eigenen Sterblichkeit schmerzlich bewusst und haben Angst vor dem Tod. Doch die Beschäftigung mit der Kosmologie vermittelt uns ein Gefühl der Zeitlosigkeit, das Empfinden, Teil eines viel größeren Ganzen zu sein. Die Tatsache, dass das eigene, private Leben endlich ist, erschreckt weniger, wenn man weiß, dass man Teil eines in steter Entwicklung befindlichen Universums ist – eines unendlich sich entfaltenden Geschehens. Ein solches Empfinden ist wahrscheinlich die größte Annäherung an religiöse Erfahrungen, die einem Wissenschaftler möglich sind.

Das Gleiche gilt für das Studium der Evolution, denn es vermittelt uns eine klare Vorstellung von Zeit und Raum und ermöglicht uns, uns selbst als Teil einer großen Reise zu begreifen. Entsprechend verhält es sich auch mit der Neurowissenschaft. Bei dieser Revolution haben wir uns von der Vorstellung verabschiedet, dass es eine Seele gibt, die unabhängig von unserem Geist und Körper ist. Allerdings ist diese Vorstellung nicht erschreckend, sondern befreiend. Wenn ich der Meinung bin, dass ich etwas ganz Besonderes in dieser Welt bin, und von meinem einzigartigen Standpunkt aus die kühne Erforschung des Kosmos unternehme, ist der Gedanke an meine Vernichtung unerträglich. Doch wenn ich mich als Teil von Schiwas großem kosmischen Tanz begreife und nicht als bloßen Zuschauer, dann muss ich meinen unausweichlichen Tod nicht mehr als Tragödie ansehen, sondern kann ihn als glückliche Vereinigung mit der Natur verstehen.

8 DIE UNERTRÄGLICHE ÄHNLICHKEIT DES SEINS

«Etwas Unmögliches kann man nicht glauben.»
«Du wirst eben noch nicht die rechte Übung haben»,
sagte die Königin. «In deinem Alter habe ich täglich eine
halbe Stunde darauf verwendet. Zuzeiten habe ich vor dem Früh-
stück bereits bis zu sechs unmögliche Dinge geglaubt.»
LEWIS CARROLL, Hinter den Spiegeln

«Es gilt die Regel», sagte Holmes, «je merkwürdiger eine
Sache ist, desto weniger rätselhaft erweist sie sich am
Ende. Nur eure alltäglichen, gesichtslosen Verbrechen
sind wirklich verwirrend, genauso wie ein alltägliches Gesicht
am schwersten wiederzuerkennen ist.»
SHERLOCK HOLMES

Nie werde ich die Niedergeschlagenheit und Verzweiflung in der
Stimme am anderen Ende der Telefonleitung vergessen. Der Anruf erreichte mich eines Nachmittags, als ich die Papiere auf meinem Schreibtisch durchsuchte, weil mir ein Brief verloren gegangen war. Es dauerte einen Augenblick, bis ich begriff, was der
Mann mir berichtete. Er sei ein ehemaliger Diplomat aus Vene-
zuela, und sein Sohn leide unter einer schrecklichen Wahnvorstellung. Ob ich ihm helfen könne?

«Was für eine Wahnvorstellung?», fragte ich.

Die Antwort und die Trostlosigkeit in seiner Stimme machten
tiefen Eindruck auf mich. «Mein dreißigjähriger Sohn glaubt,
dass ich nicht sein Vater bin, sondern ein Hochstapler. Das Gleiche behauptet er von seiner Mutter. Er denkt, wir seien nicht
seine richtigen Eltern.» Er hielt inne, um seine Worte auf mich
wirken zu lassen. «Wir wissen einfach nicht mehr, was wir tun

oder wen wir um Hilfe bitten sollen. Ihren Namen haben wir von einem Psychiater. Bisher hat niemand helfen und Arthurs Zustand verändern können.» Er war den Tränen nahe. «Wir lieben unseren Sohn, Herr Dr. Ramachandran, und würden alles tun, was in unseren Kräften steht, um ihm zu helfen. Gibt es irgendeine Möglichkeit, dass Sie ihn sich ansehen?»

«Natürlich sehe ich ihn mir an», sagte ich. «Wann können Sie ihn mir bringen?»

Zwei Tage später kam Arthur zum ersten Mal in unser Labor, der Beginn einer Untersuchung, die, wie sich herausstellte, ein Jahr dauern sollte. Arthur war ein gut aussehender junger Mann in Jeans, weißem T-Shirt und Mokassins. Sein Benehmen war schüchtern und fast kindlich. Häufig flüsterte er seine Antworten oder blickte uns aus weit aufgerissenen Augen an. Manchmal konnte ich seine Stimme kaum hören vor dem Hintergrundgeräusch von Klimaanlage und Computern.

Wie die Eltern erklärten, hatte Arthur einen schweren Autounfall, als er eine Schule in Santa Barbara besuchte. Sein Kopf war mit solcher Wucht gegen die Windschutzscheibe geprallt, dass er drei Wochen lang im Koma lag und es völlig unklar war, ob er überleben würde. Doch als er schließlich erwachte und intensive Rehamaßnahmen aufnahm, begannen alle große Hoffnungen zu schöpfen. Arthur lernte nach und nach, zu sprechen und zu gehen, erinnerte sich an seine Vergangenheit und schien offenbar wieder völlig normal zu sein. Doch dann stellten sich diese grotesken Wahnvorstellungen bezüglich seiner Eltern ein – dass sie Hochstapler wären –, und nichts konnte ihn vom Gegenteil überzeugen.

Nach einem kurzen Gespräch mit Arthur, das dem Kennenlernen diente und Arthur die Befangenheit nehmen sollte, fragte ich ihn: «Wer hat Sie ins Krankenhaus gebracht, Arthur?»

«Der Typ im Wartezimmer», erwiderte Arthur. «Das ist der alte Herr, der sich um mich kümmert.»

«Sie meinen Ihren Vater?»

«Nein, nein, Herr Doktor. Der Typ ist nicht mein Vater. Er sieht nur so aus. Er ist ein – wie heißt es gleich – ein Hochstapler. Aber ich glaube nicht, dass er es böse meint.»

«Warum glauben Sie, dass er ein Hochstapler ist, Arthur? Wie kommen Sie zu diesem Eindruck?»

Er blickte mich nachsichtig an – als wollte er sagen: Wie ist es möglich, dass Sie nicht sehen, was auf der Hand liegt – und sagte: «Nun, er sieht genau wie mein Vater aus, aber er ist es nicht *wirklich*. Er ist ein netter Typ, Herr Doktor, aber ganz gewiss nicht mein Vater!»

«Warum behauptet er dann aber, dass er ihr Vater ist, Arthur?»

Traurig und bekümmert antwortete Arthur: «Das ist ja das Überraschende, Herr Doktor. Warum sollte jemand so tun, als wäre er mein Vater?» Er sah verwirrt aus, als suchte er nach einer einleuchtenden Erklärung. «Vielleicht hat ihn mein richtiger Vater eingestellt, damit er sich um mich kümmert, und gibt ihm Geld, damit er mir meine Tabletten kauft.»

Später, in meinem Büro, berichteten Arthurs Eltern von einer weiteren Einzelheit, die das Rätsel noch komplizierter erscheinen ließ. Offenbar hielt ihr Sohn die beiden nicht für Hochstapler, wenn er mit ihnen telefonierte. Als Schwindler bezeichnete er sie lediglich, wenn er direkt mit ihnen zusammentraf und sie sah. Daraus folgte, dass Arthur im Hinblick auf seine Eltern nicht unter Amnesie litt und dass er nicht einfach «verrückt» war. Denn warum hätte er dann normal auf die Identität seiner Eltern reagieren sollen, wenn er sie am Telefon hörte, und wahnhaft nur, wenn er sie anblickte?

«Es ist schrecklich», sagte Arthurs Vater. «Er erkennt alle möglichen Menschen aus seiner Vergangenheit, unter anderem seine Zimmerkameraden aus dem College, seinen besten Freund aus der Kindheit und seine ehemaligen Freundinnen. Er behauptet nicht, dass irgendeiner von ihnen ein Hochstapler ist. Er scheint einen Groll gegen seine Mutter und mich zu hegen.»

Mir taten Arthurs Eltern entsetzlich Leid. Wir konnten das Gehirn ihres Sohnes untersuchen und die Ursachen für seine Störung erhellen – sie vielleicht mit einer logischen Erklärung seines seltsamen Verhaltens trösten –, aber es gab nur wenig Hoffnung auf eine wirksame Behandlung. Neurologische Störungen dieser Art sind im Allgemeinen von Dauer. Doch ich war angenehm überrascht, als mich Arthurs Vater eines Samstagmorgens anrief und mir aufgeregt von einer Idee berichtete, auf die er verfallen war, als er eine Fernsehsendung über Phantomglieder gesehen hatte, in der gezeigt worden war, dass sich das Gehirn durch die Verwendung eines einfachen Spiegels hinters Licht führen ließ. «Also, Herr Dr. Ramachandran», sagte er, «wenn Sie jemanden durch einen Trick zu der Annahme bringen können, er sei in der Lage, sein Phantomglied wieder zu bewegen, lässt sich Arthur dann nicht durch einen ähnlichen Trick von seiner Wahnvorstellung befreien?»

Er hatte völlig Recht. Warum sollte das nicht möglich sein?

Am nächsten Tag betrat Arthurs Vater das Zimmer seines Sohnes und erklärte freudestrahlend: «Stell dir vor, Arthur! Der Mann, mit dem du die ganze Zeit zusammengelebt hast, ist ein Hochstapler. Er ist gar nicht dein Vater. Du hattest die ganze Zeit Recht. Deshalb habe ich ihn nach China geschickt. Ich bin dein wirklicher Vater.» Er klopfte Arthur auf die Schulter. «Wie schön, dich zu sehen, mein Sohn!»

Arthur musste die Neuigkeit erst einmal verdauen, schien sie dann aber vorbehaltlos zu schlucken. Als er am folgenden Tag in unser Labor kam, fragte ich: «Wer ist der Mann, der Sie heute gebracht hat?»

«Das ist mein richtiger Vater.»

«Wer hat sich letzte Woche um Sie gekümmert?»

«Ach», sagte Arthur, «der Typ ist wieder nach China gefahren. Er sieht meinem Vater ähnlich, aber jetzt ist er weg.»

Als ich später am Nachmittag mit Arthurs Vater telefonierte, bestätigte er, dass Arthur ihn nun mit «Vater» anrede, sagte aber, sein Sohn scheine immer noch etwas zu vermissen. «Ich glaube, er akzeptiert mich geistig, Doktor, aber nicht emotional», sagte er. «Wenn ich ihn umarme, spüre ich keine wirkliche Zuneigung bei ihm.»

Leider war selbst dieser geistigen Akzeptanz der Eltern keine Dauer beschieden. Eine Woche danach fiel Arthur wieder in seine ursprüngliche Wahnidee zurück und behauptete, der Hochstapler sei zurückgekehrt.

*

Arthur litt unter dem Capgras-Syndrom, einer sehr seltenen und merkwürdigen neurologischen Störung.[1] Der Patient, der geistig oft sehr rege ist, hält Menschen, die ihm nahe stehen – meist Eltern, Kinder, Ehepartner oder Geschwister – für Hochstapler. Ganz typisch war, was Arthur immer und immer wiederholt hat: «Der Mann sieht genauso wie mein Vater aus, aber in Wirklichkeit ist es nicht mein Vater. Die Frau, die behauptet, meine Mutter zu sein? Sie lügt. Man könnte sie glatt mit meiner Mom verwechseln, aber sie ist es nicht.» Zwar können solche bizarren Wahnvorstellungen auch in psychotischen Zuständen auftreten, doch mehr als ein Drittel der dokumentierten Capgras-Fälle wurden im Zusammenhang mit Hirnverletzungen beobachtet, wie sie Arthur bei seinem Autounfall erlitt. Daraus schließe ich, dass das Syndrom eine organische Ursache hat. Doch da die Mehrheit der Capgras-Patienten die Wahnidee «spontan» zu entwickeln scheint, werden diese gewöhnlich an Psychiater überwiesen, die dann lieber nach einer Freud'schen Erklärung der Störung suchen.

Danach fühlen sich alle so genannten normalen Menschen als Kinder sexuell zu ihren Eltern hingezogen. Jedes männliche Kind möchte mit seiner Mutter schlafen und betrachtet daher seinen Vater als sexuellen Rivalen (Ödipus ist der Archetyp), und jede Frau hat ihr Leben lang tief verwurzelte sexuelle Ob-

sessionen, die ihren Vater betreffen (der Elektra-Komplex).
Zwar werden diese verbotenen Gefühle im Erwachsenenalter
vollkommen verdrängt, so die Freud'sche Erklärung, doch bleiben sie latent vorhanden, wie die verborgene Glut unter der
Asche eines erloschenen Feuers. Dann, so meinen viele Psychiater, erfolgt ein Schlag gegen den Kopf (oder ein anderer unbemerkt gebliebener Auslösemechanismus), und die verdrängten
sexuellen Wünschen, die sich auf die Mutter oder den Vater
richten, kommen wieder an die Oberfläche. Die Eltern üben eine
plötzliche und unerklärliche Anziehung auf den Patienten aus,
der sich daraufhin sagt: «Mein Gott! Das ist meine Mutter, wie
kann ich sexuelle Gefühle ihr gegenüber haben!» Unter diesen
Umständen, so die Theorie, lässt sich der Anschein der geistigen
Gesundheit nur aufrechterhalten, wenn sich der Patient sagt:
«Das muss eine fremde Frau sein.» Und entsprechend: «Gegenüber meinem wirklichen Vater könnte ich nie diese Art von sexueller Eifersucht empfinden. Der Mann muss einfach ein
Hochstapler sein.»

Die Erklärung ist sehr geistreich, wie die meisten Freud'schen
Erklärungen, doch dann lernte ich einen Capgras-Patienten kennen, der eine ähnliche Wahnvorstellung in Bezug auf seinen Pu-
del hatte. Der Fifi vor ihm war ein Hochstapler. Der wirkliche
Fifi lebte in Brooklyn. Nach meiner Ansicht war damit die
Freud'sche Erklärung des Capgras-Syndroms widerlegt. Vielleicht haben wir alle verborgene sodomistische Tendenzen, aber
ich denke nicht, dass das Arthurs Problem war.

Aufschlussreicher für das Verständnis des Capgras-Syndroms
dürfte die Neuroanatomie sein, vor allem die Bahnen, die im Gehirn für die visuelle Erkennung und die Gefühle zuständig sind.
Erinnern wir uns, dass die Schläfenlappen Regionen enthalten,
die auf die Gesichter- und Objekterkennung spezialisiert sind
(die in Kapitel 4 beschriebene Was-Bahn). Wir wissen das, weil
bei der Schädigung bestimmter Teile der Was-Bahn dem Patienten die Fähigkeit verloren geht, Gesichter zu erkennen,[2] sogar

diejenigen von nahen Freunden und Angehörigen – unsterblich geworden durch Oliver Sacks Beschreibung in dem Buch *Der Mann, der seine Frau mit einem Hut verwechselte*. Im normalen Gehirn übermitteln diese Gesichtererkennungsfelder (die in beiden Gehirnhälften vorkommen) ihre Informationen an das limbische System, tief im Mittelhirn gelegen, das dann die emotionalen Reaktionen auf bestimmte Gesichter entscheidend mitgestaltet (Abbildung 8.1). So empfinde ich Liebe, wenn ich das Gesicht meiner Mutter sehe, Wut, wenn ich das Gesicht eines Vorgesetzten oder sexuellen Rivalen erblicke, und Gleichgültigkeit beim Anblick des Gesichts eines Freundes, der mich hintergangen hat und dem ich noch nicht verziehen habe. Jedes Mal, wenn ich das Gesicht betrachte, erkennt mein Schläfenlappen das Bild – Mutter, Vorgesetzter, Freund – und gibt diese Information an meine Amygdala weiter (das Tor zum limbischen System), damit die emotionale Bedeutung des Gesichts geklärt wird. Wenn diese Aktivierung auf den Rest des limbischen Systems übergreift, empfinde ich die Spielarten des Gefühls – Liebe, Wut, Enttäuschung –, die dem jeweiligen Gesicht angemessen sind. Der tatsächliche Ablauf der Ereignisse ist zweifellos komplexer, doch die wichtigsten Punkte sind in dieser Skizze enthalten.

Als ich über Arthurs Symptome nachdachte, ging mir auf, sein seltsames Verhalten könnte daher rühren, dass die Verbindung zwischen diesen beiden Zentren (das eine für die Erkennung zuständig, das andere für die Gefühle) durchtrennt sein könnte. Vielleicht war Arthurs Bahn für Gesichtererkennung vollkommen normal geblieben, sodass er alle Leute, auch seine Mutter und seinen Vater, erkennen konnte, während die Verbindungen zwischen seiner «Gesichtsregion» und der Amygdala selektiv geschädigt war. In diesem Fall würde Arthur seine Eltern zwar kennen, aber völlig emotionslos bleiben, wenn er in ihre Gesichter blickte. Das «herzerwärmende» Gefühl bleibt aus, wenn er seine Mutter betrachtet, daher fragt er sich: «Wenn das wirklich

DIE UNERTRÄGLICHE ÄHNLICHKEIT DES SEINS

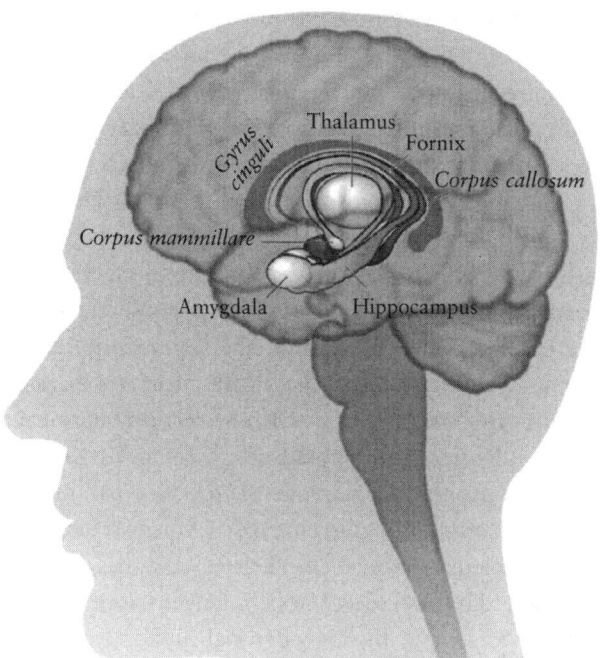

Gyrus cinguli

Thalamus

Fornix

Corpus callosum

Corpus mammillare

Amygdala

Hippocampus

Abbildung 8.1:
Das limbische System ist mit Gefühlen befasst. Es besteht aus einer Anzahl von Kernen (Zellhaufen), die durch lange, C-förmige Fasertrakte verbunden sind. Die Amygdala – im vorderen Bereich des Schläfenlappens – erhält Input von den sensorischen Feldern und schickt Botschaften an den Rest des limbischen Systems, um emotionale Erregung hervorzurufen. Schließlich gelangt diese Erregung in den Hypothalamus und von dort in das autonome Nervensystem, wo sie das Tier (oder den Menschen) zum Handeln bereitmacht.

meine Mutter ist, warum habe ich dann in ihrer Gegenwart nicht das *Gefühl*, dass es meine Mutter ist?» Vielleicht ist der einzig mögliche Ausweg aus diesem Dilemma – die einzig vernünftige Deutung, die er dieser seltsamen Trennung der beiden Hirngebiete geben kann – die Annahme, dass die Frau Mom lediglich ähnelt. Sie muss eine Hochstaplerin sein.[3]

Das ist zwar eine interessante Idee, doch wie lässt sie sich überprüfen? Obwohl die Aufgabe sehr schwierig erscheint, haben Psychologen eine ziemlich einfache Methode entdeckt, emotionale Reaktionen auf Gesichter, Objekte, Szenen und Ereignisse des Alltags zu messen. Um dieses Verfahren zu verstehen, müssen Sie ein paar Dinge über das autonome Nervensystem wissen – einen Teil des Gehirns, der die unwillkürlichen, scheinbar automatischen Aktivitäten der Organe, Blutgefäße, Drüsen und vieler anderer Gewebe in Ihrem Körper steuert. Bei emotionaler Erregung – sagen wir durch eine Gefahr oder ein sexuell anziehendes Gesicht – gelangt die Information von Ihrer Gesichtererkennungsregion zum limbischen System und dann zu einem winzigen Zellhaufen im Hypothalamus, einer Art Kommandozentrale des autonomen Nervensystems. Nervenfasern ziehen vom Hypothalamus zum Herzen, zu den Muskeln und sogar anderen Hirngebieten. So wird Ihr Körper darauf vorbereitet, in Reaktion auf das besondere Gesicht angemessen zu handeln. Egal, ob Sie kämpfen, fliehen oder sich paaren, in jedem Fall steigt Ihr Blutdruck und schlägt Ihr Herz rascher, um die Gewebe besser mit Sauerstoff zu versorgen. Gleichzeitig beginnen Sie zu schwitzen, nicht nur, um die Wärme abzuführen, die sich in Ihren Muskeln sammelt, sondern auch, weil Ihre feuchten Handflächen Ihnen ermöglichen, Baumäste, eine Waffe oder die Kehle eines Feindes fester zu packen.

Aus der Sicht des Versuchsleiters sind Ihre feuchten Handflächen der wichtigste Aspekt Ihrer emotionalen Reaktion auf ein bedrohliches Gesicht. Die Feuchtigkeit Ihrer Hand ist ein untrügliches Anzeichen für Ihre Empfindungen gegenüber dem anderen Menschen. Hinzu kommt, dass wir diese Reaktion sehr leicht messen können, indem wir Elektroden an Ihrer Handfläche befestigen und Veränderungen Ihres elektrischen Hautwiderstands messen. (Das ist die so genannte galvanische Hautreaktion, ein ganz einfacher Vorgang, der dennoch die Grundlage des berühmten Lügendetektors bildet. Wenn Sie schwindeln, werden

Ihre Handflächen ein ganz klein wenig feucht. Da feuchte Haut einen geringeren elektrischen Widerstand hat als trockene Haut, reagieren die Elektroden, und Sie sind bei Ihrer Lüge ertappt.) Nun lässt sich feststellen, dass Sie jedes Mal, wenn Sie Ihre Mutter oder Ihren Vater ansehen – ob Sie es glauben oder nicht –, unmerklich zu transpirieren beginnen und Ihre galvanische Hautreaktion ansteigt.

Was geschieht also, wenn Arthur seine Mutter oder seinen Vater anblickt? Obwohl er die Ähnlichkeit mit seinen Eltern bemerkt (denn die Gesichtererkennungsregion in seinem Gehirn arbeitet ja unbeeinträchtigt), dürfte nach meiner Hypothese *keine* Veränderung der Hautleitfähigkeit zu beobachten sein. Die Unterbrechung der Hirnverbindungen müsste seine Handflächen am Schwitzen hindern.

Mit Erlaubnis der Familie begannen wir, Arthur an einem regnerischen Wintertag in unserem Kellerlabor auf dem Campus zu testen. Arthur saß auf einem bequemen Stuhl, scherzte über das Wetter und meinte, das Auto seines Vaters werde wohl weggeschwommen sein, bevor die Experimente beendet seien. Er trank eine Tasse heißen Tee, um sich aufzuwärmen, und betrachtete einen Bildschirmschoner, während wir zwei Elektroden an seinem linken Zeigefinger befestigten. Jeder winzige Anstieg der Schweißabsonderung auf seinem Finger würde seinen Hautwiderstand verändern und sich als deutlicher Impuls auf dem Bildschirm zeigen.

Nun zeigte ich Arthur eine Reihe Fotos von seiner Mutter, seinem Vater und seinem Großvater, dazwischen immer wieder Bilder von Fremden. Seine galvanischen Hautreaktionen verglich ich mit denen von sechs College-Studenten, denen ich eine entsprechende Folge von Fotos zeigte und die zum Vergleich als Kontrollgruppe dienten. Vor Durchführung des Experiments wurde den Versuchspersonen mitgeteilt, man werde ihnen Bilder von Gesichtern zeigen, von denen ihnen einige vertraut und andere fremd sein würden. Nach Anbringung der Elektroden wurde ihnen jedes Foto zwei Sekunden lang gezeigt und nach jeder Darbietung eine Pause von fünfzehn bis fünfundzwanzig Sekunden eingelegt, damit die Hautleitfähigkeit wieder zu ihrem Ausgangswert zurückkehren konnte. Bei den College-Studenten beobachtete ich – wie erwartet – einen spektakulären Anstieg der galvanischen Hautreaktion bei Fotos von ihren Eltern, jedoch nicht von Fremden. Bei Arthur dagegen blieb die Hautreaktion gleichförmig niedrig. Es gab entweder keine erhöhte Reaktion bei den Eltern oder nach längerer Verzögerung einen winzigen Impuls auf dem Bildschirm – als hätte Arthur eine Spätzündung gehabt. Dieses Ergebnis war eine eindeutige Bestätigung unserer Annahme. Offenbar zeigte Arthur keine emotionale Reaktion auf seine Eltern, was vermutlich der Grund für den Verlust seiner galvanischen Hautreaktion war.

Doch wie konnten wir sicher sein, dass Arthur die Gesichter überhaupt sah? Vielleicht hatte seine Kopfverletzung die Zellen in den Schläfenlappen geschädigt, die ihm die Unterscheidung zwischen Gesichtern ermöglichte, was zur Folge hatte, dass seine galvanische Hautreaktion eine gleichmäßig flache Kurve zeigte, egal, ob er das Gesicht seiner Mutter oder einer Fremden betrachtete. Das war jedoch unwahrscheinlich, weil er bereitwillig zugab, dass die Menschen, die ihn ins Krankenhaus gebracht hatten – seine Mutter und sein Vater –, wie seine Eltern aussahen. Im Übrigen hatte er keine Mühe, die Gesichter von bekannten Menschen wie Bill Clinton oder Albert Einstein zu erkennen. Trotzdem mussten wir seine Erkennungsfähigkeiten noch einem direkteren Test unterziehen.

Dazu legte ich Arthur sechzehn Paare von Fotos vor, wobei jedes Paar entweder zwei leicht verschiedene Bilder derselben Person oder Schnappschüsse von zwei verschiedenen Menschen zeigte. Wir fragten ihn: Ist auf den Fotos dieselbe Person zu sehen oder nicht? Über die Fotos gebeugt und die Einzelheiten prüfend, gab Arthur in vierzehn von siebzehn Fällen die richtige Antwort.

Nun konnten wir sicher sein, dass Arthur keine Probleme hatte, Gesichter zu erkennen und sie auseinander zu halten. Aber konnte seine Unfähigkeit, eine heftige galvanische Hautreaktion beim Anblick seiner Eltern zu erzeugen, Teil einer allgemeinen Störung seiner emotionalen Fähigkeiten sein? Wie konnten wir sicher sein, dass seine Kopfverletzung nicht auch sein limbisches System geschädigt hatte? Vielleicht hatte er überhaupt keine Gefühle mehr.

Das erschien allerdings unwahrscheinlich, weil Arthur in den Monaten, die ich mit ihm zugebracht hatte, das ganze Spektrum menschlicher Gefühle zeigte. Er lachte über meine Scherze und machte selber welche. Er brachte Enttäuschung, Angst und Wut zum Ausdruck, und einige Male weinte er auch. In allen Fällen waren seine Gefühle situationsgemäß. Arthurs Problem war also weder seine Fähigkeit, Gesichter zu erkennen, noch seine Fähigkeit, Gefühle zu empfinden. Ihm fehlte nur die Fähigkeit, die beiden zu *verknüpfen*.

So weit, so gut, aber warum ist das Phänomen auf enge Verwandte beschränkt? Warum ist der Postbote kein Hochstapler, obwohl doch auch er ein vertrautes Gesicht hat?

Vielleicht ist es so, dass jeder normale Mensch (also auch Arthur vor seinem Unfall), wenn er jemandem begegnet, der ihm emotional sehr nahe steht – ein Elternteil, Partner oder Geschwister –, emotionale «Wärme» erwartet, eine unbestimmte herzliche Empfindung, mag sie sich manchmal auch nur sehr verschwommen bemerkbar machen. Das Ausbleiben dieser Wärme ist daher überraschend, und Arthur bleibt nur der Ausweg, eine Wahnidee zu entwickeln – diesen Umstand zu rationalisieren oder fortzuerklären. Beim Anblick des Postboten dagegen erwartet man diese innerliche Wärme nicht, daher gibt es für Arthur keinen Anlass, eine Wahnidee zu entwickeln, um seinen Mangel an einer «verschwommen-herzlichen» Reaktion zu erklären. Ein Postbote ist einfach ein Postbote (es sei denn, er klingelt zweimal).

Obwohl die häufigste Wahnidee bei Capgras-Patienten die Behauptung ist, ein Elternteil sei ein Hochstapler, lassen sich in der älteren Literatur auch merkwürdigere Beispiele finden. So war in einem dokumentierten Fall der Patient davon überzeugt, sein Stiefvater sei ein Roboter, köpfte ihn und öffnete seinen Schädel, um nach Mikrochips zu suchen. Vielleicht war bei diesem Patienten die Dissoziation von den Gefühlen so stark, dass er sich zu einer noch extremeren Wahnidee gezwungen sah als Arthur: der nämlich, dass sein Stiefvater kein menschliches Wesen, sondern ein seelenloser Android sei![4]

Vor ungefähr einem Jahr schilderte ich Arthurs Fall in einem Vortrag am Veterans Administration Hospital in La Jolla, als ein junger Neurologe aufstand und einen scharfsinnigen Einwand gegen meine Theorie erhob. Was mit den Menschen sei, die mit einer Krankheit geboren würden, in deren Verlauf ihre Amygdala (das Tor zum limbischen System) verkalke und verkümmere, oder denen, die ihre Amygdalae (wir besitzen zwei) durch Operation oder Unfall verlören? Solche Menschen gibt es, aber sie zeigen keine Anzeichen des Capgras-Syndroms, obwohl ihre galvanische Hautreaktion bei allen emotional evozierenden Ereignissen eine gleich bleibend flache Kurve beschreibt. Entsprechend bleibt auch bei Patienten mit einer Schädigung der Stirnlappen (die Informationen aus dem limbischen System erhalten und sie für eingehende Zukunftsplanung verwenden) die galvanische Hautreaktion häufig ohne erkennbare Schwankungen. Trotzdem tritt auch bei ihnen kein Anzeichen des Capgras-Syndroms auf.

Warum nicht? Die Antwort könnte sein, dass diese Patienten unter einer allgemeinen Nivellierung ihres Gefühlslebens leiden und ihnen daher der Maßstab zu einem Vergleich fehlt. Es wäre denkbar, dass sie wie ein reinrassiger Vulkanier in der Welt von *Star Trek* noch nicht einmal wissen, was Gefühle sind, während Capgras-Patienten wie Arthur in jeder anderen Hinsicht ein normales Gefühlsleben haben.

272   DIE UNERTRÄGLICHE ÄHNLICHKEIT DES SEINS

Dieser Gedanke führt uns ein wichtiges Prinzip der Gehirn-funktionen vor Augen, dass nämlich all unsere Wahrnehmun-gen – vielleicht sogar alle Aspekte unseres Geistes – von Verglei-chen und nicht von absoluten Werten bestimmt sind. Dabei spielt es keine Rolle, ob Sie etwas so Offensichtliches wie die Auffälligkeit der Druckbuchstaben in einer Zeitung oder etwas so Unauffälliges wie einen leichten Impuls in Ihrer inneren Ge-fühlslandschaft beurteilen. Das ist eine Schlussfolgerung von weitreichender Bedeutung, die auch die Leistungsfähigkeit unse-rer Methode unterstreicht – sogar der gesamten Disziplin, die heute unter der Bezeichnung kognitive Neurowissenschaft zu-sammengefasst wird. Man kann wichtige allgemeine Prinzipien entdecken und tiefsinnige philosophische Fragen angehen, in-dem man relativ einfache Experimente an den richtigen Patien-ten vornimmt. Wir haben mit einer höchst seltsamen Störung begonnen, eine exotische Theorie vorgeschlagen, sie im Labor getestet und – durch die Auseinandersetzung mit Einwänden ge-gen sie – genauere Einsichten in die Arbeitsweise des gesunden Gehirns gewonnen.

Wenn wir diesen Spekulationen noch ein Stück weiter folgen, gelangen wir zum Cotard-Syndrom, wo der Patient behauptet, dass er tot ist, das verwesende Fleisch riecht und spürt, wie Maden überall auf seiner Haut kriechen. Auch hier meinen die meisten Menschen, auch die Mehrzahl der Neurologen, der Pa-tient sei geisteskrank. Diese Annahme kann jedoch nicht erklä-ren, warum die Wahnvorstellung diese ganz besondere Form annimmt. Ich meine dagegen, dass das Cotard-Syndrom ein-fach eine übertriebene Form des Capgras-Syndroms ist und ähnliche Ursachen hat. Beim Capgras-Syndrom ist nur das Ge-sichtererkennungsfeld von der Amygdala abgetrennt, während beim Cotard-Syndrom möglicherweise alle sensorischen Felder vom limbischen System getrennt sind, sodass es zu einem voll-kommenen Mangel an emotionalem Kontakt mit der Welt kommt. Hier haben wir also einen weiteren Fall, wo sich eine exotische Hirnstörung, die die meisten Menschen für ein psychiatrisches Problem halten, anhand bekannter neuronaler Schaltkreise des Gehirns erklären lässt. Und auch diese Ideen lassen sich wieder im Labor testen. Ich wage die Vorhersage, dass Cotard-Patienten bei allen äußeren Reizen – nicht nur bei Gesichtern – einen vollkommenen Verlust der galvanischen Hautreaktion erkennen lassen. Sie sind gewissermaßen auf einer Insel vollkommener emotionaler Verlassenheit gestrandet, eine Situation, die wohl die höchste Annäherung an die Todeserfahrung bedeutet.

Arthur schienen die Besuche in unserem Labor Spaß zu machen. Seine Eltern waren erfreut, dass es eine logische Erklärung für seine Störung gab, dass er nicht einfach «verrückt» war. Ich habe Arthur die Einzelheiten nie mitgeteilt, weil ich nicht sicher war, wie er reagieren würde.

Sein Vater war ein intelligenter Mann. Einmal fragte er mich in Arthurs Gegenwart: «Wenn Ihre Theorie richtig ist, Herr Doktor – wenn die Information nicht zu seiner Amygdala gelangt –, wie erklären Sie sich dann, dass er keine Mühe hat, uns am Telefon zu erkennen?»

«Ganz einfach», erläuterte ich, «es gibt eine eigene Bahn vom auditorischen Kortex, dem Hörzentrum in den Schläfenlappen, zur Amygdala. Eine Möglichkeit ist, dass die Hörbahn von dem Unfall nicht in Mitleidenschaft gezogen worden ist – dass also nur die Sehzentren von Arthurs Amygdala abgetrennt worden sind.»

Dieses Gespräch veranlasste mich, über die anderen bekannten Funktionen der Amygdala und der auf sie projizierenden Sehzentren nachzudenken. Forscher, die Zellreaktionen in der Amygdala aufzeichneten, haben festgestellt, dass diese Zellen nicht auf Mienenspiel und Gefühle reagieren, sondern auf die Blickrichtung. Beispielsweise feuert eine Zelle, wenn der andere Sie direkt anblickt, während eine Nachbarzelle nur feuert, wenn der Blick des anderen um den Bruchteil eines Zentimeters abgewendet ist. Wieder andere Zellen entladen sich, wenn der Blick des anderen links oder rechts an Ihnen vorbeigeht.

Das Phänomen kann nicht überraschen, wenn man bedenkt, welch vorrangige Rolle die Blickrichtung[5] in der sozialen Kommunikation von Primaten spielt – der abgewendete Blick des Schuldbewusstseins, der Scham oder der Verlegenheit, der intensive, unverwandte Blick eines Liebenden oder das einschüchternde Starren eines Feindes. Oft vergessen wir, dass Gefühle, obwohl wir sie privat erleben, meist auf der Interaktion mit anderen Menschen beruhen und dass eine Form der Interaktion der Blickkontakt ist. Angesichts dieser Verbindungen zwischen Blickrichtung, Vertrautheit und Gefühlen fragte ich mich, ob Arthurs Fähigkeit, die Blickrichtung einzuschätzen, sagen wir beim Betrachten von fotografierten Gesichtern, beeinträchtigt war.

Um das herauszufinden, bereitete ich eine Folge von Bildern vor, die alle das gleiche Gesicht zeigten, das entweder direkt in das Kameraobjektiv blickte oder einen Punkt wenige Zentimeter rechts oder links von der Kamera anvisierte. Arthur hatte lediglich die Aufgabe, uns zu sagen, ob die fotografierte Person ihn direkt ansah oder nicht. Während Sie und ich in der Lage sind, winzige Abweichungen der Blickrichtung mit geradezu unheimlicher Genauigkeit zu entdecken, versagte Arthur hoffnungslos bei dieser Aufgabe. Nur wenn die Augen des Modells ganz weit zur Seite blickten, erkannte Arthur, dass es ihn nicht anblickte.

Dieses Ergebnis war an sich schon interessant, wenn auch nicht gänzlich unerwartet, da die Rolle der Amygdala und der Schläfenlappen für die Entdeckung der Blickrichtung ja bekannt war. Doch beim Betrachten des achten Fotos tat Arthur etwas vollkommen Unerwartetes. In leisem, fast entschuldigendem Tonfall erklärte er, die Identität des Modells habe sich verändert. Er betrachte jetzt eine andere Person!

Eine bloße Veränderung der Blickrichtung hatte also genügt, um einen Capgras-Wahn auszulösen. Für Arthur war das «zweite» Modell offensichtlich eine andere Person, die der «ersten» nur ähnelte.

«Diese ist älter», sagte Arthur mit Entschiedenheit. Aufmerksam starrte er die beiden Bilder an. «Das hier ist eine Dame, das andere ist ein Mädchen.» Später nahm Arthur in der Bildfolge noch eine weitere Verdopplung vor – ein Modell war alt, eines jung und ein drittes noch jünger. Am Ende der Testsitzung versicherte er noch einmal mit Nachdruck, er habe drei verschiedene Menschen erblickt. Zwei Wochen später zeigte er das gleiche Verhalten, als er eine Testwiederholung mit einer Bildsequenz absolvierte, auf der ein ganz anderes Gesicht zu sehen war.

Wie konnte Arthur ein Gesicht betrachten, das offensichtlich zu einer einzigen Person gehörte, und behaupten, er habe es in Wirklichkeit mit drei verschiedenen Personen zu tun? Warum führte eine einfache Veränderung der Blickrichtung zu dieser tief reichenden Unfähigkeit, aufeinander folgende Bilder miteinander zu verknüpfen?

Die Antworten finden sich in dem Mechanismus, der für das Anlegen von Erinnerungen zuständig ist, vor allem in unserer Fähigkeit, überdauernde Repräsentationen von Gesichtern herzustellen. Stellen Sie sich beispielsweise vor, Sie gehen in den Supermarkt und ein Freund von ihnen macht Sie mit jemandem bekannt – Joe. Sie legen eine Erinnerung von dem Erlebnis an und speichern es in Ihrem Gehirn ab. Zwei Wochen vergehen, und Sie begegnen Joe in der Bücherei. Er erzählt Ihnen eine Geschichte über Ihren gemeinsamen Freund, Sie lachen beide, und Ihr Gehirn legt eine Erinnerung an dieses zweite Erlebnis an. Wieder vergehen ein paar Wochen, und Sie treffen Joe in seinem Büro – er ist in der medizinischen Forschung tätig und trägt einen weißen Kittel –, aber Sie erkennen ihn augenblicklich dank der früheren Begegnungen. Bei diesem Anlass werden weitere Erinnerungen an Joe angelegt, sodass Sie nun in Ihrem Geist eine «Kategorie» besitzen, die Joe heißt. Dieses mentale Bild wird fortan jedes Mal verfeinert und ausgeschmückt, wenn Sie Joe begegnen. Unterstützt wird dieser Vorgang durch ein Gefühl der Vertrautheit, das einen Anreiz darstellt, die Bilder und die Erlebnisse miteinander zu verbinden. Schließlich entwickeln Sie einen dauerhaften Begriff von Joe – er erzählt herrliche Geschichten, arbeitet in einem Labor, ist lustig, weiß viel über Gartenpflege und so fort.

Überlegen wir nun, wie es jemandem ergeht, der unter einer seltenen und speziellen Form von Amnesie leidet, die durch eine Schädigung des Hippocampus (einer weiteren wichtigen Hirnstruktur in den Schläfenlappen) hervorgerufen wird. Diese Patienten sind vollkommen unfähig, neue Erinnerungen anzulegen, obwohl sie sich einwandfrei an alle Ereignisse ihres Lebens erinnern können, die vor der Hippocampusschädigung stattgefunden haben. Der logische Schluss, der sich aus diesem Syndrom ergibt, lautet nicht, dass Erinnerungen tatsächlich im Hippocampus gespeichert werden (denn sonst blieben die alten Erinnerungen nicht erhalten), sondern dass der Hippocampus von entscheidender Bedeutung für den Erwerb neuer Gedächtnisspuren im Gehirn ist. Wenn ein solcher Patient einem bisher unbekannten Menschen (Joe) in drei verschiedenen Situationen begegnet – im Supermarkt, in der Bücherei und im Büro –, erinnert er sich nicht, Joe schon einmal gesehen zu haben. Er erkennt ihn einfach nicht wieder. Vielmehr wird er jedes Mal behaupten, Joe sei ein vollkommen Fremder, egal, wie oft er schon mit ihm interagiert, sich unterhalten, Geschichten ausgetauscht hat oder Ähnliches.

Doch ist Joe tatsächlich ein vollkommen Fremder? Überraschenderweise zeigen Experimente, dass solche Amnesiepatienten doch noch über die Fähigkeit verfügen, neue Kategorien zu bilden, welche die aufeinander folgenden Joe-Erlebnisse in gewisser Weise zusammenfassen. Wenn unser Patient Joe zehnmal begegnet und Joe ihn jedes Mal zum Lachen bringt, empfindet er beim nächsten Zusammentreffen unter Umständen ein unbestimmtes Gefühl der Fröhlichkeit oder Freude, ohne indessen zu wissen, wer Joe ist. Es ist kein Gefühl der Vertrautheit vorhanden – keine Erinnerung an eine der Joe-Episoden –, und doch bemerkt der Patient, dass Joe ihn fröhlich macht. Amnesiepatienten können also im Unterschied zu Arthur aufeinander folgende Episoden zu einem neuen Begriff verbinden (einer unbewussten Erwartung von Freude), obwohl sie jede Episode vergessen, während Arthur sich an alle Episoden erinnert, aber sie nicht miteinander verbinden kann. In gewisser Hinsicht ist Arthur also das Spiegelbild unseres Amnesiepatienten. Wenn er einen vollkommen Fremden wie Joe trifft, legt sein Gehirn eine Datei für Joe und die mit diesem verknüpften Erfahrungen an. Doch wenn Joe das Zimmer verlässt und dreißig Minuten später zurückkommt, neigt Arthurs Gehirn gelegentlich dazu, eine vollkommen neue Datei anzulegen, statt die alte aufzurufen und durch die neuen Daten zu ergänzen.

Warum geschieht das beim Capgras-Syndrom? Möglicherweise braucht das Gehirn, um aufeinander folgende Episoden miteinander zu verbinden, Signale vom limbischen System – die «Wärme» oder das Vertrautheitsgefühl, das mit bekannten Gesichtern und Erinnerungsensembles verknüpft ist. Wenn diese Aktivierung ausbleibt, ist das Gehirn vielleicht nicht in der Lage, eine überdauernde Kategorie anzulegen. In Abwesenheit dieser «Wärme» richtet das Gehirn jedes Mal neue Kategorien ein. Deshalb behauptet Arthur, er begegne einer unbekannten Person, die lediglich dem Menschen ähnle, den er vor dreißig Minuten kennen gelernt habe. Kognitive Psychologen und Philosophen unterscheiden häufig *Token*-Identität und Typ-Identität. Danach lassen sich all unsere Erfahrungen entweder in Kategorien oder *token* (Menschen oder Autos) einteilen oder in bestimmte Exemplare oder Typen (Joe oder mein Auto). Unsere Experimente mit Arthur lassen darauf schließen, dass diese Unterscheidung nicht rein akademisch, sondern tief in der Architektur des Gehirns verwurzelt ist.

Bei weiteren Tests mit Arthur hatten wir festgestellt, dass er noch einige andere Eigenheiten besaß. Beispielsweise schien Arthur manchmal ein allgemeines Problem mit visuellen Kategorien zu haben. Wir alle stellen mentale Taxonomien oder Gruppierungen von Ereignissen oder Objekten auf: Enten und Gänse sind Vögel, Kaninchen jedoch nicht. Unser Gehirn richtet diese Kategorien auch ohne eine zoologische Ausbildung ein, wahrscheinlich um die Gedächtnisspeicherung zu erleichtern und den sekundenschnellen Abruf aus dem Gedächtnis zu ermöglichen. Hingegen machte Arthur häufig Bemerkungen, die darauf schließen ließen, dass er im Hinblick auf Kategorien verwirrt war. Beispielsweise beschäftigten ihn Juden und Katholiken in fast zwanghafter Weise, und er neigte dazu, einen unverhältnismäßig großen Anteil von Menschen, denen er vor kurzem begegnet war, als Juden zu bezeichnen. Dieser Hang erinnerte mich an ein anderes seltenes Syndrom, die so genannte Frégoli-Illusion, bei der der Patient ständig und überall dieselbe Person erblickt. Wenn er die Straße entlanggeht, sieht jedes Frauengesicht beispielsweise wie das seiner Mutter aus oder jeder junge Mann wie sein Bruder. (Meine Vorhersage lautet, dass beim Frégoli-Patienten die Verbindungen zwischen Gesichtererkennungsfeldern und Amygdala nicht durchtrennt, sondern im Übermaß vorhanden sind. Nach meiner Annahme ist jedes Gesicht in Vertrautheit und «Wärme» getaucht, was den Patienten veranlasst, das gleiche Gesicht wieder und wieder zu sehen.)

Kann es möglicherweise auch in ansonsten normalen Gehirnen zu einer frégoliähnlichen Verwirrung kommen? Und wäre es denkbar, dass sie die Grundlage von rassistischen Stereotypen bildet? Sehr häufig richtet sich der Rassismus gegen einen bestimmten physiognomischen Typus (Schwarze, Asiaten, Weiße und so fort). Vielleicht genügt ein einziges unerfreuliches Erlebnis mit einem Mitglied einer visuellen Kategorie, um eine limbische Kategorie herzustellen, die unzulässig verallgemeinert wird, sodass sie alle Elemente dieser Klasse einschließt und in charakteristischer Weise unzugänglich ist für jede Form «intellektueller Richtigstellung» auf der Basis von Informationen, die in höheren Hirnzentren gespeichert sind. Auf diese Weise sind die geistigen Ansichten eines Menschen möglicherweise gefärbt von diesem emotionalen Reflex. So könnte sich die typische Unbelehrbarkeit des Rassisten erklären.

*

Wir haben unsere Reise mit Arthur begonnen, indem wir die merkwürdige Wahnidee, seine Eltern seien Hochstapler, zu erklären versuchten und einige neue Erkenntnisse über die Speicherung und den Abruf von Erinnerungen im menschlichen Gehirn gewannen. Seine Geschichte lässt erkennen, wie wir alle Geschichten über unser Leben und die Menschen, die es bevölkern, konstruieren. In gewissem Sinne ist Ihr Leben – Ihre Autobiographie – eine lange Folge von höchst persönlichen episodischen Erinnerungen an Ihren ersten Kuss, den Abschlussball, die Hochzeit, die Geburt eines Kindes, Angelausflüge und so fort. Aber es ist weit mehr als das. Selbstverständlich gibt es eine persönliche Identität, das Empfinden von einem einheitlichen «Selbst», das sich wie ein goldener Faden durch das ganze Gewebe Ihrer Existenz zieht. Der schottische Philosoph David Hume hat die Persönlichkeit des Menschen mit einem Fluss verglichen – das Wasser im Fluss wandelt sich ständig, und doch bleibt der Fluss selbst der gleiche. Was geschieht, so fragte er, wenn jemand seinen Fuß in einen Fluss taucht und diesen Vorgang eine halbe Stunde später wiederholt – ist es noch derselbe Fluss oder ein anderer? Wenn Sie das für ein albernes semantisches Rätsel halten, haben Sie vollkommen Recht, denn die Antwort hängt natürlich von Ihrer Definition der Wörter «derselbe» und «Fluss» ab. Doch albern oder nicht, ein Punkt ist klar. Für Arthur mit seiner Schwierigkeit, aufeinander folgende episodische Erinnerungen miteinander zu verknüpfen, würde es

DIE UNERTRÄGLICHE ÄHNLICHKEIT DES SEINS

vielleicht wirklich zwei Flüsse geben! Natürlich zeigte sich diese Tendenz, Duplikate von Ereignissen und Objekten herzustellen, am ausgeprägtesten, wenn er es mit Gesichtern zu tun hatte – Gegenstände veranlassten Arthur nur selten, Kopien anzufertigen. Trotzdem passierte es, dass er sich mit den Fingern durchs Haar fuhr und es eine «Perücke» nannte, zum Teil, weil es sich infolge der Schädeloperationen, die an ihm vorgenommen worden waren, unnatürlich anfühlte. In seltenen Fällen duplizierte Arthur auch Länder. So behauptete er einmal, es gebe zwei Panamas (nachdem er gerade von einem Familientreffen in diesem Land zurückgekehrt war).

Besonders ungewöhnlich war jedoch die Tatsache, dass Arthur sogar sich selbst duplizierte. Zum ersten Mal geschah das, als ich Arthur Bilder von ihm selbst in einem Fotoalbum zeigte und auf eine Momentaufnahme wies, die ihn zwei Jahre vor seinem Unfall zeigte.

«Wer ist auf dem Bild zu sehen?», fragte ich.

«Das ist ein anderer Arthur», erwiderte er. «Er sieht genauso aus wie ich, ist es aber nicht.» Ich traute meinen Ohren nicht. Arthur hatte meine Überraschung offenbar bemerkt, denn er versuchte seine Behauptung zu beweisen: «Sehen Sie? Er hat einen Schnurrbart. Ich nicht.»

Diese Wahnidee trat jedoch nicht auf, wenn sich Arthur in einem Spiegel betrachtete. Vielleicht war er vernünftig genug, sich klar zu machen, dass das Gesicht im Spiegel nicht das eines anderen sein konnte. Doch Arthurs Neigung, sich zu «duplizieren» – sich als jemanden zu betrachten, der von einem früheren Arthur verschieden war –, kam gelegentlich auch in Gesprächen spontan zum Vorschein. Zu meiner Überraschung verkündete er einmal unaufgefordert: «Ja, meine Eltern haben mir einen Scheck geschickt, aber er war an den anderen Arthur gerichtet.»

Arthurs größtes Problem bestand aber darin, dass er unfähig war, emotionale Bindungen zu den Menschen zu knüpfen, die ihm am meisten bedeuteten – seinen Eltern –, und das bekümmerte ihn sehr. Ich kann mir vorstellen, dass er eine Stimme in seinem Kopf hörte, die sagte: «Der Grund, warum ich keine Herzlichkeit empfinde, muss darin liegen, dass ich nicht der wirkliche Arthur bin.» Einmal wandte sich Arthur an seine Mutter und sagte: «Mom, versprichst du mir, dass du mich auch noch liebst, wenn eines Tages der richtige Arthur zurückkehrt?» Wie kommt ein in jeder Hinsicht vernünftiger Mensch dazu, sich für zwei Personen zu halten? Die Spaltung des Selbst, das seiner innersten Natur nach einheitlich ist, scheint ein Widerspruch in sich zu sein. Wenn ich anfinge, mich selbst als eine Mehrzahl von Menschen anzusehen, für welchen würde ich dann planen? Wer wäre das «wirkliche» Ich? Das ist ein reales und qualvolles Dilemma für Arthur.

Seit Jahrhunderten vertreten Philosophen die Auffassung, dass ein Aspekt unserer Existenz vollkommen außer Frage stehe: die simple Tatsache, dass «ich» als einzelner Mensch in Raum und Zeit überdauere. Doch selbst diese Grundbedingung menschlicher Existenz wird von Arthur infrage gestellt.

9 GOTT UND DAS LIMBISCHE SYSTEM

> Diese [kosmische Religion] lässt sich demjenigen, der
> nichts davon besitzt, nur schwer deutlich machen ... Die
> religiösen Genies aller Zeiten waren durch diese kosmische
> Religiosität ausgezeichnet, die keine Dogmen ... kennt ...
> Es scheint mir, dass es die wichtigste Funktion der Kunst
> und der Wissenschaft ist, dies Gefühl unter den
> Empfänglichen zu erwecken und lebendig zu erhalten.
>
> *ALBERT EINSTEIN*

> Gott ist der größte Demokrat, den die Welt je gekannt hat,
> weil Er uns «ungebunden» wählen lässt zwischen Gut und
> Böse. Er ist der größte Tyrann, den es je gab, denn häufig
> schlägt er uns den Kelch aus der Hand, den wir schon an
> die Lippen gesetzt haben, und lässt uns unter dem Vorwand
> des freien Willens einen Spielraum, der so unzulänglich
> bemessen ist, dass die Freude ihm allein vorbehalten ist,
> und zwar auf unsere Kosten. Daher nennt der Hinduismus
> dies alles seinen Scherz (Lila) oder eine Täuschung
> (Maya) ... Lasst uns tanzen zum Klang seiner Bansi (Flöte),
> und alles wird gut sein.
>
> *« MAHATMA » GANDHI*

Stellen Sie sich vor, Sie hätten ein Gerät, eine Art Helm, den Sie
aufsetzen könnten, um eine kleine Region Ihres Gehirns zu stimulieren, ohne dauerhaften Schaden zu verursachen. Wozu
würden Sie dieses Gerät verwenden?

Das ist keine Science-Fiction. Ein solches Gerät, einen so genannten Transkranialen Magnetstimulator, gibt es bereits. Er ist
sogar relativ leicht zu konstruieren. Wenn er auf die Kopfhaut
gesetzt wird, schießt er rasch fluktuierende und außerordentlich
starke Magnetfelder auf kleine Felder des Gehirngewebes ab.

Dadurch werden sie aktiviert, was Rückschlüsse auf ihre Funktion ermöglicht. Wenn Sie beispielsweise bestimmte Teile Ihres motorischen Kortex stimulieren würden, käme es zur Kontraktion verschiedener Muskeln. Ihr Finger würde sich krümmen, oder Sie empfänden ein plötzliches Zucken in der Schulter. Wenn Ihnen also dieses Gerät zur Verfügung stünde, welchen Teil Ihres Gehirns würden Sie stimulieren? Wären Sie zufällig mit den Berichten vertraut, die in der Frühzeit der Neurochirurgie über das Septum verfasst wurden – einen Zellhaufen an der Vorderseite des Thalamus, in der Mitte des Gehirns –, dann wären Sie vielleicht versucht, den Magneten dort anzuwenden.[1] Patienten, die in dieser Region «aktiviert» werden, berichten von intensiven Lustgefühlen, «als würden sich tausend Orgasmen in einem einzigen entfalten». Wären Sie von Geburt an blind, aber die visuellen Felder in Ihrem Gehirn noch nicht degeneriert, dann würden Sie vielleicht kleine Abschnitte Ihrer Sehrinde reizen, um herauszufinden, was andere Menschen meinen, wenn sie von Farben sprechen oder vom «Sehen». Oder nehmen wir die bekannte klinische Beobachtung, dass der linke Stirnlappen am «Wohlgefühl» beteiligt zu sein scheint; unter diesen Umständen hätten Sie vielleicht Lust, eine Region über Ihrem linken Auge zu reizen, um festzustellen, ob Sie ein natürliches Hochgefühl hervorrufen können.

Als der kanadische Psychologe Michael Persinger vor einigen Jahren ein ähnliches Gerät in die Finger bekam, beschloss er stattdessen, Teile seiner Schläfenlappen zu reizen. Zu seiner Überraschung stellte er fest, dass er zum ersten Mal in seinem Leben ein Gotteserlebnis hatte.

Ich erfuhr von Dr. Persingers seltsamen Experiment durch meine Kollegin Patricia Churchland, die einen Bericht darüber in einer populärwissenschaftlichen kanadischen Zeitschrift entdeckt hatte. Sie rief mich sofort an. «Du wirst es nicht glauben, Rama. In Kanada gibt es einen Mann, der seinen Schläfenlappen stimuliert und Gott erlebt hat. Was sagst du dazu?»

«Hat er Anfälle von Temporallappenepilepsie gehabt?», fragte ich.

«Überhaupt nicht. Er ist vollkommen normal.»

«Aber er hat seine eigenen Schläfenlappen gereizt?»

«Das steht jedenfalls in dem Artikel.»

«Hm. Was würde wohl passieren, wenn man das Gehirn eines Atheisten stimulieren würde? Würde er ein Gotteserlebnis haben?» Ich lächelte in mich hinein und sagte: «Weißt du was? Man sollte das Gerät an Francis Crick ausprobieren.»

Persingers Beobachtung kam nicht gänzlich überraschend für mich, weil ich schon immer vermutet hatte, dass die Schläfenlappen, besonders der linke, in irgendeiner Weise mit der religiösen Erfahrung zu tun haben. Jeder Medizinstudent lernt, dass Patienten mit epileptischen Anfällen, die in diesem Teil des Gehirns entstehen, während der Anfälle oft intensive spirituelle Erfahrungen haben und sich manchmal auch in den Zeiten zwischen den Anfällen eingehend mit religiösen und moralischen Fragen beschäftigen.

Aber ergibt sich aus diesem Syndrom auch der Schluss, dass unser Gehirn eine Art Schaltkreis enthält, der auf religiöse Erfahrungen spezialisiert ist? Tragen wir ein «Gottmodul» im Kopf? Und wenn es einen solchen Schaltkreis gibt, woher kommt er? Ist er das Ergebnis der natürlichen Selektion, ein menschliches Merkmal, das im biologischen Sinn so natürlich ist wie die Sprache oder das stereoskope Sehen? Oder ist da ein tieferes Geheimnis im Spiel, wie Philosophen, Erkenntnistheoretiker oder Theologen vielleicht meinen würden?

Wir Menschen besitzen viele Eigenschaften, die nur unserer Art eigen sind, aber keine von ihnen ist so rätselhaft wie die Religion – unser Hang, an eine höhere Macht zu glauben, die die Welt der Erscheinungen transzendiert. Es ist äußerst unwahrscheinlich, dass irgendein anderes Geschöpf nach «dem Sinn des Ganzen» fragen kann. Hören wir, was John Milton im *Verlorenen Paradies* (II, 146 ff.) schreibt:

... Denn wer wollte gar,
Wenn auch gepeinigt sehr, dies geistig Wesen,
Das denkend Ewigkeiten sich durchmisst,
Verlieren, um vollauf zu Grund zu gehen,
Verschluckt und aufgelöst im weiten Schoß
Der unerschaffnen Nacht, beraubt des Sinns
Und Lebens? ...

Doch woher kommen solche Empfindungen? Mag sein, dass jedes denkende und fühlende Wesen, das in die eigene Zukunft blicken und seine Sterblichkeit ins Auge fassen kann, früher oder später mit solch beunruhigenden Grübeleien beginnt. Hat mein unbedeutendes kleines Leben irgendeine wirkliche Bedeutung im großen Plan der Welt? Wenn das Sperma meines Vaters nicht diese bestimmte Eizelle in jener schicksalhaften Nacht befruchtet hätte, hätte ich dann nie existiert, und in welchem realen Sinn hätte das Universum dann existiert? Wäre es dann nicht, wie Erwin Schrödinger gesagt hat, ein «Spiel vor leeren Rängen» gewesen? Was wäre gewesen, wenn mein Vater in diesem entscheidenden Augenblick gehustet und ein anderer Samenfaden die Eizelle befruchtet hätte? Unser Verstand dreht sich wild im Kreis, wenn wir über diese Möglichkeiten nachdenken. Wir sind in einem Paradox gefangen: Auf der einen Seite scheint unser Leben so unendlich wichtig zu sein – mit all den hoch geschätzten persönlichen Erinnerungen –, und doch wissen wir alle, dass unsere kurze Existenz im kosmischen Plan der Dinge gar nichts gilt. Wo findet der Mensch in diesem Dilemma einen Sinn? Für viele ist die Antwort einfach: Sie suchen Trost in der Religion.

Doch das ist sicherlich nicht die ganze Wahrheit. Wäre der religiöse Glaube lediglich eine Mischung aus Wunschdenken und Sehnsucht nach Unsterblichkeit, wie wollte man dann die intensiven religiösen Erlebnisse erklären, von denen Patienten mit Temporallappenepilepsie berichten, oder ihre Behauptung, Gott spreche direkt zu ihnen? Manch ein Patient hat mir von einem

knüpft ist mit Gefühl, Territorialverhalten, Aggression und Sexualität.

Der Output des limbischen Systems wird, wie Papez bemerkte, hauptsächlich in Erfahrung und Ausdruck von Gefühlen übersetzt. Die Gefühlserfahrung wird durch hin- und herlaufende Verbindungen mit den Stirnlappen vermittelt. Der Reichtum Ihres inneren Gefühlslebens hängt wahrscheinlich von diesen Interaktionen ab. Der externe Ausdruck der Gefühle ist dagegen auf die Mitwirkung einer kleinen Anhäufung dicht gepackter Zellen angewiesen – des Hypothalamus, eines Steuerzentrums mit drei eigenen Output-Bahnen. Erstens senden die Kerne des Hypothalamus hormonale und neuronale Signale an die Hypophyse, die häufig als «Dirigent» des endokrinen Orchesters bezeichnet wird. Die durch dieses System ausgeschütteten Hormone beeinflussen fast jeden Teil des menschlichen Körpers, ein biologischer Kraftakt, mit dem wir uns bei der Analyse der Geist-Körper-Interaktionen noch näher beschäftigen werden (Kapitel 11). Zweitens sendet der Hypothalamus Befehle an das autonome Nervensystem, das verschiedene vegetative oder Körperfunktionen steuert, unter anderem die Produktion von Tränen, Speichel und Schweiß. Außerdem ist es zuständig für Blutdruck, Herzfrequenz, Körpertemperatur, Atmung, Blasenfunktion, Stuhlgang und so fort. Der Hypothalamus ist also gewissermaßen das «Gehirn» dieses archaischen, untergeordneten Nervensystems. Der dritte Output reguliert das aktuelle Verhalten – Kampf, Flucht, Ernährung und sexuelles Verhalten. Kurzum, der Hypothalamus ist unser «Überlebenszentrum»; er bereitet den Körper auf Notfälle vor und versetzt ihn von Zeit zu Zeit in die Lage, seine Gene weiterzugeben.

Unser Wissen über die Funktionen des limbischen Systems stammt in großen Teilen von Patienten mit epileptischen Anfällen, die in diesem Teil des Gehirns entstanden. Wenn Sie das Wort «Epilepsie» hören, denken Sie gewöhnlich an jemanden, der Krampfanfälle hat – starke, unwillkürliche Kontraktionen aller Muskeln des Körpers – und zu Boden fällt. Tatsächlich sind diese Symptome charakteristisch für die bekannteste Form der Epilepsie, die so genannte Grand-mal-Epilepsie. Deren Anfälle entstehen im Allgemeinen, weil in einer winzigen Ansammlung von Neuronen irgendwo im Gehirn ein Fehlverhalten auftritt: Sie feuern chaotisch, bis die Aktivität wie ein unkontrollierter Brand das ganze Gehirn ergreift. Doch es gibt auch die so genannte «Herdepilepsie», bei der der Anfall auf eine relativ kleine Region des Gehirns beschränkt ist. Wenn der Herd solcher Anfälle im motorischen Kortex liegt, ist das Ergebnis eine Sequenz von Muskelzuckungen – oder der so genannte Jackson-Anfall. Liegt der Herd jedoch im limbischen System, dann sind die auffälligsten Symptome emotionaler Natur. Die Patienten berichten, ihre Gefühle stünden «in Flammen», und schildern eine Palette von höchster Ekstase bis zu tiefster Verzweiflung, ein Gefühl bevorstehenden Unheils oder auch Anwandlungen von äußerster Wut und heftigem Schrecken. Frauen erleben während der Anfälle manchmal Orgasmen, während das bei Männern aus unbekannten Gründen nicht der Fall ist. Doch am bemerkenswertesten sind die Patienten, die tief bewegende spirituelle Erlebnisse haben, unter anderem das Gefühl einer göttlichen Gegenwart und direkter Kommunikation mit Gott. Für sie ist alles mit kosmischer Bedeutung erfüllt. Sie sagen zum Beispiel: «Jetzt weiß ich, was das alles soll. Das ist der Augenblick, auf den ich mein ganzes Leben lang gewartet habe. Plötzlich ergibt alles einen Sinn.» Oder: «Endlich habe ich Einblick in das wahre Wesen des Kosmos.» Für mich liegt eine gewisse Ironie darin, dass dieses Gefühl der Erleuchtung, diese absolute Überzeugung, der letzten Wahrheit teilhaftig zu sein, in den limbischen Strukturen entspringt, die mit dem Gefühl befasst sind, und nicht in den denkenden, vernünftigen Teilen des Gehirns, die sich so viel darauf zugute halten, dass sie die Wahrheit von der Unwahrheit zu unterscheiden vermögen.

Gott gewährt uns «normalen» Menschen nur gelegentliche

Ausblicke auf eine tiefere Wahrheit (mir werden sie zuteil, wenn ich einer besonders ergreifenden Passage eines Musikstücks lausche oder den Jupitermond durch ein Teleskop betrachte), dagegen genießen diese Patienten das einzigartige Privileg, bei jedem epileptischen Anfall, den sie haben, unmittelbar in Gottes Angesicht zu blicken. Wer wollte entscheiden, ob solche Erfahrungen «echt» (was immer das bedeuten mag) oder «pathologisch» sind? Würden Sie einen solchen Patienten wirklich behandeln und dem Allmächtigen sein Besuchsrecht verwehren wollen? Die Anfälle – und Erscheinungen – dauern im Allgemeinen nur wenige Sekunden. Doch diese kurzen Schläfenlappenstürme sind manchmal in der Lage, die Persönlichkeit des Patienten dauerhaft zu verändern, sodass er sich auch zwischen den Anfällen von anderen Menschen unterscheidet.[3] Niemand weiß, warum das so ist, doch es hat den Anschein, als würden die wiederholten elektrischen Ausbrüche (die dichten Schauer von Nervenimpulsen, die das limbische System in wiederholten Wellen durchströmen) bestimmte Wege dauerhaft «bahnen» oder sogar neue Kanäle eröffnen, ganz ähnlich, wie das Wasser eines Wolkenbruchs auf seinem Weg talwärts neue Rinnsale, Bäche und Flüsschen bildet. Dieser Prozess, *kindling* (Anzünden) genannt, kann die innere Erfahrungswelt des Patienten dauerhaft verändern – und manchmal bereichern.

Das Ergebnis dieser Veränderungen ist das, was einige Neurologen als «Schläfenlappenpersönlichkeit» bezeichnet haben. Die Patienten haben gesteigerte Gefühle und erblicken eine kosmische Bedeutung in trivialen Ereignissen. Es heißt, sie würden zu Humorlosigkeit und Selbstüberhebung neigen und Tagebücher führen, in denen sie alltägliche Ereignisse in allen Einzelheiten festhielten – ein Merkmal, das man als Hypergraphie bezeichnet. Von einigen Patienten habe ich Hunderte von Textseiten erhalten, die mit mystischen Symbolen und Zeichen gefüllt waren. Manche dieser Patienten sind im Gespräch umständlich, streitsüchtig, pedantisch und egozentrisch (obwohl in weit geringerem Maße als viele meiner wissenschaftlichen Kollegen), und ihre Aufmerksamkeit wird zwanghaft von philosophischen und theologischen Fragen in Anspruch genommen.

Jeder Medizinstudent lernt, er dürfe unter keinen Umständen erwarten, «Lehrbuchfälle» auf den Stationen anzutreffen, denn die seien reine Konstrukte, die von den Autoren wissenschaftlicher Werke aus Gründen der Anschaulichkeit geschaffen würden. Doch als vor nicht allzu langer Zeit Paul, ein zweiunddreißigjähriger stellvertretender Leiter eines ortsansässigen Heilsarmee-Ladens, unser Labor betrat, hatte ich den Eindruck, er sei direkt *Brain's Textbook of Neurology* entsprungen – der Bibel aller praktizierenden Neurologen. Er trug ein grünes Nehruhemd und weiße Segeltuchhosen, trat majestätisch auf und hatte ein prächtiges, juwelenbesetztes Kreuz um den Hals.

Es gibt einen bequemen Sessel in unserem Labor, doch Paul schien keinen Wert auf Bequemlichkeit zu legen. Viele Patienten, die ich befrage, sind zunächst befangen, doch Paul schien keinerlei Unsicherheit zu verspüren. Offenbar verstand er sich als eine Art Gutachter, den man eingeladen hatte, damit er über sich und seine Beziehung zu Gott berichte. Er war konzentriert, egozentrisch und besaß die Anmaßung des Rechtgläubigen, aber nichts von der Demut des tiefreligiösen Menschen. Ohne dass wir ihn weiter dazu auffordern mussten, fing er seine Erzählung an.

«Meinen ersten Anfall hatte ich mit acht Jahren», begann er. «Ich erinnere mich noch, dass ich helles Licht sah, bevor ich zu Boden fiel, und mich fragte, woher es komme.» Einige Jahre später hatte er noch mehrere weitere Anfälle, die sein ganzes Leben veränderten. «Plötzlich sah ich alles kristallklar vor mir, Herr Doktor», fuhr er fort. «Ich hatte nicht mehr den geringsten Zweifel.» Er erlebte eine Verzückung, neben der alles andere verblasste. In dieser Verzückung war nur Klarheit, reine Anschauung des Göttlichen – ohne Kategorien, ohne Grenzen, nur Einssein mit dem Schöpfer. All das erzählte er mit allen Einzelheiten und großer Beharrlichkeit, offenbar entschlossen, nichts fortzulassen.

Fasziniert von all dem, bat ich ihn fortzufahren. «Können Sie das ein bisschen genauer beschreiben?»

«Ach, wissen Sie, Herr Doktor, das ist nicht leicht. Es ist, als wollten Sie einem Kind, das noch nicht in der Pubertät ist, die Wonnen der Sexualität erklären. Halten Sie das für vernünftig?»

Ich schüttelte den Kopf. «Was halten Sie von den Wonnen der Sexualität?»

«Also, um ehrlich zu sein», sagte er, «sie interessieren mich nicht mehr besonders. Sie verblassen vollständig neben dem göttlichen Licht, das ich erblickt habe.» Doch später am Nachmittag flirtete Paul hemmungslos mit zwei meiner Studentinnen und versuchte ihnen ihre privaten Telefonnummern zu entlocken. Diese paradoxe Mischung aus Libidoverlust und übermäßiger Beschäftigung mit sexuellen Ritualen ist keine Seltenheit bei Patienten mit Temporallappenepilepsie.

Am folgenden Tag erschien Paul in meiner Sprechstunde mit einem umfangreichen Manuskript, das in einen reich verzierten grünen Schutzumschlag gebunden war und an dem er seit mehreren Monaten arbeitete. Es begann mit Ausführungen über philosophische, mystische und religiöse Fragen, behandelte das Wesen der Dreieinigkeit, die Ikonographie des Davidsterns und enthielt minuziöse Zeichnungen spirituellen Inhalts, seltsame mystische Symbole und Karten. Ich war fasziniert und verwirrt. Das Konvolut entsprach nicht ganz den Texten, die ich normalerweise begutachte.

Als ich schließlich aufblickte, war ein seltsames Leuchten in Pauls Augen. Er verschränkte die Hände und strich sich mit beiden Zeigefingern übers Kinn. «Eines sollte ich noch erwähnen», sagte er. «Ich habe diese phantastischen Flashbacks.»

«Was für Flashbacks?»

«Neulich bei einem Anfall konnte ich zum Beispiel jede noch so winzige Einzelheit aus einem Buch erinnern, das ich vor vielen Jahren gelesen habe. Zeile für Zeile, Seite für Seite, Wort für Wort.»

«Sind Sie sicher? Haben Sie sich das Buch geholt und Ihre Erinnerungen mit dem Original verglichen?»

«Nein. Ich habe das Buch verloren. Aber so etwas passiert mir oft. Es ist nicht nur ein einziges Buch.» Pauls Behauptung faszinierte mich. Sie bestätigte ähnliche Berichte, die ich schon oft von anderen Patienten und Ärzten gehört hatte. Demnächst werde ich Pauls erstaunliche Gedächtnisfähigkeiten einem «objektiven Test» unterziehen. Bildet er sich lediglich ein, er würde jede winzige Einzelheit wieder erleben? Oder fällt bei seinen Anfällen die Zensur- oder Bearbeitungsfunktion aus, die im normalen Gedächtnis wirksam ist? Dann wäre Paul gezwungen, jede banale Einzelheit aufzuzeichnen – was zu einer paradoxen Steigerung seiner Gedächtnisleistung führen würde. Diese Annahme lässt sich nur überprüfen, indem man das Buch oder den Abschnitt besorgt und mit Pauls Äußerungen vergleicht. Die Ergebnisse eines solchen Tests könnten wichtige Ergebnisse darüber bringen, wie Gedächtnisspuren im Gehirn angelegt werden.

Einmal, als Paul sich wieder einmal über seine Flashbacks (Rückblenden) ausließ, unterbrach ich ihn: «Glauben Sie an Gott, Paul?»

Er blickte mich verwirrt an. «Aber was gibt es dort denn *sonst*?», fragte er.

*

Warum haben Patienten wie Paul religiöse Erfahrungen? Ich kann mir vier Möglichkeiten vorstellen. Die erste ist, dass Gott diesen Menschen wirklich erscheint. Wenn das stimmt, dann soll es wohl so sein. Wie kämen wir dazu, Gottes unendliche Weisheit infrage zu stellen? Leider lässt sich das empirisch weder beweisen noch ausschließen.

GOTT UND DAS LIMBISCHE SYSTEM

Die zweite Möglichkeit ist, dass in diesen Patienten ein Übermaß an höchst merkwürdigen, unerklärlichen Gefühlen – ein wahrer Hexenkessel der Emotionen – entfesselt wird und dass sie sich nicht anders zu helfen wissen, als Zuflucht in den ruhigen Wassern des religiösen Friedens zu suchen. Vielleicht wird dieser Gefühlswirrwarr auch fälschlich als mystische Botschaft aus einer anderen Welt gedeutet. Letztere Erklärung erscheint mir aus zwei Gründen unwahrscheinlich. Erstens, es gibt andere neurologische und psychiatrische Leiden – etwa Stirnhirnsyndrom, Schizophrenie, manischdepressive Erkrankung oder Depression –, bei denen emotionale Störungen auftreten, doch selten ist bei diesen Patienten eine derartige Inanspruchnahme durch religiöses Gedankengut zu beobachten. Zwar sprechen auch Schizophrene gelegentlich von Gott, doch ihre Empfindungen sind gewöhnlich flüchtiger Natur; ihnen fehlt die Inbrunst oder der zwanghafte, stereotype Charakter, den man an Temporallappenepileptikern beobachtet. Daher können emotionale Veränderungen allein keine ausreichende Erklärung für diese religiöse Inanspruchnahme liefern.[4]

Die dritte Erklärung geht von Verbindungen zwischen sensorischen Zentren (Sehen, Hören) und der Amygdala aus, jenem Teil des limbischen Systems, der darauf spezialisiert ist, die emotionale Bedeutung von Ereignissen in der Außenwelt zu erkennen.

Natürlich lässt nicht jeder Mensch und jedes Ereignis, dem Sie an einem durchschnittlichen Tag begegnen, bei Ihnen die Alarmglocken schrillen; das wäre ein extrem unangepasstes Verhalten, das Sie rasch in den Wahnsinn triebe. Um mit der Ungewissheit der Welt fertig zu werden, brauchen Sie eine Methode, die Ihnen erlaubt, die Bedeutsamkeit von Ereignissen zu beurteilen, bevor Sie eine Nachricht an den Rest des limbischen Systems und den Hypothalamus schicken und sie auffordern, Ihnen bei Kampf oder Flucht zu helfen.

Nun stellen Sie sich vor, was geschähe, wenn falsche Signale, die aus der Aktivität limbischer Anfälle stammten, diese Bahnen benutzen würden. Es würde jene Art von *kindling* stattfinden, von der oben die Rede war. Diese «Bedeutsamkeits»-Bahnen würden verstärkt, sodass die Kommunikation zwischen verschiedenen Gehirnstrukturen erhöht würde. Sensorische Hirnfelder, die Menschen und Ereignisse sehen und Stimmen und Geräusche hören, würde enger mit emotionalen Zentren verknüpft. Das Ergebnis? *Jedes* Objekt und Ereignis – nicht nur die bedeutsamen – würden mit tiefer Bedeutung erfüllt, sodass der Patient «das Universum in einem Sandkorn» erblickte und «die Unendlichkeit in der Handfläche» hielte. Er schwämme auf einem Meer von religiöser Ekstase und würde von dessen Wogen an die Ufer des Nirwana getragen.

Die vierte Hypothese ist noch spekulativer. Ist es denkbar, dass der Mensch im Laufe seiner Stammesgeschichte einen speziellen neuronalen Schaltkreis entwickelt hat, dessen einziger Zweck die Vermittlung religiöser Erfahrungen ist? Der Glaube an das Übernatürliche ist in allen menschlichen Gesellschaften so verbreitet, dass sich die Frage aufdrängt, ob der Hang zu diesem Glauben nicht eine biologische Grundlage hat.[5] Wenn das so wäre, müssten Sie eine entscheidende Frage beantworten: Was für ein Evolutionsdruck hat zur Ausbildung solcher Mechanismen führen können? Und wenn es einen solchen Mechanismus gibt, existiert dann auch ein Gen, das in erster Linie für Religiosität und spirituelle Neigungen zuständig ist – ein Gen, das Atheisten vielleicht nicht haben oder überlisten (ich scherze!)?

Argumente dieser Art erfreuen sich einer gewissen Beliebtheit in einer relativ neuen Disziplin namens Evolutionspsychologie. (Früher hieß sie Soziobiologie, eine Bezeichnung, die aus politischen Gründen in Verruf geraten ist.) Ihren zentralen Thesen zufolge sind viele menschliche Eigenschaften und Tendenzen, selbst solche, die wir gewöhnlich der «Kultur» zuschreiben, möglicherweise der ordnenden Hand der natürlichen Selektion

GOTT UND DAS LIMBISCHE SYSTEM

zu verdanken, die sie aufgrund ihres Anpassungswerts ausgewählt hat.

Ein schönes Beispiel ist die Tendenz von Männern zur Polygamie und Promiskuität, während Frauen in der Regel monogamer sind. Unter den Hunderten von menschlichen Kulturen in der ganzen Welt gibt es nur eine einzige, die der Thoda in Südindien, in der die Polyandrie (die Vielmännerei oder das Zusammenleben mit mehreren männlichen Partnern) offiziell gebilligt wird. Dieser Stand der Dinge – die überwiegend polygame Tendenz von Männern und die monogame Tendenz von Frauen – ist evolutionär durchaus sinnvoll. Denn die Frau investiert in jeden Nachkommen erheblich mehr Mühe – eine neunmonatige gefährliche und schwierige Schwangerschaft –, sodass sie sehr umsichtig bei der Wahl ihrer Sexualpartner sein muss. Für den Mann besteht die optimale evolutionäre Strategie darin, seine Gene so weit wie möglich zu streuen, daher investiert er nur wenige Minuten (oder sogar Sekunden) in eine solche Begegnung. Diese Verhaltenstendenzen sind wahrscheinlich nicht kulturell geprägt. Wie wir alle wissen, versucht die Kultur eher, sie zu verbieten oder einzuschränken.

Auf der anderen Seite müssen wir uns davor hüten, diese Argumente der «Evolutionspsychologie» zu weit zu treiben. Nur weil eine Eigenschaft universal ist – in allen Kulturen, auch solchen, die nie miteinander Berührung hatten, vorhanden ist –, muss sie noch lange nicht genetisch festgelegt sein. Beispielsweise gibt es in jeder Kultur, die wir kennen, eine Form des Kochens, mag sie auch noch so primitiv sein. (Doch, sogar die Engländer haben eine!) Deshalb würde aber niemand auf die Idee kommen, dass es im Gehirn ein Kochmodul gibt, das von Kochgenen angelegt wird, die sich im Zuge der natürlichen Selektion herausgebildet haben. Die Fähigkeit zu kochen ist mit an Sicherheit grenzender Wahrscheinlichkeit ein Ableger einer Anzahl anderer Fertigkeiten, die ursprünglich nichts miteinander zu tun haben – eines gut ausgebildeten Geruchs und Geschmackssinns, der Fähigkeit, einer Vorschrift oder einem Rezept Schritt für Schritt zu folgen, und einer gehörigen Portion Geduld.

Gleicht also die Religion (oder zumindest der Glaube an Gott und die Spiritualität) dem Kochen – bei dem die Kultur die weitaus bestimmende Rolle spielt – oder der Polygamie, die eine starke genetische Grundlage zu haben scheint? Wie würde ein Evolutionspsychologe den Ursprung der Religion erklären? Vielleicht so: Die universelle menschliche Tendenz, nach Autoritätsfiguren zu suchen – die sich manifestiert in der Schaffung einer organisierten Priesterschaft, der Teilnahme an Ritualen, an gemeinschaftlichen Tänzen und Gesängen, in Opferriten und in der Befolgung eines Moralkodex –, fördert konformistisches Verhalten und trägt zur Stabilität der eigenen sozialen Gruppe, der «Sippe», bei, deren Mitglieder die gleichen Gene haben. Gene, die die Ausbildung solcher konformistischen Verhaltenszüge fördern, breiten sich also aus und werden weitergegeben, während Menschen, denen sie fehlen, wegen ihres sozial abweichenden Verhaltens ausgegrenzt und bestraft werden. Vielleicht lässt sich eine solche Stabilität und Konformität durch den Glauben an eine transzendente höhere Macht durchsetzen, die das Geschick der Menschen bestimmt. Kein Wunder, dass Patienten mit Temporallappenepilepsie einen Anflug von Allmachts- und Größenwahn erkennen lassen, als wollten sie sagen: «Ich bin der Erwählte. Es ist meine Pflicht und mein Vorrecht, euch geringeren Wesen Gottes Wirken zu vermitteln.»

Das ist zugegebenermaßen ein etwas spekulatives Argument, sogar gemessen an den eher laxen Maßstäben der Evolutionspsychologie. Doch egal, ob man an die «Gene» des religiösen Konformismus glaubt oder nicht, unbestreitbar ist, dass bestimmte Teile des Schläfenlappens größeren Anteil an der Entstehung solcher Erfahrungen haben als irgendein anderer Teil des Gehirns. Wenn wir die persönlichen Erfahrungen von Dr. Persinger akzeptieren, dann gelten sie nicht nur für Epileptiker, sondern auch für Sie und mich.

Soweit es den Patienten angeht, beeile ich mich hinzuzusetzen, dass alle Veränderungen, die ihm widerfahren sind, authentisch – manchmal sogar wünschenswert – sind und dass der Arzt wahrlich nicht das Recht hat, über solche esoterischen Erweiterungen der Persönlichkeit ein Werturteil abzugeben. Auf welcher Grundlage ließe sich entscheiden, ob eine Erfahrung normal ist oder nicht? Es gibt eine verbreitete Tendenz, «ungewöhnlich» oder «selten» mit abnorm gleichzusetzen, doch das ist ein logischer Fehlschluss. Genie ist eine seltene, aber hoch geschätzte Eigenschaft, während Zahnverfall zwar häufig ist, aber zweifellos unerwünscht. In welche dieser Kategorien gehört die mystische Erfahrung? Warum sollte die Wahrheit, die sich in solchen transzendenten Erfahrungen offenbart, in irgendeiner Weise «geringer» sein als die prosaischeren Wahrheiten, mit denen wir Wissenschaftler uns befassen? Sollten Sie dieser Auffassung zuneigen, dann machen Sie sich klar, dass man diesen Befund – die Beteiligung der Schläfenlappen an der Religion – genauso gut für die Existenz Gottes wie gegen sie ins Feld führen kann. Nehmen wir zum Vergleich die Tatsache, dass die meisten Tiere keine Rezeptoren oder neuralen Mechanismen zum Farbensehen haben. Würden Sie aus dem Umstand, dass nur ein paar privilegierte Arten diese Voraussetzungen besitzen, den Schluss ziehen, dass die Farbe nicht wirklich sei? Natürlich nicht, aber warum soll dann nicht auch das gleiche Argument für Gott gelten? Vielleicht besitzen nur die «Auserwählten» die erforderlichen neuronalen Verbindungen. (Schließlich sind «Gottes Wege unergründlich».) Mit anderen Worten, ich möchte als Wissenschaftler herausfinden, wie und warum religiöse Gefühle im Gehirn entstehen, aber das hat nicht die geringsten Auswirkungen auf die Frage, ob Gott wirklich existiert oder nicht.

Zur Erklärung der geschilderten Erfahrungen von Temporallappenepileptikern haben wir jetzt also mehrere miteinander konkurrierende Hypothesen. Obwohl sich all diese Theorien auf die gleichen neuronalen Strukturen berufen, postulieren sie ganz verschiedene Mechanismen. Es stellt sich also die Frage, ob diese sich überprüfen lassen. Eine der Ideen – die These, dass *kindling* unterschiedslos alle Verbindungen zwischen temporalem Kortex und Amygdala verstärkt habe – lässt sich direkt testen, indem man die galvanische Hautreaktion des Patienten aufzeichnet. Normalerweise wird ein Objekt von den visuellen Feldern der Schläfenlappen erkannt. Seine emotionale Bedeutsamkeit – ist es ein freundliches Gesicht oder ein grimmiger Löwe – wird von der Amygdala signalisiert und an das limbische System übermittelt, sodass Sie emotionale Erregung verspüren und zu schwitzen anfangen. Doch wenn das *kindling* alle Verbindungen dieser Bahnen verstärkt hat, dann wird alles bedeutsam. Egal, was Sie betrachten – einen unauffälligen Fremden, einen Stuhl oder einen Tisch –, es müsste ihr limbisches System heftig aktivieren und Sie zum Transpirieren bringen. Anders als Sie und ich, die eine erhöhte galvanische Hautreaktion nur bei Eltern, Ehepartnern, Löwen oder einem erschreckenden Geräusch manifestieren, müsste der Patient mit Temporallappenepilepsie bei allen Dingen unter der Sonne eine erhöhte galvanische Hautreaktion zeigen.

Um diese Annahme zu überprüfen, setzte ich mich mit Dr. Vincent Iragui und Dr. Evelyn Tecoma in Verbindung, zwei Kollegen, die sich auf die Diagnose und Behandlung von Epilepsie spezialisiert haben. Da das ganze Konzept der «Temporallappenpersönlichkeit» sehr umstritten ist (die Fachleute sind sich durchaus nicht einig, dass diese Persönlichkeitsmerkmale häufiger bei Epileptikern anzutreffen sind), waren sie sehr interessiert an meinen Überlegungen. Einige Tage später hatten sie zwei Patienten gefunden, bei denen offenkundige «Symptome» dieses Syndroms zu erkennen waren – Hypergraphie, spirituelle Neigungen und ein zwanghaftes Bedürfnis, über die eigenen Gefühle und religiöse sowie metaphysische Themen zu sprechen. Würden sie bereit sein, an einem Forschungsprojekt teilzunehmen?

Beide zeigten sich äußerst interessiert. Für den Versuch, vielleicht das erste wissenschaftliche Experiment, das die Religion direkt zum Gegenstand hatte, setzte ich sie auf bequeme Stühle und befestigte harmlose Elektroden an ihren Händen. Auf einem vor ihnen stehenden Computerbildschirm zeigten wir ihnen zufällig ausgewählte Wörter und Bilder – beispielsweise Wörter für alltägliche Gegenstände (Schuh, Vase, Tisch und dergleichen), vertraute Gesichter (Eltern, Geschwister), unbekannte Gesichter, sexuell erregende Wörter und Bilder (Pin-up-Fotos aus erotischen Magazinen), Vulgärwörter für sexuelle Handlungen, Darstellungen extremer Gewalt (einen Alligator, der einen lebenden Menschen frisst, einen Mann, der sich selbst anzündet) sowie religiöse Wörter und Symbole (zum Beispiel das Wort «Gott»).

Würden Sie und ich uns diesem Test unterziehen, würden wir heftige galvanische Hautreaktionen bei Gewaltszenen und bei sexuell eindeutigen Wörtern und Bildern produzieren, eine recht starke Reaktion bei vertrauten Gesichtern und in der Regel gar keine bei allen anderen Kategorien (es sei denn, Sie wären Schuhfetischist, dann würde natürlich die Darbietung eines Schuhs in Wort oder Bild eine entsprechende Reaktion bei Ihnen auslösen).

Und wie sah es bei den Patienten aus? Nach der *Kindling*-Hypothese wäre eine gleichförmig starke Reaktion auf alle Kategorien zu erwarten. Doch zu unserer Überraschung stellten wir bei den beiden getesteten Patienten eine erhöhte Reaktion vor allem bei religiösen Wörtern und Symbolen fest. Ihre Reaktionen auf andere Kategorien, einschließlich der sexuellen Wörter und Bilder, die gewöhnlich eine heftige Reaktion auslösen, fiel ungewöhnlich gedämpft im Vergleich zu den Reaktionen normaler Versuchspersonen aus.[6]

Die Ergebnisse zeigen also, das es keine allgemeine Verstärkung der Verbindungen gibt – wenn überhaupt eine Veränderung zu beobachten war, dann eher eine Schwächung. Einigermaßen überraschend ist jedoch das Ergebnis, dass eine selektive Intensivierung der Reaktion auf religiöse Wörter zu beobachten ist. Vielleicht ließe sich mit Hilfe dieser Technik eine Art «Frömmigkeitsindex» ermitteln, um Pharisäer und religiöse Schwindler (geheime Atheisten) von den wahren Gläubigen zu unterscheiden. Der absolute Nullpunkt auf der Skala ließe sich bestimmen, indem man Francis Cricks galvanische Hautreaktion mäße.

Ich möchte darauf hinweisen, dass nicht jeder Patient mit Temporallappenepilepsie religiös wird. Es gibt viele neuronale Parallelverbindungen zwischen temporalem Kortex und Amygdala. In welche Richtung sich die Persönlichkeit des Patienten verändert – ob er einen zwanghaften Hang zum Schreiben, zum Zeichnen, zu philosophischen Streitgesprächen oder, in seltenen Fällen, zur Sexualität entwickelt –, hängt davon ab, welche Verbindungen im Einzelnen beteiligt sind. Wahrscheinlich würde die galvanische Hautreaktion dieser Patienten einen plötzlichen Anstieg bei den entsprechenden Reizen und nicht bei religiösen Symbolen zeigen. Das wird gegenwärtig in unseren und anderen Labors untersucht.

Hat Gott über die Registrierung der galvanischen Hautreaktion direkt mit uns gesprochen? Haben wir jetzt eine Hotline zum Himmel? Egal, wie wir die selektive Verstärkung der Reaktionen auf religiöse Wörter und Symbole deuten, das Ergebnis schließt eine der für diese Erfahrungen vorgeschlagenen Erklärungen aus – dass diese Leute ihre spirituelle Neigung einfach deshalb entwickeln, weil *alles* in ihrer Umgebung extrem bedeutsam und bedeutungsvoll wird. Ganz im Gegenteil, unsere Ergebnisse lassen darauf schließen, dass eine selektive Verstärkung der Reaktionen auf bestimmte Kategorien von Reizen – etwa religiöse Wörter und Symbole – stattfindet, während die Reaktion auf andere Kategorien, etwa sexuell besetzte, sogar gedämpft wird (was mit der Libidobeeinträchtigung übereinstimmt, von der einige dieser Patienten berichten).

GOTT UND DAS LIMBISCHE SYSTEM

Legen diese Ergebnisse also den Schluss nahe, dass es neuronale Strukturen in den Schläfenlappen gibt, die auf Religion oder Spiritualität spezialisiert sind und deren Reaktionsfähigkeit durch den epileptischen Prozess selektiv verstärkt wird? Nach allem, was wir wissen, können die Veränderungen, die die religiöse Inbrunst dieser Patienten auslösen, überall stattfinden, nicht nur in den Schläfenlappen. Diese Aktivität würde irgendwann das limbische System erreichen und dort zu genau dem gleichen Ergebnis führen – einer erhöhten galvanischen Hautreaktion bei religiösen Bildern oder Symbolen. So stark die galvanische Hautreaktion auch ist, sie bietet keine Garantie dafür, dass die Schläfenlappen direkt an der Religion beteiligt sind.[7]

Mit einem anderen Experiment ließe sich diese Frage jedoch ein für alle Mal klären. Dabei machte man sich den Umstand zunutze, dass häufig Teile des Schläfenlappens chirurgisch entfernt werden, wenn die Anfälle eine starke Beeinträchtigung darstellen, lebensbedrohlich werden und auf medikamentöse Behandlung nicht mehr ansprechen. Daher können wir fragen: Was würde mit der Persönlichkeit des Patienten – besonders mit seinen religiösen Neigungen – geschehen, wenn ein Teil seines Schläfenlappens entfernt würde? Würden einige seiner erworbenen Persönlichkeitsveränderungen wieder «rückgängig» gemacht werden? Würde er plötzlich keine mystischen Erfahrungen mehr haben und Atheist oder Agnostiker werden? Würde eine Art «Gottektomie» an ihm vorgenommen?

Eine solche Untersuchung steht noch aus, aber auch unsere Studien zur galvanischen Hautreaktion haben uns wertvolle Aufschlüsse gebracht – dass nämlich die Anfälle die geistige Verfassung der Patienten dauerhaft verändern und zu interessanten und hochselektiven Verzerrungen ihrer Persönlichkeit führen. Nur selten sind bei anderen neurologischen Störungen so tief greifende emotionale Verwerfungsprozesse oder so ausgeprägte religiöse Interessen zu beobachten. Die einfachste Erklärung für das, was den Epileptikern widerfährt, lautet, dass es zu dauerhaften Veränderungen in den Schaltkreisen der Schläfenlappen kommt, die durch selektive Verstärkung einiger Verbindungen und Beseitigung anderer verursacht werden, sodass die emotionale Landschaft der Patienten ein ganz anderes Relief mit neuen Gipfeln und Tälern erhält.

Was also ergibt sich unter dem Strich? Ganz offensichtlich gibt es im menschlichen Gehirn Schaltkreise, die an religiösen Erfahrungen beteiligt sind und die bei manchen Epileptikern hyperaktiv werden. Wir wissen noch nicht, ob diese Schaltkreise durch ihre stammesgeschichtliche Entwicklung speziell für die Religion bestimmt sind (wie Evolutionspsychologen behaupten würden) oder ob sie andere Gefühle erzeugen, die diesem Glauben nur förderlich sind (obwohl das nicht die Inbrunst erklären kann, mit der sich viele Patienten dem Glauben zuwenden). Daher sind wir noch weit von dem Nachweis entfernt, dass es im Gehirn ein genetisch festgelegtes «Gottmodul» gibt. Trotzdem bin ich fasziniert von der Idee, dass wir überhaupt damit beginnen können, Fragen nach Gott und der Spiritualität naturwissenschaftlich anzugehen.

Ich schrie zum Himmel, der die Erde deckt:
«Sag, welche Lampe hat man uns hier unten,
uns Kindern hier im Dunkeln, angesteckt?»
Die Antwort kam: «Den blinden Intellekt.»
Die Rubaijat des Omar Khaijam

Für viele der Themen, die wir in früheren Kapiteln erörtert haben – Phantomglieder, Neglect-Syndrom und Capgras-Syndrom –, können wir jetzt dank unserer Experimente vernünftige Erklärungen anbieten. Doch auf der Suche nach Hirnzentren, die für religiöse Erfahrungen und Gott zuständig sind, wurde mir klar, dass ich mich auf Grenzgebiete der Neurologie vorgewagt hatte. Es gibt Fragen zum Gehirn, die sind so geheimnisvoll, so dunkel, dass die meisten ernsthaften Wissenschaftler vor

GOTT UND DAS LIMBISCHE SYSTEM

ihnen zurückscheuen, als wollten sie sagen: «Das ist noch zu früh.» Und: «Ich bin doch kein Narr und begebe mich auf so unsicheren Boden.» Und doch sind das gerade die Fragen, die uns am meisten faszinieren. Das naheliegendste Beispiel ist natürlich die Religion, diese zutiefst menschliche Eigenschaft, aber es gibt noch andere geheimnisvolle Wesensmerkmale des Menschen. Denken wir nur an Hervorbringungen wie Musik, Mathematik, Humor und Dichtkunst. Welcher Fähigkeit verdankte Mozart es, eine ganze Symphonie im Kopf zu komponieren? Was befähigte Mathematiker wie Pierre de Fermat (1601–1665) oder Srinivasa Ramanujan (1887–1920), makellose Vermutungen und Theoreme zu «entdecken», ohne sich der Mühe systematischer Beweise zu unterziehen? Was geht vor im Gehirn eines Menschen wie Dylan Thomas, dass er fähig ist, so eindrucksvolle Verse zu schreiben? Ist der schöpferische Funke nur ein Ausdruck des göttlichen Funkens, der in uns allen vorhanden ist? Ansätze zu einer Antwort liefert paradoxerweise eine bizarre Störung, die «Idiot-Savant-Syndrom» heißt (oder politisch korrekt: Savant-Syndrom). Diese Menschen (retardiert und doch hoch begabt) können uns wertvolle Erkenntnisse über die Evolution der menschlichen Natur vermitteln – ein Thema, das für einige der klügsten wissenschaftlichen Köpfe des 19. Jahrhunderts geradezu zur Obsession wurde.

Das Viktorianische Zeitalter (1837–1901) erlebte eine lebhafte Debatte zwischen zwei brillanten Biologen – Charles Darwin und Alfred Russel Wallace. Darwin ist natürlich allgemein bekannt. Jeder verbindet mit seinem Namen die Entdeckung der natürlichen Selektion als des entscheidenden Mechanismus der Evolution. Es ist schade, dass Wallace heute fast nur noch Biologen und Wissenschaftshistorikern bekannt ist, obwohl er ein ebenso hervorragender Gelehrter war und das Selektionsprinzip unabhängig von Darwin entdeckt hat. Tatsächlich wurde der erste wissenschaftliche Artikel über die Evolution durch natürliche Selektion von Darwin und Wallace gemeinsam verfasst und

1850 von Joseph Hooker der Linnean Society vorgelegt. Statt, wie viele heutige Wissenschaftler, einen endlosen Prioritätsstreit vom Zaun zu brechen, erkannten sie ihre wechselseitigen Leistungen bereitwillig an. Wallace schrieb sogar ein Buch, das er *Darwinism* nannte und in dem er für, wie er schrieb, «Darwins» Theorie der natürlichen Selektion eintrat. Als Darwin von diesem Buch hörte, antwortete er: «Sie sollten nicht von Darwinismus sprechen, denn es könnte genauso gut Wallacismus heißen.» Was besagt die Theorie? Sie besteht aus drei Teilen:[8]

1. Da die vorhandenen Ressourcen nicht für die ganze Nachkommenschaft ausreichen, gibt es in der natürlichen Welt einen ständigen Kampf ums Dasein.
2. Zwei Individuen einer Art sind nie vollkommen identisch (vom seltenen Fall eineiiger Zwillinge abgesehen). Stets gibt es Zufallsveränderungen des Körpertyps, die durch zufälliges Mischen der Gene während der Zellteilung zustande kommen – ein Vorgang, der dafür sorgt, dass die Nachkommen sich voneinander und von ihren Eltern unterscheiden. Auf diese Weise sind sie gewappnet für die evolutionäre Veränderung.
3. Jene zufälligen Genkombinationen, die dafür sorgen, dass Individuen etwas besser an eine lokale Umwelt angepasst sind, haben größere Chancen, sich zu vermehren und in einer Population auszubreiten, weil sie dem Überleben und der Fortpflanzung dieser Individuen zuträglich sind.

Nach Darwins Auffassung erklärt sein Prinzip der natürlichen Selektion nicht nur das Auftreten von morphologischen Merkmalen wie Finger und Nasen, sondern auch den Aufbau des Gehirns und damit unsere geistigen Fähigkeiten. Mit anderen Worten, die natürliche Selektion könnte unter Umständen unsere Begabung für Musik, Malerei, Literatur und andere geistige

Hervorbringungen erklären. Wallace war anderer Meinung. Er räumte ein, dass Darwins Prinzip Finger, Zehen und vielleicht sogar einige einfache geistige Eigenschaften erklären könne, bestritt aber entschieden, dass so ausgesprochen menschliche Fähigkeiten wie mathematische und musikalische Begabung durch das blinde Wirken des Zufalls hervorgebracht werden könnten. Warum nicht? Nach Wallace begegnete das menschliche Gehirn bei seiner Evolution einer neuen und genauso wirksamen Kraft, der Kultur. Mit der Entstehung von Kultur, Sprache und Schrift, so Wallace, wird die menschliche Evolution lamarckistisch – das heißt, es wird möglich, das im Laufe eines Lebens zusammengetragene Wissen an die Nachkommen weiterzugeben. Ihre Kinder sind viel klüger als die Nachkommen von Analphabeten, nicht weil sich Ihre Gene verändert haben, sondern einfach, weil dieses Wissen – als Kultur – von Ihrem Gehirn auf das Gehirn Ihrer Kinder übertragen worden ist. Das Gehirn geht also eine Symbiose mit der Kultur ein. Die zwei sind voneinander abhängig wie der nackte Einsiedlerkrebs von seiner Muschelschale oder die kernhaltige Zelle von ihren Mitochondrien. Für Wallace ist die Kultur der Motor der menschlichen Evolution, was uns im Tierreich einzigartig macht. Es sei doch außerordentlich, sagte er, dass wir das einzige Tier seien, für das der Geist viel wichtiger sei als irgendein Körperorgan. Seine enorme Bedeutung verdanke der Mensch dem Phänomen, das wir «Kultur» nennen. Mehr noch, unser Gehirn enthebe uns der Notwendigkeit weiterer Spezialisierung.[9] Mit der Besetzung neuer ökologischer Nischen spezialisieren sich die meisten Organismen in immer höherem Maße. So legen sich die Giraffen einen längeren Hals zu und die Fledermäuse ein Sonarsystem. Wir Menschen dagegen haben ein Organ entwickelt – das Gehirn –, das uns die Möglichkeit eröffnet, eine solche Spezialisierung zu vermeiden. Wir können die Arktis kolonisieren, ohne deshalb im Laufe von Jahrmillionen einen dicken Pelz entwickeln zu müssen wie der Eisbär, weil wir ihn erlegen, seinen Pelz nehmen und ihn uns umhängen können. Und dann können wir ihn an unsere Kinder und Kindeskinder weitergeben.

Das zweite Argument, mit dem Wallace bestritt, dass der blinde Zufall Mozart hervorgebracht haben könnte, stützt sich auf eine Eigenschaft, die man (nach einem Ausdruck, den Richard Gregory geprägt hat) potenzielle Intelligenz nennen könnte. Sagen wir, Sie nehmen einen jungen Aborigine (oder besorgen sich mit Hilfe einer Zeitmaschine sogar einen Cromagnon-Menschen) und lassen ihn eine moderne Schulausbildung in Rio, New York oder Tokio absolvieren. Natürlich wird er sich dann nicht von den anderen Kindern in diesen Städten unterscheiden. Nach Wallace folgt daraus, dass der Aborigine oder Cromagnon-Mensch eine potenzielle Intelligenz besitzt, die alle vorstellbaren Anforderungen seiner natürlichen Umwelt weit übertrifft. Dieser Art von potenzieller Intelligenz steht die kinetische Intelligenz gegenüber, die durch die Schulbildung verwirklicht wird. Doch warum, zum Teufel, hat sich die potenzielle Intelligenz entwickelt? Wohl kaum, damit Schüler in englischen Schulen Latein lernen können. Auch nicht zur Aneignung der Differenzialrechnung, obwohl sie jeder meistern kann, der sich ein bisschen bemüht. Welcher Selektionsdruck hat zur Entstehung dieser latenten Fähigkeit geführt? Die natürliche Selektion kann nur die Entstehung von tatsächlichen Fähigkeiten erklären, die durch den Organismus zum Ausdruck gebracht werden, aber nicht von potenziellen Fähigkeiten. Wenn Merkmale nützlich und dem Überleben dienlich sind, werden sie an die nächste Generation weitergegeben. Doch was sollen wir von einem Gen für eine *latente* mathematische Fähigkeit halten? Welchen Nutzen verschafft sie einem Analphabeten? Sie ist so nützlich wie der Overkill.

Wallace schrieb: «Die primitivsten Wilden mit dem spärlichsten Wortschatz [haben] die Fähigkeit, eine Vielzahl unterschiedlich artikulierter Laute zu äußern und sie auf eine fast unendliche Menge von Modulationen und Flexionen anzuwenden, die denen der höheren [europäischen] Rassen in keiner Hinsicht unterlegen sind. Hier wurde ein Instrument entwickelt, bevor der Besitzer seiner bedurfte.» Das Argument gilt in noch höherem Maße für andere komplizierte Fähigkeiten des Menschen, wie Mathematik oder Musikalität.

Das ist der entscheidende Punkt. *Hier wurde ein Instrument entwickelt, bevor der Besitzer seiner bedurfte.* Nun wissen wir aber, dass die Natur keine Voraussicht besitzt. Und doch scheint hier ein Fall vorzuliegen, wo die Evolution in die Zukunft blicken konnte. Wie ist das möglich?

Wallace hat mannhaft mit seinem Paradox gerungen. Wie kann die Verbesserung esoterischer mathematischer Fertigkeiten – in ihrer latenten Form – dem Überleben einer Rasse zuträglich sein, während eine andere, die diese Fähigkeit nicht hat, ausstirbt? «Es ist ein wenig merkwürdig», schrieb er, «dass alle heutigen Autoren das ehrwürdige Alter des Menschen zwar zugeben, aber gleichzeitig behaupten, der Verstand habe sich erst in jüngster Zeit entwickelt, und kaum jemals die Möglichkeit in Betracht ziehen, es könnte in vorgeschichtlichen Zeiten Menschen gegeben haben, deren geistige Fähigkeiten hinter den unseren nicht zurückgestanden hätten.»

Wir wissen, dass es sie gab. Das Schädelvolumen sowohl des Neandertalers als auch des Cromagnon-Menschen war sogar größer als das unsere, und es ist durchaus denkbar, dass ihre potenzielle Intelligenz genauso hoch oder höher als die von *Homo sapiens* gewesen ist.

Also, wie ist es möglich, dass diese erstaunlichen latenten Fähigkeiten im prähistorischen Gehirn entstanden, aber erst in den letzten tausend Jahren verwirklicht worden sind? Wallaces Antwort: Das war Gottes Werk! «Irgendeine höhere Intelligenz muss den Prozess geleitet haben, durch den sich die menschliche Natur entwickelt hat.» So ist die menschliche Vollkommenheit ein irdischer Abglanz der göttlichen Vollkommenheit.

In diesem Punkt war Darwin ganz anderer Meinung, der mit

Entschiedenheit behauptete, die natürliche Selektion sei der alleinige Motor der Evolution und könne die Entstehung auch der kompliziertesten geistigen Eigenschaften erklären, ohne dass man ein höheres Wesen bemühen müsse. Wie würde ein moderner Biologe Wallaces Paradox lösen? Er würde wahrscheinlich erklären, dass komplizierte und «höher entwickelte» menschliche Eigenschaften wie musikalische und mathematische Fähigkeiten besondere Manifestationen dessen sind, was man gemeinhin unter der Bezeichnung «allgemeine Intelligenz» zusammenfasst – sie selbst der Höhepunkt einer «außer Kontrolle geratenen» Evolution, die in den letzten drei Millionen Jahren dazu führte, dass Größe und Komplexität des Gehirns geradezu explodiert sind.[10] Durch die Entwicklung der allgemeinen Intelligenz, so heißt es, habe der Mensch die Fähigkeit entwickelt, zu kommunizieren, Wild zu jagen, Nahrungsmittel in Speichern zu horten, komplizierte soziale Rituale zu befolgen und die unzähligen anderen Dinge zu tun, die dem Menschen Freude bereiten und das Überleben sichern. Doch sobald die Intelligenz einmal vorhanden gewesen sei, habe sie sich für eine Vielzahl anderer Dinge nutzen lassen – Differenzialrechnung, Musik und die Entwicklung von wissenschaftlichen Instrumenten, die die Reichweite unserer Sinneswahrnehmungen erweiterten. Nehmen Sie zum Vergleich die menschliche Hand: Obwohl sie ihre erstaunliche Virtuosität beim Ergreifen von Baumästen entwickelt hat, können wir heute mit ihr zählen, Gedichte schreiben, Wiegen schaukeln, Zepter führen und Scherenschnitte herstellen.

Doch im Hinblick auf den Verstand kann mich dieses Argument nicht recht überzeugen. Ich sage nicht, dass es falsch ist, doch die Vorstellung, dass die Fähigkeit, eine Antilope mit dem Speer zu erlegen, später in irgendeiner Form zur Entwicklung der Differenzialrechnung beigetragen hätte, erscheint mir doch ein bisschen zweifelhaft. Ich möchte eine andere Erklärung vorschlagen, die uns nicht nur zu dem oben angesprochenen

Savant-Syndrom zurückführt, sondern auch zu der allgemeineren Frage, wie es dazu kommt, dass in der normalen Bevölkerung von Zeit zu Zeit Menschen mit Talent und Genie geboren werden.

«Savants» sind Menschen, deren geistige Fähigkeit oder allgemeine Intelligenz außerordentlich niedrig ist, die aber über eine erstaunliche punktuelle Begabung verfügen. Beispielsweise sind Fälle von Savants dokumentiert, die einen IQ von weniger als 50 aufweisen, kaum in der Lage sind, selbständig zu leben, und trotzdem ohne Mühe eine achtstellige Primzahl finden können, eine Leistung, zu der die meisten wohlbestallten Mathematikprofessoren nicht fähig sind. Ein Savant hatte in Sekundenschnelle die Kubikwurzel einer sechsstelligen Zahl ausgerechnet und konnte 8 388 628 in wenigen Sekunden vierundzwanzigmal verdoppeln, was das Ergebnis von 140 737 488 355 328 ergab! Diese Menschen sind die lebende Widerlegung der Behauptung, dass Spezialbegabungen nur eine gezielte Entfaltung der allgemeinen Intelligenz seien.[11]

In der Malerei und Musik hat es immer wieder Savants gegeben, deren Begabungen das Publikum verblüfft und begeistert haben. Oliver Sacks berichtet von Tom, einem Dreizehnjährigen, der blind war und nicht einmal seine Schnürsenkel zubinden konnte. Obwohl er nie Musikunterricht oder irgendeine andere Form der Unterweisung erhalten hatte, lernte er einfach durch Zuhören Klavier zu spielen. Er eignete sich Lieder und Melodien an, wenn sie ihm vorgesungen wurden, und konnte jedes Musikstück beim ersten Versuch so perfekt spielen, als wäre er ein ausgebildeter Musiker. Eines seiner spektakulärsten Kunststücke war die Darbietung dreier Musikstücke zur gleichen Zeit. Mit der einen Hand spielte er «Fisher's Horn Pipe», mit der anderen «Yankee Doodle Dandy», und gleichzeitig sang er «Dixie». Außerdem konnte er mit dem Rücken zur Tastatur Klavier spielen, während seine Hände mit vertauschten Positionen die Tasten auf und nieder rasten. Tom komponierte seine

(a)   (b)   (c)

Abbildung 9.2:
(a) Die Zeichnung eines Pferdes von Nadia, der autistischen Savante, als
sie fünf Jahre alt war. (b) Eine Pferdezeichnung von Leonardo da Vinci.
(c) Die Zeichnung eines Pferdes von einem normalen Achtjährigen. Wie
Sie unschwer erkennen, ist Nadias Zeichnung der des Achtjährigen turm-
hoch überlegen und fast so gut wie Leonardos Pferd (oder vielleicht sogar besser!). Abdruck von (a) und (c) aus: Lorna Selfe, *Nadia,* mit
freundlicher Genehmigung von Academic Press, New York.

eigene Musik, und doch schrieb ein zeitgenössischer Beobachter: «Er scheint ein unbewusster Akteur zu sein, der ausagiert,
was ihm zudiktiert wird, ein willenloses Gefäß, in dem die Natur
ihre Juwelen aufbewahrt, um sie nach Belieben hervorzuholen.»
   Nadia, deren IQ zwischen 60 und 70 lag, war ein Zeichenge-
nie. Mit sechs Jahren ließ sie die Anzeichen von schwerem
Autismus erkennen – ritualisiertes Verhalten, Unfähigkeit, Beziehungen zu anderen Menschen aufzunehmen, und eingeschränkte Sprachfähigkeit. Doch schon in zartestem Alter
konnte Nadia von den Menschen in ihrer Umgebung, Pferden
und sogar komplexen visuellen Szenen lebensechte Zeichnungen
anfertigen, die keinerlei Ähnlichkeit mit den rudimentären Darstellungen anderer Kinder ihres Alters hatten. Ihre Skizzen
waren so lebendig, dass sie förmlich aus dem Rahmen herauszu-
springen schienen und in jeder Nobelgalerie hätten hängen können (Abbildung 9.2).

GOTT UND DAS LIMBISCHE SYSTEM

Andere Savants haben unglaublich spezialisierte Fähigkeiten. Ein Junge kann Ihnen die Tageszeit auf die Sekunde genau angeben, ohne auf die Uhr zu schauen. Er kann das sogar im Schlaf, denn manchmal murmelt er im Traum die genaue Zeit. Die «Uhr» in seinem Kopf geht so exakt wie eine Rolex. Eine andere Savante kann die exakte Breite eines Gegenstands angeben, den sie aus einer Entfernung von sechs Metern sieht. Sie oder ich könnten nur einen Schätzwert liefern. Doch sie würde sagen: «Dieser Stein ist genau siebenundsechzig Komma fünf Zentimeter breit.» Und sie hätte Recht.

Diese Beispiele zeigen, dass sich seltene Spezialbegabungen nicht spontan aus der allgemeinen Intelligenz entwickeln, denn wäre das der Fall, wie könnte sie dann ein «Idiot» besitzen?

Wir müssen noch nicht einmal auf das extrem pathologische Beispiel der Savants zurückgreifen, um das zu beweisen, denn ein Anflug dieses Syndroms zeigt sich in jeder begabten Person oder, wenn Sie so wollen, in jedem Genie. «Genie» ist im Gegensatz zu einem weit verbreiteten Missverständnis nicht gleichzusetzen mit übermenschlicher Intelligenz. Die meisten Genies, die kennen zu lernen mir vergönnt war, hatten mehr von Idiot-Savants an sich, als sie zugeben würden – hoch begabt in einigen wenigen Bereichen, hingegen völlig durchschnittlich in anderen Hinsichten.

Nehmen wir die vielfach beschworene Lebensgeschichte von Srinivasan Ramanujan, einem Inder mit genialer mathematischer Begabung, der um die Jahrhundertwende als armseliger Kontorist im Hafen von Madras arbeitete, nur wenige Kilometer von meinem Geburtsort entfernt. Er hatte nur die ersten Klassen der höheren Schule besucht und in allen Fächern schlecht abgeschnitten. Obwohl er keinerlei Ausbildung in höherer Mathematik besaß, zeigte er eine erstaunliche Begabung für die Mathematik und war geradezu besessen von ihr. Er war so arm, dass er sich kein Papier leisten konnte und weggeworfene Briefumschläge nehmen musste, um sie mit seinen mathematischen Formeln voll zu kritzeln. Mit zweiundzwanzig Jahren hatte er bereits mehrere neue Theoreme entdeckt. Da er keinen Zahlentheoretiker in Indien kannte, beschloss er, seine Entdeckungen einigen Mathematikern in anderen Teilen der Welt mitzuteilen, unter anderem F. H. Hardy in Cambridge, einem der namhaftesten Zahlentheoretiker seiner Zeit. Hardy schaute sich Ramanujans Kritzeleien an und hielt sie zunächst für die Produkte eines Spinners. Anschließend ging er Tennis spielen. Doch während des Spiels kamen ihm Ramanujans Formeln immer wieder in den Sinn. «Ich hatte noch nie dergleichen gesehen», schrieb Hardy später. «Sie mussten einfach stimmen, denn kein Mensch hätte genügend Phantasie entwickeln können, um sie zu erfinden.» Also ging er schnurstracks an seinen Schreibtisch zurück und prüfte die Gleichungen auf den Umschlägen noch einmal. Als er feststellte, dass die meisten stimmten, schickte er sie mit einer kurzen Notiz an seinen Kollegen J. E. Littlewood, der sich die Gleichungen ebenfalls ansah. Die beiden Leuchten der Wissenschaft erkannten sogleich, dass Ramanujan wahrscheinlich ein mathematisches Genie von höchsten Graden war. Sie luden ihn nach Cambridge ein, wo er viele Jahre lang arbeitete, bis seine Beiträge schließlich die seiner Mentoren an Originalität und Bedeutung übertrafen.

Ich erwähne diese Geschichte nur, weil Sie nichts Besonderes an Ramanujan entdecken würden, wenn Sie mit ihm essen gingen. Er war völlig durchschnittlich, abgesehen von der Tatsache, dass seine mathematischen Fertigkeiten äußerst ungewöhnlich waren – fast übermenschlich, wie einige Zeitgenossen sagten. Wäre die mathematische Fähigkeit einfach eine Funktion der allgemeinen Intelligenz, dem Umstand zu verdanken, dass das Gehirn größer und besser geworden ist, dann, so ist abermals festzustellen, müssten viel mehr intelligente Menschen besser in Mathematik sein und umgekehrt. Doch eine nähere Bekanntschaft mit Ramanujan würde Sie eines Besseren belehren.

Was ist dann die Lösung des Rätsels? Ramanujans eigene Erklärung – die vollständig abgeleiteten Gleichungen seien ihm im

Traum von der Obergottheit seines Dorfes, der Göttin Namagiri, eingegeben worden – hilft uns nicht viel weiter. Ich kann mir noch zwei weitere Möglichkeiten vorstellen.

Nach der ersten, etwas nüchternen Ansicht setzt sich die allgemeine Intelligenz in Wirklichkeit aus einer Reihe verschiedener Merkmale zusammen, wobei Gene und Merkmale ihre Expression, ihre Manifestation, wechselseitig beeinflussen. Da sich Gene in der Population zufällig mischen, kommt hin und wieder eine glückliche Merkmalskombination zustande – etwa eine lebhafte visuelle Vorstellungsgabe verbunden mit hervorragenden numerischen Fertigkeiten. Diese Mischungsvorgänge können die unerwartetsten Wirkungen hervorbringen. Auf diese Weise kommen die ungewöhnlichen Begabungen zustande, die wir Genie nennen – die Talente eines Albert Einstein, der sich seine Gleichungen «bildlich» vorstellen konnte, oder eines Mozart, der vor seinem geistigen Auge sah, und nicht nur hörte, wie sich seine Kompositionen entwickelten. Solche Genies sind nur deshalb selten, weil die glücklichen Genkombinationen selten sind.

Dieses Argument hat allerdings einen Haken. Wenn Genie wirklich das Ergebnis zufälliger Genkombinationen ist, wie sind dann die Begabungen von Nadia und Tom zu erklären, deren allgemeine Intelligenz extrem niedrig ist? (Die sozialen Fertigkeiten eines autistischen Savants sind unter Umständen geringer als die eines Schimpansen.) Im Übrigen lässt sich schwer erklären, warum solche einzigartigen Begabungen unter Savants häufiger sein sollen als in der allgemeinen Bevölkerung, die doch bei jeder neuen Generation eine größere Zahl von gesunden Merkmalen mischen kann. (Zehn Prozent der autistischen Kinder haben das absolute Gehör, gegenüber nur ein bis zwei Prozent der allgemeinen Bevölkerung.) Außerdem müssten die Merkmale in einem solchen Individuum auf eine ganz bestimmte Weise «ineinander greifen» und so interagieren, dass das Ergebnis vollkommen und nicht unvernünftig wäre, ein Ereignis, dass so unwahrscheinlich ist wie eine künstlerische oder wissenschaftliche

Genieleistung als Ergebnis einer Zusammenkunft von Dummköpfen.

Das führt mich zu der zweiten Erklärung des Savant-Syndroms im Besonderen und der genialen Begabung im Allgemeinen. Wie kann jemand, der nicht in der Lage ist, seine Schuhbänder zuzubinden oder ein normales Gespräch zu führen, Primzahlen berechnen? Die Antwort könnte in einer Region der linken Hemisphäre liegen, die *Gyrus angularis* heißt. Wenn sie geschädigt wird, sind einige Menschen (wie Bill, der Air-Force-Pilot aus Kapitel 1) unfähig, einfache Rechnungen auszuführen – etwa sieben von hundert abzuziehen. Das heißt nicht, dass der linke *Gyrus angularis* das Mathematikmodul des Gehirns ist, aber wir dürfen durchaus davon ausgehen, dass diese Struktur bei mathematischen Berechnungen wichtige Aufgaben erfüllt, während sie für Sprache, Arbeitsgedächtnis oder Sehen keine wesentliche Bedeutung hat.

Nun wäre doch vorstellbar, dass Savants kurz vor oder nach der Geburt frühe Hirnschädigungen erleiden. Möglicherweise erfolgt dann in ihrem Gehirn eine Umkartierung, wie wir sie bei Patienten mit Phantomgliedern beobachten. Führen pränatale oder neonatale Hirnläsionen zu ungewöhnlichen Veränderungen der Hirnverdrahtung? Aus Gründen, die wir noch nicht kennen, könnte ein Teil des Gehirns einen überdurchschnittlichen Input erhalten oder anderen Einflüssen unterliegen, die dazu führen, dass er dichter und größer wird – ein überdimensionierter *Gyrus angularis* zum Beispiel. Was würde das für die mathematischen Fähigkeiten bedeuten? Würde sich unter diesen Umständen ein Kind entwickeln, das achtstellige Primzahlen finden kann? In Wahrheit wissen wir so wenig über die Neuronen und wie sie solche abstrakten Operationen ausführen, dass sich die Auswirkungen einer solchen Veränderung nur schwer voraussagen lassen. Ein *Gyrus angularis* von doppelter Größe könnte nicht nur zur Verdopplung der mathematischen Fähigkeiten, sondern zu einer logarithmischen oder sogar hundert-

GOTT UND DAS LIMBISCHE SYSTEM

fachen Verbesserung führen. Es ist unschwer vorzustellen, was für eine explosionsartige Talentsteigerung diese einfache, aber «anomale» Zunahme des Gehirnvolumens nach sich ziehen würde. Das gleiche Argument könnte für die zeichnerische, musikalische, sprachliche, für jede menschliche Fähigkeit überhaupt geltend gemacht werden.[12] Natürlich ist dieses spekulative Argument mehr als gewagt, aber immerhin lässt es sich überprüfen. Ein mathematischer Savant müsste einen hypertrophen linken *Gyrus angularis* haben, ein zeichnerischer Savant dagegen einen hypertrophen rechten *Gyrus angularis*. Solche Experimente sind meines Wissens noch nicht durchgeführt worden, obwohl wir wissen, dass eine Schädigung des *rechten* Scheitellappens, in dem der *Gyrus angularis* liegt, eine starke Beeinträchtigung zeichnerischer Fertigkeiten hervorruft (genauso wie eine Schädigung des linken *Gyrus angularis* eine Störung der Rechenfertigkeiten bedeutet).

Mit einem einfachen Argument lässt sich das gelegentliche Auftreten von Genie oder Hochbegabung in der normalen Bevölkerung erklären oder die besonders schwierige Frage beantworten, wie solche Fähigkeiten im Zuge der Evolution überhaupt zustande gekommen sind. Wenn das Gehirn eine kritische Masse erreicht, tauchen vielleicht neue und unvorhergesehene Merkmale auf, Eigenschaften, die von der natürlichen Selektion so nicht vorgesehen wurden. Möglicherweise brauchte das Gehirn seine Größe, um einem anderen, offenkundigeren Anpassungsgrund zu genügen – Speerwerfen, Sprechen oder Orientierung –, und am einfachsten ließe sich das erreichen durch größere Effizienz von ein oder zwei Wachstumshormonen oder Morphogenen (Genen, die während der Entwicklung des Organismus seine Größe und Form verändern). Doch da eine solche hormon- oder morphogenabhängige Wachstumssteigerung nicht selektiv die Größe einiger Teile fördern und andere aussparen könnte, würde das Gehirn insgesamt größer, also auch der *Gyrus angularis*, was eine zehn- oder hundertfache Steigerung der mathematischen Fähigkeit zur Folge hätte. Wir haben es hier also mit einem ganz anderen Argument zu tun als der weit verbreiten Auffassung, nach der wir eine sehr «allgemeine» Fähigkeit entwickeln, in deren Rahmen dann eine spezielle Fertigkeit gedeiht.

Gehen wir noch einen Schritt weiter mit dieser Spekulation, indem wir fragen, ob Menschen solche esoterischen Talente – egal, ob Musik, Dichtkunst, Zeichnen oder Mathematik – sexuell attraktiv finden, weil sie vor allem die äußerlich sichtbaren Zeichen eines Riesengehirns sind? So wie der große, schillernde Schwanz des Pfaus oder der gewaltige Stoßzahn eines majestätischen Elefantenbullen ein «untrügliches Anzeichen» für die Gesundheit des Tieres ist, so könnte die Fähigkeit des Menschen, eine hübsche Melodie zu singen oder ein Sonett zu schreiben, ein Hinweis für ein überlegenes Gehirn sein. («Untrügliche Anzeichen» könnten eine wichtige Rolle bei der Partnerwahl spielen. Richard Dawkins hat halb im Ernst die Auffassung vertreten, die Größe und Stärke der Erektion könne beim Menschen ein Erkennungszeichen seines allgemeinen Gesundheitszustands sein.)

Diese Überlegungen eröffnen einige faszinierende Möglichkeiten. Beispielsweise können Sie Hormone oder Morphogene in das Gehirn eines menschlichen Fötus oder Säuglings injizieren und auf diese Weise versuchen, seine Gehirngröße künstlich zu steigern. Würde das eine Rasse von Genies mit übermenschlichen Fähigkeiten hervorbringen? Überflüssig zu erwähnen, dass sich ein solches Experiment beim Menschen aus ethischen Gründen verbietet, aber ein böses Genie könnte versucht sein, es an Menschenaffen zu erproben. Wären unter diesen Umständen Manifestationen ganz außerordentlicher geistiger Fähigkeiten bei diesen Affen zu beobachten? Ließe sich das Tempo der Evolution von Menschenaffen durch eine Kombination von Gentechnologie, hormonaler Intervention und künstlicher Selektion beschleunigen?

Das zentrale Argument meiner Erklärung von Savants – dass einige spezialisierte Gehirnregionen eine Vergrößerung auf Kosten anderer erfahren – mag sich als richtig herausstellen oder nicht. Doch selbst wenn es stimmen sollte, dürfen wir nicht vergessen, dass kein Savant jemals ein Picasso oder Einstein sein wird. Um ein wirkliches Genie zu sein, brauchen Sie noch viele andere Fähigkeiten, keine isolierten Begabungsinseln. Die meisten Savants sind nicht wirklich kreativ. Wenn Sie sich eine Zeichnung von Nadia ansehen, erkennen Sie eine kreative künstlerische Begabung,[13] doch unter mathematischen und musikalischen Savants gibt es keine solchen Beispiele. Ihnen scheint jene schwer beschreibbare Eigenschaft zu fehlen, die wir Kreativität nennen und die mit dem Wesen dessen zu tun hat, was uns als Menschen auszeichnet. Es gibt Fachleute, die behaupten, Kreativität sei einfach die Fähigkeit, Ideen, die scheinbar nichts miteinander zu tun hätten, zufällig miteinander zu verknüpfen, doch das ist sicherlich nicht genug. Der viel zitierte Affe, der bei seinem Spiel auf einer Schreibmaschine irgendwann ein Shakespearestück hervorbringt, würde eine Milliarde Leben brauchen, um auch nur einen einzigen verständlichen Satz zu erzeugen – nicht zu reden von einem Sonett oder einem Theaterstück.

Vor kurzem erzählte ich einem Kollegen von meinem Interesse an Kreativität, woraufhin er das abgedroschene Argument von den Ideen wiederholte, die wir in unserem Kopf herumbewegen und zu Zufallskombinationen zusammenstellen müssen, bis wir auf eine ästhetisch ansprechende Verbindung stoßen. Daraufhin forderte ich ihn auf, einige Wörter und Ideen in seinem Kopf «herumzubewegen», bis er auf eine einzige sinnträchtige Metapher gestoßen sei für «bis zum Äußersten gehen» oder «etwas lächerlich übertreiben». Er kratzte sich am Kopf und gestand nach einer halben Stunde, etwas ausgesprochen Originelles falle ihm nicht ein (trotz eines sehr hohen sprachlichen IQ, wie ich hinzufügen darf). Ich wies ihn darauf hin, dass Shakespeare fünf solcher Metaphern in einem einzigen Satz untergebracht hat:

Vergülden feines Gold, die Lilie malen,
Auf die Viole Wohlgerüche streun,
Eis glätten, eine neue Farbe leihn
Dem Regenbogen, und mit Kerzenlicht
Des Himmels schönes Auge schmücken wollen,
Ist lächerlich und unnütz Übermaß.

SHAKESPEARE, König Johann, IV 2

Es klingt so einfach. Doch warum ist es Shakespeare eingefallen
und niemandem sonst? Jedem von uns stehen diese Worte zu
Gebote. Die mitgeteilte Idee ist weder kompliziert noch ausgefallen. Tatsächlich ist sie kristallklar, sobald sie dargelegt ist,
und besitzt diese Eigenschaft des «Warum bin ich nicht darauf
gekommen?», die das unverkennbare Merkmal der schönsten
und kreativsten Entdeckungen ist. Trotzdem werden Sie und ich
niemals eine ähnlich elegante Zusammenstellung von Metaphern finden, indem wir einfach Wörter zusammensuchen und
zufällig miteinander verbinden. Was uns fehlt, ist der kreative
Funke des Genies, eine Eigenschaft, die für uns noch immer so
geheimnisvoll ist, wie sie für Wallace war. Kein Wunder, dass er
sich bemüßigt fühlte, göttliches Wirken ins Spiel zu bringen.

10. DIE FRAU, DIE LACHEND STARB

Gott ist ein Komödiant vor einem Publikum, in dem keiner zu
lachen wagt.

FRIEDRICH NIETZSCHE

Gott ist ein Hacker.

FRANCIS CRICK

1931, am Morgen des Begräbnisses seiner Mutter, zog sich Willy
Anderson – ein fünfundzwanzigjähriger Klempner aus London –
seinen neuen schwarzen Anzug an, ein sauberes weißes Hemd
und schöne Schuhe, die er sich von seinem Bruder geliehen hatte.
Er hatte seine Mutter sehr geliebt, und seine Trauer war unübersehbar. Tief betroffen und weinend versammelte sich die Familie
und saß stumm während des einstündigen Trauergottesdienstes
in der Kirche, in der es viel zu heiß und stickig war. Erleichtert
trat Willy endlich mit den anderen Angehörigen und Freunden
hinaus in die kühle, frische Luft des Friedhofs. Doch just, als die
Totengräber den Sarg an Seilen in die Erde hinabließen, begann
Willy zu lachen. Es fing an als unterdrücktes Kichern und wuchs
sich rasch zu deutlichem Gegacker aus. Willy beugte den Kopf
tiefer in seinen Hemdkragen hinab, legte die rechte Hand auf
den Mund und versuchte, die unangebrachte Heiterkeit zu ersticken. Es hatte keinen Zweck. Gegen seinen Willen und zu seiner
größten Verlegenheit begann er laut herauszuplatzen. Unwiderstehlich und rhythmisch strömten die Laute aus ihm heraus, bis
er sich vor Lachen krümmte. Offenen Mundes starrten alle
Trauergäste den jungen Mann an, der rückwärts taumelte und
das Weite suchte. Er ging in der Hüfte gebeugt, als wollte er für
das Gelächter, das unvermindert anhielt, um Vergebung bitten.

Noch am anderen Ende des Friedhofs konnten ihn die Trauergäste hören, wo sein Lachen schauerlich zwischen den Grabsteinen ertönte. Am Abend brachte ein Vetter Willy ins Krankenhaus. Zwar war das Lachen nach einigen Stunden verstummt, doch es war so unerklärlich, so erschreckend in seiner Unangemessenheit, dass alle Angehörigen den Eindruck hatten, es handle sich um einen medizinischen Notfall. Dr. Astley Clark, der Dienst habende Arzt, untersuchte Willys Pupillen und prüfte seine Reflexe. Zwei Tage später fand eine Schwester Willy bewusstlos im Bett liegend, nachdem er eine Subarachnoidalblutung erlitten hatte. Er starb, ohne das Bewusstsein wiederzuerlangen. Die Autopsie zeigte den Riss eines Aneurysmas in einer Arterie an der Gehirnbasis, wodurch Teile des Hypothalamus, der *Corpora mammillaria* und anderer Strukturen dieses Gebiets zusammengedrückt worden waren.

Und dann gab es Ruth Greenough, eine achtundfünfzigjährige Bibliothekarin aus Philadelphia. Obwohl sie einen leichten Schlaganfall erlitten hatte, war sie noch in der Lage, eine kleine Filiale der öffentlichen Bücherei reibungslos zu leiten. Doch eines Morgens im Jahr 1936 verspürte Ruth plötzlich einen heftigen Kopfschmerz. Innerhalb von Sekunden verdrehte sie die Augen und hatte einen heftigen Lachanfall. Sie schüttelte sich vor Lachen und konnte nicht wieder aufhören. Dabei atmete sie so heftig und in so kurzen Abständen aus, dass ihr Gehirn unter Sauerstoffentzug litt. Ruth hatte Schweißausbrüche und fuhr sich von Zeit zu Zeit mit der Hand an die Kehle, als müsste sie ersticken. Obwohl sie alles versuchte, konnte sie die Lachkrämpfe nicht zum Stillstand bringen. Selbst eine Morphiumspritze, die ihr der Arzt verabreichte, brachte keine Linderung. Das Gelächter hielt anderthalb Stunden an. Während der ganzen Zeit blieben Ruths Augen nach oben verdreht und weit offen. Sie war bei Bewusstsein und vermochte den Anweisungen ihres Arztes zu folgen, konnte aber kein einziges Wort hervorbringen. Am

Ende dieser anderthalb Stunden legte sich Ruth völlig erschöpft nieder. Das Lachen hielt an, war aber vollkommen geräuschlos geworden – kaum mehr als ein Grimassieren. Plötzlich erlitt sie einen Kollaps und fiel ins Koma. Nach vierundzwanzig Stunden starb Ruth, buchstäblich lachend, wie man sagen könnte. Die Autopsie ergab, dass sich ein Hohlraum in der Mitte ihres Gehirns (der so genannte dritte Ventrikel) mit Blut gefüllt hatte. Es war zu einer Blutung gekommen, die den Boden des Thalamus und verschiedene angrenzende Strukturen zusammengepresst hatte. Der englische Neurologe Dr. Purdon Martin, der Ruths Fall beschrieb, meinte: «Das Gelächter ist ein Trug oder eine Posse, und es äfft das richtige Gelächter nur nach, doch die grausigste Posse ist, dass der Patient an der Schwelle des eigenen Todes zum Lachen gezwungen wird.»[1]

In jüngerer Zeit hat die englische Zeitschrift *Nature* von einem modernen Fall berichtet, bei dem das Gelächter durch direkte elektrische Reizung des Gehirns während einer Operation hervorgerufen wurde. Die Patientin war ein fünfzehnjähriges Mädchen namens Susan, das unter unheilbarer Epilepsie litt. Die Ärzte wollten das Gewebe im Herd ihrer Anfälle entfernen und untersuchten benachbarte Felder, um sicherzugehen, dass sie keine wichtigen Funktionen zerstörten. Als der Chirurg Susans supplementärmotorisches Rindenfeld reizte (in der Nähe eines Gebiets in den Stirnlappen, das einen Input von den emotionalen Zentren des Gehirns erhält), löste er damit eine unerwartete Reaktion aus. Susan begann auf dem Operationstisch hemmungslos zu lachen (sie stand nicht unter Narkose). Merkwürdigerweise machte sie alles, was sie in ihrer Umgebung erblickte, für ihre Fröhlichkeit verantwortlich, so das Bild eines Pferdes und die Menschen, die um sie herumstanden. Zu den Ärzten sagte sie: «Ihr seht einfach zu *komisch* aus, wie ihr hier herumsteht.»[2]

*

Ein krankhaftes Gelächter, wie es bei Willy und Ruth beobachtet wurde, ist selten. In der medizinischen Literatur sind höchstens zwei Dutzend solcher Fälle dokumentiert. Doch wenn wir sie vergleichen, fällt ein Aspekt sofort ins Auge. Die abnorme Aktivität oder Schädigung, die für das Lachen verantwortlich ist, liegt fast immer in Teilen des limbischen Systems, einer Ansammlung von Strukturen, zu der unter anderem der Hypothalamus, die *Corpora mammillaria* und der *Gyrus cinguli* gehören, die für unsere Gefühle zuständig sind (Abbildung 8.1). Angesichts der Komplexität des Lachens und seiner unabsehbaren kulturellen Konnotationen finde ich die Idee faszinierend, dass eine relativ kleine Ansammlung von Gehirnstrukturen für das Phänomen verantwortlich ist – eine Art «Lach-Schaltkreis».

Doch wenn wir einen solchen Schaltkreis lokalisieren können, haben wir damit noch lange nicht herausgefunden, warum er vorhanden ist oder welche biologische Funktion er hat. (Wir können nicht sagen, er habe sich entwickelt, weil er angenehme Gefühle vermittle. Das wäre ein Zirkelschluss, so als würden wir sagen, die Sexualität existiere, weil sie uns angenehme Gefühle verschaffe, statt zu sagen, sie verschafft uns angenehme Gefühle, damit wir unsere Gene streuen.) Die Frage, warum ein gegebenes Verhaltensmerkmal existiert (sei es Gähnen, Lachen, Weinen oder Tanzen), ist absolut entscheidend für das Verständnis seiner biologischen Funktion, und doch wird diese Frage selten gestellt von Neurologen, die Patienten mit Hirnläsionen untersuchen. Das ist erstaunlich, wenn man bedenkt, dass das Gehirn von der natürlichen Selektion genauso geformt wurde wie jedes andere Organ im Körper, wie die Niere, die Leber oder die Bauchspeicheldrüse.

Glücklicherweise wandelt sich das Bild allmählich, nicht zuletzt dank der «Evolutionspsychologie», jener neuen Disziplin, von der ich bereits im vorigen Kapitel berichtet habe.[3] Die zentrale Annahme der Evolutionspsychologen besagt, dass viele bedeutsame Aspekte menschlichen Verhaltens durch spezialisierte

DIE FRAU, DIE LACHEND STARB

Module (geistige Organe) vermittelt werden, die ihre besondere Form durch die natürliche Selektion erhalten haben. Als unsere pleistozänen Vorfahren in kleinen Horden durch die Savanne streiften, entwickelten ihre Gehirne Lösungen für ihre Alltagsprobleme – das Erkennen von Verwandten, die Suche nach gesunden Sexualpartnern, das Vermeiden von verdorben riechenden Speisen oder dergleichen.

Evolutionspsychologen würden beispielsweise die Auffassung vertreten, dass Ihr Ekel vor Kot – der Ihnen keineswegs von Ihren Eltern beigebracht wurde – wahrscheinlich fest verdrahtet ist in Ihrem Gehirn. Da Kot ansteckende Bakterien, Eier und Parasiten enthalten kann, haben die Hominiden mit dem Gen für «Ekel vor Kot» überlebt und dieses Gen weitergegeben, während die anderen untergingen (im Gegensatz zu Mistkäfern, auf die der Duft von Kot wahrscheinlich eine unwiderstehliche Anziehungskraft ausübt). Diese Idee könnte sogar erklären, warum Stuhlgang, der mit Cholera, Salmonellen oder Shigellen infiziert ist, besonders übel riecht.[4]

Die Evolutionspsychologie gehört zu jenen Disziplinen, die die wissenschaftliche Gemeinschaft polarisieren. Entweder ist man dafür oder dagegen, und man vertritt seine Auffassung aggressiv und mit vielen ehrabschneidenden Äußerungen hinter dem Rücken der Gegner. Das hat viel Ähnlichkeit mit der Auseinandersetzung zwischen Nativisten (die Gene legen alles fest) und Empirizisten (das Gehirn ist ein unbeschriebenes Blatt, dessen Verdrahtungen von der Umwelt, einschließlich der Kultur, festgelegt werden). Doch wie sich herausstellt, ist das reale Gehirn viel unübersichtlicher, als diese naiven Dichotomien uns weismachen wollen. Bei einigen Merkmalen – und ich bin der Ansicht, dass das Lachen dazugehört – ist die evolutionäre Perspektive von entscheidender Bedeutung und erklärt, warum ein spezialisierter Lach-Schaltkreis existiert. Bei anderen Verhaltensmerkmalen ist dieser Ansatz reine Zeitverschwendung (wie in Kapitel 9 angemerkt, ist die Annahme, es könnte Gene oder geistige Organe für das Kochen geben, einfach töricht, obwohl Kochen ein universelles menschliches Verhaltensmerkmal ist).

Die Unterscheidung zwischen Fakt und Fiktion verwischt sich in der Evolutionspsychologie leichter als in jeder anderen Disziplin, ein Problem, das nicht gerade gemildert wird durch den Umstand, dass die meisten «Ev-Psych-Erklärungen» völlig unüberprüfbar sind: Man kann keine Experimente durchführen, um sie zu beweisen oder zu widerlegen. Einige der vorgeschlagenen Theorien – dass wir genetisch festgelegte Mechanismen zur Entdeckung fruchtbarer Sexualpartner haben oder dass Schwangere unter Morgenübelkeit leiden, um den Fötus vor vergifteten Speisen zu schützen – sind außerordentlich scharfsinnig. Andere sind einfach an den Haaren herbeigezogen. Eines Nachmittags habe ich mich in übermütiger Stimmung hingesetzt und ein ironisches Stück Evolutionspsychologie zusammengeschrieben, einfach um die Kollegen in dieser Disziplin etwas auf die Schippe zu nehmen. Ich wollte sehen, wie weit man gehen kann mit vollkommen willkürlichen, improvisierten und unüberprüfbaren evolutionären Erklärungen für Aspekte des menschlichen Verhaltens, die jeder vernünftige Beobachter für «kulturell» bedingt halten würde. Das Ergebnis war eine Satire mit dem Titel *Why Do Gentlemen Prefer Blondes?* Als ich diese Parodie bei einer medizinischen Zeitschrift einreichte, wurde sie zu meiner großen Überraschung sofort akzeptiert. Und zu meiner noch größeren Überraschung fanden sie viele meiner Kollegen durchaus nicht komisch, sondern sehr überzeugend in ihrer Argumentation.[5] (Falls Sie neugierig sind, können Sie Näheres in den Anmerkungen nachlesen.)

*

Wie steht es mit dem Lachen? Können wir hier eine vernünftige evolutionäre Erklärung finden, oder wird uns die wirkliche Bedeutung des Gelächters immer unzugänglich bleiben?

Wenn ein außerirdischer Verhaltensforscher auf der Erde landen und uns Menschen beobachten würde, würden ihm viele Aspekte unseres Verhaltens rätselhaft erscheinen, doch das Lachen, dessen bin ich mir sicher, würde sehr weit oben auf seiner Liste der unerklärlichen Verhaltensweisen erscheinen. Wenn er unsere Interaktionen beobachten würde, würde er feststellen, dass wir von Zeit zu Zeit innehalten, Grimassen schneiden und in Reaktion auf eine Vielfalt von Situationen laute, sich wiederholende Töne ausstoßen. Was für eine Funktion könnte dieses geheimnisvolle Verhalten haben? Zweifellos beeinflussen kulturelle Faktoren den Humor und das, was Menschen lustig finden – die Engländer, so heißt es, haben einen sehr ausgeprägten Sinn für Humor, während die Deutschen oder Schweizer kaum jemals etwas komisch finden. Doch selbst wenn das stimmen sollte, könnte es nicht trotzdem eine Art «Tiefenstruktur» geben, die all diesen Manifestationen des Humors zugrunde liegt? Die Einzelheiten des Phänomens sind von Kultur zu Kultur verschieden und von Faktoren wie der Erziehung abhängig, doch das bedeutet nicht, dass es keinen genetisch festgelegten Lachmechanismus gibt – einen gemeinsamen Nenner, der allen Arten des Humors zugrunde liegt. Tatsächlich ist ein solcher Mechanismus schon oft postuliert worden. Die Theorien über die biologischen Ursprünge von Humor und Gelächter haben eine lange Geschichte und reichen zurück bis zu Schopenhauer und Kant, zwei besonders humorlosen deutschen Philosophen.

Nehmen Sie die beiden folgenden Witze. (Wie nicht anders zu erwarten, war es schwierig, Beispiele zu finden, die nicht rassistisch oder sexistisch waren. Nach langer Suche fand ich einen, der es ist, und einen anderen, der es nicht ist.)

Ein Mann sitzt in einer Fernfahrerkneipe in Kalifornien und isst zu Mittag, als plötzlich ein riesiger Panda hereinkommt und einen Burger mit Pommes frites und einen Schokomilchshake bestellt. Der Bär setzt sich hin, isst (*eats*) seine Speisen, steht auf, erschießt (*shoots*) einige der anderen Gäste und läuft zur Tür hinaus (*leaves*). Der Mann ist erstaunt, doch die Kellnerin ist völlig unbeeindruckt. «Was, zum Teufel, geht hier vor?», fragt der Gast. «Nichts Ungewöhnliches», sagt die Kellnerin. «Schauen Sie im Lexikon unter ‹Panda› nach.» Der Mann geht also in eine Bibliothek, nimmt ein Lexikon und sieht unter «Panda» nach – ein großes Tier mit schwarzweißem Pelz, das in den Regenwäldern Chinas lebt. *It eats shoots and leaves.* (Der Satz hat zwei Lesarten: «Er frisst Schößlinge und Blätter.» Oder «Er isst, schießt und geht.»)

Ein Mann, der eine braune Papiertüte trägt, betritt eine Bar und bestellt einen Drink. Der Barkeeper lächelt, gießt das Glas voll und fragt dann, unfähig, seine Neugier zu bezähmen: «Na, was ist in der Tüte?» Der Mann lacht auf und sagt: «Das woll'n Sie sehen? Klar, können Sie sehen, was in der Tüte ist.» Mit diesen Worten zieht er ein winziges Klavier hervor, nicht größer als fünfzehn Zentimeter. «Was ist denn das?», fragt der Barkeeper. Der Mann sagt nichts; er greift nur ein zweites Mal in die Tüte und zieht einen winzigen Mann hervor, ungefähr dreißig Zentimeter hoch, und setzt ihn neben das Klavier. «Donnerwetter», sagt der Barkeeper, vollkommen von den Socken. «So was hab ich im Leben noch nicht gesehen.» Der kleine Mann beginnt Chopin zu spielen. «Heiliges Kanonenrohr», sagt der Barkeeper. «Wo haben Sie den denn her?» Der Mann seufzt und sagt: «Ach, wissen Sie, ich habe diese Zauberlampe gefunden, und da ist ein Geist drin. Er kann Ihnen alles beschaffen, Sie müssen sich bloß was wünschen.» Der Barkeeper sieht ihn böse an. «Klar doch. Ich muss mir nur was wünschen. Verscheißern kann ich mich alleine.» «Sie glauben mir nicht?», sagt der Mann beleidigt, greift in seine Manteltasche und zieht eine silberne Lampe mit einem reich verzierten, geschwungenen Griff heraus. «Hier», sagt er, «hier ist die Lampe mit dem Geist. Reiben Sie sie, wenn Sie mir nicht glauben.» Der Barkeeper zieht die Lampe auf seine Seite der Theke, wirft dem Mann einen skeptischen Blick zu und beginnt an der Lampe zu reiben. Plötzlich gibt es

DIE FRAU, DIE LACHEND STARB

ein gewaltiges Zischen, und ein Geist erscheint über der Theke, beugt sich zum Barkeeper hinab und sagt: «Sire, Euer Wunsch ist mir Befehl. Ihr habt einen Wunsch frei, nur einen einzigen.» Dem Barkeeper hat es die Sprache verschlagen. Doch rasch fasst er sich wieder und sagt: «Okay, okay, gib mir eine Million Scheine (*bucks*)!» Das Genie schwenkt seinen Zauberstab, und im Nu ist die Bar mit einer unvorstellbaren Menge quakender Enten (*ducks*) gefüllt. Sie sind überall und veranstalten einen schrecklichen Lärm: quak, quak, quak! Der Barkeeper wendet sich an den Mann und sagt: «He, was soll das? Ich habe eine Million Scheine (*bucks*) verlangt und kriege eine Million Enten (*ducks*). Ist der Typ taub oder was?» Der Mann schaut ihn an und erwidert: «Was wollen Sie denn? Glauben Sie wirklich, ich hätte einen 30-Zentimeter-Pianisten verlangt?» (In Wahrheit hatte er sich natürlich den Männertraum vom 30-Zentimeter-*Penis* erfüllen wollen. Zu seinem Pech hörten sich aber die englischen Wörter *pianist* und *penis* für den schwerhörigen Geist zu ähnlich an.)

Warum sind diese Geschichten komisch? Und was haben sie mit anderen Witzen gemeinsam? Trotz aller oberflächlichen Unterschiede haben die meisten Witze und komischen Geschichten die folgende logische Struktur: Die Erwartung des Zuhörers wird in der Regel in eine bestimmte Richtung gelockt. Dadurch baut sich die Spannung langsam auf. Ganz zum Schluss kommt eine unerwartete Wendung, die die Interpretation der bisher gelieferten Informationen vollständig auf den Kopf stellt. Von entscheidender Bedeutung ist ferner, dass die neue Interpretation, obwohl sie vollkommen unerwartet ist, allen Fakten ebenso viel «Bedeutung» verleiht wie die ursprünglich «erwartete» Interpretation. Insofern haben Witze viel gemein mit der wissenschaftlichen Kreativität, mit dem, was Thomas Kuhn einen «Paradigmenwechsel» in Reaktion auf eine einzige «Anomalie» nennt. (Wahrscheinlich ist es kein Zufall, dass viele sehr kreative Wissenschaftler viel Sinn für Humor haben.) Die Anomalie im

Witz ist natürlich die traditionelle Pointe, und der Witz ist «komisch», wenn der Zuhörer die Pointe begreift, indem er blitzartig erkennt, wie das anomale Ende eine vollkommen neue Interpretation der bisher gelieferten Fakten erschließt. Je länger und verschlungener der Weg ist, der die Erwartung aufbaut, desto «komischer» die Pointe, wenn sie schließlich kommt. Gute Komiker machen sich dieses Prinzip zunutze, indem sie sich viel Zeit nehmen, die Spannung aufzubauen, denn nichts ist tödlicher für einen Witz als eine verfrühte Pointe.

Zwar ist die plötzliche Wende am Schluss für die Erzielung von komischer Wirkung notwendig, aber sicherlich nicht hinreichend. Nehmen Sie an, ich habe vor, in San Diego zu landen. Ich lege meinen Sicherheitsgurt an und bereite mich innerlich auf die Landung vor. Plötzlich verkündet der Pilot, dass die «Stöße», die er (und ich) auf Luftturbulenzen zurückgeführt habe, in Wirklichkeit durch einen Maschinenschaden verursacht worden seien und dass die Tanks vor der Landung geleert werden müssten. In meiner Vorstellung hat sich auch in diesem Fall ein Paradigmenwechsel vollzogen, doch der bringt mich gewiss nicht zum Lachen. Vielmehr lenkt er meine Aufmerksamkeit auf die Anomalie und veranlasst mich, Handlungen vorzubereiten, die eine Bewältigung der Anomalie erlauben. Ein anderes Beispiel: Ich war bei Freunden in Iowa City zu Besuch. Sie waren fortgefahren, sodass ich mich allein in einer unbekannten Umgebung befand. Spät am Abend, ich war gerade eingeschlafen, hörte ich im Erdgeschoss ein dumpfes Geräusch. «Wahrscheinlich der Wind», dachte ich. Aber kurz darauf ertönte ein zweites Geräusch, noch lauter als das erste Mal. Wieder «rationalisierte» ich es fort und schlief erneut ein. Zwanzig Minuten später hörte ich einen außerordentlich lauten, dröhnenden Knall und sprang aus dem Bett. Was ging da vor sich? Ein Einbrecher vielleicht? Nach der Aktivierung meines limbischen Systems «orientierte» ich mich, ergriff eine Taschenlampe und rannte die Treppe hinunter. Bis dahin nichts Komisches. Doch plötzlich bemerkte ich die Scherben einer großen Blumenvase auf dem Boden und eine große, getigerte Katze, die daneben saß – offenkundig die Schuldige!

Im Gegensatz zum Zwischenfall im Flugzeug begann ich diesmal zu lachen, denn mir war klar geworden, dass die «Anomalie», die ich entdeckt hatte, und der Paradigmenwechsel, den sie nach sich gezogen hatte, ohne schwerwiegende Folgen blieb. Alle Fakten ließen sich jetzt durch die Katzentheorie erklären, sodass die unheimliche Einbrechertheorie nicht mehr bemüht werden musste.

Das Beispiel zeigt, wie wir unsere Definition des Humors und des Lachens verfeinern können. Wenn in einem Beobachter oder Zuhörer eine gewisse Erwartung genährt wird, bis eine plötzliche Wendung erfolgt, die eine vollständige Neuinterpretation der vorgelegten Fakten erforderlich macht, *und* wenn die neue Interpretation triviale und keine bedrohlichen Konsequenzen hat, dann wird Lachen ausgelöst.

Aber warum Lachen? Warum dieser explosive, repetitive Laut? Freuds Ansicht, dass das Gelächter eine aufgestaute innere Spannung abführe, ergibt nicht viel Sinn, wenn wir nicht auf eine komplizierte und hergeholte hydraulische Metapher zurückgreifen. Wasser, das sich in einem Rohrsystem staue, so Freud, suche sich den Weg des geringsten Widerstands (so wie ein Sicherheitsventil sich öffne, wenn sich zu viel Druck in einem System aufbaue). Ganz ähnlich sei Gelächter ein Sicherheitsventil, aus dem psychische Energie entweichen könne (was immer das heißen mag). Diese «Erklärung» befriedigt mich nicht. Sie gehört zu jener Sorte von Erklärungen, die Peter Medawar «Analgetika» nennt: Sie «lindern den Schmerz des Nichtverstehens, ohne seine Ursache zu beseitigen».

Für einen Ethologen dagegen bedeutet jede stereotype Vokalisation fast stets, dass der Organismus versucht, anderen Mitgliedern der sozialen Gruppe etwas *mitzuteilen*. Was könnte das im Falle des Gelächters sein? Ich vermute, der Hauptzweck des Lachens besteht darin, dass man den anderen in der sozialen

Gruppe (meist Verwandten) mitteilt, dass die entdeckte Anomalie trivial ist und keinen Grund zur Sorge darstellt. Durch das Lachen gibt man bekannt, dass es sich um einen falschen Alarm gehandelt hat, dass die übrigen Gruppenmitglieder ihre kostbare Energie und ihre Ressourcen nicht damit verschwenden müssen, sich für eine gegenstandslose Bedrohung zu wappnen.[6] Das erklärt auch, warum Lachen so unwiderstehlich ansteckend ist, denn der Wert eines solchen Signals erhöht sich natürlich, wenn es sich in der sozialen Gruppe ausbreitet.

Diese «Falscher-Alarm-Theorie» des Humors könnte auch die Wirkung des Slapsticks erklären. Sie sehen einen Mann – am besten einen, der wohlbeleibt und wichtigtuerisch ist – die Straße entlanggehen, als er plötzlich auf einer Bananenschale ausrutscht und fällt. Wenn sein Kopf auf das Pflaster schlägt und sein Schädel aufsplittert, lachen Sie beim Anblick des herausströmenden Blutes bestimmt nicht, sondern eilen ihm zu Hilfe oder stürzen in die nächste Telefonzelle, um einen Rettungswagen herbeizurufen. Doch wenn er unbeeindruckt wieder aufsteht, sich die Überreste der Banane aus dem Gesicht wischt und seinen Weg fortsetzt, brechen Sie wahrscheinlich in Lachen aus und geben damit den Umstehenden zu verstehen, dass sie ihm nicht zu Hilfe kommen müssen. Wenn wir Dick und Doof oder Mr. Bean zusehen, sind wir natürlich eher bereit, «echten» Schaden oder Schmerz des unglücklichen Opfers hinzunehmen, weil wir wissen, dass es sich nur um einen Film handelt.

Dieses Modell erklärt zwar den evolutionären Ursprung des Lachens, aber keineswegs alle Funktionen, die der Humor für den modernen Menschen besitzt. Sobald der Mechanismus vorhanden war, ließ er sich leicht für andere Zwecke nutzen. (Das kommt in der Evolution häufig vor. Federn dienten den Vögeln ursprünglich zur Wärmeisolation und wurden erst später zum Fliegen verwendet.) Die Fähigkeit, Ereignisse im Licht neuer Informationen umzudeuten, hat sich vielleicht im Laufe der Generationen weiterentwickelt, sodass den Menschen dieser spieleri-

DIE FRAU, DIE LACHEND STARB

sche Umgang mit immer umfangreicheren Ideen und Begriffen möglich wurde – sie wurden kreativ. Die Fähigkeit, vertraute Ideen aus neuer Sicht zu betrachten (ein wesentliches Element des Humors), kann ein Mittel gegen konservatives Denken und ein Wegbereiter der Kreativität sein. Lachen und Humor sind also unter Umständen eine Generalprobe der Kreativität. Wenn das so ist, sollte man vielleicht Witze, Wortspiele und andere Formen des Humors schon frühzeitig in den offiziellen Lehrplan unserer Grundschulen aufnehmen.[7]

Diese Überlegungen können zwar die logische Struktur des Humors erklären, lassen aber nicht erkennen, warum der Humor manchmal als psychologischer Abwehrmechanismus verwendet wird. Ist es beispielsweise ein Zufall, dass eine unverhältnismäßig große Zahl von Witzen mit potenziell beunruhigenden Themen wie Tod oder Sexualität zu tun haben? Eine Möglichkeit wäre, dass Witze den Versuch darstellen, bedrohlich empfundene Anomalien zu trivialisieren, indem wir vorgeben, sie seien folgenlos. Wir überspielen unsere Angst, indem wir den Falscher-Alarm-Mechanismus auslösen. Ein Verhaltensmerkmal, das stammesgeschichtlich zur Beruhigung anderer entwickelt wurde, wird jetzt verinnerlicht, um echte Stresssituationen zu bewältigen, und nimmt unter Umständen die Gestalt des nervösen Lachens an. Im Licht der hier erörterten evolutionären Ideen ergibt also sogar ein so rätselhaftes Phänomen wie das «nervöse Lachen» einen Sinn.

Auch das Lächeln könnte als «schwächere» Version des Lachens ähnliche evolutionäre Wurzeln haben. Wenn einer unserer Primatenvorfahren einem anderen Individuum begegnete, hat er wahrscheinlich schon von weitem die Eckzähne in einer Drohmimik entblößt, weil er mit einigem Recht von der Annahme ausgehen konnte, dass die meisten Fremden potenzielle Feinde waren. Sobald er jedoch erkannte, dass es sich bei dem Individuum um einen «Freund» oder «Verwandten» handelte, hat er die Grimasse möglicherweise halb fertig abgebrochen und damit

ein Lächeln produziert, das sich im Laufe der Zeit dann zu einer
rituellen menschlichen Begrüßung entwickelt hat. «Ich weiß,
dass du keine Bedrohung bedeutest, und für mich gilt das Gleiche.»[8] Nach meiner Hypothese ist das Lächeln also, genau wie
das Lachen, eine *abgebrochene* Orientierungsreaktion.

*

Die Überlegungen, die wir bisher angestellt haben, tragen zwar
zur Erklärung der biologischen Funktionen und möglichen evolutionären Wurzeln von Humor, Lachen und Lächeln bei, liefern
aber noch keine Antwort auf die Frage, welche neuronalen Mechanismen dem Lachen zugrunde liegen könnten. Was war mit
Willy, der bei der Beerdigung seiner Mutter zu kichern anfing,
oder mit Ruth, die buchstäblich lachend starb? Ihr merkwürdiges Verhalten lässt auf das Vorhandensein eines Lach-Schaltkrei-
ses schließen, der überwiegend in Teilen des limbischen Systems
liegt und seine Zielgebiete in den Stirnlappen hat. Wenn wir bedenken, dass das limbische System bekanntermaßen für die Orientierungsreaktion bei einer potenziellen Bedrohung oder einem
Alarm zuständig ist, dann können wir nicht sonderlich überrascht sein, dass es auch an dem Abbruch der Orientierungsreaktion bei *falschem Alarm* beteiligt ist – dem Lachen. Einige
Teile dieses Schaltkreises sind mit Gefühlen befasst – der Heiterkeit, die das Gelächter begleitet –, während andere Teile für den
physischen Akt selbst zuständig sind, doch gegenwärtig wissen
wir noch nicht, welche Teile was tun.

Es gibt allerdings noch eine andere merkwürdige neurologische Störung, die Schmerzasymbolie, die zusätzliche Hinweise
auf die dem Lachen zugrunde liegenden neurologischen Strukturen gibt. Patienten, die unter dieser Störung leiden, empfinden
keinen Schmerz, wenn man ihnen mit einer spitzen Nadel in den
Finger sticht. Statt «Autsch!» zu sagen, erklären sie: «Ich kann
den Schmerz fühlen, Herr Doktor, aber er tut nicht weh.» Of-

fensichtlich empfinden sie nicht die aversive emotionale Wirkung des Schmerzes. Außerdem habe ich beobachtet, dass viele dieser Patienten rätselhafterweise zu kichern anfangen, als würden sie gekitzelt und nicht gestochen. Beispielsweise habe ich vor kurzem in einem Krankenhaus im indischen Madras einen Lehrer untersucht, der mir berichtete, ein Nadelstich, den ich ihm im Rahmen einer routinemäßigen neurologischen Untersuchung verabreichte, fühle sich unbeschreiblich komisch an – obwohl er nicht erklären konnte, warum.

Ich begann mich für die Schmerzasymbolie hauptsächlich deshalb zu interessieren, weil sie weitere Belege für die Evolutionstheorie des Gelächters liefert, die ich in diesem Kapitel vorgeschlagen habe. Häufig wird das Syndrom bei Schädigung des insularen Kortex beobachtet – einer Struktur, die in der Falte zwischen Scheitel- und Schläfenlappen verborgen liegt und eng verbunden ist mit den Strukturen, die bei Willy und Ruth beschädigt waren. Diese Struktur erhält einen sensorischen Input, einschließlich der Schmerzsignale, von der Haut und inneren Organen und schickt seinen Output an Teile des limbischen Systems (etwa den *Gyrus cinguli*), wo die Empfindung der starken aversiven Reaktion – der Agonie – des Schmerzes einsetzt. Stellen Sie sich nun vor, was geschieht, wenn die Schädigung den insularen Kortex vom *Gyrus cinguli* trennt. Ein Teil des Gehirns (der insulare Kortex) sagt dem Besitzer: «Hier ist etwas Schmerzhaftes, eine potenzielle Bedrohung», während ein anderer Teil (der *Gyrus cinguli* des limbischen Systems) den Bruchteil einer Sekunde später sagt: «Keine Sorge; das ist überhaupt keine Bedrohung.» Damit sind die beiden Schlüsselelemente – Gefahr und Entwarnung – vorhanden, und für den Patienten besteht die einzige Möglichkeit zur Lösung des Paradoxons darin, zu lachen. Genau das sagt meine Theorie vorher.

Der gleiche Gedankengang kann erklären, warum Menschen lachen, wenn sie gekitzelt werden.[9] Sie nähern sich einem Kind mit bedrohlich ausgestreckter Hand. Das Kind fragt sich: «Wird er mich verletzen, schütteln oder knuffen?» Aber nein, Ihre Finger stellen eine leichte, immer wieder unterbrochene Berührung zum Bauch des Kindes her. Auch hier liegt das beschriebene Schema vor – Gefahr gefolgt von Entwarnung –, und das Kind lacht, als wollte es anderen Kindern mitteilen: «Er tut euch nichts. Er spielt nur!» Das könnte Kindern übrigens dabei helfen, jene geistige Spielhaltung einzuüben, die man für den Erwachsenenhumor braucht. Mit anderen Worten, was wir «höheren kognitiven» Humor nennen, hat die gleiche logische Form wie Kitzeln und greift daher auf den gleichen neuralen Schaltkreis zurück – den Detektor «bedrohlich wirkend, aber harmlos», zu dem der insulare Kortex, der *Gyrus cinguli* und andere Teile des limbischen Systems gehören. Solche Kooption von Mechanismen ist die Regel und nicht die Ausnahme bei der Evolution geistiger und körperlicher Merkmale (obwohl in diesem Fall eine verwandte höhere Funktion kooptiert wird und keine vollkommen andere Funktion).

Diese Überlegungen sind von einer gewissen Bedeutung für eine erhitzte Debatte, die seit etwa zehn Jahren zwischen Evolutionsbiologen im Allgemeinen und Evolutionspsychologen im Besonderen tobt. Ich habe den Eindruck, dass es zwei Lager gibt, die sich erbittert bekriegen. Das eine Lager lässt (ungeachtet vieler Dementis) die Ansicht erkennen, dass all unsere geistigen Eigenschaften – oder zumindest 99 Prozent – spezifisch durch die natürliche Selektion festgelegt worden sind. Das andere Lager, dessen Wortführer Stephen Jay Gould ist, bezeichnet die Mitglieder des ersten Lagers als «Ultra-Darwinisten» und vertritt die Auffassung, dass auch andere Faktoren zu berücksichtigen seien. (Einige dieser Faktoren betreffen den Selektionsprozess selbst und andere das Rohmaterial, mit dem die natürliche Selektion arbeitet.) Jeder Biologe, den ich kenne, hat sehr feste Überzeugungen im Hinblick auf diese Faktoren. Es folgen einige meiner Lieblingsbeispiele:

DIE FRAU, DIE LACHEND STARB

O Was Sie heute beobachten, ist möglicherweise nur eine Zugabe oder ein nützliches Nebenprodukt von etwas anderem, das zu ganz anderen Zwecken selektiert wurde. Die Nase hat sich beispielsweise zum Riechen und Erwärmen sowie zum Befeuchten der Atemluft entwickelt, kann aber auch zum Tragen von Brillen benutzt werden. Die Hände haben sich zum Ergreifen von Ästen entwickelt, lassen sich aber auch zum Zählen verwenden.

O Ein Merkmal kann eine weitere (durch natürliche Selektion bewirkte) Verfeinerung eines anderen Merkmals darstellen, das ursprünglich zu einem völlig anderen Zweck selektiert worden ist. Die Federn haben sich aus Reptilienschuppen entwickelt, um Vögel warm zu halten, sind inzwischen aber auch als Flügelfedern zum Fliegen kooptiert und anverwandelt worden. Diesen Vorgang bezeichnet man als Präadaptierung.

O Die natürliche Selektion kann nur unter dem wählen, was verfügbar ist, und was verfügbar ist, besitzt häufig nur ein sehr begrenztes Repertoire, eingeschränkt durch die vorhergehende Stammesgeschichte des Organismus und durch bestimmte Entwicklungswege, die entweder dauerhaft verschlossen werden oder offen bleiben.

Ich wäre sehr überrascht, wenn diese drei Aussagen im Hinblick auf die vielen geistigen Merkmale, die das Wesen des Menschen ausmachen, nicht in gewissem Maße zutreffen würden. Tatsächlich gibt es noch viele andere Prinzipien dieser Art (unter anderem die launische Dame Glück oder ihren Gemahl, den Herrn Zufall), die nicht unter die Rubrik «natürliche Selektion» fallen.[10] Doch die Ultra-Darwinisten halten hartnäckig an der Auffassung fest, dass fast alle Verhaltensmerkmale, außer denen, die offenkundig gelernt werden, spezifische Resultate der natürlichen Selektion sind. Für sie spielen Präadaptierung, Zufall und Ähnliches nur eine untergeordnete Rolle in der Evolution – als «Ausnahmen, die die Regel bestätigen». Außerdem glauben die

Ultra-Darwinisten, man könne prinzipiell verschiedene geistige Merkmale des Menschen «rückverfolgen» (*reverse engineer*), indem man die umwelt- und sozialbedingten Einschränkungen betrachte. («Rückverfolgen» geht von der Vorstellung aus, dass sich die Funktion eines Merkmals am besten verstehen lasse, indem man frage, *für* welche Umweltanforderungen es sich entwickelt habe. Dann gehe man rückwärts und betrachte plausible Lösungen für diese Anforderungen. Das ist eine Methode, die verständlicherweise bei Ingenieuren und Computerprogrammierern großen Anklang findet.) Als Biologe neige ich eher Goulds Auffassung zu. Ich glaube zwar, dass die natürliche Selektion der wichtigste Motor der Evolution gewesen ist, doch ich bin auch der Meinung, dass jeder Fall einzeln untersucht werden muss. Mit anderen Worten, es ist eine empirische Frage, ob ein geistiges oder körperliches Merkmal, das Sie an einem Tier oder Menschen beobachten, durch die natürliche Selektion festgelegt wurde oder nicht. Im Übrigen gibt es viele verschiedene Möglichkeiten, Umweltprobleme zu lösen. Wenn Ihnen nicht die Stammesgeschichte, Taxonomie und Paläontologie des Tieres bekannt ist, das Sie betrachten, können Sie nicht herausfinden, auf welchem evolutionären Weg ein bestimmtes Merkmal (etwa Federn, Lachen oder Hören) seine heutige Gestalt angenommen hat. In der Biologie spricht man dann von der «Bahn», die das Merkmal in der «Fitness-Landschaft» beschrieben hat («Fitness» bezeichnet hier den Anpassungsgrad).

Meine Lieblingsbeispiele für dieses Phänomen sind die drei Gehörknöchelchen im Mittelohr – Hammer, Amboss und Steigbügel. Obwohl sie heute dem Hören dienen, gehörten zwei dieser Knöchelchen (Hammer und Amboss) ursprünglich zum Unterkiefer unserer reptilischen Vorfahren, die sie zum Kauen benutzten. Die Reptilien brauchten flexible, vielgestalte und vielgelenkige Kiefer, um sehr große Beutetiere zu verschlingen, während die Säugetiere einen einzelnen kräftigen Knochen vorzogen (das Dentale), um Nüsse zu knacken und harte Stoffe, wie

Körner, zu zerkauen. Als sich die Reptilien zu Säugetieren entwickelten, wurden zwei der Kieferknochen ins Mittelohr kooptiert und zur Schallverstärkung verwendet (zum Teil, weil Säugetiere nachtaktiv waren und zum Überleben weitgehend aufs Hören angewiesen waren). Diese Lösung ist so improvisiert und bizarr, dass man sie ohne gründliche Kenntnisse in vergleichender Anatomie oder die Entdeckung von fossilen Zwischenstufen niemals nur aus den funktionalen Bedürfnissen des Organismus hätte ableiten können. Anders als die Ultra-Darwinisten meinen, führt das Rückverfolgen, also die Orientierung an den funktionalen Notwendigkeiten, in der Biologie aus einem einfachen Grund nicht unbedingt zum Ziel: Gott ist kein funktional denkender Ingenieur, sondern ein Hacker.

Was hat all das mit menschlichen Merkmalen wie dem Lächeln zu tun? Sehr viel. Wenn meine Überlegungen zum Lächeln richtig sind, dann hat es sich zwar durch die natürliche Selektion entwickelt, ist aber nicht in jedem seiner Aspekte an die gegenwärtigen Bedürfnisse angepasst. Das heißt, das Lächeln verdankt seine besondere Form nicht nur der natürlichen Selektion allein, sondern auch dem Umstand, dass es sich aus *seinem genauen Gegenteil* entwickelt hat – der Drohmimik! Das lässt sich beim besten Willen nicht durch Rückverfolgen ableiten (oder durch die Suche nach einer bestimmten Bahn in der Fitness-Landschaft entdecken), wenn einem die Existenz der Eckzähne nicht bekannt ist und man nicht weiß, dass Primaten ihre Eckzähne im Zuge ihrer Drohmimik entblößen oder dass sich die Drohmimik aus echtem Angriffsverhalten entwickelt hat. (Große Eckzähne sind wirklich gefährlich.)

Nach meinem Empfinden liegt eine beträchtliche Ironie darin, dass jeder Mensch, der Sie anlächelt, durch das Fletschen der Eckzähne in Wahrheit auch eine halbe Drohgebärde ausführt. Als Darwin das Werk *Die Entstehung der Arten* veröffentlichte, hatte er im letzten Kapitel vorsichtig darauf hingewiesen, dass auch wir uns aus affenähnlichen Vorfahren entwickelt haben könnten. Darüber war der englische Staatsmann Benjamin Disraeli so empört, dass er auf einer Konferenz in Oxford die berühmte Frage stellte: «Ist der Mensch ein wildes Tier oder ein Engel?» Um die Antwort darauf zu finden, hätte er nur die Eckzähne seiner Frau anblicken müssen, als sie ihn anlächelte, und ihm wäre klar geworden, dass in dieser allgemeinmenschlichen Freundlichkeitsmimik eine höchst unfreundliche Erinnerung an unsere wilde Vergangenheit verborgen liegt.

Darwin selbst schrieb in der *Abstammung des Menschen*:

Wir haben es hier aber nicht mit Hoffnungen oder Befürchtungen zu tun, sondern nur mit der Wahrheit, soweit unser Verstand es uns gestattet, sie zu entdecken; ich habe das Beweismaterial nach meinem besten Vermögen mitgeteilt. Wir müssen indessen, wie es scheint, anerkennen, dass der Mensch mit allen seinen edlen Eigenschaften, mit der Sympathie, welche er für die Niedrigsten empfindet, mit dem Wohlwollen, welches er nicht bloß auf andere Menschen, sondern auch auf die niedrigsten Lebewesen ausgedehnt, mit seinem gottähnlichen Intellekt, welcher in die Bewegungen und die Konstitution des Sonnensystems eingedrungen ist, mit allen diesen hohen Kräften doch noch in seinem Körper den unauslöschlichen Stempel seines niederen Ursprungs trägt.

Charles Darwin: *Die Abstammung des Menschen*. Deutsch von J. Viktor Carns. Wiesbaden: Fourier ²1992, S. 701

11 « SIE HABEN VERGESSEN, DEN ZWILLING ZU ENTBINDEN »

Seit langem ist es meine Maxime, dass nach Ausschluss des
Unmöglichen dasjenige, was übrig bleibt, mag es auch noch
so unwahrscheinlich sein, die Wahrheit sein muss.

SHERLOCK HOLMES

Mary Knight, zweiunddreißig Jahre alt, das leuchtend rote Haar
zu einem Knoten hochgesteckt, betrat Dr. Monroes Sprechzimmer, setzte sich und lächelte. Sie war im neunten Monat schwanger, und bisher schien alles reibungslos verlaufen zu sein. Es war
eine lang erwartete und heiß ersehnte Schwangerschaft, trotzdem war es ihr erster Besuch bei Dr. Monroe. Man schrieb das
Jahr 1932, und das Geld war knapp. Marys Mann hatte keine
feste Anstellung, daher hatte Mary bisher nur beiläufig mit einer
Hebamme gesprochen, die in der gleichen Straße wohnte.

Doch heute war es anders. Mary spürte seit einiger Zeit die
Fußtritte des Kindes und nahm an, dass die Wehen kurz bevor-
standen. Dr. Monroe sollte sie untersuchen, prüfen, ob das Kind
die richtige Lage hatte, und ihr Anweisungen für den letzten Abschnitt der Schwangerschaft geben. Es war an der Zeit, sich auf
die Geburt vorzubereiten.

Dr. Monroe untersuchte die junge Frau. Ihr Leib war stark ge-
schwollen und ließ darauf schließen, dass sich das Kind schon
gesenkt hatte. Die Brüste waren groß, die Brustwarzen gespren-
kelt.

Doch irgendetwas stimmte nicht. Das Stethoskop fing keine
deutlich vernehmbaren Herztöne des Fötus auf. Vielleicht lag
das Kind ungewöhnlich, vielleicht fehlte ihm etwas, aber nein,
das war es nicht. Mary Knights Nabel passte nicht ins Bild. Ein

sicheres Anzeichen für eine Schwangerschaft ist ein ausgestülpter oder nach außen gekehrter Nabel. Marys Nabel war ganz normal nach innen gestülpt. Er wölbte sich nach innen und nicht nach außen.

Dr. Monroe stieß einen leisen Pfiff aus. Er hatte während des Studiums von Pseudokyese oder Scheinschwangerschaft gehört. Einige Frauen, die sich verzweifelt ein Kind wünschen – und gelegentlich die Schwangerschaft sehr fürchten –, entwickeln alle Anzeichen und Symptome einer echten Schwangerschaft. Der Leib schwillt enorm an, unterstützt durch eine zurückgeneigte Haltung und eine rätselhafte Ansammlung von Unterleibsfett. Die Brustwarzen zeigen wie bei Schwangeren eine Pigmentverfärbung, die Menstruation setzt aus, Milch wird abgesondert, Morgenübelkeit tritt auf, und Kindsbewegungen werden gespürt. Alles scheint normal zu sein, mit einer Ausnahme: Es gibt kein Kind.

Dr. Monroe wusste also, dass Mary Knight eine Scheinschwangerschaft hatte. Aber wie sollte er es ihr sagen? Wie sollte er ihr erklären, dass sich das alles nur in ihrem Kopf abspielte, dass die auffälligen Veränderungen ihres Körpers durch eine Wahnvorstellung verursacht wurden?

«Mary», sagte er vorsichtig, «das Baby kommt schon. Es wird noch heute Nachmittag geboren werden. Ich gebe Ihnen ein bisschen Äther, damit Sie keine Schmerzen haben. Die Wehen haben schon eingesetzt, wir können also anfangen.»

Mary war freudig erregt und ließ sich die Narkose bereitwillig verabreichen. Damals war es üblich, während der Geburt Äther zu geben, und sie war darauf vorbereitet.

Ein wenig später, als Mary erwachte, nahm Dr. Monroe ihre Hand und streichelte sie sanft. Er ließ ihr ein paar Minuten, sich zu sammeln, und sagte dann: «Mary, es tut mir so Leid. Ich muss Ihnen etwas Schreckliches mitteilen. Das Baby war eine Totgeburt. Ich habe alles versucht, aber es war umsonst. Es tut mir unendlich Leid.»

Mary brach in Tränen aus, aber sie zeigte sich sehr tapfer. Noch auf dem Tisch begann ihr Leib abzuschwellen. Sie hatte das Kind verloren und war tieftraurig. Nun musste sie nach Hause gehen und es ihrem Mann und ihrer Mutter mitteilen. Für die ganze Familie würde es eine entsetzliche Enttäuschung sein. Eine Woche verging. Dann stürzte Mary zu Dr. Monroes Erstaunen wieder in seine Praxis, den Leib so prall wie vorher. «Herr Doktor!», rief sie. «Da bin ich wieder! Sie haben vergessen, den Zwilling zu entbinden! Hier, ich spüre, wie er mich tritt!»[1]

*

Auf Mary Knights Geschichte bin ich vor etwa drei Jahren in einer zerfledderten medizinischen Monographie aus den dreißiger Jahren gestoßen. Der Bericht stammt von Dr. Silas Weir Mitchell, jenem Arzt aus Philadelphia, der die Bezeichnung «Phantomglied» geprägt hat. Naheliegenderweise hat er Marys Störung dann auch als Phantomschwangerschaft bezeichnet und den Ausdruck «Pseudokyese» (falsche Schwellung) geprägt. Wäre der Fall von jemand anders berichtet worden, hätte ich ihn wohl als Unsinn abgetan. Doch Weir Mitchell war ein scharfsinniger klinischer Beobachter, daher habe ich im Laufe der Jahre gelernt, seine Schriften mit großer Aufmerksamkeit zu lesen. Mich interessierte sein Bericht nicht zuletzt deshalb, weil er einen interessanten Beitrag zu der gegenwärtig lebhaft diskutierten Frage darstellt, wie der Geist den Körper beeinflusst und umgekehrt.

Da ich in Indien geboren und aufgewachsen bin, werde ich oft gefragt, ob ich an Verbindungen zwischen Geist und Körper glaube, die westliche Kulturen nicht verstehen. Wie kontrollieren Yogis Blutdruck, Herzfrequenz und Atmung? Stimmt es, dass die geübtesten unter ihnen ihre Peristaltik umkehren können (einmal abgesehen von der Frage, warum irgendjemand den

Wunsch dazu verspüren sollte)? Macht chronischer Stress krank? Kann man durch Meditation sein Leben verlängern? Hätten Sie mir diese Fragen vor fünf Jahren gestellt, hätte ich widerwillig eingeräumt: «Ja, offensichtlich kann der Geist den Körper beeinflussen. Eine positive Einstellung kann die Genesung von einer Krankheit beschleunigen, weil sie das Immunsystem stärkt. Außerdem gibt es den so genannten Placeboeffekt, den wir noch nicht vollständig verstehen – der bloße Glaube an eine Therapie scheint das Wohlbefinden des Patienten zu steigern, wenn nicht sogar seinen tatsächlichen Gesundheitszustand zu verbessern.»

Doch seither bin ich gegenüber all diesen Vorstellungen, nach denen der Geist die Unheilbaren heilen kann, sehr skeptisch geworden. Daran ist nicht nur meine Ausbildung in der westlichen Medizin schuld. Ich finde auch viele der empirischen Behauptungen wenig überzeugend.

Brustkrebspatientinnen mit einer positiveren Einstellung leben im Durchschnitt zwei Monate länger als Patientinnen, die ihre Krankheit verleugnen. Na und? Gewiss, zwei Monate sind besser als gar nichts, aber im Vergleich zu einem Antibiotikum wie Penizillin und seinen Auswirkungen auf die Überlebensrate von Lungenentzündungspatienten ist das kaum der Rede wert. (Ich weiß, dass es gegenwärtig aus der Mode gekommen ist, Antibiotika zu preisen, doch man muss einmal gesehen haben, wie ein Kind durch ein paar Penizillinspritzen von einer Lungenentzündung oder Diphtherie gerettet wird, um zu der Überzeugung zu gelangen, dass Antibiotika Wundermittel sind.)

Aber als Student habe ich auch gelernt, dass ein bestimmter Prozentsatz von unheilbaren Tumoren – nur ein winziger Prozentsatz, gewiss – geheimnisvoll und ohne Behandlung verschwindet und dass «schon manch ein Patient mit einem Tumor, der als bösartig diagnostiziert wurde, seinen Arzt überlebt hat». Ich war ziemlich skeptisch, als mein Professor mir erläuterte, dass solche Fälle als «Spontanheilung» bezeichnet werden.

Denn wie kann *irgendein* Phänomen in der Naturwissenschaft, in der es stets um Ursache und Wirkung geht, *spontan* auftreten – vor allem, wenn es sich um einen so dramatischen Vorgang wie die Rückbildung eines bösartigen Tumors handelt.

Als ich diesen Einwand erhob, wurde ich an den grundlegenden Tatbestand der «biologischen Variabilität» erinnert – die kumulativen Effekte von kleinen, individuellen Unterschieden können eine Vielzahl unerwarteter Reaktionen hervorbringen. Doch mit der Feststellung, dass die Tumorrückbildung auf Variabilität zurückgeht, ist so gut wie gar nichts gewonnen. Sie ist kaum als Erklärung zu bezeichnen. Auch wenn Variabilität die Ursache ist, müssen wir fragen: Was ist die entscheidende Variable, die die Rückbildung bei einem bestimmten Patienten verursacht? Wenn wir diese Frage beantworten könnten, hätten wir damit auch eine Heilmethode für Krebs entdeckt! Natürlich kann sich herausstellen, dass die Rückbildung das Ergebnis einer glücklichen Kombination von mehreren Faktoren ist, doch damit wird das Problem nicht unlösbar, sondern nur schwieriger. Also, warum schenkt das Krebsestablishment diesen Fällen nicht mehr Aufmerksamkeit, statt sie als Kuriositäten abzutun? Könnte man diese seltenen Überlebensfälle nicht genauer in Augenschein nehmen? Nach Hinweisen suchen, die erkennen lassen, woher die Widerstandsfähigkeit gegen virulente Viren kommt oder auf welche Weise pflichtvergessene Tumorsuppressorgene wieder zur Räson gebracht werden? Diese Strategie ist mit Erfolg bei Aids (dem erworbenen Immundefektsyndrom) angewendet worden. Der Befund, dass einige langfristig Überlebende eine Genmutation aufweisen, die das Virus daran hindert, in die Immunzellen einzudringen, wird bereits therapeutisch genutzt.

Doch kehren wir zur Geist-Körper-Medizin zurück. Die Beobachtung, dass einige Tumoren sich spontan zurückbilden, beweist nicht notwendig, dass Hypnose oder eine positive Einstellung solche Rückbildungen veranlassen kann. Wir dürfen nicht den Fehler begehen, alle rätselhaften Phänomene zusammenzufassen, nur weil sie rätselhaft sind, denn möglicherweise ist das ihre einzige Gemeinsamkeit. Mich würde schon ein einziges bewiesenes Beispiel für die direkte Einflussnahme des Geistes auf Körperprozesse überzeugen, ein Beispiel, das eindeutig und wiederholbar ist.

Als ich auf den Fall der Mary Knight stieß, ging mir durch den Sinn, dass Pseudokyese oder Scheinschwangerschaft ein Beleg für jene Art von Verbindung sein könnte, nach der ich suchte. Wenn der menschliche Geist etwas so Komplexes wie eine Schwangerschaft heraufbeschwören kann, was vermag das Gehirn dann wohl noch im Körper zu bewirken? Welche Grenzen sind den Geist-Körper-Interaktionen gesetzt, und welche Bahnen vermitteln diese seltsamen Phänomene?

Bemerkenswerterweise geht die Wahnidee der Phantomschwangerschaft mit einer ganzen Reihe von physiologischen Veränderungen einher, die normalerweise mit einer Schwangerschaft verknüpft sind – Aussetzen der Regel, Brustvergrößerung, Pigmentierung der Brustwarzen, Pikazismus (Verlangen nach ungewöhnlichen Speisen), Morgenübelkeit und, was am merkwürdigsten ist, eine allmähliche Vergrößerung des Leibesumfangs, die zu Hochschwangerschaft und schließlich zu regelrechtem Wehenschmerz führt! Manchmal, nicht immer, kommt es auch zu einer Vergrößerung von Gebärmutter und Gebärmutterhals. Doch der radiologische Befund ist negativ. Im Studium habe ich gelernt, dass sogar erfahrene Gynäkologen, wenn sie nicht sehr sorgfältig sind, vom klinischen Bild getäuscht werden können[2] und dass in der Vergangenheit schon manch ein Kaiserschnitt an Patientinnen mit Scheinschwangerschaft vorgenommen wurde. Den entscheidenden diagnostischen Hinweis liefert, wie Dr. Monroe bei Mary entdeckte, der Bauchnabel.

Heute vermuten Ärzte, die mit Scheinschwangerschaften vertraut sind, die Ursache sei ein Tumor in der Hypophyse oder in den Eierstöcken, der die Ausschüttung bestimmter Hormone bewirke und dergestalt die Anzeichen einer Schwangerschaft hervorrufe. Winzige, klinisch nicht erkennbare und Prolaktin sezernierende Tumoren (Adenome) in der Hypophyse könnten Eisprung und Menstruation unterdrücken und auch die anderen Symptome hervorrufen. Doch wenn das stimmt, warum erweist sich die Störung dann manchmal als umkehrbar? Was für ein Tumor könnte erklären, was mit Mary Knight geschehen ist? Sie bekommt Wehen, und ihr Leib schrumpft. Dann schwillt ihr Leib wieder an, weil noch ein «Zwilling» vorhanden ist. Wenn ein Tumor das alles bewirken könnte, würde er noch größere Rätsel aufgeben als eine Scheinschwangerschaft.

Also, was verursacht die Scheinschwangerschaft? Zweifellos spielen kulturelle Faktoren eine wichtige Rolle[3] und können erklären, warum die Pseudokyese von einem Fall unter zweihundert Schwangerschaften Ende des 18. Jahrhunderts auf einen Fall unter zehntausend Schwangerschaften heute zurückgegangen ist. In der Vergangenheit lastete auf vielen Frauen ein extremer sozialer Erwartungsdruck – sie mussten unter allen Umständen Kinder bekommen –, und es gab keinen Ultraschall, um die Diagnose zu widerlegen. Niemand konnte mit Gewissheit sagen: «Sehen Sie her, da ist kein Fötus.» Im Gegensatz dazu gehen Schwangere heute in regelmäßigen Abständen zu Vorsorgeuntersuchungen, sodass wenig Raum für Ungewissheit bleibt. Wenn die Patientin mit den konkreten Befunden einer Ultraschalluntersuchung konfrontiert wird, genügt das in der Regel, um die Wahnidee und die mit ihr verknüpften körperlichen Veränderungen zu beseitigen.

Der Einfluss der Kultur auf die Häufigkeit von Scheinschwangerschaften lässt sich nicht leugnen, doch was verursacht die tatsächlichen körperlichen Veränderungen? Nach einigen Untersuchungen, die sich mit dieser merkwürdigen Heimsuchung von Geist und Körper beschäftigt haben, wird die Leibschwellung selbst in der Regel durch eine Kombination von fünf Faktoren verursacht: Ansammlung von Darmgas, Senkung des Zwerchfells, Vorwölbung der Lendenwirbel, ein enormes Wachstum des großen Darmnetzes – einer schürzenartig vor dem Darm hängende Bauchfellduplikatur – und in seltenen Fällen eine tatsächliche Gebärmuttervergrößerung. Unter Umständen ist auch der Hypothalamus betroffen – ein Teil des Gehirns, der die endokrinen Sekretionen reguliert. Dadurch kommt es zu tief greifenden hormonalen Veränderungen, die in fast jeder Hinsicht den Anzeichen einer Schwangerschaft entsprechen. Im Übrigen sind die Vorgänge keine Einbahnstraße: Die Auswirkungen des Körpers auf den Geist sind ebenso tief greifend wie diejenigen des Geistes auf den Körper. So entstehen komplexe Rückkopplungsschleifen, die für die Herstellung und Aufrechterhaltung der Scheinschwangerschaft verantwortlich sind. Beispielsweise lassen sich die durch das Gas verursachte Aufblähung und die «Schwangerenhaltung» der Frau zumindest teilweise durch die klassische operante Konditionierung erklären. Wenn Mary, die schwanger sein möchte, sieht, dass ihr Leib sich vergrößert, und spürt, dass ihr Zwerchfell sich absenkt, dann lernt sie unbewusst, dass sie umso schwangerer aussieht, je tiefer das Zwerchfell fällt. Entsprechend ließe sich wahrscheinlich auch eine Kombination von Luftschlucken (Aerophagie) und autonomer Kontraktion der Schließmuskeln des Verdauungstrakts (Unterstützung der Gasverhaltung) unbewusst lernen. Diesem unbewussten Lernprozess verdanken also Marys «Baby» und sein «fehlender Zwilling», zwei «Luftikusse» der besonderen Art, ihre Existenz.

So viel zum Anschwellen des Leibes. Was aber ist mit der Brust, den Brustwarzen und anderen Veränderungen? Die einfachste Erklärung für die ganze klinische Symptomatik der Pseudokyese wäre in der heftigen Sehnsucht nach einem Kind und der damit verbundenen Depression zu suchen. Bei einer Depression werden im Gehirn weniger «Glückstransmitter», Dopamin und Noradrenalin, ausgeschüttet. Dadurch könnte wiederum die Produktion des follikelstimulierenden Hormons (FSH), das für den Eisprung verantwortlich ist, und des so genannten Prolactin-inhibiting-Faktors (PIH) eingeschränkt werden.[4] Wenn die Konzentration dieser Hormone zurückgeht, setzen Eisprung und Menstruation aus. Der Spiegel des Prolaktins (des die Milchproduktion anregenden Hormons) steigt, und die Produktion von Östrogen und Progesteron durch die Eierstöcke wird gesteigert, was den allgemeinen Eindruck einer Schwangerschaft erhöht. Diese Hypothese deckt sich mit der vielfach bestätigten Beobachtung, dass bei schwerer Depression die Menstruation aussetzen kann – eine evolutionäre Strategie, die die Inanspruchnahme wichtiger Ressourcen durch Eisprung und Schwangerschaft im Falle einer Beeinträchtigung und Depression vermeiden soll.

Doch das Aussetzen der Menstruation während der Depression ist häufig, während die Scheinschwangerschaft selten ist. Vielleicht nimmt die Depression, die durch Kinderlosigkeit in einer kindversessenen Gesellschaft ausgelöst wird, besondere Züge an. Falls das Syndrom nur auftritt, wenn die Depression mit Schwangerschaftsphantasien einhergeht, stellt sich eine sehr interessante Frage: Wie wird eine sehr spezifische Wunsch- oder Wahnidee, die im Neokortex entsteht, im Hypothalamus so übersetzt, dass dieser die PIH-Verminderung und Prolaktinerhöhung veranlasst – falls das wirklich der Grund sein sollte? Und wie lässt sich die noch rätselhaftere Beobachtung erklären, dass einige Scheinschwangere *keinen* erhöhten Prolaktinspiegel haben oder dass bei vielen Patientinnen die Wehen genau nach neun Monaten einsetzen? Was löst die Wehenkontraktionen aus, wenn es keinen wachsenden Fötus gibt? Wie immer diese Fragen letztlich zu beantworten sein werden, die Pseudokyese ist eine wertvolle Gelegenheit, das geheimnisvolle Niemandsland zwischen Geist und Körper zu erforschen.

Scheinschwangerschaft und Scheinwehen bei Frauen sind erstaunlich genug, doch es gibt sogar einige Berichte über Pseudokyese bei Männern! Die ganze Palette der Veränderungen – Anschwellen des Leibes, Laktation, Verlangen nach merkwürdigen

Speisen, Übelkeit, sogar Wehenschmerz – kann als isoliertes Syndrom bei Männern auftreten. Häufiger erlebt man es jedoch bei Männern, die die Schwangerschaft ihrer Frauen mit tiefer Empathie begleiten; dann kommt es zur Sympathieschwangerschaft, auch Couvade-Syndrom genannt. Ich frage mich, ob die emotionale Anteilnahme an der Schwangerschaft der Frau (vielleicht auch von ihr abgesonderte Pheromone) in irgendeiner Weise im Gehirn des Mannes die Ausschüttung von Prolaktin bewirkt – einem sehr wichtigen Schwangerschaftshormon – und auf diese Weise einige der geschilderten Veränderungen hervorruft. (Diese Hypothese ist nicht so weit hergeholt, wie sie erscheint; das Männchen der südamerikanischen Krallenaffen bekommt einen erhöhten Prolaktinspiegel, wenn es sich in der Nähe stillender Mütter aufhält. Das verstärkt die Bindung zwischen Vater und Kind und schwächt Tendenzen zur Kindstötung.) Ich würde gern einmal die Männer in Schwangerschaftskursen interviewen und den Prolaktinspiegel bei jenen messen, die einige dieser couvadeähnlichen Symptome verspüren.

*

Die Pseudokyese ist ein spektakulärer Vorgang. Doch ist sie vielleicht nur ein Ausnahmeereignis, ein isoliertes Beispiel für die Geist-Körper-Medizin? Ich glaube nicht. Mir fallen noch andere Geschichten ein, darunter eine, die ich zum ersten Mal während des Medizinstudiums hörte. Ein Freund fragte mich: «Hast du gewusst, dass man nach Lewis Thomas jemanden hypnotisieren und seine Warzen beseitigen kann?»

«Quatsch!», höhnte ich.

«Nein, das stimmt», sagte er. «Es gibt dokumentierte Fälle.[5] Du wirst hypnotisiert, und nach ein paar Tagen verschwinden die Warzen. Manchmal sogar über Nacht.»

Zunächst hört sich das sehr töricht an, doch wenn es wahr wäre, hätte es weit reichende Bedeutung für die moderne Medizin. Eine Warze ist im Prinzip ein Tumor (ein gutartiger Krebs), der durch das Papillomvirus hervorgerufen wird. Wenn es durch hypnotische Suggestion beseitigt werden kann, warum dann nicht auch Gebärmutterhalskrebs, der auch durch das Papillomvirus (wenn auch eines anderen Stammes) verursacht wird? Ich behaupte nicht, dass diese Methode wirkt – vielleicht erreichen Nervenbahnen, die durch Hypnose zu beeinflussen sind, die Haut, aber nicht die Schleimhaut des Gebärmutterhalses –, doch bevor wir nicht entsprechende Experimente durchgeführt haben, werden wir es nicht wissen.

Nehmen wir einmal an, Warzen ließen sich tatsächlich durch Hypnose entfernen. Dann stellt sich die Frage: Wie kann jemand einen Tumor einfach «wegdenken»? Es gibt mindestens zwei Möglichkeiten. An der einen ist das autonome Nervensystem beteiligt – die Nervenbahnen, die für die Kontrolle von Blutdruck, Schwitzen, Herzfrequenz, Harnausscheidung, Erektion und andere dem bewussten Zugriff entzogene physiologische Vorgänge zuständig ist. Diese Nerven bilden spezialisierte Schaltkreise, die unterschiedlichen Funktionen in verschiedenen Körperabschnitten dienen. Einige Nerven sorgen dafür, dass sich die Haare sträuben, andere bewirken Schweißabsonderung, und wieder andere erzeugen eine lokale Zusammenziehung der Blutgefäße. Ist es möglich, dass der Geist, über das autonome (oder vegetative) Nervensystem wirkend, die Warze buchstäblich erstickt, indem er die Blutgefäße in ihrer unmittelbaren Nachbarschaft einschnürt und so dafür sorgt, dass sie zusammenschrumpft und verkümmert? Diese Erklärung setzt voraus, dass das autonome Nervensystem über ein erstaunliches Maß an präziser Kontrolle verfügt und dass die hypnotische Suggestion vom autonomen Nervensystem «verstanden» und auf die Region der Warze übertragen werden kann.

Die zweite Möglichkeit wäre, dass die hypnotische Suggestion in irgendeiner Weise das Immunsystem aktiviert und dadurch das Virus beseitigt. Das würde allerdings einen dokumentierten

Fall nicht erklären, wo die Warzen einer hypnotisierten Person nur auf einer Seite des Körpers verschwanden. Warum oder wie das Immunsystem die Warzen selektiv auf der einen Seite, nicht aber auf der anderen beseitigen kann, ist ein Rätsel und ließe sich nur mit noch kühneren Spekulationen erklären.

*

Ein häufigeres Beispiel für Geist-Körper-Interaktionen betrifft die Wechselbeziehung zwischen dem Immunsystem und Wahrnehmungsreizen in der Umgebung. Vor über dreißig Jahren lernten Medizinstudenten, dass ein Asthmaanfall nicht nur durch das Einatmen von Rosenpollen, sondern manchmal auch durch den bloßen Anblick einer Rose, sogar einer Plastikrose, ausgelöst werden kann. Es handelt sich um eine so genannte konditionierte allergische Reaktion. Mit anderen Worten, durch eine richtige Rose und ihre Pollen wird im Gehirn eine «gelernte» Assoziation zwischen dem bloßen Anblick einer Rose und einer Verengung der Bronchien hergestellt. Wie wirkt diese Konditionierung im Einzelnen? Wie gelangt die Nachricht von den Sehfeldern des Gehirns ganz hinab zu den Mastzellen, die die Bronchien der Lunge auskleiden? Welche Bahnen sind daran beteiligt? Trotz dreißig Jahren Geist-Körper-Medizin haben wir immer noch keine klaren Antworten.

Als Medizinstudent fragte ich Ende der sechziger Jahre einen Gastprofessor aus Oxford nach diesem Konditionierungsprozess und wollte wissen, ob sich die konditionierte Assoziation vielleicht klinisch nutzen lasse: «Wenn sich ein Asthmaanfall durch Konditionierung auslösen lässt, indem man dem Patienten einfach eine Plastikrose zeigt, dann müsste es theoretisch möglich sein, den Anfall auch durch Konditionierung zu beenden oder zu neutralisieren. Nehmen wir an, Sie leiden unter Asthma und ich gebe Ihnen jedes Mal, wenn ich Ihnen eine Plastiksonnenblume zeige, einen Bronchodilator wie etwa Noradrenalin (vielleicht auch ein Antihistamin oder ein Steroid). Möglicherweise assoziieren Sie dann den Anblick der Sonnenblume mit Erleichterung von Asthmabeschwerden. Nach einiger Zeit würde es genügen, dass Sie eine Sonnenblume in der Tasche haben und sie jedes Mal herausnehmen und betrachten, wenn Sie spüren, dass sich ein Anfall ankündigt.»

Damals hielt der Professor (der später mein Doktorvater wurde) diese Idee für einen phantasievollen, aber unrealistischen Einfall, und wir haben beide herzlich darüber gelacht. Sie erschien uns an den Haaren herbeigezogen und absurd. Derart wieder auf den Weg der frommen medizinischen Denkungsart gebracht, behielt ich meine Gedanken für mich und fragte mich nur noch insgeheim, ob man eine Immunantwort nicht doch konditionieren könne, und wenn ja, wie selektiv dieser Konditionierungsprozess dann wohl sei. Wenn man jemandem denaturierte Tetanusbazillen injiziert, wird er, wie wir wissen, schon bald immun gegen den Tetanuserreger, doch damit die Immunität aktiv bleibt, braucht man alle paar Jahre eine Auffrischung der Impfung. Was würde nun geschehen, wenn man bei jeder Auffrischung eine Glocke läuten oder ein grünes Licht aufleuchten ließe? Könnte man irgendwann auf die Spritze verzichten und brauchte nur noch eine Glocke läuten oder ein Licht aufleuchten lassen, um die selektive Vermehrung der immunkompetenten Zellen anzuregen und so die Immunität gegen Tetanus wieder aufzufrischen? Ein solches Ergebnis hätte weit reichende Folgen für die klinische Medizin.

Bis auf den heutigen Tag habe ich mir nicht verziehen, dass ich dieses Experiment nicht durchgeführt habe. In sicherer Verwahrung ruhte die Hypothese in meinem Kopf, bis vor einigen Jahren jemand durch einen Zufall, wie er in der Wissenschaft so häufig ist, eine Entdeckung machte und bewies, dass ich eine große Chance verpasst hatte. Dr. Ralph Ader von der McMaster University untersuchte Nahrungsaversionen bei Mäusen. Um bei den Tieren Übelkeit hervorzurufen, gab er ihnen einen entsprechenden Wirkstoff, Cyclophosphamid, zusammen mit Saccharin und fragte sich, ob die Tiere das nächste Mal auch schon Anzeichen von Übelkeit erkennen lassen würden, wenn er ihnen Saccharin allein verabreichte. Es funktionierte. Wie erwartet, zeigten die Mäuse eine Nahrungsaversion, in diesem Fall gegen Saccharin. Doch zu seiner Überraschung wurden die Mäuse auch schwer krank und bekamen alle möglichen Infektionen. Man weiß, dass Cyclophosphamid nicht nur Übelkeit hervorruft, sondern auch das Immunsystem erheblich schwächt. Aber warum sollte das Saccharin allein diese Wirkung haben? Ader zog den richtigen Schluss, dass die bloße Paarung des harmlosen Saccharins mit dem immunsuppressiven Mittel das Immunsystem der Maus veranlasst, die Assoziation zu «lernen». Sobald diese Assoziation hergestellt ist, braucht die Maus nur mit dem Zuckerersatz in Berührung zu kommen, und schon erleidet ihr Immunsystem einen Einbruch, sodass sie für Infektionen anfällig wird. Auch das ist ein sehr überzeugendes Beispiel für die Fähigkeit des Geistes, auf den Körper einzuwirken, ein Beispiel, das als Meilenstein in der Entwicklung von Medizin und Immunologie gepriesen wird.[6]

Ich habe diese Beispiele aus drei Gründen angeführt. Erstens, hören Sie nicht auf Ihre Professoren – selbst wenn sie aus Oxford kommen (oder, wie mein Kollege Semir Zeki sagen würde, *besonders* wenn sie aus Oxford kommen). Zweitens, sie vermitteln einen Eindruck von dem Ausmaß unserer Unwissenheit und unterstreichen die Notwendigkeit von Experimenten auf Gebieten, die bisher aus unerfindlichen Gründen vernachlässigt worden sind. Patienten mit seltsamen Symptomen sind nur ein Beispiel dafür. Drittens, vielleicht müssen wir endlich einsehen, dass die Trennung zwischen Geist und Körper nur eine didaktische Maßnahme zur Unterweisung von Medizinstudenten ist – und kein nützliches Konstrukt zum Verständnis von Gesundheit, Krankheit und Verhalten des Menschen. Im Gegensatz zur Ansicht vieler meiner Kollegen ist die Botschaft, die Ärzte wie Deepak

Chopra und Andrew Weil verkünden, nicht einfach Psychogeschwätz aus der New-Age-Ecke. Sie vermittelt wichtige Einsichten über den menschlichen Organismus – Einsichten, die eine genauere wissenschaftliche Überprüfung verdienen. Die Menschen werden immer unzufriedener mit der Sterilität und mangelnden Menschlichkeit der westlichen Medizin. So erklärt sich wahrscheinlich die Konjunktur, die die «alternative Medizin» gegenwärtig hat. Zwar klingen viele der Heilverfahren, die von New-Age-Gurus angepriesen werden, ganz plausibel, doch werden sie leider nur selten strengen Tests unterworfen.[7] Wir haben keine Ahnung, welche wirken oder ob überhaupt welche anschlagen, obwohl selbst die hartgesottensten Schulmediziner inzwischen zugeben, dass es dort wahrscheinlich einige interessante Entwicklungen gibt. Wenn wir irgendwelche Fortschritte machen wollen, müssen wir diese Behauptungen sorgfältig überprüfen und die Gehirnmechanismen untersuchen, die solchen Wirkungen zugrunde liegen. Das allgemeine Prinzip der Immunkonditionierung ist eindeutig bewiesen. Doch kann man verschiedene sensorische Reize mit verschiedenen Arten von Immunreaktionen paaren (beispielsweise eine Glocke mit einer Reaktion auf Typhus oder eine Pfeife mit Cholera), oder ist das Phänomen verschwommener – das heißt, findet nur eine unspezifische Stärkung der Immunfunktionen statt? Wirkt sich die Konditionierung auf die Immunität selbst aus oder nur auf die nachfolgende Entzündungsreaktion, die durch den Erreger ausgelöst wird? Macht sich Hypnose die gleichen Bahnen zunutze wie Placebos?[8] Solange wir keine klaren Antworten auf diese Fragen haben, werden westliche und alternative Medizin weiterhin keine Gemeinsamkeiten und Berührungspunkte haben.

*

Angesichts so vieler eindeutiger Belege, die nicht wegzudiskutieren sind, stellt sich die Frage, warum Schulmediziner die vielen Verbindungen zwischen Geist und Körper noch immer nicht zur Kenntnis nehmen.

Die Frage lässt sich leichter beantworten, wenn wir uns klar machen, wie die wissenschaftliche Erkenntnis voranschreitet. Der alltägliche Fortschritt in der Wissenschaft besteht in der Regel einfach darin, dass man zu dem großen Gebäude einen weiteren kleinen Backstein hinzufügt – eine ziemlich eintönige Beschäftigung, die der verstorbene Wissenschaftshistoriker Thomas Kuhn als «normale Wissenschaft» bezeichnet hat. Dieser Wissensbestand umfasst eine Reihe allgemein akzeptierter Überzeugungen und wird als «Paradigma» bezeichnet. Jahr für Jahr kommen neue Beobachtungen hinzu und werden dem existierenden Standardmodell eingegliedert. Die meisten Wissenschaftler sind Maurer, keine Architekten; sie fügen der Kathedrale einfach einen neuen Stein hinzu.

Doch manchmal will sich eine neue Beobachtung einfach nicht ins Bild fügen. Sie ist eine «Anomalie», das heißt, sie steht im Widerspruch zum vorhandenen Gebäude. Dann haben die Wissenschaftler drei Möglichkeiten. Erstens, sie können die Anomalie ignorieren und unter den Teppich kehren. Sie praktizieren eine Art psychologisches «Verleugnen», das selbst unter namhaften Wissenschaftlern erstaunlich häufig ist.

Zweitens, man kann kleinere Veränderungen am Paradigma vornehmen und versuchen, die Anomalie dem Weltbild einzuverleiben; das wäre immer noch eine Form von normaler Wissenschaft. Man kann auch aus dem Stegreif Hilfshypothesen formulieren, die dann wie Äste von einem Baum abstehen. Doch schon bald werden diese Äste so dick und zahlreich, dass der Baum unter ihnen zusammenzubrechen droht.

Schließlich kann man das Gebäude auch abreißen und ein vollkommen neues errichten, das kaum noch Ähnlichkeit mit dem alten hat. Dann haben wir es mit dem zu tun, was Kuhn

«Paradigmenwechsel» oder wissenschaftliche Revolution genannt hat.

In der Wissenschaftsgeschichte gibt es viele Beispiele für Anomalien, die ursprünglich als trivial oder Schwindel abgetan wurden, später aber ihre grundsätzliche Bedeutung unter Beweis gestellt haben. Der Grund ist, dass die meisten Wissenschaftler konservativ sind. Wenn eine neue Tatsache entdeckt wird, die das große Gebäude zum Einsturz zu bringen droht, neigen sie deshalb zunächst dazu, die Tatsache zu ignorieren oder zu leugnen. Das ist gar nicht so dumm, wie es aussieht. Da sich die meisten Anomalien als falscher Alarm erweisen, ist es ganz vernünftig, erst einmal auf Nummer Sicher zu gehen und sie nicht zur Kenntnis zu nehmen. Wenn wir versuchen würden, jeden Bericht über Entführungen durch Außerirdische oder über Löffelverbiegen in unser Bezugssystem einzubauen, dann hätte sich die Wissenschaft sicherlich nicht zu dem ungeheuer erfolgreichen und in sich schlüssigen Überzeugungssystem entwickelt, das sie heute ist. Die Skepsis ist genauso wichtig für das Gelingen des großen Unterfangens wie die Revolutionen, die Schlagzeilen machen.

Nehmen wir beispielsweise das Periodensystem der Elemente. Als Dmitri Mendelejew die Elemente nach ihrem Atomgewicht anordnete und auf diese Weise das Periodensystem schuf, stellte er fest, dass einige Elemente nicht ganz ins Bild passten – sie schienen das falsche Atomgewicht zu haben. Doch statt sein Modell zu verwerfen, beschloss er, die anomalen Atomgewichte zu ignorieren und stattdessen lieber anzunehmen, sie seien falsch gemessen worden. Tatsächlich entdeckte man später, dass die offiziellen Atomgewichte falsch waren, weil die Messungen durch bestimmte Isotope verfälscht worden waren. Es ist viel Wahres an dem paradoxen Bonmot des britischen Astronomen Sir Arthur Eddington: «Glaubt nicht an die Ergebnisse von Experimenten, bevor sie nicht von der Theorie bestätigt worden sind.»

Andererseits dürfen wir nicht jede Anomalie außer Acht lassen, denn einigen von ihnen wohnt genügend Sprengkraft inne, um einen Paradigmenwechsel zu erzwingen. Die Kunst liegt in der Entscheidung, welche Anomalie trivial und welche eine potenzielle Goldmine ist. Leider gibt es keine einfache Methode, um das Triviale vom Gold zu unterschieden, doch als Faustregel kann gelten, wenn eine merkwürdige, widersprüchliche Beobachtung seit langem vorliegt, aber trotz wiederholter, ehrlicher Anstrengungen *empirisch* nicht bestätigt werden konnte, dann handelt es sich wahrscheinlich um eine Trivialität. (Die Telepathie und wiederholten Elvis-Erscheinungen rechne ich dieser Kategorie zu.) Wenn die betreffende Beobachtung hingegen allen Versuchen, sie zu widerlegen, widerstanden hat und als Merkwürdigkeit *allein* deshalb gilt, weil sie sich im geltenden Begriffssystem nicht erklären lässt, dann haben Sie es wahrscheinlich mit einer echten Anomalie zu tun.

Ein berühmtes Beispiel ist die Kontinentalverschiebung. Um das Jahr 1912 bemerkte der deutsche Meteorologe Alfred Wegener, dass die Ostküste Südamerikas und die Westküste Afrikas «ineinander passten» wie die Stücke eines Riesenpuzzles. Außerdem fiel ihm auf, dass die Fossilien eines kleinen Süßwasserreptils – Mesosaurus – nur an zwei Stellen der Erde gefunden wurden, in Brasilien und Westafrika. Wie konnte eine Süßwassereidechse den Atlantik überqueren, fragte er sich. War es denkbar, dass diese beiden Kontinente in grauer Vorzeit Teile einer einzigen riesigen Landmasse waren, die sich in der Folgezeit aufgeteilt hatte und auseinander gedriftet war? Besessen von dieser Idee, suchte er nach weiteren Belegen und fand sie in Gestalt von Dinosaurierfossilien in identischen Gesteinsschichten, und zwar abermals an der Westküste Afrikas und der Ostküste Brasiliens. Das waren in der Tat überzeugende Beweise, doch überraschenderweise wurden sie vom gesamten geologischen Establishment abgelehnt, welches die Auffassung vertrat, die Dinosaurier müssten eine alte, heute versunkene Landbrücke

«SIE HABEN VERGESSEN, DEN ZWILLING ZU ENTBINDEN»

überquert haben, die die beiden Erdteile einst verbunden habe. Noch 1974 hat ein Geologieprofessor am St. John's College in Cambridge, als ich Wegener erwähnte, indigniert den Kopf geschüttelt und gesagt: «Vollkommener Quatsch!» Und doch wissen wir heute, dass Wegener Recht gehabt hat. Seine Idee wurde einfach deshalb abgelehnt, weil damals kein Mechanismus bekannt war, der die Bewegung ganzer Kontinente hätte bewirken können. Wenn es eine Sache gibt, auf die wir uns unbedingt verlassen, dann ist es die Stabilität des festen Landes. Doch sobald die Plattentektonik – die riesigen Platten, die auf dem darunter liegenden heißen und zähflüssigen Erdmantel schwimmen – entdeckt war, wurde Wegeners Idee plausibel und fand allgemeine Anerkennung.

Die Moral von dieser Geschichte ist, dass Sie niemals eine Idee für absurd halten sollten, nur weil Ihnen kein Mechanismus einfällt, der sie erklärt. Diese Regel ist gültig, egal, ob Sie über Kontinente, Vererbung, Warzen oder Pseudokyese sprechen. Immerhin wurde Darwins Evolutionstheorie vorgeschlagen und allgemein akzeptiert, lange bevor man die Vererbungsmechanismen richtig verstanden hatte.

Ein zweites Beispiel für eine echte Anomalie ist die multiple Persönlichkeit (MPD, englisch: *multiple personality disorder*), die nach meiner Ansicht für die Medizin genauso wichtig ist wie die Kontinentalverschiebung für die Geologie. Bis auf den heutigen Tag wird die MPD von der medizinischen Gemeinschaft nicht zur Kenntnis genommen, obwohl sie einen wertvollen Testfall für die Behauptungen der Geist-Körper-Medizin liefert. Bei diesem Syndrom – unsterblich geworden durch die Erzählung *Dr. Jekyll und Mr. Hyde* von Robert Louis Stevenson – kann ein Mensch zwei oder mehrere verschiedene Persönlichkeiten annehmen, die voneinander gar nichts oder nur wenig wissen. Gelegentlich findet man in der klinischen Literatur Berichte, dass eine Persönlichkeit Diabetiker sein kann, die andere hingegen nicht, oder dass einige Lebenszeichen oder Hormonbefunde in den beiden Persönlichkeiten unterschiedlich ausfallen. Es wird sogar behauptet, eine Persönlichkeit könne allergisch auf einen Stoff reagieren, die andere hingegen nicht, oder eine sei kurzsichtig und die andere normalsichtig.[9] MPD geht dem gesunden Menschenverstand gegen den Strich. Wie können zwei Persönlichkeiten in einem Körper wohnen? In Kapitel 7 haben wir erfahren, dass der Geist ständig bemüht ist, ein in sich schlüssiges Überzeugungssystem aus einer Vielfalt von Lebenserfahrungen zu konstruieren. Wenn es kleinere Diskrepanzen gibt, müssen Sie Ihre Überzeugungen entweder verändern oder bei den Verleugnungen und Rationalisierungen Zuflucht suchen, die Sigmund Freud beschrieben hat. Doch überlegen Sie, was geschähe, wenn Sie zwei Überzeugungssysteme hätten – jedes in sich schlüssig und vernünftig, aber untereinander völlig unverträglich? Möglicherweise wäre dann die einfachste Lösung, die Systeme zu balkanisieren: sie gegeneinander abzuschotten und auf diese Weise zwei Persönlichkeiten zu schaffen.

Natürlich tragen wir alle dieses Syndrom ansatzweise in uns. Wir sprechen von der «Hure und Heiligen», zitieren: «Zwei Seelen wohnen, ach, in meiner Brust» und sagen Dinge wie: «Ich bin heute nicht ich selbst.» Oder: «Er ist ein anderer Mensch, wenn du dabei bist.» Doch in einigen seltenen Fällen kann es sein, dass diese Spaltung so konkret wird, dass der Patient zwei getrennte Persönlichkeiten annimmt. Nehmen wir an, das eine Überzeugungssystem sagt: «Ich bin Sue, die attraktive Frau, die 123, Elm Street in Boston wohnt, abends in die Bar geht, Whisky pur trinkt, sich einen Beschäler aufreißt und keinen Bock auf Aids-Tests hat.» Ein anderes sagt: «Ich bin Peggy, die gelangweilte Hausfrau, die 123, Elm Street in Boston wohnt, nachts fernsieht, nie etwas Stärkeres trinkt als Kräutertee und bei jedem Wehwehchen zum Arzt läuft.» Diese beiden Geschichten sind so unterschiedlich, dass in ihnen offenkundig von zwei verschiedenen Menschen die Rede ist. Doch Peggy Sue hat ein

Problem: Sie ist diese beiden Menschen. Und das in einem Körper und sogar nur einem Gehirn! Vielleicht kann sie einen inneren Bürgerkrieg nur vermeiden, indem sie ihre Überzeugungen in zwei Gruppen «aufspaltet», sodass sie wie in zwei Seifenblasen nebeneinander existieren und zu dem merkwürdigen Phänomen der multiplen Persönlichkeit führen.

Nach Ansicht vieler Psychiater sind einige Fälle von MPD die Folge von sexuellem Missbrauch oder Misshandlung in der Kindheit. Das heranwachsende Kind findet den Missbrauch emotional so unerträglich, dass es ihn allmählich in Sues Welt verschließt, sodass Peggys Welt davon unberührt bleibt. Wirklich bemerkenswert ist daran jedoch der Umstand, dass bei jeder Persönlichkeit Stimmen, Tonfall, Motivationen, Eigenarten und sogar Immunsystem anders sind, sodass man fast den Eindruck hat, es handle sich um zwei Körper. Vielleicht braucht es komplizierte Mechanismen, um diese Persönlichkeiten voneinander zu trennen und die stets drohende Gefahr zu vermeiden, dass sie miteinander verschmelzen und zu unerträglicher innerer Belastung führen.

Ich würde an Menschen wie Peggy Sue gerne einige Experimente durchführen, bin daran aber bisher durch den Mangel an einem, wie ich sagen würde, eindeutigen Fall von multipler Persönlichkeit gehindert worden. Wenn ich mich an Freunde wende, die Psychiater sind, und sie um Namen von Patienten bitte, erklären sie mir, sie hätten zwar solche Patienten, doch in der Regel hätten diese mehrere Persönlichkeiten und nicht nur zwei. Einer trug offenbar neunzehn «Alter Egos» in sich. Behauptungen wie diese lösten bei mir erhebliche Zweifel an dem ganzen Phänomen aus. Da Zeit und Mittel eines Wissenschaftlers begrenzt sind, muss er stets bemüht sein, ein Gleichgewicht herzustellen zwischen der Zeitverschwendung, die die Arbeit an kaum flüchtigen und nicht wiederholbaren «Effekten» bedeutet (wie kalter Fusion oder Kirlian-Fotografie), einerseits und einer vorurteilsfreien Einstellung (eingedenk der Lektionen aus der

Kontinentalverschiebung und den Asteroideneinschlägen) andererseits. Vielleicht besteht die beste Strategie darin, dass man sich auf Behauptungen beschränkt, die relativ leicht zu beweisen oder zu widerlegen sind.

Sollte ich jemals einen MPD-Patienten mit nur zwei Persönlichkeiten behandeln, werde ich alle Zweifel dadurch beseitigen, dass ich ihm zwei Rechnungen schicke. Wenn er beide bezahlt, weiß ich, dass er echt ist. Wenn nicht, weiß ich, dass er die multiple Persönlichkeit vortäuscht. In beiden Fällen würde ich gewinnen.

Ernsthafter betrachtet wäre es interessant, systematische Untersuchungen an Immunfunktionen vorzunehmen, während der Patient sich in den beiden verschiedenen Zuständen befände, indem man spezifische Aspekte der Immunantwort mäße (etwa die Zytokinproduktion der Lymphozyten und Monozyten und die Interleukinproduktion der T-Zellen, die durch mitogene Substanzen – Faktoren, die die Zellteilung anregen – hervorgerufen werden). Solche Experimente mögen langweilig und uninteressant erscheinen, doch nur auf diesem Weg können wir die richtige Mischung aus Osten und Westen erzielen und eine neue Revolution in der Medizin auslösen. Die meisten meiner Professoren haben nur höhnisch gelacht und von «Humbug» gesprochen, wenn sie von alten Hindupraktiken wie ayurvedischer Medizin, Tantra und Meditation hörten. Und doch haben ironischerweise einige der wirksamsten Mittel, die wir heute verwenden, ihre Wurzeln in der alten Volksmedizin, so die Weidenrinde (Aspirin), Digitalis und Reserpin. Nach neueren Schätzungen werden über dreißig Prozent der in der westlichen Medizin verwendeten Arzneimittel aus Pflanzenprodukten gewonnen. (Wenn Sie auch noch die Schimmelpilze – Antibiotika – zu den «Kräutern» dazurechnen, ist der Prozentsatz noch höher. In der alten chinesischen Medizin hat man Schimmelpilze häufig in Wunden gerieben.)

Die Moral aus all diesem lautet nicht, dass wir der «Weisheit des Ostens» blind vertrauen sollten, sondern dass mit Sicherheit so manche wichtige Erkenntnis in diese alten Praktiken eingeflossen ist. Doch wenn wir nicht systematische «westliche» Experimente durchführen, werden wir nie wissen, welche dieser Verfahren wirksam sind (Hypnose und Meditation) und welche nicht (Kristallheilung). Mehrere Forschungsinstitute in der ganzen Welt schicken sich gegenwärtig an, solche Experimente durchzuführen, und die erste Hälfte des einundzwanzigsten Jahrhunderts wird den Menschen meiner Ansicht nach als das goldene Zeitalter der Neurologie und der Geist-Körper-Medizin im Gedächtnis bleiben. Es wird eine Zeit voller Begeisterung sein, in der auf diesem Feld große Meriten zu verdienen sein werden.

12 SEHEN MARSMENSCHEN ROT?

> Die gesamte moderne Philosophie besteht daraus,
> wieder zu entdecken, auszugraben und zu zitieren, was schon
> einmal gesagt wurde.
>
> *V. S. RAMACHANDRAN*

> Warum ist das Denken, das eine Absonderung des Gehirns
> ist, großartiger als die Gravitation, die eine Eigenschaft
> der Materie ist?
>
> *CHARLES DARWIN*

In der ersten Hälfte des 21. Jahrhunderts wird die größte Aufgabe der Wissenschaft sein, eine Frage zu beantworten, die sich seit Jahrhunderten im Dunkel von Mystizismus und Metaphysik verbirgt: Was ist das Wesen des Selbst? Als ein Mensch, der in Indien geboren und in der Tradition des Hinduismus erzogen wurde, hat man mich gelehrt, dass der Begriff des Selbst – das «Ich» in mir, das jenseits vom Universum existiert und von dort herab in die Betrachtung der Welt vertieft ist – eine Illusion ist, ein Schleier namens *Maya*. Die Suche nach Erleuchtung bestehe darin, hat man mir gesagt, den Schleier zu lüften und zu erkennen, dass man in Wirklichkeit «eins mit dem Kosmos» sei. Merkwürdigerweise bin ich nach einer umfassenden Ausbildung in der westlichen Medizin und einer mehr als fünfzehnjährigen Forschungstätigkeit an neurologischen Patienten und auf dem Gebiet optischer Täuschungen zu der Erkenntnis gelangt, dass an dieser Auffassung viel Wahres ist – dass die Vorstellung, ein einzelnes, einheitliches Selbst «bewohne» das Gehirn, tatsächlich eine Illusion sein könnte. Alle Erkenntnisse, die ich bei der Untersuchung von normalen Menschen und von Patienten mit Schädigungen verschiedener Teile ihres Gehirns gewonnen habe, legen eine beunruhigende Schlussfolgerung nahe: Wir konstruieren unsere eigene «Wirklichkeit» aus bloßen Bruchstücken von Informationen; was wir «sehen», ist eine verlässliche – aber nicht immer zutreffende – Wiedergabe dessen, was in der Welt ist; wir sind uns der überwältigenden Mehrheit der Ereignisse, die in unserem Gehirn vorgehen, nicht bewusst. Tatsächlich werden die meisten unserer Handlungen von einer Vielzahl unbewusster Zombies ausgeführt, die Ihren Körper mit Ihnen (der «Person») teilen und dort in friedlichem Einvernehmen mit Ihnen leben! Ich hoffe, dass Sie die Geschichten, die Sie bisher gehört haben, davon überzeugen, dass das Problem des Selbst beileibe kein metaphysisches Rätsel ist, sondern reif für die wissenschaftliche Erforschung.

Trotzdem finden es viele Menschen bestürzend, dass all der Reichtum unseres geistigen Lebens – all unsere Gedanken, Empfindungen, Gefühle, all das, was wir als unser eigenstes Selbst betrachten – aus der Aktivität winziger Protoplasmafäden im Gehirn erwachsen soll. Wie ist das möglich? Wie kann sich etwas so zutiefst Geheimnisvolles wie unser Bewusstsein einem Klumpen Gewebe im Inneren unseres Schädels verdanken? Das Problem von Geist und Materie, Essenz und Existenz, Illusion und Wirklichkeit, bildet seit Jahrtausenden ein zentrales Anliegen östlicher und westlicher Philosophien, ohne dass sie jedoch viel Substanzielles zum Thema hervorgebracht haben. Hören wir dazu den englischen Psychologen Stuart Sutherland: «Bewusstsein ist ein faszinierendes, aber höchst unscharfes Phänomen: Niemand kann genau sagen, was es ist, was es macht oder warum es sich entwickelt hat. Bisher ist noch nichts darüber geschrieben worden, was wert wäre, gelesen zu werden.»

Ich möchte wahrlich nicht behaupten, ich hätte dieses Geheimnis gelöst,[1] aber ich denke doch, dass es eine neue Art gibt, das Bewusstsein zu untersuchen – indem man es nämlich nicht mehr als eine philosophische, logische oder begriffliche Frage behandelt, sondern als ein empirisches Problem.

Abgesehen von einigen Exzentrikern (den so genannten Panpsychisten), die glauben, dass alles im Universum bewusst sei, auch Ameisenhügel, Thermostate und Plastiktische, sind sich die meisten Menschen heute einig, dass Bewusstsein im Gehirn entsteht und nicht in der Milz, der Leber, der Bauchspeicheldrüse oder irgendeinem anderen Organ. Das ist schon mal ein guter Anfang. Doch ich möchte das Untersuchungsfeld noch weiter einengen und die Hypothese vorschlagen, dass das Bewusstsein nicht im ganzen Gehirn entsteht, sondern nur in einigen spezialisierten Schaltkreisen, die einen ganz bestimmten Verarbeitungsstil haben. Um deutlich zu machen, wie diese Schaltkreise beschaffen sind und welche speziellen Rechenvorgänge sie vornehmen, werde ich mich an die vielen Beispiele aus der Wahrnehmungspsychologie und Neurologie halten, die wir in diesem Buch schon betrachtet haben. Die Beispiele werden zeigen, dass sich der Schaltkreis, der das Substrat der lebhaften subjektiven Eigenschaft ist, die wir Bewusstsein nennen, vor allem in Teilen der Schläfenlappen (Amygdala, Septum, Hypothalamus, insularer Kortex und andere) und in einem einzigen Projektionsgebiet der Stirnlappen – dem *Gyrus cinguli* – befindet. Die Aktivität dieser Strukturen muss drei wichtige Kriterien erfüllen, die ich (Newton, der die drei grundlegenden Gesetze der Physik beschrieben hat, möge es mir verzeihen) die drei «Qualiagesetze» nenne («Qualia» sind einfach der Urzustand unserer Sinnesempfindungen, wie etwa die subjektive Qualität von «Schmerz» oder «Rot» oder «Gnocchi mit Trüffeln»). Mit der Formulierung dieser drei Gesetze und dem Versuch, die spezialisierten Strukturen zu bestimmen, in denen diese Gesetze verkörpert sind, möchte ich weitere Forschungsarbeiten über die biologischen Ursprünge des Bewusstseins anregen.

Für mich ist das zentrale Geheimnis des Kosmos Folgendes: Warum gibt es immer zwei Parallelbeschreibungen des Kosmos – den Bericht in der ersten Person («Ich sehe Rot») und den Bericht in der dritten Person («Er sagt, er sehe Rot, wenn bestimmte Bahnen in seinem Gehirn auf eine Wellenlänge von sechshundert Nanometer stoßen»)? Wie können sich zwei Berichte entsprechen, die sich so grundsätzlich unterscheiden? Warum gibt es nicht einfach nur einen Bericht in der dritten Person – womit dem Physiker und Neurowissenschaftler zugestanden wäre, dass seine Sicht die einzig existierende Wirklichkeit erfasst? (Wissenschaftler, die sich diese Auffassung zu Eigen gemacht haben, bezeichnet man als Behavioristen.) In ihrem Entwurf von «objektiver Wissenschaft» kommt die Notwendigkeit des Berichts in der ersten Person nicht vor – woraus folgt, dass es das Bewusstsein einfach nicht gibt. Nun wissen wir aber alle sehr wohl, dass das nicht stimmen kann. Das erinnert mich an den alten Witz über den Behavioristen, der gerade einen leidenschaftlichen Liebesakt hinter sich hat, seine Partnerin betrachtet und sagt: «Augenscheinlich hat es dir Spaß gemacht, aber hat es mir auch Spaß gemacht?» Die Notwendigkeit, den Bericht in der ersten und in der dritten Person in Einklang zu bringen (die Ich-Perspektive mit der Er-, Sie- oder Es-Perspektive zu vereinbaren), ist das wichtigste ungelöste Problem in der Wissenschaft. Überwinde diese Schwelle, sagen die indischen Mystiker und Weisen, und du wirst sehen, dass die Trennung zwischen Selbst und Nichtselbst eine Illusion ist – dass du in Wirklichkeit eins mit dem Kosmos bist.

Philosophen sprechen in diesem Zusammenhang vom Rätsel der *Qualia* oder subjektiven Sinnesempfindungen. Wie kann der Fluss von Ionen und elektrischen Strömen in winzigen Klümpchen von Gallertmasse – den Neuronen meines Gehirns – die ganze subjektive Welt der Sinnesempfindungen – rot, warm, kalt oder schmerzhaft – hervorrufen? Das Problem ist so verwirrend, dass es noch nicht einmal jeder für ein Problem hält. Ich werde das so genannte Qualia-Rätsel an zwei einfachen Gedankenexperimenten illustrieren, wie sie Philosophen so außerordentlich schätzen. Solche merkwürdigen Scheinexperimente lassen sich in der Wirklichkeit praktisch nie durchführen. Mein Kollege

Francis Crick begegnet Gedankenexperimenten mit großer Skepsis, und ich stimme ihm insofern zu, als sie sehr irreführend sein können und oft stillschweigende Annahmen enthalten, die erst einmal überprüft werden müssten. Dennoch, sie eignen sich, um logische Sachverhalte zu verdeutlichen, und hier sollen sie mir dazu dienen, das Problem der Qualia anschaulich einzuführen.

Stellen Sie sich zunächst vor, Sie sind ein künftiger Superwissenschaftler, dem die Funktionen des menschlichen Gehirns restlos bekannt sind. Leider sind Sie auch vollkommen farbenblind. Sie haben überhaupt keine Zapfen (die Rezeptoren in Ihrer Netzhaut, die Ihren Augen ermöglichen, Farben zu unterscheiden), aber Sie besitzen Stäbchen (mit denen Sie Schwarz und Weiß sehen können) und weiter oben im Gehirn intakte Mechanismen zur Verarbeitung von Farben. Wenn Ihre Augen Farben unterscheiden könnten, dann wäre auch Ihr Gehirn dazu in der Lage.

Nun stellen Sie sich vor, dass Sie, der Superwissenschaftler, mein Gehirn untersuchen. Ich bin ein normaler Farbenseher – ich kann sehen, dass der Himmel blau, das Gras grün und die Bananen gelb sind –, und Sie möchten herausfinden, was ich mit diesen Farbbegriffen meine. Wenn ich mir Gegenstände ansähe und sie türkis, aubergine oder zinnober nennen würde, hätten Sie keine Ahnung, wovon ich rede. Für Sie haben sie alle nur Grauschattierungen.

Nun sind Sie aber an dem Phänomen außerordentlich interessiert, daher richten Sie ein Spektrometer auf die Oberfläche eines reifen roten Apfels. Das Messinstrument lässt erkennen, dass Licht mit einer Wellenlänge von sechshundert Nanometer von der Frucht ausgeht. Aber Sie haben noch immer keine Idee, welcher Farbe das entsprechen könnte, denn Ihnen fehlt die einschlägige subjektive Erfahrung. Fasziniert untersuchen Sie die lichtempfindlichen Pigmente in meinem Auge und die Farbbahnen in meinem Gehirn, bis sie schließlich die Gesetze der Wellen-

SEHEN MARSMENSCHEN ROT?

längenverarbeitung vollständig beschreiben können. Ihre Theorie erlaubt Ihnen, die ganze Sequenz der Farbwahrnehmung nachzuzeichnen – von den Rezeptoren in meinem Auge bis hin zu jenem Teil des Gehirns, wo Sie die neuronale Aktivität aufzeichnen, die das Wort «Rot» erzeugt. Kurzum, Sie verstehen die Gesetze des Farbensehens (oder genauer, die Gesetze der Wellenlängenverarbeitung) in allen Einzelheiten und können im Voraus sagen, welches Wort ich verwenden werde, um die Farbe eines Apfels, einer Orange oder einer Zitrone zu beschreiben. Als Superwissenschaftler *haben Sie keinen Grund, an der Vollständigkeit Ihrer Erklärung zu zweifeln.*

Hochzufrieden zeigen Sie mir Ihr Flussdiagramm und sagen: «Das hier passiert in Ihrem Gehirn, Herr Ramachandran!»

Doch ich kann das nicht so hinnehmen. «Sicher, das geht dort vor. Aber ich *sehe* doch auch Rot. Wo ist das Rot in diesem Diagramm?».

«Was ist das?», fragen Sie.

«Das ist ein Teil der tatsächlichen, unaussprechlichen Erfahrung der Farbe, die ich Ihnen offenbar nicht vermitteln kann, weil Sie vollkommen farbenblind sind.»

Dieses Beispiel führt zu einer Definition der Qualia: Sie sind Aspekte meines Gehirnzustands, die anscheinend dafür verantwortlich sind, dass die wissenschaftliche Beschreibung unvollständig ist – aus meiner Sicht.

Ein zweites Beispiel: Stellen Sie sich elektrische Fische im Amazonas vor, die sehr intelligent sind, tatsächlich so intelligent und raffiniert wie Sie oder ich. Außerdem besitzen sie etwas, was uns fehlt – die Fähigkeit nämlich, elektrische Felder mit Hilfe von Spezialorganen in ihrer Haut zu fühlen. Sie können es dem Superwissenschaftler aus dem vorangehenden Beispiel nachtun und die Neurophysiologie dieses Fisches untersuchen, bis Sie wissen, wie die elektrischen Organe an den Seiten des Fisches den elektrischen Strom umwandeln, wie diese Information an das Gehirn übermittelt wird, welcher Teil des Gehirns diese Information analysiert und wie der Fisch diese Information verwendet, um Raubfischen auszuweichen, Beute zu suchen und so fort. Wenn der Fisch jedoch sprechen könnte, würde er sagen: «Alles schön und gut, aber du wirst nie herausfinden, wie es sich *anfühlt*, wenn man Elektrizität spürt.»

Diese Beispiele führen deutlich vor Augen, warum die Auffassung herrscht, Qualia seien prinzipiell privat. Sie machen auch deutlich, warum das Problem der Qualia nicht notwendig ein wissenschaftliches Problem ist. Erinnern wir uns, dass Ihre *naturwissenschaftliche* Beschreibung vollständig ist. Doch erkenntnistheoretisch ist Ihre Erklärung zur Lückenhaftigkeit verurteilt, weil Ihnen das unmittelbare Erleben elektrischer Felder oder roter Farbe immer verschlossen bleiben wird. Für Sie werden diese Phänomene stets ein Bericht «in der dritten Person» sein.

Jahrhundertelang haben Philosophen die Meinung vertreten, diese Lücke zwischen Gehirn und Geist werfe ein unlösbares erkenntnistheoretisches Problem auf – bilde eine unüberwindbare Barriere. Aber ist das wirklich wahr? Richtig ist sicherlich, dass die Barriere noch nicht überwunden wurde, aber folgt daraus auch, dass sie *nie* überwunden werden kann? Ich bin eher der Meinung, dass es in Wirklichkeit keine solche Barriere gibt, dass die Natur keine riesige Trennwand zwischen Geist und Materie, Spirituellem und Stofflichem kennt. Tatsächlich glaube ich, dass diese Barriere nur als Folge der Sprache in Erscheinung tritt. Ein solches Hindernis zeigt sich bei jeder *Übersetzung* aus einer Sprache in eine andere.[2]

Wie lässt sich dieser Gedanke auf das Gehirn und die Untersuchung des Bewusstseins anwenden? Ich gebe zu bedenken, dass wir es hier mit zwei Sprachen zu tun haben, die sich besonders schwer ineinander übersetzen lassen. Eine ist die Sprache der Nervenimpulse – die räumlichen und zeitlichen Muster der neuronalen Aktivität, die uns beispielsweise ermöglichen, Rot zu sehen. Die zweite, diejenige, die uns ermöglicht, anderen mitzuteilen, was wir sehen, ist eine natürliche gesprochene Sprache wie Englisch, Deutsch oder Japanisch – Wellen aus verdünnter und komprimierter Luft, die von Ihnen zum Hörer gelangen.

Beide sind Sprachen im strengen Sinne des Wortes, das heißt, es handelt sich um informationshaltige Nachrichten, die dazu bestimmt sind, Bedeutung zu übermitteln – in dem einen Fall zwischen verschiedenen Teilen des Gehirns über Synapsen hinweg, im anderen Fall zwischen zwei Menschen durch die Luft.

Das Problem liegt darin, dass ich Ihnen, dem farbenblinden Superwissenschaftler, von meinen Qualia (meiner Erfahrung des Rot-Sehens) nur mit Hilfe einer gesprochenen Sprache berichten kann. Doch die unbeschreibliche «Erfahrung» selbst geht bei der Übersetzung verloren. Die tatsächliche «Röte» des Rots wird Ihnen immer verschlossen bleiben.

Doch was wäre, wenn ich auf die gesprochene Sprache als Kommunikationsmittel verzichten und stattdessen die Farben verarbeitenden Gebiete in meinem Gehirn mittels eines Kabelstrangs aus Nervenbahnen (aus einer Gewebekultur gezogen oder einem anderen Menschen entnommen) direkt mit den Farben verarbeitenden Gebieten in Ihrem Gehirn verbinden würde (wie erwähnt, verfügt Ihr Gehirn über die erforderlichen Mechanismen zum Farbensehen, nur Ihre Augen können keine Wellenlängen unterscheiden, weil sie keine Farbrezeptoren besitzen). Dank dem Kabel können die Farbinformationen von meinem Gehirn ohne vermittelnde Übersetzung direkt zu den Neuronen Ihres Gehirns gelangen. Das ist zwar ein etwas weit hergeholtes Szenario, aber es wäre logisch durchaus möglich.

Als ich oben «Rot» sagte, hatte das keinerlei Bedeutung für Sie, weil die bloße Verwendung des Wortes «Rot» bereits eine Übersetzung voraussetzt. Doch wenn Sie die Übersetzung vermeiden und stattdessen ein Kabel verwenden, sodass die Nervenimpulse selbst direkt zum Farbzentrum gehen, dann sagen Sie vielleicht: «Oh, mein Gott, ich sehe genau, was Sie meinen. Jetzt wird mir diese wundervolle neue Erfahrung zuteil.»[3]

Dieses Szenario macht das philosophische Argument, dass es

eine unüberwindliche logische Barriere für das Verständnis der Qualia gebe, zunichte. Im Prinzip *können* Sie die Qualia eines anderen Geschöpfes erleben, selbst die eines elektrischen Fisches. Wenn Sie herausfänden, was der elektrosensorische Teil des Fischhirns leistet, und wenn Sie ihn irgendwie nebst den erforderlichen Nervenverbindungen in die einschlägigen Gebiete Ihres eigenen Gehirns verpflanzen könnten, dann würden Sie die elektrischen Qualia des Fisches erleben. Nun könnten wir eine philosophische Debatte über die Frage beginnen, ob Sie ein *Fisch* sein müssten, um diese Erfahrungen zu machen, oder ob Sie das auch als Mensch erleben könnten, doch die Debatte spielt keine Rolle für mein Argument. Der logische Punkt, um den es mir hier geht, betrifft nur die elektrischen Qualia – nicht die gesamte Erfahrung des Fischseins.

Entscheidend ist hier der Gedanke, dass das Qualia-Problem keine Besonderheit des Geist-Körper-Problems ist. Es unterscheidet sich nicht von anderen Problemen, die aus Übersetzungen entstehen; daher besteht auch keine Notwendigkeit, eine große Zweiteilung der Natur in die Welt der Qualia und in die materielle Welt zu postulieren. Es gibt nur eine Welt mit einer Vielzahl von Übersetzungshindernissen. Wenn es Ihnen gelingt, sie zu überwinden, sind die Probleme verschwunden.

Das mag sehr abstrakt und theoretisch klingen, daher will ich Ihnen ein etwas realistischeres Beispiel nennen – ein Experiment, das wir tatsächlich planen. Im 17. Jahrhundert hat der irische Astronom William Molyneux ein Problem formuliert (ein weiteres Gedankenexperiment): Was würde geschehen, so fragte er, wenn ein Kind bis zum Alter von einundzwanzig Jahren in vollkommener Dunkelheit aufwüchse und ihm dann plötzlich ein Würfel gezeigt würde? Würde dieser Mensch den Würfel erkennen? Was würde überhaupt geschehen, wenn er plötzlich normales Tageslicht erblickte? Würde er das Licht erleben und sagen: «Aha! Nun weiß ich, was die Menschen mit Licht meinen!» Oder würde er vollkommen verwirrt reagieren und blind

SEHEN MARSMENSCHEN ROT?

bleiben? (Um der Schlüssigkeit willen nehmen die Philosophen an, dass die Sehbahnen des Kindes trotz des sensorischen Entzugs nicht verkümmert sind und dass es ein geistiges Konzept des Sehens hat, genauso wie unser Superwissenschaftler schon vor Verwendung des Nervenkabels ein geistiges Farbkonzept hatte.)

Das erweist sich als ein Gedankenexperiment, das sich tatsächlich empirisch beantworten lässt. Einige unglückliche Individuen werden mit so starker Schädigung ihrer Augen geboren, dass sie die Welt nie gesehen haben und neugierig sind, was «Sehen» tatsächlich ist: Für diese Menschen ist das ebenso rätselhaft wie die Elektrorezeption des Fisches für Sie. Heute ist es möglich, kleine Gebiete des Gehirns direkt mit einem Gerät zu reizen, das Transkranialer Magnetstimulator heißt – ein außerordentlich starker, beweglicher Magnet, der Gehirngewebe mit einem gewissen Maß an Genauigkeit aktiviert. Was wäre, wenn man die Sehrinde eines solchen Menschen mit magnetischen Impulsen reizte und dadurch die funktionsuntüchtigen Mechanismen des Auges umginge? Ich kann mir zwei mögliche Ergebnisse vorstellen. Dieser Mensch könnte sagen: «He, ich spüre ein merkwürdiges Zucken im Hinterkopf.» Nicht mehr. Oder er würde erklären: «Oh, mein Gott, das ist der Wahnsinn! Jetzt weiß ich, wovon ihr immer redet. Endlich erlebe ich diese abstrakte Sache, die ihr Sehen nennt. Das also ist Licht, Farbe, Sehen!»

Dieses Experiment ist logisch äquivalent mit dem Neuronenkabel-Experiment, das wir mit dem Superwissenschaftler angestellt haben, weil wir die gesprochene Sprache umgehen und das Gehirn des Blinden direkt aktivieren. Nun können Sie fragen: «Wenn er vollkommen neue Sinnesempfindungen hat (was Sie und ich Sehen nennen), wie können wir dann sicher sein, dass es sich wirklich um echtes Sehen handelt?» Eine Möglichkeit wäre, in seinem Gehirn nach topographischen Anhaltspunkten zu suchen. Ich könnte verschiedene Teile seiner Sehrinde reizen und ihn auffordern, in der Außenwelt zu zeigen, wo diese merkwürdigen neuen Sinneswahrnehmungen lokalisiert sind. Das entspricht in etwa der Art, wie Sie Sterne «da draußen» sehen, wenn ich Ihnen mit einem Hammer auf den Kopf schlage; Sie erleben die Sterne nicht in Ihrem Schädelinneren. Das wäre ein überzeugender Beweis dafür, dass der Blinde tatsächlich zum ersten Mal etwas erlebte, das sehr große Ähnlichkeit mit unserer Erfahrung des Sehens hätte, obwohl es vielleicht im Hinblick auf Unterscheidungsfähigkeit und Genauigkeit dem normalen Sehen erheblich unterlegen wäre.[4]

*

Warum haben sich Qualia – subjektive Sinnesempfindungen – in der Evolution herausgebildet? Warum sind einige Gehirnereignisse mit Qualia ausgestattet worden? Gibt es einen besonderen *Stil* der Informationsverarbeitung, der Qualia hervorruft, oder gibt es bestimmte *Arten* von Neuronen, die ausschließlich mit Qualia verknüpft sind? (Der spanische Neurologe Santiago Ramón y Cajal nannte diese Neuronen die «psychischen Neuronen».) So, wie wir wissen, dass nur ein winziger Teil der Zelle, das Desoxyribonukleinsäure-(DNA-)Molekül, direkt mit der Vererbung befasst ist und andere Teile, wie die Proteine, nichts damit zu tun haben, könnte es doch auch sein, dass einige neuronale Schaltkreise für Qualia zuständig sind und andere nicht. Francis Crick und Christof Koch haben die interessante Vermutung geäußert, Qualia könnten in einem Neuronenkomplex in den unteren Schichten der primären sensorischen Felder entstehen, weil diese auf die Stirnlappen projizierten, wo viele so genannte höhere Funktionen ausgeführt würden. Ihre Theorie hat die gesamte wissenschaftliche Gemeinschaft elektrisiert und den Forschern, die nach biologischen Erklärungen für Qualia suchen, viele Anregungen geliefert. Andere haben die Vermutung geäußert, die konkreten Muster von Nervenimpulsen (Spikes) aus weit auseinander liegenden Hirngebieten würden «synchronisiert», wenn man die Aufmerksamkeit auf etwas richte und sich seiner bewusst werde.[5] Mit anderen Worten, die Synchronisation selbst führe zum bewussten Zustand. Noch gibt es keine direkten Beweise dafür, aber es ist ermutigend, dass zumindest der Versuch unternommen wird, die Frage experimentell zu klären.

Diese Ansätze sind aus einem ganz entscheidenden Grund so interessant – dem nämlich, dass der Reduktionismus die weitaus erfolgreichste Strategie in der Wissenschaft war. Dazu der englische Biologe Peter Medawar: «Der Reduktionismus ist die Überzeugung, dass ein Ganzes als Funktion (im mathematischen Sinn) seiner Bestandteile dargestellt werden kann, wobei die Funktionen mit der räumlichen und zeitlichen Anordnung der Teile und ihrer genauen Interaktionsweise zu tun haben.» Wie zu Beginn dieses Buches dargelegt, ist es nicht immer leicht, von vornherein zu erkennen, welches Maß an Reduktionismus für ein gegebenes wissenschaftliches Problem angemessen ist. Zum Verständnis von Bewusstsein und Qualia hätte es wenig Sinn, zu untersuchen, wie Ionenkanäle die Nervenimpulse leiten, der Hirnstammreflex das Niesen auslöst oder wie der entsprechende Reflexbogen die Blasenfunktion kontrolliert, obwohl das (zumindest für einige Leute) auch interessante Probleme sind. Das würde zum Verständnis höherer Gehirnfunktionen wie der Qualia nicht mehr beitragen als die Untersuchung von Siliziumchips unter dem Mikroskop zur Erklärung der Logik, die einem Computerprogramm zugrunde liegt. Und doch ist das genau die Strategie, die die meisten Neurowissenschaftler verfolgen, um die höheren Funktionen des Gehirns zu verstehen. Entweder behaupten sie, das Problem existiere gar nicht, oder sie sind davon überzeugt, es werde eines Tages gelöst werden, wenn wir auch weiterhin fleißig die Aktivität einzelner Neuronen betrachteten.[6]

Eine andere Lösung dieses Dilemmas schlagen die Philosophen vor, wenn sie erklären, Bewusstsein und Qualia seien «Epiphänomene». Nach dieser Auffassung ist das Bewusstsein wie das pfeifende Geräusch, das ein Zug macht, oder wie der Schatten eines galoppierenden Pferdes: Es spielt keine ursächliche Rolle in der Arbeit, die das Gehirn leistet. Schließlich kann man sich einen «Zombie» vorstellen, der unbewusst genau das tut, was ein bewusstes Wesen tut. Ein scharfer Schlag auf die Sehne in der Nähe Ihres Kniegelenks löst einen Prozess von neuralen und chemischen Ereignissen aus, die zum Kniereflex führen (Dehnungsrezeptoren im Knie nehmen Kontakt zu Nerven im Rückenmark auf, die ihrerseits entsprechende Nachrichten an die Muskeln schicken). Das Bewusstsein tritt dabei nicht in Erscheinung; ein Paraplegie-Patient hat einen ausgezeichneten Kniereflex, obwohl er den Schlag nicht spürt. Stellen Sie sich nun eine weit komplexere Ereignisfolge vor, die damit beginnt, dass Licht mit großer Wellenlänge auf Ihre Netzhaut trifft und einen Impuls auslöst, der über mehrere Umschaltstationen weitergegeben wird und schließlich dazu führt, dass Sie «Rot» sagen. Nun können wir uns vorstellen, dass auch diese komplexere Ereignisfolge ohne Beteiligung des Bewusstseins erfolgt. Ergibt sich daraus nicht, dass das Bewusstsein für den ganzen Prozess irrelevant ist? Schließlich hätte Gott (oder die natürliche Selektion) ein unbewusstes Wesen erschaffen können, das genau die gleichen Dinge sagte und täte wie Sie, obwohl es nicht bewusst wäre.

Das Argument klingt vernünftig, beruht aber auf dem Fehlschluss, dass etwas tatsächlich möglich ist, nur weil Sie es sich als logisch möglich vorstellen können. Nehmen Sie einmal an, das gleiche Argument würde auf ein Problem in der Physik angewendet. Wir können uns alle etwas vorstellen, was schneller als das Licht ist. Doch Einstein sagt uns, diese Anschauung des «gesunden Menschenverstands» sei falsch. Die bloße Vorstellung, dass etwas logisch möglich ist, garantiert nicht, dass es auch in der wirklichen Welt möglich ist, noch nicht einmal im Prinzip. Selbst wenn Sie sich einen unbewussten Zombie vorstellen, der alles tut, was Sie tun können, kann es eine tiefere natürliche Ursache geben, die die Existenz eines solchen Wesens ausschließt! Wie leicht zu erkennen ist, beweist dieses Argument nicht, dass das Bewusstsein eine ursächliche Rolle spielen muss. Es beweist lediglich, dass Sie durch Aussagen mit dem Anfang «Schließlich kann ich mir vorstellen» nicht zu Schlüssen über natürliche Phänomene berechtigt sind.

Ich schlage vor, dass wir für das Verständnis der Qualia einen etwas anderen Ansatz wählen. Dazu möchte ich Sie zu einigen Spielen mit den Augen auffordern. Erinnern wir uns zunächst an die Ausführungen in Kapitel 5, über den so genannten blinden Fleck – die Stelle, wo der Sehnerv den Augapfel an der Rückseite verlässt. Kehren wir zur Abbildung 5.2 zurück: Wenn Sie das rechte Auge schließen, den Blick auf den schwarzen Fleck richten und die Seite langsam auf das linke Auge zu- oder von ihm fortbewegen, sehen Sie über kurz oder lang, wie die schraffierte Scheibe verschwindet. Sie ist mit Ihrem natürlichen blinden Fleck zusammengefallen. Schließen Sie jetzt Ihr rechtes Auge erneut, halten Sie den Zeigefinger der rechten Hand hoch und richten Sie den blinden Fleck des linken Auges auf die Mitte des ausgestreckten Fingers aus. Die Mitte des Fingers müsste *eigentlich* genauso wie die schraffierte Scheibe verschwinden, tut sie aber nicht. Der Finger sieht durchgehend aus. Mit anderen Worten, die Qualia sind dergestalt, dass Sie nicht nur den verstandesmäßigen *Schluss* ziehen, der Finger sei durchgehend – «Schließlich befindet sich dort mein blinder Fleck» –, sondern Sie *sehen* in der konkreten Bedeutung des Wortes das «fehlende Glied» Ihres Fingers. Wie oben erwähnt, nennen Psychologen dieses Phänomen «Ausfüllen», eine nützliche, wenn auch etwas irreführende Bezeichnung, die lediglich bedeutet, dass Sie etwas in einer Raumregion sehen, in der nichts vorhanden ist.

Das Phänomen lässt sich noch augenfälliger nachweisen, wenn Sie die Abbildung 12.1 betrachten. Schließen Sie wieder das rechte Auge und bewegen Sie das Buch auf sich zu, bis einer der «Doughnuts» mit dem blinden Fleck zusammenfällt. Da der

Abbildung 12.1:
Eine Fläche mit gelben Doughnuts (hier in Weiß). Schließen Sie das rechte Auge und blicken Sie mit dem linken auf den kleinen weißen Punkt fast in der Mitte der Abbildung. Wenn sich die Seite zehn bis fünfundzwanzig Zentimeter von Ihrem Gesicht entfernt befindet, wird einer der Doughnuts den blinden Fleck Ihres linken Auges genau umgeben. Da das schwarze Loch in der Mitte des Doughnuts etwas kleiner ist als Ihr blinder Fleck, müsste es verschwinden. Daraufhin wird der blinde Fleck mit gelben (weißen) Qualia des Ringes «ausgefüllt», sodass Sie eine gelbe Scheibe und keinen Ring sehen. Paradoxerweise haben Sie ein Zielobjekt mit Ihrem blinden Fleck noch auffälliger gemacht. Wenn die Täuschung nicht stattfindet, versuchen Sie es mit einer vergrößerten Fotokopie und verlagern Sie den weißen Fleck waagerecht.

innere Durchmesser des Doughnuts – die kleine schwarze Scheibe – etwas kleiner als Ihr blinder Fleck ist, müsste sie verschwinden, sodass der weiße Ring den blinden Fleck einfasst. Nehmen wir an, der Doughnut (der Ring) sei gelb. Wenn Sie normalsichtig sind, müssten Sie eine vollständige, homogene gelbe Scheibe sehen, was darauf schließen lässt, dass Ihr Gehirn ihren blinden Fleck mit gelben Qualia «ausgefüllt» hat (in Abbildung

SEHEN MARSMENSCHEN ROT?

12.1 mit weißen). Ich lege so viel Nachdruck auf diesen Punkt, weil man vorgebracht hat, dass wir alle den blinden Fleck einfach ignorieren und gar nicht bemerken, was vor sich geht – dass das Ausfüllen also in Wirklichkeit gar nicht stattfindet. Das kann jedoch nicht stimmen. Wenn Ihnen mehrere Ringe gezeigt werden, von denen einer konzentrisch mit dem blinden Fleck zusammenfällt, dann sieht der konzentrische Ring wie eine homogene Scheibe aus und hebt sich in Ihrer Wahrnehmung von dem Hintergrund der Ringe ab. Wie kann Ihnen etwas, was Sie ignorieren, so ins Auge springen? Der blinde Fleck hat also Qualia, die mit ihm assoziiert sind, und, mehr noch, die Qualia können «sensorische Unterstützung» bieten. Mit anderen Worten, Sie ziehen nicht nur den verstandesmäßigen Schluss, dass die Mitte des Doughnuts gelb ist, Sie *sehen* sie buchstäblich als gelb.[7]

Betrachten Sie nun ein ganz ähnliches Beispiel. Nehmen Sie an, ich lege einen Finger kreuzweise über einen anderen (wie zu einem Pluszeichen) und betrachte nun die beiden Finger. Natürlich sehe ich den hinteren Finger als durchgehend. Ich weiß, dass er durchgehend ist. In gewisser Weise sehe ich ihn als durchgehend. Doch würden Sie mich fragen, ob ich das fehlende Fingerstück *buchstäblich* sähe, würde ich nein sagen – denn schließlich könnte jemand zwei Fingerstücke abgeschnitten haben und sie zu beiden Seiten des vorderen Fingers halten, um mich hinters Licht zu führen. Ich kann nicht sicher sein, dass ich wirklich den fehlenden Teil sehe.

Vergleichen Sie diese beiden Fälle, die insofern ähnlich sind, als das Gehirn in beiden Fällen die fehlenden Informationen liefert. Worin liegt der Unterschied? Was für eine Rolle spielt es für Sie, die bewusste Person, dass der gelbe Doughnut jetzt Qualia in der Mitte hat, der verdeckte Teil Ihres Fingers aber nicht? Der Unterschied liegt darin, dass Sie in Bezug auf das Gelb in der Mitte des Doughnuts *Ihre Meinung nicht ändern können*. Sie können denken: «Vielleicht ist er gelb. Vielleicht ist er aber auch rosa oder blau.» «Nein», ruft er Ihnen entgegen, «ich bin gelb», und präsentiert Ihnen unübersehbar die Gelbheit in seiner Mitte. Das ausgefüllte Gelb ist also unwiderruflich, es lässt sich von Ihnen nicht verändern.

Im Falle des verdeckten Fingers können Sie jedoch denken: «Es besteht die hohe Wahrscheinlichkeit, dass da ein Finger ist, aber irgendein boshafter Wissenschaftler könnte an beiden Seiten zwei halbe Finger angeklebt haben.» Dieses Szenario ist zwar höchst unwahrscheinlich, aber nicht undenkbar.

Mit anderen Worten, ich kann mich zu der Annahme entschließen, dass sich hinter dem verdeckenden Finger etwas anderes befindet, während ich beim ausgefüllten Gelb des blinden Flecks dazu nicht in der Lage bin. Der entscheidende Unterschied zwischen einer qualiabestimmten Wahrnehmung und einer Wahrnehmung ohne Qualia liegt darin, dass die qualiabestimmte Wahrnehmung von höheren Gehirnzentren nicht widerrufen werden kann und daher «einmischungsresistent» ist, während die Wahrnehmung ohne Qualia flexibler ist. Sie können sich mit Hilfe Ihrer Vorstellungskraft für eine beliebige Anzahl von «Schein-Inputs» entscheiden. Sobald sich eine qualiabestimmte Wahrnehmung gebildet hat, sind Sie auf sie festgelegt. (Ein schönes Beispiel ist der Dalmatiner in Abbildung 12.2. Ursprünglich sehen Sie nur Bruchstücke. Plötzlich fügt sich alles zusammen, und Sie sehen den Hund. Umgangssprachlich ausgedrückt, Sie haben jetzt die Qualia am Hals. Wenn Sie die Abbildung das nächste Mal betrachten, haben Sie keine Möglichkeit, den Hund nicht zu sehen. Tatsächlich haben wir unlängst nachweisen können, dass bestimmte Neuronen im Gehirn ihre Verbindungen dauerhaft verändern, wenn Sie den Hund zum ersten Mal sehen.)[8]

Diese Beispiele zeigen eine wichtige Eigenschaft der Qualia – sie müssen unwiderruflich sein. Doch obwohl dieses Merkmal notwendig ist, ist es nicht hinreichend, um das Vorhandensein von Qualia zu erklären. Warum? Nun, stellen Sie sich vor, Sie liegen im Koma und ich leuchte Ihnen mit einer Lampe ins Auge.

SEHEN MARSMENSCHEN ROT?

Abbildung 12.2:
Ein zufälliges Durcheinander von Flecken. Schauen Sie sich das Bild einige Sekunden (oder Minuten) an, und Sie werden schließlich einen Dalmatiner sehen, der auf dem von Laubschatten gefleckten Boden schnüffelt (Tipp: Das Gesicht des Hundes ist links in der Mitte des Bildes; Sie können sein Halsband und linkes Ohr erkennen). Sobald man den Hund einmal gesehen hat, kann man ihn nicht wieder loswerden.

Anhand ähnlicher Bilder haben wir unlängst gezeigt, dass nach der ersten kurzen Darbietung – sobald Sie den Hund einmal «gesehen» haben – Neuronen in den Schläfenlappen dauerhaft verändert werden (Tovee, Rolls und Ramachandran, 1996). Fotografie des Dalmatiners von Ron James.

Wenn Ihr Koma nicht zu tief ist, verengt sich Ihre Pupille, obwohl Sie kein subjektives Bewusstsein von irgendwelchen Qualia haben, die durch das Licht verursacht werden. Der gesamte Reflex ist unwiderruflich, und doch sind keine Qualia mit ihm verknüpft. Sie können in Bezug auf ihn nicht anderen Sinnes werden. Sie können nichts dagegen tun, so wie Sie nichts dagegen tun konnten, dass das Gelb den blinden Fleck im Doughnut-Beispiel ausfüllte. Warum gibt es also nur in letzterem Fall Qualia? Der entscheidende Unterschied liegt darin, dass bei der Pupillenverengung nur ein Output, nur ein Endergebnis, zur Verfügung steht – und damit keine Qualia. Im Fall der gelben Scheibe haben Sie, auch wenn die Repräsentation unwiderruflich hervorgerufen wird, doch den Luxus einer Wahl. Was Sie mit der Repräsentation anfangen, bleibt Ihnen überlassen. Wenn Sie beispielsweise gelbe Qualia erlebt haben, können Sie «Gelb» sagen oder an gelbe Bananen denken, an gelbe Zähne, an Gelbsucht und so weiter. Als Sie schließlich den Dalmatiner gesehen haben, konnten Sie eine unendliche Reihe von einschlägigen Assoziationen abrufen – das Wort «Hund», das Bellen des Hundes, Hundefutter oder auch Dampfmaschinen. Augenscheinlich sind Ihren Entscheidungen keine Grenzen gesetzt. Das ist das zweite wichtige Merkmal der Qualia: Unwiderruflichkeit auf der Input-Seite und Flexibilität auf der Output-Seite.

Noch ein drittes wichtiges Merkmal der Qualia gibt es. Um Entscheidungen auf der Basis von qualiabestimmten Repräsentationen zu treffen, muss die Repräsentation so lange Bestand haben, dass Sie mit ihr arbeiten können. Ihr Gehirn muss die Repräsentation in einem Pufferspeicher, dem so genannten unmittelbaren Gedächtnis, bereithalten. (Das geschieht beispielsweise, wenn Sie die Telefonnummer, die Sie von der Auskunft erhalten haben, gerade lange genug behalten, um sie zu wählen.) Wiederum reicht diese Bedingung allein nicht aus, um Qualia zu erzeugen. Ein biologisches System kann – abgesehen von der Absicht, eine Entscheidung zu treffen – noch andere Gründe haben, die

Information in einem Pufferspeicher bereitzuhalten. Die Venusfliegenfalle schließt sich nur, wenn ihre Berührungsborsten zweimal hintereinander gereizt werden. Offenbar behalten sie den ersten Reiz und vergleichen ihn mit dem zweiten, um daraus zu «schließen», dass sich etwas bewegt hat. (Darwin hat vermutet, das habe die Evolution so eingerichtet, damit die Pflanze ihre Falle nicht unabsichtlich schließe, wenn sie durch ein Staubkorn und nicht durch einen Käfer gereizt werde.) In der Regel ist in diesen Fällen nur ein Ergebnis möglich: Die Venusfliegenfalle bleibt *stets* geschlossen. Etwas anderes kann sie nicht tun. Das zweite wichtige Merkmal der Qualia – die Wahlmöglichkeit – fehlt. Ich denke, wir können mit gutem Grund und im Gegensatz zu den Panpsychisten den Schluss ziehen, dass keine Qualia im Spiel sind, wenn die Pflanze einen Käfer entdeckt.

In Kapitel 4 haben wir gesehen, wie sich Qualia und Gedächtnis in der Geschichte von Diane verbanden, der jungen Frau, die in Italien eine Kohlenmonoxidvergiftung erlitt, was eine ungewöhnliche Form des «Blindsehens» zur Folge hatte. Wie geschildert, war sie in der Lage, einen Briefumschlag so zu drehen, dass sie ihn in einen senkrechten oder waagerechten Schlitz einwerfen konnte, obwohl sie die Ausrichtung des Schlitzes bewusst nicht wahrnehmen konnte. Doch wenn man Diane aufforderte, sich den Schlitz anzuschauen, und dann das Licht ausdrehte, bevor man sie bat, den Brief einzuwerfen, war sie dazu nicht mehr in der Lage. «Sie» schien die Ausrichtung des Schlitzes fast sofort zu vergessen und war nicht in der Lage, den Brief einzuwerfen. Diese Ergebnisse legen den Schluss nahe, dass der Teil von Dianes Sehsystem, der die Ausrichtung bestimmt und ihre Armbewegungen kontrolliert – wir haben ihn in Kapitel 4 Zombie oder Wie-Bahn genannt –, nicht nur keine Qualia besitzt, sondern auch kein Kurzzeitgedächtnis. Doch der Teil ihres Sehsystems – die Was-Bahn –, der ihr normalerweise ermöglichte, den Schlitz zu erkennen und seine Ausrichtung wahrzunehmen, ist nicht nur bewusst, sondern besitzt auch ein Gedächtnis. (Aber «sie» kann die Was-Bahn nicht verwenden, weil sie geschädigt ist; alles, was zur Verfügung steht, ist der unbewusste Zombie, und «er» hat kein Gedächtnis.) Ich glaube nicht, dass diese Verbindung zwischen Kurzzeitgedächtnis und Bewusstsein zufällig ist.

Warum verfügt ein Teil des visuellen Datenstroms über Gedächtnis und ein anderer nicht? Unter Umständen hat das qualiabestimmte Was-System kein Gedächtnis, weil es Entscheidungen auf der Grundlage von Wahrnehmungsrepräsentationen treffen muss – und Entscheidungen brauchen ihre Zeit. Das Wie-System ohne Qualia dagegen ist mit einer ständigen Echtzeitverarbeitung befasst, die in einer engen, geschlossenen Schleife abläuft – wie der Thermostat in Ihrem Haus. Dieses System braucht kein Gedächtnis, weil es keine wirklichen Entscheidungen zu treffen hat. Zum Einwerfen des Briefes ist kein Gedächtnis erforderlich, doch die Entscheidung, welcher Brief eingeworfen und wo er eingeworfen werden soll, setzt Gedächtnis voraus.

Diese Hypothese lässt sich an einer Patientin wie Diane überprüfen. Wenn Sie eine Situation herstellen würden, in der Diane eine *Wahl* zu treffen hätte, müsste ihr (noch intaktes) Zombie-System hoffnungslos überfordert sein. Würden Sie Diane beispielsweise auffordern, einen Brief einzuwerfen, und ihr gleichzeitig zwei Schlitze zeigen (einen waagerechten und einen senkrechten), müsste sie versagen, denn wie sollte das Zombie-System zwischen den beiden wählen? Der bloße Gedanke, ein unbewusster Zombie könnte eine Entscheidung treffen, scheint ein Widerspruch in sich zu sein. Setzt die Existenz des freien Willens nicht ein Bewusstsein voraus?

Fassen wir unsere bisherigen Überlegungen zusammen: Für die Existenz von Qualia brauchen Sie potenziell unbegrenzte Bedeutungen (Bananen, Gelbsucht, Zähne), aber eine stabile, endliche, unwiderrufliche Repräsentation in Ihrem Kurzzeitgedächtnis als Ausgangspunkt (Gelb). Ist hingegen der Ausgangspunkt widerruflich, dann hat die Repräsentation keine starken, lebendigen Qualia. Das zeigt sich sehr schön am Beispiel einer Katze, die Sie unter dem Sofa vermuten, weil eine Schwanzspitze herausschaut, oder an Ihrer Fähigkeit, sich einen Affen auf diesem Stuhl vorzustellen. Die haben aus gutem Grund keine starken Qualia, denn hätten sie sie, würden Sie sie mit den echten Objekten verwechseln, was angesichts der Struktur Ihres kognitiven Systems Ihre Überlebensfähigkeit erheblich einschränken würde. Erinnern wir uns noch einmal an das Shakespeare-Zitat: Sie «können nicht des Hungers gier'gen Stachel dämpfen durch die bloße Einbildung von einem Mahl». Zum Glück, denn sonst würden Sie nicht mehr essen. Sie würden in Ihrem Kopf einfach die Qualia erzeugen, die mit Sattheit assoziiert sind. Entsprechend würde auch kein Geschöpf, das sich nur vorzustellen brauchte, es hätte einen Orgasmus, seine Gene an die nächste Generation weitergeben.

Warum besitzen diese schwachen, innerlich hervorgerufenen Vorstellungen (die Katze unter dem Sofa, der Affe auf dem Stuhl) oder Überzeugungen keine starken Qualia? Stellen Sie sich vor, wie verwirrend die Welt wäre, wenn es so wäre. Tatsächliche Wahrnehmungen müssen lebhafte, subjektive Qualia haben, weil sie Ihre Entscheidungen bestimmen und weil Sie es sich nicht leisten können zu zögern. Überzeugungen und innere Vorstellungen sollten dagegen nicht qualiabestimmt sein, weil sie sonst ihren vorläufigen und widerruflichen Charakter einbüßen würden. Daher glauben Sie – und können sich vorstellen –, dass unter dem Tisch eine Katze ist, weil Sie einen Schwanz hervorgucken sehen. Es *könnte* aber auch ein Schwein mit einem transplantierten Katzenschwanz unter dem Tisch liegen. Sie müssen bereit sein, eine solche Hypothese in Betracht zu ziehen, mag sie auch noch so unwahrscheinlich sein, weil Sie sonst hin und wieder überrascht werden könnten.

Welchen Vorteil hat die Unwiderruflichkeit von Qualia im Hinblick auf Funktionalität und Verarbeitungsaufwand? Wenn

Sie Ihre Meinung bezüglich der Qualia ständig ändern würden, wäre die Zahl der potenziellen Ergebnisse (oder «Outputs») unendlich. Ihr Verhalten wäre durch nichts eingeschränkt. Irgendwann müssen Sie sagen können: «Das ist es» und einen Schlussstrich ziehen. Das Ziehen dieses Schlussstrichs nennen wir Qualia. Dabei folgt das Wahrnehmungssystem in etwa folgendem Prinzip: Angesichts der vorliegenden Informationen besteht eine Wahrscheinlichkeit von 90 Prozent, dass du Gelb siehst (oder einen Hund erblickst oder Schmerz empfindest oder was auch immer). Deshalb nehme ich an, dass es Gelb *ist*, und handle entsprechend, weil ich, würde ich fortwährend sagen: «Vielleicht ist es kein Gelb», nicht in der Lage wäre, den nächsten Schritt zu tun, das heißt, angemessen zu handeln oder zu denken. Mit anderen Worten, wenn ich meine Wahrnehmungen als Überzeugungen behandeln würde, wäre ich blind (und gelähmt infolge meiner Unentschlossenheit). Qualia sind unwiderruflich, um bei *Entscheidungen Zögern zu vermeiden und Gewissheit zu erzeugen.*[9] Und das wiederum kann davon abhängen, welche Neuronen feuern, wie heftig sie feuern und auf welche Strukturen sie projizieren.

*

Wenn ich einen Katzenschwanz unter dem Tisch hervorgucken sehe, «vermute» oder «weiß» ich, dass eine Katze unter dem Tisch ist, vermutlich mit dem Schwanz verwachsen. Das wirft eine weitere hochinteressante Frage auf: Sind Sehen und Erkennen – der qualitative Unterschied zwischen Wahrnehmungs- und Begriffsvermögen – vollkommen verschieden voneinander, vielleicht durch neuronale Schaltkreise unterschiedlicher Art vermittelt? Oder gibt es eine Grauzone dazwischen? Kehren wir noch einmal zu der Region zurück, die dem blinden Fleck in meinem Auge entspricht, der Region, wo ich nichts sehen kann. Wie in Kapitel 5 beschrieben, gibt es beim Charles-

SEHEN MARSMENSCHEN ROT?

Bonnet-Syndrom eine andere Art von blindem Fleck – die weite Region hinter meinem Kopf –, wo ich nichts sehen kann (obwohl man für diese Region im Allgemeinen nicht den Ausdruck «blinder Fleck» verwendet). Natürlich laufen Sie normalerweise nicht herum und haben das Gefühl, hinter Ihrem Kopf eine Riesenlücke zu haben. Daher könnten Sie zu dem Schluss gelangen, dass Sie in gewissem Sinne die Lücke genauso ausfüllen wie den blinden Fleck. Doch Sie tun es nicht, und Sie können es nicht. Es gibt keine neuronale Repräsentation auf der Sehrinde des Gehirns, die dieser Region hinter Ihrem Kopf entspricht. Sie füllen Sie nur in dem trivialen Sinne aus, dass Sie, wenn Sie in einem Badezimmer stehen, das vor Ihnen eine Tapete zeigt, von der Annahme ausgehen, die Tapete setze sich auch hinter Ihrem Rücken fort. Doch selbst wenn Sie annehmen, dass eine Tapete hinter Ihrem Kopf ist, so sehen Sie sie doch nicht im eigentlichen Sinne des Wortes. Diese Art des «Ausfüllens» ist also rein metaphorisch und erfüllt nicht unser Kriterium der Unwiderruflichkeit. Im Falle des «wirklichen» blinden Flecks können Sie, wie oben gesehen, Ihre Meinung über den ausgefüllten Bereich nicht ändern. Doch im Hinblick auf die Region hinter Ihrem Kopf steht es Ihnen frei, zu denken: «Aller Wahrscheinlichkeit nach ist dort Tapete, aber wer weiß, vielleicht ist da auch ein Elefant.»

Das Ausfüllen des blinden Flecks ist deshalb grundverschieden von der Tatsache, dass Sie die Lücke hinter Ihrem Kopf nicht bemerken. Dennoch bleibt die Frage: Ist der Unterschied zwischen dem, was hinter Ihrem Kopf vor sich geht, und dem blinden Fleck qualitativ oder quantitativ? Ist die Trennungslinie zwischen «Ausfüllen» (von der Art, wie es im blinden Fleck geschieht) und bloßen Annahmen (in Bezug auf Dinge, die möglicherweise hinter Ihrem Kopf vor sich gehen) vollkommen willkürlich? Um diese Frage zu beantworten, wollen wir noch ein weiteres Gedankenexperiment betrachten. Stellen Sie sich vor, im Zuge der weiteren menschlichen Evolution würden unsere

Augen immer weiter an die Seiten des Kopfes wandern, ohne dass unser beidäugiges Gesichtsfeld verloren ginge. Die Gesichtsfelder der beiden Augen würden immer weiter und weiter hinter unseren Kopf reichen, bis sie sich fast träfen. Nehmen wir an, Sie hätten nun einen blinden Fleck hinter Ihrem Kopf (zwischen den Augen), der identisch wäre mit dem blinden Fleck vor Ihnen. Damit erhebt sich die Frage: Wäre die Vervollständigung der Objekte im Bereich des blinden Flecks hinter Ihrem Kopf ein echtes Ausfüllen von Qualia wie im wirklichen blinden Fleck? Oder wären es noch immer begriffliche, widerrufliche Vorstellungen oder Annahmen von der Art, die Sie und ich hinter dem Kopf erleben? Ich denke, es gibt einen bestimmten Punkt, wo die Vorstellungen unwiderruflich sind und wo stabile Wahrnehmungsrepräsentationen erzeugt werden, vielleicht sogar mehrfach erzeugt und an die primären visuellen Felder zurückgeschickt werden. Von diesem Punkt an wird die blinde Region hinter Ihrem Kopf funktional äquivalent mit dem normalen blinden Fleck vor Ihnen. Dann wird das Gehirn plötzlich auf eine vollkommen neue Art der Informationsrepräsentation umschalten. Mit Hilfe von Neuronen in den sensorischen Feldern wird es die Ereignisse hinter Ihrem Kopf unwiderruflich signalisieren (statt mit Neuronen in den Denkzentren vernünftige, aber vorläufige Vermutungen anzustellen über das, was sich dort hinten befinden könnte).

Obwohl sich also die Ergänzung des blinden Flecks und die Ergänzung der hinter Ihrem Kopf befindlichen Region logisch als zwei Enden eines Kontinuums ansehen lassen, hat die Evolution es für angebracht gehalten, sie zu trennen. Beim blinden Fleck Ihres Auges ist die Wahrscheinlichkeit, dass sich dort etwas Wichtiges verbirgt, so gering, dass sie ohne Gefahr vernachlässigt werden kann. Im Falle der blinden Region hinter Ihrem Kopf ist jedoch die Möglichkeit, dass sich dort etwas Wichtiges befindet (beispielsweise ein Einbrecher, der eine Waffe auf Sie gerichtet hält), so groß, dass es gefährlich wäre, diesen Bereich

SEHEN MARSMENSCHEN ROT?

unwiderruflich mit einer Tapete oder eincm anderen vor Ihren Augen befindlichen Muster auszufüllen.

*

Bisher haben wir über drei Qualiagesetze gesprochen – drei logische Kriterien, anhand deren sich entscheiden lässt, ob ein System bewusst ist oder nicht – und Beispiele betrachtet, die uns der blinde Fleck und neurologische Patienten geliefert haben. Nun können Sie aber fragen: Wie allgemein ist dieses Prinzip? Können wir es auf andere, spezifische Fälle anwenden, in denen strittig oder zweifelhaft ist, ob Bewusstsein beteiligt ist? Es folgen einige Beispiele:

Wir wissen, dass Bienen über hoch entwickelte Kommunikationsformen verfügen, unter anderem den Schwänzeltanz. Eine Kundschafterbiene, die eine Nahrungsquelle ausfindig gemacht hat, führt einen komplizierten Tanz auf, durch den sie den übrigen Mitgliedern des Schwarms mitteilt, wo sich der Pollenvorrat befindet. Es stellt sich die Frage: Ist die Biene bei Bewusstsein, während sie den Tanz aufführt?[10] Da das Verhalten der Biene, einmal ausgelöst, unwiderruflich ist und da die Biene bei ihrem Verhalten offenbar von einer Repräsentation im Kurzzeitgedächtnis ausgeht, die die Lage der Nahrungsquelle wiedergibt, sind mindestens zwei der drei Bewusstseinskriterien erfüllt. So könnten Sie zu dem Schluss gelangen, die Biene sei bei Bewusstsein, während sie ihr kompliziertes Kommunikationsritual ausführt. Doch da die Biene das dritte Kriterium vermissen lässt – flexiblen Output –, würde ich die Auffassung vertreten, dass es sich um einen Zombie handelt. Mit anderen Worten: Obwohl die Information sehr kompliziert, unwiderruflich und im Kurzzeitgedächtnis gespeichert ist, kann die Biene nur eines mit dieser Information anfangen; nur ein Output ist möglich – der Schwänzeltanz. Dieses Argument ist wichtig, denn es bedeutet, dass die bloße Komplexität oder Kunstfertigkeit der Informationsverarbeitung keine Garantie für eine Beteiligung des Bewusstseins ist.

Ein Vorteil meines Entwurfs gegenüber anderen Bewusstseinstheorien liegt darin, dass er uns ermöglicht, Fragen zu beantworten wie: Ist eine Biene bei Bewusstsein, wenn sie einen Schwänzeltanz aufführt? Ist ein Schlafwandler bei Bewusstsein? Ist es dem Rückenmark eines Paraplegie-Patienten bewusst – hat es eigene sexuelle Qualia –, wenn er (es) eine Erektion hat? Ist es einer Ameise bewusst, wenn sie Pheromone auffängt? In all diesen Fällen kann man einfach die drei genau definierten Kriterien anwenden, statt sich mit dem vagen Hinweis zufrieden zu geben, dass man es mit verschiedenen Bewusstseinsgraden zu tun habe – wie die Standardantwort lautet. Kann ein Schlafwandler beispielsweise (beim Schlafwandeln) den «Pepsi-Test» bestehen – das heißt, zwischen einer Pepsi-Cola und einer Coca-Cola unterscheiden? Hat er ein Kurzzeitgedächtnis? Wenn Sie ihm die Pepsi zeigen, in eine Schachtel stellen, dreißig Sekunden lang das Licht ausmachen und es dann wieder einschalten, würde er dann nach der Pepsi greifen (oder völlig versagen wie der Zombie im Inneren von Diane)? Hat ein Patient in einem partiellen Koma mit akinetischem Mutismus (scheinbar wach und in der Lage, Ihnen mit den Augen zu folgen, aber unfähig, sich zu bewegen oder zu sprechen) ein Kurzzeitgedächtnis? Wir können diese Fragen jetzt beantworten und endlose semantische Spitzfindigkeiten über die genaue Bedeutung des Wortes «Bewusstsein» vermeiden.

*

Nun könnten Sie fragen: «Lässt sich aufgrund dieser Erkenntnisse bestimmen, wo sich die Qualia im Gehirn befinden könnten?» Überraschenderweise sind viele Fachleute der Meinung, der Sitz des Bewusstseins befinde sich in den Stirnlappen, obwohl mit Qualia und Bewusstsein nichts Dramatisches geschieht, wenn die Stirnlappen geschädigt werden – obwohl sich die Persönlichkeit des Patienten unter Umständen tief greifend verändert (und er Schwierigkeiten haben kann, seine Aufmerksamkeit auf neue Gegenstände zu richten). Ich würde stattdessen meinen, dass die entscheidenden Strukturen in den Schläfenlappen liegen, weil meist durch Läsionen und Hyperaktivität in diesen Strukturen auffällige Bewusstseinsstörungen verursacht werden. Beispielsweise brauchen Sie die Amygdala und andere Teile der Schläfenlappen, um die Bedeutung der Gegenstände zu erkennen, und das ist gewiss ein wichtiger Teil der bewussten Erfahrung. Ohne diese Struktur sind Sie ein Zombie (wie der Mensch in dem berühmten chinesischen Zimmer, einem Gedankenexperiment, das der Philosoph John Searle vorgeschlagen hat[11]), der nur in der Lage ist, einen einzigen richtigen Output in Reaktion auf eine Frage zu liefern, doch ohne die Fähigkeit, die Bedeutung dessen, was er tut oder sagt, zu erfassen.

Es dürfte Einigkeit darüber herrschen, dass Qualia und Bewusstsein nicht den frühen Stadien der Wahrnehmungsverarbeitung, etwa auf Netzhautebene, assoziiert sind. Vielmehr sind sie mit den Zwischenstadien der Verarbeitung verknüpft[12] – den Stadien, wo dauerhafte Wahrnehmungsrepräsentationen (Gelb, Hund, Affe) hergestellt werden, die Bedeutung haben (die unendliche Zahl von Konsequenzen und Möglichkeiten des Handelns, aus denen Sie die besten auswählen können). Das passiert vor allem im Schläfenlappen und den angegliederten limbischen Strukturen. Insofern sind die Schläfenlappen die Schnittstelle zwischen Wahrnehmung und Handeln.

Die Belege dafür liefert die Neurologie. Hirnschädigungen, die die nachhaltigsten Bewusstseinsstörungen hervorrufen, sind Läsionen, die für Temporallappenepilepsie verantwortlich sind, während Läsionen in anderen Teilen des Gehirns nur geringere Bewusstseinsstörungen bewirken. Wenn Chirurgen die Schläfenlappen von Epileptikern elektrisch stimulieren, haben die Patienten lebhafte bewusste Erlebnisse. Die Reizung der Amygdala ist die sicherste Methode, ein vollständiges Erlebnis «abzuspielen» – entweder eine autobiographische Erinnerung oder eine lebendige Halluzination. Temporallappenanfälle sind häufig nicht nur verknüpft mit Bewusstseinsveränderungen im Hinblick auf persönliche Identität, persönliches Schicksal und Persönlichkeit, sondern auch mit lebhaften Qualia – Geruchs- und Lauthalluzinationen zum Beispiel. Wenn es sich um bloße Erinnerungen handelte, wie manche meinen, warum sollte der Patient dann sagen: «Es fühlt sich buchstäblich so an, als würde ich es wieder erleben»? Diese Anfälle sind gekennzeichnet durch die Lebhaftigkeit der Qualia, die sie hervorrufen. Die Gerüche, Schmerzen, Geschmackserlebnisse und Empfindungen – sie alle in den Schläfenlappen erzeugt – lassen darauf schließen, dass diese Gehirnregion eng mit Qualia und Bewusstsein verknüpft ist.

Ein weiterer Grund für die Wahl der Schläfenlappen – vor allem des linken – liegt darin, dass dort ein Großteil der Sprache repräsentiert wird. Wenn ich einen Apfel sehe, erlaubt mir die Schläfenlappenaktivität fast im selben Augenblick, all seine Bedeutungen zu erfassen. Die Erkenntnis, dass es sich um eine bestimmte Frucht handelt, erfolgt im unteren Schläfenlappen, die Amygdala beurteilt die Bedeutung des Apfels für mein Wohlgefühl, und das Wernicke-Areal und andere Rindenareale vergegenwärtigen mir alle Bedeutungsnuancen, die das Vorstellungsbild – einschließlich des Wortes «Apfel» – in mir hervorruft. Ich kann den Apfel essen, ich kann ihn riechen, ich kann eine Apfeltorte backen, ich kann sein Gehäuse entfernen, seine Kerne einpflanzen, mir mit seiner Hilfe «den Arztbesuch ersparen», Eva in Versuchung führen und so fort und so fort. Wenn wir alle Eigenschaften aufzählen, die wir gewöhnlich mit dem Wort «Bewusstsein» und «Bewusstheit» assoziieren, so können wir feststellen, dass jede ein Korrelat bei Temporallappenanfällen besitzt, unter anderem lebhafte visuelle und akustische Halluzinationen, «Out-of-body»-Erlebnisse und ein absolutes Gefühl von Allmacht und Allwissenheit.[13] Jede Störung der bewussten

Erfahrung, die auf dieser langen Liste zu finden ist, kann einzeln auftreten, wenn andere Teile des Gehirns geschädigt sind (so Störungen des Körperbildes und der Aufmerksamkeit beim Scheitellappensyndrom), doch gleichzeitig oder in verschiedenen Kombinationen treten sie nur bei Beteiligung der Schläfenlappen auf. Das lässt abermals darauf schließen, dass diese Strukturen eine entscheidende Rolle für das menschliche Bewusstsein spielen.

*

Bis jetzt haben wir erörtert, was die Philosophen das «Qualia»-Problem nennen – die prinzipielle Privatheit und Nichtmitteilbarkeit geistiger Zustände –, und ich habe versucht, es aus einem philosophischen Problem in ein naturwissenschaftliches zu verwandeln. Doch neben den Qualia (dem «Urzustand» der Sinnesempfindungen) müssen wir auch das Selbst betrachten – das «Ich» in Ihrem Inneren, das diese Qualia tatsächlich erlebt. Qualia und Selbst sind in Wirklichkeit zwei Seiten einer Medaille. Offenkundig kann es keine frei flottierenden Qualia geben, die niemand erfährt, und ein Selbst, das bar aller Qualia wäre, lässt sich ebenfalls schwer vorstellen.

Doch was genau ist das Selbst? Leider verhält es sich mit dem Wort «Selbst» wie mit dem Wort «Glück» oder «Liebe». Wir wissen alle, was es ist und dass es wirklich ist, aber können es eigentlich nicht definieren oder auch nur seine Merkmale benennen. Es ist wie Quecksilber, je mehr Sie sich mühen, es zu fassen, desto hartnäckiger entschlüpft es Ihnen. Was kommt Ihnen in den Sinn, wenn Sie an das Wort «Selbst» denken? Wenn ich über «mich selbst» nachdenke, dann scheint mir das etwas zu sein, was all meine diversen Eindrücke und Erinnerungen vereinigt, was behauptet, für mein Leben «verantwortlich» zu sein, was Entscheidungen trifft (einen freien Willen hat) und als Einheit in Zeit und Raum überdauert. Außerdem begreift es sich als eingebettet in einen sozialen Kontext, kontrolliert Ein- und Ausgaben und plant vielleicht sogar das eigene Begräbnis. Tatsächlich können wir eine Liste mit allen Merkmalen des «Selbst» aufstellen – wie wir es auch für das Glück können – und dann nach Gehirnstrukturen suchen, die an diesen Aspekten beteiligt sind. Dadurch werden wir eines Tages in der Lage sein, Selbst und Bewusstsein besser zu verstehen, obwohl ich bezweifle, dass es eine einzige, alles klärende Lösung für das Problem des Selbst gibt – in der gleichen Weise, wie die DNA die Lösung für das Rätsel der Vererbung war.

Was sind das für Merkmale, die das Selbst definieren? William Hirstein, ein Postdoc an meinem Institut, und ich haben folgende Liste zusammengestellt:

Das verkörperlichte Selbst: Mein Selbst ist in einem einzigen Körper verankert. Wenn ich die Augen schließe, empfinde ich lebhaft verschiedene Körperteile, die sich im Raum befinden (wobei ich einige Teile stärker spüre als andere) – das so genannte Körperbild. Wenn Sie mir in den Zeh zwicken, empfinde «ich» den Schmerz, nicht «er». Und trotzdem ist das Körperbild, wie wir gesehen haben, außerordentlich veränderbar, trotz seiner scheinbaren Stabilität. Einige Sekunden geeigneter sensorischer Stimulation, und ihre Nase ist einen Meter lang oder Sie projizieren Ihre Hand auf einen Tisch (Kapitel 3)! Außerdem wissen wir, dass Schaltkreise im Scheitellappen und in den Gebieten der Stirnlappen, auf die diese Schaltkreise projizieren, in hohem Maße an der Konstruktion des Körperbildes beteiligt sind. Teilschädigungen dieser Strukturen können grobe Verzerrungen des Körperbildes zur Folge haben. Die Patientin sagt beispielsweise, dass ihr linker Arm zu ihrer Mutter gehöre, oder behauptet (wie die Patientin, die ich bei Dr. Riita Hari in Helsinki untersucht habe), die linke Hälfte ihres Körpers bleibe ruhig im Stuhl sitzen, während die rechte aufstehe und umhergehe! Wenn es diesen Beispielen nicht gelingt, Sie davon zu überzeugen, dass

SEHEN MARSMENSCHEN ROT?

der «Besitz» Ihres Körpers eine Illusion ist, wird nichts Sie überzeugen können.

Das leidenschaftliche Selbst: Ein Selbst ohne Gefühle – oder auch nur ohne das Wissen um die Bedeutung eines solchen Zustands – ist nur schwer vorstellbar. Wenn Sie den Sinn einer Sache nicht erfassen – all seine Bedeutungen nicht begreifen –, in welcher Weise sind Sie sich ihrer dann überhaupt bewusst? Folglich sind Ihre Gefühle – durch das limbische System und die Amygdala vermittelt – ein wesentlicher Aspekt des Selbst, nicht einfach eine «Zugabe». (es ist strittig, ob ein reinrassiger Vulkanier wie Spocks Vater in der Serie *Star Trek* wirklich ein Bewusstsein hat oder nur ein Zombie ist – wenn er nicht, wie Spock, von ein paar menschlichen Genen angehaucht ist.) Wir erinnern uns, dass der «Zombie» in der «Wie»-Bahn unbewusst ist, während die «Was»-Bahn bewusst ist. Dieser Unterschied ist, wie ich behaupte, darauf zurückzuführen, dass Letztere mit der Amygdala und anderen limbischen Strukturen verbunden ist (Kapitel 5).

Die Amygdala und der Rest des limbischen Systems (in den Schläfenlappen) sorgen dafür, dass der Kortex – und mit ihm das ganze Gehirn – den grundlegenden evolutionären Zielen des Organismus dient. Die Amygdala überwacht die höchsten Ebenen der Wahrnehmungsrepräsentation und «spielt auf der Klaviatur des autonomen Nervensystems»; sie bestimmt, ob wir auf einen Reiz emotional reagieren oder nicht und welche Gefühle angebracht sind (Furcht vor einer Schlange, Wut auf Ihren Chef und Liebe zu Ihrem Kind). Außerdem empfängt sie Informationen vom insularen Kortex, der seinerseits partiell beeinflusst wird vom sensorischen Input nicht nur von der Haut, sondern auch von den inneren Organen (Viszera) – Herz, Lunge, Leber, Magen –, sodass wir auch von einem «viszeralen, vegetativen Selbst» sprechen können, das treffend charakterisiert wird durch den Ausdruck «etwas aus dem Bauch heraus tun». (Genau diese «Bauchreaktion» wird natürlich in Form der galvanischen Hautreaktion aufgezeichnet [vgl. Kapitel 9], sodass man vorbringen könnte, das viszerale Selbst sei, streng genommen, gar kein Teil des bewussten Selbst. Es kann sich jedoch nachhaltig auf den Zustand Ihres bewussten Selbst auswirken. Denken Sie nur an das letzte Mal, als Ihnen übel war und Sie sich übergeben mussten.)

Zu den Störungen des emotionalen Selbst gehören Temporallappenepilepsie, Capgras-Syndrom und Klüver-Bucy-Syndrom. Im ersten Fall könnte ein erhöhtes Empfinden des Selbst vorliegen, teilweise bedingt durch einen Prozess, den Paul Fedio und D. Bear als «Hyperkonnektivität» bezeichnen – eine Verstärkung der Verbindungen zwischen den sensorischen Gebieten des Schläfenlappens und der Amygdala. Solche Hyperkonnektivität kann auf häufige Anfälle zurückgehen, die zu einer dauerhaften Bevorzugung (*kindling*) dieser Bahnen führen und so bewirken, dass der Patient allen Objekten in seiner Umgebung (auch sich selbst!) erhöhte Bedeutung zuschreibt. Umgekehrt zeigen Menschen mit dem Capgras-Syndrom eingeschränkte emotionale Reaktionen auf bestimmte Kategorien von Objekten (Gesichter), während Menschen mit dem Klüver-Bucy- oder Cotard-Syndrom eher generelle Gefühlsprobleme haben (Kapitel 8). Ein Cotard-Patient fühlt sich emotional so von der Welt und sich selbst losgelöst, dass er sich zu der absurden Behauptung versteigt, er sei tot oder könne riechen, wie sein Fleisch verfaule.

Was wir «Persönlichkeit» nennen – ein entscheidender Aspekt Ihres Selbst, der Ihnen ein Leben lang erhalten bleibt und bekanntermaßen resistent gegenüber «Korrekturen» durch andere Menschen oder auch den gesunden Menschenverstand ist –, greift wahrscheinlich auf genau die gleichen limbischen Strukturen und ihre Verbindungen mit den ventromedialen Stirnlappen zurück. Eine Schädigung der Stirnlappen führt zu keinen offenkundigen, unmittelbaren Störungen des Bewusstseins, kann aber Ihre Persönlichkeit nachhaltig verändern. Als ein Stemmeisen den Stirnlappen des Eisenbahnarbeiters Phineas Gage durchbohrte, stellten seine Freunde und Angehörigen fest: «Gage ist nicht mehr Gage.» Gage wurde zu einem berühmten Beispiel für Stirnhirnschädigung; aus dem zuverlässigen, fleißigen und höflichen jungen Mann wurde ein lügender, betrügender Vagabund, der es in keiner Stellung länger als ein paar Wochen oder Monate aushielt.[14]

Auch Patienten mit Temporallappenepilepsie, wie Paul in Kapitel 9, lassen auffällige Persönlichkeitsveränderungen erkennen, und zwar in so hohem Maße, dass einige Neurologen von einer «Schläfenlappenpersönlichkeit» sprechen. Einige von ihnen (die Patienten, nicht die Neurologen) sind pedantisch, streitlustig, egozentrisch und geschwätzig. Oft zeigen sie auch ein übermäßiges Interesse an «abstrakten Gedanken». Wenn diese Charakterzüge durch eine Überfunktion bestimmter Teile des Schläfenlappens zustande kommen, fragt man sich, wie die normale Funktion dieser Gebiete aussieht. Warum verursachen epileptische Anfälle in diesen Gebieten die Tendenz zur Beschäftigung mit abstrakten Gedanken, wenn das limbische System vor allem mit Gefühlen befasst ist? Gibt es Felder in unserem Gehirn, deren Aufgabe es ist, abstrakte Gedanken hervorzubringen und zu handhaben? Das ist eines der vielen ungelösten Probleme der Temporallappenepilepsie.

Das exekutive Selbst: Die klassische Physik und die moderne Neurowissenschaft lehren uns, dass Sie (einschließlich Ihres Geistes und Gehirns) ein deterministisches Billardkugeluniversum bewohnen. Doch gewöhnlich erleben Sie sich nicht als ohnmächtige Marionette; Sie haben das Gefühl, für sich verantwortlich zu sein. Paradoxerweise ist Ihnen dabei aber stets klar, dass es manche Dinge gibt, die Sie tun können, und andere, die Sie aufgrund der Gegebenheiten Ihres Körpers und der Außenwelt nicht tun können. (Sie wissen, dass Sie keinen Lastwagen heben können; Sie wissen, dass Sie Ihrem Chef kein blaues Auge verpassen können, auch wenn Sie es gern täten.) Irgendwo in Ihrem Gehirn sind *Repräsentationen* all dieser Möglichkeiten, und die Systeme, die Befehle planen (der *Gyrus cinguli* und die supplementärmotorischen Areale in den Stirnlappen), müssen in der Lage sein, zwischen Befehlen zu unterscheiden, die Sie ausführen und die Sie nicht ausführen können. Ein «Selbst», das sich als vollkommen passiv erlebt, als ohnmächtigen Zuschauer, ist kein Selbst, und ein Selbst, das von seinen Impulsen und Trieben unwiderstehlich zum Handeln getrieben wird, ist ebenso nutzlos. Ein Selbst braucht freien Willen – was Deepak Chopra das «universelle Reich der unendlichen Möglichkeiten» nennt –, um überhaupt existieren zu können. Etwas wissenschaftlicher hat man das Bewusstsein als «bedingte Bereitschaft zum Handeln» bezeichnet.

Um all das zu leisten, muss ich in meinem Gehirn nicht nur eine Repräsentation der Welt und verschiedener Objekte in ihr haben, sondern auch eine Repräsentation meiner selbst, einschließlich meines eigenen Körpers innerhalb dieser Repräsentation. Dieser eigenartig rekursive Aspekt macht das Selbst so rätselhaft. Außerdem muss die Repräsentation des externen Objekts mit meiner Selbstrepräsentation interagieren (einschließlich der motorischen Steuerungssysteme), damit ich eine Entscheidung treffen kann. (Er ist Ihr Chef, also hauen Sie ihm keine rein. Das ist ein Keks; er befindet sich in Ihrer Reichweite.) Beeinträchtigungen dieses Mechanismus können zu Syndromen wie Anosognosie oder Somatoparaphrenie führen (Kapitel 7). Ohne eine Miene zu verziehen, erklärt eine Patientin, ihr linker Arm gehöre ihrem Bruder oder dem Arzt.

Welche neuralen Strukturen sind an diesen «verkörperlichten» und «exekutiven» Aspekten des Selbst beteiligt? Eine Schädigung des vorderen *Gyrus cinguli* bewirkt die höchst eigenartige Störung des «akinetischen Mutismus» – der Patient liegt einfach im Bett, nicht bereit oder unfähig, etwas zu tun, obwohl er sich seiner Umgebung vollständig bewusst ist. Wenn es überhaupt so etwas wie Abwesenheit von freiem Willen gibt, dann hier.

Manchmal, wenn der vordere *Gyrus cinguli* teilweise geschädigt ist, tritt genau das Gegenteil ein: Die Hand des Patienten wird von seinen bewussten Gedanken und Absichten abgekoppelt und versucht, ohne Erlaubnis des Patienten Dinge zu ergreifen und sogar relativ komplexe Handlungen auszuführen. Beispielsweise haben Peter Halligan und ich eine Patientin am Rivermead Hospital in Oxford untersucht, deren linke Hand das Geländer umklammerte, während sie die Treppe hinunterging, und zwar so fest umklammerte, dass sie mit der anderen Hand die Finger einzeln vom Geländer lösen musste, um ihren Weg fortsetzen zu können. Wird die entfremdete linke Hand von einem unbewussten Zombie kontrolliert, oder wird sie von Teilen ihres Gehirns mit Qualia und Bewusstsein gesteuert? Diese Frage können wir nun beantworten, indem wir unsere drei Kriterien anwenden. Bringt das System im Gehirn, das den Arm bewegt, eine unwiderrufliche Repräsentation hervor? Hat es ein Kurzzeitgedächtnis? Kann es eine Entscheidung treffen?

Das exekutive wie das verkörperlichte Selbst sind im Einsatz, während Sie Schach spielen und annehmen, Sie wären die Königin, um «ihren» nächsten Zug zu planen. Während Sie das tun, haben Sie vorübergehend fast das Gefühl, Sie hätten sich in die Königin hineinversetzt. Nun könnten Sie natürlich vorbringen, dass es sich um eine bloße Redefigur handelt und dass sie die Schachfigur nicht wirklich Ihrem Körperbild einverleiben. Aber können Sie wirklich sicher sein, dass die Loyalität Ihres Geistes gegenüber Ihrem *eigenen* Körper nicht gleichfalls nur eine «Redefigur» ist? Was würde mit Ihrer galvanischen Hautreaktion passieren, wenn ich plötzlich auf die Königin einschlüge? Würde sie steil ansteigen, als schlüge ich Ihren eigenen Körper? Wenn dem so wäre, wodurch wäre dann die radikale Unterscheidung zwischen dem Körper der Dame und dem Ihren gerechtfertigt? Wäre es denkbar, dass Ihre Neigung, sich normalerweise mit Ihrem «eigenen» Körper und nicht dem der Schachfigur zu identifizieren, auch eine Frage der Konvention, wenn auch einer sehr hartnäckigen, wäre? Liegt ein solcher Mechanismus möglicherweise auch der Empathie und Liebe zugrunde, die Sie für einen Freund, einen Partner oder gar ein Kind empfinden, das ja buchstäblich aus Ihrem eigenen Körper hervorgegangen ist?

Das mnemonische Selbst: Ihr Gefühl für die persönliche Identität – als separate Person, die in Raum und Zeit überdauert – hängt von einer langen Reihe sehr persönlicher Erinnerungen ab: Ihrer Autobiographie. Augenscheinlich ist es für die Konstruktion des Selbst sehr wichtig, diese Erinnerungen zu einer schlüssigen Geschichte zu organisieren.

Wir wissen, dass der Hippocampus zum Erwerb und zur Festigung neuer Gedächtnisspuren erforderlich ist. Wenn Sie Ihren Hippocampus vor zehn Jahren verloren haben, besitzen Sie keine Erinnerungen an Ereignisse, die sich nach diesem Zeitpunkt zugetragen haben. Sie sind natürlich noch immer bei vollem Bewusstsein, weil Sie über alle Erinnerungen verfügen, die vor diesem Verlust angelegt wurden, doch in einem sehr konkreten Sinn wurde Ihr Dasein zu diesem Zeitpunkt eingefroren.

Nachhaltige Beeinträchtigungen des mnemonischen Selbst können zur multiplen Persönlichkeit (MPD) führen. Die Erkrankung lässt sich wohl am ehesten als eine Funktionsstörung jenes Kohärenz erzwingenden Prinzips verstehen, von dem in Kapitel 7 bei der Erörterung der Verleugnung die Rede war. Wenn Sie zwei Systeme von Überzeugungen und Erinnerungen im Hinblick auf sich selbst haben, die nicht miteinander zu vereinbaren sind, ist unter Umständen die einzige Möglichkeit, Anarchie und endlosen Streit zu vermeiden, die Schaffung zweier Persönlichkeiten in einem Körper – die so genannte multiple Persönlichkeit. Wenn man bedenkt, welche Bedeutung dieses Syndrom für das Verständnis des Selbst haben könnte, ist es erstaunlich, wie wenig Aufmerksamkeit es bisher in der Schulmedizin gefunden hat.

Sogar das rätselhafte Verhaltensmerkmal der Hypergraphie – die Tendenz von Patienten mit Temporallappenepilepsie, ausführliche Tagebücher zu führen – kann eine Übertreibung der gleichen allgemeinen Tendenz sein: des Bedürfnisses, eine schlüssige Weltsicht oder Autobiographie zu schaffen und aufrechtzuerhalten.

Vielleicht führt das *kindling* in der Amygdala dazu, dass jedes externe Ereignis und jede innere Überzeugung für den Patienten weitreichende Bedeutung annehmen, sodass es in seinem Gehirn zu einem enormen Überangebot an Überzeugungen und Erinnerungen kommt, die scheinbar von größter Bedeutung für ihn sind. Hinzu kommt natürlich, dass wir alle von Zeit zu Zeit das zwingende Bedürfnis verspüren, Bilanz zu ziehen und festzustellen, wie es steht um uns und unser Leben. Regelmäßig lassen wir daher die wichtigen Lebensereignisse Revue passieren. Im Grunde ist die Hypergraphie nur eine Übertreibung dieser natürlichen Tendenz. Bei solchen Grübeleien kommt uns allen der eine oder andere Gedanke, den wir rasch wieder vergessen. Doch wenn in solchen Augenblicken epileptische Mini-Anfälle hinzukommen und euphorische Zustände hervorrufen, können diese Zufallseinfälle leicht zu Obsessionen und tief verwurzelten Überzeugungen werden, auf die der Patient in seinen Äußerungen und Aufzeichnungen immer wieder zurückkommt. Wäre es denkbar, dass solche Phänomene eine neurale Basis für Glaubenseifer und Fanatismus sind?

Das vereinheitlichte Selbst – Zwang zur Kohärenz des Bewusstseins, Ausfüllen und Konfabulation: Ein weiterer wichtiger Aspekt des Selbst ist die Einheit – die innere Kohärenz seiner verschiedenen Attribute. Um die Frage zu beantworten, was unsere Theorie der Qualia mit dem Problem des Selbst zu tun hat, können wir untersuchen, warum ein Phänomen wie das Ausfüllen des blinden Flecks mit Qualia stattfindet. Ursprünglich haben viele Philosophen die Meinung vertreten, der blinde Fleck werde *nicht* ausgefüllt, weil sie beanstandeten, dass es niemanden im Gehirn gebe, für den das Ausfüllen bestimmt sein könnte – dass kein Homunkulus vorhanden sei, der Zeuge dieser Vorgänge sei.

Da es diesen kleinen Mann nicht gebe, so die Philosophen, sei auch das Antecendens falsch: Das Ausfüllen mit Qualia finde nicht statt, und wer so denke, gehe einem logischen Fehlschluss auf den Leim. Nun behaupte ich aber, dass Lücken sehr wohl mit Qualia ausgefüllt werden. Folgt daraus, dass ich glaube, sie würden für einen Homunkulus ausgefüllt? Natürlich nicht. Das Argument des Philosophen ist ein echter Pappkamerad. Richtig müsste die Argumentation lauten: Wenn mit Qualia ausgefüllt wird, dann geschieht das für *etwas*, und was ist dieses «Etwas»? Einige Psychologen nehmen an, dass es einen exekutiven Prozess, einen Steuerprozess, gibt, der meist in den präfrontalen oder frontalen Teilen des Gehirns vermutet wird. Meine These lautet, dass dieses «Etwas», für das mit Qualia ausgefüllt wird, nicht eine «Sache» ist, sondern einfach ein anderer Gehirnprozess, genauer: exekutive Prozesse, die mit dem limbischen System, unter anderem mit Teilen des vorderen *Gyrus cinguli*, verknüpft sind. Dieser Prozess verbindet Ihre Wahrnehmungsqualia mit bestimmten Gefühlen und Zielen und ermöglicht Ihnen auf diese Weise, Entscheidungen zu treffen – weit gehend die Dinge, die man traditionell dem Selbst zugeschrieben hat. (Wenn ich beispielsweise viel Tee trinke, habe ich anschließend das Empfinden oder den Drang – die Qualia –, urinieren zu müssen; doch da ich eine Vorlesung halte, beschließe ich die Handlung aufzuschieben, bis ich fertig bin, entscheide mich aber auch, mich am Ende zu entschuldigen und keine Fragen zuzulassen.) Ein Exekutivprozess hat natürlich nicht alle Eigenschaften eines richtigen Menschen. Er ist kein Homunkulus, sondern ein Prozess, mittels dessen einige Gehirngebiete, etwa diejenigen, die mit Wahrnehmung und Motivation befasst sind, die Aktivitäten anderer Gehirngebiete beeinflussen wie die, die mit der Planung des motorischen Outputs befasst sind.

So gesehen ist Ausfüllen eine bestimmte Form, Qualia so zu behandeln und «vorzubereiten», dass sie in geeigneter Weise mit limbischen Exekutivstrukturen interagieren können. Das Ausfüllen mit Qualia ist möglicherweise nötig, weil Lücken die Funktion dieser Exekutivstrukturen stören, ihre Wirksamkeit beeinträchtigen und ihre Fähigkeit mindern, eine angemessene Reaktion auszuwählen. Wie unser General, der Lücken in den Berichten seiner Kundschafter nicht berücksichtigt, um zu vermeiden, dass er eine falsche Entscheidung trifft, so findet auch die Steuerstruktur eine Möglichkeit, Lücken zu vermeiden – indem es sie ausfüllt.[15]

Wo im limbischen System befinden sich diese Steuerprozesse? Es könnte ein System sein, an dem die Amygdala und der vordere *Gyrus cinguli* beteiligt sind. Dafür sprechen die zentrale Bedeutung der Amygdala für das Gefühl und die wichtige Rolle, die der vordere *Gyrus cinguli* offenbar für die Exekutivprozesse spielt. Wenn die Verbindung zwischen diesen Strukturen unterbrochen ist, dann kommt es, wie wir wissen, zu Störungen des «freien Willens», wie zum Beispiel dem akinetischen Mutismus[16] und dem Syndrom der fremden Hand. Es ist leicht einzusehen, wie solche Prozesse dem Mythos vom Selbst als aktiver Präsenz im Gehirn – einem «Geist in der Maschine» – Vorschub geleistet haben.

Das wachsame Selbst: Ein entscheidender Hinweis auf die neuronalen Schaltkreise, die den Qualia und dem Bewusstsein zugrunde liegen, liefern zwei andere neurologische Störungen – pendunkuläre Halluzinose und «Wachkoma» oder akinetischer Mutismus.

Der vordere *Gyrus cinguli* und andere limbische Strukturen empfangen ebenfalls Projektionen von den intralaminaren Thalamuskernen (Zellen im Thalamus), die ihrerseits dem Einfluss von Zellhäufungen im Hirnstamm unterworfen sind (unter anderem der cholinergen Zellen des lateralen Tegmen und der pendunkulopontinen Zellen). Hyperaktivität dieser Zellen kann zu pendunkulären Halluzinationen führen. Außerdem wissen wir, dass bei Schizophrenen die Zahl der Zellen in genau diesen Hirnstammkernen verdoppelt ist – was möglicherweise zu ihren Halluzinationen beiträgt.

Umgekehrt führt eine Schädigung des Intralaminarkerns oder des vorderen *Gyrus cinguli* zu Wachkoma oder akinetischem Mutismus. Patienten mit dieser eigenartigen Störung sind bewegungslos und stumm und reagieren träge, wenn überhaupt, auf schmerzhafte Reize. Und doch sind sie scheinbar wach und bei Bewusstsein. Sie bewegen die Augen und verfolgen Gegenstände mit ihren Blicken. Wenn Patienten aus diesem Zustand zu sich kommen, sagen sie Dinge wie: «Mir sind keine Worte oder Gedanken in den Sinn gekommen. Ich wollte einfach nichts tun, nichts denken, nichts sagen.» (Das wirft eine faszinierende Frage auf: Kann ein Gehirn, das jeglicher Motivation beraubt ist, überhaupt noch Erinnerungen aufzeichnen? Wenn ja, an wie viele Einzelheiten erinnert sich der Patient? Erinnert er sich an den Nadelstich des Neurologen? Oder an die Kassette, die seine Freundin für ihn abgespielt hat?) Sicherlich sind diese Schaltkreise in Hirnstamm und Thalamus sehr wichtig für Bewusstsein und Qualia. Es bleibt aber zu klären, ob sie bloß eine «Hilfsfunktion» für die Qualia haben (wie sicherlich Leber und Herz!) oder ob sie ein integraler Bestandteil des Schaltkreises sind, der das Substrat von Qualia und Bewusstsein ist. Entsprechen sie der Stromversorgung eines Videorekorders oder Fernsehapparats, oder sind sie eher mit dem Magnetkopf und der Elektronenkanone in der Kathodenstrahlröhre zu vergleichen?

Das begriffliche Selbst und das soziale Selbst: In gewissem Sinne ist unser Selbst-Konzept nicht grundsätzlich verschieden von anderen abstrakten Konzepten, die wir haben – etwa «Glück» oder «Liebe». Daher kann eine sorgfältige Untersuchung der verschiedenen Verwendungsweisen des Wortes «Ich» im alltäglichen sozialen Diskurs einige Hinweise darauf liefern, was das Selbst ist und welche Funktion es möglicherweise hat.

Beispielsweise ist klar, dass das abstrakte Selbst-Konzept auch Zugang zu den «unteren» Teilen des Systems haben muss, damit die Person die Verantwortung für verschiedene mit dem Selbst in Zusammenhang stehende Umstände anerkennen oder beanspruchen kann: Körperzustände, Körperbewegungen und so fort (genauso wie Sie behaupten, Ihren Daumen zu «kontrollieren», wenn Sie per Anhalter fahren, aber nicht Ihr Knie, wenn ich die Sehne mit einem Gummihammer anschlage). Informationen im autobiographischen Gedächtnis und Informationen über das Körperbild müssen dem Selbst-Konzept zugänglich sein, damit Sie über Ihr Selbst nachdenken und sprechen können. Im normalen Gehirn gibt es spezialisierte Bahnen, die solche Zugänge eröffnen. Wenn eine oder mehrere dieser Bahnen geschädigt sind, versucht das System sich einzureden, dass es noch immer über diese Informationen verfügt, so kommt es zur Konfabulation. Beim Verleugnungssyndrom beispielsweise, von dem in Kapitel 7 die Rede war, gibt es keinen Verbindungskanal zwischen Informationen über die linke Körperseite und dem Selbst-Konzept des Patienten. Doch das Selbst-Konzept ist so organisiert, dass es automatisch versucht, diese Information einzubeziehen. Das Ergebnis ist Anosognosie oder das Verleugnungssyndrom. Das Selbst «nimmt an», dass der Arm in Ordnung ist, und «füllt» die Lücke mit den Bewegungen dieses Arms «aus».

Zu den Eigenschaften des Selbstrepräsentationssystems gehört, dass die Person konfabuliert, um Mängel des Systems zu vertuschen. Dabei ist, wie in Kapitel 7 gesagt, der Hauptzweck, ständige Unentschlossenheit zu vermeiden und dem Verhalten Beständigkeit zu verleihen. Eine andere wichtige Funktion könnte aber auch sein, jenes geschaffene oder narrative Selbst zu unterstützen, von dem der Philosoph Dan Dennett spricht – dass wir uns als einheitlich darstellen, um soziale Ziele zu erreichen und für andere verständlich zu sein. Wir machen auch deutlich, dass wir unsere vergangene und künftige Identität anerkennen, die Voraussetzung dafür, dass man uns als Teil der Gesellschaft sieht. Wenn wir die Dinge, die wir in der Vergangenheit getan haben, anerkennen, indem wir uns das Verdienst oder die Schuld für sie anrechnen, helfen wir der Gesellschaft (gewöhnlich der Sippe, mit der wir unsere Gene teilen), uns vernünftig in ihre Pläne einzubeziehen, was für das Überleben und die Fortdauer unserer Gene von Vorteil ist.[17]

Wenn Sie an der Realität des sozialen Selbst zweifeln, betrachten Sie folgende Frage: Stellen Sie sich vor, Sie hätten etwas getan, was Ihnen außerordentlich peinlich wäre (es gäbe Liebesbriefe und Polaroidfotos von einer außerehelichen Affäre). Nehmen wir weiter an, Sie wären unheilbar erkrankt und hätten nur noch zwei Monate zu leben. Sie wüssten, dass man nach Ihrem Tod in Ihren Sachen herumstöbern und Ihr Geheimnis entdecken würde. Würden Sie unter diesen Umständen alles tun, um die verräterischen Spuren zu beseitigen? Wenn ja, stellt sich die Frage: Warum diese Mühe? Schließlich werden Sie ja nicht mehr zugegen sein. Was kümmert es Sie, wie man nach Ihrem Tod von Ihnen denkt? Dieses einfache Gedankenexperiment zeigt, dass das soziale Selbst nicht einfach eine abstrakte Erfindung ist. Im Gegenteil: Es ist so tief in uns verwurzelt, dass wir es sogar nach unserem Tod beschützen möchten. Manch ein Wissenschaftler hat sein ganzes Leben damit verbracht, sich um postumen Ruhm zu bemühen – er hat alles geopfert, um auf dem Gebäude seiner Wissenschaft einen winzigen Kratzer zu hinterlassen.

Die Situation ist nicht ohne Ironie: Das Selbst, das fast definitionsgemäß privaten Charakter hat, ist in erheblichem Maße ein soziales Konstrukt – eine Geschichte, die Sie für andere erfinden. Bei der Erörterung des Verleugnens habe ich die Auffassung vertreten, dass Konfabulation und Selbsttäuschung in erster Linie Nebenprodukte des Bedürfnisses seien, für Beständigkeit,

SEHEN MARSMENSCHEN ROT?

Schlüssigkeit und Kohärenz des Verhaltens zu sorgen. Eine weitere wichtige Funktion könnte sich aus dem Bedürfnis ergeben, die Wahrheit vor anderen Menschen zu verbergen.

Der Evolutionsbiologe Robert Trivers[18] hat die geistreiche Hypothese vorgeschlagen, dass die Selbsttäuschung evolutionär in erster Linie die Aufgabe habe, uns die Fähigkeit zu verleihen, vollkommen überzeugend, wie Autoverkäufer, zu lügen. Schließlich können Lügen in vielen sozialen Situationen nützlich sein – bei einem Einstellungsgespräch zum Beispiel oder beim Liebeswerben («Ich bin nicht verheiratet»). Leider haben Sie mit dem limbischen System einen Verräter an Bord, der häufig dafür sorgt, dass Ihre Gesichtszüge Ihr schlechtes Gewissen verraten. Eine Möglichkeit, das zu verhindern, sei, so Trivers, sich zuerst selbst zu täuschen. Wenn Sie wirklich an Ihre Lügen glauben, besteht keine Gefahr, dass Ihr Gesicht Sie verrät. So hätte die Notwendigkeit, überzeugend zu lügen, den Selektionsdruck für die Entstehung der Selbsttäuschung geliefert.

Als *allgemeine* Theorie der Selbsttäuschung finde ich Trivers Idee nicht überzeugend, doch es gibt eine besondere Kategorie von Lügen, für die diese These durchaus zutreffen könnte: Lügen, die unsere Fähigkeiten betreffen, also Prahlerei. Wenn Sie Ihre Vorzüge übertreiben, verschaffen Sie sich die Möglichkeit, mehr Kontakte zu machen und auf diese Weise Ihre Gene weiter zu streuen. Der Nachteil der Selbsttäuschung liegt natürlich darin, dass Sie unter Umständen Wahnvorstellungen verfallen. Wenn Sie Ihrer Freundin erzählen, Sie seien Millionär, so ist das eine Sache; wenn Sie es tatsächlich glauben, eine ganz andere, denn dann geben Sie vielleicht Geld aus, das Sie gar nicht haben! Andererseits können die Vorteile der erfolgreichen Prahlerei (Wechselspiel von Werbungsgesten) die Nachteile wahnhafter Ideen durchaus wettmachen – zumindest bis zu einem gewissen Punkt. Evolutionsstrategien sind immer eine Sache des Kompromisses.

Können wir Experimente durchführen, die beweisen, dass sich

Selbsttäuschung in einem sozialen Kontext entwickelt hat? Leider lassen sich diese Thesen nur schwer überprüfen (wie alle evolutionären Argumente), doch auch hier können uns vielleicht die Patienten mit dem Verleugnungssyndrom, deren Abwehrmechanismen stark vergröbert sind, gute Dienste leisten. Vom Arzt befragt, leugnet der Patient, dass er gelähmt ist. Aber würde er die Lähmung auch *sich selbst* gegenüber leugnen? Würde er es tun, wenn niemand ihn beobachtet? Meine Experimente lassen darauf schließen, dass er es wahrscheinlich tun würde, doch ich frage mich, ob die Wahnvorstellung verstärkt wird, wenn andere zugegen sind. Könnte man eine auffällige galvanische Hautreaktion aufzeichnen, wenn er im Brustton der Überzeugung verkündete, er könne jederzeit zum Armdrücken antreten? Was wäre, wenn wir ihm das Wort «Lähmung» anbieten würden? Würde er, obwohl er die Lähmung leugnet, von dem Wort aus der Fassung gebracht und eine starke galvanische Hautreaktion zeigen? Würde ein normales Kind beim Konfabulieren (Kinder neigen in hohem Maße zu diesem Verhalten) eine solche Hautreaktion erkennen lassen? Was wäre, wenn ein Neurologe infolge eines Schlaganfalls Anosognosie (das Verleugnungssyndrom) bekäme? Würde er seinen Studenten weiterhin Vorlesungen über dieses Thema halten – in seliger Unkenntnis, dass er selbst unter diesem Syndrom leidet? Woher wollen Sie eigentlich wissen, dass dies bei mir nicht der Fall ist? Nur indem wir Fragen wie diese stellen, können wir das größte wissenschaftliche und philosophische Rätsel angehen – das Wesen des Selbst.

Das Fest ist jetzt zu Ende; unsre Spieler,
Wie ich euch sagte, waren Geister, und
Sind aufgelöst in Luft, in dünne Luft ...
Wir sind aus solchem Zeug,
Wie das zum Träumen, und dies kleine Leben
Umfasst ein Schlaf.
            SHAKESPEARE, Der Sturm, IV 1

SEHEN MARSMENSCHEN ROT?

Während der letzten drei Jahrzehnte haben Neurowissenschaftler in aller Welt das Nervensystem mit eindrucksvoller Genauigkeit erforscht, viel über die Gesetze unseres Geistes herausgefunden und beobachtet, wie diese Gesetze aus dem Gehirn entstehen. Dabei sind erfreulich rasche Fortschritte erzielt worden, doch gleichzeitig haben diese Ergebnisse bei vielen Menschen Unbehagen ausgelöst. Die Mitteilung, dass Ihr Leben, all Ihre Hoffnungen, Triumphe und Bestrebungen nur auf die Aktivität von Neuronen in Ihrem Gehirn zurückgehen, klingt einigermaßen entmutigend. Tatsächlich bedeutet dieser Gedanke aber keine Abwertung menschlichen Tuns, sondern ist, denke ich, ganz im Gegenteil ein Adelsprädikat. Die Naturwissenschaften – Kosmologie, Evolutionstheorie und vor allem die Neurowissenschaften – teilen uns mit, dass wir keine Sonderstellung im Universum innehaben und dass unser Gefühl, wir hätten eine private, nichtstoffliche Seele, die die «Welt beobachtet», in Wirklichkeit eine Illusion ist (wie es die mystischen Traditionen des Ostens, etwa der Hinduismus und der Zen-Buddhismus, schon lange lehren). Sobald Ihnen klar geworden ist, dass Sie keineswegs Zuschauer sind, sondern vielmehr Teil des ewigen Gezeitenstroms der kosmischen Ereignisse, wirkt diese Erkenntnis sehr befreiend. Letztlich verhilft sie Ihnen auch zu einer gewissen Demut – dem Kern jeder echten religiösen Erfahrung. Diese Idee lässt sich nicht leicht in Worte fassen, kommt aber dem, was der Kosmologe Paul Davies einmal geschrieben hat, sehr nahe:

Durch die Wissenschaft sind wir Menschen in der Lage, wenigstens einige Geheimnisse der Natur zu erfassen. Einen Teil des kosmischen Codes haben wir entschlüsselt. Warum sich das so verhält, warum gerade *Homo sapiens* den Funken der Vernunft in sich trägt, der den Schlüssel zu den Geheimnissen des Universums liefert, ist ein tiefes Rätsel. Wir sind Kinder des Universums – beseelter Sternenstaub – und können trotzdem über die Natur dieses Universums nachdenken, so gründlich nachdenken, dass wir die Regeln erahnen, denen es gehorcht. Wie wir mit dieser kosmischen Dimension verknüpft wurden, ist ein Geheimnis. Doch dass es diese Verknüpfung gibt, lässt sich nicht leugnen.

Was bedeutet das? Was ist der Mensch, dass ihm ein solches Vorrecht zuteil wird? Ich kann nicht glauben, dass unsere Existenz in diesem Universum eine bloße Laune des Schicksals ist, ein Zufall der Geschichte, ein belangloses Ereignis im großen kosmischen Drama. Dazu sind wir zu tief in seinen Ablauf verflochten. Physisch mag die Art *Homo* ohne Bedeutung sein, doch die Existenz von Bewusstsein in einem Organismus auf einem Planeten des Universums ist sicherlich von höchster Bedeutung. Durch vernunftbegabte Wesen ist das Universum zum Bewusstsein seiner selbst gelangt. Das kann einfach keine triviale Einzelheit sein, kein Nebenprodukt seelenloser und planloser Kräfte. Wir sind zweifellos dazu bestimmt, hier zu sein.

Sind wir das? Ich glaube nicht, dass die Neurowissenschaft trotz all ihrer Triumphe jemals in der Lage sein wird, diese Frage zu beantworten. Doch dass wir diese Frage überhaupt stellen können, ist für mich der verblüffendste Aspekt unseres Daseins.

DANKSAGUNG

Während der letzten zehn Jahre habe ich faszinierende Reisen ins Reich der Neurologie unternommen, Reisen, die geprägt waren von unerwarteten Erlebnissen und Wendungen, von vielen neuen Erfahrungen und Erkenntnissen. Meine Reisebegleiter waren meine zahlreichen Studenten und Kollegen, die vielen Bücher, denen ich unzählige Anregungen entnommen habe, und die Erinnerung an meine ehemaligen Lehrer in Oxford und Indien, die mir noch ganz frisch im Gedächtnis sind. Insbesondere möchte ich folgenden Menschen danken:

Zuerst und vor allem meinen Eltern – Vilayanur Subramanian und Vilayanur Meenakshi –, die meine frühen naturwissenschaftlichen Interessen nachdrücklich förderten. (Mein Vater kaufte mir ein Zeiss-Mikroskop, als ich zehn Jahre alt war, während meine Mutter meinen Sinn auf die Chemie lenkte, indem sie mir Partingtons Lehrbuch der anorganischen Chemie schenkte und mir half, unter der Treppe ein kleines Labor einzurichten.) Mein Bruder Vilayanur Ravi weckte mein Interesse an der Dichtkunst und Literatur, die der Naturwissenschaft sehr viel ähnlicher sind, als man gemeinhin annimmt. Meine Frau Diane hat mich bei der Erforschung des Gehirns stets begleitet und mir bei der gedanklichen Klärung vieler Kapitel geholfen. Parameswara Hariharan und Alladi Ramakrishnan, zwei meiner Onkel, förderten mein Interesse am Sehen und der Neurowissenschaft (ich war noch keine zwanzig, als Dr. Ramakrishnan mich drängte, bei der Zeitschrift *Nature* einen Artikel einzureichen, der tatsächlich angenommen und veröffentlicht wurde). Außerordentlichen Dank schulde ich auch meinen ehemaligen Lehrern John Pettigrew, Oliver Braddick, Colin Blakemore, David Whitteridge, Horace Barlow, Fergus Campbell, Richard Gregory, Donald MacKay, K. V.

Thiruvengadam und P. K. Krishnan Kutty sowie verschiedenen Kollegen, Freunden und Studenten: Reid Abraham, Tom Albright, Krishnaswami Alladi, John Allman, Stuart Anstis, Carrie Armel, Richard Attiyeh, Elizabeth Bates, Floyd Bloom, Mark Bode, Patrick Cavanagh, Steve Cobb, Diana Deutsch, Paul Drake, Sally Duensing, Rosetta Ellis, Martha Farah, David Galin, Sir Alan Gilchrist, Chris Gillin, Rick Grush, Ishwar Hariharan, Laxmi Hariharan, Steve Hillyer, David Hubel, Mumtaz Jahan, Jonathan Khazi, Julie Kindy, Ranjit Kumar, Margaret Livingstone, Donald MacLeod, Jonathan Miller, Ken Nakayama, Kumpati Narenda, David Pearlmutter, Dan Plummer, Mike Posner, Alladi Prabhakar, David Presti, Mark Raichle, Chandramani Ramachandran, William Rosar, Vivian Roum, Krish Sathian, Nick Schiff, Terry Sejnowski, Margaret Sereno, Marty Sereno, Alan Snyder, Subramanian Sriram, Arnie Starr, Gene Stoner, R. Sudarshan, Christopher Tyler, Claude Valenti, T. R. Vidyasagar, Ben Williams und Tony Yang. Ganz besonders habe ich zu danken Miriam Alaboudi, Eric Altschuler, Gerald Arcilla, Roger Bingham, Joe Bogen, Pat Churchland, Paul Churchland, Francis Crick, Odile Crick, Hanna Damasio, Tony Damasio, Art Flippin, Harold Forney, William Hirstein, Bela Julesz, Leah Levi, Charlie Robbins, Irvin Rock, Oliver Sacks, Elsie Schwartz, Nithya Shiva, John Smythies und Christopher Wills.

Bedanken möchte ich mich auch bei der University of California, San Diego, und dem Center for Brain and Cognition (Center for Human Information Processing: CHIP), weil sie mir ein wunderbares akademisches Umfeld bieten. In einer neueren Studie des National Research Council rangiert die UCSD in den Neurowissenschaften landesweit an erster Stelle. Die Universität hat auch den Vorzug, dass sie symbiotische Beziehungen zu vielen benachbarten Forschungsstätten unterhält, unter anderem dem Salk Institute, der Scripps Clinic und dem Neuroscience Institute, was La Jolla zu einem Mekka für Neurowissenschaftler in aller Welt macht.

Viele der in diesem Buch beschriebenen Forschungsarbeiten sind in La Jolla durchgeführt worden, doch einige der Studien habe ich auch an Patienten in Indien vorgenommen, wenn ich dort einmal im Jahr zu Besuch war. Ich danke dem Institut für Neurologie, dem Allgemeinen Krankenhaus von Madras und dem Tata-Institut für Grundlagenforschung in Bangalore für ihre Gastfreundlichkeit.

Einige der in diesem Buch erörterten Ideen entstanden in Diskussionen mit Studenten und Kollegen – Eric Altschuler (Experimente über Placebos und Somatoparaphrenie), Roger Bingham (Evolutionspsychologie), Francis Crick (Bewusstsein und Qualia; der Begriff «Zombie» für die Wie-Bahn im Scheitellappen), Anthony Deutsch (Analogie des sprechenden Schweins), Ilya Farber (Empfindung von Armbewegungen bei einem Verleugnungs-Patienten), Stephen Jay Gould (der mich auf Freuds Ideen über wissenschaftliche Revolutionen aufmerksam gemacht hat), Richard Gregory (Qualia, Ausfüllen und Spiegel), Laxmi Hariharan (kinderärztliche Diagnose), Mark Hauser (Bewusstsein von Bienen), William Hirstein (mit dem zusammen eine Rohfassung von Kapitel 12 geschrieben wurde), Ardon Lyon (blinde Flecken), John Pettigrew (eine Begabung für das Erfassen von Gehirngrößen), Bob Rafael (Somatoparaphrenie), Diane Rogers-Ramachandran (das Experiment mit der Scheininjektion), Alan Snyder (Ähnlichkeiten zwischen Nadias Pferden und denen von Leonardo da Vinci in dem Abschnitt über das Savant-Syndrom) und Christopher Wills (der bei einer frühen Fassung von Kapitel 5 geholfen hat).

Dankbar bin ich auch meinem Agenten John Brockman, dem Präsidenten der EDGE Foundation, nicht nur, weil er mich gedrängt hat, dieses Buch zu schreiben, sondern auch für seine unermüdlichen Anstrengungen, die «beiden Kulturen» zu überbrücken. Wie der Earl of Bridgewater, in dessen Auftrag viele populärwissenschaftliche Bücher im Viktorianischen England erschienen, hat Brockman Ende des 20. Jahrhunderts viel zur

Verbreitung wissenschaftlicher Erkenntnisse getan. Mein Dank gilt auch Sandra Blakeslee und Toni Sciarra, die mich ständig dazu antrieben, das Projekt zu vollenden, und mithalfen, dieses Buch für eine breitere Leserschaft aufzubereiten.

Zuletzt möchte ich mich herzlich bei meinen Patienten bedanken, die oft stundenlange, langweilige Tests über sich ergehen ließen und ihrem Leiden häufig das gleiche Interesse entgegenbrachten wie ich. Wenn ich mit ihnen plauderte oder ihre Briefe las, habe ich von ihnen manchmal mehr gelernt als von meinen medizinischen Kollegen auf Tagungen.

ANMERKUNGEN

Kapitel 1: Das Phantom im Inneren

1. Natürlich spreche ich hier über den Stil, nicht den Inhalt. Einmal abgesehen von aller Bescheidenheit, zweifle ich daran, dass irgendeine Beobachtung in diesem Buch so wichtig ist wie eine von Faradays Entdeckungen. Ich bin aber schon der Meinung, dass alle Experimentalwissenschaftler bemüht sein sollten, seinem Stil nachzueifern.

2. Natürlich soll hier aus der wissenschaftlichen Forschung mit einfachsten Mitteln kein Fetisch gemacht werden. Ich möchte nur darauf hinweisen, dass mangelnde Mittel und Beschränktheit der Ausrüstung manchmal förderlich und nicht hinderlich sind, weil sie uns zwingen, erfinderisch zu sein.

Andererseits lässt sich nicht leugnen, dass neue Technologien ein ebenso sicherer Garant des wissenschaftlichen Fortschritts sind wie neue Ideen. Die Entwicklung neuer bildgebender Techniken wie PET (Positronenemissionstomographie), fMRI (funktionale Kernspintomographie) und MEG (Magnetoenzephalographie) wird die Neurowissenschaft im neuen Jahrtausend vermutlich revolutionieren, weil sie uns ermöglicht, den lebenden Gehirnen bei der Arbeit zuzuschauen, während ihre Besitzer verschiedenen geistigen Aufgaben nachgehen. (Vgl. Posner und Raichle, 1997, sowie Phelps und Mazziotta, 1981.)

Leider werden heute auf diesem Gebiet ganz große Töne gespuckt (gleichsam eine Wiederholung der Phrenologie-Mode im 19. Jahrhundert). Dabei können diese Apparate enorm nützliche Dienste leisten, man muss sie nur intelligent einsetzen. Die besten Experimente sind solche, bei denen bildgebende Verfahren kombiniert werden mit klaren, testfähigen Hypothesen darüber, wie der Geist funktioniert. In vielen Fällen muss man unbedingt den Strom der Ereignisse zurückverfolgen, will man verstehen, was sich im Gehirn abspielt. Dafür wird dieses Buch einige Beispiele bringen.

3. Leichter lässt sich diese Frage anhand von Insekten beantworten, die bestimmte Stadien von festgelegter Dauer haben. (Beispielsweise verbringt die Zikade *Magicicada septendecim* siebzehn Jahre als unreife Puppe und nur wenige Wochen in ihrer ausgewachsenen Gestalt!) Mit dem Häutungshormon Ekdyson oder einem entsprechenden Antikörper oder auch mutierten Insekten, denen das Gen für das Hormon fehlt, könnte man theoretisch die Dauer jedes Stadiums verändern, um zu sehen, welchen Beitrag es zur gesamten Lebensspanne leistet. Würde beispielsweise die Hemmung von Ekdyson der Raupe eine unbegrenzte Lebensdauer bescheren, und würde umgekehrt ihre Verwandlung in einen Schmetterling diesem ein längeres Leben ermöglichen?

4. Lange bevor James Watson und Francis Crick die Rolle der Desoxyribonukleinsäure (DNA) für die Vererbung erklärten, hat Fred Griffiths 1928 bewiesen, dass eine chemische Substanz, die aus inaktivierten Bakterien einer Art gewonnen wurde – S-Stamm-Pneumokokken –, wenn sie gleichzeitig mit einem anderen Stamm (R-Stamm) in Mäuse injiziert wurde, Letztere in S-Stamm-Pneumokokken «verwandelte»! Es war klar, dass es in den S-Bakterien etwas gab, was die R-Form in S umwandelte. In den vierziger Jahren zeigten Oswald Avery, Colin Macleod und Maclyn McCarty dann, dass diese Reaktion durch eine chemische Substanz namens DNA verursacht wird. Die Bedeutung dieser Entdeckung – dass DNA den genetischen Code enthält – hätte gewaltige Schockwellen durch die biologische Welt senden müssen, verursachte aber nur gelindes Kräuseln.

5. In der Wissenschaftsgeschichte hat man verschiedene Methoden zur Untersuchung des Gehirns entwickelt. Sehr beliebt bei Psychologen war das so genannte Black-Box-Verfahren: Man verändert den Input in systematischer Weise, um zu sehen, wie das System den Output verändert, und konstruiert Modelle dessen, was sich zwischen Input und Ouput ereignet. Wenn Sie finden, dass das langweilig klingt, haben Sie völlig Recht. Trotzdem hat die Methode einige spektakuläre Erfolge zu verzeichnen, etwa die Entdeckung der Trichromasie, jenes Mechanismus, der dem normalen Farbensehen zugrunde liegt. Man hat herausgefunden, dass sich alle Farben, die wir sehen können, aus der Kombination dreier Grundfarben herstellen lassen – Rot, Grün und Blau. Daraus schloss man, dass wir nur drei Rezeptoren im Auge haben, von denen jeder maximal auf eine bestimmte Wellenlänge reagiert und nur in geringerem Maße auf andere.

ANMERKUNGEN

Allerdings liegt ein Problem der Black-Box-Methode darin, dass man früher oder später mehrere konkurrierende Modelle hat. Um herauszufinden, welches stimmt, muss man dann doch die Black Box öffnen – das heißt, physiologische Experimente an Menschen und Tieren vornehmen. Beispielsweise bezweifle ich sehr, ob irgendjemand hätte herausfinden können, wie das Verdauungssystem arbeitet, indem er einfach seinen Output betrachtet hätte. Mit dieser Methode allein wäre man niemals in der Lage gewesen, auf die Existenz von Mastikation, Peristaltik, Speichel, Verdauungssäften, Bauchspeichelenzymen oder Galle zu schließen oder festzustellen, dass die Leber allein mehr als ein Dutzend Funktionen im Rahmen des Verdauungsprozesses übernimmt. Trotzdem ist eine große Mehrheit von Psychologen – die so genannten Funktionalisten – der Überzeugung, dass wir geistige Prozesse aus einer streng behavioristischen, also auf die Rechenvorgänge und die «Rückverfolgung» bezogenen Perspektive verstehen können, ohne uns um den unübersichtlichen Kram im Kopf kümmern zu müssen.

Wenn wir es mit biologischen Systemen zu tun haben, ist das Verständnis des Baus entscheidend für das Verständnis der Funktion – eine Auffassung, die sich in vollkommenem Widerspruch zu der der Funktionalisten befindet, also dem Versuch, die Gehirnfunktion mittels des Black-Box-Ansatzes zu erklären. Bedenken Sie beispielsweise, wie gründlich unser Verständnis des DNA-Moleküls – seiner Doppelhelix-Struktur – unser Verständnis der Vererbung und Genetik verändert hat, die bis dahin reine Black-Box-Gegenstände waren. Sobald die Doppelhelix entdeckt war, wurde nämlich offenbar, dass die strukturelle Logik dieses DNA-Moleküls die funktionale Logik der Vererbung *diktiert*.

6. Seit über fünfzig Jahren folgt die moderne Neurowissenschaft einem reduktionistischen Kurs, indem sie ihre Gegenstände in immer kleinere Teile zerlegt und hofft, dass das Verständnis all der kleinen Teile am Ende das Ganze erklären wird. Weil der Reduktionismus sich häufig als nützlich für die Lösung von Problemen erweist, sind leider viele Wissenschaftler der Meinung, er sei auch *hinreichend* zur Lösung von Problemen. Generationen von Neurowissenschaftlern haben dieses Dogma verinnerlicht. Das Missverständnis des Reduktionismus führt zu der irrigen, aber hartnäckigen Überzeugung, der Reduktionismus werde uns am Ende schon offenbaren, wie das Gehirn funktioniert, während wir in Wahrheit versuchen müssen, zwischen den verschiedenen theoretischen Ebenen Brücken zu schlagen. Auf einer wissenschaftlichen Tagung hat unlängst der Physiologe Horace Barlowe (Universität Cambridge) darauf hingewiesen,

dass wir den Neokortex seit fünfzig Jahren in allen Einzelheiten untersuchen, aber noch immer nicht die mindeste Vorstellung haben, wie er arbeitet. Anschließend schockierte er seine Zuhörer mit der Behauptung, wir seien alle wie geschlechtslose Marsbewohner, die die Erde besuchten und die Zellmechanismen und Biochemie der Hoden eingehend untersuchten, ohne eine Ahnung von Sexualität zu haben.

7. Zu einer absurden Übertreibung des Baukastenprinzips verstieg sich im 19. Jahrhundert der deutsche Mediziner Franz Gall, der die Pseudowissenschaft Phrenologie begründete und sie zu einer regelrechten Modeerscheinung machte. Bei einer Vorlesung bemerkte Gall eines Tages, dass ein bestimmter Student, der sehr intelligent war, hervortretende Augäpfel hatte. Gall überlegte: Warum hat er hervortretende Augäpfel? Vielleicht haben die Stirnlappen etwas mit Intelligenz zu tun. Vielleicht sind sie bei diesem jungen Mann besonders ausgeprägt und drücken die Augäpfel nach vorn. Aufgrund dieses fragwürdigen Gedankengangs führte Gall eine Reihe von Experimenten durch, in deren Verlauf er die Höcker und Vertiefungen im Schädel von Versuchspersonen vermaß. Die Unterschiede, die Gall ermittelte, verknüpfte er mit verschiedenen geistigen Funktionen. Rasch «entdeckten» die Phrenologen Höcker für so spezielle Charaktermerkmale wie Ehrfurcht, Erhabenheit, Gewinnsucht und Verschwiegenheit. In einem Antiquitätengeschäft in Boston hat unlängst ein Kollege von mir eine Phrenologiebüste gefunden, die einen Höcker für «republikanischen Geist» hatte! Noch Ende des 19. und Anfang des 20. Jahrhunderts erfreute sich die Phrenologie großer Beliebtheit.

Die Phrenologen interessierten sich auch für die Beziehung zwischen geistigen Fähigkeiten und Gehirngröße, wobei sie die Auffassung vertraten, dass schwere Gehirne intelligenter seien als leichtere. Sie behaupteten, die Gehirne von Schwarzen seien im Durchschnitt kleiner als die Gehirne von Weißen und die von Frauen kleiner als die von Männern und diese Unterschiede würden die durchschnittlichen Intelligenzunterschiede zwischen den betreffenden Gruppen «erklären». Unter diesen Umständen liegt natürlich eine nicht unbeträchtliche Ironie darin, dass man nach Galls Tod *sein* Gehirn wog und es für einige Gramm leichter befand als das durchschnittliche weibliche Gehirn. (Zu einer anschaulichen Schilderung der phrenologischen Irrtümer vgl. Stephen Jay Gould, *Der falsch vermessene Mensch*.)

8. Das waren die beiden Lieblingsbeispiele des Harvard-Neurologen Norman Geschwind bei seinen Vorträgen für Laien.

9. Erste Hinweise auf die Rolle von Scheitellappenstrukturen, einschließlich des Hippocampus, für die Gedächtnisfunktion finden sich bereits bei dem russischen Psychiater Sergei Korsakow. H. M. und andere amnestische Patienten wie er sind in vorbildlicher Weise von Brenda Milner, Larry Weiskrantz, Elizabeth Warrington und Larry Squire untersucht worden.

Mit den konkreten Zellveränderungen, die die Verbindungen zwischen Neuronen verstärken, haben sich eine Reihe von Forschern beschäftigt, vor allem Eric Kandel, Dan Alkon, Gary Lanch und Terry Sejnowski.

10. Unsere Fähigkeit, numerische Rechenoperationen auszuführen (das Addieren, Subtrahieren, Multiplizieren und Dividieren), entfaltet sich so mühelos, dass der Schluss nahe liegt, sie sei «fest verdrahtet». Tatsächlich aber *wurde* sie erst so mühelos, nachdem im 3. Jahrhundert n. Chr. in Indien zwei Grundbegriffe eingeführt worden waren – Stellenwert und null. Diese beiden Begriffe, außerdem das Konzept der negativen Zahlen und die Dezimalzahlen (ebenfalls eine indische Erfindung) sorgten für die Grundlagen der modernen Mathematik.

Man hat sogar behauptet, das Gehirn enthalte eine «Zahlengerade», eine Art graphische, skalare Darstellung von Zahlen, wobei jeder Punkt des Graphen aus einem Neuronenhaufen bestehe und einen bestimmten Zahlenwert signalisiere. Das abstrakte mathematische Konzept des Zahlenstrahls geht zurück auf den persischen Dichter und Mathematiker Omar Chaijam, der im 11. und 12. Jahrhundert lebte. Doch gibt es irgendein Indiz dafür, dass es eine solche Gerade im Gehirn gibt? Wenn man normalen Menschen zwei Zahlen nennt und sie fragt, welche größer ist, brauchen sie länger für die Entscheidung, wenn die Zahlen dichter zusammenliegen. Bei Bill scheint die Zahlengerade nicht betroffen zu sein, weil er keine Schwierigkeiten bei groben quantitativen Schätzungen hat – welche Zahlen größer und welche kleiner sind oder warum die Behauptung, die Dinosaurierknochen seien sechzig Millionen und drei Jahre alt, absurd erscheint. Doch es gibt in Ihrem Kopf einen eigenen Mechanismus für numerische Rechenoperationen, und für den brauchen Sie den *Gyrus angularis* in der linken Hemisphäre. Zu einer sehr lesbaren Darstellung von Dyskalkulien vgl. Dehaene, 1997.

Dr. Tim Rickard, ein Kollege hier an der UCSD, hat mit Hilfe der funktionalen Kernspintomographie nachgewiesen, dass das «numerische Rechenareal» nicht direkt im linken *Gyrus angularis* liegt, sondern etwas davor. Doch davon ist mein eigentliches Argument nicht betroffen, und es ist nur eine Frage der Zeit, bis jemand mit Hilfe der modernen bildgebenden Verfahren auch die «Zahlengerade» nachweist.

Kapitel 2: «Ich weiß, wo ich mich kratzen muss»

1. Überall in dem vorliegenden Buch gebe ich den Patienten fiktive Namen. Auch Ort, Zeit und Umstände sind erheblich verändert, hingegen habe ich mich stets bemüht, die klinischen Fakten so genau wie möglich wiederzugeben. Leser, die an detaillierteren klinischen Informationen interessiert sind, seien auf die wissenschaftlichen Originalartikel verwiesen.

In ein oder zwei Fällen ziehe ich zur Beschreibung eines klassischen Syndroms (etwa des Neglect-Syndroms in Kapitel 6) mehrere Patienten heran, um aus ihnen nach dem Vorbild neurologischer Lehrbücher Musterfälle zusammenzusetzen, die die auffälligen Merkmale der Krankheit in sich vereinigen, ohne Rücksicht darauf, dass man bei einem einzelnen Patienten niemals alle diese Symptome und Anzeichen antreffen würde.

2. Silas Weir Mitchell, 1872; Sunderland, 1972.

3. Aristoteles war ein scharfsinniger Beobachter der Naturerscheinungen, doch er ist nie auf die Idee gekommen, dass man Experimente durchführen, das heißt, dass man Vermutungen aufstellen und sie systematisch überprüfen könnte. Beispielsweise glaubte er, dass Frauen weniger Zähne hätten als Männer. Um seine Theorie zu bestätigen oder zu widerlegen, hätte er nur eine Anzahl von Männern und Frauen auffordern müssen, den Mund zu öffnen, sodass er ihre Zähne hätte zählen können. Richtig begann die moderne Experimentalwissenschaft erst mit Galilei. Ich bin doch ziemlich erstaunt, wenn ich gelegentlich höre, wie Entwicklungspsychologen behaupten, Babys seien «geborene Wissenschaftler». Für mich ist nämlich völlig klar, dass diese Behauptung noch nicht einmal auf *Erwachsene* zutrifft. Wenn die Experimentalmethode etwas vollkommen Natürliches für den menschlichen Verstand wäre – wie diese Psychologen behaupten –, warum haben wir dann so viele tausend Jahre auf Galilei und die Geburt der Experimentalmethode warten müssen? Jeder glaubte, dass große, schwere Objekte viel schneller als leichte

fallen, und es bedurfte nur eines Fünf-Minuten-Experiments, um diese Annahme zu widerlegen. (Tatsächlich ist die Experimentalmethode dem menschlichen Verstand so fremd, dass viele Kollegen von Galilei seine Experimente noch nicht einmal anerkennen wollten, nachdem sie sie mit eigenen Augen angesehen hatten!) Und selbst heute noch, dreihundert Jahre nach Beginn der wissenschaftlichen Revolution, wollen viele die Notwendigkeit von «kontrollierten Experimenten» oder «Doppelblindversuchen» nicht recht einsehen. (Ein häufiger Fehlschluss geht wie folgt: Ich habe mich besser gefühlt, *nachdem* ich Pille A genommen hatte, deshalb habe ich mich besser gefühlt, *weil* ich Pille A genommen habe.)

4. Penfield und Rasmussen, 1950.
Der Grund für dieses merkwürdige Phänomen liegt vermutlich im Dunkel unserer stammesgeschichtlichen Vergangenheit. Martha Farah von der University of Pennsylvania hat eine Hypothese vorgeschlagen, die sich mit meiner (und Merzenichs) Auffassung verträgt, dass Hirnkarten höchst formbar sind. Sie weist darauf hin, dass beim zusammengerollten Fötus die Arme gewöhnlich im Ellbogen gebeugt sind, sodass die Hände die Wange berühren, während die Beine so gebeugt sind, dass der Fuß die Genitalien berührt. Die wiederholte Koaktivierung dieser Körperteile und das synchrone Feuern der entsprechenden Neuronen des Fötus bewirken möglicherweise, dass sie in den Hirnkarten nebeneinander repräsentiert werden. Diese Überlegung ist sehr geistreich, aber sie erklärt nicht, warum in anderen Hirnarealen (S2 im Kortex) auch der Fuß (und nicht nur die Hand) neben dem Gesicht liegt. Ich habe eher die Vermutung, dass sich die Karten durch Erfahrung zwar verändern lassen, ihre grundsätzliche Anordnung aber genetisch bestimmt ist.

5. Die ersten eindeutigen Nachweise für die «Plastizität» des Zentralnervensystems haben 1977 Patrick Wall vom University College in London und 1984 Mike Merzenich, ein renommierter Neurowissenschaftler von der University of California in San Francisco, erbracht.
Den Beweis, dass sensorischer Input von der Hand das «Gesichtsareal» des Kortex erwachsener Affen aktivieren kann, haben Tim Pons und seine Kollegen 1991 geliefert.

6. Wenn Motorradfahrer bei hoher Geschwindigkeit stürzen, wird der eine Arm häufig in der Schulter ausgerenkt, wodurch es zu einer Art natürlicher Radikulotomie kommen kann. Durch die Zugkraft, die auf den

Arm einwirkt, werden sowohl die sensorischen (dorsalen) als auch motorischen (ventralen) Nervenwurzeln, die von dem Arm zum Rückenmark führen, aus dem Rückenmark gerissen, sodass der Arm vollkommen gelähmt und empfindungslos ist, obwohl er mit dem Körper verbunden bleibt. Die Frage lautet: Lassen sich in der Rehabilitation Funktionen dieses Arms wiederherstellen, und wenn, wie viele? Um diese Frage zu beantworten, haben Physiologen die sensorischen Nerven, die vom Arm zum Rückenmark führen, bei einer Anzahl von Affen durchtrennt. Die Wissenschaftler wollten versuchen, die Affen wieder im Gebrauch des Arms zu unterweisen. Der Untersuchung dieser Tiere verdankt die Wissenschaft eine Anzahl wertvoller Informationen (Taub et al., 1993). Elf Jahre nach dieser Studie gelangten die Tiere zu unerwartetem Ruhm, als Tierschützer den Vorwurf erhoben, das Experiment sei sinnlos und grausam gewesen. Die so genannten Silver-Spring-Affen wurden in eine Art Altersheim für Primaten gebracht. Dort erklärte man, dass ihre Leiden zu groß seien, und tötete sie.

7. Ramachandran et al., 1992 a,b; 1993; 1994; 1996.
Ramachandran, Hirstein und Rogers-Ramachandran, 1998.

8. Seit langem haben Forscher (Weir Mitchell, 1871) bemerkt, dass die Reizung bestimmter Punkte auf dem Stumpf häufig Empfindungen in den fehlenden Fingern auslösen. William James (1887) hat einmal geschrieben: «Ein Windhauch auf dem Stumpf wird als Windhauch auf dem Phantomglied empfunden.» (Vgl. auch die wichtige Monographie von Cronholm, 1951.) Leider lagen zu dieser Zeit weder die Penfield-Karte noch die Ergebnisse von Pons und seinen Mitarbeitern vor, daher waren diese frühen Beobachtungen Gegenstand höchst unterschiedlicher Interpretationen. So meinte man, die durchtrennten Nerven im Stumpf würden diesen wieder innervieren und das erkläre, warum Empfindungen in diesem Bereich den Fingern zugewiesen würden. Selbst wenn Punkte, die weit vom Stumpf entfernt waren, Phantomempfindungen hervorriefen, schrieb man den Effekt häufig diffusen Verbindungen in einer «Neuromatrix» zu (Melzack, 1990). Neu an unserer Beobachtung ist die Entdeckung, dass es eine spezifische topographisch organisierte Karte im Gesicht gibt und dass relativ komplexe Empfindungen wie «Tröpfeln», «Metall» und «Reiben» (sowie Wärme, Kälte und Schwingung) in modalitätsspezifischer Weise vom Gesicht auf die Hand übertragen werden. Offensichtlich lässt sich das keiner zufälligen Stimulation von Nervenenden im Stumpf oder «diffusen» Verbindungen

zuschreiben. Unsere Beobachtungen lassen vielmehr darauf schließen, dass im erwachsenen Gehirn, zumindest bei einigen Patienten, sehr genau organisierte neue Verbindungen erstaunlich rasch angelegt werden können. Ferner haben wir versucht, unsere Ergebnisse in systematischer Weise mit den physiologischen Resultaten zu verknüpfen, besonders mit den «Umkartierungs»-Experimenten von Pons et al., 1991. Beispielsweise haben wir den Umstand, dass wir häufig zwei Punktansammlungen beobachten – eine in der unteren Gesichtsregion und eine zweite in der Nähe oder auf der Amputationslinie –, durch die These erklärt, dass die Karte der Hand im sensorischen Homunkulus des Kortex und des Thalamus auf der einen Seite vom Gesicht und auf der anderen von Oberarm, Schulter und Achselhöhle flankiert wird. Falls der sensorische Input vom Gesicht und dem über dem Stumpf gelegenen Oberarm das Kortexgebiet der Hand «infiltrieren» würde, wäre genau diese Art von Punktansammlung zu erwarten. Dank diesem Prinzip ist es uns möglich, zwischen der Nähe von Punkten auf der Körperoberfläche und der Nähe von Punkten in Gehirnkarten zu unterscheiden, eine Idee, die wir als die Umkartierungshypothese der verlagerten Empfindungen bezeichnen. Wenn die Hypothese richtig ist, müsste man nach einer Beinamputation auch eine Verlagerung von den Genitalien auf den Fuß erwarten, da diese beiden Körperteile auf der Penfield-Karte benachbart sind. (Vgl. Ramachandran, 1993 b; Aglioti et al., 1994.) Verbieten würde sich aber eine Verlagerung vom Gesicht auf einen Phantomfuß oder von den Genitalien auf einen Phantomarm. Vgl. auch Anmerkung 10.

9. Unlängst haben David Borsook, Hans Breiter und ihre Kollegen am Massachusetts General Hospital (MGH) nachgewiesen, dass bei einigen Patienten schon wenige Stunden nach der Amputation Empfindungen wie Berührung, Pinselstrich, Reiben und Nadelstiche (in modalitätsspezifischer Weise) vom Gesicht auf das Phantomglied verlagert werden. Das lässt deutlich erkennen, dass die Desinhibierung oder «Maskierung» von bereits existierenden Verbindungen zumindest zu dem Effekt beitragen muss, obwohl es wahrscheinlich auch zu einer gewissen Ramifikation, also dem Aussprossen neuer Verbindungen, kommt.

10. Wenn die Umkartierungshypothese stimmt, dann müsste die Durchtrennung des Trigeminus (der das halbe Gesicht versorgt) zum genauen Gegenteil dessen führen, was wir bei Tom beobachtet haben. Bei solchen Patienten müsste die Berührung der Hand Sinnesempfindungen im Ge-

sicht hervorrufen (Ramachandran, 1994). Unlängst haben Stephanie Clark und ihre Kollegen diese Vorhersage in einer Reihe eleganter und sorgfältiger Experimente getestet. Bei ihrer Patientin musste das Ganglion des Trigeminus durchtrennt werden, weil ein Tumor in seiner Nähe entfernt wurde. Zwei Wochen später fanden die Forscher, dass die Patientin bei Berührung der Hand Sinnesempfindungen im Gesicht verspürte – obwohl die Gesichtsnerven durchtrennt waren. Im Gehirn der Patientin hatte der sensorische Input von der Haut der Hand jenes Gebiet infiltriert, das brachlag, da der sensorische Input vom Gesicht ausblieb. Interessanterweise spürte die Patientin diese Empfindungen bei Berührung der Hand nur im Gesicht – nicht auf der Hand. Eine Möglichkeit wäre, dass während der ursprünglichen Umkartierung eine Art «Überschuss» auftritt – der neue sensorische Input von der Handhaut zum Gesichtsareal auf dem Kortex ist stärker als die ursprünglichen Verbindungen. Daher werden die Empfindungen vorwiegend im Gesicht gespürt und die schwächeren Handempfindungen maskiert.

11. Caccace et al., 1994.

12. Verlagerte Empfindungen bieten eine Gelegenheit zur Untersuchung veränderlicher Kortexkarten im erwachsenen menschlichen Gehirn. Allerdings bleibt die Frage: Welche *Funktion* hat die Umkartierung? Ist sie ein Epiphänomen – eine Restplastizität, die aus dem Säuglingsalter erhalten geblieben ist –, oder hat sie auch weiterhin eine Funktion im erwachsenen Gehirn? Führt beispielsweise das größere Kortexgebiet, das nach einer Armamputation dem Gesicht vorbehalten ist, zu einer besseren Empfindungsunterscheidung – gemessen durch Zwei-Punkte-Unterscheidung – oder übergroßer Tastschärfe? Würden solche Verbesserungen, wenn sie denn überhaupt stattfänden, erst erkennbar werden, wenn die abnormen, verlagerten Empfindungen verschwunden wären, oder würden sie sofort zutage treten? Solche Experimente würden ein für alle Mal die Frage entscheiden, ob Umkartierung für den Organismus nützlich ist oder nicht.

Kapitel 3: Auf der Jagd nach dem Phantom

1. Mary Ann Simmel (1962) hat behauptet, sehr kleine Kinder würden nach Amputationen keine Phantomglieder erleben, ebenso wenig Menschen, die mit fehlenden Gliedmaßen geboren würden. Diese These ist von anderen Forschern bestritten worden. (Eine Reihe sehr schöner Stu-

dien haben vor kurzem Ron Melzack und seine Kollegen von der McGill University durchgeführt; Melzack et al., 1997.)

2. Die Bedeutung der frontalen Gehirnstrukturen für die Planung und Ausführung von Bewegungen ist in faszinierender Detailgenauigkeit erörtert worden von Fuster, 1980; G. Golberg, 1987; Pribram et al., 1967; Shallice, 1988; E. Goldberg et al., 1987; Benson, 1997, und Goldman-Rakic, 1987.

3. Dann forderte ich Philip auf, den Zeigefinger und Daumen beider Hände zu bewegen und gleichzeitig in den Spiegel zu blicken, doch diesmal blieben Daumen und Finger der Phantomhand gelähmt; sie wurden nicht zum Leben erweckt. Das ist insofern eine wichtige Beobachtung, als sie die Möglichkeit ausschließt, dass die vorhergehenden Ergebnisse eine bloße Konfabulation in Reaktion auf die besonderen Umstände unseres Experiments waren. Wenn es eine Konfabulation gewesen wäre, warum war er dann in der Lage, seine ganze Hand und den Ellbogen zu bewegen, nicht aber einzelne Finger?

Über die Experimente, in denen wir mit Hilfe von Spiegeln die Beweglichkeit von Phantomgliedern herstellten, haben wir erstmals berichtet in *Nature* und *Proceedings of the Royal Society of London B* (Ramachandran, Rogers-Ramachandran und Cobb, 1995; Ramachandran und Rogers-Ramachandran, 1966 a und b).

4. Der Begriff der erlernten Paralyse ist hochinteressant und könnte weit über die Behandlung von gelähmten Phantomgliedern hinaus Bedeutung haben.

Nehmen wir zum Beispiel den Schreibkrampf (Mogigraphie oder fokale Dystonie). Der Patient kann die Finger bewegen, sich an der Nase kratzen und seinen Schlips ohne Probleme binden, doch aus heiterem Himmel erweist sich seine Hand als unfähig zum Schreiben. Die Theorien, die die Ursachen dieses Leidens erklären sollen, reichen von Muskelkrämpfen bis hin zu einer Form «hysterischer Lähmung». Könnte es nicht einfach ein anderes Beispiel für erlernte Lähmung sein? Und wenn, könnte dann ein einfacher Trick wie die Verwendung eines Spiegels auch diesen Patienten helfen?

Das gleiche Argument könnte auch für andere Syndrome gelten, die Grenzfälle darstellen zwischen eindeutiger Lähmung und dem Widerstreben, eine Gliedmaße zu bewegen – eine Art mentaler Block. Die ideomotorische Apraxie – die Unfähigkeit, geübte Bewegungen auf Befehl auszuführen (der Patient kann unabhängig einen Brief schreiben, behauptet aber, er sei unfähig, Lebewohl zu winken oder eine Tasse Tee umzurühren, wenn er dazu aufgefordert werde) – ist gewiss nicht im gleichen Sinne «erlernt» wie die Lähmung einer Phantomhand. Könnte sie aber nicht auch auf einer Art vorübergehender neuraler Hemmung oder Blockade beruhen? Und wenn ja, ließe sich dann die Blockierung durch visuelles Feedback überwinden?

Betrachten wir schließlich die Parkinson-Krankheit, die Steifheit, Zittern und Bewegungsarmut (Akinesie) im ganzen Körper verursacht, einschließlich des Gesichts (maskenhafter Ausdruck). In frühen Stadien dieser Krankheit wirken sich Steifheit und Zittern nur auf eine Hand aus. Im Prinzip müsste man also die Spiegeltechnik einsetzen und das Spiegelbild der gesunden Hand für ein Feedback verwenden können. Da bekannt ist, dass visuelles Feedback tatsächlich Einfluss auf die Parkinson-Krankheit hat (beispielsweise kann der Patient normalerweise nicht gehen, es sei denn, der Boden ist schachbrettartig mit schwarzen und weißen Fliesen gemustert), könnte sich die Spiegeltechnik vielleicht auch hier als hilfreich erweisen.

5. Noch eine weitere faszinierende Beobachtung, die an Mary vorgenommen wurde, verdient einen Kommentar. In den vorangegangenen zehn Jahren hatte sie nie einen Phantomellbogen oder ein Phantomhandgelenk gespürt; ihre Phantomfinger hingen von dem Stumpf über dem Ellbogen herab. Doch beim Blick in den Spiegel begann sie zu keuchen und rief aus, dass sie nun den lange verlorenen Ellbogen und das Handgelenk tatsächlich spüren – nicht nur sehen – könne. Es ist also denkbar, dass selbst für einen Arm, der schon vor langer Zeit verloren ging, ein schlafender Geist irgendwo im Gehirn überlebt und durch visuellen Input augenblicklich zum Leben erweckt werden kann. Falls es sich so verhält, könnte diese Technik bei Amputierten angewendet werden, die eine Arm- oder Beinprothese bekommen sollen. Häufig haben sie nämlich das Bedürfnis, die Prothese mit einem Phantomglied zu beleben, und klagen darüber, dass sich die Prothese «unnatürlich» anfühle, sobald das Phantom verschwunden ist.

Vielleicht können transsexuelle Frauen, die eine Geschlechtsumwandlung zum Mann in Erwägung ziehen, eine Art Generalprobe vornehmen und mit Hilfe eines Tricks, der ähnlich wie die Spiegelvorrichtung für Mary funktioniert, das schlafende Hirnbild eines Penis zum Leben erwecken (vorausgesetzt, so etwas gibt es in einem weiblichen Gehirn).

6. Doppelphantome wurden beschrieben von Kallio, 1950, Mehrfach-
phantome bei einem Kind von La Croix et al., 1992.

7. Das sind hoch spekulative Erklärungen, obschon sich mindestens
einige von ihnen mit Hilfe von bildgebenden Verfahren wie Magnetoenzephalographie (MEG) oder funktionaler Kernspintomographie (fMRI)
überprüfen lassen. Dank dieser Techniken können wir beobachten, wie
verschiedene Teile des lebendigen Gehirns aufleuchten, während ein Patient verschiedene Aufgaben ausführt. (Gibt es bei dem Kind mit den drei
separaten Phantomfüßen drei separate Repräsentationen im Gehirn, die
sich mit Hilfe dieser Verfahren sichtbar machen lassen?)

8. Unser Phantomnasen-Experiment (Ramachandran und Hirstein,
1997) hat große Ähnlichkeit mit einem Versuch, über den Lackner (1988)
berichtet hat, nur dass das zugrunde liegende Prinzip anders ist. Bei
Lackner sitzt die Versuchsperson mit verbundenen Augen am Tisch, die
Arme im Ellbogen gebeugt, und fasst sich an die eigene Nasenspitze.
Wenn der Versuchsleiter jetzt einen Vibrator an die Sehne des Bizeps
hält, hat die Versuchsperson nicht nur das Empfinden, dass ihr Arm sich
ausdehnt – aufgrund von flüchtigen Signalen der Muskeldehnungsrezep-
toren –, sondern auch, dass die Nase sich verlängert. Zur Erklärung dieses Effekts greift Lackner zurück auf Helmholtz' «unbewusste Schlüsse»
(ich halte meine Nase, mein Arm streckt sich, folglich muss meine Nase
lang sein). Die Täuschung, die wir beschrieben haben, ist hingegen auf
keinen Vibrator angewiesen und scheint ausschließlich auf dem Bayes'-
schen Prinzip zu beruhen – der rein statistischen Unwahrscheinlichkeit,
dass zwei taktile Sequenzen identisch sind. (Tatsächlich lässt sich unsere
Täuschung nicht hervorrufen, wenn die Versuchsperson einfach die Nase
des Beteiligten hält.) Nicht alle Versuchspersonen erleben diesen Effekt,
aber dass er überhaupt eintritt – dass alle Beweise und Belege hinsichtlich
unserer Nase, die wir im Laufe eines ganzen Lebens zusammengetragen
haben, durch wenige Sekunden intermittierenden Inputs null und nichtig
gemacht werden können –, ist wirklich erstaunlich.
    Über unsere Experimente zum galvanischen Hautreflex berichten wir
in Ramachandran und Hirstein, 1997, und Ramachandran, Hirstein und
Rogers-Ramachandran, 1998.

9. Botvinik und Cohen, 1998.

Kapitel 4: Der Zombie im Gehirn

1. Milner und Goodale, 1995.

2. Zu einer lebendigen Einführung in die Welt des Sehens vgl. Gregory, 1966; Hochberg, 1964; Crick, 1993; Marr, 1981; und Rock, 1985.

3. Es kann auch das genaue Gegenteil eintreten: Ihre Wahrnehmung kann gleich bleiben, obwohl sich das Bild verändert. Jedes Mal zum Beispiel, wenn Sie die Augäpfel drehen, um alltägliche Szenen zu beobachten, rast das Bild auf jeder Netzhaut mit ungeheurer Geschwindigkeit über die Photorezeptoren – ähnlich der Videokamera, die Sie durch den Raum schwenken und die nur noch ein verschwommenes Bild der Welt liefert. Doch wenn Sie Ihre Augen umherbewegen, dann sehen Sie die Dinge nicht durch den Raum schießen oder die Welt mit Lichtgeschwindigkeit vorbeihuschen. Vielmehr erscheint die Welt vollkommen stabil – sie scheint nicht in Bewegung zu sein, obwohl das Bild sich auf Ihrer Netzhaut bewegt. Das liegt daran, dass die Sehzentren Ihres Gehirns im Voraus «Tipps» von den Bewegungszentren bekommen haben, die für die Augenbewegungen zuständig sind. Jedes Mal, wenn ein motorisches Areal einen Befehl an Ihre Augenmuskeln sendet und sie veranlasst, sich zu bewegen, schickt es gleichzeitig an die Sehzentren eine Information, die besagt: «Ignoriert diese Bewegung, sie ist nicht real.» Natürlich sind all diese Vorgänge dem bewussten Denken entzogen. Die Rechenprozesse sind in die visuellen Module Ihres Gehirns eingebaut, um zu verhindern, dass Sie jedes Mal, wenn Sie sich im Zimmer umblicken, von falschen visuellen Signalen abgelenkt werden.

4. Ramachandran, 1988 a und b, 1989 a und b; Kleffner und Ramachandran, 1992. Bitten Sie einen Freund, die Seite (mit den Bildern der schattierten Scheiben) aufrecht zu halten, während Sie sich vorbeugen und die Seite mit dem Kopf zwischen den Beinen, also verkehrt herum, betrachten. Dadurch ist die Seite in Bezug zu ihrer Netzhaut auf den Kopf gestellt. Abermals werden Sie feststellen, dass die Eier und die Vertiefungen vertauscht sind (Ramachandran, 1988 a). Das ist insofern ziemlich erstaunlich, als es darauf schließen lässt, dass das Gehirn, wenn es jetzt die Form aus der Schattierung ableitet, zu der Auffassung gelangt, die Sonne scheine von unten, das heißt, Ihr Gehirn geht von der Annahme aus, die Sonne klebe an Ihrem Kopf, wenn Sie diesen umherbewegen! Obwohl die Welt dank der Korrektur des Gleichgewichtsorgans im Ohr noch im-

ANMERKUNGEN

mer aufrecht erscheint, vermag Ihr Sehsystem dieses Wissen nicht zu nutzen, wenn es die Form aus der Schattierung ableitet (Ramachandran, 1988 b). Warum ist im Sehsystem eine derart törichte Annahme verankert? Warum wird die Kopfneigung bei der Interpretation schattierter Bilder nicht berücksichtigt? Ganz einfach: Wenn wir durch die Welt gehen, halten wir den Kopf meistens aufrecht, nicht schräg oder verkehrt herum. Diesen Umstand macht sich das Sehsystem zunutze und erspart sich die zusätzliche Verarbeitungsbelastung, die entstehen würde, wenn es die Information vom Gleichgewichtsorgan zum Schattierungsmodul schicken würde. Diese «Ersparnis» ist vertretbar, weil Sie Ihren Kopf, statistisch gesehen, in der Regel aufrecht tragen. Die Evolution strebt nicht nach Vollkommenheit; Ihre Gene werden an Ihre Nachkommen weitergegeben, wenn Sie lange genug leben, um Kinder zu gebären oder zu zeugen.

5. Die Architektur dieser Hirnregion haben mit wunderbarer Detailgenauigkeit David Hubel und Torsten Weisel von der Harvard University untersucht; sie haben für diese Forschungsarbeiten einen Nobelpreis erhalten. Dank ihrer Arbeit haben wir in den zwanzig Jahren von 1960 bis 1980 mehr über die Sehbahnen gelernt als in den zweihundert Jahren zuvor. Zu Recht gelten sie als die Gründerväter der modernen Sehforschung.

6. Die Beweise dafür, dass diese extrastriären Kortexfelder in höchstem Maße auf verschiedene Funktionen spezialisiert sind, stammen im Wesentlichen von sechs Physiologen – Semir Zeki, John Allman, John Kaas und David Van Essen, Margret Livingstone und David Hubel. Diese Forscher haben erstmals die betreffenden Rindenfelder von Affen systematisch kartiert und die Aktivität einzelner Nervenzellen aufgezeichnet. Wie sich rasch zeigte, haben die Zellen ganz verschiedene Eigenschaften. So reagiert eine gegebene Zelle im Bereich MT, dem mittleren temporalen Feld, am besten auf Zielobjekte im Gesichtsfeld, die sich in eine bestimmte Richtung bewegen, nicht aber auf Dinge, die sich in andere Richtungen bewegen. Dabei ist die Zelle nicht besonders wählerisch, was die Farbe oder Form des Zielobjekts angeht. Umgekehrt sind Zellen in dem Feld V4 (in den Schläfenlappen) sehr empfänglich für Farbe, kümmern sich aber nicht sonderlich um die Bewegungsrichtung. Diese physiologischen Experimente lassen nachdrücklich darauf schließen, dass diese beiden Gebiete darauf spezialisiert sind, verschiedene Aspekte der visuellen Information

herauszufiltern – Bewegung und Farbe. Doch alles in allem sind die physiologischen Belege nicht so ganz klar, und die überzeugendsten Beweise für diese Arbeitsteilung stammen wiederum von Patienten, bei denen diese beiden Gebiete selektiv geschädigt sind.
Der viel besprochene Fall der bewegungsblinden Patientin wird beschrieben bei Zihl, von Cramon und Mai, 1983.

7. Zur ursprünglichen Beschreibung des Blindsehens vgl. Weiskrantz, 1986. Zu einer aktuellen Diskussion der Kontroversen, die sich am Blindsehen entzündet haben, vgl. Weiskrantz, 1997.

8. Zu einem sehr anregenden Bericht über viele Aspekte der Kognitionswissenschaft vgl. Dennett, 1991. In dem Buch finden Sie auch eine kurze Beschreibung des «Ausfüllens».

9. Vgl. insbesondere die eleganten Arbeiten von William Newsome, Nikos Logotethis, John Maunsell, Ted DeYoe sowie Margaret Livingstone und David Hubel.

10. Aglioti, DeSouza und Goodale, 1995.

11. Wenn ich hier und andernorts behaupte, das Selbst sei eine «Illusion», meine ich damit einfach, dass es wahrscheinlich keine *einzelne* Struktur im Gehirn gibt, die ihm entspricht. In Wahrheit aber wissen wir so wenig über das Gehirn, dass wir gut daran tun, uns alle Möglichkeiten offen zu halten. Ich sehe zumindest zwei Möglichkeiten (vgl. Kapitel 12). Erstens, wenn wir ein erweitertes Verständnis für die verschiedenen Aspekte unseres geistigen Lebens und die entsprechenden neuronalen Prozesse gewinnen, verschwindet das Wort «Selbst» vielleicht aus unserem Wortschatz. (Seit wir verstanden haben, was es mit DNA, Krebszyklus und anderen biochemischen Mechanismen auf sich hat, die für Lebewesen kennzeichnend sind, machen wir uns keine Gedanken mehr um die Frage: «Was ist Leben?») Zweitens, das Selbst könnte tatsächlich ein nützliches biologisches Konstrukt sein, das auf bestimmten Gehirnmechanismen beruht – einer Art Organisationsprinzip, dank dem wir über effektivere Funktionen verfügen, weil es unserer Persönlichkeit Kohärenz, Kontinuität und Stabilität verleiht. Tatsächlich preisen viele Autoren, unter anderem auch Oliver Sacks, höchst beredt die bemerkenswerte Beständigkeit des Selbst in allen Wechselfällen des Lebens, in Gesundheit und in Krankheit.

Kapitel 5: Das geheime Leben von James Thurber

1. Zu einer ausgezeichneten Thurber-Biographie vgl. Kinney, 1995. In diesem Buch befindet sich auch ein Verzeichnis der Werke von Thurber.

2. Bonnet, 1760.

3. Meine Experimente zum blinden Fleck sind ursprünglich im *Spektrum der Wissenschaft* beschrieben worden («Kompensation des blinden Flecks», Juli 1992). Zur Behauptung, echte Ergänzung finde nicht in Skotomen statt, vgl. Sergent, 1988. Zum Beweis dafür, dass es doch der Fall ist, vgl. Ramachandran, 1993 b, sowie Ramachandran und Gregory, 1991.

4. Der berühmte viktorianische Physiker Sir David Brewster war von dem Phänomen des Ausfüllens so begeistert, dass er, wie Lord Nelson im Fall der Phantomglieder, zu der Überzeugung gelangte, es sei ein Beweis für die Existenz Gottes. 1832 schrieb er: «Eigentlich wäre zu erwarten, dass wir, egal, ob wir ein Auge oder beide benutzen, in jeder Landschaft in einem Bereich von fünfzehn Grad von jenem Punkt, der unsere Aufmerksamkeit besonders fesselt, einen schwarzen Fleck sehen. Der göttliche Weltenbauer hat seine Arbeit jedoch nicht so unvollkommen gelassen ... statt schwarz zu sein, hat dieser Fleck stets die gleiche Farbe wie der Hintergrund.» Merkwürdigerweise hat Sir David keine Probleme mit der Frage gehabt, warum denn der göttliche Weltenbauer überhaupt ein unvollkommenes Auge geschaffen hat.

5. In der modernen Terminologie ist «Ausfüllen» ein bequemer Ausdruck zur Bezeichnung dieses Ergänzungsphänomens – dieser Tendenz, die gleiche Farbe im blinden Bereich zu sehen wie in der Umgebung oder im Hintergrund. Doch wir müssen uns vor der irrigen Annahme hüten, das Gehirn würde eine punktgenaue Rekonstruktion des visuellen Bildes in dieser Region leisten. Das stünde nämlich ganz im Gegensatz zum Zweck des Sehens. Schließlich gibt es keinen Homunkulus – kein Menschlein im Inneren des Gehirns –, der einen mentalen Bildschirm vor sich hat und von solchen Ausfüllprozessen profitieren würde. (Beispielsweise sagt niemand, das Gehirn «fülle» die winzigen Räume zwischen den Netzhautrezeptoren «aus».) Ich verwende den Terminus nur als Kürzel, um darzutun, dass etwas in der konkreten Bedeutung des Wortes in einer Region des Gesichtsfeldes *gesehen* wird, von wo aus kein Licht

und keine andere Information das Auge erreicht. Der Vorteil dieser
«theorieneutralen» Definition besteht darin, dass sie alle Möglichkeiten
zur Durchführung von Experimenten offen hält, sodass wir unvoreingenommen nach den neuronalen Mechanismen von Sehen und Wahrnehmung suchen können.

6. Jerome Lettvin von der Rutgers University (1976) hat dieses raffinierte
Experiment durchgeführt. Die Erklärung dieses Effekts – dass er etwas
mit dem stereoskopischen Sehen zu tun hat – stammt von mir (vgl. Anm.
7).

Den gleichen Effekt habe ich bei Patienten mit Skotomen kortikalen
Ursprungs beobachtet: die Ausrichtung von horizontal unstimmigen vertikalen Balken (Ramachandran, 1993 b).

7. Da Sie die Welt aus zwei leicht verschiedenen Blickwinkeln – denen
der beiden Augen – betrachten, ergeben sich Unterschiede zwischen den
Netzhautbildern der beiden Augen, die zu der relativen Entfernung der
beiden Objekte in der Welt proportional sind. Diesen Umstand macht
sich das Gehirn zunutze: Es vergleicht die beiden Bilder, misst ihre waagerechten Abstände und «verschmilzt» die Bilder so, dass Sie ein einziges einheitliches Bild der Welt sehen – nicht zwei. Mit anderen Worten,
es gibt in Ihrer Sehbahn bereits einen neuronalen Mechanismus, der
waagerecht auseinander klaffende senkrechte Kanten «ausrichtet».
Doch da Ihre Augen waagerecht und nicht senkrecht auseinander liegen, haben Sie keinen solchen Mechanismus für die Ausrichtung waagerechter Kanten, die senkrecht falsch ausgerichtet sind. Ich denke, Sie
verwenden genau den gleichen Mechanismus, wenn Sie sich mit dem
Problem von Kanten auseinander setzen, die im Bereich eines blinden
Flecks «falsch ausgerichtet» sind. Das könnte erklären, warum senkrechte Linien zu einer durchgehenden Linie «verschmolzen» werden,
während es Ihrem Sehsystem nicht gelingt, mit waagerechten Linien
ebenso souverän umzugehen. Dass Sie in diesem Experiment nur ein
Auge verwenden, ist kein Einwand gegen dieses Argument, weil Sie vermutlich dieselben neuronalen Schaltkreise aktivieren, auch wenn Sie das
andere Auge schließen.

8. Diese Übungen sind amüsant für Menschen, die normalsichtig sind und
einen natürlichen blinden Fleck haben, aber was wäre, wenn Sie eine
Netzhautschädigung hätten, die einen künstlichen blinden Fleck hervor-
riefe? Würde das Gehirn auch in diesem Fall die blinden Regionen des

ANMERKUNGEN

Gesichtsfeldes durch «Ausfüllen» kompensieren? Oder würde es zur Umkartierung kommen? Würden benachbarte Teile des Gesichtsfeldes jetzt auf dem Gebiet abgebildet, das keinen visuellen Input mehr erhielte? Welche Folgen hätte die Umkartierung? Würde der Patient doppelt sehen? Nehmen wir an, Sie halten einen Bleistift hoch, sodass er sich neben dem Skotom des Patienten befindet. Er blickt geradeaus und sieht den realen Bleistift. Doch da nun auch das Rindengebiet stimuliert wird, das dem Skotom zugeordnet ist, müsste er ein zweites, «geisterhaftes» Bild des Bleistifts in seinem Skotom sehen. Folglich würde er zwei Bleistifte und nicht einen sehen, so wie Tom Sinnesempfindungen im Gesicht sowie in der Hand gehabt hat.

Zur Überprüfung dieser Möglichkeit haben wir mehrere Patienten getestet, die ein Loch in einer Netzhaut hatten, aber keiner hat doppelt gesehen. Zunächst habe ich daraus geschlossen: Na gut, wer weiß, vielleicht ist es mit dem Sehen etwas anderes. Doch dann wurde mir plötzlich klar, dass das eine Auge zwar ein Skotom hat, der Patient jedoch über *zwei Augen* verfügt, und dass daher der entsprechende Fleck im anderen Auge noch Informationen an die primäre Sehrinde schickt. Da die Zellen vom gesunden Auge noch stimuliert werden, kommt es womöglich gar nicht zur Umkartierung. Das Doppelsehen würde also nur dann erfolgen, wenn Sie das gesunde Auge entfernen würden.

Einige Monate später untersuchte ich eine Patientin, die ein Skotom im unteren linken Quadranten des rechten Auges hatte und das linke Auge vollkommen verloren hatte. Als ich ihr Lichtflecken im normalen Gesichtsfeld darbot, sah sie keine Verdopplung. Als ich aber den Fleck mit einer Frequenz von ungefähr zehn Hertz (zehn Zyklen pro Sekunde) *flackern* ließ, sah sie zu meiner Verblüffung tatsächlich zwei Flecken – einen dort, wo er sich tatsächlich befand, und den anderen im Inneren ihres Skotoms.

Ich weiß noch nicht recht, warum Joan nur doppelt sieht, wenn der Reiz flackert. Sie macht diese Erfahrung häufig, wenn sie bei Sonnenlicht unter Bäumen Auto fährt. Es wäre denkbar, dass der flackernde Reiz bevorzugt die magnozelluläre Bahn aktiviert – ein Sehsystem, das für die Bewegungswahrnehmung zuständig ist – und dass diese Bahn eher zu Umkartierungen neigt als andere.

9. Ramachandran, 1992.

10. Sergent, 1988.

11. Anschließend überzeugte ich mich davon, dass dies jedes Mal geschah, wenn ich Josh testete. Außerdem beobachtete ich das gleiche Phänomen bei einem von Dr. Hanna Damasios Patienten (Ramachandran, 1993 b).

12. Eine frühe Fassung dieses Kapitels wurde nach meinen klinischen Aufzeichnungen in Zusammenarbeit mit Christopher Wills verfasst, doch der Text wurde für das vorliegende Buch vollkommen umgeschrieben. Allerdings habe ich ein oder zwei seiner farbigen Metaphern beibehalten, unter anderem diejenige, die die Jahrmarktsbude voller Zerrspiegel beschwört.

13. Kosslyn, 1996; Farah, 1991.

14. Ein Beleg dafür ist der Umstand, dass sich die meisten Charles-Bonnet-Patienten zwar nicht daran erinnern, diese Bilder schon einmal gesehen zu haben (vielleicht sind sie aus ferner Vergangenheit), bei einigen Patienten die Bilder aber entweder Objekte sind, die sie wenige Sekunden oder Minuten vorher gesehen haben, oder Dinge, die logisch mit Objekten in der Nähe des Skotoms verknüpft sind. Beispielsweise hat Larry häufig vielfältige Kopien seines eigenen Schuhs gesehen (eines Gegenstands, den er nur wenige Sekunden zuvor erblickt hatte), sodass er Schwierigkeiten hatte, nach dem «richtigen» zu greifen. Andere haben mir berichtet, dass beim Autofahren manchmal eine lebhafte Szene, die sie wenige Minuten zuvor am Straßenrand erblickt hätten, plötzlich im Skotom auftauche.

So verschmilzt das Charles-Bonnet-Syndrom mit einem anderen wohl bekannten visuellen Syndrom, der Palinopsie (die Neurologen häufig beobachten, nachdem die Sehbahn eines Patienten durch eine Kopfverletzung oder Hirnerkrankung geschädigt wurde). Die Patienten berichten nämlich, dass ein Objekt in Bewegung eine Spur von vielen Kopien seiner selbst hinter sich herzieht. Zwar wird die Palinopsie gewöhnlich als ein Problem der Bewegungsentdeckung angesehen, doch hat sie möglicherweise mehr mit dem Charles-Bonnet-Syndrom gemein, als vielen Augenärzten klar ist. Die tiefere Bedeutung beider Syndrome könnte darin liegen, dass möglicherweise alle Menschen die visuellen Bilder, denen sie begegnen, minutenlang oder sogar stundenlang (nachdem sie sie gesehen haben) unbewusst wiederholen und dass diese Rekapitulationsprozesse an die Oberfläche gelangen, manifester werden, wenn kein realer Input mehr eintrifft (wie es nach einer Verletzung der Sehbahn der Fall sein kann).

Auch Humphrey (1992) hat die Auffassung geaußert, dass die Deafferentierung entscheidend für visuelle Halluzinationen sei und dass solche Halluzinationen möglicherweise auf Rückprojektionen beruhten. Für neu halte ich meine These nur insofern, als bei meinen beiden Patienten die Halluzination ausschließlich auf das Innere des Skotoms beschränkt war und nie über seinen Rand hinaustrat. Diese Beobachtung lieferte mir den Hinweis darauf, dass sich dieses Phänomen nur durch Rückprojektionen erklären lässt (da Rückprojektionen topographisch organisiert sind) und dass keine andere Hypothese denkbar ist.

15. Wenn diese Theorie richtig ist, warum halluzinieren wir dann nicht alle, sobald wir unsere Augen schließen oder in eine Dunkelkammer gehen? Schließlich erhalten wir unter diesen Umständen keinen visuellen Input. Einerseits ist richtig, dass Menschen, denen jeglicher sensorische Input entzogen wird (die sich etwa in einer sensorischen Isolationskammer befinden), tatsächlich halluzinieren. Andererseits, und das ist der wichtigere Grund, befinden sich die Neuronen in Ihrer Netzhaut und in den ersten Abschnitten Ihrer Sehbahnen, auch wenn Sie die Augen schließen, in einer Art Grundaktivität (wir nennen sie Spontanaktivität), das heißt, sie schicken ständig Impulse an die höheren Zentren, was möglicherweise ausreicht, um die *Top-down*-Aktivität zu unterbinden. Doch wenn die Bahnen (Netzhaut, primäre Sehrinde und Sehnerv) geschädigt oder zerstört sind, sodass sich ein Skotom bildet, bleibt selbst diese geringfügige Spontanaktivität aus, sodass die inneren Bilder – die Halluzinationen – manifest werden können. Tatsächlich könnte man die Auffassung vertreten, dass die Spontanaktivität in den ersten Abschnitten der Sehbahnen, die man sich nie so recht erklären konnte, in erster Linie die Aufgabe hat, ein solches «Null-Signal» zu senden. Den überzeugendsten Beleg für diese These liefern unsere beiden Patienten, bei denen die Halluzinationen exakt innerhalb der Grenzen ihres Skotoms blieben.

16. Dieser etwas radikale Wahrnehmungsbegriff gilt vermutlich nur für die Erkennung von spezifischen Objekten – einem Schuh, einem Kessel, dem Gesicht eines Freundes – in der ventralen Bahn, wo es im Interesse einer effektiven Verarbeitung durchaus sinnvoll ist, Mehrdeutigkeit mit Hilfe des semantischen Wissens höherer Ordnung aufzulösen. Tatsächlich wäre es anders kaum vorstellbar, bedenkt man, wie weit dieses Wahrnehmungsfeld – die Objektwahrnehmung – tatsächlich ist.

Bei den anderen, «primitiveren» oder «früheren», visuellen Prozessen – beispielsweise Bewegung, stereoskopisches Sehen und Farbe – dürften solche Interaktionen in einem begrenzteren Rahmen stattfinden. Da genügt unter Umständen eine *allgemeine* Kenntnis von Flächen, Umrissen, Texturen und Ähnlichem, das sich in die neurale Architektur des primären Sehens eingliedern lässt (wie David Marr dargelegt hat, wenn er auch nicht die spezielle Unterscheidung trifft, auf die ich hier Wert lege).

Doch selbst bei diesen Sehmodulen niederer Ordnung lassen die Daten darauf schließen, dass die Interaktionen zwischen Modulen und Wissensbasen höherer Ordnung sehr viel größer sind als gemeinhin angenommen (vgl. Churchland, Ramachandran und Sejnowski, 1994).

Generell scheint zu gelten, dass Interaktionen immer dann stattfinden, wenn sie von Nutzen sind, und dass sie immer dann nicht stattfinden (und nicht stattfinden können), wenn sie keinen Nutzen bringen. Daher wird die Psychophysik und Neurowissenschaft des Sehens unter anderem die Aufgabe haben, festzustellen, welche Interaktionen nützlich sind und welche nicht.

Kapitel 6: Hinter den Spiegeln

1. Zur Beschreibung des Neglect vgl. Critchley, 1966; Brain, 1941; Halligan und Marshall, 1994.

2. Niemand hat die selektive Funktion des Bewusstseins anschaulicher geschildert als der große Psychologe William James (1890) in seinem berühmten Essay «The Stream of Thought». Dort heißt es: «Wir sehen, dass der Geist in jedem Stadium ein Schauplatz gleichzeitiger Möglichkeiten ist. Bewusstsein konstituiert sich, indem es zwischen ihnen vergleicht, einige auswählt und die anderen unterdrückt, das heißt, die Tätigkeit der Aufmerksamkeit verstärkt oder hemmt. Die höchsten und kompliziertesten geistigen Produkte werden aus den Daten gefiltert, die von der nächstniederen Instanz aus den Daten ausgewählt wurden, welche ihr von der untergeordneten Instanz angeboten wurden, die wiederum aus einer noch größeren Menge von noch einfacherem Material zusammengestellt wurden und so fort. Kurzum, der Geist arbeitet mit den Daten, die er empfängt, ganz ähnlich wie der Bildhauer mit seinem Steinblock. In gewissem Sinne gab es die Statue schon seit aller Ewigkeit. Doch außer ihr noch viele tausend andere, und dem Bildhauer allein ist es zu verdanken, dass er diese eine aus den anderen herausgearbeitet hat. Wir können, wenn es uns gefällt, kraft unseres logischen Denkens die Dinge zurückverfolgen zu jenem schwarzen und bruchlosen Raumkontinuum, jenen wirbelnden Atomwolken, die nach Auskunft der Physiker

436   ANMERKUNGEN

die einzige reale Welt bilden. Doch ungeachtet dessen wird die Welt, die wir fühlen und in der wir leben, stets diejenige bleiben, die unsere Vorfahren und wir langsam und kumulativ, Entscheidung um Entscheidung aus der physikalischen Welt herausgefiltert haben – wie Bildhauer, indem wir einfach bestimmte Teile des gegebenen Materials ausgesondert haben. Andere Bildhauer, andere Statuen aus dem gleichen Stein! Andere geistige Verfassungen, andere Welten aus dem gleichen eintönigen und ausdruckslosen Chaos! Meine Welt ist nur eine unter einer Million gleichen, die dort eingebettet sind, ebenso real für diejenigen, die sie extrahieren. Wie anders muss die Welt sein im Bewusstsein einer Ameise, eines Tintenfisches oder eines Krebses!»

3. Diese an der Orientierung beteiligte positive Rückkopplungsschleife wurde beschrieben von Heilman, 1991.

4. Marshall und Halligan, 1988.

5. Sacks, 1985.

6. Gregory, 1997.

7. Was würde geschehen, wenn ich vom Rücksitz aus einen Ziegelstein auf Sie schleudern würde, sodass Sie den Stein im Spiegel auf sich zukommen sähen? Würden Sie sich nach vorne wegducken (wie Sie es sollten), oder würden Sie sich von dem größer werdenden Bild im Spiegel täuschen lassen und nach hinten wegducken? Vielleicht wird die verstandesmäßige Korrektur des Spiegelbildes, der genaue Rückschluss auf die tatsächliche Position des Objekts, von der bewussten Was-Bahn (Objekt-Bahn) in den Schläfenlappen vorgenommen, während das Abducken zur Vermeidung eines herannahenden Wurfgeschosses von der Wie-Bahn (dem räumlichen Datenstrom) im Scheitellappen besorgt wird. Wenn das stimmt, dann geraten Sie möglicherweise in Verwirrung und ducken sich falsch – denn es ist Ihr Zombie, der sich duckt!

8. Edoardo Bisiach hat den Linienhalbierungstest auf glänzende Weise abgeändert, die darauf schließen lässt, dass diese Interpretation noch nicht die ganze Wahrheit sein kann, obwohl sie erst einmal eine vernünftige Erklärung liefert. Statt den Patienten eine vorgezeichnete waagerechte Linie halbieren zu lassen, gab er ihm einfach ein Stück Papier mit einer winzigen senkrechten Linie in der Mitte des Blattes und sagte:

«Stellen Sie sich vor, diese senkrechte Markierung wäre die Halbierung einer waagerechten Linie, und zeichnen Sie nun die waagerechte Linie.» Zuversichtlich zog der Patient die Linie, doch abermals war der Abschnitt der Linie auf der rechten Seite ungefähr halb so lang wie der Abschnitt auf der linken. Das lässt darauf schließen, dass mehr als einfache Unaufmerksamkeit im Spiel ist. Bisiach meint, die gesamte Repräsentation des Raumes werde dergestalt verzerrt, dass das gesunde rechte Gesichtsfeld vergrößert erscheine und das linke geschrumpft. Der Patient müsse also die linke Seite der Linie länger als die rechte zeichnen, damit sie in seinen Augen gleich lang erschienen.

9. Glücklicherweise kommt es bei vielen Patienten mit dem Neglect-Syndrom – durch Schädigung des rechten Scheitellappens verursacht – im Laufe weniger Wochen zu einer spontanen Besserung. Das ist wichtig, denn daraus folgt, dass viele der neurologischen Syndrome, die wir für dauerhaft halten – unter anderem zerstörtes Nervengewebe –, möglicherweise nur «funktionale Defizite» sind, die mit einer vorübergehenden Störung des Transmitter-Gleichgewichts zu tun haben. Der beliebte Vergleich zwischen Gehirnen und Computern hinkt beträchtlich, doch in diesem besonderen Fall bin ich versucht, mich seiner zu bedienen. Ein funktionales Defizit ist mit einer Software-Störung, einem Programmfehler, und nicht mit einem Hardware-Problem zu vergleichen. Wenn diese Annahme richtig wäre, dann gäbe es Hoffnung für Millionen von Menschen mit Störungen, die herkömmlicherweise als «unheilbar» gelten, weil wir bis jetzt noch keine Möglichkeit gefunden haben, ihre Hirn-Software von Programmfehlern zu befreien.

Sehr deutlich wird das an einem anderen Patienten, der infolge einer Schädigung von Teilen seiner linken Hemisphäre unter einem auffälligen Problem litt, einer so genannten Dyskalkulie. Wie viele Patienten mit diesem Syndrom war er im Allgemeinen intelligent, sprachlich gewandt und vernünftig, doch sobald er rechnen sollte, stand er auf verlorenem Posten. Er konnte sich über das Wetter unterhalten, wusste, was an dem betreffenden Tag im Krankenhaus geschehen war, und berichtete, wer ihn besucht hatte. Doch sobald er aufgefordert wurde, 7 von 100 abzuziehen, war er völlig hilflos. Überraschenderweise war seine Störung aber nicht nur auf diese Unfähigkeit beschränkt. Wie mein Student Eric Altschuler und ich beobachten konnten, produzierte der Patient bei jedem Versuch unverständlichen Unsinn und schien sich nicht bewusst zu sein, dass es sich um sinnlose Äußerungen handelte. Die «Wörter» wurden normal gebildet, aber ohne Sinn – den Äußerungen vergleichbar, die bei Sprachstörungen wie der Wernicke-Aphasie üblich sind (tatsächlich handelte es sich bei den Wörtern großenteils um Neuschöpfungen). Wir hatten den Eindruck, dass er sich durch die bloße Konfrontation mit einem mathematischen Problem veranlasst sah, eine «Sprachdiskette» einzuschieben, die einen Programmfehler enthielt.

Warum äußert er Unsinn, statt den Mund zu halten? Wir haben uns so sehr an die Vorstellung autonomer Gehirnmodule gewöhnt – eines für die Mathematik, eines für die Sprache und eines für Gesichter –, dass wir die Komplexität und die Vielfalt der Interaktionen zwischen den Modulen vergessen. Die Störung dieses Patienten lässt sich nur verstehen, wenn wir annehmen, dass die Aktivierung eines Moduls von den Erfordernissen abhängt, denen sich der Organismus gegenübersieht. Die Fähigkeit, Informationsbits rasch zu sequenzieren, ist ein wichtiges Element sowohl der mathematischen Operationen als auch der Spracherzeugung. Vielleicht liegt in seinem Gehirn ein «Sequenzierungsfehler» vor. Vielleicht setzen Arithmetik und Sprache beide eine spezielle Sequenzierungsart voraus, die bei ihm beeinträchtigt ist. Er kann sich normal unterhalten, weil er so viele Hinweise – so viele Ausweichmöglichkeiten – hat, nach denen er sich richten kann, dass er auf den Sequenzierungsmechanismus nur in geringem Maße zurückgreifen muss. Doch wenn man ihm eine Rechenaufgabe stellt, muss er ihn weit stärker in Anspruch nehmen und wird deshalb völlig aus dem Konzept gebracht. Überflüssig zu sagen, dass es sich hierbei um reine Spekulation handelt, über die eingehender nachzudenken aber vielleicht der Mühe wert ist.

10. Offenbar findet bei normalen Menschen ein gewisser Dialog zwischen der Was-Bahn im Schläfenlappen und der Wie-Bahn im Scheitellappen statt. Und diese Kommunikation ist möglicherweise bei Patienten mit dem Spiegelsyndrom gestört. Vom Einfluss der Was-Bahn befreit, greift der Zombie direkt in den Spiegel.

11. Einige Patienten mit Erkrankungen des rechten Scheitellappens streiten rundweg ab, dass ihr linker Arm zu ihnen gehört – eine Störung, die man als Somatoparaphrenie bezeichnet; mit solchen Patienten werden wir uns in Kapitel 7 beschäftigen. Wenn Sie den leblosen linken Arm des Patienten ergreifen, ihn anheben und in das rechte Gesichtsfeld des Patienten bewegen, behauptet er, der Arm gehöre Ihnen, dem Arzt, der Mutter, dem Bruder oder dem Ehepartner. Als ich einem Patienten mit dieser Störung zum ersten Mal begegnete, habe ich mir gesagt: «Das ist sicherlich das merkwürdigste Phänomen in der gesamten Neurologie –

vielleicht sogar in der gesamten Wissenschaft.» Wie konnte ein vollkommen vernünftiger, intelligenter Mensch behaupten, sein Arm gehöre seiner Mutter? Robert Rafael, Eric Altschuler und ich haben kürzlich zwei Patienten mit dieser Störung getestet. Wenn sie ihren linken Arm in einem Spiegel erblickten (rechts aufgestellt, um das Spiegelsyndrom auszulösen), gaben sie plötzlich zu, dass es tatsächlich ihr linker Arm sei! Könnte man diese Störung also mit einem Spiegel «heilen»?

Kapitel 7: Das Geräusch einer Hand, die klatscht

1. Das mag hart klingen, aber es hat wenig Zweck für den Physiotherapeuten, mit Rehabilitationsmaßnahmen zu beginnen, solange der Patient sich im Zustand der Verleugnung befindet. Die Wahnidee zu überwinden ist also von großer praktischer Bedeutung für die Heilchancen.

2. Zur Beschreibung einer Anosognosie vgl. Critchley, 1966; Cutting, 1978; Damasio, 1994; Edelman, 1989; Galin, 1992; Levine, 1990; McGlynn und Schacter, 1989; Feinberg und Farah, 1997.

3. Der renommierte Evolutionspsychologe Robert Trivers von der University of California in Santa Cruz hat eine intelligente Erklärung für die Evolution der Selbsttäuschung vorgeschlagen (Trivers, 1985). Laut Trivers gibt es im Alltag viele Anlässe zum Lügen – etwa in einer Steuererklärung, einer Ehebruchsaffäre oder einer Situation, wo es gilt, die Gefühle eines Menschen zu schonen. Forschungsarbeiten haben gezeigt, dass Lügner, wenn sie nicht viel Erfahrung haben, sich fast immer verraten – durch ein unnatürliches Lächeln, einen ungewöhnlichen Gesichtsausdruck oder einen falschen Tonfall, Anzeichen, die andere Menschen entdecken können (Ekman, 1992). Der Grund ist, dass das limbische System (unwillkürlich und zur Wahrheit verurteilt) das spontane Mienenspiel kontrolliert, während der Kortex (zuständig für die Willkürkontrolle und zugleich der Ort, wo die Lügen ausgeheckt werden) für das Mienenspiel verantwortlich ist, das wir zeigen, wenn wir schwindeln. Folglich handelt es sich um ein vorgetäuschtes Lächeln, wenn wir beim Lügen lächeln, und selbst wenn wir versuchen, ein neutrales Gesicht zu machen, lässt das limbische System unweigerlich Spuren der Täuschungsabsicht erkennen.

Doch das Problem lasse sich lösen, meint Trivers. Um jemanden glaubhaft zu belügen, brauche man sich nur vorher selbst zu belügen. Wenn Sie glauben, dass es wahr ist, wird Ihr Gesichtsausdruck echt sein, und keine Spur von Arglist wird erkennbar sein. Mit Hilfe dieser Strategie könnten Sie also zum überzeugenden Lügner werden und den Menschen vieles weismachen.

Dieses Szenario scheint mir jedoch an einem inneren Widerspruch zu kranken. Stellen Sie sich vor, Sie wären ein Schimpanse, der einige Bananen unter einem Zweig versteckt hat. Nun kommt das Alpha-Männchen vorbei, das um Ihre Bananen weiß und von Ihnen verlangt, sie herauszurücken. Was tun Sie? Sie lügen den Chef an, indem Sie behaupten, die Bananen seien auf der anderen Seite des Flusses, laufen damit aber Gefahr, die Lüge durch Ihren Gesichtsausdruck zu verraten. Was könnten Sie sonst noch tun? Nach Trivers machen Sie sich den einfachen Kunstgriff zu Eigen, dass Sie sich zunächst einreden, die Bananen seien wirklich auf der anderen Seite des Flusses, und dies dann dem Alpha-Männchen mitteilen, der sich täuschen lässt. Damit sind Sie aus dem Schneider. Allerdings hat die Geschichte einen Haken. Was ist, wenn Sie später Hunger bekommen und nach den Bananen suchen? Da Sie jetzt der Meinung sind, dass die Leckerbissen sich jenseits des Flusses befinden, werden Sie auch dort drüben suchen. Mit anderen Worten, die von Trivers vorgeschlagene Strategie durchkreuzt den ganzen Zweck des Lügens, denn zur Definition der Lüge gehört, dass Sie auch weiterhin Zugang zur Wahrheit haben – sonst hat die Evolutionsstrategie überhaupt keinen Sinn.

Ein Ausweg aus diesem Dilemma könnte die Überlegung sein, dass eine «Überzeugung» nicht unbedingt aus einem Guss sein muss. Vielleicht ist Selbsttäuschung in erster Linie eine Funktion der linken Hemisphäre – bestrebt, ihr Wissen anderen mitzuteilen –, während die rechte Hemisphäre auch weiterhin die «Wahrheit» weiß. Diese Hypothese ließe sich experimentell zum Beispiel dadurch überprüfen, dass man die galvanische Hautreaktion von Anosognosie-Patienten und normalen Menschen (etwa Kindern) beim Konfabulieren aufzeichnet. Wenn ein normaler Mensch eine falsche Erinnerung produziert – oder wenn ein Kind konfabuliert –, zeigt er eine heftige Hautreaktion (so, als würde er lügen).

Schließlich gibt es noch eine Sonderart von Lüge, für die Trivers Argument tatsächlich zutreffen könnte, und die betrifft Lügen hinsichtlich der eigenen Fähigkeiten – Prahlerei. Natürlich kann Sie eine falsche Überzeugung in Bezug auf Ihre Fähigkeiten ebenfalls in Schwierigkeiten bringen («Ich bin ein großer, starker Bursche und nicht winzig und schwach»), wenn Sie dadurch veranlasst werden, sich unrealistische Ziele zu setzen. Doch dieser Nachteil lässt sich in vielen Fällen durch den Umstand aufwiegen, dass ein überzeugender Aufschneider am Samstagabend die besten «Weiber aufreißt» und daher seine Gene breiter und häufiger streut. Auf diese Weise werden die Gene «erfolgreiches Angeben durch Selbsttäuschung» rasch zu einem Bestandteil des Gen-Pools. Eine Vorhersage, die sich aus dieser Hypothese ableiten lässt, ist die Behauptung, dass Männer in höherem Maße zu Prahlerei und Selbsttäuschung neigen als Frauen. Meines Wissens ist diese Vorhersage noch nie einer systematischen Überprüfung unterzogen worden, obwohl mir verschiedene Kollegen versichern, sie treffe zu. Andererseits müssten Frauen besser in der Lage sein, Lügen zu entdecken, weil für sie weit mehr auf dem Spiel steht – eine anstrengende neunmonatige Schwangerschaft, eine gefährliche Niederkunft und eine lange Zeit der Sorge für ein Kind, bei dem die «Mutterschaft» keinem Zweifel unterliegt.

4. Kinsbourne, 1989; Bogen, 1975, und Galin, 1976, haben uns alle wiederholt vor den Gefahren der «Dichotomania» gewarnt, der allzu großen Bereitwilligkeit, kognitive Funktionen ganz der einen oder der anderen Hemisphäre zuzuschreiben. Wir dürfen nicht vergessen, dass die Spezialisierung in den meisten Fällen wahrscheinlich *relativ* und nicht absolut ist und dass das Gehirn auch ein Vorne und Hinten, Oben und Unten kennt und nicht nur ein Links und Rechts. Die ganze Situation wird noch dadurch verschlimmert, dass sich aus dem Begriff der Hemisphärenspezialisierung ein populärwissenschaftlicher Mythos und eine umfangreiche Selbsthilfeliteratur entwickelt hat. Robert Ornstein (1997) schrieb: «Sie ist ein Klischee in allgemeinen Ratgebern für Manager, Banker und Künstler, sie ist ständig Gast auf den Witzseiten unserer Zeitungen, und sie ist eine beliebte Werbebotschaft. United Airlines preist Gründe an, die Ihre beiden Gehirnhälften haben, mit ihr von Küste zu Küste zu fliegen. Die Musik für die eine Seite und die reellen Werte für die andere. Saab bietet seine Limousine mit Turbolader an als ‹Auto für beide Seiten Ihres Gehirns›.» Doch die Existenz einer solchen Popkultur sollte nicht den Blick auf das eigentliche Problem verstellen – die Anhaltspunkte dafür, dass die beiden Hemisphären tatsächlich auf verschiedene Funktionen spezialisiert sind. Die Tendenz, der rechten Hemisphäre geheimnisvolle Kräfte zuzuschreiben, ist nicht neu, sondern reicht zurück bis zu dem französischen Neurologen Charles Brown-Sequard, der im 19. Jahrhundert eine Modebewegung für Rechtshemisphärengymnastik ins Leben rief.

Zu einem neueren Überblick zum Thema der Hemisphärenspezialisierung vgl. Springer und Deutsch, 1998.

　　　　　　　　　　　　　　ANMERKUNGEN

5. Unser Wissen über die Hemisphärenspezialisierung stammt großenteils aus den bahnbrechenden Arbeiten von Gazzaniga, Bogen und Sperry, 1962, deren Arbeiten über Split-Brain-Patienten ja sehr bekannt geworden sind. Wenn das *Corpus callosum*, der Balken, der die beiden Hemisphären verbindet, durchtrennt wird, lassen sich die kognitiven Fähigkeiten beider Hemisphären untersuchen.

Was ich den «General» nenne, ähnelt dem, was Gazzaniga, 1992, als «Dolmetscher» in der linken Hemisphäre bezeichnet hat. Allerdings stellt Gazzaniga weder Überlegungen zu den stammesgeschichtlichen Ursprüngen oder biologischen Gründen für die Existenz des Dolmetschers an (wie ich es hier versuche), noch postuliert er einen antagonistischen Mechanismus in der rechten Hemisphäre.

Thesen zur Hemisphärenspezialisierung, die den meinen ähneln, sind auch von Kinsbourne, 1989, vorgeschlagen worden, jedoch nicht, um Anosognosie zu erklären, sondern die Lateralitätseffekte, die bei Depressionen nach Schlaganfällen zu beobachten sind. Zwar erörtert er nicht die Freud'schen Abwehrmechanismen oder «Paradigmenwechsel», macht aber den scharfsinnigen Vorschlag, dass die linke Hemisphäre möglicherweise für die Beibehaltung von Verhaltensweisen zuständig ist, die Aktivierung der rechten Hemisphäre dagegen für die Unterbrechung von Verhaltensweisen und das Zustandebringen einer Orientierungsreaktion.

6. Ich möchte darauf hinweisen, dass die spezielle Theorie der Hemisphärenspezialisierung, die ich vorschlage, gewiss nicht *alle* Formen der Anosognosie erklärt. Beispielsweise entsteht die Anosognosie der Wernicke-Aphasie wahrscheinlich, weil genau der Teil des Gehirns, der normalerweise Überzeugungen über die Sprache repräsentiert, selbst geschädigt ist. Dagegen setzt das Anton-Syndrom (Verleugnung der kortikalen Blindheit) möglicherweise das gleichzeitige Vorliegen einer rechtshemisphärischen Läsion voraus. (Ich habe bei Dr. Leah Levi nur einen einzigen solchen «Zwei-Läsionen-Fall» wie diesen gesehen; es sind also zusätzliche Forschungsarbeiten erforderlich, um die Frage zu klären.) Würde sich ein Patient mit Wernicke-Aphasie seiner Beeinträchtigung bewusster werden, wenn man sein Ohr mit kaltem Wasser ausspülen würde?

7. Ramachandran, 1994, 1995 a, 1996.

8. Wir sind noch weit davon entfernt, die neurale Basis solcher Wahnideen zu verstehen, doch die wichtigen Forschungsarbeiten, die Graziano, Yap und Gross, 1994, durchgeführt haben, könnten uns hier wei-

terhelfen. Im supplementärmotorischen Areal eines Affen haben sie einzelne Neuronen entdeckt, die visuelle rezeptive Felder hatten, welche die somatosensorischen Felder auf der Hand des Affen «überlagerten». Wenn der Affe die Hand bewegte, bewegte sich das visuelle rezeptive Feld merkwürdigerweise mit, während Augenbewegungen keine Auswirkung auf das rezeptive Feld hatten. Diese visuellen rezeptiven Felder, die auf die Hand zentriert sind, könnten ein neuronales Substrat der Wahnideen sein, die ich bei meinen Patienten beobachte.

9. Die Idee, dass es in der rechten Hemisphäre einen Mechanismus nicht nur für die Entdeckung und Ausrichtung auf Diskrepanzen des Körperbildes gibt (wie unser VR-Kasten und das Experiment von Ray Dolan und Chris Frith vermuten lassen), sondern auch für Anomalien anderer Art, wird auch durch die Ergebnisse dreier anderer Untersuchungen gestützt, über die in der Literatur berichtet wird. Erstens wissen wir seit einiger Zeit, dass Patienten mit linkshemisphärischer Schädigung in der Regel deprimierter und pessimistischer sind als Patienten mit rechtshemisphärischen Schlaganfällen (Gainotti, 1972; Robinson et al., 1983), ein Unterschied, der gewöhnlich dem Umstand zugeschrieben wird, dass die rechte Hemisphäre «emotionaler» ist. Ich würde stattdessen die Auffassung vertreten, dass dem Patienten durch die Schädigung der linken Hemisphäre selbst die minimalen «Abwehrmechanismen» genommen sind, mit deren Hilfe Sie und ich die kleinen Diskrepanzen des Alltagslebens bewältigen, sodass jede unbedeutende Anomalie zu einem potenziell destabilisierenden Ereignis wird.

Ich habe die Auffassung vertreten (Ramachandran, 1996), dass sogar die ideopathische Depression, die wir in der Psychiatrie beobachten, möglicherweise durch die Unfähigkeit der linken Hemisphäre zustande kommt, Freud'sche Abwehrmechanismen hervorzubringen – vielleicht durch Störung des Transmittergleichgewichts oder eine klinisch nicht zu entdeckende Schädigung des linken Stirnhirns. Die altbekannte Experimentalbeobachtung, dass deprimierte Menschen tatsächlich sensibler auf geringfügige innere Widersprüche reagieren (beispielsweise ein kurz dargebotenes rotes Pikass) als normale Menschen, deckt sich mit diesen – zugegebenermaßen spekulativen – Überlegungen. Gegenwärtig führe ich ähnliche Tests mit Anosognosie-Patienten durch.

Der zweite Beleg für diese Überlegung ist die wichtige Beobachtung (Gardner, 1993), dass nach der Schädigung der rechten (aber nicht der linken) Hemisphäre Patienten Schwierigkeiten haben, die Absurdität von «verschlungenen Sätzen» zu erkennen, in denen eine unerwartete Wendung am Ende einen Widerspruch zum Anfang einführt. Ich interpretiere dieses Ergebnis als ein Versagen des Anomaliedetektors.

10. Bills Verleugnen wäre komisch, wenn es nicht so tragisch wäre. Doch sein Verhalten ist insofern «sinnvoll», als er äußerste Anstrengungen unternimmt, um sein «Ich» oder Selbst zu schützen. Doch obwohl Bills Verleugnen möglicherweise eine gesunde Reaktion auf eine hoffnungslose Situation ist, so ist die Größenordnung doch überraschend und wirft eine andere interessante Frage auf. Ist es so, dass Patienten wie er, die Wahnideen infolge einer ventromedialen Stirnlappenschädigung entwickeln, in erster Linie konfabulieren, um die Unversehrtheit des «Selbst» zu schützen, oder können sie auch dazu gebracht werden, über andere abstrakte Themen zu konfabulieren? Wenn Sie einen solchen Patienten fragen würden: «Wie viele Haare hat Clinton auf seinem Kopf?», würde er dann konfabulieren oder seine Unwissenheit zugeben?

Mit anderen Worten, würde die bloße Frage einer Autoritätsfigur ausreichen, um ihn zum Konfabulieren zu veranlassen? Es hat noch keine systematischen Untersuchungen zur Klärung dieser Probleme gegeben, aber solange ein Patient nicht unter Demenz leidet (zusammenhanglosem Sprechen, geistiger Retardierung aufgrund diffuser kortikaler Schädigung), ist er in der Regel ziemlich «ehrlich» in Bezug auf seine Unwissenheit in Dingen, die keine unmittelbare Gefährdung seines Wohlbefindens darstellen.

11. Offenkundiges Verleugnen reicht sehr tief. Doch auch wenn es faszinierend zu beobachten sein mag, es ist doch eine Quelle großer Frustration und konkreter Besorgnis für die Angehörigen des Patienten (wenn auch definitionsgemäß nicht für diesen selbst!). Da solche Patienten meist die unmittelbaren Folgen der Lähmung leugnen (sie haben keine Ahnung, dass das Cocktailtablett umkippen wird oder dass sie die Schuhbänder nicht zubinden können), fragt sich, ob sie dann auch die fernen Konsequenzen leugnen – was nächste Woche, nächsten Monat, nächstes Jahr sein wird. Oder sind sie sich im Hinterkopf vage bewusst, dass ihnen etwas abgeht, dass sie beeinträchtigt sind? Hält das Verleugnen sie möglicherweise davon ab, ein Testament aufzusetzen?

Ich habe diese Frage noch nicht systematisch untersucht, aber bei den wenigen Gelegenheiten, wo ich sie angesprochen habe, reagierten die Patienten, als wäre ihnen vollkommen unklar, wie nachhaltig die Lähmung ihr künftiges Leben beeinflussen würde. Beispielsweise erklärt der Patient voller Zuversicht, er beabsichtige, vom Krankenhaus nach Hause zu chauffieren, oder werde gleich wieder mit Golf oder Tennis anfangen. Offenbar leidet er nicht nur an einer reinen sensorisch-motorischen Störung – der Unfähigkeit, sein Körperbild zu aktualisieren (obwohl das sicherlich ein wichtiger Faktor seiner Erkrankung ist). Vielmehr ist das ganze Spektrum seiner Überzeugungen hinsichtlich seiner selbst und seiner Überlebensmittel radikal verändert worden, um sie in Einklang mit seiner gegenwärtigen Verleugnung zu bringen. Barmherzigerweise erweisen sich diese Wahnideen häufig als beträchtliche Hilfe und Tröstung für diese Patienten, obwohl ihre Haltung in direktem Widerspruch zu einem Ziel der Rehabilitation steht – der Wiederherstellung der Krankheitseinsicht des Patienten.

Die Frage, wie spezifisch und wie tief die Verleugnung ist, ließe sich noch auf eine andere Weise untersuchen: Man könnte das Wort «Lähmung» kurzzeitig auf einem Bildschirm erscheinen lassen und die galvanische Hautreaktion messen. Findet der Patient das Wort bedrohlich – zeigt er eine starke Hautreaktion –, obwohl er sich seiner Lähmung nicht bewusst ist? Als wie unangenehm stuft er das Wort auf einer Skala von 1 bis 10 ein? Stuft er es höher (oder auch niedriger) ein als normale Versuchspersonen?

12. Manche Patienten mit Schlaganfällen im rechten Stirnlappen manifestieren sogar Symptome, deren Erscheinungsbild zwischen Anosognosie und multipler Persönlichkeit liegt. Unlängst haben Riita Hari und ich eine Patientin in Helsinki untersucht. Nach zwei Läsionen – einer im rechten Stirnlappen, der anderen im *Gyrus cinguli* – war das Gehirn der Patientin offenbar nicht mehr in der Lage, das Körperbild so zu «aktualisieren», wie das normale Gehirne leisten. Wenn sie sich eine Minute lang auf einen Stuhl setzte und dann aufstand, um zu gehen, hatte sie das Gefühl, ihr Körper spalte sich in zwei Hälften auf – wobei die linke Hälfte auf dem Stuhl sitzen blieb, während die rechte umherging. Das Gefühl war so real, dass sie sich entsetzt umblickte, um sich davon zu überzeugen, dass sie die linke Hälfte ihres Körpers nicht zurückgelassen hatte.

13. Erinnern wir uns, dass im Wachzustand die linke Hemisphäre eintreffende sensorische Daten verarbeitet und dafür sorgt, dass unsere Alltagserfahrung logisch, kohärent und zeitlich stimmig ist. Dazu ist ihr jedes Mittel recht: Rationalisierung, Verleugnung, Verdrängung und andere Zensurmaßnahmen zur Bearbeitung eintreffender Informationen.

Überlegen Sie nun, was während des Traumes und des REM-Schlafes geschieht. Es gibt mindestens zwei einander nicht ausschließende Möglichkeiten. Erstens, die REM-Phase könnte eine wichtige «vegetative» Funktion im Hinblick auf die «Hardware» ausüben (beispielsweise Kontrolle und Ergänzung der Neurotransmittervorräte), wobei die Träume einfach Epiphänomene wären – unwichtige Nebenprodukte. Zweitens, Träume könnten eine wichtige kognitiv-emotionale Funktion haben, während die REM-Phase einfach ein Vehikel zu ihrer Erzeugung wäre. Vielleicht ermöglichen sie Ihnen, verschiedene hypothetische Szenarien auszuprobieren, die eine potenzielle Destabilisierung bedeuteten, wenn sie im Wachzustand erprobt würden. Mit anderen Worten, Träume wären eine Art «Virtuelle Realität», in denen verbotene Gedanken ausgelebt würden, die das Bewusstsein normalerweise nicht zuließe. Vielleicht haben diese geträumten Gedanken Vorschlagscharakter; sie möchten sehen, ob sie sich in das Handlungsgerüst integrieren lassen. Wenn nicht, werden sie verdrängt und erneut vergessen.

Warum wir diese Erprobung nicht in unserer Vorstellung vornehmen können, während wir wach sind, ist nicht ganz klar. Zwei Erklärungen lassen sich denken. Erstens, die Erprobung erfüllt nur dann ihren Zweck, wenn sie Realitätscharakter hat, und der lässt sich im Wachzustand nicht herstellen, weil wir wissen, dass die Vorstellungen in unserem Inneren hervorgerufen werden. Wie oben angemerkt, hat Shakespeare gesagt: «Des Hungers gier'gen Stachel dämpfen / Durch bloße Einbildung von einem Mahl» (*König Richard II.*, I 1). Aus evolutionärer Sicht ist es durchaus sinnvoll, dass die Vorstellung die Wirklichkeit nicht ersetzen kann.

Zweitens, die Freisetzung stark beunruhigender Erinnerungen im Wachzustand würde dem Zweck ihrer Verdrängung zuwiderlaufen und könnte stark destabilisierende Effekte im Gehirn hervorrufen. Hingegen erlaubt die Freisetzung solcher Erinnerungen im Traum möglicherweise eine realistische und emotional besetzte Simulation, ohne dass die Nachteile zu befürchten sind, die ein solcher Versuch im Wachzustand heraufbeschwören würde.

Zur Funktion der Träume gibt es eine Vielzahl von Meinungen. Anregende Überblicke zu diesem Thema liefern Hobson, 1988, und Winson, 1986.

14. Das gilt nicht für alle Menschen. Ein Patient, George, erinnerte sich lebhaft daran, dass er seine Lähmung verleugnet hatte. «Ich konnte sehen, dass er sich nicht bewegte», sagte er. «Aber mein Bewusstsein wollte es nicht akzeptieren. Es war höchst merkwürdig. Ich nehme an, ich habe die Sache verleugnet.» Warum sich ein Patient daran erinnert

und der andere es vergisst, wissen wir nicht, aber es könnte etwas mit der Restschädigung in der rechten Hemisphäre zu tun haben. Vielleicht hatte sich George vollständiger erholt als Mumtaz oder Jean und war daher in der Lage, die Wirklichkeit klarer ins Auge zu fassen. Aus meinen Experimenten geht jedoch hervor, dass zumindest einige Patienten, die sich von der Verleugnung erholen, «ihre Verleugnung verleugnen», obwohl sie geistig völlig klar sind und keine anderen Gedächtnisprobleme haben.

Unsere Gedächtnisexperimente werfen noch eine weitere interessante Frage auf: Nehmen wir an, jemand hat einen Autounfall, der durch eine periphere Nervenschädigung zu einer Lähmung des linken Arms führt. Einige Monate später erleidet dieser Patient einen Schlaganfall von jener Art, die eine linksseitige Lähmung und das Verleugnungssyndrom bewirkt. Würde er nun sagen: «Du liebe Güte, Herr Doktor, der Arm, der die ganze Zeit gelähmt war, lässt sich plötzlich wieder bewegen»? Angesichts meiner Theorie, nach der der Patient dazu neigt, sich an das vorher bestehende Überzeugungssystem zu klammern, stellt sich die Frage, ob er sich an die aktualisierte Weltsicht hält und erklärt, dass der linke Arm gelähmt sei, oder ob er sich an seinem früheren Körperbild orientiert und versichert, dass er den Arm wieder bewegen könne.

15. Ich möchte darauf hinweisen, dass es sich um eine vereinzelte Fallstudie handelt und dass wir die Experimente in exakterer Form an einer größeren Zahl von Patienten wiederholen müssen. Tatsächlich waren nicht alle Patienten so kooperativ wie Nancy. Lebhaft erinnere ich mich an eine Patientin namens Susan, die die Lähmung ihres linken Arms nachdrücklich verleugnete und sich bereit erklärte, an unserem Experiment teilzunehmen. Als ich ihr mitteilte, ich würde ihr ein örtliches Betäubungsmittel in den linken Arm injizieren, versteifte sie sich in ihrem Rollstuhl, beugte sich vor, sah mir in die Augen und sagte unverwandten Blickes: «Finden Sie das fair, Herr Doktor?» Es war, als würden Susan und ich ein Spiel spielen und ich hätte verbotenermaßen plötzlich die Regeln geändert. Ich habe das Experiment nicht fortgesetzt.

Ich frage mich, ob Scheininjektionen nicht den Weg zu einer vollkommen neuen Form der Psychotherapie eröffnen könnten.

16. Ein weiteres grundsätzliches Problem zeigt sich, wenn die linke Hemisphäre versucht, Nachrichten der rechten Hemisphäre zu lesen und zu interpretieren. Wie in Kapitel 4 dargelegt, sind die Sehzentren des Gehirns in zwei Bahnen unterteilt, die Wie- und die Was-Bahn (Scheitel- und Schläfenlappen). Grob gesagt, die rechte Hemisphäre bevorzugt eher ein ana-

ANMERKUNGEN

loges – und kein digitales – Repräsentationsmedium und ist zuständig für Körperbild, räumliches Sehen und andere Funktionen der Wie-Bahn. Dagegen praktiziert die linke Hemisphäre einen eher logischen Verarbeitungsstil und befasst sich mit Sprache, Erkennung und Kategorisierung von Objekten, der sprachlichen Etikettierung von Objekten und ihrer logischen Sequenzierung (Tätigkeiten, die vor allem von der Was-Bahn geleistet werden). Dadurch wird eine hohe *Übersetzungsbarriere* errichtet. Jedes Mal, wenn die linke Hemisphäre versucht, Informationen zu übersetzen, die von der rechten Hirnhälfte kommen – etwa die unbeschreiblichen Eigenschaften von Musik oder Malerei in Worte zu fassen –, kann es zu einer gewissen Form von Konfabulation kommen, weil die linke Hemisphäre zu phantasieren beginnt, sobald sie nicht die erwartete Information von der rechten Hälfte erhält (weil Letztere geschädigt oder von der linken getrennt ist). Kann ein solches Übersetzungsproblem zumindest einige der bizarren Konfabulationen erklären, die wir bei Anosognosie-Patienten erleben? (Vgl. Ramachandran und Hirstein, 1997.)

Kapitel 8: Die unerträgliche Ähnlichkeit des Seins

1. J. Capgras und J. Reboul-Lachaux, 1923; H. D. Ellis und A. W. Young, 1990; Hirstein und Ramachandran, 1997.

2. Diese Störung heißt Prosopagnosie. Vgl. Farah, 1990; Damasio, Damasio und Van Hoesen, 1982.
  Zellen in der Sehrinde (Areal 17) reagieren auf einfache Merkmale wie Lichtstreifen, doch in den Schläfenlappen reagieren sie häufig auf komplexe Eigenschaften, Gesichter zum Beispiel. Diese Zellen gehören möglicherweise zu einem verzweigten Netzwerk, das auf die Gesichtererkennung spezialisiert ist. Vgl. Gross, 1992; Rolls, 1995; Tovee, Rolls und Ramachandran, 1996.
  Die Funktionen der Amygdala, die eine so bedeutende Rolle in diesem Kapitel spielt, werden eingehend erörtert bei LeDoux, 1996, und Damasio, 1994.

3. Die intelligente Vermutung, dass das Capgras-Syndrom ein Spiegelbild der Prosopagnosie sein könnte, wurde erstmals von Young und Ellis (1990) vorgeschlagen. Allerdings gehen sie von einer Trennung zwischen dorsaler Bahn und limbischen Strukturen aus und nicht von der IT-Amygdala-Trennung, die wir in diesem Kapitel zugrunde legen. Vgl. auch Hirstein und Ramachandran, 1997.

4. Eine andere Frage: Warum bewirkt die bloße Abwesenheit dieser emotionalen Erregung eine so außerordentlich weit hergeholte Wahnvorstellung? Warum denkt der Patient nicht einfach: Ich weiß, dass dies mein Vater ist, aber aus irgendeinem Grund empfinde ich nicht mehr das liebevolle Gefühl? Eine Antwort könnte lauten, dass eine zusätzliche Schädigung, möglicherweise im rechten Stirnhirn, erforderlich ist, um so extreme Wahnideen hervorzurufen. Erinnern wir uns an die Verleugnungs-Patienten im letzten Kapitel, deren linke Hemisphäre um die Bewahrung einer globalen Stimmigkeit bemüht war, indem sie Diskrepanzen forterklärte, und deren rechte Hemisphäre die Dinge im Gleichgewicht hielt, indem sie Widersprüche registrierte und auf sie reagierte. Zur vollständigen Entfaltung des Capgras-Syndroms ist möglicherweise die Verbindung zweier Läsionen erforderlich – eine, die die Fähigkeit des Gehirns beeinträchtigt, ein vertrautes Gesicht mit emotionaler Bedeutung zu verknüpfen, und eine, die den globalen «Stimmigkeitsmechanismus» in der rechten Hemisphäre stört. Um diese Frage zu klären, sind noch weitere Gehirnstudien mit bildgebenden Verfahren erforderlich.

5. Baron-Cohen, 1995.

Kapitel 9: Gott und das limbische System

1. Gegenwärtig lassen sich mit diesem Gerät vor allem Teile des Gehirns stimulieren, die nahe der Oberfläche liegen, doch eines Tages wird uns vielleicht auch die Reizung tieferer Strukturen möglich sein.

2. Vgl. Papez, 1937, zur ursprünglichen Beschreibung und MacLean, 1973, zu einem umfassenden Überblick voll interessanter Spekulationen.
   Nicht zufällig «entscheidet» sich das Tollwutvirus für die limbischen Strukturen als Aufenthaltsort. Wenn Hund A Hund B beißt, wandert das Virus von den peripheren Nerven in der Nähe des Bisses ins Rückenmark und von dort aus schließlich in das limbische System und verwandelt Fifi in eine geifernde Bestie. Der einst so friedliche Schoßhund verfällt in Raserei und beißt ein weiteres Opfer. So verbreitet sich das Virus und befällt in jedem Tier genau jene Hirnstrukturen, die für aggressives Beißverhalten verantwortlich sind. Zu dieser teuflischen Strategie gehört, dass das Virus andere Gehirnstrukturen anfänglich völlig unbeeinträchtigt lässt, damit der Hund lange genug am Leben bleiben kann, um das Virus zu übertragen. Doch wie, zum Teufel, legt ein Virus den ganzen Weg von den peripheren Nerven in der Nähe der Bisswunde bis zu Zellen tief im Inne-

ren des Gehirns zurück, ohne andere auf seinem Weg liegende Hirnstrukturen zu infizieren? Als Student habe ich mich oft gefragt, ob es nicht möglich wäre, das Virus mit einem fluoreszierenden Farbstoff zu färben, um diese Hirngebiete sichtbar zu machen. Auf ganz ähnliche Weise, wie wir heute PET-Scans verwenden, hätte man so die Bahnen entdecken können, die in besonderer Weise mit Beißen und Aggression befasst sind. Auf jeden Fall ist klar, dass ein Hund aus Sicht des Virus nur ein Werkzeug ist – ein nützliches Vehikel zur Weitergabe des Virusgenoms.

3. Brauchbare Beschreibungen der Temporallappenepilepsie finden sich bei Trimble, 1992, sowie Bear und Fedio, 1977. Waxman und Geschwind, 1975, haben die Auffassung vertreten, bei Patienten mit Temporallappenepilepsie finde sich eine bestimmte Konstellation von Persönlichkeitsmerkmalen häufiger als bei Kontrollpersonen entsprechenden Alters. Obwohl diese Theorie nicht unstrittig ist, haben mehrere Studien eine solche Korrelation bestätigt: Gibbs, 1951; Gastaut, 1956; Bear und Fedio, 1977; Nielsen und Kristensen, 1981; Rodin und Schmaltz, 1984; Adamec, 1989; Wieser, 1983.

Die Annahme einer Verknüpfung zwischen «psychiatrischen Störungen» und Epilepsie geht natürlich bis ins Altertum zurück; früher hat man die Störung höchst unselig stigmatisiert. Dagegen weise ich in diesem Kapitel immer wieder darauf hin, dass es keinen Grund für die Annahme gibt, irgendeines dieser Merkmale sei «unerwünscht» oder bedeute einen Nachteil für den Patienten. Am besten können wir das Stigma natürlich beseitigen, indem wir das Syndrom eingehender untersuchen.

Slater und Beard (1963) registrierten in ihren Fällen bei 38 Prozent «mystische Erfahrungen»; ähnliche Beobachtungen machte Bruens (1971). Häufig treten diese Patienten auch zu anderen Konfessionen oder Religionen über (Dewhurst und Beard, 1970).

Es sei darauf hingewiesen, dass nur eine Minderheit von Patienten esoterische Merkmale wie Religiosität oder Hypergraphie erkennen lässt, das nimmt der Verknüpfung aber nichts von ihrer Realität. Betrachten wir zum Vergleich den Umstand, dass Nieren- oder Augenstörungen (Diabeteskomplikationen) nur bei einer Minderheit von Diabetikern auftreten. Deshalb würde doch aber niemand den Zusammenhang leugnen. Dazu Trimble (1992): «Es ist sehr wahrscheinlich, dass Persönlichkeitsmerkmale wie Religiosität und Hypergraphie bei Epileptikern ein Alles-oder-nichts-Phänomen sind und nur bei einer Minderheit von Patienten auftreten. Es ist keine Eigenschaft, die abgestuft zutage tritt, wie beispielsweise Zwangsverhalten, und wird in Fragebogenerhebungen daher nicht wesentlich zu Buche schlagen, bevor nicht eine hinreichende Anzahl von Patienten in die Studien einbezogen wird.»

4. Es ist durchaus möglich, was die Sache nicht einfacher macht, dass klinisch nicht nachweisbare Schädigungen in den Scheitellappen schizophrenen und manisch-depressiven Störungen zugrunde liegen, daher muss der Hinweis, dass psychiatrische Patienten manchmal religiöse Erlebnisse haben, mein Argument nicht widerlegen.

5. Ähnliche Auffassungen wurden vorgebracht von Crick, 1993; Ridley, 1997, und Wright, 1994, wenn sie auch keine spezialisierten Strukturen im Schläfenlappen postuliert haben.

Dieses Argument klingt ganz nach Gruppenselektion – einem Tabu der Evolutionspsychologie –, muss aber nicht als solches angesehen werden. Schließlich legen die meisten Religionen trotz aller Lippenbekenntnisse zu den «Schwestern und Brüdern» der ganzen Menschheit großen Wert auf die Loyalität gegenüber der Sippe oder dem Stamm (den Menschen also, die wahrscheinlich viele Gene mit einem selbst teilen).

6. Von Bear und Fedio (1977) stammt die hochinteressante Hypothese, dass die Hyperkonnektivität im limbischen System die Patienten veranlasse, in allem eine kosmische Bedeutung zu erblicken. Danach müssten die Patienten eine erhöhte galvanische Hautreaktion bei allem zeigen, was sie anblicken, eine Vorhersage, die erste Studien zu bestätigen schienen. Andere Untersuchungen zeigten jedoch keine Veränderung oder einen Rückgang der galvanischen Hautreaktion bei den meisten Kategorien von Objekten. Erschwert wird die Bewertung der Ergebnisse, weil berücksichtigt werden muss, wie die Medikation des Patienten während der Tests aussieht. Unsere eigenen vorläufigen Studien lassen andererseits darauf schließen, dass es bei einigen Kategorien zu einer *selektiven* Verstärkung der galvanischen Hautreaktion kommen kann – begleitet von einer dauerhaften Veränderung der Gefühlslandschaft des Patienten (Ramachandran, Hirstein, Armel, Tecoma und Iragui, 1997). Aber auch diese Ergebnisse sollten mit Vorsicht aufgenommen werden, solange sie nicht an einer großen Zahl von Patienten bestätigt worden sind.

7. Selbst wenn die Veränderungen im Gehirn des Patienten ursprünglich durch die Schläfenlappen vermittelt worden sind – dem konkreten Ort der Veränderungen –, sind an einer «religiösen Einstellung» wahrscheinlich viele verschiedene Hirngebiete beteiligt.

ANMERKUNGEN

8. Zu einer scharfsinnigen und anschaulichen Darlegung von Darwins Ideen vgl. Dawkins, 1976; Maynard Smith, 1978; Dennett, 1995. Unter renommierten Evolutionswissenschaftlern gibt es eine heftige Debatte, ob jedes Merkmal (oder fast jedes Merkmal) ein direktes Ergebnis der natürlichen Selektion ist oder ob die Evolution von anderen Gesetzen oder Prinzipien bestimmt wird. Auf diese Debatte kommen wir in Kapitel 10 zurück, wo wir uns mit der Evolution von Humor und Gelächter beschäftigen werden.

9. Großenteils sind diese Überlegungen in einem Buch von Loren Eisley (1958) nachzulesen.

10. Diese Idee ist sehr verständlich in einem lesenswerten Buch von Christopher Wills (1993) dargelegt. Vgl. auch Leakey, 1993, und Johanson und Edward, 1996.

11. Den Savant, der die Kubikwurzel ausrechnen konnte, hat Hill, 1978, beschrieben. Die Hypothese, Savants würden einige einfache Kunstgriffe oder Tricks zur Ermittlung von Primzahlen oder zur Faktorenbildung erlernen, wird seit einiger Zeit vertreten. Aber sie stimmt nicht. Wenn sich ein gelernter Mathematiker den entsprechenden Algorithmus angeeignet hat, braucht er trotzdem noch fast eine Minute, um alle Primzahlen zwischen 10 037 und 10 133 zu erzeugen – während ein der Sprache nicht mächtiger, autistischer Mann, der das erste Mal mit dieser Aufgabe konfrontiert wurde, dazu nur zehn Sekunden brauchte (Hermelin und O'Connor, 1990).
Es gibt Algorithmen zur schnellen Erzeugung von Primzahlen – mit geringer Fehlerquote. Es wäre interessant festzustellen, ob Primzahl-Savants genau die gleichen seltenen Fehler begehen wie diese Algorithmen; dem könnten wir entnehmen, ob Savants implizit die gleichen Algorithmen verwenden.

12. Eine andere mögliche Erklärung des Savant-Syndroms geht von der Vorstellung aus, dass der Ausfall bestimmter Fähigkeiten dem Betroffenen erleichtert, die Fähigkeiten zu nutzen, die ihm geblieben sind, und sich auf diese ungewöhnlicheren Fertigkeiten zu konzentrieren. Wenn Sie beispielsweise Ereignissen in der Außenwelt begegnen, prägen Sie sich natürlich nicht jede triviale Einzelheit ein, das wäre fehlangepasst. Als Erstes beurteilt unser Gehirn die Bedeutung von Ereignissen und unterzieht die Informationen – bevor es sie abspeichert – einer umfangreichen

Zensur und Bearbeitung. Doch was geschieht, wenn dieser Mechanismus nicht mehr arbeitet? Dann fangen Sie möglicherweise an, zumindest einige der Ereignisse in überflüssiger Detailgenauigkeit aufzuzeichnen, etwa den Wortlaut eines Buches, das Sie vor zehn Jahren gelesen haben. Das mag Ihnen und mir als erstaunliche Begabung erscheinen, tatsächlich aber wird sie durch ein geschädigtes Gehirn hervorgerufen, das nicht mehr in der Lage ist, die Alltagserfahrung in der erforderlichen Weise zu zensieren. Entsprechend ist ein autistisches Kind in eine Welt eingesperrt, in der andere Menschen nicht willkommen sind. Offen bleiben nur ein oder zwei Informationskanäle, denen das besondere Interesse des Kindes gilt. Die Fähigkeit, seine gesamte Aufmerksamkeit unter Ausschluss aller anderen Bereiche auf einen einzigen Gegenstand zu richten, führt zu scheinbar exotischen Fähigkeiten – aber auch hier ist darauf hinzuweisen, dass das Gehirn des Kindes nicht normal ist und dass es erheblich retardiert bleibt.

Ein ähnliches, aber interessanteres Argument schlagen Snyder und Thomas (1997) vor, die meinen, Savants seien aufgrund ihrer Retardierung weniger begrifflich orientiert und daher in der Lage, Zugang zu früheren Ebenen ihrer Verarbeitungshierarchie zu finden, etwas, was den meisten Menschen nicht möglich sei (daher die zwanghaft detailgenauen Zeichnungen von Stephen Wiltshire, die in krassem Gegensatz zu den rudimentären und ungelenken Zeichnungen normaler Kinder dieses Alters stehen).

Dieser Gedanke verträgt sich durchaus mit meiner Hypothese. Es lässt sich vorbringen, dass das Umschalten von Begriffsbildung auf frühere Prozesse genau durch jene Hypertrophie der «frühen» Module bewirkt wird, die im Mittelpunkt meiner Hypothese steht. In gewissem Sinne ist Snyders Idee also ein Bindeglied zwischen der traditionellen Aufmerksamkeitstheorie und der von mir vorgeschlagenen Theorie.

Ein Problem ist darin zu sehen, dass die Zeichnungen einiger Savants zwar außerordentlich detailversessen sind (etwa die Bilder von Stephen Wiltshire, über den Sacks geschrieben hat), dass es aber andere gibt, denen eine ganz eigene Schönheit innewohnt (beispielsweise die Leonardo-da-Vinci-artigen Pferdezeichnungen von Nadia). Ihr Empfinden für Perspektive, Schattierung und so fort erscheint übernormal in dem von meiner Hypothese vorhergesagten Sinne.

All diesen Ideen gemeinsam ist der Umstand, dass sie von einer *Bedeutungsverlagerung* ausgehen – einige Module verlieren an Bedeutung, dafür treten andere in den Vordergrund. Ob das einfach daher rührt, dass die Funktion des einen gestört ist (woraufhin den anderen größere

ANMERKUNGEN

Aufmerksamkeit geschenkt wird), oder von einer Hypertrophie Letzterer, bleibt zu klären.

Es gibt allerdings zwei Gründe, warum mir die Idee der Aufmerksamkeitsverlagerung nicht zusagt. Erstens, die Feststellung, dass Sie in einer Sache geschickter werden, wenn Sie Ihre Aufmerksamkeit auf sie richten, sagt uns wenig, solange wir nicht wissen, was Aufmerksamkeit ist, und das ist nicht der Fall. Zweitens, wenn dieses Argument richtig ist, warum zeigen dann nicht auch *erwachsene* Patienten, bei denen große Teile des Gehirns geschädigt sind, plötzlich großes Geschick in anderen Dingen – durch Verlagerung ihrer Aufmerksamkeit? Mir ist noch nie ein Patient mit Dyskalkulie begegnet, der plötzlich ein Musik-Savant wurde, oder ein Neglect-Patient, der sich zum Rechenkünstler mauserte. Mit anderen Worten, die Hypothese erklärt nicht, warum man als Savant geboren werden muss und es nicht werden kann.

Die Hypertrophie-Theorie lässt sich natürlich leicht überprüfen, indem man an Savants verschiedener Art eine Kernspintomographie (MRI) vornimmt.

13. Patienten wie Nadia werfen eine noch viel tiefere Frage auf: Was ist Kunst? Warum sind einige Dinge hübsch, andere dagegen nicht? Gibt es eine Universalgrammatik, die aller visuellen Ästhetik zugrunde liegt?

Ein Maler ist darin geübt, die wesentlichen Merkmale (das, was Hindus *rasa* nennen) eines Bildes zu erfassen, das er unter Fortlassung aller überflüssigen Einzelheiten darzustellen trachtet. Also ahmt er im Prinzip nach, was die evolutionär vorgezeichnete Aufgabe des Gehirns ist. Damit ist aber die eigentliche Frage noch nicht beantwortet: Warum empfinden wir etwas als ästhetisch angenehm?

Nach meiner Auffassung ist alle Kunst «Karikatur» und Übertreibung. Wenn Sie erfassen, worauf die Wirkung von Karikaturen beruht, haben Sie auch die Kunst verstanden. Bringen Sie einer Ratte bei, ein Quadrat von, sagen wir, einem Rechteck zu unterscheiden, und belohnen Sie sie für Letzteres, dann wird sie bald Rechtecke erkennen und eine Vorliebe für diese Form zeigen. Paradoxerweise wird sie aber noch heftiger auf ein schmaleres «Karikaturrechteck» reagieren (beispielsweise mit einem Seitenverhältnis von 3 zu 1) als auf den ursprünglichen Prototyp (mit einem Verhältnis von 2 zu 1)! Das Paradox verflüchtigt sich, wenn Sie sich klar machen, dass die Ratte eine *Regel* lernt – «Rechteckigkeit» – und kein besonderes Beispiel dieser Regel. Das für die visuelle Form zuständige Hirnareal ist so strukturiert, dass die Verstärkung der Regel (ein länglicheres Rechteck) besonders verstärkend (angenehm) für die Ratte ist, vorausgesetzt, man bietet dem visuellen System des Tieres einen Anreiz, die Regel zu «entdecken». Entsprechend gilt: Wenn Sie von Nixons Gesicht ein allgemeines Durchschnittsgesicht abziehen und die Unterschiede verstärken, erhalten Sie eine Karikatur, die nixonähnlicher ist als das Original. Tatsächlich ist das Sehsystem ständig bemüht, «die Regel zu entdecken». Ich vermute, dass viele extrastriäre visuelle Felder, die darauf spezialisiert sind, Korrelationen und Regeln herauszufiltern und Merkmale in verschiedenen Dimensionen miteinander zu verbinden (Form, Bewegung, Schattierung, Farbe usw.), seit frühesten evolutionären Zeiten direkt mit limbischen Strukturen verbunden sind, um eine angenehme Empfindung hervorzurufen – alles im Dienste des Überlebens. Folglich sorgen die Verstärkung einer bestimmten Regel und die Beseitigung überflüssiger Einzelheiten dafür, dass das Bild noch angenehmer aussieht. Ich vermute, dass diese Mechanismen und die assoziierten limbischen Verbindungen in der rechten Hemisphäre ausgeprägter sind. In der Literatur werden viele Fälle beschrieben, wo Patienten nach einem linkshemisphärischen Schlaganfall *verbesserte* Zeichenfertigkeiten erkennen ließen – vielleicht, weil die rechte Hemisphäre dann die Möglichkeit hat, die Regel zu verstärken. Eine gelungenes Gemälde spricht den Betrachter stärker an als eine Fotografie, weil die Einzelheiten des Fotos unter Umständen die zugrunde liegende Regel *verschleiern* – ein Schleier, der durch den Pinselstrich des Malers (oder einen linkshemisphärischen Schlaganfall!) zerrissen wird.

Das ist zwar keine erschöpfende Erklärung der Kunst, aber doch immerhin ein Anfang. Zu erläutern wäre noch, warum sich Künstler häufig für ungewöhnliche Gegenüberstellungen entscheiden (ein Mittel, das auch der Humor benutzt), und warum ein Akt hinter einem Duschvorhang oder einem durchsichtigen Schleier ansprechender ist als eine Aktfotografie. Es hat den Anschein, als sei die Regel, deren Entdeckung Schweiß und Mühe gekostet hat, bekräftigender als eine Regel, die uns in den Schoß fällt – ein Punkt, auf den auch der Kunsthistoriker Ernst Gombrich hingewiesen hat. Vielleicht hat die Evolution die visuellen Felder so verdrahtet, dass die Bekräftigung einfach stärker ist, wenn sie nach «Arbeit» erlangt wird – um dafür zu sorgen, dass die Mühe selbst als angenehm empfunden wird. Daher der unwiderstehliche Reiz von Vexierbildern wie dem Dalmatiner auf Seite 381 oder «abstrakten» Bildern von Gesichtern mit kräftigen Schatten. Ein angenehmes Gefühl stellt sich ein, wenn das Bild schließlich «klick» macht und die Flecken sich so miteinander verbinden, dass eine Figur entsteht.

ANMERKUNGEN

Kapitel 10: Die Frau, die lachend starb

1. Ruth und Willy (Pseudonyme) sind Rekonstruktionen von Patienten, die ursprünglich in einem Artikel von Ironside (1955) beschrieben wurden. Die klinischen Einzelheiten und Autopsiebefunde wurden jedoch nicht verändert.

2. Fried, Wilson, McDonald und Behnke, 1998.

3. Erste Ansätze zur Evolutionspsychologie finden sich in den frühen Schriften von Hamilton (1964), Wilson (1978) und Williams (1966). Das moderne Manifest dieser Disziplin stammt von Barkow, Cosmides und Tooby (1992), die als Gründerväter des Forschungsfeldes gelten. (Vgl. auch Daly und Wilson, 1983, sowie Symons, 1979.)
Die verständlichste Erläuterung dieser Ideen findet man in Pinkers Buch *Wie das Denken im Kopf entsteht*, das viele anregende Gedanken enthält. Auch wenn ich in einigen Einzelheiten der Evolutionstheorie anderer Meinung bin als er, schmälert das nicht den Wert seiner Überlegungen.

4. Die Idee ist faszinierend, doch wie alle Probleme der Evolutionspsychologie schwer zu überprüfen. Lassen Sie mich zur Verdeutlichung noch auf eine weitere nicht überprüfbare Idee eingehen. Gemeint ist Margie Profets scharfsinnige Hypothese, dass Frauen in den ersten drei Monaten der Schwangerschaft unter Morgenübelkeit leiden, damit ihr Appetit eingeschränkt wird und sie natürliche Gifte in vielen Lebensmitteln meiden, die zu einer Fehlgeburt führen könnten (Profet, 1997). Mein Kollege Dr. Anthony Deutsch hat eine noch phantasievollere Hypothese vorgeschlagen. Er meint, in unverkennbar ironischer Absicht, der Geruch des Erbrochenen nehme dem Mann den Wunsch, mit einer Schwangeren Sex zu haben, wodurch die Wahrscheinlichkeit des Geschlechtsverkehrs verringert werde, der wiederum, wie man wisse, die Wahrscheinlichkeit einer Fehlgeburt erhöhe. Das ist auf den ersten Blick als satirisches Argument zu erkennen, doch warum ist der Hinweis auf die Nahrungsgifte weniger töricht?

5. V. S. Ramachandran, 1977. Hier ist der Artikel, auf den sie hereingefallen sind:
Nun fragen Sie sich selbst: «Warum bevorzugen Herren Blondinen?»
In westlichen Kulturen nimmt man weithin an, dass Männer Blondinen

in sexueller und ästhetischer Hinsicht eindeutig brünetten Frauen vorziehen (Alley und Hildebrandt, 1988). Eine ähnliche Präferenz für Frauen mit hellerer Hautfarbe wird auch in vielen nicht westlichen Kulturen beobachtet. (Das ist durch «wissenschaftliche» Untersuchungen offiziell bestätigt worden; Van der Berghe und Frost, 1986.) In manchen Ländern werden geradezu zwanghafte Bemühungen zur «Teintverbesserung» unternommen – eine Manie, die sich die Kosmetikindustrie rasch mit unzähligen wirkungslosen Hautpräparaten zunutze gemacht hat. (Interessanterweise scheint es keine solche Präferenz für Männer mit hellerer Haut zu geben, wie die amerikanische Redensart *tall, dark and handsome* – groß, dunkel und gut aussehend – beweist.)

Der namhafte amerikanische Psychologe Havelock Ellis hat vor fünfzig Jahren die Auffassung geäußert, Männer würden bei Frauen rundliche Körperformen bevorzugen (weil sie auf Fruchtbarkeit schließen ließen) und blondes Haar unterstreiche die Rundungen, weil es besser zum Körperumriss passe. Eine andere Auffassung besagt, dass die Haut- und Haarfarbe von Säuglingen in der Regel heller sei als die von Erwachsenen und dass in der Vorliebe für blonde Frauen einfach zum Ausdruck komme, dass der Baby-Appeal bei der Frau als sekundäres Geschlechtsmerkmal hinzutrete.

Ich möchte eine dritte Theorie vorschlagen, die sich nicht unbedingt im Widerspruch zu diesen beiden befindet, aber den zusätzlichen Vorteil hat, dass sie sich mit der allgemeineren biologischen Theorie der Partnerwahl vereinbaren lässt. Doch um meine Theorie zu verstehen, müssen wir zunächst einmal überlegen, warum sich die Sexualität überhaupt entwickelt hat. Warum pflanzen Sie sich nicht ungeschlechtlich fort, könnten Sie dann doch *alle* Ihre Gene an Ihre Nachkommen weitergeben statt nur die Hälfte? Die erstaunliche Antwort lautet, dass sich die Sexualität in erster Linie entwickelt hat, um Parasiten zu vermeiden (Hamilton und Zuk, 1982)! Parasitenbefall ist ein außerordentlich häufiges Ereignis in der Natur, und Parasiten versuchen stets, das Immunsystem des Wirtes hinters Licht zu führen, indem sie es in dem Glauben wiegen, sie würden zu dem Wirtsorganismus gehören. Die Sexualität hat sich entwickelt, um den Wirtsarten Gelegenheit zu geben, ihre Gene dergestalt durcheinander zu mischen, dass sie den Parasiten stets einen Schritt voraus sind. (Das bezeichnet man als Rote-Königin-Strategie, ein Terminus, für den die Königin in *Alice im Wunderland* Pate stand – sie muss ständig laufen, um an einem Ort bleiben zu können.) Entsprechend können wir uns fragen, warum sich sekundäre Geschlechtsmerkmale wie der Schwanz des Pfaus oder der Kehllappen des Haushuhns entwickelt haben. Die Ant-

ANMERKUNGEN

wort ist die gleiche: Parasiten. Diese prächtigen Körpermerkmale – ein schillernder riesiger Schwanz oder blutrote Kehllappen – sollen möglicherweise das Weibchen darüber «informieren», dass der Freier gesund und frei von Hautparasiten ist.

Könnten Blondheit und Hellhäutigkeit dem gleichen Zweck dienen? Jeder Medizinstudent weiß, dass Anämie (meist durch Darm- und Blutparasiten verursacht), Zyanose (ein Anzeichen für Herzkrankheit), Gelbsucht (eine kranke Leber) und Hautinfektionen bei hellhäutigen Menschen leichter zu entdecken sind als bei dunkelhäutigen. Der Befall mit Darmparasiten muss in den ersten Ackerbau-Siedlungen sehr häufig gewesen sein – ein Leiden, das zu schweren Anämien führen kann. Die Früherkennung von Anämien bei heiratsfähigen jungen Frauen muss einem hohen Selektionsdruck unterlegen haben, denn Anämien können Fruchtbarkeit, Schwangerschaft und die Geburt gesunder Kinder beeinträchtigen. Die Blondine teilt Ihren Augen also mit: «Ich bin rosig, gesund und frei von Parasiten. Trau keiner Brünetten. Unter ihrer dunklen Haut könnte sie Gesundheitsprobleme und Parasitenbefall verbergen.»

Ein zweiter, verwandter Grund für die Vorliebe könnte der fehlende Schutz vor UV-Strahlung durch Melanin sein, wodurch die Haut von Blondinen rascher «altert» als die Haut von Brünetten, aber auch die Hautsignale des Alterns – Altersflecken und Falten – leichter zu erkennen gibt. Da die Fruchtbarkeit von Frauen mit dem Alter rasch zurückgeht, ziehen alternde Männer möglicherweise sehr junge Frauen als Sexualpartnerinnen vor (Stuart Anstis, persönliche Mitteilung). Blondinen werden also nicht nur bevorzugt, weil die Zeichen des Alters bei ihnen früher auftreten, sondern auch, weil die Zeichen bei ihnen leichter zu entdecken sind.

Drittens, gewisse äußere Zeichen des sexuellen Interesses wie Verlegenheit und Erröten sowie der sexuellen Erregung (der «Flush» des Orgasmus) dürften bei dunkelhaarigen Frauen schwerer auszumachen sein. Daher lässt sich die Wahrscheinlichkeit, dass das eigene Werbungsverhalten willkommen ist und erwidert wird, bei Blondinen besser vorhersagen.

Der Grund dafür, dass die Vorliebe für hellhäutige *Männer* nicht so ausgeprägt ist, könnte darin liegen, dass Anämie und Parasiten in erster Linie eine Gefahr bei Schwangerschaften sind und Männer nicht schwanger werden. Außerdem hätte eine blonde Frau größere Schwierigkeiten als eine brünette Frau, ihren Partner im Hinblick auf eine kurze Zeit zurückliegende Affäre anzulügen, weil Verlegenheit und Schuldgefühle ihr die Schamröte ins Gesicht treiben und sie verraten würden. Für einen Mann ist es von großer Bedeutung, diese Schamröte an einer Frau zu entdecken, weil er große Angst hat, zum Hahnrei gemacht zu werden, während eine Frau sich darum keine Sorgen zu machen braucht – ihr Hauptinteresse ist es, einen guten Ernährer und Beschützer zu finden und an sich zu binden. (Dieser Verfolgungswahn des Mannes ist nicht unbegründet, denn neuere Untersuchungen haben ergeben, dass fünf bis zehn Prozent der Väter keine genetischen Väter sind. Wahrscheinlich gibt es in der Bevölkerung weit mehr Briefträgergene, als irgendjemand ahnt.)

Ein letzter Grund für die Bevorzugung von Blondinen betrifft die Pupillen. Pupillenerweiterung – ein weiteres aufschlussreiches Zeichen für sexuelles Interesse – ist vor dem Hintergrund der blauen Iris einer Blondine leichter zu erkennen als vor der dunklen Iris einer Brünetten. Das könnte auch erklären, warum Brünette häufig als «leidenschaftlich» und geheimnisvoll gelten (oder warum Frauen ihre Pupillen mit Belladonna erweitern und warum Männer zur Verführung von Frauen so gern Kerzenlicht einsetzen; das Mittel und das dämmrige Licht erweitern die Pupillen und verstärken daher die Anzeichen sexuellen Interesses).

Natürlich würden diese Argumente genauso für alle Frauen mit heller Haut gelten. Warum ist blondes *Haar* so entscheidend? Die Präferenz für hellere Haut ist durch Studien belegt, doch die Frage des blonden Haares ist noch nicht untersucht worden. (Die Existenz von gebleichtem Haar kann unser Argument nicht entkräften, weil die Evolution die Erfindung des Wasserstoffperoxids natürlich nicht vorhersehen konnte. Tatsächlich lässt der Umstand, dass es nur den Ausdruck «falsche Blondine» gibt, nicht aber «falsche Brünette», darauf schließen, dass es diese Präferenz tatsächlich gibt; schließlich ist kaum zu beobachten, dass Blondinen ihr Haar schwarz färben.) Ich nehme an, dass blondes Haar «Signalfunktion» hat; es zeigt Männern schon aus großer Entfernung an, dass eine Blondine in der Nähe ist.

Fassen wir zusammen: Herren bevorzugen Blondinen, damit sie die frühen Anzeichen von Parasitenbefall und Alter frühzeitig entdecken können, beides Umstände, die die Fruchtbarkeit und die Variabilität der Nachkommenschaft beeinträchtigen. Außerdem sind bei Blondinen auch Erröten und Pupillengröße leichter wahrzunehmen, die Erkennungszeichen für sexuelles Interesse und Treue sind. (Dass helle Haut an sich ein Indikator für Jugend und hormonale Verfassung ist, wurde 1995 von Don Symons vorgeschlagen, einem renommierten Evolutionspsychologen an der University of California in Santa Barbara, doch er hat nicht auf die leichtere Erkennbarkeit von Parasiten, Anämie, Erröten oder Pupillengröße bei Blondinen hingewiesen, worauf sich unsere Argumentation stützt.)

ANMERKUNGEN

Wie oben berichtet, habe ich mir diese ganze absurde Geschichte als Satire auf schnell zusammengeschusterte soziobiologische Theorien der menschlichen Partnerwahl – das Lieblingsfeld der Evolutionspsychologie – aus den Fingern gesogen. Die Wahrscheinlichkeit, dass sie zutrifft, schätze ich auf keine zehn Prozent ein, doch damit ist sie ebenso plausibel wie viele andere Theorien zum menschlichen Balzverhalten, die gegenwärtig im Angebot sind. Wenn Sie meine Theorie für töricht halten, sollten Sie erst mal einige der anderen lesen.

6. Ramachandran, 1998.

7. Auf den wichtigen Zusammenhang zwischen Humor und Kreativität hat auch der englische Arzt, Dramatiker und Universalgelehrte Jonathan Miller hingewiesen.

8. Die Vorstellung, dass das Lächeln mit der Drohmimik verwandt sei, geht auf Darwin zurück und wird in der Literatur häufig erwähnt. Doch meines Wissens hat noch niemand darauf hingewiesen, dass es die gleiche *logische Form* wie das Lachen hat: Eine abgebrochene Reaktion auf eine potenzielle Bedrohung, wenn sich ein herannahender Fremder als Freund herausstellt.

9. Jede Theorie, die sich anheischig macht, Humor und Lachen zu erklären, muss *alle* folgenden Merkmale berücksichtigen – nicht nur ein oder zwei: erstens die logische Struktur von Witzen und Ereignissen, die Lachen auslösen – das heißt den Input; zweitens den evolutionären Grund, warum der Input diese besondere Form annehmen muss, der Aufbau eines Modells, auf den ein plötzlicher Paradigmenwechsel mit harmlosen Konsequenzen folgt; drittens der geräuschvolle Explosionslaut; viertens die Beziehung zwischen Humor und Kitzeln und wie sich das Kitzeln entwickelt haben könnte (ich vermute, dass es die gleiche logische Form wie der Humor hat, aber eine «spielerische» Einübung des Erwachsenenhumors darstellt); fünftens die neurologischen Strukturen, die beteiligt sind, und wie sich die funktionale Logik des Humors auf der «strukturellen Logik» dieser Hirnstrukturen abbildet; sechstens, ob Humor irgendwelche anderen Funktionen als die evolutionär vorgesehenen hat (so vertreten wir beispielsweise die Auffassung, dass der kognitive Humor des Erwachsenen ein Übungsfeld für Kreativität sein und dazu dienen könnte, potenziell beunruhigende Gedanken zu «entschärfen», gegen die wir sonst nichts ausrichten können); siebtens, warum ein Lächeln ein

«Halblachen» ist und dem Lachen häufig vorausgeht (der Grund ist meiner Meinung nach, dass Humor und Lachen die gleiche logische Form besitzen – Entschärfung einer möglichen Bedrohung –, weil sie sich in Reaktion auf herankommende Fremde entwickelt haben).

Lachen kann auch eine Art soziale Bindung, «gegenseitige Körperpflege», sein, besonders da es häufig in Reaktion auf scheinbare Verletzung sozialer Regeln oder Tabus erfolgt (etwa wenn jemand auf dem Podium einen Vortrag hält und vergessen hat, seinen Hosenschlitz zu schließen). Witze zu erzählen oder jemanden auszulachen kann dem Einzelnen dazu dienen, sich immer wieder die Sitten der sozialen Gruppe zu vergegenwärtigen, zu der er gehört, und sich mit anderen Gruppenmitgliedern über das gemeinsame Wertsystem zu verständigen. (Daher die Beliebtheit ethnischer Witze.)

Der Psychologe Wallace Chafe (1987) hat eine interessante Theorie des Lachens vorgeschlagen, die in gewisser Weise den Gegensatz zu der meinen bildet – wenn er auch die Neurobiologie nicht in Betracht zieht. Die Hauptfunktion des Lachens, sagt er, bestehe darin, den Lachenden außer Gefecht zu setzen – der physische Akt sei so entkräftend, dass er Sie vorübergehend buchstäblich bewegungsunfähig mache und Ihnen gestatte, sich zu entspannen, wenn Sie feststellten, dass die Gefahr nicht real sei. Diese Hypothese sagt mir aus zwei Gründen zu. Erstens, wenn Sie das linke supplementärmotorische Rindenfeld reizen, lösen Sie nicht nur Lachanfälle aus, sondern verurteilen den Patienten auch zur Bewegungslosigkeit; er kann nichts anderes mehr tun (Fried et al., 1998). Zweitens, bei einer seltsamen Störung, der Katalepsie, überkommt den Patienten beim Anhören eines Witzes eine plötzliche Lähmung, sodass er zu Boden fällt, dabei aber bei vollem Bewusstsein bleibt. Es ist denkbar, dass es sich dabei um den «Immobilisierungsreflex» handelt, von dem Chafe spricht. Allerdings erklärt Chafes Theorie nicht, in welcher Beziehung das Lachen zum Lächeln und zum Kitzeln steht oder warum das Lachen seine besondere Form besitzt – diese rhythmischen, geräuschvollen Explosionslaute. Warum erstarren Sie nicht einfach in Ihren Bewegungen wie ein Opossum? Das ist natürlich ein allgemeines Problem der Evolutionspsychologie: Oft lassen sich mehrere plausibel klingende Szenarien für die Evolution eines Merkmals ersinnen, doch es ist schwer, den besonderen Weg nachzuzeichnen, den das Merkmal bei der Entwicklung zu seiner heutigen Erscheinungsform tatsächlich genommen hat.

Wenn ich recht gehe mit meiner Annahme, dass das Lachen sich als ein «Alles-in-Ordnung»- oder «Alles-wird-gut»-Signal der Kommunikation entwickelt hat, dann bleibt noch zu erklären, wie es (neben den typischen

ANMERKUNGEN

Lauten) zu den rhythmischen Kopf- und Körperbewegungen gekommen ist, die das Lachen begleiten. Kann es ein Zufall sein, dass an so vielen anderen angenehmen Tätigkeiten wie Tanzen, Sex und Musik ebenfalls rhythmische Bewegungen beteiligt sind? Könnte es sein, dass sie alle in irgendeiner Weise auf dieselben neuronalen Schaltkreise zurückgreifen? Jacobs (1994) hat vorgeschlagen, dass autistische und normale Kinder möglicherweise deshalb solche Freude an rhythmischen Bewegungen haben, weil solche Bewegungen das serotinerge Raphe-System aktivieren und so die Ausschüttung des «Belohnungstransmitters» Serotonin bewirken. Es fragt sich, ob Lachen denselben Mechanismus aktiviert. Ich weiß von mindestens einem autistischen Kind, dass häufig in unkontrollierbarem, sozial unangemessenem Lachen Erleichterung suchte.

10. Damit möchte ich den Kreationisten keine Munition liefern. Unter diesen «anderen Faktoren» sind Mechanismen zu verstehen, die dem Prinzip der natürlichen Selektion nicht widersprechen, sondern es ergänzen. Es folgen einige Beispiele:

a. Der Zufall – das gute alte Glück – muss eine außerordentliche Rolle in der Evolution gespielt haben. Stellen Sie sich zwei verschiedene Arten vor, die sich genetisch etwas unterscheiden – nennen wir sie Flusspferd A und Flusspferd B – und auf zwei verschiedenen Inseln leben, Insel A und Insel B. Wenn nun ein riesiger Asteroid beide Inseln trifft, ist Flusspferd B vielleicht besser angepasst für Asteroideneinschläge, folglich überlebt es und gibt seine Gene dank der natürlichen Selektion weiter. Genauso gut wäre es aber möglich, dass der Asteroid die Insel B und ihre Flusspferde nicht getroffen hätte. Sagen wir, er hat nur Insel A getroffen und alle Flusspferde A ausgelöscht. Dann haben die Flusspferde B nicht überlebt und ihre Gene weitergegeben, weil sie «asteroidenresistente Gene» hatten, sondern einfach weil sie Glück hatten und der Asteroid sie verfehlt hat.

Diese Überlegung ist so einfach und einleuchtend, dass ich die Einwände, die gegen sie erhoben werden, wirklich erstaunlich finde. Nach meiner Ansicht ist darin die ganze Debatte über die Fossilien von Burgess Shale enthalten. Egal, ob Gould Recht hat im Hinblick auf die besonderen Organismen, die dort entdeckt wurden, an seinem prinzipiellen Argument über die Rolle des Zufalls ist sicherlich nicht zu zweifeln. Das einzige vernünftige Gegenargument wäre der Hinweis auf die vielen Fälle von konvergenter Evolution. Mein Lieblingsbeispiel ist die Evolution der Intelligenz und komplexer Lernarten – wie etwa des Nachahmungslernens –, die sich unabhängig bei Seepolypen und höheren Wirbeltieren vollzogen hat. Wie lässt sich das separate Auftreten solch komplexer Verhaltensmerkmale bei Wirbeltieren und Wirbellosen erklären, wenn der Zufall und nicht die natürliche Selektion die entscheidende Rolle gespielt hat? Folgt daraus nicht, dass sich die Intelligenz abermals entwickeln würde, wenn man die Evolution noch einmal ablaufen ließe? Wenn sie sich zweimal entwickelt hat, warum dann nicht auch dreimal?

Indes, solche Fälle von erstaunlicher Konvergenz bedeuten nicht das Aus für die These von der Bedeutung des Zufalls, denn alles in allem sind sie sehr selten. Die Intelligenz hat sich zweimal, nicht Dutzende von Malen entwickelt. Sogar die scheinbar konvergente Evolution von Augen bei Wirbeltieren und Wirbellosen – etwa den Tintenfischen – ist wahrscheinlich kein echter Fall von Konvergenz, da vor kurzem nachgewiesen wurde, dass die gleichen Gene beteiligt sind.

b. Wenn bestimmte neuronale Systeme ein kritisches Maß von Komplexität erreichen, können sie plötzlich unvorhersehbare Eigenschaften annehmen, die kein direktes Selektionsergebnis sind. Diese Eigenschaften haben nichts Mystisches; es lässt sich mathematisch nachweisen, dass sogar vollständig zufällige Wechselwirkungen diese kleinen Ordnungswirbel aus der Komplexität hervorbringen. Stuart Kauffman, ein theoretischer Biologe am Santa Fe Institute, hat die Auffassung vertreten, dieser Umstand könne die sprunghafte Natur der organischen Evolution erklären – das heißt das plötzliche Auftreten neuer Arten in neuen stammesgeschichtlichen Linien.

c. Die Evolution von morphologischen Merkmalen könnte in erheblichem Maße dem Einfluss von Wahrnehmungsmechanismen unterliegen. Wenn Sie einer Ratte beibringen, ein Quadrat (Seitenverhältnis 1 zu 1) von einem Rechteck (Seitenverhältnis 1 zu 2) zu unterscheiden, und sie nur für das Rechteck belohnen, dann reagiert die Ratte auf ein schmaleres Rechteck (Seitenverhältnis 1 zu 4) heftiger als auf die ursprüngliche Rechteckform, auf die sie dressiert wurde. Dieses paradoxe Ergebnis – der so genannte «Reizkontrast-Effekt» – lässt darauf schließen, dass das Tier eine Regel – Rechteckigkeit – lernt und nicht die Reaktion auf einen einzelnen Reiz. Ich nehme an, dass diese grundlegende Tendenz – in den Sehbahnen aller Tiere verdrahtet – berücksichtigt werden muss bei dem Versuch, das Auftreten neuer Arten und neuer stammesgeschichtlicher Trends zu erklären. Betrachten wir die klassische Frage, wie die Giraffe zu ihrem langen Hals gekommen ist. Nehmen wir an, eine anzestrale Giraffengruppe hätte im Wettbewerb um Nahrungsressourcen, also im Zuge der herkömmlichen darwinistischen Selektion, einen etwas längeren Hals entwickelt. Doch nachdem dieser Trend einmal eingeleitet war, hatte es große Bedeutung für die langhalsigen Giraffen, sich nur mit anderen langhalsigen Giraffen zu paaren, um für die Überlebensfähigkeit und Fruchtbarkeit ihrer Nachkommen zu sorgen. Sobald der längere Hals zu einem unterscheidenden Merkmal der neuen Art geworden war, musste dieses Merkmal in den Sehzentren des Giraffengehirns «verdrahtet» werden, um die Auswahl geeigneter Paarungspartner in die richtigen Bahnen zu lenken. Nachdem die Regel «Giraffe = langer Hals» bei einer Gruppe sich kreuzender Giraffen verdrahtet war, sorgte das Reizkontrast-Prinzip dafür, dass jede Giraffe es vorzog, sich mit dem «giraffenähnlichsten» Individuum zu paaren, dessen es habhaft werden konnte – das heißt mit dem «langhalsigsten» Individuum der Herde. Unter dem Strich führte das zu einer progressiven Zunahme der Allele «langer Hals» in der Population, *auch in Abwesenheit eines spezifischen Selektionsdrucks in der Umwelt.* So ergab sich am Ende eine Giraffenrasse mit jenem Hals von fast grotesk übertriebener Länge, den wir heute sehen.

Dieser Prozess ist eine positive Rückkopplungsschleife, die einen «Verstärkungsfaktor» für jeden bereits vorhandenen Evolutionstrend bedeutet. Durch ihn werden morphologische und verhaltensbestimmte Unterschiede zwischen einer vorhandenen Art und ihren unmittelbaren Vorfahren betont. Dabei ergibt sich die Verstärkung aus einem psychologischen Gesetz und nicht aus einem umweltbedingten Selektionsdruck. Aus der Theorie lässt sich die interessante Vorhersage ableiten, dass es in der Evolution viele Fälle geben müsste, in denen bestimmte Merkmale von Arten zunehmend karikaturhafte Züge annehmen. Solche Tendenzen gibt es; sie lassen sich deutlich in der Evolution von Elefanten, Pferden und Nashörnern erkennen. Wenn wir ihre Evolution nachzeichnen, scheinen sie im Laufe der Zeit immer «mammutartiger», «pferdeartiger» oder «nashornartiger» zu werden.

Diese Idee hat große Ähnlichkeit mit der Erklärung, die Darwin für den Ursprung sekundärer Geschlechtsmerkmale liefert – seine so genannte Theorie der sexuellen Selektion. Danach ist beispielsweise die progressive Vergrößerung des Schwanzes beim männlichen Pfau auf die Vorliebe des Weibchens für Paarungspartner mit großen Schwänzen zurückzuführen. Der entscheidende Unterschied zwischen unserer Hypothese und Darwins Theorie der sexuellen Selektion liegt darin, dass Letztere speziell zur Erklärung der Unterschiede zwischen den Geschlechtern vorgeschlagen wurde, während unsere Idee auch die morphologischen Unterschiede zwischen Arten erklärt. Die Partnerwahl beruht auf der Selektion von Partnern mit ausgeprägteren «Sexualmarkern» (sekundären Geschlechtsmerkmalen) und mit «Artenmarkern» (Erkennungszeichen, an denen sich eine Art von der anderen unterscheiden lässt). Folglich müsste unsere Idee dazu beitragen, die Evolution von *äußeren morpho-logischen Merkmalen im Allgemeinen* und die zunehmende Karikaturi-sierung der Arten zu erklären – und nicht nur die Ausbildung von präch-tigen sexuellen Erkennungszeichen und ethologischen «Auslösern».

Es fragt sich, ob die explosive Vergrößerung von Gehirngröße (und Kopfgröße) in der Hominidenevolution nicht auch auf dieses Prinzip zu-rückgeht. Vielleicht finden wir babyartige Merkmale wie einen unver-hältnismäßig großen Kopf anziehend, weil solche Merkmale gewöhnlich auf einen hilflosen Säugling hinweisen und weil sich Gene, die die Sorge für Säuglinge unterstützen, in jeder Population rasch vermehren würden. Doch sobald dieser Wahrnehmungsmechanismus installiert ist, steht zu erwarten, dass die Köpfe von Säuglingen immer größer und größer wer-den (weil die Gene «großer Kopf» zur stärkeren Ausprägung von Neu-geborenenmerkmalen führen und größere Fürsorge hervorrufen). Das große Gehirn ist dann vielleicht nur eine Zugabe!

In diese lange Liste können wir noch andere Ideen aufnehmen – Lynn Margulis' These, dass symbiotische Organismen miteinander «ver-schmelzen» und sich zu neuen stammesgeschichtlichen Linien entwi-ckeln können. (Beispielsweise haben Mitochondrien ihre eigene DNA, woraus folgt, dass sie möglicherweise als intrazelluläre Parasiten begon-nen haben.) Eine eingehende Beschreibung von Margulis' Ideen würde den Rahmen des vorliegenden Buches sprengen, in dem es schließlich um das Gehirn und nicht die Evolution geht.

Kapitel 11: «Sie haben vergessen, den Zwilling zu entbinden»

1. Diese Geschichte ist die Rekonstruktion eines Falles, über den ur-sprünglich Silas Weir Mitchell berichtet hat. Vgl. Bivin und Klinger, 1937.

2. Christopher Wills hat mir die Geschichte eines namhaften Professors für Geburtshilfe erzählt, der sich von einer Patientin so gründlich hinters Licht führen ließ, dass er sie seinen Assistenzärzten und Studenten bei den Visiten als einen Fall von normaler Schwangerschaft vorstellte. Na-türlich entdeckten die Studenten bei der unglücklichen Frau alle klassi-schen Symptome und Anzeichen der Schwangerschaft. Sie behaupteten sogar, mit ihren glänzenden neuen Stethoskopen den Herzschlag hören zu können – bis einer Studentin der «hervortretende Bauchnabel» auf-fiel. Sie stellte zwar die richtige Diagnose, ging aber auch ein beträchtli-ches Risiko ein, da sie ihren Professor bloßstellte.

ANMERKUNGEN

3. Die Pseudokyese ist eine fossile Krankheit, so selten geworden, dass man sie kaum noch zu Gesicht bekommt. Erstmals hat Hippokrates sie 300 v. Chr. beschrieben. Mary Tudor, Königin von England, hat zweimal darunter gelitten, einmal sogar dreizehn Monate lang. Auch Anna O., eine von Freuds berühmtesten Patientinnen, hatte eine Scheinschwangerschaft. In der neueren medizinischen Literatur werden sogar zwei Transsexuelle beschrieben, die das Syndrom hatten! Zur neueren Literatur über die Pseudokyese vgl. Brown und Barglow, 1971, sowie Starkman et al., 1985.

4. Das follikelstimulierende Hormon (FSH oder Follitropin), das Luteinisierungshormon (LH) und das Prolaktin werden in der vorderen Hypophyse gebildet; sie regulieren den Menstruationszyklus und den Eisprung. FSH bewirkt die Reifung des Ovarialfollikels und LH den Eisprung. Die kombinierte Wirkung von FSH und LH verstärkt die Ausschüttung von Östrogen durch die Eierstöcke und später von Östrogen und Progesteron durch den Gelbkörper (das, was nach dem Eisprung vom Follikel zurückbleibt). Auch das Prolaktin wirkt auf den Gelbkörper ein, veranlasst ihn, Östrogen und Progesteron zu sezernieren, und hindert ihn an der Rückbildung (wodurch die Menstruation nach Befruchtung der Eizelle vermieden wird).

5. Zur Wirkung von Suggestion auf Warzen vgl. Spanos, Stenstrom und Johnston, 1988. Zu einem Bericht über einseitige Warzenrückbildung vgl. Sinclair-Gieben und Chalmers, 1959.

6. Vgl. Ader, 1981, sowie Friedman, Klein und Friedman, 1996.

7. Hypnose ist ein schönes Beispiel. Das ist ein Thema, mit dem man sich manchmal sogar in höchst konservativen schulmedizinischen Kreisen beschäftigt, und doch ist jedes Mal, wenn man es auf wissenschaftlichen Tagungen erwähnt, ein unbehagliches Füßescharren zu hören. Obwohl die Hypnose auf eine ehrwürdige Tradition zurückblicken kann und bis zu Jean Martin Charcot, einem Gründungsvater der modernen Neurologie, zurückreicht, scheint sie bei den Vertretern der Zunft eigenartig zwiespältige Gefühle auszulösen. Auf der einen Seite wird sie durchaus als real anerkannt, andererseits aber doch auf die Armesünderbank der «Außenseitermedizin» verbannt. Wenn die rechte Seite eines normalen Menschen infolge einer hypnotischen Suggestion zeitweilig gelähmt sei, dann habe dieser Mensch, so behauptete Charcot, auch Probleme mit der Sprache.

Daraus folgt, dass die Trance Hirnmechanismen in der linken Hemisphäre hemmt (erinnern wir uns, dass die Sprache in der linken Hirnhälfte lokalisiert ist). Eine entsprechend trancebedingte Lähmung der linken Körperseite ruft laut Charcot keine Sprachprobleme hervor. Wir haben versucht, diese Ergebnisse bei uns im Labor zu wiederholen, doch ohne Erfolg.

Die entscheidende Frage bezüglich der Hypnose lautet, ob sie einfach eine erweiterte Form des «Rollenspiels» ist (bei dem Sie vorübergehend ihre Ungläubigkeit außer Kraft setzen, wie Sie es auch beim Anschauen eines Horrorfilms tun) oder ob sie ein grundsätzlich anderer geistiger Zustand ist.

Richard Brown, Eric Altschuler, Chris Foster und ich versuchen gerade, eine Antwort auf diese Frage zu finden, indem wir eine Technik verwenden, die man als Stroop-Interferenz bezeichnet. Die Wörter «Rot» und «Grün» werden entweder in der richtigen Farbe gedruckt (rote Tinte für das Wort «Rot», grüne Tinte für «Grün») oder mit umgekehrten Farben (das Wort «Grün» in roter Tinte). Wird eine normale Versuchsperson aufgefordert, nur die Farbe der Tinte zu nennen und das Wort nicht zu beachten, so verzögert sich ihre Antwort beträchtlich, wenn Wort und Farbe einander nicht entsprechen. Offenbar ist sie unfähig, das Wort willkürlich zu ignorieren, daher interferiert das Wort mit der Farbbenennung (Stroop-Interferenz). Nun stellt sich die Frage, was geschehen würde, wenn man einer Versuchsperson die hypnotische Suggestion eingeben würde, sie sei eine geborene Chinesin, die das englische Alphabet nicht kenne, aber Farben benennen könne. Würde das die Stroop-Interferenz plötzlich beseitigen? Dieser Test würde ein für alle Mal beweisen, dass die Hypnose real ist – kein Rollenspiel –, denn in diesem Fall könnte die Versuchsperson das Wort auf keinen Fall willkürlich ignorieren. (Einer «Kontrollperson» könnte man einfach eine erhebliche Geldbelohnung bieten für den Fall, dass es ihr willkürlich gelingen sollte, die Interferenz zu überwinden.)

8. Die Placeboreaktion ist ein viel geschmähtes, aber kaum verstandenes Phänomen. Tatsächlich hat der Ausdruck in der klinischen Medizin eine pejorative Bedeutung angenommen. Stellen Sie sich vor, Sie testen ein neues Schmerzmittel gegen Rückenschmerzen. Nehmen Sie weiter an, dass es keine spontane Besserung gibt. Um die Wirksamkeit des Präparats zu beurteilen, verabreichen Sie das Mittel hundert Patienten und beobachten, dass, sagen wir, bei neunzig Patienten Besserung eintritt. In einem kontrollierten klinischen Versuch ist es üblich, einer Vergleichs-

ANMERKUNGEN

gruppe von ebenfalls hundert Patienten (natürlich ohne deren Wissen) eine Scheinpille – eben ein Placebo – zu geben, um zu sehen, welcher Anteil von ihnen einfach durch den Glauben an das Mittel eine Besserung verspürt. Wenn nur 50 Prozent (und nicht 90 Prozent) eine Besserung registrieren, ist die Schlussfolgerung gerechtfertigt, dass es sich bei dem Präparat tatsächlich um ein wirksames Schmerzmittel handelt.

Doch wenden wir uns nun den rätselhaften 50 Prozent zu, die sich aufgrund des «Placebos» besser fühlen. Woher kommt diese Besserung? Vor etwa zehn Jahren hat man gezeigt, dass diese Patienten schmerzlindernde chemische Substanzen, so genannte Endorphine, freisetzen (tatsächlich lässt sich die Wirkung des Placebos in einigen Fällen durch Naloxon, ein Mittel, das Endorphine hemmt, verhindern).

Eine hochinteressante, aber weit gehend unerforschte Frage betrifft die Spezifität der Placeboreaktion, eine Frage, für die sich unser Institut seit neuestem sehr interessiert. Wir erinnern uns, dass in der Kontrollgruppe nur 50 Prozent der Patienten Besserung verspürten. Hat diese Gruppe etwas Besonderes? Was wäre, wenn dieselben hundert Patienten (die gegen ihre Schmerzen ein Placebo bekommen haben) nach einigen Monaten eine Depression bekämen und Sie ihnen daraufhin ein «neues» Placebo gäben – mit dem Hinweis, es handle sich um ein sehr wirksames neues Antidepressivum? Würden nun dieselben fünfzig Patienten Besserung verspüren, oder träte die Besserung bei einer anderen Untergruppe von Patienten ein, die sich nur teilweise mit der ersten überschnitte? Mit anderen Worten, gibt es so etwas wie einen «Placebo-Responder», also einen Typus, der besonders empfänglich auf solche Scheinmittel reagiert? Ist die Reaktion spezifisch im Hinblick auf die Krankheit, das Präparat, die Person oder alle drei? Überlegen Sie einmal, was geschähe, wenn dieselben hundert Patienten nach einem Jahr erneut Schmerzen bekämen und Sie ihnen abermals das Placebo «Schmerzmittel» verabreichten. Würden dieselben fünfzig Personen Besserung verspüren, oder wäre es eine neue Gruppe von Patienten? Eine solche Studie führen gegenwärtig Dr. Eric Altschuler und ich durch.

Es sind noch weitere Aspekte der Placebospezifität zu untersuchen. Stellen Sie sich vor, ein Patient bekommt gleichzeitig eine Migräne und ein Magengeschwür. Daraufhin verabreichen Sie ihm ein Placebo und teilen ihm mit, es handle sich um ein neues Mittel gegen Magengeschwüre. Verschwände unter diesen Umständen nur der Schmerz des Magengeschwürs (was den Gedanken nahe legte, dass Sie es mit einem «Placebo-Responder» zu tun hätten), oder würde sein Gehirn derart mit Endorphinen überschwemmt, dass der Migräneschmerz zusätzlich entfiele? Das hört sich zwar unwahrscheinlich an, doch wenn schmerzstillende Neurotransmitter, wie zum Beispiel Endorphine, im Gehirn diffus ausgeschüttet würden, könnte der Patient auch von anderen Schmerzen befreit werden, obwohl sein Glaube sich nur auf das Magengeschwür erstreckte. Faszinierend ist natürlich die Frage, wie komplizierte Überzeugungen so übersetzt werden, dass die primitiven Gehirnmechanismen, die für den Schmerz zuständig sind, sie verstehen können.

9. Ein Überblick zum Thema der multiplen Persönlichkeit findet sich bei Birnbaum und Thompson, 1996.
    Zu Augenveränderungen vgl. Miller, 1989.

Kapitel 12: Sehen Marsmenschen Rot?

1. Zu einer verständlichen Einführung in die Probleme des Bewusstseins vgl. Humphrey, 1992; Searle, 1992; Dennet, 1991; P. Churchland, 1986; P. M. Churchland, 1993; Galin, 1992; Baars, 1997; Block, Ramachandran und Hirstein, 1997; Penrose, 1989.
    Die Idee, das Bewusstsein – insbesondere die Selbstbeobachtung – habe sich vor allem entwickelt, um uns zu erlauben, die Gedanken anderer Menschen zu simulieren (was kürzlich zur beliebten These vom Modul für die «Theorie fremder Gedanken» geführt hat), wurde erstmals von Nick Humphrey vorgeschlagen, und zwar auf einer Tagung, die ich vor über zwanzig Jahren in Cambridge organisiert habe.

2. Ein weiteres, ganz anderes Übersetzungsproblem ergibt sich zwischen dem Code oder der Sprache der linken Hemisphäre und der der rechten (vgl. Anmerkung 16, Kapitel 7).

3. Einige Philosophen sind von dieser Möglichkeit vollkommen verblüfft, aber sie ist nicht rätselhafter als der Umstand, dass Sie durch Anschlagen des Ellennervs am Ellbogen vollkommen neuartige, «elektrisch vibrierende» Qualia hervorrufen können, auch wenn Sie noch nie etwas dergleichen gespürt haben (oder der erste Orgasmus, den ein Junge oder Mädchen erlebt).

4. Damit lässt sich jetzt ein altes philosophisches Rätsel, das auf David Hume und William Molyneux zurückgeht, naturwissenschaftlich lösen. Bei Forschungsarbeiten an den National Institutes of Health hat man die Sehrinde blinder Menschen mit Hilfe von Magneten stimuliert, um zu se-

hen, ob die Sehbahnen degeneriert oder reorganisiert waren. Mit ähnlichen Experimenten haben wir auch hier an der University of California in San Diego begonnen. Doch meines Wissens ist die Frage, ob jemand ein Quale – eine subjektive Empfindung – erleben kann, das vollkommen neu ist für ihn, noch nie einer empirischen Überprüfung unterzogen worden.

5. Die bahnbrechenden Experimente auf diesem Gebiet wurden durchgeführt von Singer, 1993, und Gray und Singer, 1989.

6. Manchmal wird – aus ökonomischen Gründen – die Auffassung vertreten, dass für eine vollständige Beschreibung der Hirnfunktionen keine Qualia erforderlich seien, doch ich bin anderer Meinung. Ockhams Rasiermesser – das Prinzip, dem zufolge die *einfachste* von mehreren miteinander konkurrierenden Theorien komplexeren Erklärungen unbekannter Phänomene vorzuziehen sei – ist eine nützliche Faustregel, kann aber manchmal auch recht hinderlich für den wissenschaftlichen Fortschritt sein. In den meisten Fällen beginnt das wissenschaftliche Unterfangen mit einer kühnen Vermutung über das, was wahr sein könnte. Beispielsweise war die Entdeckung der Relativitätstheorie nicht der Anwendung von Ockhams Rasiermesser auf das damalige Wissen vom Universum zu verdanken. Vielmehr ergab sich die Entdeckung aus der Ablehnung von Ockhams Rasiermesser und der Frage, was wäre, wenn eine höhere Verallgemeinerung zuträfe. Diese Frage war aufgrund der verfügbaren Daten nicht notwendig, lieferte aber unerwartete Vorhersagen (die sich später dann doch als sparsam herausstellten). Ironischerweise erwachsen die meisten wissenschaftlichen Entdeckungen nicht daraus, dass man Ockhams Rasiermesser schwingt oder schärft – trotz der gegenteiligen Auffassung, die die große Mehrheit der Wissenschaftler und Philosophen vertritt –, sondern daraus, dass man scheinbar zufällige und ontologisch wahllose Vermutungen vorbringt, die sich nicht zwingend aus den vorliegenden Daten ergeben.

7. Nehmen Sie bitte zur Kenntnis, dass ich den Ausdruck «Ausfüllen» in einem streng metaphorischen Sinn verwende – einfach, weil es mir an einem besseren Ausdruck gebricht. Ich möchte Ihnen nicht den Eindruck vermitteln, dass hier eine punktgenaue Wiedergabe des visuellen Bildes auf einem inneren neuronalen Bildschirm stattfindet. Andererseits lehne ich Dennetts Behauptung ab, dass es keine «neuronale Maschinerie» gebe, die dem blinden Fleck entspreche. Jedem blinden Fleck eines Auges

entspricht nämlich ein kleines Kortexgebiet, das einen Input vom anderen Auge sowie aus der Umgebung des blinden Flecks des eigenen Auges erhält. Was wir unter «Ausfüllen» verstehen, ist einfach Folgendes: dass wir buchstäblich visuelle Reize (wie Muster und Farben) in einer Region des Gesichtsfeldes entstehen sehen, wo es in Wirklichkeit keinen visuellen Input gibt. Das ist eine rein deskriptive, theorieneutrale Definition des Ausfüllens, bei der man keine Homunkuli, die Bildschirme betrachten, beschwören – oder entsorgen – muss. Nach unserer Auffassung leistet das Sehsystem dieses Ausfüllen nicht, um einen Homunkulus zu bedienen, sondern um einige Aspekte der Information der nächsten Verarbeitungsebene zugänglich zu machen.

8. Tovee, Rolls und Ramachandran, 1996. Wenn zwei vollständig verschiedene «Ansichten» dieses Hundes in rascher Folge dargeboten werden, können naive Versuchspersonen, wie Kathleen Armel, Chris Foster und ich vor kurzem gezeigt haben, nur chaotische, unzusammenhängende Bewegungen der Flecken erkennen, doch sobald sie einmal den Hund wahrgenommen haben, sehen sie ihn in der angemessenen Weise springen oder sich drehen – was die Bedeutung der «Top-down»-Objekterkenntnis für die Bewegungswahrnehmung unterstreicht (vgl. Kapitel 5).

9. Manchmal werden die Qualia durcheinander gewürfelt, was zu einer faszinierenden Störung führt, der Synästhesie, bei der der Betroffene eine Form buchstäblich schmeckt oder in einem Ton eine Farbe wahrnimmt. Ein Patient, der unter Synästhesie litt, hatte beispielsweise behauptet, Hähnchenfleisch habe einen eindeutig «spitzen» Geschmack, und erklärte seinem Arzt Dr. Richard Cytowic: «Ich habe erwartet, dass dieses Hähnchen spitz schmeckt, stattdessen war es ganz rund ... na ja, ich meine, es war fast kugelförmig; ich kann es nicht servieren, wenn es keine Spitzen hat.» Ein anderer Patient behauptete, für ihn habe der Buchstabe «U» eine gelblich braune Färbung, der Buchstabe «N» hingegen einen glänzenden ebenholzschwarzen Farbton. Einige Synästhetiker begreifen dieses Verschmelzen der Sinneserfahrungen als eine künstlerische Chance und nicht als Krankheit.

Manche Fälle von Synästhesie sind etwas zweifelhaft. Jemand behauptet, er sehe einen Laut und schmecke eine Farbe, doch dann erweist sich, dass es sich nur um metaphorische Äußerungen handelt – etwa so, wie wir alle von einem scharfen Geschmack, einer bitteren Erinnerung oder einem stumpfen Laut sprechen (bedenken Sie, dass bei dieser seltsamen

Störung die Grenze zwischen metaphorischer und wörtlicher Bedeutung außerordentlich verschwimmt). Meine Doktorandin Kathleen Armel und ich haben unlängst einen Patienten namens John Hamilton untersucht, der bis zum Alter von fünf Jahren relativ normal sah, dann aber infolge einer pigmentösen Retinopathie eine zunehmende Verschlechterung seiner Sehfähigkeit erlitt und mit vierzig Jahren vollständig erblindete. Nach ungefähr zwei bis drei Jahren bemerkte John, dass immer dann, wenn er Dinge berührte oder einfach Blindenschrift las, lebhafte visuelle Vorstellungen auftraten – Lichtblitze, rhythmische Halluzinationen und manchmal auch die tatsächliche Form der berührten Objekte. Diese Vorstellungen waren sehr hartnäckig, hinderten ihn am Lesen und beeinträchtigten seine Fähigkeit, Objekte durch Berührung zu erkennen. Wenn Sie oder ich die Augen schließen und ein Lineal berühren, halluzinieren wir keines, obwohl wir vielleicht eines vor unserem geistigen Auge visualisieren. Der Unterschied liegt wieder darin, dass die bildliche Vorstellung des Lineals Ihrem Gehirn nützlich ist, da sie vorläufig und widerrufbar – also Ihrer Kontrolle unterworfen – ist, während Johns Halluzinationen häufig irrelevant und stets unwiderruflich und störend sind. Er vermag sich nicht gegen sie zu wehren, daher sind sie für ihn unechte und störende Ärgernisse. Anscheinend werden die taktilen Signale, die in Johns somatosensorischen Feldern – seiner Penfield-Karte – eintreffen, den ganzen Weg zurückgeschickt zu seinen brachliegenden und nach Input hungernden visuellen Feldern. Die Idee mag ein bisschen radikal erscheinen, aber sie lässt sich mit den modernen bildgebenden Verfahren überprüfen.

Interessanterweise wird Synästhesie manchmal auch bei Temporallappenepilepsie beobachtet, was darauf schließen lässt, dass die Verschmelzung von Sinnesmodalitäten nicht nur (wie oft behauptet) im *Gyrus angularis* stattfindet, sondern auch in bestimmten limbischen Strukturen.

10. Diese Frage tauchte in einem Gespräch zwischen Mark Hauser und mir auf.

11. Searle, 1992.

12. Jackendorf, 1987.

13. Unter Umständen sagt der Patient auch: «Das ist es; endlich erkenne ich die Wahrheit. Ich habe keine Zweifel mehr.» Es liegt sicherlich eine gewisse Ironie darin, dass unser Urteil über absolute Wahrheit oder Un-

richtigkeit eines Gedankens offenbar nicht so sehr von dem aussagenlogischen Sprachsystem abhängt, das so viel Wert darauf legt, schlüssig
und unfehlbar zu sein, sondern von sehr viel primitiveren limbischen
Strukturen, die die Gedanken mit so etwas wie emotionalen Qualia aus-
statten, wodurch die Gedanken eine « Aura der Wahrheit » erhalten. (Das
könnte erklären, warum dogmatische Behauptungen von Priestern und
Wissenschaftlern so resistent gegen alle logischen Einwände sind!)

14. Damasio, 1994.

15. Ich drücke mich hier natürlich rein metaphorisch aus. An irgendeinem Punkt der wissenschaftlichen Entwicklung muss man die Metaphern aufgeben oder verbessern und sich dem tatsächlichen Mechanismus zuwenden – man muss zur Sache selbst kommen. Doch in einer
wissenschaftlichen Disziplin, die noch in ihren Kinderschuhen steckt,
sind Metaphern häufig nützliche Fingerzeige. (Beispielsweise haben die
Naturforscher im 17. Jahrhundert häufig vom Licht als Teilchen oder
Welle gesprochen. Beide Metaphern waren so lange nützlich, bis sie in die
höhere Theorie der Quantenmechanik eingingen. Sogar das Gen – das
unabhängige Teilchen der primitiven Vererbungslehre – ist noch heute
ein brauchbares Wort, obwohl es im Laufe der Jahre seine Bedeutung
grundlegend verändert hat.)

16. Zu einer aufschlussreichen Erörterung des akinetischen Mutismus
vgl. Bogen, 1995, und Plum, 1882.

17. Dennett, 1991.

18. Trivers, 1985.

LITERATUR

Adamec, R. E. 1989. «Kindling, Anxiety, and Personality». In: T. G. Bowlig and M. R. Trimble (Hg.). *The Clinical Relevance of Kindling.* Chichester: Wiley, S. 117–135.

Ader, R. (Hg.). 1981. *Psychoneuroimmunology.* New York: Academic Press.

Aglioti, S. A., A. Bonazzi und *F. Cortese.* 1994. «Phantom Lower Limb as a Perceptual Marker for Neural Plasticity in the Mature Human Brain». *Proceedings of the Royal Society* (London) [Biol], 255, S. 273–278.

Aglioti, S. A., J. DeSouza und *M. Goodale.* 1995. «Size Contrast Illusions Deceive the Eye but Not the Hand». *Curr Biol,* 5, S. 679–685.

Aglioti, S. A., N. Smania, A. Atzei und *G. Berlucchi.* 1997. «Spatio-Temporal Properties of the Pattern of Evoked Phantom Sensations in a Left Index Amputee Patient». *Behav Neuro,* 111(5), S. 867–872.

Albright, T. D. 1995. «Visual Motion Perception». *Proc Nati Acad Sci USA,* 92(7), S. 2433–2440.

Alley, T. R. und *K. A. Hildebrandt.* 1988. In: T. R. Alley (Hg.), *Social and Applied Aspects of Perceiving Faces.* Hillsdale, NJ: Lawrence Erlbaum.

Allman, J. M. und *J. H. Kass.* 1971. «Representation of the Visual Field in Striate and Adjoining Cortex of the Owl Monkey». *Brain Res,* 35, S. 89–106.

Avery, O. T., C. M. Macleod und *M. McCarty.* 1944. «Studies on the Chemical Nature of the Substance Inducing Transformation of the Pneumococcal Types». *J Exp Med,* 79, S. 137–158.

Baars, B. 1988. *A Cognitive Theory of Consciousness.* New York: Cambridge University Press.

Baars, B. 1997. *Das Schauspiel des Denkens.* Stuttgart: Klett-Cotta, 1998.

Babinski, M. J. 1914. «Contribution a l'étude des troubles mentaux dans l'hemiplegie organique cérébrale». *Rev Neural,* 1, S. 845–848.

Bach-y-Rita, P. 1995. *Non-Synaptic Diffusion Neurotransmission and Late Brain Reorganization.* New York: Demos.

Baddeley, A. D. 1986. *Working Memory.* Oxford: Churchill Livingstone.

Baddeley, A. D. 1994. «When Implicit Learning Fails: Amnesia and the Problem of Error Elimination». *Neuropsychologia,* 32, S. 53–69.

Baddeley, A. D. 1995. «The Psychology of Memory Disorders». In: A. D. Baddeley, B. A. Wilson und F. N. Watts (Hg.), *Handbook of Memory Disorders*. Chichester: Wiley, S. 3–25.

Bancaud, J., F. Brunet-Bourgin, P. Chavel und *E. Halgren*. 1994. «Anatomical Origin of Deja Vu and Vivid ‹Memories› in Human Temporal Lobe Epilepsy». *Brain,* 127, S. 71–90.

Barkow, J. H., L. Cosmides und *J. Tooby*. 1992. *The Adapted Mind*. New York: Oxford University Press.

Barlow, H. B. 1987. «The Biological Role of Consciousness». *Mindwaves,* S. 361–381. Oxford: Basil Blackwell.

Baron-Cohen, S. 1995. *Mindblindness*. Cambridge, MA: MIT Press.

Bartlett, F. C. 1932. *Remembering*. Cambridge: Cambridge University Press.

Basbaum, A. I. 1996. «Memories of Pain». *Sci Am Med,* 22–31. Bates, E., und J. Elman. 1996. «Learning Rediscovered.» *Science,* 274 (5294), S. 1849–1850.

Bauer, R. M. 1984. «Autonomic Recognition of Names and Faces in Prosopagnosia». In: H. D. Ellis, M. A. Jeeves, F. Newcombe und A. W. Young (Hg.), *Aspects of Face Processing*. Dordrecht: Nijhoff.

Bear, D. M. und *P. Fedio*. 1977. «Quantitative Analysis of Interictal Behavior in Temporal Lobe Epilepsy». *Arch Neuro,* 34, S. 454–467.

Benson, F. 1997. In: T. Feinberg und M. Farah (Hg.), *Behavioral Neurology and Neuropsychology*. New York: McGraw-Hill.

Bever, T. G. und *R. S. Chiarello*. 1994. «Cerebral Dominance in Musicians and Non-musicians». *Science,* 185, S. 537–539.

Birnbaum, M. H. und *K. Thompson*. 1996. «Visual Function in Multiple Personality Disorder». *J Am Optom Assoc,* 67, S. 327–334.

Bisiach, E. und *C. Luzatti*. 1978. «Unilateral Neglect of Representational Space». *Cortex,* 14, S. 129–133.

Bisiach, E., M. L. Rusconi und *G. Vallar*. 1992. «Remission of Somatophrenic Delusion Through Vestibular Stimulation». *Neuropsychologia,* 29, S. 1029–1031.

Bivin, G. D. und *M. P. Klinger*. 1937. *Pseudocyesis*. Bloomington, IN: Principia Press.

Blakemore, C. 1977. *Mechanics of the Mind*. Cambridge: Cambridge University Press.

Block, N. 1995. «On a Confusion about a Function of Consciousness». *Behav Brain Sci,* 18, S. 227–247.

Block, N. 1997. The Nature of Consciousness: Philosophical Debates. Cambridge, MA: MIT Press.

LITERATUR

Bogen, J. E. 1975. «The Other Side of the Brain». *UCLA Educ,* 17, S. 24–32.

Bogen, J. E. 1995. «On Neurophysiology of Consciousness. Part II. Constraining the Semantic Problem». *Consciousness Cognition,* 4, S. 53–62.

Bonnet, C. 1760. *Essai Analyttique sur les facultés de l'âme.* Geneve: Philbert.

Borsook, B., S. Fishman, L. Becerra, A. Edwards, M. Stojanovic, H. Breiter, V. S. Ramachandran et al. 1997. «Acute Plasticity in Human Somatosensory Cortex Following Amputation». *Soc Neurosci Abstr,* 1(173.1), S. 438.

Botvinik, M. und J. Cohen. 1988. «Rubber Hands Feel Touch That Eyes See». *Nature,* 391, S. 756.

Brain, W. R. 1941. «Visual Distortion with Special Reference to the Regions of the Right Hemisphere». *Brain,* 64, S. 244–272.

Brothers, L. 1997. *Friday's Footprint.* New York: Oxford University Press.

Brown, E. und P. Barglow. 1971. «Pseudocyesis». *Arch Gen Psych,* 24, S. 221–229.

Bruens, J. H. 1971. «Psychosis in Epilepsy.» *Psychiatr Neural Neurochir,* 74, S. 175–192.

Caccace, A. T., T. J. Lovely, D. R. Winetr, S. M. Parnes und D. J. McFarland. 1994. «Auditory Perceptual and Visual-Spatial Characteristics of Gaze Evoked Tinnitus». *Audiology,* 33, S. 291–303.

Calford, M. 1991. «Curious Cortical Change». *Nature,* 352, S. 759–760.

Capgras, J. und J. Reboul-Lachaux. «L'illusion des ‹sosies› dans un délire systématise chronique». *Bull Soc Clin Med Mentale,* 2, S. 6–16.

Cappa, S., R. Sterzi, G. Vallar und E. Bisiach. 1987. «Remission of Hemineglect and Anosognosia after Vestibular Stimulation». *Neuropsychologia,* 25, S. 755–782.

Chafe, W. 1987. «Humor as a Disabling Mechanism». *Am Behav Sci,* 30, S. 16–26.

Churchland, P. S. 1986. *Neurophilosophy.* Cambridge, MA: MIT Press.

Churchland, P. M. 1993. *Matter and Consciousness.* Cambridge, MA: MIT Press.

Churchland, P. M. 1996. *The Engine of Reason, the Seat of the Soul.* Cambridge, MA: MIT Press.

Churchland, P. M. 1996. *Die Seelenmaschine. Eine philosophische Reise ins Gehirn.* Heidelberg: Spektrum Akademischer Verlag, 1997.

Churchland, P. S., V. S. Ramachandran und T. Sejnowski. 1994. In: C. Koch und J. L. Davis (Hg.), *A Critique of Pure Vision in Lory Scale Neuronal Theorys of the Brain.* Cambridge, MA: MIT Press.

Clarke, S., L. Regli, R. C. Janzer, G. Assal und *N. de Tribolet.* 1996. «Phantom Face: Conscious Correlate of Neural Reorganization after Removal of Primary Sensory Neurons». *Neuroreport,* 7, S. 2853–2857.

Cohen, L., S. Bandinell, T. Findlay und *M. Hallet.* 1991. «Motor Reorganization after Upper Limb Amputation in Man». *Brain,* 114, S. 615–627.

Cohen, M. S., S. M. Kosslyn und *H. C. Breiter.* 1996. «Changes in Cortical Activity during Mental Rotation: A Mapping Study Using Functional MRI». *Brain,* 119, S. 89–100.

Corballis, M. 1991. *The Lopsided Ape.* New York: Oxford University Press.

Corkin, S. 1968. «Acquisition of Motor Skill after Bilateral Medial Temporal Lobe Excision». *Neuropsychologia,* 6, S. 255–265.

Cowey, A. und *P. Stoerig.* 1991. «The Neurobiology of Blindsight». *Trends Neurosci,* 29, S. 65–80.

Cowey, A. und *P. Stoerig.* 1992. In: D. Milner und M. D. Rugg (Hg.), *Reflections on Blindsight: The Neuropsychology of Consciousness.* London: Academic Press, S. 11–37.

Crick, F. H. C. 1993. *Was die Seele wirklich ist. Die naturwissenschaftliche Erforschung des Bewußtseins.* Reinbek: Rowohlt, 1997.

Crick, F. und *C. Koch.* 1995. «Are We Aware of Neural Activity in Primary Visual Cortex?». *Nature,* 375, S. 121–123.

Critchley, M. 1962. «Clinical Investigation of Disease of the Parietal Lobes of the Brain». *Med Clin North Am,* 46, S. 837–857.

Critchley, M. 1966. *The Parietal Lobes.* New York: Hafner.

Cronholm, B. 1951. «Phantom Limbs in Amputees: A Study of Changes in the Integration of Centripetal Impulses with Special Reference to Referred Sensations». *Acta Psychiatr Neural Scand,* Suppi 72, S. 1–310.

Cutting, J. 1978. «Study of Anosognosia». *J Neural Neurosurg Psychiatry,* 41, S. 548–555.

Cytowic, R. 1989. *Synaesthesia.* Heidelberg: Springer Verlag.

Cytowic, R. 1995. *The Neurological Side of Neuropsychology.* Cambridge, MA: Bradford Books.

Daly, M. und *M. Wilson.* 1983. *Sex, Evolution, and Behavior.* Boston: Willard Grant.

Damasio, A. 1994. *Descartes' Irrtum.* München: List, 1995.

Damasio, A. R., H. Damasio und *G. W. van Hoesen.* 1982. «Prosopagnosia: Anatomic Basis and Behavioral Mechanisms». *Neurology,* 32, S. 331–341.

Damasio, A. R. 1985. «Prosopagnosia». *Trends Neurosci,* 8, S. 132–135.

Darwin, C. 1871. *Die Abstammung des Menschen.*

LITERATUR

Dawkins, R. 1976. *Das egoistische Gen.* Heidelberg: Springer, 1978.

Dehaene, S. 1997. Der Zahlensinn oder warum wir rechnen können. Basel: Birkhäuser, 1999.

Dennett, D. 1995. *Darwins gefährliches Erbe. Die Evolution und der Sinn des Lebens.* Hamburg: Hoffmann und Campe, 1997.

DeWeerd, P., R. Gattass, R. Desimone und *L. G. Ungerleider.* 1995. «Responses of Cells in Monkey Visual Cortex During Perceptual Filling-in of an Artificial Scotoma». *Nature,* 377, S. 731–734.

Dewhurst, K. und *A. W. Beard.* 1970. «Sudden Religious Conversion in Temporal Lobe Epilepsy». *Br J Psychiatry,* 117, S. 497–507.

DeYoe, E. A. und *D. C. Van Essen.* 1985. «Segregation of Efferent Connections and Receptive Fields in Visual Area V2 of the Macaque». *Nature,* 317, S. 58–61.

Edelman, G. M. 1989. *The Remembered Present.* New York: Basic Books.

Eisley, L. 1958. *Darwin's Century.* New York: Doubleday.

Ekman, P. 1975. *Unmasking the Face: Guide to Recognizing Emotions from Facial Clues.* Englewood Cliffs, NJ: Prentice-Hall.

Ekman, P. 1992. «Are There Basic Emotions?». *Psychol Rev,* 99, S. 550–553.

Erdelyi, M. 1985. *Psychoanalysis.* New York: W. H. Freeman.

Farah, M. J. 1989. «The Neural Basis of Visual Imagery». *Trends Neurosci,* 10, S. 395–399.

Farah, M. 1991. *Visual Amnesia.* Cambridge, MA: MIT Press.

Feinberg, T. und *M. Farah.* 1997. *Behavioral Neurology and Neuropsychology.* New York: McGraw-Hill.

Flanagan, O. 1991. *The Science of the Mind.* Cambridge, MA: Bradford Books.

Flor, H., T. Elbert, S. Knetch, C. Wienbruch, C. Pantev, N. Birbaumer, W. Larbig und *E. Taub.* 1995. «Phantom Limb as a Perceptual Correlate of Cortical Reorganization Following Arm Amputation». *Nature,* 375, S. 482–484.

Florence, S. L. und *J. H. Kaas.* 1995. «Large-Scale Reorganization at Multiple Levels of the Somatosensory Pathway Follows Therapeutic Amputation of the Hand in Monkeys». *J Neurosci,* 15, S. 8083–8095.

Flor-Henry, P., L. T. Yeudall, Z. J. Koles und *B. G. Howarth.* 1979. «Neuropsychological and Power Spectral EEG Investigations of the Obsessive-Compulsive Syndrome». *Biol Psychiatry,* 14, S. 99–130.

Flanagan, J. 1983. *Modularity of Mind.* Cambridge, MA: MIT Press.

Frackowiak, R. S. J., K. J. Friston und *C. Frith.* 1997. *Human Brain Function.* New York: Academic Press.

Freud, A. 1946. *Das Ich und die Abwehrmechanismen*. München: Kindler, 1980.

Freud, S. 1960. *Gesammelte Werke*, Bd. 1–18. Frankfurt: Fischer.

Fried, I., C. Wilson, K. MacDonald und E. Behnke. 1998. «Electric Current Stimulates Laughter». *Nature*, 391, S. 850.

Friedman, H., T. Klein und A. Friedman. 1996. *Psychoneuroimmunology, Stress and Infection*. Boca Raton, FL: CRC Press.

Frith, C. D. und R. J. Dolan. 1997. «Abnormal Beliefs: Delusions and Memory». Referat auf der Harvard-Tagung über Gedächtnis und Überzeugung vom Mai 1997.

Fuster, J. M. 1980. *The Prefrontal Cortex: Anatomy, Physiology, and Neurophysiology of the Frontal Lobe*. New York: Raven Press.

Gabrieli, J. D. E., W. Milberg, M. M. Keane und S. Corkin. 1990. «Intact Priming of Patterns Despite Impaired Memory». *Neuropsychologia*, 28, S. 417–428.

Gainotti, G. 1972. «Emotional Behavior and Hemispheric Side of Tension». *Cortex*, 8, S. 41–55.

Galin, D. 1974. «Implications for Psychiatry of Left and Right Cerebral Specialization». *Arch Gen Psychiatry*, 31, S. 572–583.

Galin, D. 1976. «Two Modes of Consciousness in the Two Halves of the Brain». In: P. R. Lee, R. E. Omstein und D. Galin (Hg.), *Symposium on Consciousness*. New York: Viking Press.

Galin, D. 1992. «Theoretical Reflections of Awareness, Monitoring and Self in Relation to Anosognosia». *Consciousness Cognition*, 1, S. 152–162.

Gallen, C. C., D. F. Sobel, T. Waltz, M. Aung, B. Copeland, B. J. Schwartz, B. C. Hirschkoff und F. E. Bloom. 1993. «Noninvasive Neuromagnetic Mapping of Somatosensory Cortex». *Neurosurgery*, 33, S. 260–268.

Gardner, H. 1993. In: E. Perecman (Hg.), *Cognitive Processing in the Right Hemisphere*. New York: Academic Press.

Gastaut, H. 1956. «Étude électroclinique des épisodes psychotiques survenant en dehors de crises cliniques: chez les épileptiques». *Rev Neural*, 94, S. 587–594.

Gazzaniga, M. 1992. *Nature's Mind*. New York: Basic Books.

Gazzaniga, M., J. E. Bogen und R. W. Sperry. 1962. «Some Functional Effects of Sectioning the Cerebral Commisures in Man». *Proc Nati Acad of Sci USA*, U8, S. 1765–1769.

Gibbs, F. A. 1951. «Ictal and Non-Ictal Psychiatric Disorders in Temporal Lobe Epilepsy». *J Nerv Ment Dis*, 133, S. 522–528.

LITERATUR

Girgis, M. 1971. «The Orbital Surface of the Frontal Lobe of the Brain». *Acta Psychiatry Scand,* 222, S. 1–58.

Gleick, J. L. 1987. *Chaos – die Ordnung des Universums. Vorstoß in Grenzbereiche der modernen Physik.* München: Knaur, 1990.

Gloor, P. 1992. «Amygdala and Temporal Lobe Epilepsy». In: J. P. Aggleton (Hg.), *The Amygdala: Neurobiological Aspects of Emotion, Memory, Mental Dysfunction.* New York: Wiley-Liss.

Golberg, G. 1987. «From Intent to Action». In: E. Perecman (Hg.), *The Frontal Lobes Revised.* Hillsdale, NJ: Lawrence Erlbaum.

Goldberg, E. und *R. M. Bilder, Jr.* 1987. «The Frontal Lobes and Hierarchical Organization of Cognitive Control». In: E. Perecman (Hg.). *The Frontal Lobes Revisited.* Hillsdale, NJ: Lawrence Erlbaum.

Goldman-Rakic, P. S. 1987. «Circuitry of Primate Prefrontal Cortex and Regulation of Behavior by Representational Memory». *Handbook of Physiology: The Nervous System,* Bd. 5. Bethesda, MD: American Psychological Society, S. 373–417.

Goldman-Rakic, P. S. 1988. «Topography of Cognition: Parallel Distributed Networks in Primate Association Cortex». *Annu Rev Neurosci,* 11, S. 137–156.

Gould, S. J. 1981. *Der falsch vermessene Mensch.* Frankfurt: Suhrkamp, 1994.

Gould, S. J. 1983. *Der Daumen des Panda. Betrachtungen zur Naturgeschichte.* Basel: Birkhäuser, 1987.

Gould, S. J. 1989. *Zufall Mensch. Das Wunder des Lebens als Spiel der Natur.* München: Deutscher Taschenbuchverlag, 1994.

Gray, C. M., A. K. Engel, P. Konig und *W. Singer.* 1992. «Synchronization of Oscillatory Neural Responses in Cat Striate Cortex: Temporal Properties». *Vis Neurosci,* 8(4), S. 337–347.

Gray, C. M. und *W. Singer.* 1989. «Stimulus Specific Neural Oscillations». *Proc Nati Acad Sci USA,* 86, S. 1689–1702.

Graziano, M. S. A., G. S. Yap und *C. Gross.* 1994. «Coding of Visual Space by Premotor Neurons». *Science,* 266, S. 1051–1054.

Gregory, R. L. 1966. *Auge und Gehirn. Zur Psychophysiologie des Sehens.* München: Kindler.

Gregory, R. L. 1981. *Mind in Science.* Cambridge: Cambridge University Press.

Gregory, R. L. 1997. *Mirrors in Mind.* New York: Oxford University Press.

Gregory, R. L. 1991. *Odd Perceptions.* New York: Routledge, Chapman Hall.

Gross, C. G. 1992. «Representatives of Visual Stimuli in the Inferior Temporal Cortex». *Pro Roy Soc London* [Biol], 135, S. 3–10.

Halligan, P. W. und *J. C. Marshall* (Hg.). 1994. *Spatial Neglect.* Hillsdale, NJ: Lawrence Erlbaum.

Halligan, P. W., J. C. Marshall und *V. S. Ramachandran.* «Ghosts in the Machine: A Case Description of Visual and Haptic Hallucinations after Right Hemisphere Stroke». *Cog Neuropsychol,* 11, S. 459–477.

Halligan, P. W., J. C. Marshall, D. T. Wade, J. Davey und *D. Morrison.* 1993. «Thumb in Cheek? Sensory Reorganization and Perceptual Plasticity after Limb Amputation». *Neuroreport,* 4, S. 233–236.

Hameroff, S. und *R. Penrose.* 1995. «Orchestrated Reduction of Quantum Coherence in Brain Molecules: A Model for Consciousness.» In: J. King and K. H. Pribram (Hg.), *Conscious Experience: Is the Brain Too Important to Be Left to Specialists to Study?.* Hillsdale, NJ: Lawrence Erlbaum, S. 241–274.

Hamilton, W. D. 1964. «The Genetical Evolution of Social Behavior». *J Theor Biol,* 7, S. 1–52.

Hamilton, W. D. und *M. Zuk.* 1982. «Heritable True Fitness and Bright Birds: A Role for Parasites?». *Science,* 218, S. 384–387.

Harrington, A. 1989. *Medicine, Mind, and the Double Brain.* Princeton, NJ: Princeton University Press.

Head, H. 1918. «Sensation and the Cerebral Cortex». *Brain,* 41, S. 57–253.

Heilman, J. 1991. In: G. Prigatano and D. Schacter (Hg.), *Awareness of Deficits after Brain Injury.* New York: Oxford University Press.

Hermelin, B. und *N. O'Connor.* 1990. «Factors and Primes: A Specific Numerical Ability». *Psychol Med,* 20, S. 163–189.

Hill, A. L. 1978. In: N. R. Eller (Hg.), *Mentally Retarded Individuals with Special Skills,* Bd. 9. New York: Academic Press.

Hirstein, W. und *V. S. Ramachandran.* 1997. «Capgras' Syndrome: A Novel Probe for Understanding the Neural Representation of Identity and Familiarity of Persons». *Proc R Soc London* [Biol], 264, S. 437–444.

Hobson, J. A. 1988. *The Dreaming Brain.* New York: Basic Books.

Hochberg, J. E. 1964. *Wahrnehmung.* Wiesbaden: Akademische Verlagsgesellschaft, 1977.

Hoffinan, J. 1955. «Facial Phantom Phenomena». *J Nerv Ment Dis,* 122, S. 143.

Horgan, J. 1994. «Ist das Bewusstsein erklärbar?». *Spektrum der Wissenschaft,* S. 74 ff.

Hubel, D. H. und *T. N. Wiesel.* 1979. «Brain Mechanisms of Vision». *SciAm,* 241, S. 150–162.

Hubel, D. H. und *M. S. Livingstone.* 1985. «Complex Unoriented Cells in a Subregion of Primate Area 18». *Nature,* 315, S. 325–327.

Humphrey, N. 1992. *Die Naturgeschichte des Ich.* Hamburg: Hoffmann und Campe, 1995.

Ironside, R. 1955. «Disorder of Laughter Due to Brain Lesions». Eröffnungsrede, Neurological Section, Royal Society of Medicine, London.

Jackendorf, R. 1987. *Conciousness and the Computational Mind.* Cambridge, MA: MIT Press.

Jacobs, B. 1994. «Serotonin, Motor Activity and Depression-Related Disorders». *American Scientist,* 82, S. 456–463.

James, W. 1887. «The Consciousness of Lost Limbs». *Proc Am Soc Psychic Res,* 1, S. 249–258.

James, W. 1890. *The Principles of Psychology.* New York: Henry Holt, 288–289.

Johanson, D. und *B. Edward.* 1996. *Lucy und ihre Kinder.* Heidelberg: Spektrum Akademischer Verlag, 1998.

Johnson, G. 1995. *Denkmuster. Die Physiker von Los Alamos und die Pueblo-Indianer oder Das menschliche Streben, die Welt zu erklären.* München: Droemer Knaur, 1997.

Jones, E. 1982. «Thalamic Basis of Place- and Modality-Specific Columns in Monkey Somatosensory Cortex: A Correlative Anatomical and Physiological Study». *J Neurophysiol,* 48, S. 546–568.

Joseph, R. 1990. *Neuropsychology, Neuropsychiatry, and Behavioral Neurology.* New York: Plenum Press.

Joseph, R. 1992. *The Right Brain in the Unconscious.* New York: Plenum Press.

Joseph, R. 1993. *The Naked Neuron.* New York: Plenum Press.

Juba, A. 1949. «Beitrag zur Struktur der ein- und doppelseitigen Korshemastörungen». *Monatsschr. Psychiatr. Neurol.,* 118, S. 11–29.

Kaas, J. H., R. J. Nelson, M. Sur und *M. M. Merzenich.* 1981. *The Organization of the Cerebral Cortex.* Cambridge, MA: MIT Press, S. 237–261.

Kaas, J. H. und *S. L. Florence.* 1996. «Brain Reorganization and Experience». *Peabody J Educ,* 71, S. 152–167.

Kallio, K. E. 1950. «Phantom Limb of Forearm Stump Cleft by Kineplastic Surgery». *Acta Chir Scand,* 99, S. 121–132.

Kandel, E. R, J. H. Schwartz und *T. M. Jessell.* 1991. *Principles of Neural Science.* New York: Elsevier.

Kaufmann, S. 1993. *The Origins of Order.* New York: Oxford University Press.

Kaufmann, S. 1995. *At Home in the Universe.* New York: Oxford University Press.

Kew, J. J. M., P. W. Halligan, J. C. Marshall, R. E. Passingham, J. C. Rothwell, M. C. Ridding et al. 1997. «Abnormal Access of Axial Vibrotactile Input to Deafferented Somatosensory Cortex in Human Upper Limb Amputees». *J Neurophysiol,* 77, S. 2753–2764.

Kinney, H. 1995. *James Thurber, His Life and Times.* New York: Henry Holt.

Kinsboume, M. 1989. «A Model of Adaptive Behavior As It Relates to Cerebral Participation in Emotional Control». In: G. Gainnotti and C. Caltagrione (Hg.), *Emotions and the Dual Brain.* Heidelberg: Springer.

Kinsboume, M. 1995. «The Intralaminar Thalamic Nuclei». *Consciousness Cognition,* 4, S. 167–171.

Kleffher, D. A. und *V. S. Ramachandran.* 1992. «On the Perception of Shape from Shading». *Perception Psychophysics,* 52, S. 18–36.

Kosslyn, S. 1996. *Image and Brain.* Cambridge, MA: MIT Press.

Lackner, J. R. 1988. «Some Proprioceptive Influences on Perceptual Representation». *Brain,* 111, S. 281–297.

LaCroix, R., R. Melzack, D. Smith und *N. Mitchell.* 1992. «Multiple Phantom Limbs in a Child». *Cortex,* 28, S. 503–507.

Leakey, R. 1993. *Die ersten Spuren. Über den Ursprung des Menschen.* München: Bertelsmann, 1997.

LeDoux, J. 1996. *Das Netz der Gefühle. Wie Emotionen entstehen.* München: Hanser, 1998.

Lettvin, J. 1976. «A Sidelong Glance at Seeing». *Sciences,* 16, S. 1–20.

Levine, D. N. 1990. «Unawareness of Visual and Sensorimoter Defects: A Hypothesis». *Brain Cognition,* 13, S. 233–281.

Livingstone, M. S. und *D. H. Hubel.* 1987. «Psychophysical Evidence for Separate Channels for the Perception of Form, Colour, Movement, and Depth». *J Neurosci,* 7, S. 3416–3468.

Luria, A. 1968. *The Mind of a Mnemonist.* New York: Basic Books.

Luria, A. 1976. *Das Gehirn in Aktion. Einführung in die Neuropsychologie.* Reinbek: Rowohlt, 1996.

MacLean, P. 1973. *A Triune Concept of the Brain and Behavior.* Toronto, Can.: University of Toronto Press.

Marcel, A. J. 1983. «Conscious and Unconscious Perception: Experiments on Visual Masking and Word Recognition». *Cognit Psychol,* 15, S. 197–237.

Marcel, A. J. 1993. «Slippage in the Unity of Consciousness in Experimental and Theoretical Studies on Consciousness». *CIBA Foundation Symposium*, Nr. 174. Chichester: Wiley.

Marcel, A. J. und E. Bisiach. 1988. *Consciousness in Contemporary Science*. Oxford: Clarendon Press.

Marr, D. 1981. *Vision*. San Francisco: W. H. Freeman.

Marshall, J. und P. W. Halligan. 1988. «Blindsight and Insight in the Visuospatial Neglect». *Nature*, 336, S. 766–767.

Martin, J. P. 1950. «Fits of Laughter in Organic Cerebral Disease». *Brain*, 73, S. 453–464.

Maynard-Smith, J. 1978. *The Evolution of Sex*. Cambridge: Cambridge University Press.

McGlynn, S. M. und D. L. Schacter. 1989. «Unawareness of Deficits in Neuropsychological Syndromes». *J Clin Exp Neuropsychol*, 11, S. 143–295.

McNaughton, B., J. McClelland und R. O'Reilly. 1995. «Why There Are Complementary Learning Systems in the Hippocampus and Neocortex? Insights from the Successes and Failures of Connectionist Models of Learning and Memory». *Psychol Rev*, 102(3), S. 419–457.

Melzack, R. 1990. «Phantom Limbs and the Concept of a Neuromatrix». *Trends Neurosci*, 13, S. 88–92.

Melzack, R. 1992. «Phantom Limbs». *Sci Am*, 266, S. 90–96.

Melzack, R., R. Israel, R. LaCroix und G. Schultz. 1997. «Phantom Limbs in People with Congenital Limb Deficiency or Amputation in Early Childhood», part 9. *Brain*, 120, S. 1603–1620.

Merzenich, M. M. und J. H. Kaas. 1980. «Reorganization of Mammalian Somatosensory Cortex Following Peripheral Nerve Injury». *Trends Neurosci*, 5, S. 434–436.

Merzenich, M. M., R. J. Nelson, M. S. Stryker, M. S. Cyander, A. Schoppmann und J. M. Zook. 1984. «Somatosensory Cortical Map Changes Following Digit Amputation in Adult Monkeys». *J Comp Neural*, 224, S. 591–605.

Miller, S. O. 1989. «Optical Differences in Cases of Multiple Personality Disorders». *J Nerv Ment Disord*, 177, S. 480–486.

Milner, B. 1966. «Amnesia Following Operation on Temporal Lobes». In: C. W. M. Whitty und O. L. Zangwill (Hg.), *Amnesia*. London: Butterworths.

Milner, B., S. Corkin und H. L. Teuber. 1968. «Further Analysis of the Hippocampal Amnesic Syndrome: Fourteen Year Follow-up Study of HM». *Neuropsychologia*, 6, S. 215–234.

Milner, D. und *M. Goodale.* 1995. *The Visual Brain in Action.* New York: Oxford University Press.

Mishkin, M. 1978. «Memory in Monkeys Severely Impaired by Combined but Not Separate Removal of the Amygdala and Hippocampus». *Nature,* 273, S. 297–298.

Mitchell, S. W. 1871. «Phantom Limbs». *Lippincot's Magazine for Popular Literature and Science,* 8, S. 563–569.

Morsier, G. 1967. «Le syndrome de Charles Bonnet, hallucinations visuale sans déficience mentale». *Ann Medico-Psychol,* 2(5), S. 677–702.

Moscovitch, M. 1992. «Memory and Working-with-Memory: A Component Process Model Based on Modules and Central Systems». *Journal of Cognitive Neuroscience,* Bd. 4, Nr. 3, S. 257–267.

Mountcastle, V. B. 1957. «Modality and Topographic Properties of Single Neurons of Cat's Somatic Sensory Cortex». *J Neurophysiol,* 5, S. 377–390.

Mountcastle, V. 1995. «The Evolution of Ideas Concerning the Function of the Neocortex». *Cerebral Cortex,* 5, S. 289–295; 1047–3211.

Mountcastle, V. 1995. «The Parietal System and Some Higher Brain Functions». *Cerebral Cortex,* 5, S. 377–390; 1047–3211.

Nadel, L. und *M. Moscovitch.* 1997. «Memory Consolidation: Retrograde Amnesia and the Hippocampal Complex». *Cur Opin Neurobiol,* 7, S. 217–227.

Nakamura, R. K. und *M. Mishkin.* 1980. «Blindness in Monkeys Following Non-Visual Cortical Lesions». *Brain Res,* 188, S. 572–577.

Nathanson, M., P. Bergman und *G. Gordon.* 1952. «Denial of Illness». *A. M. A. Archives of Neurology and Psychiatry,* 68, S. 380–387.

Newsome, W. T., A. Mikami und *R. H. Wurtz.* 1986. «Motion Selectivity in Macaque Visual Cortex. III: Psychophysics and Physiology of Apparent Motion». *J Neurophysiol,* 55, S. 1340–1351.

Nielsen, H. und *O. Kristensen.* 1981. «Personality Correlates of Sphenoidal EEG Foci in Temporal Lobe Epilepsy». *Acta Neurol Scand,* 64, S. 289–300.

Nudo, R. J., B. M. Wise, F. SiFuentes und *G. Milliken.* 1996. «Neural Substrates for the Effects of Rehabilitative Training on Motor Recovery after Ischemic Infarct». *Science,* 272, S. 1791–1794.

Ornstein, R. 1997. *The Right Mind.* New York: Harcourt Brace.

Papez, J. W. 1937. «A Proposed Mechanism of Emotion». *Arch Neural Psychiatry,* 38, S. 725–739.

Pascual-Leone, A., M. Peris, J. M. Tormos, A. P. Pascual und *M. D. Catala.* 1995. «Reorganization of Human Cortical Motor Output Maps

LITERATUR

Following Traumatic Forearm Amputation». *Neuroreport*, 7, S. 2068–2070.

Penfield, W. und *T. Rasmussen.* 1950. *The Cerebral Cortex of Man: A Clinical Study of Localization of Function.* New York: MacMillan.

Penrose, R. 1989. *Computerdenken. Des Kaisers neue Kleider oder Die Debatte um die künstliche Intelligenz.* Heidelberg: Spektrum der Wiss., 1991.

Phelps, M. E., D. E. Kuhl und *J. C. Mazziota.* 1981. «Metabolic Mapping of the Brain's Response to Visual Stimulation: Studies in Humans». *Science,* 211(4489), S. 1445–1448.

Pinker, S. 1997. *Wie das Denken im Kopf entsteht.* München: Kindler, 1998.

Plum, P. 1982. *The Diagnosis of Stupor and Coma.* Philadelphia: F. A. Davis.

Poeck, K. 1969. «Phantom Limbs After Amputation and in Congenital Missing Limbs». *Deutsch Med Woch,* 94, S. 2367–2374.

Pons, T. P., E. Preston und *A. K. Garraghty.* 1991. «Massive Cortical Reorganization after Sensory Deafferentation in Adult Macaques». *Science,* 252, S. 1857–1860.

Poppel, E., R. Held und *D. Frost.* 1973. «Residual Vision Function after Brain Wounds Involving the Central Visual Pathways in Man». *Nature,* 243, S. 295–296.

Posner, M. und *M. Raichle.* 1997. *Bilder des Geistes.* Heidelberg: Spektrum Akademischer Verlag, 1996.

Pribram, K. «The Role of Analogy in Transcending Limits in the Brain Sciences». *Daedalus,* 109(2), S. 19–38.

Profet, M. 1997. *Pregnancy Sickness.* Reading, MA: Addison-Wesley.

Ramachandran, V. S. 1988 a. «Perception of Depth from Shading». *Sci Am,* 269, S. 76–83.

Ramachandran, V. S. 1988 b. «Perception of Shape from Shading». *Nature,* 331, S. 163–166.

Ramachandran, V. S. 1988 c. «Interactions Between Motion, Depth, Color and Form: The Utilitarian Theory of Perception». In: C. Blakemore (Hg.), *Vision: Coding and Efficiency (Essays in Honour of H. B. Barlow).* Cambridge: Cambridge University Press.

Ramachandran, V. S. 1989 a. «Vision: A Biological Perspective». Vortrag auf dem Jahrestreffen der Society for Neuroscience, Phoenix, AZ.

Ramachandran, V. S. 1989 b. «The Neurobiology of Perception». Vortrag auf dem Jahrestreffen der Society for Neuroscience, Phoenix.

Ramachandran, V. S. 1990. «Visual Perception in People and Machines».

In: A. Blake and T. Troscianko (Hg.), *AI and the Eye.* Sussex, Eng.: John Wiley and Sons, S. 21–77.

Ramachandran, V. S. 1991. «Form, Motion, and Binocular Rivalry». *Science*, 251, S. 950–951.

Ramachandran, V. S. 1992. «Kompensation des blinden Flecks». *Spektrum der Wissenschaft*, S. 52 ff.

Ramachandran, V. S. 1993 a. «Behavioral and MEG Correlates of Neural Plasticity in the Adult Human Brain». *Proc Nati Acad Sci USA*, 90, S. 10413–10420.

Ramachandran, V. S. 1993 b. «Filling in Gaps in Perception: Part II. Scotomas and Phantom Limbs». *Curr Directions Psychol Sci*, 2, S. 56–65.

Ramachandran, V. S. 1994. «Phantom Limbs, Neglect Syndromes, Repressed Memories and Freudian Psychology». *Int Rev Neurobiol*, 37, S. 291–333.

Ramachandran, V. S. 1995 a. «Anosognosia in Parietal Lobe Syndrome». *Consciousness Cognition*, 4, S. 22–51.

Ramachandran, V. S. 1995 b. «2-D or Not 2-D: That Is the Question». In: R. L. Gregory, J. Harris, P. Heard und D. Rose (Hg.), *The Artful Eye.* Oxford: Oxford University Press, S. 249–267.

Ramachandran, V. S. (Hg). 1995 c. *Encyclopedia of Human Behavior*, Bd. 1 bis 4. New York: Academic Press.

Ramachandran, V. S. 1995 d. «Plasticity in the Adult Human Brain: Is There Reason for Optimism?». In: B. Julesz und I. Kovacs (Hg.), *Santa Fe Institute for Studies in the Sciences on Complexity*, Bd. XXIII. Reading, MA: Addison-Wesley, S. 179–197.

Ramachandran, V. S. 1996. «What Neurological Syndromes Can Tell Us about Human Nature: Some Lessons from Phantom Limbs, Capgras' Syndrome, and Anosognosia». *Cold Spring Harbor Symposia*, LXI, S. 115–134.

Ramachandran, V. S. 1997. «Why Do Gentlemen Prefer Blondes?». *Med Hypotheses*, 48, S. 19–20.

Ramachandran, V. S. 1998. «Evolution and Neurology of Laughter and Humor». *Med Hypotheses*.

Ramachandran, V. S., E. L. Altschuler und S. Hillyer. 1997. «Mirror Agnosia». *Proc R Soc London*, 264, S. 645–647.

Ramachandran, V. S., S. Cobb und L. Levi. 1994 a. «Monocular Double Vision in Strabismus». *Neuroreport*, 5, S. 1418.

Ramachandran, V. S., S. Cobb und L. Levi. 1994 b. «The Neural Locus of Binocular Rivalry and Monocular Diplopia in Intermittent Exotropes.» *Neuroreport*, 5, S. 1141–1144.

Ramachandran, V. S. und R. L. Gregory. 1991. «Perceptual Filling In of Artificially Induced Scotomas in Human Vision». *Nature*, 350, S. 699–702.

Ramachandran, V. S., R. L. Gregory und W. Aiken. 1993. «Perceptual Fading of Visual Texture Borders». *Vision Res*, 33, S. 717–721.

Ramachandran, V. S. und W. Hirstein. 1997. «Three Laws of Qualia». *J Consciousness Studies*, 4(5–6), S. 429–457.

Ramachandran, V. S., W. Hirstein, K. C. Armel, E. Tecoma und V. Iragui. 1998. «The Neural Basis of Religious Experience». *Soc Neurosci Abst*, 23, S. 519.1.

Ramachandran, V. S., W. Hirstein und D. Rogers-Ramachandran. 1998. «Phantom Limbs, Body Image, and Neural Plasticity». *IBRO News*, 26(1), S. 10–11.

Ramachandran, V. S., L. Levi, L. Stone, D. Rogers-Ramachandran, R. McKinney, M. Stalcup, G. Arcilla, R. Zweifler, A. Schatz und A. Flippin. 1996. «Illusions of Body Image: What They Reveal about Human Nature». In: R. Linas and P. S. Churchland (Hg.), *The Mind-Brain Continuum*. Cambridge, MA: MIT Press, S. 29–60.

Ramachandran, V. S. und D. Rogers-Ramachandran. 1996a. «Denial of Disabilities in Anosognosia». *Nature*, 382, S. 501.

Ramachandran, V. S. und D. Rogers-Ramachandran. 1996b. «Synaesthesia in Phantom Limbs Induced with Mirrors». *Proc R Soc London*, 263, S. 377–386.

Ramachandran, V. S., D. Rogers-Ramachandran und S. Cobb. 1995. «Touching the Phantom Limb». *Nature*, 377, S. 489–190.

Ramachandran, V. S., D. Rogers-Ramachandran und M. Stewart. 1992. «Perceptual Correlates of Massive Cortical Reorganization». *Science*, 258, S. 1159–1160.

Ramachandran, V. S., M. Stewart und D. Rogers-Ramachandran. 1992. «Perceptual Correlates of Massive Cortical Reorganization». *Neuroreport*, 3, S. 583–586.

Riddoch, G. 1941. «Phantom Limbs and Body Shape». *Brain*, 64, S. 197.

Ridley, M. 1997. *Die Biologie der Tugend. Warum es sich lohnt, gut zu sein.* Berlin: Ullstein.

Robinson, R. G., K. L. Kubos, L. B. Starr, K. Rao und T. R. Price. 1983. «Mood Changes in Stroke Patients». *Comp Psychiatry*, 24, S. 555–566.

Robinson, R. G., K. L. Kubos und L. B. Starr. 1984. «Mood Disorders in Stroke Patients». *Brain*, 107, S. 81–93.

Rock, I. 1985. *The Logic of Perception*. Cambridge, MA: MIT Press.

Rodin, E. und S. Schmaltz. 1984. «The Bear-Fedio Personality Inventory». Neurology, 34, S. 591–596.

Rolls, E. T. 1995. «A Theory of Emotion and Consciousness, and Its Application to Understanding the Neural Basis of Emotion». In: M. S. Gazzinga (Hg.), The Cognitive Neurosciences. Cambridge, MA: MIT Press.

Rossetti, Y. 1996. «Implicit Perception in Action: Short-Lived Motor Representations of Space Evidenced by Brain-Damaged and Healthy Subjects». In: P. G. Grossenbacher (Hg.), Consciousness and Brain Circuitry: Neurocognitive Systems Which Mediate Subjective Experience. Advances in Consciousness Research. Philadelphia: J. Benjamins Publ.

Saadeh, E. S. und R. Melzack. 1994. «Phantom Limb Experiences in Congenital Limb-Deficient Adults». Cortex, 30, S. 479–485.

Sacks, O. 1984. Der Tag, an dem mein Bein fortging. Reinbek b. Hamburg: Rowohlt, 1989.

Sacks, O. 1985. Der Mann, der seine Frau mit einem Hut verwechselte. Reinbek b. Hamburg: Rowohlt, 1987.

Sacks, O. 1990. Awakenings. Zeit des Erwachens. Reinbek b. Hamburg: Rowohlt, 1991.

Sacks, O. 1990. Stumme Stimmen. Reise in die Welt der Gehörlosen. Reinbek b. Hamburg: Rowohlt, 1992.

Sacks, O. 1995. Eine Anthropologin auf dem Mars. Reinbek b. Hamburg: Rowohlt.

Schacter, D. L. 1992. «Consciousness and Awareness in Memory and Amnesia: Critical Issues». In: A. D. Milner and M. D. Rugg (Hg.), Neuropsychology of Consciousness. London: Academic Press, S. 179–200.

Schacter, D. L. 1996. Wir sind Erinnerung. Gedächtnis und Persönlichkeit. Reinbek b. Hamburg: Rowohlt, 1999.

Schopenhauer, A. 1819. Die Welt als Wille und Vorstellung. Leipzig.

Searle, J. 1992. «Minds, Brains, and Programs». Behav Brain Sci, 3, S. 417–458.

Searle, J. 1994. Die Wiederentdeckung des Geistes. München: Artemis, 1994.

Sereno, M. I., A. M. Dale, J. B. Reppas, K. K. Kwong, J. W. Belliveau, T. J. Brady, B. R. Rosen, R. B. Tootell et al. 1995. «Borders of Multiple Visual Areas in Humans Revealed by Functional Magnetic Resonance Imaging». Science, 268, S. 889–893.

Sergent, J. 1988. «An Investigation into Perceptual Completion in Blind Areas of the Visual Field». Brain, 111, S. 347–373.

LITERATUR

Shallice, T. 1988. *From Neuropsychology to Mental Structure.* Cambridge: Cambridge University Press.

Simmel, M. 1962. «The Reality of Phantom Sensations.» *Soc Res,* 29, S. 337–356.

Sinclair-Gieben, A. H. C. und *D. Chalmers.* 1959. «Evaluation of Treatment of Warts by Hypnosis». *Lancet,* 2, S. 480–482.

Singer, W. 1993. «Synchronization of Cortical Activity and Its Putative Role in Information Processing and Learning». *Ann Rev Physiol,* 55, S. 349–374.

Slater, E. und *A. W. Beard.* 1963. «The Schizophrenia-like Psychoses of Epilepsy. V. Discussion and Conclusions.» *Br J Psychiatry,* 109, S. 95–150.

Snyder, A. und *M. Thomas.* 1997. «Autistic Savants Give Clues to Cognition». *Perception,* 26, S. 93–96.

Spanos, N. P., R. S. Stenstrom und *M. A. Johnston.* 1988. «Hypnosis, Placebo, and Suggestion in the Treatment of Warts». *Psychosom Med,* 50, S. 245–260.

Springer, S. und *G. Deutsch.* 1998. *Left Brain, Right Brain.* San Francisco: W. H. Freeman.

Squire, L. 1987. *Memory and the Brain.* New York: Oxford Press.

Squire, L. R. und *S. Zola-Morgan.* 1983. «The Neurology of Memory: The Case for Correspondence Between the Findings for Human and Nonhuman Primates». In: J. A. Deutsch (Hg.), *The Physiological Basis of Memory,* 2. Aufl. New York: Academic Press.

Starkman, M., J. Marshall, J. La Feria und *R. P. Kelch.* 1985. «Pseudocyesis». *Psychosom Med,* 47, S. 46–57.

Starr, A. und *L. Phillips.* 1970. «Verbal and Motor Memory in the Amnesic Syndrome». *Neuropsychologia,* 8, S. 75–88.

Stoerig, P. und *A. Cowey.* 1989. «Wavelength Sensitivity in Blindsight». *Nature,* 342, S. 916–918.

Sunderland, S. 1972. *Nerves and Nerve Injuries.* Edinburgh.

Sur, M., P. E. Garraghty und *C. J. Bruce.* 1985. «Somatosensory Cortex in Macaque Monkeys: Laminar Differences in Receptive Field Size». *Brain Res,* 342, S. 391–395.

Surman, O. S., K. Sheldon und *T. P. Hackett.* 1973. «Hypnosis in the Treatment of Warts». *Arch Gen Psychiatry,* 28, S. 438–441.

Symons, D. 1979. *The Evolution of Human Sexuality.* New York: Oxford University Press.

Symons, D. 1995. In: P. Abramson and S. D. Pinkerton (Hg.), *Sexual Nature and Sexual Culture.* Chicago/London: Univ. of Chicago Press.

Taub, E., N. E. Miller, T. A. Novack, E. W. Cook, W. C. Fleming, C. S. Neomuceno, J. S. Connell und *J. E. Crago.* 1993. «Technique to Improve Chronic Motor Deficit After Stroke». *Arch Phys Med Rehabil,* 74, S. 347–354.

Toga, A. W. und *J. C. Mazziotta.* 1996. *Brain Mapping: The Methods.* New York: Academic Press.

Tovee, M. J., E. Rolls und *V. S. Ramachandran.* 1996. «Rapid Visual Learning in Neurons in the Primate Visual Cortex». *Neuroreport,* 7, S. 2757–2760.

Tranel, D. und *A. R. Damasio.* 1985. «Knowledge Without Awareness: An Automatic Index of Facial Recognition by Prosopagnosics». *Science,* 228, S. 235–249.

Treisman, A. 1986. «Merkmale und Gegenstände der visuellen Verarbeitung». *Spektrum der Wissenschaft,* 1987, S. 88 ff.

Trevarthen, C. B. 1968. «Two Mechanisms of Vision in Primates». *Psychol Forsch,* 31, S. 299–337.

Trimble, M. R. 1992. «The Gastaut-Geschwind Syndrome». In: M. R. Trimble and T. G. Bolwig (Hg.), *The Temporal Lobes and the Limbic System.* Petersfield, Eng.: Wrightson Biomedical.

Trivers, R. 1985. *Social Evolution.* Menio Park, CA: Benjamin-Cummings.

Tucker, D. M. 1981. «Lateral Brain, Function, Mood, and Conceptualization». *Psychological Bulletin,* 89, S. 19–46.

Turnbull, O. H. 1997. «Mirror, Mirror on the Wall – Is the Left Side There at All?». *Current Biology,* 7R, S. 709–711.

Turnbull, O. H., D. Carey und *R. McCarthy.* 1997. «The Neuropsychology of Object Constancy». *Journal of the International Neuropsychological Society,* 3, S. 288–298.

Van der Berghe, L. und *P. Frost.* 1986. «Skin Color Preference, Sexual Dimorphism and Sexual Selection: A Case of Gene Co-evolution». *Ethnic Racial Studies,* 9, S. 87–113.

Van Essen, D. C. 1979. «Visual Cortical Areas». In: W. M. Cowan (Hg.), *Annual Reviews in Neuroscience,* Bd. 2. Palo Alto, CA: Palo Alto Annual Reviews, S. 227–263.

Wall, P. D. 1977. «The Presence of Ineffective Synapses and the Circumstances Which Unmask Them». *Philos Trans R Soc Land* [Biol], 278, S. 361–372.

Wall, P. D. 1984. «The Painful Consequences of Peripheral Injury». *J Hand Surg Br,* 9, S. 37–39.

Walker, R. und *J. B. Mattingley.* 1997. «Ghosts in the Machine? Pathological Visual Completion Phenomena in the Damaged Brain». *Neurocase*, 3, S. 313–335.

Warrington, E. K. und *L. Weiskrantz.* 1970. «Amnesic Syndrome: Consolidation or Retrieval?». *Nature*, 228, S. 628–630.

Warrington, E. K. und *L. Weiskrantz.* 1971. «Organizational Aspects of Memory in Amnesic Patients». *Neuropsychologia*, 9, S. 67–73.

Warrington, E. K. und *L. W. Duchen.* 1992. «A Reappraisal of a Case of Persistent Global Amnesia Following Right Temporal Lobectomy – A Clinicopathological Study». *Neuropsychologia*, 30, S. 437–450.

Waxman, S. G. und *N. Geschwind.* 1975. «The Interictal Behavior Syndrome of Temporal Lobe Epilepsy». *Arch Gen Psychiatry*, 32, S. 1580–1586.

Weinberger, N. M., J. L. McGaugh und *G. Lynch.* 1985. *Memory Systems of the Brain.* New York: Guilford Press.

Weinstein, E. A. und *R. L. Kahn.* 1950. «The Syndrome of Anosognosia». *Arch Neurol Psychiatry*, 64, S. 772–791.

Weir Mitchell, S. 1871. «Phantom Limbs». *Lippincott's Magazine*, 8, S. 563–569.

Weir Mitchell, S. 1872. *Injuries of Nerves and Their Consequences.* Philadelphia: Lippincott.

Weiskrantz, L. 1985. «Issues and Theorys in the Study of the Amnesic Syndrome». In: N. M. Weinberger, J. L. McGaugh und G. Lynch (Hg.), *Memory Systems of the Brain: Animal and Human Cognitive Processes.* New York: Guilford Press, S. 380–415.

Weiskrantz, L. 1986. *Blindsight.* Oxford: Oxford University Press.

Weiskrantz, L. 1987. «Neuroanatomy of Memory and Amnesia: A Case for Multiple Memory Systems». *Hum Neurobiol*, 6, S. 93–105.

Weiskrantz, L. 1997. *Consciousness Lost and Regained.* New York: Oxford University Press.

Wieser, H. G. 1983. «Depth Recorded Umbic Seizures and Psychopathy». *Neurosci Behav Rev*, 7, S. 427–440.

Williams, G. 1966. *Adaptation and Natural Selection.* Princeton, NJ: Princeton University Press.

Wills, C. 1993. *Das vorauseilende Gehirn. Die Evolution der menschlichen Sonderstellung.* Frankfurt am Main: Fischer, 1996.

Wilson, E. O. 1978. *Biologie als Schicksal: Die soziobiologischen Grundlagen menschlichen Verhaltens.* Frankfurt am Main: Ullstein, 1978.

Winson, J. 1986. *Auf dem Boden der Träume. Die Biologie des Unbewussten.* Weinheim: Beltz.

Wright, R. 1994. *Diesseits von Gut und Böse. Die biologischen Grundlagen unserer Ethik.* München: Limes, 1996.

Yang, T., C. Gallen, B. J. Schwartz, F. E. Bloom, V. S. Ramachandran und *S. Cobb.* 1994 a. «Sensory Maps in the Human Brain». *Nature,* 368, S. 592–593.

Yang, T., C. Gallen, V. S. Ramachandran, B. J. Schwartz und *F. E. Bloom.* 1994 b. «Noninvasive Detection of Cerebral Plasticity in Adult Human Somatosensory Cortex». *Neuroreport,* 5, S. 701–704.

Young, A. W. und *E. H. F. De Haan.* 1992. «Pace Recognition and Awareness after Brain Injury». In: A. D. Milner and M. D. Rugg (Hg.), *The Neuropsychology of Consciousness.* London: Academic Press, S. 69–90.

Young, A. W., H. D. Ellis, A. H. Quayle und *K. W. De Pauw.* 1993. «Face Processing Impairments and the Capgras Delusion». *Br J Psychiatry,* 162, S. 695–698.

Zaidel, E. 1985. «Academic Implications of Dual Brain Theory.» In: D. Benson and E. Zaidel (Hg.), *The Dual Brain.* New York: Guilford Press.

Zeki, S. 1980. «The Representation of Colours in the Cerebral Cortex». *Nature,* 284, S. 412–418.

Zeki, S. M. 1978. «Functional Specialisation in the Visual Cortex of the Rhesus Monkey». *Nature,* 274, S. 423–428.

Zeki, S. M. 1993. *A Vision of the Brain.* Oxford: Oxford University Press.

Zihl, J., D. von Cramon und *N. Mai.* 1983. «Selective Disturbance of Movement Vision after Bilateral Brain Damage». *Brain,* 106, S. 313–340.

Zuk, M., K. Johnson, R. Thornhill und *D. J. Ligon.* 1990. «Mechanisms of Female Choice in Red Jungle Fowl». *Evolution,* 44, S. 477–485.

REGISTER

Erstellt von Hubert Mania

A

Abwehrmechanismen, psychologische 12, 217, 221, 223, 225, 252, 255 f., 443 f. (→ Verleugnen)
Ader, Ralph 353
Advocatus Diaboli 225 f.
Aglioti, Salvatore 80 f., 147, 149
Aids 345
Akupunktur 102
Alice-Syndrom 207 f. (→ Spiegelagnosie)
– sprachliche Reaktionen 209
Amnesie 49, 262, 277 f.
– selektive 246
Amputation 1, 59, 74, 82, 91, 100 f., 111 (→ Phantom- ...)
→ Arm 72, 104
– Bein 103 f.
– Hand 77
– Penis 80
– Phantombewegungen 112
– präexistierender Schmerz 102 f., 188 (→ Phantomschmerz)
– sexuelle Empfindungen 79
Amygdala 50, 266 f., 274 f., 295, 366, 391 f., 403, 449
– Reizung 392
– Tor zum → limbischen System 272, 287
– Verkümmerung 272
Anexoria nervosa 256 f.
Anomalie 329 f., 356 f., 444 f.
(→ Paradigmenwechsel)
– echte 358 f.

– triviale 331 f., 358
Anosognosie 9, 11, 213, 217 f., 220, 222, 225, 227 f. 257, 398, 405, 408, 440 f., 443 f., 446
– Abklingen 239
→ Neglect-Theorie 234 (→ Lähmung)
Antibiotika 59, 344, 363
Apraxie, ideomotorische 425
Argusfasan 127, 129
Arm, gelähmter 98, 231, 422, 448
(→ Amputation; Lähmung)
– anderen zugeschriebener 28, 217, 255, 398, 440
→ Verleugnung 28, 216 f., 232, 237 f., 241, 439 (→ Anosognosie)
Assoziationen
– konditionierte 352, 354
– sensorische 108
Aufmerksamkeit 195, 220, 243, 391, 393, 395
– selektive 195 f.
Aufmerksamkeitsstörung 210
Aufmerksamkeitstheorie, rationelle 454
Aufmerksamkeitsverlagerung 455
Ausfüllen (*filling in*) 154 f., 157 f., 164, 168, 173, 175, 177, 187, 377, 379, 387, 401 f., 430 f., 433, 472 f.
– begriffliches 175
– in Echtzeit 169
– mit → Qualia 401–403
– mit Bildern 187

O
Ockhams Rasiermesser 471
Okziptiallappen 39
optische Täuschung 147
 – Größenkontrast 147
Out-of-body-Erlebnisse 117, 392

P
Palinopsie 434
Panpsychisten 366, 383
Papez, James 287, 289, 450
Paradigmenwechsel, Kuhn'scher 226, 329, 331, 356 f., 443
Paralyse → Lähmung
Paraplegie-Patient 376, 390
Paré, Ambroise 59
Parietallappen 39
Parkinson-Krankheit 36, 78, 426
Parthenogenese 177 f.
Patienten (fiktive Namen)
 – Arthur 28, 260–267, 269–272, 274 f., 278–282
 – Betty Ward 234
 – Bill Marshall 21, 52–55, 236 f.
 – Celia 216
 – Diane Fletcher 120–124, 140, 142 f., 146, 149, 383 f., 390
 – Drew 136–139, 146
 – Ellen 191–194, 197, 201 f., 204, 207 f.
 – Esmeralda 216
 – Grace 236
 – H. M. 17 f., 49, 245 f., 419
 – Ingrid 132, 145 f.
 – Irene 90 f., 94
 – Jean 248 f., 253
 – John McGrath 89 f., 93
 – Josh 167–175, 187
 – Karen 109 f.
 – Larry Cooper 231 f., 434
 – Larry MacDonald 180–184, 187

 – Mary Knight 108 f., 341–343, 346 f., 426
 – Mirabelle Kumar 85–88, 90 f., 112 f.
 – Mrs. Dodds 212–215, 219, 226, 230 f.
 – Mrs. Macken 239–243, 245 f., 256
 – Mumtaz Shah 247 f., 448
 – Nancy 183, 187, 249 f., 448
 – Paul 292–294, 397
 – Philip Martinez 95–101, 425
 – Robert Townsend 104 f., 108
 – Ruth Greenough 322 f., 334 f., 457
 – Steve 199 f.
 – Tom Sorenson 56–58, 67–69, 71, 73, 75, 78, 81, 83–85, 110, 423, 433
 – Willy Anderson 321 f., 334 f., 457
Penfield, Wilder 63 f., 66
Penfield-Homunkulus 63 f., 71, 84 (→ Homunkulus)
Penfield-Karte 69, 71 f., 78, 81, 100, 422 f.
peniler Plethysmograph 253
Pepsi-Test 390
Perrett, David 140
Persinger, Michael 284 f., 298
Persönlichkeitsveränderung 396 f.
PET (Positronenemissionstomographie) 234 f., 415, 451
Phantom 422
 – gelähmtes 11, 90 (→ Lähmung)
 → Scheitellappen 93
 → Umkartierung 93
 – «verlernen» 10
Phantomarm 27, 58, 77, 94, 423 (→ Arm, gelähmter)
 – Empfindungen im 60, 104